LA CHRONIQUE

DE

CHAMPAGNE.

PREMIÈRE ANNÉE.

TOME II.

REIMS. — IMPRIMERIE DE L. JACQUET.

LA CHRONIQUE

DE

CHAMPAGNE.

PUBLIÉE
SOUS LA DIRECTION DE MM. H. FLEURY
ET LOUIS PARIS.

TOME DEUXIÈME.

1re Année.

Reims,
AU BUREAU, RUE DE LA PEIRIÈRE, N° 15.

Paris,
CHEZ TECHENER, PLACE DU LOUVRE, N° 12.

M DCCC XXXVII.

HISTOIRE.

LA PESTE A REIMS,

en 1668.

> Au milieu de tant de maux, la peur était
> encore le plus cruel de tous les maux.
> JULES JANIN.

La peur, puis l'oubli, telle est en deux mots l'histoire de toutes les épidémies.

Nul mal n'éveille d'aussi profondes terreurs, nul mal ne laisse d'aussi faibles souvenirs. C'est que le fléau ne s'en prend qu'aux personnes et respecte les choses. Or, de toutes les pertes, la plus réparable à l'homme, celle dont il se console le plus aisément, disons-le à notre honte, c'est la perte de l'homme. D'ailleurs encore, l'incendie avec ses pans de murailles noircies, la guerre avec les hachures de ses boulets, s'inscrivent à la surface du sol en caractères visibles qui témoignent longtemps de leur passage : mais quand la peste a couché sous nos pieds les rangs muets de ses cadavres et qu'elle a recouvert de terre et de secret ces victimes de la fatalité, alors tout est dit, la cité refleurit insouciante et joyeuse, elle se hâte de combler ses vides, comme nos champs effacent sous une prompte et riche végétation les traces du torrent qui vient de s'écouler. Bientôt les traits eux-mêmes de la maladie s'affaiblissent et se perdent dans l'éloignement : cette terrible figure adoucit peu à peu ses contours. Vienne la génération suivante, et alors si vous interrogez la mémoire, les livres, les annales, la mémoire ne vous dira plus rien, les annales vous livreront à peine quelques faits, quelques dates qui s'élèvent au-dessus de l'oubli, comme ces croix sans nom sur des tombes ignorées.

Seule pourtant entre les nombreuses épidémies de Reims, il en est une, celle de 1668, qui a perpétué jusqu'à nous quelque chose de son existence, de sa nature et de ses ravages.

A l'extrémité de la chaussée qui, passant devant la Buerie conduit au lavoir public des laines, on voit un champ de quelques verges d'étendue, espace humide, que bordent la Vesle d'une part, des fossés de l'autre, et qui conserve le nom traditionnel de Cimetière des Pestiférés. Une croix, maintenant déplacée, s'élevait naguères au milieu de ce terrain. Avant la tourmente révolutionnnaire de 1793, on y lisait encore sur une plaque de cuivre qui est actuellement entre les mains de madame la supérieure de l'Hôtel-Dieu, l'inscription suivante : « Cy gist honnête homme Nicolas Colin, maître chirurgien à Reims, lequel après avoir servi le public en cette ville et dans les armées du roi en qualité de chirurgien-major, abandonna généreusement les intérêts particuliers de sa famille pour donner ses soins et sa vie pour le secours de sa patrie, traitant les pestiférés, parmi lesquels il décéda le 29 de juillet 1668, âgé de 46 ans. Prie Dieu pour le repos de son âme.»-- Trois pouces au-dessous et sur la même plaque, on lisait aussi : « Cy gissent sept religieuses de l'Hôtel-Dieu de Reims, décédées au service des pauvres pestiférés, l'an 1668. Prie Dieu pour le repos de leur âme : *Requiescant in pace.* »-- A ce souvenir local s'en joignaient encore quelques autres. En 1832, M. Dérodé-Géruzet avait consacré à cette peste, une page pleine d'intérêt dont les faits sont empruntés aux manuscrits Povillon et à ceux de Saint-Remy. Il existe aussi à la bibliothèque une brochure de cette époque, fort rare aujourd'hui, que le savant Rainssant, alors médecin à Reims, avait quelque temps avant l'épidémie adressé à ses concitoyens, sous le titre d'*Advis pour se préserver de la peste et pour s'en guérir.* Ces vives esquisses, ces fragments curieux d'un tableau que l'on croyait perdu dans son entier, piquaient la curiosité sans la satisfaire, lorsqu'au milieu des vieux papiers du cartulaire qui nous ont été complaisamment communiqués, nous avons trouvé le compte et l'emploi des deniers qui furent levés alors pour subvenir aux frais de la maladie, dont nous allons essayer, avec ces matériaux, tout insuffisants qu'ils sont, de reconstruire en partie l'histoire.

Au XVIIe siècle, malgré les lumières toujours croissantes, c'était encore un terrible mot que celui de contagion. Malheur à la ville sur qui tombait son anathème. Au dedans, une police absurde et superstitieuse, des précautions effrayantes, l'appareil lugubre des sequestres, des réclusions, des translations forcées, tout ce qui peut ébranler l'imagination : au dehors, les campagnes en armes, les issues coupées, un blocus strict, impitoyable qui refoulait au foyer du mal, qui rejetait dans ces murailles maudites, dans cette enceinte réprouvée, tout ce qui tentait de s'en échapper. N'avait-on pas vu, en 1631, les stupides paysans des environs de Nimes, las de ces surveillances, former entr'eux le projet d'étouffer d'un seul coup la peste en brûlant la ville avec tous ses habitants : déjà une maison avait été incendiée, déjà une famille avait péri dans les flammes, et si le reste de la ville fut sauvé, c'est qu'au même instant ces forcenés apprirent que le mal venait d'éclater à la fois en plusieurs points de la province, qu'on ne pouvait ainsi brûler toute entière. En 1635, ces mêmes idées n'avaient-elles pas soulevé toutes les villes au-dessus et au-dessous de Reims, telles que Fismes, Rethel, Château-Porcien, Cormicy et autres villes, bourgs, bourgades et villages circonvoisins, qui, posant partout des gardes, avaient fait défense à tous hôteliers de loger ou de nourrir ceux qui viendraient de Reims, ou qui s'y rendraient, condamné à de grosses amendes des voituriers qui y menaient des vivres, menacé de la même peine et d'une purge de quarante jours, ceux de leurs propres habitants, qui seraient convaincus de la moindre relation. Ainsi décréditée, sans trafic et sans négoce, ses boucheries et ses marchés déserts, l'émeute dans ses rues, en proie à une disette extrême plus sensible que la maladie contagieuse, la pauvre ville tendit ses mains vers le Parlement, dont un premier arrêt ordonnant le rétablissement des communications, fut déchiré et mis en pièces par ceux de Rethel, et l'huissier porteur de la signification, avait été, ainsi que ses recors, accueilli à coups de mousquets.

En 1668, tous ces préjugés de contagion, toutes ces fausses mesures se représenteront encore, les scènes, quoique adoucies, prendront par fois aussi un caractère de violence.—Dès le 17 juin 1666, de faux bruits, des rumeurs sinistres avaient précédé le mal, comme ces courriers qui précèdent les princes. Ce même jour le Conseil de la ville reçut et consigna dans un procès-verbal, dont la minute existe encore, les plaintes de quelques habitants de Reims, qui, se trouvant à la foire de Seringy, près Sissonne, avaient été insultés et poursuivis par les gens du pays. Ces derniers publiaient hautement qu'ils ne voulaient avoir aucun commerce avec ceux de Reims, ni les souffrir sur leur commune : il disaient que défense leur en avait été faite, sous peine de 100 livres d'amende et de prison, de la part du seigneur de Sissonne, qui, le 11 du même mois, veille de Saint-Barnabé, avait fait annoncer au son du tambour, dans cette ville et dans toutes ses terres que la peste était à Reims, et qu'il y mourait tous les jours un grand nombre de personnes. Un pèlerin qui venait d'accomplir ses dévotions à Notre-Dame de Liesse, déposait des mêmes faits, il avait trouvé Laon, Liesse, et toute la frontière en émoi et troublés par ces mauvais bruits. Des blattiers qui traversaient ces villages pour amener du blé à Reims, avaient été violement obligés de changer de route et de porter leurs grains à Soissons.

Le Conseil s'appuyant sur ces déclarations et sur ce qu'il n'y avait alors en ville, ni contagion, ni soupçon de contagion, ordonna qu'il en serait référé à M. le Procureur-Général, pour le prier de prendre les mesures de répression convenables.

Malheureusement, les craintes si prématurément conçues des habitants de Sissonne, devaient se réaliser. On apprit que Soissons était en proie à la maladie. Viendrait-elle à Reims, ceux qui espéraient encore le contraire fondaient leur espoir sur les motifs que Rainssant nous expose naïvement. « L'épidémie, nous dit-il, n'a point été précédée de déréglements extraordinaires dans les saisons, de tempêtes ni d'autres agitations qui aient pu corrompre l'air. Il n'y a point eu de mortalité d'animaux ni d'étranges insectes, on n'a pas vu les viandes se gâter plus tôt que de coutume, ni les femmes accoucher communément avant terme; point de maladies malignes, de petites véroles ou de rougeoles en plus grand nombre ou pires, point de charbons, de morts subites, rien en un mot qui dénote l'infection et la malignité de l'air. La maladie semble procéder en se propageant de personne à personne et par communication. »—Si le mal était dans les communications, le remède, c'était de les rompre. Aussi, dès le 13 avril, un arrêt du Conseil ferma-t-il l'entrée de Reims à toutes les personnes et à toutes les provenances de Soissons, et pour en assurer l'observation, une garde dût être immédiatement posée à chacune des cinq portes de la ville. Mais ce second ordre fut d'abord contrarié dans son exécution : des postes furent laissés sans commandement par leurs propres chefs. Ces répugnances pour le corps de garde, instinctives à la milice citoyenne de toutes les époques, ne se formulaient pas alors comme aujourd'hui par l'excuse d'un rhume inopportun, d'un rhumatisme malencontreux : c'étaient des refus formels d'obéir, celui-ci parce qu'il était gentilhomme, celui-là conseiller d'un parlement, un troisième à cause de sa charge de secrétaire du roi. Pour vaincre ces résistances, il fallut un arrêt de Louis XIV, lui-même, séant en son conseil à St.-Germain, le 5 mai suivant. « Ordonnons, y est-il dit, que tous les habitants laïcs de ladite ville, sans exception, et de quelque qualité et condition qu'ils soient, et nonobstant telles charges ou offices qu'ils possèdent, iront en personne aux portes de la ville pour faire ladite garde, et ce, à peine de 1000 livres d'amende contre les contrevenants, dont la moitié appartiendra à l'hôpital de la ville de Reims, et l'autre sera employée aux frais d'entretien des corps de garde de ladite ville. Car tel est notre bon plaisir, ajoute le monarque absolu.

Voilà donc les portes gardées et la ville qui oppose ses baïonnettes, son faible ruisseau de la Vesle, ses fossés et ses murailles, à cet invisible ennemi qui saute fleuves et montagnes, bondit du continent aux îles et des îles au continent, enjambe en un pas de la capitale d'un empire à celle d'un autre empire. Elle lui opposait encore une ordonnance pour le balaiement des rues et des maisons qui sont, disait l'arrêt, remplies tant de trop de personnes que de toutes sortes de bêtes; puis la défense de nourrir porcs, lapins ou autres animaux, puis celle de tenir et de vendre de vieux habits pendant la foire de la Madelaine. Le 11 mai, c'était l'ordre de ne pas se rendre aux foires à quatre lieues de Soissons.—Les habitants de Jonchery, Vregny et autres lieux, sont sommés de faire garde. Le 17 mai, les communications cessèrent avec Vesly et Braisne, on ne devait plus leur acheter des laines, meubles et hardes : enfin, le 23 du même mois, l'interdiction s'étendait aux communes de Bussy-le-Long et de Nizy. Le 16 juin, à ceux de la ville d'Amiens. — Bonnes gens, dignes patriciens qui semblez croire tout perdu si un seul individu parvient à trouver quelque passage, empêcherez-vous le vent de vous apporter quelque chaume des lieux infectés, arrêterez-vous l'oiseau qui vole sur vos têtes, le rat qui fouille sous vos pieds, mettrez-vous l'air en quarantaine, et pourtant, dans votre système, des brins de paille, des mouches, une toile d'araignée doivent suffire pour contagier des villes entières.

Aussi le 8 juillet, sans que les vigies des tours l'eussent vue venir, la peste était là : elle s'abattait au faubourg Cérès, où des morts coup sur coup manifestèrent sa présence. Voici le texte de la première délibération du conseil à cette triste nouvelle. « Mercredi XI juillet : sur ce que M. le Lieutenant a représenté qu'il a eu avis que la femme du nommé Olivier-Satabin, serrurier au bourg Cérès, est décédée depuis deux jours, d'un mal qu'on croit contagieux, que le mari étant tombé malade, a été trouvé mort aujourd'hui dans son logis, que l'un des enfants est pareillement malade, ensuite de quoi l'on a travaillé à trouver une personne pour entrer dans la dite maison et pour enterrer le corps mort : que MM. Simon Oudinet médecin et Claude Lebouc chirurgien, se sont offerts de se sacrifier pour soulager les malades; et que tout présentement l'on apprend encore qu'une femme d'une maison près St-Hilaire est semblablement atteinte, laquelle femme doit être en ce moment visitée par les médecins; pour ces causes, l'affaire mise en délibération, le conseil conclut.— 1° On s'occupera promptement de trouver un lieu commode pour retirer les sieurs Oudinet et Lebouc qui ont fait ou feront la visite de la personne du corps mort du faubourg, et de la femme de Saint-Hilaire; 2° On pourvoira à toutes les nécessités et précautions possibles, pour travailler au soulagement des malades qui sont à présent et pour les secourir tant du spirituel que du temporel, et l'on en verra le père gardien des Capucins pour pourvoir au spirituel et pour avoir des Capucins de son couvent.—A l'instant, on a eu avis que les sieurs Oudinet et Lebouc n'avaient reconnu aucun mal contagieux à la femme, derrière Saint-Hilaire, après quoi a été conclu qu'ils visiteront le corps mort au bourg par-dessus la muraille du jardin avec le plus de précautions qu'ils pourront, sans l'approcher, à cause du péril, et ensuite que le corps sera promptement inhumé, que les sieurs Oudinet et Lebouc seront priés de voir de rechef ladite femme derrière Saint-Hilaire, et feront le rapport de ce qu'ils connaîtront, et sera par ce moyen sursis à travailler de trouver une maison pour retirer les sieurs Oudinet et Lebouc. » — Le zèle, l'activité que déployèrent alors les magistrats, eussent mérité d'être au service d'un meilleur système. — Fidèles à leurs principes, ils luttent pied à pied contre la maladie qu'ils espèrent encore emprisonner; par leur ordre le garçon et la fille de Satabin, bien passés par les parfums et vêtus à neuf, sont transportés hors de la ville à la Buerie : la maison contaminée est surveillée nuit et jour par deux sentinelles : nul des autres locataires n'en peut sortir, et cependant le 14 juillet un nouveau cas se déclarait au Barbâtre, dans la maison et sur la servante de la veuve Malot. — Le 16, le docteur Colin fit savoir au conseil qu'appelé auprès de la belle-sœur d'Olivier et lui ayant reconnu les signes d'un charbon pestilentiel sous le sein, il venait de se séquestrer lui-même à la Buerie, pour y rester avec les malades pendant tout le temps de l'épidémie; la compagnie en applaudissant à cette généreuse détermination, ordonna que, pour subvenir aux besoins de la famille qu'il délaissait, trente louis d'or (330 livres) seraient comptés immédiatement à sa femme qui, quelques jours plus tard était sa veuve : à partir de ce moment le mal couvrit la ville. — La résistance s'organisait aussi : ses bases avaient été arrêtées dès le 4 juin précédent après un voyage du conseiller de la Salle à Soissons. — Un hôpital de santé situé hors des murs pour les malades, un lazaret pour les principaux suspects, les réclusions à domicile pour les autres, enfin la toute puissance des parfums pour compléter l'œuvre, telles étaient ces mesures. La Buerie était toute prête pour la première de ces destinations qu'elle n'avait déjà reçue que trop souvent; une religieuse de l'Hôtel-Dieu vint servir en ce poste périlleux. Clairmarais alors possession particulière, parut un emplacement commode pour le lazaret : la ville s'en empare sur les propriétaires qu'elle en indemnisa plus tard. Dix-neuf loges de paille et de perches s'élèvent sur ce terrain, dans la précipitation des premiers instants, mais bientôt des constructions plus solides s'y joignent : la tour Saint-Victor reçoit deux loges en planches : vingt autres également en bois sont dressées dans un jardin voisin appartenant aux demoiselles Quatresols, dont la maison servit pour la cuisine et les autres détails du service : neuf cabanes semblables s'étendaient encore dans le pré jusqu'à la rivière, à l'opposite de la Buerie, avec laquelle deux nacelles et une corde tendue d'un bord à l'autre, à la manière de certains bacs, entretinrent la communication pendant toute la maladie. Chacune de ces loges était double et à deux chalits : 105 paillasses, autant de travers de paille fournis par le tapissier, avec les draps et couvertures convenables, nous montrent en même temps et la population qu'elles pouvaient recevoir et la simplicité de leur ameublement. On mit quelques lits plus complets dans les tours Serpentine et de Porte Mars : deux révérends Capucins, les pères Louis et André s'enfermèrent au lazaret pour y donner l'assistance des secours spirituels. La ville put encore disposer, dans le cours du mal, de quelques loges construites dans des jardins intérieurs par des particuliers, telles furent celles du jardin de Montlaurent, celle de la maison Manneron, et une autre chez Guillaume Cliquot. On avait en outre un puissant moyen d'isolement dans les réclusions à domicile, qui faisaient de chaque maison un lazaret particulier : tantôt c'était un individu, tantôt une maison toute entière qui recevaient l'ordre de se renfermer pendant quinze, vingt, quelquefois même trente jours ; la nourriture, les médicamments étaient fournis pendant ce temps aux frais de la ville : les commissaires de quartier et mieux encore les craintes d'un voisinage inquiet et peureux veillaient à l'exécution de ces emprisonnements, qui furent souvent assurés par les crampons et les ferrures dont le serrurier venait barrer, par commandement exprès, les ouvertures principales des portes et des fenêtres. Mais qu'étaient ces isolements partiels en présence de tant d'autres communications dangereuses qu'on ne pouvait guère prévenir ? Nous avons sous les yeux un projet de règlement discuté à cette époque : au milieu d'une foule de questions singulières nous en extrayons quelques-unes qui nous montrent les incertitudes, les doutes que laissent dans l'esprit les théories impraticables de la contagion : on s'y demandait ce qu'il faut faire dans les maisons où se trouvent plusieurs ménages qui ont leur logement au-dessus ou à côté les uns des autres et qui passent par même cour et même porte : si allant tous dans un même lieu secret, le mal peut se communiquer, ou bien en tirant de l'eau d'un même puits ? — S'il est besoin d'empêcher que l'on ne passe proche des maisons infectées, et pour cela de les marquer de quelque marque particulière ? — Ce qu'il faut faire à ceux qui ont fréquenté une personne avant que sa maladie n'eût été déclarée ? — Comment se conduira un médecin, chirurgien ou apothicaire qui aura rencontré un pestiféré, touché le pouls ou la tumeur pour pouvoir aller en d'autres visites sans risque? Quelles précautions devront prendre les curés qui auront fait visite ou administré les sacrements à un malade? Et en effet est-il une approche plus suspecte que celle du médecin qui colporte avec lui l'air de la peste, du prêtre qui recueille la dernière confession et le dernier soupir sur des lèvres impures! Et les abords de la foule aux marchés publics, et les assemblées aux églises, quelle pâture pour la contagion! — On essaya cependant de résoudre ces insolubles difficultés. On proposa, on essaya ensuite de séquestrer pour un temps les médecins après une communication suspecte, on voulut leur faire porter un signe qui, comme celui des maisons pestiférées avertit d'éviter leur contact, on leur recommanda d'examiner de loin leurs malades et sans les toucher, enfin on créa un médecin spécialement chargé de ce service, auquel les médecins ordinaires signalaient et remettaient leurs pestiférés. Les curés des diverses paroisses avaient été appelés à s'assembler extraordinairement pour élire l'un d'eux qui donnât les soins de son ministère uniquement aux malades infectés. L'administration des sacrements ne put se pratiquer, même dans les cas ordinaires, que sur un certificat du médecin, qui attestait que le mal n'était pas de nature contagieuse. On connaît les bizarres précautions recommandées alors dans l'administration des sacrements : pour donner la communion, le prêtre doit avoir une petite verge de la longueur de treize à quatorze pouces portant à son extrémité un petit croissant d'argent, à l'aide duquel il introduira l'hostie dans la bouche des malades : qu'il serre fortement la manche de son habit et de son surplis, afin de n'éprouver aucun contact : qu'il se tienne debout : que le flambeau le sépare d'avec celui qu'il exhorte, que le bord de son habit ne touche pas la terre. Les enterrements furent soumis aux mêmes formalités. Quand le rapport du médecin avait écarté du mort tout soupçon de peste, on permettait de l'enterrer en la manière accoutumée, mais sans assemblée.

On proposait d'établir un marché et une boucherie dans chaque quartier. —Devait-on fermer les églises et empêcher les réunions pour le service divin. Cette interruption avait eu lieu fréquemment à Reims dans les épidémies antérieures: mais ici, par un progrès louable, on se contenta d'arrêter que chaque quartier aurait son église séparée, que les personnes ne s'y devraient approcher que de quatre pieds, qu'on ne ferait aucun prône ni prédication, si ce n'est pour annoncer les fêtes. Que n'adoptait-on aussi ce bizarre usage représenté sur les tableaux de l'Hôtel-de-Ville de Marseille, où pendant cette peste les habitants allaient par les rues portant chacun en main un bâton long de quatre pieds pour se tenir mutuellement en arrêt et ne se laissser approcher qu'à cette distance. Quels ne sont pas les égarements de la peur? on songea un instant à renfermer la ville toute entière; si l'épidémie augmente d'une manière notable, dit notre manuscrit, il convient de faire une retraite de dix jours, pendant laquelle tous les voisins ne se devront communiquer dans leurs maisons, ni se parler : on portera, on prendra les denrées sans entrer dans les boutiques, sur la fenêtre ou sur la porte. — Mais l'antidote précieux, le recours presque infaillible qui rassurait sur toutes les imperfections du système, qui en faisait oublier les lacunes, c'était l'emploi des parfums et de leurs émanations protectrices! De graves auteurs, dans leur enthousiasme pour les odeurs, n'ont-ils pas été jusqu'à recommander en temps d'épidémie de tuer le plus d'animaux possible et de les disperser également dans les rues et sur les grands chemins, dangereuses absurdités dont Reims sut se garantir, mais en réservant sa foi et sa croyance aux merveilleux pouvoirs des vapeurs. Comme autrefois la fumée du poisson de Tobie avait mis en fuite les esprits obsesseurs de Sara, ainsi les fumées du genièvre, des résines, des baumes, du soufre, de la poudre à canon, quelquefois de l'arsenic, prévenaient alors, corrigeaient, pourchassaient, anéantissaient les miasmes pestilentiels. Il y avait les parfums doux et les parfums forts : on enfumait les personnes, on enfumait les choses, les tribunaux, les confessionnaux, les maisons, chambres, lits, ameublements, marchandises, linges sales et blancs, greniers à grains, caves et celliers. Telle était l'importance attachée à ces pratiques que la ville voulut s'en attribuer l'entière exécution. Le 15 juillet, un acte passé à l'Hôtel-de-Ville avec quatre hommes du peuple, les mit à la disposition du bureau de santé. Ils s'engageaient chacun, moyennant 70 livres par mois, somme forte alors, à pénétrer dans toutes les maisons suspectes et contagiées qu'on leur désignerait, à y faire les fumigations nécessaires; à en emporter les corps attaqués du mal contagieux. Le nombre de ces aéricurs fut beaucoup accru par la suite, ils se tenaient dans un corps de garde au centre de la ville, souvent appelés, souvent mis à l'œuvre des aérements par les commissaires de quartier qui par une dose d'opiat préservatif, et mieux encore par une libation de vin, entretenaient leur ardeur dont ils tirèrent un utile parti pour l'enlèvement des morts et les transports aux loges et à la Buerie, service où deux de ces hommes succombèrent. Rainssant nous enseigne le mode d'aérement : il faut balayer tous les lieux de la maison jusqu'aux araignées et aux moindres ordures qu'on brûlera tout ensemble dans la cour du logis ou devant la porte, avec les paillasses, les matelas, les lits de plume, les oreillers, les travers, les couvertures du malade, et généralement tout ce qui peut lui avoir servi depuis qu'il a pris le mal, hormis l'or ou l'argent qui se purifient par l'eau chaude ou par le vinaigre; après quoi on tend des cordes dans les chambres pour y placer les tapisseries, les linges, les habits qui n'auront pas servi au malade. S'il y a des coffres on les lève sur des tréteaux, et on les ouvre afin que le parfum puisse les environner et y entrer, puis on étend sur les planchers une couche de cendres criblées et mouillées de l'épaisseur de trois doigts, qu'on recouvre de la drogue en l'entourant de foin arrosé de vinaigre, ce qui donne une combustion lente et prolongée: il fallait sortir alors en fermant toutes les portes, au bout de trois jours on pouvait rentrer en sûreté. Toutefois l'invention des parfums, il est juste de le dire, fut un bienfait, tant les mesures précédemment employées nous ont paru révoltantes. S'il advenait qu'un malade fût trépassé dans une maison, dès que le corps en avait été tiré, on découvrait une partie des toits, les planchers étaient rompus jusqu'au lieu où avait été le danger; on attachait une botte de paille à la porte de devant marquée d'une grande croix blanche dans toute sa longueur. Nul ne pouvait entrer avant quarante jours.

De ces mesures générales la ville passa aux mesures particulières : elle adopte un modèle de billets de santé pour la circulation, défend aux habitants de retenir en leurs maisons ou d'employer à quelque travail que ce soit aucun soldat de la garnison (c'était alors le régiment d'Alsace), sous peine de 100 livres d'amende et de punition exemplaire. Enfin elle fait tirer des presses de Multeau et distribuer 300 exemplaires de l'ouvrage de Rainssant, approuvé et jugé très utile au public, le 18 juillet, par toute la faculté de médecine de Rheims. — Quel était cet ouvrage recommandé par sept doctes approbations et surtout par le nom de son auteur, homme d'un immense savoir, mais crédule aux idées de contagion comme tout son siècle, comme tous ses superstitieux contemporains, qui plus tard crurent bien aussi aux sorcelleries de la Voisin et aux exorcismes de la chambre ardente? Blâmons avec lui les sachets odorants, le vif-argent porté dans un tuyau de plume, comme inutiles, l'arsenic comme dangereux, le crapaud comme absurde: passons lui son opiat défensif, ses vinaigres préservatifs; mais quels avis, bon Dieu, quels préceptes que ceux-ci... On n'ouvrira ni portes ni fenêtres qu'une heure ou deux avant le lever ou après le coucher du soleil!.. comme si l'air pur et large du Créateur ne valait pas cent fois mieux qu'une atmosphère stagnante, étroite, non renouvelée, qui retient en son sein, comme une éponge, toutes les émanations des êtres animés. On ne conversera qu'avec des personnes connues et exemptes de tout soupçon de peste. On empêchera les enfants de sortir de la maison. Ceux qui s'approcheront des malades prendront garde de se mettre au-dessus du vent, et s'il y a du feu dans le lieu, de ne pas se mettre entre le feu et le malade. Les pauvres se vêtiront de treillis, chaussures de bois, chausses et gants de toile cirée;

les riches de camelot, taffetas et autres étoffes rases et serrées. Puis viennent les sereinations, les ventilations, les fumigations de rigueur, où il faut exposer aux vapeurs ses habits, sa figure, ses mains, ses souliers même. Parmi les préceptes curatifs qui sont nombreux, car dit le bon Rainssant, ceux qui se vantent de guérir toutes les pestes avec un seul remède, sont presqu'aussi à craindre que la peste elle-même, beaucoup étaient judicieux. M. L. Paris a déjà cité celui-ci pour sa singularité : «s'il y a délire avec fièvre on rasera la tête du malade pour y appliquer un petit chien éventré tout vif: on lui posera à la plante des pieds et même aux émonctoires des pigeons coupés vifs par la moitié, sans oublier les scarifications. »

Au commencement d'août on se crut un instant sur la trace de la peste, de cet être insaisissable qui avait déjoué jusqu'alors tous les liens dont on prétendait l'enchaîner : un nommé Langlois peigneur avait été arrêté aux portes introduisant sous son manteau quelques livres de laine : il avouait quelques autres contrebandes de ce genre : on savait aussi que des personnes même de condition, avaient fait acheter à bas prix des laines à Soissons et dans les autres lieux infectés. Pour le coup on tenait la peste : elle était bien assurément nichée dans quelque ballot ! injonction immédiate aux habitants de venir sous trois jours au bureau de l'Hôtel-de-Ville pour déclarer les laines qu'ils posséderaient, leur quantité, leur qualité, les lieux d'où ils les avaient tirées. Les conseillers donnèrent l'exemple et firent individuellement séance tenante, la déclaration voulue. On songea aussi à ordonner une fumigation générale contre les laines, mais on se trouvait arrêté par la crainte que cette opération ne les rendît impropres à la teinture, difficulté que leva l'invention d'un parfum particulier par le sieur Lecointe: les laines furent fumigées, quelques-unes d'une physionomie suspecte furent livrées au bras séculier et brûlées publiquement : holocauste inutile ! la peste n'en continua pas moins.—Le 29 juillet, Colin en était mort à la Buerie. Le sieur Henry Marque chirurgien de la garnison de Montmédy s'offrit de le remplacer et de rester trois mois à la Buerie après la cessation complète de l'épidémie, moyennant cent livres par mois, et la promesse que la compagnie s'emploierait ensuite pour le faire recevoir chirurgien de Reims, sans aucun frais. Un ecclésiastique des environs, Jean Lebœuf, curé de Fleury, avait fait annoncer au conseil qu'il possédait un remède souverain contre la peste: appelé immédiatement, il arriva le 15 août. Ce moyen renouvelé des Grecs, consistait à faire au même instant dans chaque place, chaque rue, chaque cour de maison, de grands feux dont l'immense tirage devait remuer et purifier toute la masse de l'air : le lendemain à sept heures du soir, au signal donné par les cloches de Notre-Dame et de Saint-Nicaise, on vit s'élever par toute la ville les flammes et l'illumination d'une multitude de bûchers qui ne purifièrent rien et n'en guérirent pas davantage. M. Lebœuf continua ses services près des malades, connu du peuple sous le nom de Curé de la Santé. Je ne sais si les vrais médecins réussissaient mieux. Leur succès eût été grand s'il s'était mesuré à leur nombre, car tour-à-tour nous voyons arriver ceux de Balhan, de Vailly, de Jumencourt, de Ville-en-Tardenois, Lecointe de Soissons, deux chirurgiens de Larochefoucault envoyés par le marquis de Sillery, qui tous après un séjour plus ou moins long, s'en retournent avec les récompenses de la ville. Plus malheureux qu'eux, Paget d'Aï, qui était entré à la Buerie y mourut du mal dans les premiers jour de septembre.

Reims continuait à se défendre par une série d'ordonnances de toute espèce, elle fulminait une excommunication commerciale contre Rouen, contre Amiens qui certes ne pouvaient lui envoyer pis que ce qu'elle avait : défense aux moissonneurs d'aller aux lieux infectés ; aux serviteurs et servantes de sortir de la ville sans billet de leur maître ; aux bouchers de souffler leurs viandes et de vendre du taureau ; aux revendeuses de fruits, d'aller par les rues pour y débiter leur marchandise qui n'était pas mûre ; aux fileuses et ouvrières de se fréquenter ni s'attrouper pour filer et travailler ensemble.

Voici quelques-unes des instructions données par le bureau de santé : les commissaires de quartier s'informeront de tous les malades qui sont en leurs quartiers, de la qualité de la maladie, du temps qu'elle est arrivée, des personnes qui les ont assistées, et rapporteront le tout exactement par chacun jour au bureau de l'Hôtel-de-Ville. — S'il y a des personnes infectées de peste en leurs quartiers, qui demeurent volontairement ou par nécessité en leurs maisons, ils veilleront à ce que la nourriture et les médicaments nécessaires leur soient fournis, soit à leurs dépens, si ce sont personnes accommodées, soit aux dépens du public, si ce sont personnes nécessiteuses, et auront soin que personne ne sorte hors desdites maisons, et que les personnes saines n'y entrent. — S'informeront diligemment par chacun jour de l'assistance que le chirurgien de la santé rendra aux malades, le verront si faire se peut, entrer et sortir des maisons infectées, et apprendront de lui l'état de la santé des malades, et de ceux qui seront renfermés aux mêmes maisons. — Aussitôt que quelqu'un sera décédé de contagion, ou d'autre maladie inconnue, ils en avertiront le bureau, donneront ordre que la fosse soit faite pour les enterrer au lieu le plus commode et le plus proche, prendront garde qu'ils soient portés en terre le plus secrètement que faire se pourra, durant la nuit, sans convoi et sans scandale ; auront soin que les personnes frappées de la peste et qu'il sera trouvé bon de faire transporter en la Buerie ou aux loges, y soient transportées en temps et lieu et avec plus de commodité que faire se pourra et au temps le plus opportun, afin que les rues n'en soient infectées, ni le peuple scandalisé, — tiendront la main à ce que les rues de leurs quartiers soient nettes, qu'il ne se jette en icelles de jour ni de nuit aucune bête morte, linge, haillons ni autres infections; que les enfants ni autres personnes n'y fassent leurs ordures, qu'il y soit jeté de l'eau le soir et le matin dans les ruisseaux pour les nettoyer et rouler les immondices à l'heure de prime pour le matin, et chacun en même temps, afin que lesdites rues se puissent purger du mauvais air. — Qu'il y ait de l'eau devant toutes les maisons pour prévenir les inconvénients du feu. — Feront faire des feux au milieu des rues infectées et aux abords d'icelles, deux fois le jour, savoir: le soir à dix heures, et le matin à quatre heures, et emploieront à cet effet du bois qui pourra recevoir facilement la flamme, lequel leur sera fourni, et à mesure qu'il viendra à brûler, ils y feront jeter petit à petit du soufre concassé. — S'il y a des maisons en leurs quartiers où les aérieurs soient envoyés, ils prendront garde à ce qu'ils fassent leur charge fidèlement, sans bruit et sans scandale, et s'informeront de temps en temps de ce qu'ils font èsdites maisons et de quelle façon ils les aérient, feront note du temps qu'il commenceront et de l'assiduité qu'ils y mettront. — Prendront garde que les sains ne conversent avec les malades ou infectés, et dresseront mémoire par chacun jour des contraventions qui se feront en leurs quartiers aux ordonnances de police.

Ces instructions n'avaient pas prévu la crise nouvelle qui allait menacer la ville. On avait établi deux marchés extérieurs, l'un à la porte de Vesle, l'autre à la porte Cérès, pour que les villages voisins pussent y apporter sans crainte leurs denrées. Mais que sont des marchés sans provisions? Le 15 août on lance un arrêt pour prescrire aux villages de recevoir ceux de Reims qui viendraient commercer, on enjoint aux paysans d'amener des denrées: ces ordonnances sont répétées, placardées une seconde, puis une troisième fois. Mais comme en ce conte de fées, qui ne voit que l'herbe qui verdoie et que la terre qui poudroie, ainsi Reims du haut de ses murs ne voyait rien venir, et de plus ces obstinés paysans persistaient à ne recevoir personne. On crut mieux réussir avec une ordonnance de Louis-François Lefèbvre de Caumartin, chevalier, conseiller du roi en tous ses conseils, intendant de la généralité de Champagne. « Comme la maladie est en quelque façon apaisée, dit un peu mensongèrement cette ordonnance, et qu'il y a lieu d'espérer qu'elle n'aura aucune suite fâcheuse, qu'ainsi il n'est pas juste que le commerce demeure plus long-temps interdit avec les villages et la vallée de Bourg, permettons à tous les habitants desdits villages et aux marchands de la ville de Reims, de trafiquer, vendre et débiter leurs denrées, ainsi qu'ils ont accoutumé. La présente sera lue, publiée, affichée aux marchés d'Attigny, Voulzy, Bouy et autres lieux, villages et paroisses de la vallée de Bourg, 20 août. » — L'huissier chargé de cette commission nous a laissés dans un exploit, le récit des infortunes de son voyage. Quelques communes plus faibles ou plus douces, comme Juniville, Quiry, Alland'huy, promettent d'accorder le passage, le logement même à ceux de Reims, moyennant des certificats de santé en règle. Chaussée-Champenoise répond qu'elle ne recevra aucun habitant de Reims, pour apporter la peste. A Rethel, l'huissier ne peut entrer dans la ville pour en avoir été empêché par les gardes qui étaient aux portes. Ceux de Vaux de Champagne répondent qu'il leur est défendu de la part du maréchal de Sculemberg de souffrir aucun habitant de Reims et qu'ils ont ordre, s'il en venait, de leur bailler un coup de fusil dans la tête. A Attigny, les habitants assemblés s'écrient tous d'une voix commune, hormis le nommé Bouilly, fermier de l'archevêque, que le roi ni M. le cardinal n'avaient pas le pouvoir de leur envoyer des pestiférés. Un nommé Adam, cordonnier, et Jean Delaurier, sont les chefs du tumulte; selon eux, la peste était partout à Reims, ils citent les rues, les maisons, les noms des morts, des mourants: ils viennent de voir aux mains du curé une lettre de Reims arrivée le matin même où sa sœur lui fait ce lamentable récit en se recommandant à ses prières. — Après toutes ces paroles et ce mauvais désordre, moi Guillaume Aubert aurais demandé le couvert, étant nuit: ils firent réponse qu'il n'y avait aucun couvert pour moi et que j'eusse à me retirer. Le procureur d'office et le curé que l'huissier trouve paisiblement à table, lui font la même réponse: il revient sur la place parlementer avec les habitants. Enfin survint, dit-il, la personne d'honnête homme Ponce Laclos, boucher, lequel nous dit que dans sa grange il y avait un tas d'avoine où je pourrais passer le reste de la nuit avec mes assistants, ce que j'acceptai: et fut faite réponse par plusieurs habitants audit boucher, qu'il serait renfermé le lendemain du matin. — A Ville-sur-Tourbe, où l'émeute fut encore plus bruyante, parce que des femmes en faisaient partie, on répondit au pauvre huissier, en pareille occurrence, que les champs étaient assez bons pour le loger lui et les siens. Ces brutalités s'exerçaient d'une manière moins explicable, même sur ceux qui se rendaient simplement à Reims. Un liégeois d'environ vingt-quatre ans, qui venait en cette ville au logis de Guillaume Cliquot, tanneur, avait été pour ce motif maltraité par un hôtellier d'Aussonne, chassé de l'auberge vers les neuf ou dix heures du soir, contraint de s'aller jeter dans des avoines où il eut la pluie toute la nuit, et était le liégeois en pauvre état quand nous l'avons rencontré, dit encore l'extrait que je cite. — Un arrêt du Parlement, du 5 septembre, termina pour jamais ces violences et ces hostilités intestines. Considérant que ces interdictions avaient presque toujours leur origine dans des jalousies de commerce, qu'elles étaient en outre inutiles le plus souvent, puisqu'elles étaient observées dans un ressort et n'étaient pas même ordonnées dans les sièges voisins; il fit défense à tous baillis, sénéchaux, lieutenants, juges, prévôts, maires et échevins, d'interdire le commerce d'aucune ville, sous prétexte de contagion, se réservant d'apprécier lui-même la nécessité de ces mesures. Ainsi fut ôtée des mains des officiers inférieurs cette arme dont ils faisaient un usage aussi fréquent qu'arbitraire.

Malgré les déclarations officielles, la Buerie, située au milieu des marécages et des humidités de la Vesle, continuait à voir mourir, et les loges s'encombraient. Quel fut le nombre de ceux qui reçurent l'hospitalité forcée de cette ville de bois, de ces huttes de paille, de ce camp à la tartare; aucune recherche n'a pu nous le révéler. Les mémoires suivants donnent seuls une idée approximative de cette population et des périodes de croissance et de décroissance par lesquelles elle dut passer:—Payé à Raulin-Foissin, boucher, la somme de 950 livres tournois, pour 5877 livres de bœuf et mouton, à raison de 3 sous 3 deniers la livre, fournies pour la nourriture des pauvres mis aux loges du commencement de la maladie au 3 octobre; et plus tard, payé au même 591 livres, pour 3511 livres de viande fournies aux loges, du 3 octobre au 16 janvier.—Les mémoires du boulanger sont moins explicites. Les communications se faisaient d'une manière régulière par le moyen de Jean Mathias, sorte de factotum de cette cité lépreuse, qui tous les jours chassant devant lui le pas égal d'une fidèle bourrique, apportait aux loges, soigneusement recouverts d'une toile cirée, le pain, les viandes, le beurre, le sel, les œufs, les herbes, les commissions des servantes et le tabac brésilien du Père Louis. En ville, les séquestrations se poursuivaient avec rigueur; j'ai recueilli l'histoire de quelques-unes et des motifs qui les firent ordonner; les voici textuellement: — 18 août. La maison de Jacques Tullier a été barrée cejourd'hui, d'autant que de son mouvement et sans permission il aurait ouvert sa boutique, vendu sa marchandise et communiqué avec le voisinage. — Septembre. Il a été enjoint à Louis Culoteau, tapissier, dont la femme est morte de peste, de se tenir renfermé en son logis avec un apprenti et un enfant: même ordre à Nicolas Droinet son beau-père et à sa famille; à Gilles Culoteau son frère; à M. Culoteau père demeurant à la Couture et à ses nièces pour avoir fréquenté ladite femme le dimanche précédent sa maladie; au fils de Moreau, barbier, pour avoir parlé auxdites nièces un long temps; à Henry Lelarge pour avoir reçu en sa maison un paquet provenant du logis de Roland; au sieur François, tailleur, pour avoir porté une pièce de ruban chez le sieur Tuille, la veille de sa maladie ; à Vaudou, parce que Lecroq s'est arrêté sur la fenêtre de sa boutique, et lui a parlé longtemps la veille qu'il a été conduit aux loges. M. Phlippoteau, vicaire de Saint-Hilaire, a été renfermé le samedi précédent sa maladie, pour avoir confessé M. Lallemand. Tous les enfants Gendron et petits-enfants du sieur Lapille pour avoir été chez le sieur Lapille lorsqu'on lui porta le Saint-Sacrement et qu'il fut emmené de la Ruelle aux Crocs ; la femme Bégnicourt, pour être allé à Saint-Remi avec Corrigen le dimanche précédent, et être entré sur les degrés de son logis. Une sage-femme demeurant rue de Thillois, pour avoir accouché la femme du nommé Godard, rue de Chativesle, morte de peste étant en couches, on a séquestré avec elle son mari et son fils qui est charpentier : — A été ordonné à M. le curé de Saint-Jacques, qui avait confessé ladite femme de Godard, et à Muiron, chirurgien qui l'avait visitée, de se précautionner et ne pas sortir de trois jours. Jean Corbineau est consigné jusqu'à nouvel ordre, parce que le nommé Pion malade de peste avait travaillé chez lui huit jours avant sa maladie, et que le dimanche précédent il y etait venu prendre un marteau : MM. Marlot et Dérodé, vicaires de Saint-Hilaire, sont conduits en un jardin proche Saint-Hilaire, à cause de la mort du fils du sieur Denis Lévesque. Le 20 septembre, une femme qui demeure en une chambre sur le devant de la Cour Valois, et qui était recluse depuis trois semaines à cause de la mort du sieur Colinet, arrivée dans ladite cour, est avertie de continuer jusqu'à nouvel ordre, parce que le vingtième jour de sa réclusion elle est tombée malade avec son enfant. Le voisinage a pourtant assuré à MM. Delassalle et Bachelier que ladite femme n'avait communiqué ni fréquenté avec qui que ce soit de ladite cour, depuis les trois semaines qu'elle est renfermée. — Les permissions ne sont pas moins singulières que les défenses. Permis au sieur Charlot dont la maison a été barrée, d'ouvrir la fenêtre du haut de sa boutique : défense aux voisins de l'empêcher à peine d'amende arbitraire. Permis à Dévaux de rentrer en sa maison, après qu'il nous a été certifié par le commissaire de quartier qu'elle a été suffisamment aérée, et à charge de n'en sortir avant six jours. Permis à Delys de sortir le matin et de rentrer le soir à six heures, à condition expresse de porter la baguette blanche, allant et venant, et de ne converser avec les personnes saines. Permis à Gratien de retirer de la maison de Paulin, un métier et autres meubles à lui appartenant, pour les apporter à l'endroit où il est à présent résident. Permis à la fille Couliard de reprendre les deux roues de la charrette de son père qui sont en un fossé proche la Buerie : » — Singulier contraste des siècles et des opinions. Rome, en temps de peste instituait des réunions, des rassemblements, ces lectisternes, où tous les citoyens, chacun selon ses facultés, devaient tenir table ouverte pour leurs amis et surtout pour les étrangers. L'époque que nous décrivons instituait les séquestres, ne voyait de salut que dans les clôtures. Plus tard c'est en payant des violons et des tambours pour tenir le cœur gai aux habitants de Marseille, pour éloigner d'eux la tristesse et la mélancolie, que Chirac, premier médecin de Louis XV, entreprendra de les garantir de la peste. Opposons encore aux excessives prudences du XVII° siècle, ces témérités qui, de nos jours ont bu au verre des pestiférés, se sont inoculé leur pus, ont endossé leurs habits, couché dans leurs lits chauds encore. Mais où est donc la vérité au milieu de ces perpétuelles versatilités de l'esprit humain! Toutefois l'épreuve des sévérités n'était pas favorable à Reims : un indice certain de l'augmentation du mal, c'est que les mesures de répression deviennent plus acerbes et qu'il s'y mêle des symptômes d'aigreur. Les magistrats commençaient à se lasser de l'impuissance de leurs efforts, les malades de l'inutilité des remèdes. Quelques-uns de ceux-ci s'étaient soustraits par la fuite au bienfait des loges, comme le témoigne l'impression de quelques placards portant en grosses lettres ce titre, FUGITIF DES LOGES, avec les avis suivants : Permis aux voisins de Jean Oudin, demeurant rue de Venise, s'il revenait en son logis, de l'en chasser à coups de pierres et de bâton : défense au même de rentrer en ville, à peine d'être arquebusé.—D'autres malades s'obstinaient à mourir seuls et dans le secret de leurs maisons. C'est alors que parut l'incroyable arrêt, qui ordonne à tous ceux qui seront malades de venir se dénoncer eux-mêmes sous peine de punition corporelle. Quelle était cette punition, je l'ignore, car il ne nous est resté que les titres de toutes ces ordonnances mentionnées dans les mémoires de l'imprimeur et dans ceux du crieur public. Mais si nous nous rappelons qu'en 1496, le Parlement de Paris avait enjoint sous peine de mort à tous ceux atteints du mal vénérien de faire dans les 24 heures une semblable déclaration; qu'à l'époque dont nous parlons, les patients de ce genre étaient fustigés à Bicêtre après guérison, coutume qui a duré jusqu'en 1789; nous devinerons peut-être quelle était la nature ignominieuse du châtiment dont on élevait la menace. Un autre arrêt défendit aussi d'aller boire aux cabarets. Veut-on maintenant quelques scènes de voisinage avec leurs terreurs incessantes, leurs méfiances, leurs dénonciations réciproques? Ici, c'est Thomas Rogier, notaire royal qui fait plainte au nom de tous les voisins de ce que la maison où sont mortes la demoiselle Martin et sa servante n'est pas aérée, et de ce qu'il y a nombre de chats et de poules qui courent aux maisons voisines. Là, sur une plainte pareille c'est un ordre à M. Garnier, chanoine, de faire tuer promptement les chiens et les chats qu'il a dans sa demeure. Ailleurs, la permission accordée à un particulier d'enlever nuitamment un tas de fumier, répand l'émotion partout le voisinage. Sur la menace de voies de fait, il faut retirer cette autorisation. Plus loin, c'est un haro de réprobation contre un malade qui a permis à son compagnon bien portant de boire dans sa tasse, et contre le compagnon qui a osé une telle bravade. Tous deux subissent une réprimande sévère, et une forte amende.

Ce fut en ce moment, que la religion vint offrir ses secours. Le 20 septembre, le cardinal archevêque Barberin, fit savoir au conseil qu'il avait résolu pour intéresser le ciel par l'intercession de saint Remi, d'ordonner une procession solennelle, où la châsse qui renferme le corps de ce grand prélat, serait portée par toutes les principales rues de la ville, pendant cinq jours. Le conseil publia immédiatement une défense expresse à tous les habitants de se trouver à la procession, et de sortir sur son passage du retrait de leurs maisons : pour la faire exécuter le plus ponctuellement possible, de nombreux archers du guet eurent ordre de se poser aux avenues des grandes rues, et de tenir strictement fermées les portes des églises quand la procession y serait entrée pour sa station de chaque jour. On décida en outre, que la compagnie en corps assisterait à la cérémonie, et que tour-à-tour, deux de ses membres se releveraient, de deux heures en deux heures, auprès du saint, pour lui faire une garde d'honneur le jour et la nuit. — Reims, la ville des pompes et des magnificences religieuses, cette Rome de la France, préparait alors une des plus imposantes cérémonies qui, de l'aveu des historiens, aient jamais été étalées dans ses murs. Tirée de son tombeau le 22 septembre, la châsse était restée exposée sur une riche estrade au milieu du chœur pendant deux jours. Le 24, après une messe au grand autel, en l'honneur de tous les saints, où l'archevêque officia lui-même, le cortège se mit en marche dans l'ordre suivant : les pères Capucins marchaient les premiers, portant la châsse de sainte Cilinie, mère de saint Remi. Venaient après, les pères Minimes avec la châsse de sainte Balsamie, nourrice de saint Remi : les pères Cordeliers avec les corps de sainte Bove et de sainte Dode; les pères Augustins, avec ceux de saint Oricle et de ses sœurs martyres. Puis les Carmes, les religieux de Saint-Denis, les prêtres et les curés de toutes les paroisses, les chanoines de la grande église, les religieux de Saint-Remi, ceux de Saint-Nicaise, tous portant leurs reliques et des châsses au nombre de vingt-deux : saint bataillon, dit un auteur, qui semblait faire au ciel cette douce violence, par laquelle il aime à se faire enlever ses bienfaits. Derrière, paraissait la grande châsse de saint Remi, portée par huit religieux et huit chanoines des plus qualifiés de l'église Métropolitaine; mais comme elle était d'une pesanteur extraordinaire et qu'il fallait bien plus de personnes pour la soutenir, les francs bourgeois de chaque paroisse, à mesure qu'on arrivait sur leurs terres, s'offrirent à l'envie pour partager ce glorieux fardeau. M. le cardinal vêtu pontificalement, au milieu de ses officiers et de six domestiques qui portaient de grands flambeaux de cire blanche, tenant lui-même en main une croix précieuse où était enchâssée une partie notable du bois de la vraie croix, avec laquelle il bénissait le peuple, suivait immédiatement la châsse. Les officiers du présidial, du corps de ville et de l'élection, tenaient leurs rangs accoutumés en de semblables cérémonies.—Ce fut dans ce bel ordre, que la procession s'avança vers ces grandes et larges rues, qui s'étendent depuis le ban Saint-Remi jusqu'à l'église Cathédrale. Ces rues aussi bien que toutes les autres, par où passa la procession, étaient tapissées et jonchées de fleurs : on brûlait des parfums devant les maisons, où de magnifiques reposoirs parés de tout ce que suggère une ingénieuse piété, étaient préparés, d'espace en espace, pour y poser les châsses : l'air cependant, retentissait du son des cloches de toute la ville, et tout cet appareil joint à cette harmonie, inspirait une vénération mêlée de confiance, une joie qui faisait en quelque façon, oublier la misère publique : les plus insensibles avouaient de bonne foi qu'ils ne pouvaient retenir leurs larmes, tant ces splendeurs du culte catholique vont à l'ame. Après s'être arrêtée à Saint-Maurice, au monastère de Sainte-Claire, à la croix du Bourg-St-Denis, la procession entra dans la cathédrale ornée comme aux jours les plus solennels ; toutes les châsses furent transportées dans le second chœur derrière le grand autel : celle de saint Remi fut posée au milieu du grand chœur, lieu si cher autrefois à sa piété, et qu'il avait honoré par les exercices de son zèle pendant plus de soixante-dix ans d'épiscopat. Le corps du saint y demeura tout le jour et toute la nuit suivante, ce qui n'était point arrivé depuis plus de 600 ans. Les religieux passèrent la nuit dans l'église, priant et chantant, pour ne pas se séparer de leur chère relique, dont les conseillers de ville, M. Bachelier, le lieutenant en tête, partagèrent avec eux la garde. Même ordre, même appareil, mêmes exercices de piété les second et troisième jours.

L'ordre exprès du conseil défendant de suivre la procession fut d'abord exécuté avec la plus grande régularité. Chacun, dans l'espérance de pouvoir rendre ses hommages au saint lorsque la châsse passerait devant sa maison, contenait ses désirs et se faisait violence, autant par crainte de la contagion que par obéissance : mais bientôt il ne fut plus possible d'arrêter ces pieux élans ; en voici l'occasion. Le bruit se répandit à la fin du deuxième jour qu'un miracle s'était opéré en entrant à St.-Hilaire ; cette nouvelle causa partout un mouvement de joie extraordinaire. Le récit s'en répand pendant la nuit, se confirme, le lendemain même on annonce qu'une seconde guérison miraculeuse vient d'arriver près la croix de la Couture. Ces grâces éclatantes sont pour le peuple si ami du merveilleux, un avertissement, un signe précurseur de la miséricorde céleste. Tout s'agite : en un instant et comme par une inspiration commune, toutes les maisons sont vides, sains et malades, tous se mêlent, tous se précipitent, avides d'arriver les premiers vers cette Arche sainte, dépositaire du salut et des divines bénédictions. La procession venait d'entrer à St.-Jacques; rien n'arrête: gardes, portes, tout est forcé. Oh! ce dût être alors un étrange spectacle que ces archers renversés, que ces battants rompus, que cette foule de livides et maladives figures se ruant, se roulant vers la châsse, froissant de son contact impur ses quarante porteurs, vainement serrés les uns contre les autres, étalant au saint ses pustules et ses souillures, pêle-mêle effroyable de corps, de sexes et de tout âges qui se heurtent, d'haleines qui se confondent, de mains saines qui se croisent à des mains empoisonnées.

— Que devenaient ces précautions si laborieusement construites, ces barrières élevées contre le mal par la vigilance des magistrats? l'enthousiasme populaire, puissant comme sa fureur, avait tout détruit. Il fallut se résigner : la nuit seule mit fin à cette agitation.— Le quatrième jour fut un des plus célèbres de la procession ; au sortir de Saint-Jacques, elle s'arrêta devant l'Hôtel-Dieu, qui, bâti pendant la vie de saint Remi, avait toujours été l'objet de sa charité; les religieuses, dignes sœurs de celles qui mouraient en ce moment à la Buerie, martyres de leur héroïque charité, étaient à la porte, chacune avec un cierge à la main ; elles descendirent et baisèrent le corps du saint. M. le cardinal, sans se rebuter de l'infection inséparable de ces retraites de la misère publique, entra dans l'hôpital, y visita toutes les salles et donna sa bénédiction à tous les malades; on se dirigea ensuite vers le couvent de Saint-Pierre-les-Dames, où éclataient tout l'appareil et tout l'air de grandeur particuliers à cette maison, dont la noble abbesse, madame de Béthune-Dorval, à la tête de plus de quatre-vingts de ses religieuses, attendait le saint corps pour se prosterner devant lui. Sur le bruit des cures miraculeuses opérées le jour précédent, un si grand nombre de malades avait investi les avenues de l'église des Petits-Augustins, qu'on avait peine d'y entrer. Jamais on ne vit peut-être à Reims une piété plus fervente, un plus sincère retour à Dieu que dans ces jours de componction. C'est que les cœurs étaient véritablement touchés ; c'est que vaincu et courbé par la longueur du mal, ce peuple se sentait relever et comme revivre avec ces nouvelles idées. Il venait d'éprouver le vide des secours humains, l'incertitude de la science, il se tournait vers Dieu comme vers l'unique et assuré refuge. Plein de confiance et d'amour, il demandait au ciel ce que la terre n'avait pu lui donner. Le cinquième jour on se remit en marche pour reprendre le chemin de Saint-Remi, les officiers du présidial, du corps de ville et de l'élection, cédant eux-mêmes à l'entraînement public, réclamèrent alors le privilège de se charger du précieux fardeau de la châsse, comme l'avaient fait avec une ferveur égale leurs prédécesseurs, cent ans auparavant dans une cérémonie toute pareille. La procession remontant la rue du Barbâtre, s'arrêta quelque temps devant le monastère des Filles de la Congrégation, où un nouveau miracle, celui d'une sœur muette depuis deux ans, rendue tout à coup à la parole, aurait signalé sa présence. La dernière station fut Saint-Nicaise, autrefois lieu de repos cher au saint, alors l'une des plus belles églises de France, et qui brillait en outre en ce moment d'une si vive illumination, qu'elle ne faisait point regretter le jour qui commençait à baisser. C'est ainsi qu'après avoir visité tous les lieux qu'il avait honorés pendant sa vie de son estime, de ses libéralités, de ses miracles, le saint rentra comme en triomphe dans son église, porté sur les épaules de tous les magistrats de la ville. L'église était étincelante de lumière, tendue d'un double rang de tapisseries magnifiques, dont la plus belle, qui représentait les actions et la vie du grand évêque, régnait autour du chœur; le tombeau était illuminé: quatre-vingt-seize cierges rappelaient les quatre-vingt-seize années de la vie du prélat. La châsse fut posée sur une estrade de sept pieds, élevée au-dessus de la grande couronne, toutes les autres châsses déposées à l'entour en cercle lui formaient une autre espèce de couronne encore plus auguste. Elle demeura ainsi exposée trois jours, pendant lesquels le bruit des guérisons attira un si grand concours de monde à l'église de Saint-Remi, qu'on ne pût jamais se rendre maître des portes pendant le jour, et difficilement les put-on fermer la nuit, durant laquelle le grand saint eut bonne compagnie, ayant été visité de plusieurs personnes de condition qui ne pouvaient en approcher le jour. Le 1ᵉʳ octobre il rentra dans son tombeau.

Quelle fut l'influence de cette procession? beaucoup de morts subites eurent lieu dans la nuit qui suivit cette tumultueuse journée, parmi les malades qui avaient été enveloppés dans le vaste et confus tournoiement de l'église. Les émotions de cette scène, ses secousses physiques et morales trop fortes pour des corps débilités par le mal, nous en donnent une explication suffisante, si l'on n'aime mieux y voir, comme on le fit alors un châtiment de leur indiscrétion. Peut-être aussi doit-on expliquer par des voies naturelles, avec nos idées médicales, ce qui parut alors un miracle, c'est que pas un de ceux qui soutenaient la châsse, malgré les redoutables étreintes qu'ils eurent à subir, n'ait été atteint de la contagion. On y vit alors une juste récompense de leur confiance aux mérites du saint Patron.—On aurait pu s'étonner aussi à juste titre, si l'on ne connaissait les caprices et les irrégularités de la maladie, que pas un cas ne s'en soit déclaré dans les villages environnants pendant qu'elle fut à Reims. On eut bien un instant quelques craintes pour Gros-Dizy, où une servante sortie de la ville, mourut le lendemain de son arrivée, atteinte, dit-on, de peste avec pourpre et charbon : à la même époque, on expédia aussi en toute hâte les médicaments nécessaires et l'assortiment de parfums à Cernay : mais toutes ces craintes s'évanouirent et le fléau disparut comme il était venu, sans toucher ces villages. — Un grand bien était fait. L'idée d'une protection surnaturelle ranima les courages affaissés. On s'était vu, on s'était communiqué impunément. Le ban Saint-Remi n'eut plus, dit-on, un seul malade. Quant à la ville, le mal y poursuivait son cours, mais en le resserrant et avec une décroissance visible. Nous trouvons bien encore quelques mesures répressives, comme la défense aux femmes, filles et fileuses d'aller en vendanges, aux cabaretiers de vendre du vin nouveau avant le 1er décembre, celle de vendre des porcs : les réclusions se continuent au-dedans, les quarantaines au dehors, mais nous voyons se retirer les derniers des médecins étrangers qui étaient demeurés en ville, le curé Lebœuf et M. Lecointe ; et la garde des bourgeois cesse aux portes pour faciliter les vendanges ; le 10 novembre on se crut à la vérité, obligé de la rétablir, sur le bruit des maladies contagieuses qui couraient beaucoup de villes de Picardie et de Flandre, mais elle ne se fit plus que pendant le jour et seulement avec un poste de trois hommes, chargés d'examiner les personnes et les billets des personnes qui se présentaient pour entrer.

Le 30 décembre, cette faible défense ne fut plus même jugée nécessaire, et un homme entendu fut soldé par la ville pour se charger avec les gagne-deniers de ce genre de service. Enfin, les 15, 16, et 17 du mois de janvier, les loges désertes furent démolies et cinquante-cinq voitures de planches ramenées à l'arsenal. Telle fut la fin de cette triste maladie qui paraît avoir été une dissenterie mêlée de quelques charbons.—Quel fut le nombre des morts ? Nous avons vu périr deux médecins, Paget et Colin. Nous avons vu sept pieuses femmes tomber tour-à-tour victimes d'un sublime dévouement. A mesure, dit M. Dérodé, qu'une d'entr'elles périssait, celle dont le tour de servir était arrivé, venait la remplacer. Loin de chercher à se soustraire à l'appel, on sollicitait comme une récompense l'honneur d'être envoyée au lieu du danger. Il est digne de remarque qu'il n'y eût pas le moindre changement dans l'ordre du tableau, quoique plusieurs de ces respectables dames eussent pu, en raison des fonctions importantes qu'elles remplissaient dans la maison, se dispenser d'un service étranger. La religion seule peut inspirer et entretenir l'ardeur de ces généreux, mais obscurs sacrifices, dont tout le prix sur cette terre, fut un tombeau sans nom. Mais ces noms qu'une modeste épitaphe avait oubliés à dessein, je les ai retrouvés au registre de l'Hôtel-Dieu, et je les consigne ici avec respect.—Benoîte le Bègue, morte le 26 juillet; Marguerite Croquet, morte le 2 août; Perette Fouques, morte le 19 août; Rose Philippoteau, morte le 21 août; Jeanne Pussot, morte le 2 septembre; Perette Quintin, morte le 5 septembre; Louise Raoulx, morte le 18 septembre.—Quant au nombre des autres victimes, j'ai feuilleté les registres mortuaires des quatorze paroisses de Reims. Du 1ᵉʳ juillet au 1ᵉʳ janvier, je n'ai trouvé que 402 sépultures, mais ce chiffre est bien loin d'être exact. L'épidémie de 1651, quoique, beaucoup moins considérable avait emporté plus de 1500 habitants. Outre cela, quatre de ces paroisses ne contiennent que des indications de baptêmes et de mariages, et presque toutes les autres portent des marques évidentes de négligence, car l'ordonnance de Louis XIV, en 1667, qui ravivant les instructions de François Iᵉʳ et de Henri II, fonda l'état civil en France, et rendit obligatoire l'inscription de tous les décès sur deux registres timbrés, dont l'un serait déposé au greffe : cette ordonnance, dis-je, trop nouvelle, n'avait pu triompher encore des vices d'une longue routine et était mal exécutée à Reims. D'ailleurs, j'ai lieu de croire que les registres que j'ai vus ne font mention que des sépultures aux cimetières ordinaires des églises ; or, les pestiférés eurent leur cimetière propre, près la Buerie ; beaucoup même furent enterrés au hasard, ou dans la campagne ou dans les jardins, comme le prouvent les mémoires suivants... : Payé deux francs à Nicolas, sonneur de St.-Hilaire, pour avoir fait trois fosses aux champs, dont l'une était double. Idem, au sonneur de St.-Etienne, pour avoir creusé au ci-devant jardin de la Cour des Echelles, trois fosses, savoir : deux pour le nommé Belle-Avoine, et sa femme, et une autre pour leurs enfants. — Les endroits infectés qui paraissent avoir le plus souffert, sont : la Cour des Echelles, la Cour Gallois, le château St.-Ange, la rue des Murs, les environs de St.-Hilaire. — La victoire gagnée, il fallait distribuer les palmes et les récompenses aux vainqueurs. Voici la délibération du conseil qui clôture notre histoire.—28 janvier 1669 : Sur ce qu'il a été représenté par M. le lieutenant, que Dieu par sa bonté ayant délivré la ville de la maladie contagieuse, il avait jugé à propos d'assembler la compagnie pour aviser aux moyens d'empêcher le mal de se renouveler au printemps, conclu a été qu'il sera fait des visites générales par les conseillers de ville, assistés des capitaines et commissaires pour examiner les logements.—Sur ce que M. le lieutenant a aussi représenté que, par la miséricorde de Dieu et l'intercession du grand saint Remi, notre patron, nous avons été délivrés du mal contagieux dont nous étions affligés, pourquoi après les actions de grâces qui ont été rendues ces jours passés, tant par un *Te Deum* chanté en Notre-Dame, et par une procession faite à St.-Remi, que par celui qui doit être chanté aujourd'hui à St.-Hilaire, convient à aviser si l'on fera quelque présent pour l'ornement des églises ; l'affaire mise en délibération, conclut à ce qu'il sera fait présent d'une lampe d'argent pour poser devant le tombeau de saint Remi, et qu'il y sera employé jusqu'à 600 livres, et que les armes de la ville y seront posées ainsi qu'il sera jugé plus à propos par l'ouvrier. Que le Père Gardien et les Capucins, qui ont baillé leurs soins pendant la maladie, à l'assistance des malades à la Buerie, seront remerciés de la part de la ville, et qu'il leur sera fait présent pour l'ornement de leur église, de deux tableaux suivant le dessin qu'ils en donneront.—La lampe d'argent fut travaillée par le sieur Rochet, orfèvre de Paris, elle pesait de 16 à 17 marcs, et coûta 616 livres 3 sols. Ce témoignage de la reconnaissance publique, vingt ans après, en 1689, M. le cardinal Maurice Le Tellier, archevêque de Reims, et abbé de St.-Remi, le fit porter à l'hôtel de la Monnaie, pour être jeté au feu avec quantité d'argenterie, tirée du trésor de cette église. Les tableaux de saint Noël et saint Sébastien, demandés par les Capucins, coûtèrent 100 livres : on leur fit un festin de 62 livres. L'abbé Lebœuf, qui avait servi les malades avec utilité et affection, reçut 300 liv. de récompense, 60 autres pour une soutane ; fut promu au vicariat de St.-Hilaire, sollicita et obtint une nouvelle somme de 75 livres. Les veuves Paget et Colin, reçurent quelques indemnités pécunières. Les médecins coûtèrent 3,500 livres, les apothicaires 2,500, les aérieurs près de 3,000. La construction des loges absorba seule près de 8,000 livres. Les dépenses principales et additionnelles de l'épidémie se montèrent à environ 30,000 livres, somme énorme et qui en vaudrait 100,000 de nos jours. Le clergé qu'on a le tort de regarder comme ayant été exempt d'impôts avant la révolution, paya tout en réservant, par la formule de protestation ordinaire, ses droits et ses franchises, un contingent de 6,627 livres qui lui furent réclamées comme sa cote part de 28 pour cent du principal. — On craignait que le mal ne revînt au printemps ; on l'avait vu tomber de toute sa hauteur, là, où les familles étaient le plus entassées : on commençait à comprendre que le désordre, la malpropreté, la viciation de l'air sont les véritables dangers de l'encombrement : on procéda aux visites domiciliaires. Aucune maison ne fut omise dans cette inspection qui mit à nu tout ce qu'il y avait de laideur et de misère dans le vieux Reims. Que de familles resserrées et suffoquant entre quelques pieds carrés ? Que de maisons privées des plus simples usances de la vie ? On imposa à beaucoup de maisons, une diminution dans le nombre de leurs locataires, à d'autres, la construction de puits et de communs ; tous les étrangers qui ne purent justifier de ressources suffisantes, furent renvoyés à leur lieu de naissance. Mais le vieux levain des épidémies fermentait trop activement au fond de ces sociétés pour qu'une seule mesure pût l'y étouffer. — A l'automne suivant, la ville à peine remise au repos, devait être encore remuée par une de ces secousses partielles de choléra, qui, préludes lointains, ont annoncé au monde l'universelle secousse qu'il vient de ressentir. Quels étaient ces conseillers que l'heure du danger trouva si fermes à leur poste, ces chefs, dignes de leur mission, de la ville qu'ils représentèrent, et dont les noms méritent d'être conservés? C'étaient MM. Bachelier de la Fontaine, lieutenant, Barrois, sénéchal, J. Coquebert, lieutenant particulier, L. Coquebert, Thierry, Callou, Delassalle, Sallier, conseillers; Hillet, procureur-syndic. — Zèle, courage, autorité, rien ne leur manqua, il ne leur fallait qu'un préjugé de moins. — Aujourd'hui, ces momeries vexatoires, ces moyens purificateurs sont relégués aux lazarets : c'est là seulement que circulent encore ces histoires de pestes gagnées par le regard, de morts subites causées par l'ouverture d'un ballot : c'est là que les paroles sont contagieuses, là que l'intendance fait gravement trancher tous les chardons qui croissent dans l'enceinte, de peur qu'en venant se poser sur leurs fleurs, les petits oiseaux ne prennent avec leurs pattes quelques brins de coton, et ne les emportent ensuite hors du lazaret, avec le germe de la peste. Aujourd'hui, des vêtements, des logements plus salubres, plus commodes, une administration publique meilleure, nous ont mis mieux en garde contre ces épidémies de localité, qui dépendent du sol, des eaux, de la température ou des qualités sensibles de l'air. —Quant à ces grandes épidémies, à ces maladies insolites qui, comme les comètes, mais en des ellipses dont on n'a pu calculer encore la longueur, reviennent sur la terre, à de longs intervalles de temps, parcourent les régions les plus diverses; leurs causes nous sont encore ignorées, et nous les acceptons avec la résignation du fatalisme. Leur approche ne change plus guères nos habitudes privées, nos dispositions extérieures : nous n'essayons plus de leur échapper en nous réfugiant, ou dans l'égoïsme qui s'emprisonne au fond de sa demeure, ou dans l'insouciance qui s'étourdit par la joie des banquets, qui se couronne de roses quand autour tout expire, comme Boccace nous le peint à Florence. Point de ces lâchetés publiques, point de ces lâchetés domestiques qui déshonorent les vieilles pestes. On s'est assis au lit du malade, on a lu les bulletins de la mortalité, on a supporté en plein jour la menace du corbillard, on l'a suivi qui portait un parent, un ami à la dernière demeure. — Pour nous, l'épidémie n'est plus qu'un accident et l'un des plus terribles épisodes de l'existence si mystérieuse du mal sur la terre.

DUBOURG-MALDAN.

PALÉOGRAPHIE.

MASSACRES A REIMS,

DURANT LES JOURNÉES DE SEPTEMBRE 1792.

NOTICE.

Nous vivons dans un temps de grande tolérance politique : jamais on ne fut plus disposé à trouver des motifs, ou pour le moins, des circonstances atténuantes aux actes les plus répréhensibles. Ainsi, quand nous parlons du 10 août, du 21 janvier, on allègue en faveur des hommes de cette époque, les circonstances ; si nous voulons attaquer les lois de confiscation, de déportation, le régime de la Terreur, on a repondu à tout en répétant : les circonstances ! — Nous ne nions pas leur empire......, nous, hommes du jour, c'est-à-dire, d'un temps où nous avons vu nos amis céder si facilement aux circonstances, nous savons tout ce que le laisser-aller social a d'entraînant, et nous ne ferons pas un crime aux gens de leur facilité à se plier aux circonstances ; mais le sourire du mépris nous vient malgré nous, quand, après tant d'actes d'égoïsme, d'indicible faiblesse, de complète incapacité, nous voyons les gens revêtus de l'autorité, essayer, après l'événement, de pallier leur coupable indolence, leur stupide nullité sous le manteau des exigences du moment, de la force des circonstances.

Ainsi, nous publions ici le procès-verbal sommaire des massacres qui eurent lieu à Reims, dans les premières journées de septembre 1792. Vous espérez dès le commencement voir l'autorité municipale, dépositaire de la force publique, déployer des moyens de résistance aux désordres, aux excès de la populace. Bien loin de là, timide et servile, elle se hâte de souscrire et d'aller au devant des violences populaires, par des violences prétendues légales. Des hommes sont accusés par le peuple ; elle se saisit de leurs personnes, les jette dans les prisons, et loin de leur faire un rempart des garanties qui doivent naturellement entourer un accusé dans les fers, elle n'oppose aux violences, aux excès tentés contre eux, qu'une vaine et stérile parole : et quand les prisonniers sont égorgés, elle ajoute : *ils étaient coupables : il est seulement à déplorer qu'ils n'aient pas été frappés par le glaive de la loi !*

Ce procès-verbal, tout décoloré qu'il paraisse, tout écrit qu'il ait été par la mairie, et malgré les efforts du rédacteur pour disculper l'autorité municipale, laisse pourtant peser trop de blâme sur elle, pour que nous insistions à la convaincre de coupable imprévoyance. Nous dirons seulement que, si dans le conseil et parmi ceux en qui résidait la force publique, il y avait des gens à bonnes intentions et à qui ces violences faisaient horreur, il s'y trouvait aussi des hommes tarés, amis du désordre, et voués à l'avance, sinon à tous les crimes, du moins à l'apologie de tous les excès.

Nous le répétons, il y eut à cette époque, même à Reims, des hommes qui, dans leur égarement démocratique, avaient pour eux l'excuse de leur conviction, de leur probité politique : hommes essentiels en révolution, et que, malgré notre éloignement pour leurs doctrines, nous sommes loin de vouloir stygmatiser. La conscience chez l'homme public, n'est pas toujours un guide éclairé, mais elle conserve un caractère invulnérable, une probité que, même en la déplorant, il faut honorer. Quant à ces hommes qui se font des misérables passions humaines, un marche-pied pour arriver aux honneurs, à la fortune, il ne peut y avoir pour eux dans la postérité, que honte et mépris.—Reims eut aussi ses sycophantes de liberté.

Nous n'en nommerons qu'un, et c'est précisément le principal rédacteur de ce procès-verbal, le procureur de la commune, le sieur Couplet, dit Beaucourt. Beaucourt, nous nous hâtons de le dire, n'était ni rémois, ni champenois, c'était un prêtre défroqué du pays de Liége, marié à je ne sais quelle femme de bas étage, arrivé à Reims, à la suite des événements de la révolution : homme remuant, vaniteux, ne manquant ni d'esprit ni d'instruction, l'un des organisateurs à Reims, des clubs révolutionnaires, et agissant sur les masses par ces phrases emphatiques de patrioterie, qui réussissaient si bien alors, et qui nous paraîtraient aujourd'hui si ridicules. — Beaucourt, après le 9 thermidor, fut à son tour décrété d'accusation comme terroriste et comme l'un des auteurs des massacres de septembre.

Il publiait à Reims, un journal révolutionnaire aujourd'hui fort rare, et qui avait pour titre *Correspondance générale de l'Europe;* dans ce journal, il rendit compte également des journées de septembre à Reims. Nous citerons en notes quelques extraits de son récit.

Cejourd'hui lundi 3 septembre 1792, l'an IV de la liberté, sur l'avis apporté au Conseil général permanent de la commune de la ville de Reims, vers les sept heures du matin, que la nouvelle répandue en cette ville que le sieur Henry Carton, commis au bureau de la poste pour la distribution des lettres en cette ville, avait été arrêté la nuit dernière pour avoir conservé chez lui, négligé et retardé de remettre à leurs adresses des lettres et paquets qui avaient été trouvés chez lui, excitait des plaintes, des murmures et des menaces non pas seulement contre lui, mais contre le sieur Guérin son commettant, directeur de la Poste aux lettres de cette ville; il a été arrêté de faire garder sa maison : et à la réquisition du Conseil général de la commune, il a été aussitôt posé des sentinelles, prises au poste des grenadiers de la garde nationale placé en la maison commune.

Vers les neuf heures et demie un nouvel avis a été apporté qu'on voyait sortir d'une cheminée de la maison de M. Guérin, directeur de la Poste aux lettres, place de Ville, et se répandre sur les toits et dans la rue, des flammèches de papier brûlé : que cette nouvelle bientôt répandue assemblait beaucoup de personnes au-devant de sa maison, qui l'accusaient hautement de brûler des papiers dont sans doute il appréhendait *la vérité* et pour se mettre à l'abri des reproches que l'on faisait au sieur Carton son commis.—(1) A cette nouvelle le Conseil général députa de ses membres à l'effet de se rendre en la maison de M. Guérin pour y faire visite, y maintenir le bon ordre et protéger le service du bureau. Les députés s'y étant rendus et s'occupant de leur mission, trouvèrent des papiers brûlés et brûlants dans la cheminée de la cuisine dudit sieur Guérin. La foule et les menaces grossissaient au-devant de la maison : l'invasion et le désordre étaient à craindre. Le Conseil général députa d'autres de ses membres qui accompagnés d'un détachement de la garde nationale, se rendirent chez ledit sieur Guérin, qui étaient occupés avec les premiers commissaires à leur faire les représentations des registres et papiers qui lui étaient demandés : sa propre sûreté et celle de sa domestique exigeant qu'ils fussent mis en état d'arrestation, elle fut ordonnée par les derniers commissaires qui s'étaient rendus chez lui : ce qui fut aussitôt exécuté, et ils furent conduits à la maison d'arrêt, en fendant la foule qui remplissait déjà l'étendue de la place de Ville.

Les membres du Conseil revenant de la maison d'arrêt où ils avaient fait déposer le sieur Guérin et sa domestique, entendirent un cri général et tumultueux, qu'il fallait entrer chez M. *Canel* (2), voisin dudit sieur Guérin et chez lequel on avait aussi brûlé des papiers. Obligés de céder à leur pétition, les membres du Conseil qui à la vérité trouvèrent aussi des papiers brûlés chez lui, crurent de la prudence et de la sûreté dudit sieur Canel et de sa domestique, de les mettre également en état d'arrestation, et ils les firent conduire, non sans peine, en la maison d'arrêt.

Ces précautions ne produisaient pas l'effet attendu. Le peuple se répandait en menaces qui donnaient des craintes et exigeaient des précautions : le Conseil général, après avoir ouï le procureur de la commune,

---

(1) « Le sieur Guérin, dit Beaucourt, avait déjà donné d'autres sujets de mécontentement : entr'autres, sa rudesse lui avait fait une multitude d'ennemis... Nous verrons encore plus bas qu'il n'était point à l'abri du reproche d'infidélité. »

(Corresp. génér. de l'Europe).

(2) M. Canel de Vilarzy.

arrêta d'informer Messieurs les administrateurs du district, les juges de paix de ce qui se passait, de requérir toute la garde nationale rémoise de prendre les armes : et tandis qu'ils le faisaient, l'avis fut reçu que le peuple et des fédérés nationaux nouvellement arrivés à Reims, se répandaient dans les différents quartiers, à l'effet, avaient-ils dit, d'arrêter tous les aristocrates ; le Conseil général arrêta de se distribuer dans les mêmes quartiers, accompagné de gardes nationaux, pour y faire respecter la loi, et veiller à la conservation des personnes et des propriétés.

Vers deux heures et demie, on annonça au Conseil général permanent, que la maison de M. Montrozier était menacée (1), qu'on devait l'égorger lui-même sous les yeux de sa famille ; une compagnie de grenadiers s'est offerte pour escorter les magistrats qui voudraient le conduire à la maison d'arrêt. M. le procureur de la commune, M. son substitut et M. Heidsieck, furent députés à cet effet par le Conseil.

Entre onze heures et midi, un nombre prodigieux de personnes s'avançaient sur la place de Ville, en poussant des cris : on reconnut au milieu M. le procureur de la commune, et M. son substitut, qui, pour protéger M. de Montrozier, décoré de la croix de Saint-Louis, qui venait d'être arrêté chez lui en sa maison, rue de Vesle, étaient à ses côtés : la marche se dirigeait vers la maison commune, où M. de Montrozier avait demandé à être traduit : « il atteignait le premier pas du perron quand il fut repoussé par cette multitude qui criait : en prison, en prison ! où il fut conduit comme le lieu où il paraissait avoir le moins à craindre.

Vers deux heures après midi, M. le président et M. le procureur syndic du district, s'étant rendus en la maison commune, M. Lemoine, l'un des juges de paix s'y était déjà rendu, et le conseil fut informé que M. de Corbie en était empêché par un accès de goutte qui le retenait au lit. La garde nationale était en armes dans les différents quartiers de la ville, et notamment au-devant de la maison commune, mais elle était environnée d'un nombre considérable de personnes, tant citoyens, citoyennes, que volontaires étrangers, qui demandaient hautement la mort de M. Guérin. Un poteau était déjà planté au devant de sa maison, et c'était là, disait-on, qu'il fallait qu'il fût pendu. A cette nouvelle, le Conseil général de la commune, Messieurs les administrateurs du district, se rendirent sur la place,

(1) « Montrozier avait été autrefois commandant de Lille, et depuis plusieurs années, il s'était retiré à Reims. On pouvait lui reprocher d'avoir enfoui des talents qui, dans les circonstances, pouvaient être utiles à la patrie ; mais il paraît que ce n'était pas là le fondement du reproche qu'on lui faisait. Depuis sa retraite, il n'était jamais revenu à la municipalité, qu'il n'eût formé des complots contre la chose publique. *(Corresp. génér. de l'Europe).*

ils traversèrent les rangs et les pelotons qui étaient formés, et ils eurent la douleur d'y voir tous les esprits échauffés, les uns criant : *Point de grâce! il sera pendu.* D'autres : « *la mort! la mort!* » D'autres montrant leurs chapeaux sur lesquels était écrit à la craie : *hommes du 10 août,* disaient: *il faut tenir bon!* — D'autres alléguaient contre M. Guérin, des motifs particuliers de plaintes et tous d'accord pour le perdre. Messieurs les administrateurs du district et du Conseil général de la commune, se portèrent en différents endroits et se divisèrent à cet effet : tous haranguèrent le peuple, essayèrent de le rappeler à la loi, en disant qu'il n'était permis à personne de faire mourir quelqu'un : que quiconque le ferait, se dégradait et devenait un meurtrier punissable : que la loi réputait innocent quiconque n'était pas déclaré coupable : que M. Guérin était sous la protection de la loi, mais qu'il était en même temps sous son glaive pour en être frappé, s'il était coupable : qu'aux magistrats que les citoyens s'étaient eux-mêmes choisis, appartenait seuls de l'examiner et de le juger : qu'il n'était question que de leur en laisser le temps et les moyens. »

Les esprits étaient trop échauffés pour qu'aucun des moyens employés pût avoir le moindre succès : une grande partie de ceux qui composaient la garde nationale portaient eux-mêmes des plaintes contre M. Guérin. Le peuple irrité se porte en foule dans la rue de la Prison, en enfonce les portes, en arrache M. Guérin, le conduit sur la place de Ville, où il périt sous les coups qui lui sont portés avant que d'être parvenu au poteau où il avait été menacé d'être pendu.—Et il est à observer que, eu égard à l'indignation généralement conçue contre ledit sieur Guérin, on n'aurait pu déployer la force armée sans exposer les citoyens à s'entre-tuer (1).

A peine M. Guérin avait-il été mis à mort, que le peuple, toujours en fureur, retourna avec la même impétuosité à la prison, força la garde qu'on y avait mise, en arracha le sieur Carton, et l'amena sur la place de Ville, où il allait subir le même sort, lorsque M. Gervais, officier municipal, et M. le procureur de la commune, fendant la presse, arrivent

(1) Il n'est pas probable que la municipalité ait tenté le moindre effort pour cela : cette dernière réflexion de l'auteur de cette relation le fait supposer ; mais bien plus encore ce que dit le procureur de la commune, le sieur Baucourt.

« Après la mort de Guérin, des commissaires de la municipalité sont allés sur-le-champ mettre de l'ordre dans ses papiers ; ils y ont trouvé une lettre timbrée de Strasbourg, portant quinze sous de port ; elle était décachetée : on y a vu un bordereau d'assignats envoyés à M. Clicquot-Muiron ; mais qui ne lui sont jamais parvenus : quelques effets trouvés sur le cadavre de Guérin ont été rapportés à la maison commune : qu'on juge entre la droiture du peuple et la sienne ! Nous n'avons qu'une chose à regretter, c'est que sa punition n'ait point été plus exemplaire, c'est-à-dire, ordonnée par la loi. » (*Corresp. génér. de l'Europe*).

auprès de lui; le peuple témoignant la crainte que Carton ne fût renvoyé absous par ses juges, M. le procureur de la commune fait le tableau de son délit, il parle des renseignements qu'on avait recueillis avec le plus grand scrupule, et prouve par là qu'il serait impossible de le justifier : le peuple avoue qu'il a raison. M. Gervais profite de cette disposition, saisit alors le coupable qui avait déjà reçu un coup à la tête, et le conduit à la chambre du conseil de la maison commune, où les membres du Conseil rentrèrent. Le peuple monte aux fenêtres de cette chambre, et l'apercevant, le demandent à grands cris, et dit qu'il l'aura de gré ou de force. En ces circonstances, le Conseil général crut à propos de le faire sortir de la chambre où il se trouvait, et de le dérober aux regards : mais la garde qui veillait à l'entrée de la maison commune, fut rompue, la cour de cette maison fut bientôt remplie : ceux qui s'y étaient introduits se répandirent en perquisitions, et ayant trouvé ledit Carton, il fut de nouveau amené par les soins des membres du Conseil, en la chambre de la maison commune, où M. le maire, MM. les officiers municipaux, procureur et substitut du procureur de la commune, haranguaient tour à tour les personnes qui s'y étaient introduites et qui voulaient s'emparer dudit Carton; on leur annonçait que Carton se trouvait sous la protection comme sous l'empire de la loi, qu'on devait le respecter pour être absous, s'il était innocent, ou puni s'il était coupable. Que la municipalité avait pris toutes les précautions qui étaient en elle, en faisant sceller les papiers qui avaient été trouvés chez lui, en l'interrogeant, et en le mettant en état d'arrestation : et pour en justifier, le Conseil général ordonna qu'il fût fait lecture au public du procès-verbal dressé à ce sujet la nuit dernière. Cette lecture fut faite et fut suivie d'une exhortation la plus pathétique, de la part de M. le procureur de la commune, aux personnes présentes de se conformer à la loi, et des invitations les plus pressantes de se soumettre et d'attendre qu'elle ait prononcé. Un applaudissement universel donnait lieu d'espérer qu'il serait reconduit en la maison d'arrêt : mais cette disposition du peuple changea presqu'aussitôt. Carton fut demandé à grands cris ; celui-ci présent demandait lui-même à être entendu, il le fut, mais peu à peu le peuple s'empara de lui, l'entraîna violemment, supérieur de beaucoup à ceux qui s'y opposaient, et l'amena sur la place de Ville où il fut mis à mort.—Peu après, un particulier vint au Conseil remettre une clé qu'il annonça avoir été trouvée sur ledit Carton (1).

(1) « Carton en effet ne fut jamais patriote : hélas! trop souvent la nation a alimenté des hommes à qui, il semble, qu'elle n'ait donné d'autre mission que celle de la trahir! »

(*Corresp. genér. de l'Europe*).

La fureur et le nombre des furieux augmentaient prodigieusement. On remarquait beaucoup de volontaires étrangers et armés qui en faisaient partie : l'insubordination, l'esprit de révolte étaient au comble ; les membres du Conseil général qui n'avaient cessé de rappeler à la loi, ne pouvant y parvenir, se trouvant eux-mêmes insultés et menacés, et ne pouvant compter sur les rigueurs de la force armée, qu'en ouvrant la guerre civile, furent contraints de rentrer à leurs postes pour y méditer sur les précautions à prendre, lorsque, vers cinq heures, des cris leur apprirent qu'on venait d'arracher de la prison un autre citoyen : c'était M. de Montrozier ; bientôt après on apprit qu'il venait d'être immolé (1).

Vers dix heures, la garde nationale était encore sur la place, lorsque les furieux y amenèrent deux prêtres, qu'on annonça être MM. La Condamine-Lescure et Varchères, ci-devant chanoines, qui furent incontinent fusillés et mis à mort.

A sept heures, des particuliers vinrent annoncer qu'on soupçonnait quelqu'un d'être caché en la maison de M. Guérin, et on demandait que la visite en fut faite : des commissaires furent choisis, ils se rendirent en cette maison, escortés d'un détachement de la garde nationale et accompagnés de ceux qui avaient requis cette visite : elle fut faite. On n'y trouva aucun étranger, et les commissaires de retour, firent rapport que les requérants paraissaient satisfaits de ce côté.

Le Conseil ayant ordonné de fortes et fréquentes patrouilles dans les rues de cette ville, fit pourvoir de cartouches.... ceux qui en étaient chargés, il fit prévenir les citoyens d'éclairer le devant de leurs maisons, et par les rapports qui lui furent faits, il fut..... informé :

1° Que le peuple s'était saisi de M. Romain, prêtre, ancien curé, l'avait traîné dans différents quartiers de la ville, l'avait maltraité, mis à mort, et apporté son cadavre sur la place de Ville.

2° Que les cadavres amoncelés avaient été dépecés : que les têtes et partie de leurs corps, avaient été portés ou traînés dans les rues, ensuite ramenés sur la place pour être brûlés.

3° Que le peuple égaré avait enlevé de sa maison, M. Alexandre, prêtre, l'avait entraîné, vers les six heures du soir en la maison d'arrêt, et qu'après l'y avoir laissé une heure environ, il avait été l'en retirer, l'avait

(1) Bientôt après, un homme qui s'est dit boulanger, récemment établi vis-à-vis l'église paroissiale de Saint-Jacques, et s'est nommé Mitteau, est venu demander avec l'insolence d'un séditieux, la tête de Montrozier : il était environné d'inconnus qui applaudissaient avec fureur.... La seule raison que fit valoir Mitteau, était que Montrozier avait voulu le faire pendre à Lille, lorsqu'il servait sous ses ordres.

(*Corresp. génér. de l'Europe*).

amené sur la place de l'Hôtel-de-Ville; qu'après lui avoir porté quelques coups, il fut jeté dans le brasier qui consumait les autres cadavres, et où il périt (1).

4° Que ce même peuple s'étant fait remettre les drapeaux qui, suspendus aux voûtes de l'église entouraient le tombeau de St.-Remi, était venu les brûler à ce même feu.

La mort de M. Guérin, directeur de la poste aux lettres, nécessitait de pourvoir au service de son bureau : il a été arrêté après avoir ouï le procureur de la commune, d'en informer l'administration des postes, et cependant, que M. Parizet, contrôleur des postes, demeurerait provisoirement chargé de cette direction pour en remplir toutes les fonctions, en présence d'un commissaire nommé par le Conseil général, et à la condition qu'à la fermeture dudit bureau, il en rapporterait chaque jour la clé au Conseil général permanent, où il viendrait la reprendre le lendemain. M. Parizet, invité à se rendre à la chambre du Conseil, étant venu, informé de sa nomination provisoire, l'a acceptée, et a promis se conformer à ce qui vient d'être dit; et M. Sorlet, notable, a été nommé pour assister aux opérations de ce bureau.

Les ordres nécessaires ayant été donnés pour faire veiller toute la nuit par la garde nationale, le Conseil en donna d'autres pour qu'il fût fait recherche dans toutes les rues de cette ville, à l'effet de ramasser et réunir les dépendances et ossements des cadavres dont vient d'être parlé, et de les déposer dans un cimetière.

Les rapports fréquents qui furent faits au Conseil dans la nuit du 3 au 4, ne présentèrent rien d'inquiétant (2), mais le mardi 4, vers neuf heures et demi du matin, un nombre assez considérable de personnes amenèrent avec rumeur à la maison commune, M. Paquot, ancien curé de St.-Jean, dont on exigeait le serment. M. le maire, M. le procureur de la commune et plusieurs de MM. les officiers municipaux, haranguant successivement le peuple, essayèrent de lui faire entendre qu'on ne pouvait ni devait contraindre personne à prêter le serment; qu'aux termes même de la loi

(1) « L'abbé Romain fut pour ainsi dire brûlé vivant : l'abbé Alexandre avait été enlevé de force et amené à la maison d'arrêt ; il demandait à prêter son serment. Ceux qui l'ont connu nous ont assuré qu'il était plutôt philosophe que fanatique. Ce malheureux ne put arriver à la maison commune, il fut massacré et jeté au feu. »
(Corresp. génér. de l'Europe).

(2) « Dans la journée du 5, la tête de M. Paquot, membre du district de Reims, fut encore généralement demandée. Nous avons eu personnellement la satisfaction de le sauver. Un bataillon nous avait juré de former de ses fusils et de ses sabres une voûte de fer pour le protéger : en outre nous avions eu la précaution de le faire avertir sur-le-champ. »   *(Corresp. génér. de l'Europe).*

du 26 août dernier, M. Paquot ne pouvait plus y être admis, et qu'il avait encouru la peine de déportation qu'elle prononce : qu'on devait respecter cette loi et la laisser exécuter. Mais le sang-froid avec lequel M. Paquot avait annoncé qu'il préférait la mort à la prestation de serment, irrita le peuple : il ne fut plus possible de le contenir : il arracha ce prêtre de la chambre du Conseil et l'entraîna sur la Place de Ville. Les officiers municipaux le suivaient pour parler au nom de la loi, mais il avait déjà été percé de plusieurs coups à la fois, il était abattu, il expirait : bientôt il fut décapité, coupé en morceaux, et le peuple qui se les partagea, se distribua pour les promener dans les rues de la ville, après que quelqu'un eût rapporté en la maison commune, un chapeau et un mouchoir de poche de toile de coton rouge, marqué E. C. P., et venant dudit sieur Paquot.

Le Conseil général, informé que M. Duhoux, général d'armée, venait d'arrriver, arrêta de se rendre par députation chez lui pour lui faire visite, et pour, en l'informant des malheurs qui, depuis hier affligeaient cette ville, le prier de s'employer pour en arrêter la suite. La députation s'y rendit. Il fut prié de commander sous les armes et dans des quartiers différents, les différents bataillons qui se trouvaient à Reims. Il leur fut observé qu'en le faisant il occupait et retenait les troupes; qu'il n'y aurait rien à craindre d'elles, et qu'au contraire ainsi disposées, il y avait lieu d'en attendre du secours, si le peuple voulait se porter à de nouveaux excès; mais cette observation ne fut pas assez bien sentie par M. Duhoux, qui, mettant trop d'indifférence, ne donna aucun ordre y relatif.

Vers les deux heures, quoique les ordres de veiller à la sûreté des personnes et des propriétés aient été renouvelés, qu'à ce moment il se faisait de fréquentes patrouilles, une troupe de gens, dont plusieurs étaient armés de sabres, amena en la maison commune un prêtre âgé, qui, conduit dans la cour, y fut annoncé pour être l'ancien curé de Rilly qui, après avoir prêté le serment prescrit par la loi du mois de décembre 1790, s'était rétracté. Ceux qui l'amenaient, s'écriaient : *qu'il prête le serment, il ne lui sera point fait de mal, et nous le reconduirons chez lui;* il eut l'imprudence de dire qu'il ne le prêterait pas : aussitôt on s'écria qu'il fallait le pendre. M. le Maire s'approchant, fendit la presse et se trouvant au milieu, il répéta tout ce qu'il avait dit le matin par rapport à M. Paquot; Mais le peuple faisant flux et reflux, se trouva porté sous le réverbère placé dans la cour, à côté de l'entrée de la chambre du Conseil : les cris qu'il fallait le pendre là se multiplièrent, et l'un des égarés montant à l'aide des rainures et feuillures qui font ornement au coin du pignon, tenait déjà d'une main le piton qui sert au réverbère et tendait l'autre. Il est néanmoins vrai qu'il n'y avait aucun cordage et que personne n'en proposa. — En cet instant, M. le Maire, redoublant d'efforts, parvint à faire entrer ce prêtre dans la chambre du Conseil et y fut suivi par tous ceux qui l'avaient entouré. M. le Maire, MM. les officiers municipaux leur parlant avec force, leur reprochant le crime dont ils voulaient se souiller, et leur enjoignant de respecter ce vieillard, ils leur enjoignaient encore plus fortement de respecter la loi du 26 août, qui ne prononçait que la peine de la déportation et non pas la peine de mort, contre les prêtres qui avaient refusé le serment, ou qui après l'avoir prêté s'étaient rétractés. M. le Maire se fit apporter cette loi, il en fit la lecture; il la fit sentir, et la nécessité où chacun était de s'y conformer. Il eut la satisfaction de voir quelques-uns qui s'en pénétraient et qui étaient disposés à reconduire ce vieillard chez lui; mais c'était le parti le plus faible. Voulant néanmoins l'entreprendre, il s'en trouva empêché par les autres, de manière que ce prêtre sortit de la chambre du Conseil au milieu d'une foule dont partie voulait le protéger et l'autre le mettre à mort. Arrivés sur la Place de Ville, ce dernier parti parvint à se faire jour à travers l'autre, il atteignit le prêtre de plusieurs coups dont il mourut sur-le-champ : sa tête et son corps séparés furent emportés et traînés par les rues, l'un d'un côté et l'autre de l'autre, et on rapporta en la maison commune un chapeau garni de cocarde, un mouchoir de poche sans marque, une paire de souliers, une paire de boucles à souliers, une tabatière ovale d'argent sans marque, qu'on annonçait venir de ce prêtre vieillard, ancien curé de Rilly (1).

Ce nouveau meurtre, que le Conseil général avait cru pouvoir éviter, le porta à arrêter qu'il serait fait une nouvelle députation à M. Duhoux, général d'armée à présent à Reims, pour le prier de mettre en usage tous les moyens qu'il avait en son pouvoir, pour ramener à l'ordre et arrêter les progrès de l'insurrection qui affligeait tous les bons citoyens : Cette députation fut faite, et l'on ne sait pourquoi elle ne fut pas mieux accueillie que la première.

La nouvelle répandue, vers les quatre heures, que la ville de Verdun s'était rendue aux ennemis, qu'ils approchaient, que sur les remparts de cette ville on entendait le bruit du canon, occasionna une rumeur d'une

---

(1) « M. l'abbé Suny, prêtre infiniment respectable, doué de toutes les vertus, fut pendant vingt-six ans le protecteur, le consolateur et le bienfaiteur de ses paroissiens. Renfermé constamment dans les fonctions de son ministère, pleurant avec les affligés, et partageant son pain avec les malheureux, il comptait déjà quatre-vingts années, quand forcé d'abandonner son troupeau, il se retira à Reims. Là, il pensait se dérober aux fureurs révolutionnaires, il y trouva la mort. »

(*Essais hist. et statist. sur Rilly-la-Montagne,*
par M. LACATTE-JOLTROIS).

autre espèce. Bientôt le Conseil général entendit battre la générale et sonner l'alarme dans plusieurs églises, encore bien qu'il n'eût donné aucun ordre ni pour l'un ni pour l'autre. Sur-le-champ il fit prévenir les marguilliers de toutes les paroisses de cette ville, de ne faire sonner à l'avance aucun tocsin qu'ils n'en eussent préalablement reçu l'ordre des corps administratifs, et s'informant de ceux qui l'avaient fait sonner, on apprit que c'était des volontaires qui s'étaient eux-mêmes introduits dans les clochers et l'avaient sonné eux-mêmes, et la générale en avait été la suite.

Occupé à rétablir le calme, à prescrire que le devant des maisons soit éclairé aujourd'hui et les jours suivants, et jusqu'à nouvel ordre comme il l'avait été le jour d'hier, et à conférer avec M. le chef de la légion et MM. les sous-adjudant général et officiers de la garde nationale, sur les ordres à donner pour le service de la nuit, le Conseil général fut informé par des officiers du bataillon des volontaires des départements de la Seine-inférieure et Oise, que M. Duhoux venant de les passer en revue, ayant été requis de leur fournir des munitions, il les avait refusées, et que lui ayant été demandé de venir s'expliquer à la municipalité, il les quitta, prenant la fuite ; qu'ayant été suivi, on l'a vu sortir de la ville par la porte de Dieu-Lumière, ce qui fait craindre que ce ne soit un espion et non le véritable M. Duhoux qui était attendu : que ce propos s'accréditant fait rumeur : que s'étant transporté en l'auberge du Moulinet, ils y ont appris que ses quatre chevaux, voiture et équipages y étaient restés ; sur quoi délibérant, le Procureur de la commune entendu, il a été arrêté que par prévision et pour la conservation des droits de qui il appartiendra, les scellés de la municipalité seront apposés sur les caisses et malles appartenant à M. Duhoux ou à celui qui s'est dit l'être aujourd'hui, pour rester ainsi que ses chevaux et voiture en état d'arrestation jusqu'à ce qu'il en soit autrement ordonné ; M. Fressencourt, officier municipal, a été nommé commissaire à ce sujet.

Le présent procès-verbal n'ayant pour objet que de constater les suites et les effets de l'insurrection, on n'y rapportera pas ce qui s'est passé d'ailleurs depuis le mardi 4 au soir, jusqu'au mercredi 5, vers neuf heures du matin et dont il est fait mention sur le registre des séances permanentes. Mais le jour 5 septembre, à l'heure susdite, plusieurs personnes ont *acconduites* en la chambre du Conseil le nommé R... Laurent, dit Château, citoyen de cette ville et en l'accusant d'être l'auteur de la mort de l'ancien curé de Rilly, homicidé hier, ils demandaient qu'il fût lui-même mis à mort. Le nommé Laurent entendu en ses défenses repoussant l'accusation, M. le Maire observa aux personnes présentes qu'il était du devoir de tout bon citoyen de dénoncer un coupable, mais que non-seulement il falloit être assuré de son fait, quand on se déterminait à accuser, mais qu'il fallait s'en tenir là et laisser aux juges le soin de donner à cette accusation les suites indiquées par la loi : et qu'en supposant pour un instant que Laurent soit coupable de la mort de l'ancien curé de Rilly, ils se rendroient eux-mêmes coupables du crime qu'ils lui reprochaient, s'ils entreprenaient d'attenter à sa vie, comme ils l'en avaient menacé : qu'il était cependant de la prudence de s'assurer de la personne dénommée, et que Laurent allait être mis dans la maison d'arrêt, après quoi les accusateurs pourraient se retirer devant le juge de paix pour y faire les dénonciations qu'ils jugeraient à propos. — Les Personnes présentes ayant adopté ce parti, et Laurent lui-même ayant demandé pour sa propre sûreté et pour pouvoir se justifier légalement, d'être conduit à la maison d'arrêt, il a été arrêté qu'il serait déposé par provision et jusqu'à ce qu'il en soit autrement ordonné ; en prenant la précaution de le faire sortir par la porte de derrière et de le faire conduire par des rues au-dessus de la place, il y a été déposé sans tumulte.

Tout a été assez tranquille dans la ville le surplus de la journée, la nuit suivante et le jeudi six du présent mois de septembre, jusques vers les trois heures de relevée, qu'il a été apporté l'avis qu'à l'occasion de l'interrogatoire que devait subir cejourd'hui le nommé Re....Laurent, dit Chateau, devant le directeur du jury, la cour du tribunal s'était trouvée pleine de monde qui menaçait les jours de ce particulier ; que le directeur du Jury crut à propos de faire réintégrer dans la maison d'arrêt ce particulier qui était amené par-devers lui et qu'il interrogeait : Mais que le peuple se reportant en foule vers la prison, venait de forcer la garde et s'était emparé de lui et l'emmenait. Il fut amené en effet dans la grande salle de la maison commune par une foule de personnes qui demandaient sa mort, en répétant qu'il était l'auteur de celle du curé de Rilly. M. le Maire, M. le Procureur de la commune employèrent tous leurs soins pour convaincre tous ceux qui parlaient ainsi qu'ils contrevenaient à la loi que tout bon citoyen avait juré de respecter, et montrant que le procès était commencé contre Laurent, il était du plus grand intérêt de le laisser suivre, puisqu'en le supposant coupable, on pourrait par ce moyen découvrir ses complices. Ces représentations ne furent pas aussi généralement goûtées qu'elles le devaient : au contraire, une forte partie des personnes présentes voulaient l'immoler dans la salle où il se trouvait et sous les yeux des officiers municipaux : le mouvement fut si violent tant de la part de ceux qui le soutenaient que de la part de ceux qui s'y opposaient, que les barrières posées dans cette place et qui lors des séances publiques du Conseil général séparent ses membres d'avec les citoyens qui se rendent pour y assister, furent rompues. M. le Maire, M. le Procureur de la commune reprenant successivement la parole et parlant au nom de la loi, avec cette force et cette énergie que la circonstance exigeait, ils virent plusieurs bons citoyens armés s'offrir pour couvrir sa retraite dans la maison d'arrêt. Et ils l'entreprirent. Mais le nombre des révoltés était beaucoup plus considérable : à peine sorti de la salle et descendu les pas de la maison commune, qu'on entendit le bruit des sabres et des baïonnettes les uns pour défendre le nommé Laurent, les autres pour l'atteindre. Ces derniers y parvinrent. Laurent fut atteint, abattu, mis à mort et décapité : sa tête promenée dans les rues d'un côté et son corps de l'autre (1).

Environ trois quarts d'heure après, et au moment où on vint annoncer au Conseil général que le peuple avait porté le cadavre de Laurent sur la place du Marché, où il se proposait de le brûler, on reçut aussi l'avis que dans l'intention d'en faire autant de sa femme qui était également détenue dans la maison d'arrêt, on venait de l'en arracher pour la conduire au bûcher : que sur ce qu'elle avait allégué qu'elle était enceinte, le peuple pour s'en assurer, la conduisit chez un chirurgien. A cet avis, M. le procureur de la commune et M. Duchesne officier municipal, quittèrent la séance pour voler au secours, et, de retour une heure après, ils firent rapport que M. le procureur de la commune, ayant fait à plusieurs compagnies de grenadiers qui étaient sur la place, l'invitation de les accompagner, pour protéger la loi qui était en péril, il vit à deux pas de là, M. Frizon, capitaine de l'une de ces compagnies, donner aussitôt l'ordre de les suivre : qu'arrivés tous sur le Marché où on brûlait le cadavre de Château, ils apprirent que l'attroupement se trouvait dans ce moment sur la ci-devant place Royale : Que M. le procureur de la commune ayant recommandé à M. Duchesne d'y conduire les grenadiers, il se détacha pour les devancer, accourut à la tête de l'attroupement à l'effet de l'arrêter : qu'à peine y

(1) « L'image de ces prêtres sacrifiés, de ces prêtres contre lesquels il existait une loi de déportation, détermina le peuple à rechercher ceux qui l'avaient trompé. On nomma particulièrement l'infâme Château, tisseur. Cet exécrable homme avait reçu des bienfaits du curé démissionnaire de Rilly, et l'avait dénoncé comme un fanatique séditieux. Voulant porter jusqu'au bout le masque du patriotisme, ce misérable alla demander à M. Hurtault, alors maire de la ville, comme une grâce, qu'il le fît conduire à la maison d'arrêt. On l'accusait aussi d'avoir mangé de la chair des cadavres brûlés, d'avoir arraché le cœur d'un prêtre et de l'avoir mordu palpitant encore.... On l'arrache de la maison commune où il avait été conduit, on le massacre et on le brûle lui-même : il était vêtu d'une chemise que lui avait donné le curé démissionnaire de Rilly, qu'il avait fait égorger. »

(*Corresp. génér. de l'Europe*).

fut-il arrivé, qu'il entendit crier qu'il fallait achever la femme parce qu'elle allait être sauvée : mais que faisant effort il parvint à travers la foule jusque près d'elle : Qu'une courte observation de sa part fit sentir au peuple qu'il était dans l'erreur : qu'aussitôt il n'y eut qu'un cri de *vive la loi !* Que cependant des mal intentionnés qu'il n'a pu reconnaître, osèrent encore demander qu'on exterminât cette femme et qu'on la brûlât, mais qu'ayant dénoncé lui-même ces séditieux aux citoyens qui l'environnaient, et qui venaient de montrer des dispositions pacifiques, il put les contenir : qu'alors arriva M. Duchesne à la tête du détachement des grenadiers, auxquels il ordonna d'environner l'attroupement, ce qui fut exécuté, de manière qu'à l'aide de ce détachement, la femme Château fut reconduite dans la maison d'arrêt au milieu d'applaudissements, de bravos et des cris de *vive la loi !* qui se prolongèrent et furent répétés par les citoyens qui bordaient les rues sur leur passage, jusqu'à ce qu'ils fussent arrivés à la maison d'arrêt. M. Duchesne et M. le procureur de la commune, ont ajouté qu'ils sont d'avis que M. Frizon ainsi que la troupe qui le suivait, seront remerciés au nom de la commune, et qu'ils regrettent de ne pas connaître de nom un citoyen qui a fait les plus grands efforts pour seconder les leurs. Les remercîments à M. Frizon et à sa troupe, ont été unanimement votés ainsi qu'au citoyen dont il vient d'être parlé, s'il peut être connu.

A huit heures et demie du soir, il fut apporté au Conseil général un paquet contenant la réquisition du général Lukner, une lettre du département et une autre du district en date de ce jour à la municipalité, de faire partir à l'instant pour Châlons les effets et équipages de M. Duhoux qui avaient été arrêtés le quatre : la lettre du département porte qu'il est possible que M. Duhoux ait eu tort de ne pas prévenir le corps administratif de son départ de la ville, mais qu'il avait jugé le moment trop urgent, vu l'effervescence où se trouvait la ville de Reims, pour négliger un seul instant d'en rendre compte à M. Lukner, auprès duquel il s'était retiré : Lecture faite de ces différentes dépêches, et y déférant, il a été résolu qu'à l'instant les scellés apposés par la municipalité le quatre de ce mois, sur les effets de M. Duhoux, seraient reconnus et levés : Qu'il en serait fait mainlevée ainsi que de l'arrestation de ses autres effets : que le tout serait laissé au sieur Pillois chez lequel M. Duhoux était descendu, et qu'il serait requis de les faire parvenir le plus tôt possible; M. Heidsieck, notable, ayant été nommé commissaire à ce sujet, s'est départi sur-le-champ, pour y procéder.

L'attention qu'eut le Conseil général de la commune, de multiplier les postes et de les renforcer, de faire continuer les patrouilles ; le départ de plusieurs bataillons de volontaires et fédérés, l'évacuation de la part des religieuses des couvents qu'elles habitaient, ramenèrent le calme, de manière qu'il n'y eut rien de tragique ni dans la nuit du six au sept, ni depuis jusqu'à ce jourd'hui.... septembre 1792, l'an iv de la liberté et le 1ᵉʳ de l'égalité, qu'il a été arrêté de clore le présent procès-verbal que les membres du Conseil général, et le procureur de la commune de Reims, ont signé après lecture faite (1).

(1) Voici, au sujet de Beaucourt, le procureur de la commune, et qui se fait si bien valoir dans ce procès-verbal, ce qu'on lit dans une pièce inédite de ce temps et qui a pour titre : *Motifs du désarmement des terroristes, opéré à Reims, le 30 germinal an III, en vertu du décret de la Convention nationale du 21, et de l'arrêté du représentant Albert :*

« L'opinion publique désigne Couplet, dit Beaucourt, comme l'instigateur des massacres de septembre 1792. Elle lui reproche, après avoir été chercher Montrosier, de l'avoir empêché d'entrer à la maison commune, où il voulait s'expliquer devant les magistrats, et de l'avoir fait conduire en prison : elle l'accuse d'avoir dit deux fois à ceux, payés sans doute pour qu'il y eût du sang répandu : *Vous voulez du sang, mes amis, vous en aurez;* d'avoir dit aux mêmes, à la prison : *Patience, mes amis, soyez tranquilles; justice vous sera faite avant la fin du jour.* Elle lui reproche qu'étant depuis administrateur et procureur général du département, il a dit que les pensionnaires de la République étaient des monstres qu'il fallait étouffer : que dans un voyage qu'il a fait à Reims, pendant qu'il habitait Châlons, il a dit à la Société populaire, qu'il ne reconnaissait que six sections dans Reims, en cherchant par là à proscrire les deux autres, auxquelles il a donné des qualifications odieuses. Que depuis son retour à Reims, en qualité de juge, il a cherché à la Société populaire, à soulever le peuple contre les autorités constituées, qu'il dénigrait sans cesse, annonçant publiquement que le peuple qui les avait formées saurait bien aussi les défaire et les remplacer : enfin, qu'il a fait adopter par la Société et sans lui en donner communication, un projet d'établissement d'un comité secret chargé de la surveillance de l'exécution de la loi désastreuse du *maximum*, mesure qui a été rejetée par la municipalité aussitôt qu'elle en a eu connaissance. »

VARIÉTÉS.

ISABEAU DE LIMEUIL,

(1564).

Ier.

Le Château de Caubray.

> Les huguenots les bons enfans
> Tiennent le presche en Orléans;
> Mais les papaux, dessoubs leurs yeux,
> Disent la messe à Caubray-l'-vieulx.
> (*Vieille chanson*).

Depuis longtemps, la reine-mère employait les ressources de son esprit, fertile en inventions politiques, à ménager un accommodement entre le connétable et le prince de Condé. La bataille de Dreux où était mort le maréchal de St-André, avait mis aux mains des réformés, le vieux duc de Montmorency, et aux mains des catholiques le remuant Loys de Bourbon. Les chances de paix étaient devenues par ce triple événement beaucoup plus certaines : il restait toutefois un rude obstacle aux vues de la reine, c'était le duc de Guise qui n'était pas homme à renoncer volontiers aux avantages de la belle position que la journée de Dreux lui avait faite. Demeuré maître du champ de bataille et du commandement, François de Lorraine avait refoulé l'ennemi jusqu'aux murs d'Orléans, derrière lesquels s'était retranché Dandelot, le dernier espoir des réformés, en l'absence de l'amiral alors en Normandie. Orléans, dont ne pouvait guères s'occuper Dandelot, malade d'une fièvre tierce, se voyait pressé de si près par l'armée catholique, qu'il restait peu d'espoir aux réformés de s'y maintenir, lorsque le 18 février, on apprit que le duc de Guise venait d'être assassiné par Poltrot, sieur de Meré, gentilhomme protestant, qu'on disait attaché à M. de Soubize, et créature de M. l'amiral.

La mort de François de Lorraine, leva les dernières difficultés qui s'opposaient aux vues de Catherine : la paix devint une nécessité.

A Orléans, sur la rivière de la Loire, et vis-à-vis le couvent de la Madelaine, existait au XVI° siècle, une île dont rien que la tradition n'indique plus le site, sa surface étant aujourd'hui totalement recouverte d'eau. Cette langue de terre, connue sous le nom de petite Ile-aux-Bœufs, avait été désignée par les deux partis, maîtres chacun d'une rive opposée, comme le seul endroit où l'entrevue pût avoir lieu sûrement.

La reine-mère, en choisissant ce point si rapproché des réformés, avait eu à combattre les appréhensions des principaux chefs de parti catholique, qui ne voyaient pas sans inquiétude qu'elle songeât à négocier sous le feu des batteries ennemies. En effet, la proximité de Dandelot et des siens, pouvait bien inspirer quelques inquiétudes aux diplomates encapuchonnés, dont Catherine de Médicis se faisait toujours accompagner. Mais en ménageant au vieux connétable, prisonnier à Orléans et encore souffrant des blessures de la journée de Dreux, la peine d'un plus long trajet, elle avait voulu donner aux chefs protestants et surtout à la princesse de Condé, un gage de sa confiance et du vif désir qu'elle avait d'entrer en accommodement.

En attendant le jour si désiré de l'entrevue, la reine-mère avec une partie de sa cour, s'était rendue au château de Caubray, situé aux environs d'Orléans, non loin du côteau d'Olivet, témoin de la mort du duc de Guise.—Depuis quelques années, le gouvernement du pays orléanais ayant été donné par le roi à Messire Charles de Bourbon, prince de Laroche-sur-Yon, le château de Caubray n'avait pas suivi le sort de la capitale de la province : il était resté, ainsi que le pays de la rive gauche de la Loire, au pouvoir des catholiques.—Les environs du castel étaient remarquables par leur piquante et agréable distribution : des prairies artistement coupées de charmilles et de haies vives, offraient aux bestiaux d'abondants et gras pâturages, et contrastaient avec les grands ifs d'un vert sombre, et les vieux chênes à rameaux dégarnis de feuillage, derrière lesquels se cachaient les plaines nues de l'aride Sologne.

Au demeurant, ce fut le 7 mars 1562, vieux style, dès l'aube du jour, qu'un mouvement extraordinaire de chevaux, d'équipages et de gens de toute condition allant et venant par le coche et dans des barques de toute grandeur, annonça aux habitants des deux rives qu'il y avait armistice, et qu'un événement extraordinaire se préparait au manoir de Caubray-le-Vieulx. En effet, la reine-mère cédant aux sollicitations de ses craintifs conseillers, était parvenue à faire agréer à la princesse de Condé et à ceux de son parti, les salles de Caubray, comme le lieu le plus convenable pour les premiers pourparlers.

Cet antique château peu élevé, menaçait ruine, mais il était défendu par des fossés profonds remplis d'une eau que lui fournissait le Loiret, dont la source est miraculeuse dans les environs. La partie principale du bâtiment formait un quarré massif avec un sommet garni de tourelles et de bastions de formes variées qui se dessinait à la vue de la manière la plus pittoresque. Quatre puissantes tours crénelées en partageaient les avenues et le pont-levis. Construite en briques rougeâtres, et grâce aux efforts de l'art, cette bastille, quoiqu'en pays plat, s'était longtemps trouvée à l'abri d'un coup de main; mais à l'époque dont nous parlons, de larges fissures et lézardières que le temps avait sillonnées sur ses vastes flancs et qui servaient de retraite assurée aux chouettes, aux chauve-souris, aux corbeaux de la contrée, prouvaient suffisamment le peu de confiance que devaient inspirer ces épaisses murailles à des assiégés un peu vivement pressés.

On arrivait à la salle où devait avoir lieu l'entrevue et qui formait l'aile gauche du château, par un grand escalier tournant, éclairé de loin en loin par d'étroites meurtrières pratiquées à travers des murs de six pieds d'épaisseur. Cet escalier dont on n'avait pas eu le temps de restaurer les marches usées par le frottement, aboutissait à une longue galerie que l'ancien propriétaire avait décoré suivant le goût du temps. Les murs étaient ornés, çà et là, de vieilles tapisseries à grands personnages, représentant les batailles des croisés contre les sarrasins ou les amours équivoques des dieux de l'Olypme; à ces tableaux, curieuses productions d'artistes flamands, étaient mêlées de vieilles peintures du xve siècle dont les sujets pieux faisaient contraste avec ceux des tapisseries. Le milieu de la galerie, de distance en distance, était occupé par des panoplies et trophées d'armes, noble succession de quelques preux chevaliers du moyen-âge.

Quant à la salle de conférence qui faisait suite à cette galerie, elle avait été meublée avec une recherche que le délabrement et les ruines du vieux manoir ne laissaient pas deviner. Suivant les ordres du prince Laroche-sur-Yon, qui devait recevoir les illustres négociateurs, on s'était occupé de ce soin à l'avance et pendant plusieurs jours de suite. Des ouvriers venus de Blois et de Paris, au moyen d'une partie des meubles qui suivaient la cour, avaient changé en résidence presque royale cette demeure naguère abandonnée, et qui vraisemblablement n'était destinée à figurer dans les annales de notre histoire, qu'en cette occasion seulement.

Les vieux lambris avaient été redorés et rafraîchis : de belles glaces richement encadrées et les portraits du jeune roi Charles IX et de la reine-mère décoraient magnifiquement les tentures de velours cramoisi parsemé de fleurs de lys d'or, qui cachaient la triste nudité des murs. Aux deux côtés de la cheminée, par une adroite flatterie de Catherine, on avait accroché, en regard l'un de l'autre, les portraits parfaitement ressemblants du connétable et du prince de Condé. Le parquet était couvert d'un riche tapis de Turquie dont les nuances se mariaient agréablement au brillant des tentures. Le milieu de la salle se trouvait occupé par une grande table, en vieux noyer, de forme ovale, et dont un vaste drap vert cachait la vétusté. Au haut de cette table était un riche fauteuil de parade quelque peu élevé au-dessus des autres sièges qui semblaient attendre les négociateurs. On avait laissé libre en face de ce fauteuil une porte à deux battants en vieux chêne sculpté, donnant dans les appartements de la reine-mère et des dames de sa suite. Enfin la salle dont les fenêtres étroites et à petits carreaux avaient été condamnées et cachées sous les tentures, était éclairée par de nombreux candélabres placés dans les encoignures, et surtout par un énorme lustre d'argent suspendu au-dessus de la table et dont l'éclat seul eût suffi pour faire resplendir tout le salon.

Depuis longtems, tout était disposé pour l'entrevue, et la galerie retentissait des pas des seigneurs et personnages de distinction des deux partis, qui, attendant qu'il plût à la reine-mère d'ouvrir le Conseil, se promenaient de long en large, causant et devisant entre eux.

C'était un coup-d'œil assez curieux que celui de cette réunion de gentilshommes et d'officiers, soutenant les uns le parti de la cour, les autres celui de Monsieur le Prince, et depuis la prise d'armes de 1562, pour la première fois réunis dans un autre but que celui de se couper mutuellement la gorge. — Aussitôt la nouvelle d'une suspension d'hostilité et d'une conférence pour la paix, une foule de jeunes gens et de personnages des deux partis, avaient demandé la permission de pénétrer dans le camp ennemi, pour y retrouver des amis, des parents, depuis si longtemps perdus de vue. La faveur d'arriver au manoir de Caubray, n'avait pu s'accorder indistinctement, et tous ceux qui se trouvaient en jouir s'applaudissaient dans la galerie, au milieu de leurs amis, des dispositions pacifiques des chefs, qui allaient enfin rendre à leur famille, aux plaisirs, aux délices de la cour de la reine-mère, tant de gens d'ailleurs trop indifférents aux questions politiques pour ne pas être las de la guerre civile.

—Ohé! ne me trompais-je pas, disait un gentilhomme, qu'à sa tournure dégagée, à son costume élégant et recherché, à sa toque, à son pourpoint et à son juste-corps de velours vert, brodé d'or, on pouvait prendre pour un jeune homme à bonne fortune, n'est-ce pas le fidèle et vaillant Bouchavanes, que j'aperçois là-bas? Bouchavanes! hé! Bouchavanes!

— Qu'a donc cette perruche des Indes à siffler ainsi mon nom, dit le gentilhomme interpellé : Eh! pardieu, c'est Lignerolles, le discret compagnon de M. de Nemours! Dieu te garde, l'ami! Comme te voilà étoffé! Sommes-nous en carnaval, ou préméditons-nous quelque nouvel enlèvement?... Il n'y a apparence, car il t'en cuit encore, beau messager, pour avoir voulu traîtreusement suborner M. Alexandre, et l'emmener en Lorraine...... Malpeste! Un fils de France!

— Vive Dieu! dit à son tour celui à qui Bouchavanes donnait le bras, m'est avis que ce gentil costume indique plutôt un dameret qu'un politique! et je parierais mon bon poignard contre sa fanfreluche de fraise, que le vert-pomme de l'ami Lignerolles pourrait bien être la couleur de la dame de ses pensées! La bien diseuse Lamothe peut-être, ou bien la grande niaise Meray... Oh, ce serait piquant! ce n'est pas la belle Fosseuse, je suppose?

— Que nenni, messeigneurs, répond Lignerolles : depuis la fâcheuse affaire de Monsieur, et surtout le procès que nous intente l'ingénue Catherine de Rohan, j'ai quitté le rôle de séducteur pour le compte des autres: je travaille aujourd'hui pour ma propre chose... oui, décidément je renonce aux négociations périlleuses, je me marie!

Des éclats de rire accueillent aussitôt ce faire-part du courtisan.—Diable de Lignerolles, qui renonce aux périlleuses négociations et qui se marie! Et sans doute avec quelque Lucrèce bien éprouvée?..Elles sont si communes à la cour de notre grande reine-mère!

— Or ça, point de propos, messieurs! la future madame de Lignerolles peut se nommer; car, teste-Dieu pleine de reliques! comme dit M. du Mayne, il n'y a rien à en dire, que je crois!... C'est la belle Depienne.

Et de nouveaux et inextinguibles éclats de rire déconcertent le pauvre fiancé.

— Qu'ont donc à rire ces fous? disent en passant devant nos interlocuteurs, deux autres jeunes gens.—Ah! c'est toi, D'Oraison, bonjour : comment va l'épaule de M. le connétable? On l'a dit contusionnée que c'est pitié! — Toi qui viens d'Orléans, puisque tu ne quittes pas le vieux duc, dis-moi donc, verrons-nous M. Dandelot, pour faire tête au damné de Nemours si bravache, et qui va dit-on nous serrer le bouton.—

Non, de par Dieu! ton capitaine Huguenot a la fièvre quarte, qui le retient toujours au lit. Il s'est fait excuser, c'est Briquemault le mal bâti qui le remplace.

— A ce sujet, messieurs, voici le secrétaire de M. le prince qui arrive ma foi, tout essoufflé.—Dupont, eh Dupont!—Ne nous amènes-tu pas Son Altesse?

— Monseigneur, j'ai devancé M. le Prince de deux heures, et vais en porter la nouvelle à Sa Majesté.

— Baste! dit un autre, Monseigneur se sera acagnardé sur la route: quelque compatissante maréchale n'aura failli d'ouvrir sa porte, et le prince résiste peu aux maréchales!

— Tu te trompes, Caussac, la belle Saint-André, comme tant d'autres, est jà délaissée, et Son Altesse en revient aux filles de la reine.

— Et comment possible, puisque depuis bientôt deux ans le prince n'a vu la cour?

— On prétend pourtant, mais je n'affirme rien, Caussac, qu'au siége de Rouen, à Darnetal, où se trouvait la majesté de la reine avec son grand chapelet de perles blanches, comme on appelle ses filles, monseigneur, qu'on croyait bien loin, a trouvé le moyen d'approcher l'une de ces dames...

— En vérité! C'est un diable d'homme et d'une grande et amoureuse complexion! Et dit-on la dame? J'en veux faire un pasquin à réjouir la cour, à désespérer la maréchale!

— Mon pauvre Caussac, c'est une beauté farouche par exception, un des phénomènes de cruauté qu'ait jamais produit la cour, une inabordable, fière et inhumaine créature, haute à la main, et qui pourtant s'est, dit-on, laissé toucher par l'amour ingénu du grand prince.

— Teste-Dieu, qui donc?

— La belle Isabeau de Limeuil, ce dit-on.

— Damnation! dit Caussac en s'éloignant.....

— Vive Dieu! monseigneur, disait dans une autre partie de la galerie, et en sortant du salon de conférence qu'il était allé visiter, un homme d'église, à barbe blanche, au rochet violet et à la croix pectorale;— C'est affaire à vous, mon prince, à bâtir des chapelles! saint Sébastien notre honoré patron n'en eut jamais de si belles! L'or et l'argent, le velours et la soie s'y marient, que c'est merveille!

—Oui, Papegots, mes amis, dit en grommelant le personnage assis près du prince la Rroche-sur-Yon, à qui ce compliment s'adressait : oui, l'or et l'argent, le velours et la soie! voilà ce qui vous duit et vous touche, et non les besoins du bercail et du peuple catholique, qui, pendant que vous paradez aux cours, aux tournois, aux fêtes, crie misère, détresse et profanation!

—Par Jésus, mon Sauveur! M. le connétable est toujours le même: rude et rabroueur au pauvre monde!

— C'est que le pauvre monde dont vous parlez, monsieur l'évêque, est toujours mal avisé, présomptueux, et plein d'outre-cuidance. Une tête pelée secrétaire-d'état! un sacristain ambassadeur! Par mon ame, vaut autant un baladin chancelier, un arlequin cardinal! chacun son métier M. de Limoges, et le troupeau sera bien gardé!

— Hum! dit l'évêque en portant ailleurs ses pas.

Celui que le connétable malmenait ainsi, n'était pourtant pas un de ces prêtres à morale relâchée, comme il y en avait tant alors en France. C'était l'évêque de Limoges, Sébastien de l'Aubespine, personnage grave et de mœurs austères; revêtu longtemps d'éminentes fonctions, et de retour depuis peu de la cour d'Espagne, où durant trois années il avait rempli la mission d'ambassadeur. Quoique secrètement dévoué à la maison de Lorraine, il avait l'estime de la reine-mère, et la méritait sous beaucoup de rapports. Homme d'un jugement sûr et de bon conseil, il avait été désigné pour assister aux conférences de l'Ile-aux-Bœufs, ainsi que son frère Claude de l'Aubespine, secrétaire des finances, le confident presqu'inséparable de Catherine de Médicis. La réprimande du vieux duc, n'avait pas choqué l'évêque de Limoges qui, comme tous les gentilshommes de la cour, connaissait le caractère du connétable. Rabroueur sans pitié ainsi qu'on l'appelait communément, et censeur éternel, le vieux duc de Monmorency avait partout son franc-parler: privilége qu'il avait bien acquis, disait-il lui-même, par plus de soixante ans de pratique militaire, sept ou huit batailles décisives, où il s'était trouvé payant de sa personne; et par les plus hautes charges exercées, toujours avec le plus empressé dévouement aux intérêts des rois ses maîtres. — Il était alors assis sur un fauteuil qu'un page avait apporté de la salle exprès pour lui, et rabrouait chacun de ceux qui venaient le saluer et le prince la Roche-sur-Yon lui-même qui se prêtait de bonne grâce aux boutades du vieillard.

Vrai Dieu, Messieurs! dit en ce moment un des promeneurs d'un autre groupe, et qui portait un costume aussi riche qu'élégant: je vous jure que la petite est de fort agréable tournure: que son parler est grandement gracieux et benin, malgré les mots africains dont sa requête au roi contre nous est barbouillée: Dieu me damne! M. de Valence, si cette fille-là ne me tient pas toujours au cœur.

— Qui vous garde, M. le duc, de vous conjoindre? L'église est là et ne demande pas mieux que de réparer un scandale.

— Ah fi! l'abbé, de la morale! fi! j'aimais Catherine, je l'avoue: mais foin de Cupidon! si l'hyménée au flambeau résineux et fumant, se met du cortége et le suit en queue!

— M. le duc est fin et matois! il ne tiendrait qu'à nous, bonnes gens, de prendre le change.... Mais aucuns savent de bon lieu qu'il est de par le monde, certaine aimable veuve d'un pauvre duc, près de laquelle un galant seigneur....

—Mort Dieu, l'abbé, silence! et ce pour cause: je ne sais de qui tu prétends parler, mais de crainte, par fortune, d'entendre un nom pour un autre, évêque trinquant, buveur et sournois, brisons-là, s'il te plaît!

—Oh oh! Jacques, dit à son tour le prince, sans quitter le connétable, tu brûles ton pourpoint, et M. de Valence, a levé le lièvre, je parie. Allons, sois franc, la dame est-elle sensible?

—Hélas, dit d'une voix mielleuse et flûtée, un homme qu'à sa longue robe noire, garnie d'hermine, à son bonnet carré et à l'énorme collection de paperasses qu'il tenait sous le bras, on pouvait facilement prendre pour un magistrat. Hélas! vit-on longtemps avec les morts?

—Bourdin, mon ami, dit le duc de Nemours, car c'était lui-même qu'on soupçonnait déjà prétendant à la duchesse de Guise, Bourdin le ribleur, Bourdin le pourvoyeur des tombeaux, Bourdin l'avocat de Belzébuth, je jouerai aux quilles avec ta boule!

—Eh mon Dieu, tout beau! quand cela serait vrai, dit en passant près de Jacques de Savoie, un homme vêtu de fer de la tête aux pieds, et sous les pas duquel retentissaient les vieilles armures de la galerie, le cœur des femmes n'est-il pas un profond et mystérieux abîme d'amour et d'oubli; —d'oubli et d'amour?

—Mort dieu! Briquemault l'Huguenot, tu n'as jamais éprouvé ni l'un ni l'autre, et m'est avis qu'un lourdeau gentilhomme bardé de fer, et gracieux comme un âne bâté, n'est guère propre à parler d'amour!

—Vive Dieu, reprend le prince, comme tu prends feu, Jacques! tu hantais la dame du vivant du seigneur son mari, dont le seigneur ait l'âme! tu l'épouses après sa mort, c'est dans les règles. Loin des yeux, loin du cœur, dit le proverbe.

En ce moment la porte du salon s'ouvrit à deux battants, un jeune page parut au seuil et cria: « La Majesté de la Reine, messeigneurs! »

—Arrière! dit le vieux connétable, en se levant, seigneurs de ruelles et d'antichambre, muguets frisés de sotties et de fanfreluches, abbés papelards et sans vergogne, capitaines suffisants pleins d'âneries et de couardise, arrière! à vos rangs! Bonnet bas, tête chenue, fronts baissés, ainsi que vassaux et varlets! voici venir la reine, arrière, et faites-nous place! »

Disant ces mots, le vieux duc, malgré ses quatre-vingts ans, ses rides, ses cheveux blancs et ses récentes blessures, écarte de ses bourrades les courtisans qui lui barrent le chemin, s'avance d'un pas ferme et sur la même ligne que Charles de Bourbon, à qui la qualité de Prince du sang donnait le pas, mais qui, par déférence et respect pour les services et l'âge du connétable, l'accompagne d'un pas égal jusqu'au milieu de la salle, où pénètrent immédiatement après et sur l'interpellation de l'huissier de service : Jacques de Savoie, duc de Nemours : le colonel de Briquemault : Sébastien de l'Aubespine, évêque de Limoges : Jehan de Montluc, évêque de Valence : messire Gilles Bourdin, avocat-général, et Jehan du Tillet, greffier du Parlement, secrétaires de la Reine : tous deux partisans bien connus des princes lorrains, avaient contribué de tout leur pouvoir à l'instruction du procès capital intenté sous le règne de François II, au prince de Condé. — Quant au surplus des courtisans et gentilshommes qui se croisent en tous sens dans la galerie, l'huissier vient leur intimer l'ordre de quitter la place, afin de ne pas troubler par le bruit de leurs pas ou de leurs causeries le conseil de la Reine. Chacun d'eux alors se disperse dans les autres parties du château, se répand dans les cours, jardins et dépendances du domaine où nous ne les suivrons pas, le drame qui se prépare dans la salle voisine réclamant toute notre attention.

(La suite au prochain numéro).

APHORISMES

ET PENSÉES DIVERSES.

1.

Le sang-froid et la réflexion font souvent apprécier à bien peu de valeur des hommes et des choses fort estimés dans le monde, et y faisant grand bruit.

2.

Plus vous faites pour vous rendre la vie douce, plus vous vous rendez la mort cruelle.

3.

Ramper devant un plus fort que soi, c'est bassesse; le braver, c'est folie.

4.

La modération est aux exagérés, ce que l'eau est aux hydrophobes.

5.

L'abus de nos facultés intellectuelles est au moral ce que l'abus de nos forces est au physique : l'un altère notre raison, comme l'autre altère notre santé.

6.

De la prétention de vouloir plaire à tout le monde, naît le besoin de se contrefaire souvent.

7.

Pour qui sait compatir aux faiblesses humaines, tout ce qui n'est pas vice est digne d'indulgence.

8.

Le *tact*, la *grâce*, le *goût*, ne sont pas des vertus; mais ce sont des qualités sociales bien précieuses. Avec du tact, on ne dit rien, on ne fait rien qu'à propos; avec de la grâce, on embellit tout ce que l'on dit, tout ce que l'on fait; avec du goût, on réunit le tact et la grâce dans tout ce que l'on dit, dans tout ce que l'on fait.

9.

Quand vous aurez des chagrins domestiques, renfermez-les soigneusement en vous-même, si vous ne voulez pas en réjouir le monde.

10.

Comment le nombre des égoïstes ne grossirait-il pas chaque jour? le moins disposé à l'être, le devient, pour ne pas faire un métier de dupe.

11.

Que l'amour-propre est trompeur! Parce qu'on est orgueilleux, on se croit supérieur aux autres; parce qu'on est audacieux, on se croit courageux; parce qu'on a quelque instruction, on se croit savant; parce qu'on est sans religion, on se croit philosophe.

12.

Il faudrait, pour le bien de l'humanité, que les plus habiles fussent aussi les plus sages : il n'en est malheureusement pas ainsi.

13.

N'appelez pas vertu ce qui n'est qu'impuissance.

14.

Une personne vaniteuse ne sympathise guère avec celles qui le sont autant qu'elle; moins encore avec celles qui lui sont supérieures, soit en naissance, soit en richesses, soit en talents : elle préfère de beaucoup la société de gens où elle prime, et où l'on caresse sa vanité.

15.

Sauvons les apparences, dit l'homme vicieux; qu'importent les apparences, dit l'homme de bien.

16.

Donner à un peuple léger des institutions qui ne conviennent qu'à un peuple flegmatique, c'est comme si l'on plantait dans une terre meuble ce qui ne réussit que dans une terre forte.

17.

L'exagération est aussi trompeuse que le mensonge : comme lui elle blesse la vérité.

18.

De tous temps on a dit des vieilles gens qu'ils n'étaient plus bons que pour le conseil; ce qui ne laissait pas que de les faire encore assez valoir: mais aujourd'hui et depuis que la jeunesse croit pouvoir se passer des leçons de l'expérience, on peut bien dire que les vieilles gens ne sont plus bons à rien.

19.

Ce n'est pas sur le banc des écoles qu'on allait prendre les sages qui composaient l'aréopage d'Athènes.

20.

Des bras suffisent pour démolir; il faut de l'art pour reconstruire.

21.

Les femmes perdent en réflexion ce qu'elles gagnent en imagination.

22.

Trop de timidité est un défaut, trop de hardiesse en est un plus grand.

23.

Dire ce qu'on ne pense pas, c'est fausseté; ne pas dire tout ce que l'on pense, c'est plus que prudence, c'est sagesse.

24.

Du plus loin que vous voyez s'acheminer vers vous un plaideur d'habitude, n'est-il pas vrai que vous fuyez pour ne pas subir l'ennuyeux narré de ses procès? Vous fuyez de même si c'est un méchant poète, épris de ses œuvres et les récitant à tout venant ; mais fuyez encore plus vite, si c'est un homme animé de l'esprit de parti, il vous assommerait de sa politique aussi verbeuse qu'exagérée.

25.

Voulez-vous savoir si vous avez bien ou mal agi? écoutez vos ennemis; s'ils vous blâment, soyez content de vous : s'ils vous approuvent, repentez-vous.

26.

En vouloir jusqu'à la colère et la haine à ceux qui ne voyent pas, qui ne sentent pas, qui ne pensent pas comme nous, c'est aussi peu sensé que si l'on s'animait contre la nature parce qu'il pleut, qu'il grêle ou qu'il gèle.

27.

On ne peut être aimé sans plaire ; mais on peut plaire sans être aimé : c'est une distinction à laquelle on ne s'attache pas assez dans ce monde : de là, tant de méprises, tant d'unions mal assorties. Telle personne se flatte d'être aimée, qui ne fait que plaire par des qualités apparentes, ou par des agréments extérieurs.

28.

L'amour platonique, fût-il une chimère, serait du moins une heureuse invention de la pudeur.

29.

N'eussions-nous pas chaque jour des preuves de la perversité humaine, il y a en nous un instinct qui nous en avertit: presque toujours en effet, notre premier mouvement n'est-il pas d'attribuer au crime ou à la malveillance ce qui souvent leur est étranger?—Nous n'aurions pas cette propension dans un monde meilleur que le nôtre.

30.

A gens qui sont vicieux et sans probité en toutes choses, il ne manque que le courage pour faire des scélérats.

SIMPLE ÉPISODE.

CHAPITRE XIII.

Le Condamné.

LA DAME.
Ne connaissez-vous pas ce jeune homme ?
Qui le fait agir ainsi ?

LE VIEILLARD.
C'est qu'il a un diamant enchâssé dans le cœur.

LA DAME.
Comment !

LE VIEILLARD.
Un amour vrai.

LA DAME.
Ah ! *(Dialogue non écrit).*

Defienda me, Dios, de my.
Souhait espagnol.

Ils étaient restés silencieux, l'un vivement affligé des révélations de ce cœur jeune mais flétri, l'autre moins triste depuis qu'il avait cru partager sa douleur avec celui qui l'écoutait : descendant de la hauteur où ils s'étaient assis, ils regagnaient à pas lents l'habitation que le soleil couchant faisait briller de tous ses feux, et côtoyaient la nappe d'eau argentée dont le cours se dirigeait vers la mer. Le doux murmure du fleuve interrompait à peine leur profonde rêverie, ils ne voyaient rien du magnifique spectacle que leur offrait la nature. La couleur étincelante des jets de la lumière mourante s'harmoniait admirablement avec le feuillage vert noir de la grande forêt, le fleuve en réfléchissait l'image dans ses eaux limpides et dorées, et la tranquille majesté de l'immense horizon qui se déroulait à perte de vue ne pouvait ramener en eux le calme et paix, après les sensations tumultueuses qu'avait suscitées chez Emmanuel le récit du condamné.

Emmanuel s'était pris pour cet homme d'une forte amitié, il croyait avoir deviné chez lui de l'amour pour sa sœur, blonde et douce créature, d'une organisation délicate, mais d'une finesse exquise de perception. Son vœu le plus cher était d'unir sa sœur à ce condamné qui lui avait sauvé la vie.

Inquiet de la tristesse de l'exilé, Emmanuel prit la résolution de revenir fréquemment sur ce sujet, de ne lui laisser aucun repos, afin de chasser les idées noires qui le frappaient d'une sombre mélancolie : peut-être ne lui avait-il pas tout révélé, et cachait-il quelqu'amour fatal et méconnu qui retenait par delà les mers, dans son pays de France, l'esprit de cet homme fort, mais abattu.

Cet amour européen, s'il existait, lui faisait peur, mais il le combattrait : ne savait-il pas que ces blessures d'amour, s'irritent et s'agrandissent, et deviennent incurables si d'autres blessures semblables, ne les guérissent.

Aussi dans sa pensée, Marie était le dictame qui devait guérir cet insensé.

Et vous auriez pensé comme lui, si vous aviez vu Marie sur le seuil de l'habitation, attendre impatiemment le retour des deux amis. Comme sa robe blanche qui voilait plutôt qu'elle ne dérobait sous ses plis gracieux, la taille charmante de cette jeune fille, se détachait sur le fonds obscur des murailles grisâtres, comme son mantelet noir, rehaussait merveilleusement les boucles blondes de sa longue chevelure !!. L'émotion de ses joues rosées et de ses beaux yeux en faisait une ravissante création, à désespérer un peintre. Emmanuel, orgueilleux de sa jeune beauté, cherchait à saisir l'impression dont ne put se défendre son ami, et quand la voix de Marie demandait au malheureux exilé de ne plus être triste, de penser à l'amitié qui l'avait accueilli et qui était peinée de ses peines, et voulait le rendre heureux, oh! alors cet homme enivré contenait difficilement l'irrésistible impulsion qui le forçait à fléchir le genou devant ce bonheur inespéré.

A vous comme à Emmanuel il vous aurait paru impossible de détourner vos yeux d'un pareil présent, et l'exilé n'eut aucune envie de le faire.

Ayant une fois déjà pour Emmanuel soulevé le voile qui cachait ses amères déceptions et la poignante réalité, il voulut dire à Marie ce qu'il était, et s'en remettre à elle déjà gagnée, de son avenir qu'elle seule pouvait rendre meilleur.

Pour s'encourager à ces aveux qu'il devait à la compagne de sa vie future, il prit une main de Marie et la portant à ses lèvres, il garda cette main qui ne lui était pas retirée.

Récompense, mille fois au-dessus de la répugnance qu'il éprouvait à raconter l'histoire de ce moment si pénible, et qui avait jeté d'ineffaçables empreintes sur le reste de son existence.

Mais si rien n'attire aussi puissamment l'infortuné que la compassion pour ses chagrins, combien plus puissante encore n'est pas la pitié vraie d'une jeune fille, brillante de grâce et d'une naïve et spirituelle innocence!

Il s'enivrait à longs traits de cet amour qui le rajeunissait, sous le ciel de l'Amérique. Cet amour vrai, comme un diamant enchâssé dans le cœur, le déterminait à confier son fatal secret, à celle qui semblait vouloir l'aider à partager ce poids, à diminuer ce triste souvenir d'erreurs passées.

Il lui disait donc sa vie et ses orages, sa main dans sa main et ses yeux fixés sur une glace qui reflétait la figure si belle de Marie. Cette position lui permettait de saisir les impressions qui se peignaient sur cette physionomie charmante, et de voir ses craintes comprises, ses joies ressenties, et cette compassion à des maux qu'il avait crus inouïs et qui lui paraissaient faibles, maintenant qu'il aimait de cœur et qu'il était aimé.

Il croyait autrefois avoir aimé..... C'était l'amour-propre qui seul agissait en lui, malheureux : il ne savait pas qu'il est à l'instant déchu du véritable amour, l'homme qui n'agit qu'en vue de lui-même.

Aussi ses amours anciennes lui apparaissaient maintenant comme un océan plein de périls et d'abîmes, il ne réfléchissait pas les cieux : ce n'était qu'illusion moqueuse et pleine d'ironie.

Et cependant le récit faisait vibrer en son ame bien des cordes douloureuses, sa pauvre tête oubliait parfois Marie, et tout ce bonheur dont il allait jouir, et il se souvenait avec regret de tout ce qu'il aurait aimé à oublier.

«En France, dit-il», j'étais heureux, je le croyais, mes amis étaient tellement mes amis, et mes illusions du jeune âge si fortes et si vivaces! riche par ma famille, plongé dans le tourbillon d'une vie folle et désordonnée, toujours au lendemain les affaires sérieuses.—Un vendredi soir après avoir essayé deux anglais, nous étions accourus à l'Opéra voir danser deux sylphides que l'Allemagne nous avait cédées, et dont l'une avait, dit-on, consolé les ennuis du rejeton impérial qui dépérissait lentement sous le ciel brumeux et grisâtre de la terre allemande, après s'être éveillé au monde roi de la contrée douée du ciel le plus clair et le plus éclatant.

La vaste salle de l'Opéra était remplie; un de nous qui connaissait l'heureux directeur, apercevant sa loge déserte, nous fit placer. L'aspect de cette salle aux deux mille spectateurs applaudissant aux danses de leurs favorites et s'échauffant au feu de la musique, était vraiment beau. Je ne l'avais jamais si bien remarqué. Etait-ce un inexplicable pressentiment de ce qui allait arriver! Pour moi la vie n'était qu'à Paris, et pourtant Paris allait m'échapper..... Bientôt s'ouvrit la loge en face de la nôtre.

Une femme aux yeux noirs et brillants comme des escarboucles, à la taille haute, mais cependant pleine de désinvolture, vint s'asseoir sur le devant. Ses lèvres minces et pâles, et la froide et sévère régularité de ses traits, annonçaient bien l'esprit le plus impérieux, le plus dédaigneux qui se pût imaginer. Ou cette femme avait aimé, et, trompée, cherchait à se venger, prenant plaisir à des triomphes sans cesse répétés, ou n'avait jamais été animée, et, marbre parfait, défiait le soleil le plus chaud, comme ces glaces éternelles qui réfléchissent les rayons du roi de la création, sans jamais s'amollir, formant autour d'elles une barrière de feu qui consume l'imprudent qui se tient à portée.

Cette femme excita un mouvement prolongé parmi les hommes qui bordaient les stalles d'orchestre et du balcon : les yeux se dirigèrent sur le point où elle avait fait apparition, et nous reconnûmes de notre loge, l'habit et le chapeau qui lui servaient de cavalier : la parfaite nullité de l'homme fut le texte de nombreuses conjectures. Ce fut alors que nos têtes à l'envers, parièrent à qui le premier se mettrait entre l'astre et le pauvre qui, dans notre idée, était favorisé de ses rayons.

On se donna huit jours, c'était par trop : l'un paria ses chevaux, l'autre sa dernière maîtresse, qui, son arsenal complet, épées et boîte de combat, qui, sa précieuse collection de pipes, un dernier, ses épaulettes de garde national, contre un mille de vrais havanes. La lutte commence, parmi les plus fols était le substitut du procureur du roi de la ville de..... siége des assises du département, il était accouru à Paris pendant les vacances, pour manger en quinze jours son traitement d'une année, quoique la magistrature soit rétribuée dans ce beau pays de France...., presqu'à l'égal de votre nègre Jobson ; pardonnez cette plaisanterie, cher Emmanuel, je traîne sur ces détails, et ne m'avance qu'en tremblant, au dénouement que Marie va connaître, et qu'elle pardonnera.... peut-être.

Je passe sur nos extravagances pour arriver au but du pari : tous, nous fîmes d'inutiles tentatives pour ravir le feu du ciel et animer cette statue : nos barques follement lancées, se heurtèrent et vinrent échouer sur le sable, et dans ce naufrage universel, les chevaux, les maîtresses, pipes, arsenal, cigarres, et l'attirail du garde national, changèrent de mains sans changer de destination ; tant parmi nous les idées avaient de ressemblance, malgré nos prétentions réciproques à une originale excentricité.

Le huitième jour était déjà vieux d'une heure, lorsque je fus réveillé par le substitut qui, forcé de retourner à sa résidence pour l'ouverture des assises, venait me faire ses adieux au sortir d'une grave dissertation, prolongée fort avant dans la nuit, pour décider de la supériorité des vins de Champagne sur la blanquette de Limoux. Champenois pour l'année judiciaire, cet arrière petit-cousin d'un ministre soutenait l'honneur du pays qu'il honorait de sa présence, et l'on venait me chercher pour départager les opinions.

Je l'accompagnai. La chaise de poste qui devait rendre mon substitut à ses justiciables, attendait impatiente de l'enlever au pavé de la capitale, et les chevaux, bien qu'ils eussent été pris à la poste, piaffaient animés qu'ils étaient, entendant le galop d'autres chevaux qui les dépassaient : c'était une grande berline avec deux postillons qui s'enfuyait avec rapidité sur la route de Paris à. . . . . . la route de notre magistrat.

En passant dans la rue étroite, la berline manqua renverser la légère voiture du substitut au moment où il se disposait à se jeter sur les moëlleux coussins de son coupé : furieusement gai, il se mit à requérir en termes d'audience le respect qui lui était dû ; à ces graves paroles, si bouffonnes en pareil instant, nous aperçûmes à la portière de la berline, dont la glace venait de se baisser, la femme aux yeux noirs, le sujet de notre pari, celle qui s'était jouée de nous.

A côté d'elle, raide et guindé se tenait le cavalier de l'Opéra.

L'occasion est belle pour terminer l'aventure, nous dit le substitut, qui de vous veut la mettre à fin, ma voiture est à ses ordres !

Je m'étais élancé et Lutèce disparaissait déjà derrière nous, que précédait de fort peu la berline de la dame. Souvent son compagnon de voyage examina la voiture qui s'attachait à leur voiture, mais impossibilité pour lui de rien distinguer à travers le nuage de fumée de nos havanes, car nous allions avec le vent.

Voyez, les détails m'arrêtent, je me rattache à une foule de riens, je retarde la catastrophe, je n'y serai que trop tôt.

Déjà loin de Soissons, l'essien de la berline cria et se rompit au milieu d'un grand village de Champagne : il fallut s'arrêter, et je forçai mon ami le substitut à s'arrêter aussi, quoiqu'il en eût.

A cette preuve évidente de nos intentions, le cavalier de l'Opéra ne put se contenir, il vint à nous, et d'une voix peu polie nous enjoignit de continuer notre route ; la réponse fut discourtoise, et rendez-vous fut pris, non d'amour, mais de bonne et franche inimitié qui devait se traduire par la bouche de deux pistolets.

La dame avait vu notre entretien et deviné ses suites ! orgueilleuse ou je ne sais quoi, de voir se déchirer pour elle, deux êtres pour qui peut-être elle n'éprouvait qu'indifférence, elle se plut à m'encourager de ses regards et à me laisser lire ce que je voulais, dans cet œil grand et noir, cause de ma perte.

Forcé de s'arrêter pour y passer la nuit, dans cette auberge qui ne contenait que trois chambres disponibles et de plain-pied, le cavalier s'établit dans celle du milieu, nous séparant ainsi de la dame.

J'attendis à peine la nuit pour chercher un entretien avec elle, malgré mon ami le substitut, véritable médecin de ma folie : il traitait ce ridicule amour dont je m'étais épris, d'affection mentale, mal dont le siége était dans la tête et non au cœur ; fallait-il franchir toutes les bornes pour cet amour, résultat d'une rêverie, d'un désir, moins que cela, d'un pari !

Je fus sourd à sa raison, mon sort allait s'accomplir : Etait-ce écrit là-haut ?

L'obscurité était profonde, les fenêtres peu hautes, nombreuses; trompé, j'escaladai celle du jeune homme qui, dormant tranquille sur la foi de notre rencontre, avait déposé son inquiétude jalouse pour n'y songer qu'au moment du combat.

Brusquement réveillé, il se saisit de ses pistolets, fait feu sur moi qu'il manque; à la lumière produite par l'explosion, je pus voir où il était et je me précipitai sur lui avant qu'il ne fît feu de son second coup : dans la lutte, nous tombons tous les deux, la détente partit et sa poitrine fut traversée d'une balle.

Son dernier soupir s'exhala dans mes bras, et je m'évanouis.

Quelques jours après, je me trouvais sur le banc des criminels, la session des assises était ouverte; à ma prière, mon ami le substitut s'était courageusement chargé de l'accusation qu'il exposa, bien impartialement, tout en faisant entendre la voix de l'amitié. — Malgré ses généreux efforts et ceux de mon défenseur, le jury déclara ma culpabilité, mais à la simple majorité, et ma condamnation fut prononcée.

On avait entendu mon altercation avec le jeune homme, il devait y avoir duel le lendemain, et la nuit même, j'étais entré chez lui, et dans la lutte, il avait succombé. — On me crut coupable.

Je vivrais cent ans, qu'il me serait impossible d'oublier la douleur et la rage qui s'emparèrent de moi. Blessé à mort, je maudissais cette institution du jury, belle conquête ma foi, depuis qu'elle est dénaturée; qui chez nous l'a toujours été et le sera toujours, tant qu'il ne faudra pas pour la condamnation, l'unanimité des douze jurés appelés à prononcer sur le sort, l'honneur de leurs concitoyens. Autrement, je préfère pour garantie, celle de trois juges instruits et éclairés. J'accusais notre société si bien organisée, que chez elle, il faut le reconnaître avec douleur, c'est elle-même qui prépare le crime, et que le coupable n'est que l'instrument qui l'exécute.

Je regrettais cette justice aveugle du moyen-âge, ni meilleure ni pire que la nôtre, ces temps où le chevalier, bardé de fer, en appelait coupable ou non, à la vigueur de son bras duquel dépendait sa justification... maintenant la parole a remplacé l'action.

Mais il me restait de l'or, et ce que la parole n'avait pu faire, j'essayais de l'accomplir, à l'aide de ce métal et de quelques bijoux.

Moyen usé et toujours nouveau : je corrompis le geôlier, l'âme de cet homme fut accessible à la cupidité, je lui donnai tout et je fus libre.

Libre! mais flétri, mais plus enchaîné que jamais par cette fatale condamnation qui pesait sur ma tête; aussi la terre de France me brûlait-elle les pieds, je parvins à gagner le Hâvre, d'où je partis sur un navire en destination pour l'Amérique du sud.

J'ai cherché la mort dans les combats, et je fus assez heureux pour l'éloigner de vous, Emmanuel, vous m'avez accueilli comme un frère et plus encore; mes désirs devraient être comblés, mais qui me rendra ma patrie et ma mère!. . . . .

Le regard de Marie lui reprocha ce regret donné à la France.

Au même instant, un exprès, envoyé par le commandant du port voisin à Emmanuel, gouverneur de la côte, lui annonçait que le trois-mâts, le Bolivar, était en vue du port, revenant de France.

C'était le navire qui amenait la mère du condamné.

M. L.

LE VIEUX REIMS.

PLACE DU MARCHÉ.

Dans moins de vingt ans, Reims, cette ville d'antique origine, au sein de laquelle se sont superposées les diverses races qui ont dénationalisé la grande famille gauloise, cette ville aux chemins, aux portes, aux temples romains, qui, du joug des dominateurs du monde, auxquels elle donnait fastueusement le titre d'alliés, est passée sous le joug de la civilisation franque, cette ville, où les constructions capricieuses et fantastiques du moyen-âge se trouvaient si nombreuses naguère encore; Reims, dans vingt ans, disons-nous, n'aura plus de tant de générations éteintes, que des souvenirs de tradition : nul monument ne lui dira quels hôtes furent les

siens, ce que l'art, chez elle, a pris aux étrangers qui foulèrent son sol, aux hommes qui peuplèrent ses larges rues.

Il est plus que temps d'étudier ce qui nous reste de ses anciennes constructions, de les dessiner, de les saisir, ne fût-ce qu'à la silhouette. Car arrivent à la hâte, avec des projets de ruines et de destruction, et le Conseil municipal qui paye les démolisseurs, et les architectes que les monuments debout offusquent, et les entrepreneurs qui font place nette et rafle sur tout. — Ce que nous disons là, n'est point exclusivement applicable à notre époque. Chaque génération pousse du pied celle qui l'a précédée, pour être à son tour éconduite par celle qui suit. Les Romains ont démoli l'œuvre des Gaulois; les Francs ont fait oublier les Romains; les Sarrasins, les Francs; les Italiens, les Sarrasins... puis est survenu le mauvais goût, la décadence, qui eut bonne intention de tout confondre et de ne rien laisser. — Aujourd'hui, que l'on ne se croit point dans une époque épuisée, abâtardie, on veut à toute force édifier : mais je ne sais par quelle étrange fatalité, l'on ne peut projeter une seule nouvelle construction, qu'on n'en démolisse dix autres intéressantes ! — Eh bien ! puisque force nous est de subir nos actifs et ingénieux artistes, souffrons encore leurs démolitions ; mais du moins, prions-les de réédifier, afin que, nous aussi, nous ayons leurs chefs-d'œuvres à léguer au marteau vengeur de nos neveux !

« Malgré la quantité prodigieuse de maisons abattues et reconstruites depuis quelques années, malgré l'activité qu'on a mise à élargir les rues, à défigurer, à moderniser les anciennes constructions, celles mêmes qui, en raison de leur élégance et de leurs riches sculptures, auraient dû trouver grâce devant des hommes qui se piquent d'avoir du goût » (1), il nous reste encore dans Reims, quelques maisons qui suffiraient pour donner une idée de ce que pouvait être la physionomie de notre ville au moyen-âge.

Les maisons avec leurs pignons aigus, leurs cheminées arrondies, leurs flèches élancées, formaient des lignes festonnées, d'une teinte sombre et mystérieuse, que relevaient à de fréquents intervalles, des édifices dont la capricieuse architecture échappait à toute prévision. De tous côtés, des tours d'églises, de chapelles, de murailles militaires : des beffrois aériens, des clochetons multipliés, couronnant jusqu'aux escaliers, aux cheminées, aux moindres tourelles, présentaient une forêt de pyramides auxquelles se mariaient les pignons aigus des plus modestes habitations. La plupart des rues avaient des porches ou galeries, telles qu'il nous en reste encore au quartier de la Couture, au moyen desquelles on pouvait marcher à couvert, et qui n'avaient d'autre inconvénient que d'assombrir les appartements du rez-

---

(1) Bulletin monumental, tome 1er, par M. DE CAUMONT.

de-chaussée, laissés d'ailleurs aux gens de profession mécanique, au petit commerce, aux valets et autres gens de pauvre condition. Il n'y avait pas jusqu'à la direction oblique des rues, dit encore l'auteur qui nous sert ici de guide (1), qui ne fût le résultat d'une heureuse combinaison. Dans les temps de frimats et de giboulées, elle défendait contre l'impétuosité des vents, et l'intensité du froid; en temps de siége et de guerres, la ville étant plus resserrée, les travaux de remparts et de fortifications coûtaient bien moins, et si la ville venait à être prise d'assaut, ce zig-zag des rues permettait une défense opiniâtre, de nombreux retranchements et de faciles retraites.

Ces maisons du vieux Reims, dont M. Maquart nous a donné l'ingénieux croquis, existent encore sur la place du marché. On sent au premier coup d'œil qu'elles n'ont rien perdu de leur disposition primitive : elles présentent en effet, un bon exemple de l'ordonnance habituelle des maisons du xve siècle, auquel évidemment elles appartiennent.

A cette époque, les maisons étaient pour la plus grande partie construites en bois. On plaçait, dit M. de Caumont, de grosses poutres qui s'élevaient perpendiculairement jusqu'à une assez grande hauteur, puis on remplissait les intervalles par des murs de pierre, de mortier ou de plâtre entrecoupés de traverses horizontales et le plus souvent diagonales, qui s'emboîtaient dans les pièces principales. — La façade des maisons offrait jusqu'à un certain point celle des églises : on voulait qu'elle fût terminée par un fronton triangulaire, et l'on eût trouvé trop monotones ces couronnements horizontaux, qui sont en si grande vogue aujourd'hui.

A partir de la fin du xve siècle, les maisons de bois étalèrent un luxe de ciselures, de sculptures et d'ornements qu'elles n'avaient pas encore offert. Nous avons un exemple de ce goût pour l'ornement, dans la principale maison de celles que nous reproduisons, celle de M. Legoix, orfèvre. Les maisons, comme celle-ci, étaient décorées de petites statues de saints, placées dans des niches ou en saillies le long des principales pièces de bois, s'élevant verticalement et formant la charpente de l'édifice; quelquefois dans les trumeaux des fenêtres : les simples traverses destinées à maintenir le remplissage de plâtre ou de chaux, qui formait le milieu des murs, étaient assez souvent ciselées. Les chardons rampants, les feuilles de choux frisés et autres moulures analogues, ornaient les portes en ogive, et quelquefois les corniches : des panneaux, des colonettes dentelées, découpées, tapissaient certaines parties de murailles. Les fenêtres presque toujours carrées et subdivisées par des croix de pierre, avaient pour encadrement plusieurs rangs de nervures prismatiques, et pour entablement, des archivoltes élégamment surmontées de faisceaux frisés et dentelés.

(1) Bulletin monumental, tome 1er, par M. DE CAUMONT.

A Reims et dans les grandes villes, ces maisons se composaient habituellement de deux étages au-dessus du rez-de-chaussée et d'un troisième, sous le toit, éclairé par des lucarnes qui dissimulaient la monotonie du grand mur de couronnement. Les étages s'avançaient en saillie l'un sur l'autre, et les parties rentrantes, qui régnaient sur la largeur du bâtiment, étaient ornées de sculptures et de moulures, comme on peut le voir encore sous le premier étage de la maison Legoix, où sont des cariatides, des statues de chevaliers, de saints personnages, et des grotesques d'un genre curieux, et répondant d'ailleurs aux sculptures de la fin du xv° siècle.

On avait aussi l'usage de placer sur la porte de ces sortes de maisons, des bas-reliefs propres à les faire reconnaître et qui suppléaient ainsi à notre système de numérotage. Cet usage, ajoute M. de Caumont, s'est conservé pour quelques maisons, jusqu'au commencement du xvii° siècle, et nous en retrouvons une réminiscence dans ces enseignes figurées, qui distinguent les anciennes auberges, et qui, au lieu d'être comme autrefois en bas-relief sur le mur, ont été repeintes sur une plaque suspendue en saillie dans la rue.

On voit encore à Reims, plusieurs maisons qui portent leur enseigne formant bas-relief au-dessus de la porte : Saint-Martin, l'Ane rayé, le Corbeau, le Singe, la Gerbe, la Vache, la Truie qui file, les quatre Chats grignans servaient autrefois d'enseigne : quelques marchands, en reconstruisant leurs façades, ont conservé sur une plaque de cuivre ou sur un tableau, les anciennes enseignes de leur maison : ainsi, le Moulinet, la Pomme-d'Or, et la Bonne-Femme, (une femme sans Tête).—L'Enfant-d'Or est l'enseigne de la maison de M. Legoix : c'est un enfant endormi, peint en or. — Le calembourg y est. L. P.

POÉSIE.

REGRET.

I.

O! que n'ai-je parlé! — Pourquoi donc si timide,
Tremblant de faire éclore un sourire moqueur
Comme un parfum qui dort dans son calice humide
Ai-je, hélas, renfermé mon secret dans mon cœur?

II.

O! que n'ai-je parlé quand de ce jour qui brille,
Dès son lever douteux, présageant seul le ton,
Je voyais sous l'enfant poindre la jeune fille,
Et devinais la fleur sous les plis du bouton!

III.

O! que n'ai-je parlé quand l'éclat qui décore
Son radieux soleil n'était qu'à son matin!
Quand personne que moi n'espérait d'elle encore
Un bonheur qui dorait un horizon lointain!

IV.

O! que n'ai-je parlé quand, plus grande, applaudie,
Sourde aux propos flatteurs ou ne comprenant pas,
Elle ne respirait que danse et mélodie,
Tout entière au quadrille où tournoyaient ses pas!

V.

O ! que n'ai-je parlé quand, pouvant mieux entendre,
Elle baissait les yeux devant des yeux brûlants,
Et que son clavecin rendant un son plus tendre
De son émotion trahissait les élans !

VI.

O ! que n'ai-je parlé quand son ame innocente
A d'autres que sa mère avait peur de rêver.
Et, qu'ignorant l'attrait de sa beauté naissante,
Elle craignait l'amour, croyant n'en pas trouver !

VII.

O ! que n'ai-je parlé quand l'astre qui l'attire
Ne s'était point encor près du sien révélé !
Quand nul n'avait le droit de l'aimer, de lui dire :
« N'aime que moi » ! — Que n'ai-je, ô ! que n'ai-je parlé !

Théodore Carlier.

ADROIT REFUS.

> Je ne puis l'oster de mon âme,
> Non plus que vous y recevoir.
> Malherbe.
>
> Elle étoit de l'âge d'un vieil bœuf,
> désirable et fraîche.
> Béroalde de Verville.

Ah ! ne m'accusez pas d'être froid, insensible ;
D'avoir l'œil dédaigneux, le rire d'un méchant ;
D'avoir un cœur de bronze, à tout inaccessible ;
D'avoir l'ame fermée au plus tendre penchant.
Vous me devinez peu malgré votre science :
Croyez moins désormais à cette insouciance,
J'aime, et d'un amour vif ; j'en fais l'aveu touchant.

J'aime, en un manoir sombre et carlovingiaque,
Sillonné vers le soir par de rouges éclairs,
Seul, au balcon hardi, d'un luth élégiaque,
Éveiller des accords frémissants dans les airs.
Caché, j'aime à compter les baisers d'une amante,
A contempler le ciel dans une onde dormante,
Et la lune bercée argentant des flots clairs.

J'aime de cent chasseurs voir la tourbe effrayante ;
La voix rauque des cors tonnant au fond des bois ;
Le hahé des valets à la meute aboyante ;
Puis l'hallali joyeux, les déchirants abois.
Puis, j'aime voir après, quand le soleil décline,
Quelques bons montagnards, au pied de la colline,
Naïvement danser aux chansons d'un hautbois.

J'aime à brûler parfois l'oliban et la manne ;
A savourer aux champs le parfum d'une fleur,
J'aime, nonchalamment, sur la molle ottomane,
M'étendre, demi-nu, quand darde la chaleur ;
Prolonger jusqu'au soir la sieste favorite ;
Fumer le calumet, l'odorante cigarite,
Et d'un thé délicat égayer ma douleur.

J'aime à bouleverser une bibliothèque,
Fouiller un chroniqueur qu'on a laissé moisir,
Déchiffrer un latin, quelque vieille ode grecque
Essayer un rondeau, peindre un ange à loisir ;
Puis, surtout, d'un festin l'enivrante magie,
L'impudeur effrontée assise en une orgie,
Où s'affaisse mon corps sous le poids du plaisir.

J'aime enfin chevaucher dans les bois, les campagnes,
Sur mon prompt alezan par une nuit d'été.
J'aime des cris de guerre éveillant les montagnes ;
J'aime enfin l'incendie, horrible volupté !
Écraser un tyran sous sa lourde oriflamme !
Au sang de l'étranger retremper une lame,
La lui briser au cœur, en criant liberté !

Ah! ne m'accusez pas d'être froid, insensible,
D'avoir l'œil dédaigneux, le rire d'un méchant;
D'avoir un cœur de bronze, à tout inaccessible,
D'avoir l'ame fermée au plus tendre penchant.
Vous me devinez peu malgré votre science :
Croyez moins désormais à cette insouciance.
J'aime, et d'un amour vif; j'en fais l'aveu touchant.

Pétrus Borel.

PETITE CHRONIQUE.

Église Catholique-Évangélique-Française. L'*Industriel* du 7 juillet contient un assez long article, sur la fermeture de l'église Chatel-Auzou : cet acte d'autorité du Préfet de Police de la Seine, semble à notre confrère aussi arbitraire que vexatoire, et la violation la plus manifeste de l'article 5 de la Charte de 1830. Nous ne partageons pas à cet égard l'opinion de l'*Industriel*.

Depuis 1830, on a bien trouvé le moment de faire des lois contre les délits politiques : les délits contre la religion étaient restés sans répression. Voici qu'éclairée sur les dangers d'une pareille incurie, l'autorité entreprend d'arrêter des abus trop longtemps tolérés. En vérité pour cette répression, il n'est nullement besoin de lois nouvelles, il ne s'agit que d'exécuter celles que la Charte de 1830 n'a pas abrogées.

Qu'on ne s'y trompe pas : nous ne voulons pas ici nous porter les défenseurs de l'intolérance religieuse : Nous voulons seulement émettre notre opinion sur une question, fort sérieuse selon nous, et rendre nos adversaires logiques, si la chose est possible.

Ceux qui, par indifférence pour la religion, se font les chauds partisans de tous les cultes et de toutes les nouveautés, sont habituellement de la plus grande intolérance, aussitôt qu'il s'agit de la religion catholique. Ils gémissent, ils se plaignent des entraves apportées à l'exercice du polythéisme, et dès qu'il est question des prêtres ou de l'église catholiques, ils crient au jésuitisme, à la superstition, à l'envahissement sacerdotal!—Il serait bon d'être tolérant pour tout le monde !

La loi française qui, malgré la Charte de 1830, régit encore les affaires du culte, resserre dans des limites très étroites, le pouvoir du clergé catholique ; ainsi le gouvernement s'est réservé à lui seul le droit de nommer les évêques, qui ne peuvent même prendre possession de leur siège, sans avoir fait viser leurs bulles au Conseil-d'Etat.

Les grands-vicaires, les chanoines, les curés ne peuvent entrer en fonction sans son agrément. Entr'autres dispositions qui tendent à restreindre et à diriger l'exercice du culte catholique, la loi organique du Concordat de 1802, en interdit les fonctions à tout ecclésiastique qui ne serait attaché à aucun diocèse, et l'article 34 établit que nul prêtre ne peut desservir une paroisse sans l'autorisation de l'évêque diocésain.

Or maintenant, en présence de ces restrictions imposées aux ministres de la religion du plus grand nombre, sera-t-il loisible au premier saltimbanque de se poser sur la place publique, d'ériger un culte à sa fantaisie, un culte qui ne sera qu'une insolente parodie du culte de la majorité? pourra-t-il, lui, homme sans mission, sans caractère légal, ou mieux comme l'abbé Chatel, lui, prêtre interdit, chassé de son diocèse pour ses méfaits, pourra-t-il, s'affublant du costume des prêtres catholiques, se créer de sa propre autorité prêtre, évêque, primat des Gaules, ordonner des lévites, fonder des cures avec succursale, prêcher publiquement une doctrine dérisoire, commettre sous les yeux de l'autorité, de scandaleuses profanations, sans que la loi si stricte et si répressive contre la religion de la majorité, puisse rien contre de semblables désordres?

Qu'on ne dise pas que le bon sens populaire fait promptement justice du mensonge et du charlatanisme! Avant d'être éclairé, le peuple se livre volontiers à des actes vexatoires et tyranniques. Sous le spécieux prétexte de jouir d'une liberté qui lui est garantie par la Charte, il opprime et persécute ceux que blessent ces niaiseries sacriléges. Rappelez-vous les scènes affligeantes de Chartres et de Clichy-la-Garenne : c'est là, qu'au nom de Chatel et de la liberté de conscience, des prêtres catholiques ont été outragés, battus, spoliés et contraints à la fuite.

La loi de 1830, en garantissant le libre exercice des cultes, n'a stipulé que pour les cultes alors existants, et qu'elle devait comprendre parmi les faits constitutifs de l'ordre social. Mais cette loi, à moins d'être la plus folle des monstruosités, n'a certes pu vouloir, et elle n'a pas voulu donner le droit à tous bateleurs et charlatans de carrefours, d'ériger leurs tréteaux en autant de chaires apostoliques?—Et qu'est, s'il vous plaît, la prétendue religion Catholique-Française de M. l'abbé Chatel?—N'est-ce pas la dérision la plus complète de la religion catholique, apostolique et romaine? Et s'il vous est arrivé d'entendre les discours publics, les instructions du sieur Chatel, lui avez-vous entendu débiter autre chose que d'atroces diatribes contre les prêtres catholiques? A-t-il prêché autre chose que le mépris des croyances de l'église latine?—les sottises, l'ignorance, les facéties burlesques de Chatel, peuvent bien être du goût de quelques personnes ; on ne niera pas qu'elles n'en blessent un plus grand nombre. Et, puisque la loi accorde une égale protection à tous les cultes, elle doit au moins protéger le culte de la majorité des Français, contre des hommes qui ne s'érigent en apôtres que pour le diffamer et le détruire (1).

(1) Nous ne pouvons résister au désir de citer ici un fragment d'une lettre écrite par un de nos amis à une dame, qui entretenait correspondance avec l'abbé Chatel.

« Vous écrivez, je le sais, à l'abbé Chatel : que vous chante ce ridicule charlatan? Il a voulu aussi faire du bruit dans le monde ; mais Luther au petit pied, il n'y

Au surplus, la mesure du Préfet de Police contre laquelle s'élève l'*Industriel*, n'est pas un fait nouveau : elle n'est ni illégale ni extra-légale.

L'abbé Laverdet, prêtre Chatellien, de la troupe dissidente, à la tête de laquelle s'est posé Auzou, avait été précédemment condamné par le tribunal de police correctionnelle de Mantes, pour infraction aux art. 291, 292 du Code pénal, non abrogés par la Charte de 1830. Sur appel au tribunal de Versailles, le jugement qui condamnait Laverdet à 50 fr. d'amende et à la fermeture de son église, fut purement et simplement confirmé. — C'est par analogie que l'église d'Auzou vient d'être fermée. M. Auzou peut user du même droit que M. Laverdet : qu'il intente une action au Préfet de Police en trouble du culte dont, selon lui, la Charte lui a garanti le paisible exercice. Nous ne doutons pas que le tribunal auquel sera portée l'affaire, n'en décide comme celui de Versailles et celui de Mantes, et partout la loi, nous avons presque dit le bon sens, donnera gain de cause à M. le Préfet de Police.

—Inspecteurs. Nous sommes dans une semaine critique, il pleut des Inspecteurs : Il en tombe sur les établissements universitaires, sur les hospices, sur les régies financières; il en tombe sur les prisons, sur la Bibliothèque et sur nos monuments.— Nous avons eu M. Caïx, l'un des Conservateurs de la Bibliothèque de l'Arsenal, le-

a que le bruit des sifflets, des casseroles et des cornets à bouquins qui lui soit arrivé. Pourquoi écrire à cet homme ? Je conçois votre correspondance avec les Saint-Simoniens. C'étaient d'autres fous, mais du moins chez ceux-là il y avait de bonnes choses et surtout une grande pensée politique!—mais chez Chatel, qu'y supposiez-vous, bon Dieu ? un homme qui n'a ni talent, ni instruction, ni la moindre idée neuve ! je l'ai vu de près, non point pour m'assurer de son incapacité que j'avais devinée, mais pour juger au moins de ses ressources! pitoyable de tous points! J'ai connu son premier grand-vicaire, autrefois commis dans une maison de commerce : pauvre diable, dont la seule passion était d'aller chanter au lutrin le dimanche. Il n'a accepté le titre et les fonctions de curé Chatellien que par amour pour le plain-chant. J'ai ri à me serrer les côtes quand je l'ai reconnu en chaire, catéchisant ses néophites. Pitié ! pitié ! — Et vous écrivez à Chatel ! peut-être même dites-vous actuellement la messe en français pour complaire à sa Seigneurie !—Au surplus dites, de ma part, à Monseigneur qu'il a tort de donner à son église le nom de *Catholique-française* : ces deux mots hurlent de se trouver ensemble. *Catholique* signifie universel : donc, une église qui n'est que française n'est pas une église catholique. L'Eglise romaine seule a pu prendre ce titre, parce que, outre la prétention assez bien fondée, qu'elle a d'être exclusivement apostolique, ses instructions et sa lithurgie, je vous l'assure, se sont toujours faites en latin, qui était la langue des Romains, des maîtres du monde, la langue connue de tous, qui pouvait être entendue de la catholicité, c'est-à-dire, de l'universalité des hommes. Eh bien ! M. Chatel ne parle pas une langue catholique : il parle français, si tant est qu'il le parle ; et l'on ne peut dire que sa religion, si s'en est une, soit une religion catholique. — Veuillez le dire à Monseigneur et mettre mon admiration aux pieds de Sa Grandeur ! »

quel après son inspection au collége et dans les pensionnats, a visité notre belle Cathédrale, l'église St-Remy, les filatures principales de la ville, l'arc de triomphe de la Porte de Mars et la Bibliothèque dans ses plus minutieux détails.—Puis nous est venu M. Péclet, homme placé haut depuis longtemps dans les sciences physiques. Les établissements d'industrie, ont surtout été l'objet de ses curieuses investigations : l'habile professeur a visité les travaux du puits artésien, la fabrique de gaz, les manufactures, les caves, les prisons, les hôpitaux, et généralement tous les lieux qui servent de point de réunion à un grand nombre d'individus. Notre savant Bergouhnioux a reçu de lui les témoignages de la plus flatteuse bienveillance. — Avec M. Péclet, se trouvait à Reims M. Dubois (de Nantes) qu'il suffit de nommer, pour rappeler une haute notabilité politique et littéraire. Le grave inspecteur-général qui s'est surtout attaché à la direction morale des établissemements d'enseignement public, a bien voulu nous déclarer que Reims, sous le rapport de l'instruction, ne le cédait à aucune des villes qu'il a précédemment parcourues. Dans sa visite à la Bibliothèque, M. Dubois a particulièrement fixé son attention sur les manuscrits, les archives, et les objets d'art qui servent d'éléments au Musée, promis depuis si longtemps à la ville de Reims. Le beau manuscrit du XIIIe siècle, de Flodoart, ne pouvait échapper à l'attention du savant traducteur du plus ancien chroniqueur Champenois. — Après M. Caïx, après M. Péclet. après M. Dubois, est arrivé M. de Watteville qui n'est pas, lui, inspecteur de l'université, mais inspecteur des hospices. Ce fonctionnaire a témoigné la plus haute satisfaction pour l'ordre de la comptabilité, la bonne tenue des établissements, la sage et prudente administration qui les dirige, et il s'est plu à reconnaître que peu d'institutions du même genre ont marché aussi rapidement dans la voie du progrès et des améliorations. — Puis enfin voici venir M. Wuilliaume et M. N***, qui ne sont ni inspecteurs des hospices, ni inspecteurs de l'université, mais bien, l'un, inspecteur des finances. l'autre, inspecteur des prisons et dont la mission n'est pas accomplie au moment où nous écrivons ces lignes. — L'impulsion donnée par le concours simultané de ces hommes supérieurs, ne peut manquer de porter ses fruits, et de raviver encore les nombreux éléments d'ordre et de prospérité, dont notre ville est déjà si richement dotée.

—Sainte-Pélagie. M. Auzou, membre dissident du clergé chatellien, qui avait éprouvé le désagrément d'être incarcéré pour dettes, vient, dit-on, d'être rendu à la liberté.

—M. de la Mennais. On annonce comme très prochaine l'arrivée en nos murs du célèbre abbé de la Mennais.—Depuis qu'il a cessé de coopérer à la rédaction du Journal *Le Monde*, l'éloquent écrivain paraît avoir enfin rompu toutes liaisons avec les hommes et les théories, qui l'ont jeté si loin des doctrines professées par l'auteur de l'*Essai sur l'Indifférence en matière de Religion*. On nous écrit de Rome que des négociations secrètes sont entamées, dans le but de rendre à M. de la Mennais le rang qu'il occupait dans l'église, et peut-être un plus éminent.

— Archéologie. La publication du Bulletin Monumental, paru sous les auspices de la Société, pour la conservation et la description des monuments historiques de France, et dirigé par M. de Caumont, membre-correspondant de l'Institut, en est à son troisième volume. Nous nous proposons de rendre compte de cet ouvrage, l'un des plus intéressants qu'on ait encore publiés sur l'art architectonique, aux différentes époques de notre histoire.

— Bibliographie. Sous presse : Histoire de France, depuis la mort d'Henri IV jusqu'à la mort de Mazarin ; 4 vol. in-8°, par A. Bazin, le savant et spirituel auteur de l'*Epoque sans Nom*, et de plusieurs écrits non moins remarquables. — Nous rendrons compte également de cette importante publication, impatiemment attendue dans le monde littéraire et savant.

— Trésor. Il est question de par le monde, et l'on a fait bruit dans tous les journaux, d'un trésor d'une incroyable richesse, découvert dans un département voisin de celui du Loiret : Les *Contes fantastiques* d'Hoffmann ou de M. Galland, n'offrent rien de plus magnifique : ce sont des splendeurs et des merveilles à éblouir les imaginations les plus ambitieuses. Par malheur, les imaginations en seront pour leurs frais : pas la plus légère découverte dans le département voisin de celui du Loiret ; mais voici pour nos lecteurs un ample dédommagement. Il s'agit d'un véritable trésor trouvé à Reims, dans un endroit que tout le monde ici connaît, dans la cour du Chapitre, et non loin du lieu où l'ingénieux M. Goulet-Collet fore le puits artésien. — Nous ne prolongerons pas l'attente de nos lecteurs. — Voici l'exacte description des objets trouvés :

Sept grands gobelets d'argent : une tasse sans anse, aussi d'argent, et un couvercle d'urne, en vermeil : le tout du poids de cinq marcs, cinq onces, six gros ; plus dans une première urne, dix-sept cent quatre-vingt pièces d'or, tant grandes que petites, pesant ensemble vingt-trois marcs, sept onces un gros : dans une seconde urne, trois cent trente-cinq pièces d'or du poids de quatre marcs, six onces, trois gros : et dans une troisième, cent vingt-huit pièces d'or du poids d'un marc, cinq onces, sept gros et demi. Le tout formant deux mille deux cent quarante-huit pièces de monnaie, pesant ensemble trente marcs, trois onces, trois gros et demi. — Ce sont, pour la plupart, des écus d'or, des angelots, des saluts d'Angleterre, des nobles à la rose, des florins de Liége, et autres pièces fabriquées à l'effigie de princes d'Allemagne, d'Angleterre et surtout de Charles V, Charles VI, Charles VII et Louis XI.

La totalité du trésor en question est estimée à une somme très considérable : on parle d'un procès, suite ordinaire et forcée d'une semblable découverte, attendu le nombre des prétendants au gros lot. Le tout a été trouvé par un jeune ouvrier, nommé Martin Grand-Remy, peu disposé à renoncer à ses droits à la totalité de sa trouvaille. Le défaut d'espace nous oblige à remettre au prochain Numéro, les curieux détails de cette affaire, qui ne manquera pas d'intéresser nos lecteurs.

HISTOIRE.

DES

HISTORIENS

DITS OU PRÉTENDUS *PROGRESSIFS*.

Je me suis souvent demandé comment notre ancienne histoire de France, si variée, si belle, et si constamment intéressante dans les récits contemporains, depuis Grégoire de Tours jusqu'au cardinal de Retz, prenait une physionomie languissante et monotone dès que les beaux esprits modernes se chargaient de couvrir son tissu de leurs chatoyantes broderies. Quoi! le dix-huitième siècle, et même, ô pudeur! le dix-neuvième, forcés de crier merci, dans la carrière de l'éloquence, aux chevaliers et même aux simples bonnes gens du moyen âge! Quoi! tant de supériorité chez des hommes si inférieurs! Cela est étrange, et néanmoins incontestable; car il existe un parallèle entre Homère et Rabelais, à l'avantage du dernier, et l'on n'a pas encore eu l'idée d'en faire un entre Voltaire historien et Joinville; entre maître Jehan Froissart et M. Dulaure.

Et d'où vient cela? Sans doute d'un grand nombre de causes. Nos anciens chroniqueurs n'écrivaient que pour raconter les faits qu'ils estimaient dignes de renommée; les modernes n'écrivent guère que pour écrire, et c'est un amusement aussi grand pour eux que pour ceux qui les lisent. Les anciens excellaient à parler de ce qu'ils avaient vu de leurs yeux, les modernes se piquent surtout de traiter les événements dont avant eux on avait déjà fréquemment parlé. Voilà pourquoi nous avons à peine un historien de la Restauration, et pourquoi la Restauration a doté le seizième siècle de plusieurs centaines d'annalistes. En effet, cette époque étant déjà fort bien connue, il était naturel que l'on se plût à la reproduire de préférence aux autres. Aujourd'hui tout le monde aime à faire de l'histoire, mais tout le monde n'a pas le temps de recueillir péniblement les sources, quand la trace s'en perd dans un léger clair-obscur : et puis le seizième siècle est un temps de soulèvements, de révolutions et de crimes; un temps fécond en exemples de déloyauté, de fanatisme et de débauche. Les vieux scandales, comme l'a dit un grand poète, offrent toujours de bons *sujets* à disséquer.

Mais le reproche capital que semblent mériter la plupart de nos modernes historiographes, c'est à mon avis, d'adopter franchement le grand préjugé du siècle, et de considérer les fastes de l'humanité comme une espèce de spirale dont les extrémités touchent par le bas aux abîmes les plus sombres, par le haut, c'est-à-dire par la première partie du dix-neuvième siècle, aux régions les plus lumineuses. Des sommités où, dans leur naïve crédulité, ils imaginent la civilisation parvenue, leurs cœurs sont toujours tendus vers le chemin qui reste à gravir pour passer de la perfectibilité à la perfection, et le passé n'est à leurs yeux qu'un amas de honteux ou plaisants souvenirs. Chaque jour leur semble mieux effacer les rapports qui le liaient aux splendeurs contemporaines, et, dans tous les cas, ils craindraient de se préparer fort mal à la conquête de l'avenir, si, nouveaux Orphées, ils détournaient vers le passé un seul regard de sympathie et de regret.

Voilà donc comment la science historique s'est transformée en un vaste réquisitoire dressé contre les morts au profit des vivants, — par les vivants.

On nomme cette manière de voir, *le dogme de la perfectibilité progressive*, et, comme c'est le seul qui nous reste, il ne faut pas être surpris si l'on a tant de peine à tolérer ceux qui ne l'admettent pas d'une manière absolue. Néanmoins, on me permettra de remarquer que si Plutarque de Chéronée disait au génie des temps passés : « Evoque devant » moi les morts illustres, et je te montrerai la route de la sagesse, de la » prudence et de la vertu, » c'est à mon avis, parce qu'il parlait à des nations auxquelles ce beau dogme de la *perfectibilité progressive* n'était pas révélé. Il y avait bien alors des esprits impatients du joug des vieux exemples; mais ces esprits avaient soin de dissimuler leurs sentiments et de les colorer d'une apparence entièrement contraire. Ceux qui firent mourir Agis, se gardaient de l'accuser de vouloir restaurer les lois de Lycurgue; à les entendre, il n'avait prétendu que les *perfectionner*. Et ceux qui forcèrent le dernier des Machabées, le dernier des Grecs, et le dernier des Romains, à rendre une âme libre à leurs Dieux, tous ceux-là ne tentaient pas encore de prendre contre le passé la défense de la félicité présente. Le dogme de la *perfectibilité progressive* n'étant pas révélé, ils essayaient de rejeter sur Juda, sur Philopémen et sur Marcus Brutus, la flétrissure des innovations qu'ils avaient au contraire voulu punir; du reste, permettant toujours que l'on rendît hommage à la vertu des derniers défenseurs de la vieille patrie. « Cicéron, disait Auguste, aimait bien son pays. » Autant en disait encore Napoléon de M. de Malesherbes.

Ce fut donc au milieu de ce culte du passé, si contraire à l'unique article de notre foi; — de ces regrets de l'ancienne prospérité et des anciennes mœurs, que la muse de l'histoire apparut jadis aux Hérodote, aux Tite-Live, aux Tacite, aux Plutarque; et qu'elle se remontra aussi radieuse et plus touchante encore aux Joinville, aux Froissard et aux bons moines de Saint-Denis.

Mais supposons un instant tous ces grands historiens pénétrés de respect pour le dogme de la *perfectibilité* : Hérodote, contemporain de la jeunesse de Périclès, va regarder en pitié les premières luttes de la nation grecque contre le grand roi. Quelle sauvage simplicité, quelle ignorante barbarie, ne reconnaîtra-t-il pas dans Aristide et dans les meurtriers d'Ipparque! Plutarque, devenu citoyen romain par le cœur, adoptera tous les préjugés du *Forum*, et les fastes de sa patrie lui sembleront mille fois trop misérables pour souffrir le moindre parallèle avec les annales romaines. Quant à Tacite, l'ère des empereurs, sous sa plume, va devenir celle de la civilisation, et tous ses paragraphes reproduiront l'esprit de la médaille, tant prodiguée aux jours d'Héliogabale : *Hilaritas publica*. Et notre bon Joinville! Voyez-vous tout ce que nous allons gagner à le voir imbu des lumières philosophiques? Comme l'empreinte de St-Louis va se purifier et s'embellir dans un tel creuset! Froissart aussi nous montrera les fils toujours plus grands que leurs pères; le règne de Charles VI plus *avancé* en civilisation que celui de Charles V, et la fin du quatorzième siècle, le plus haut point lumineux auquel il eût encore été donné à l'humanité d'atteindre.

Mais puisqu'ils ont tous adopté un système contraire, puisqu'ils ont tous proclamé hautement leur admiration pour les époques et pour les personnages, objets de leurs récits, voyons ce qu'ont à leur tour produit les partisans de la perfectibilité indéfinie.—Les plus grands noms dont ils puissent se réclamer, sont Hume, chez les Anglais; Mézeray, Voltaire et Dulaure, chez les Français. Or, ne suffit-il pas de les nommer, pour dire combien les idées de haine et de mépris pour les temps qu'on se propose de mieux faire connaître ajoutent peu de charme et même de vérité aux récits de l'historien? M. de Sismondi a fait deux grands ouvrages : *l'Histoire des Républiques Italiennes* et *l'Histoire des Français*. Il a composé le premier dans un esprit de patriotisme, et le second dans un esprit de système, le système du progrès. Eh bien! en dépit de ses défauts, on lira longtemps encore les *Républiques Italiennes* ;... *l'Histoire des Français* n'est pas encore terminée, et déjà on ne la lit plus.

Et, je vous prie encore, d'où vient le charme singulier qui s'attache à la lecture de *l'Histoire des Croisades ?* M. Michaud a-t-il jugé ces expéditions du haut de la tribune progressive? A-t-il cru devoir jeter un long regard de pitié sur ces sublimes folies? Il s'en est mille fois gardé. Avant de parcourir l'Orient, comme il vient de le faire, il s'était placé en esprit dans le cœur de l'Orient et de la civilisation du moyen âge. Il n'a pas fait d'ingénieuses plaisanteries sur les pieds nus de Pierre-l'Ermite, ou sur la superstition du bon Godefroi; mais il a retracé en pages éloquentes tous les motifs d'enthousiasme qui pénétraient alors le cœur des soldats de Jésus-Christ. Il a gémi de leurs revers, il a vivement applaudi à leurs succès; il a triomphé de leurs vertus, il a fait de leurs vices l'ombre favorable de ses tableaux. — Historiens de notre France, allez, faites de même, et vous vivrez — plus que M. Dulaure.

Paulin Paris.

MONOGRAPHIE.

LA DIABLERIE DE CHAUMONT.

En 1475, le pape Sixte IV accorda une bulle d'indulgences plénières à l'église collégiale de Chaumont. Ces indulgences qui étaient ouvertes toutes les fois que la fête de saint Jean-Baptiste, patron de cette église, se trouvait concourir avec un jour de dimanche, attiraient à Chaumont une grande foule de peuple, comme aux grands jubilés de Rome, puisque toutes les puissances de la Chrétienté y eurent leurs représentants.

On comprendra sans peine, qu'au milieu de visiteurs aussi nombreux, les Chaumontais aient conçu le désir de recommander encore le Pardon par l'éclat des fêtes : c'était faire un appel à la curiosité en même temps qu'à la dévotion, et la ville ne pouvait qu'y gagner pour son commerce et aussi pour son illustration.

D'abord ces fêtes furent de la plus grande simplicité; mais en y ajoutant chaque année, on les rendit ridicules, et, elles finirent bientôt par n'être plus qu'un monstrueux assemblage des erreurs de toutes les époques qu'elles avaient traversées. Un respect fanatique pour les vieilles traditions retenait la main qui aurait dû les réformer. — C'était alors le premier âge de l'art dramatique, et le peuple qui s'est toujours aisément passionné pour la nouveauté, s'émerveillait aux grossières représentations que des joueurs de profession lui donnaient dans un coin de rue, sous l'auvent d'un marchand complaisant; le plus souvent ces représentations étaient la mise en scène des histoires de l'Ecriture Sainte, et on leur donnait le nom de *Mystères*.

Cet esprit, qui dominait dans toutes les réjouissances publiques, ne manqua pas de présider aux nouvelles fêtes du Pardon. — On commença par faire suivre la procession générale d'une troupe de personnages costumés pour représenter divers sujets religieux, analogues à la cérémonie, tels que la vie de saint Jean, l'érection de l'église et la concession du Pardon. — Bientôt on dressa un *eschaffault*, puis deux; on joua des mystères, enfin : des acteurs, laïques et prêtres, qui venaient chaque année à certains jours, donner publiquement des représentations dans la ville, et entr'autres celles de la vie entière de saint Jean-Baptiste, inspirèrent aux habitants l'idée de jouer eux-mêmes ce mystère aux solennités du Pardon, et pour en obtenir l'autorisation, ils s'adressèrent au bailli.

Leur supplique est curieuse, elle peint mieux qu'un volume entier de dissertations, le caractère de nos aïeux au xv° siècle, et la simplicité de leurs mœurs ; nous ne pouvons résister au désir de la transcrire ici dans son entier.

« Supplient humblement les soussignés, bourgeois, manants et habi-
» tants de ceste ville de Chaumont qui, comme vrays jessiens, meus de
» dévotion à l'honneur de Dieu et de Monsieur saint Jean-Baptiste, pa-
» tron de l'église de ceste ville, ils ayent proposé soubs vos bons plaisirs,
» rapports et faveurs, jouer par mistères, personnages, figurant la vie du-
» dict saint Jehan en ceste ville, en lieu le plus commode d'icelle, et en ce
» faisant s'amployer de tout par leur dite dévotion, à inviter le peuple à
» cognoistre par lesdicts mistères quelle a esté la nativité, parenté, vie,
» miracles et fin dudict sainct Jehan, pour conforter ceulx qui, curieuse-
» ment et dévotement, par pareille dévotion désirent au lieu d'escriptures,
» sçavoir et cognoistre la vie dudict sainct Jehan le patron : touteffois n'en
» veulent ne faire ne entreprendre sans, sur ce, avoir de vous, comme chose
» très raisonnable, vos permission, congé, licence et consentement qu'ils
» vous demandent et requièrent très humblement : n'entendant pour ce faire
» aulcune levée, exaction ne prinse de deniers sur le peuple, sinon ce
» qu'il nous plaira leur ordonner et que de leurs pures libéralités, dévo-
» tion, ils voudront donner pour aider aux frais de la construction des
» chaffaulx et frais qu'il conviendra faire. Vous suppliant mesdicts sieurs
» leur interposer au pied de ceste requeste vos décrets à ce requis, spécia-
» lement que par vos supports, aydes et faveurs il ne soit fait empêche-
» ment auxdicts suppliants à la construction de chaffaulx, ne démolition
» d'iceulx par aulcuns de la dicte ville, mectant les dicts suppliants, leurs
» aydes en la protection et sauvegarde du roy et de vous, Messieurs : le
» faisant à l'ayde de Dieu, iceulx suppliants feront leur debvoir et prieront
» Dieu pour vous, vos nobles prospérités et santés. »

On fit droit à cette gracieuse supplique, et aux Pardons suivants, on continua les représentions de la vie de saint Jean. — D'abord, on dressa seulement neuf théâtres, qu'on appela chacun du mystère auquel il était destiné. Théâtres de *Zacharie*, de l'*Annonciation*, de la *Visitation*, de la

Nativité, de saint *Jehan au désert*, du *Baptême*, de l'*Emprisonnement*, de la *Décollation* et de l'*Enfer*. C'était sur ce dernier qu'avait lieu le dénouement du drame dans la punition d'Hérode, et c'est de la licence qu'on toléra dans les rangs de sa phalange diabolique, que les fêtes du Pardon prirent le nom de *Diablerie*.

Les mystères que l'on jouait sur ces neuf théâtres, représentaient entièrement l'histoire du saint Précurseur, et cependant on n'en resta pas là; à chaque nouveau Pardon on ouvrait les livres saints, on y trouvait toujours matière à une nouvelle représentation, et un nouvel *échaffaus* était dressé.

On ajouta ainsi successivement aux anciens théâtres, ceux des *Prophètes*, de saint *Jehan aux Sarrazins*, de *Notre-Dame des Nues*, des *Sybilles*, des *Pères aux Lymbes* : enfin on en compléta le nombre par celui dit des *Vertus*, sur lequel on jouait une *Moralité*, qui était une sorte de prologue pour les autres représentations.

Il ne nous reste plus maintenant qu'à compléter cette revue des différentes époques de splendeur des fêtes du Pardon, par le récit des moyens employés pour donner plus de solennité à sa publication.

Dans toutes les bonnes villes du royaume, en conformité de lettres octroyées par Louis XI au chapitre de Chaumont, l'annonce du Pardon se faisait au prône des églises. Pendant longtemps il en fut de même à Chaumont; mais au milieu du xvie siècle, la renommée de cette solennité allant toujours croissant, on conçut le désir de l'annoncer avec plus de pompe encore que par le passé, et pour cela, on permit aux diables et diablesses du théâtre d'Enfer, de parcourir la ville et les campagnes environnantes, revêtus de leur hideux costume, depuis le dimanche des Rameaux, trois mois avant le Pardon, afin d'instruire les bourgeois, manants et paysans, qu'en l'année courante, il y avait indulgences plénières à gagner à la Saint-Jean.

Les abus auxquels ces courses donnèrent lieu furent nombreux, et bientôt, les diables qui jetaient l'épouvante dans les campagnes, exercèrent des exactions sur les malheureux habitants; ces honteux profits devinrent si considérables, que les fonctions diaboliques, pour lesquelles on avait jusque-là trouvé peu de postulants, furent alors recherchées avec empressement.

C'est là l'origine de ce dicton, dont la ville de Chaumont a conservé la tradition, dans son vieux langage populaire : *Si plaît ai Dieu, ai lai saincte bonne Vierge, et lai saint Jehan, note homme serai diaible et se paieront nos dettes.*

Outre cette *Diablerie* qui était aussi redoutée que les bandes de Reîtres, il y avait encore d'autres gens qui parcouraient les campagnes, c'étaient les *Sarrazins*, figurant sur le théâtre de saint Jehan au Désert; mais il paraît qu'ils ne commettaient aucune vexation; le jour de Quasimodo ils faisaient leur entrée dans la ville, venant des *étranges* pays, et on leur donnait une ample collation.

Arrivées à ce haut degré de singularité, les fêtes du Pardon de Chaumont se modifièrent peu; elles traversèrent les fureurs de la ligue, auxquelles cependant les Chaumontais s'étaient livrés de corps et d'âme, sans que pour cela l'enthousiasme qui y présidait vînt à se ralentir; mais bientôt après commença leur décadence et elle fut rapide.

Emile Jolibois.

ÉCONOMIE PUBLIQUE.

FONTAINES.

Nous devons à l'obligeance de M. Ponsinet, communication de son rapport au Conseil municipal de Reims, touchant l'établissement d'un système complet de fontainerie pour notre ville. Ce beau travail, quoiqu'en apparence d'un intérêt exclusivement local, est trop important pour ne pas mériter l'attention de tous les hommes accoutumés à réfléchir, et l'exemple donné par la ville de Reims est trop utile, soit quant à l'opération elle-même, soit quant au mode d'opérer, pour ne pas être offert à toutes les autres communes de la Champagne. Nous croyons donc faire plaisir à nos lecteurs, en leur donnant un extrait du rapport de notre honorable ami; c'est devancer l'histoire, mais non lui faire faute, que de constater cette vaste création, destinée à exercer une si grande influence sur l'avenir de notre industrieuse cité, et à en modifier dès à présent, toute la physionomie monumentale et les conditions hygiéniques.

Un siècle n'est pas écoulé, que déjà la machine hydraulique donnée à la ville par le bienfaisant chanoine Godinot, peut à peine fonctionner. La nécessité, non de la réparer, mais de la reconstruire dans un système plus large et plus abondant, est depuis longtemps arrivée. Ce travail ingénieux pour le temps où il fut entrepris, a été exécuté sur les plans et par les soins du P. Féry, religieux Minime, et coûta plus de 500,000 fr. à notre compatriote. Il est vrai que ces dépenses ne s'appliquèrent pas à la machine seulement, mais à plusieurs autres objets d'utilité publique. Louis XV concéda aussi sur des droits royaux, 180,000 fr. à la ville de Reims, pour l'établissement de ses fontaines.

En 1748, année où fut élevé le Château-d'Eau, il devait fournir près de trente-six pouces fontainiers, et à peine en obtint-on vingt-huit, distribués par dix-sept fontaines; et depuis plus de quarante ans, il n'a guère élevé dans les grandes eaux, que vingt à vingt-deux pouces.

Ce mince résultat, dont la partie la plus nécessiteuse de la ville se trouve encore privée, est évidemment insuffisant pour les besoins d'une population nombreuse, et ne peut en aucune façon satisfaire à ceux de l'industrie rémoise si développée, si progressive, et devant laquelle s'ouvre aujourd'hui l'avenir le plus vaste et le plus riche.

Ces considérations et les justes plaintes élevées depuis si longtemps, nous ont déterminés à vouloir un plan large et monumental, pour donner l'eau à tous les quartiers de la ville, et satisfaire à la fois et aux besoins actuels de la population et de son industrie, et aux exigences de l'avenir le plus éloigné, de l'agrandissement le plus complet que l'on puisse espérer.

Nous attendions avec impatience un homme de talent, que ses succès dans l'art hydraulique ont signalé à son pays, que le gouvernement a distingué par d'honorables récompenses, et que les villes de Béziers, Chaumont, Poitiers recommandent puissamment par les travaux merveilleux qu'il y a exécutés, en élevant des fontaines jaillissantes à trois cents pieds au-dessus des sources.

. . . .
. . . .

Les besoins de l'industrie sont immenses; ils tendent à s'accroître au fur et à mesure qu'elle se développe, et quand on sait que les eaux de nos puits sont impropres au dégraissage et à la teinture des laines et des tissus, que telle usine consomme journellement de quatre cents à huit cents hectolitres d'eau, il est impossible de fixer la limite à laquelle on devrait s'arrêter pour satisfaire aux nécessités ou aux besoins de la population industrielle et commerçante de notre cité. Cet intérêt et surtout celui de la salubrité publique, nous ont engagés à ne nous arrêter qu'au terme qu'indiquaient la raison et les ressources financières de la ville, en prévoyant toutefois qu'une population doublé de ce qu'elle est aujourd'hui, peut venir se fixer dans nos murs.

Ainsi, en utilisant les ressources qu'offrent les deux chutes réunies de la Foulerie et du Château-d'Eau, M. Cordier, s'engage à élever cent quatre-vingts pouces fontainiers sur la place de la Tour-du-Puits; à compléter, dans les basses eaux, par l'action de deux machines à vapeur, d'une puissance de cent pouces chacune, cette quantité de cent quatre-vingts pouces; enfin, à faire marcher les divers appareils ensemble ou séparément, selon le besoin.

Dans ce système, s'il convenait à la ville de tirer parti de cent pouces d'eau en faveur des particuliers, moyennant un prix fixe ou une redevance annuelle, elle le pourrait, en laissant encore un peu plus de quarante litres par jour à chacun des habitants, pour ses besoins particuliers. Nous croyons que l'eau de la Vesle qui, suivant l'expérience des hommes pratiques, économise comparativement à celle des puits, un cinquième du savon employé au dégraissage, qui est d'ailleurs plus propre à la teinture si médiocre en ce pays, sera désirée et recherchée par les industriels, et que, dans peu d'années, cette masse d'eau si considérable, consommée productivement au profit de la ville, procurera de nouvelles ressources à la caisse municipale.

En réunissant la puissance des deux chutes, en construisant les mécanismes hydrauliques et à vapeur, dans le même établissement, et en dirigeant presqu'en droite ligne le tuyau d'ascension jusqu'au réservoir alimentaire des fontaines, on obtiendra par la seule puissance du moteur hydraulique, cent quatre-vingts pouces d'eau dans les temps favorables, et, dans les temps contraires, cette quantité sera complétée par la puissance de la vapeur, et moyennant une dépense annuelle évaluée à 7200 fr., pour prix du combustible. Les machines à vapeur sont en double équipage; elles pourront marcher ensemble, séparément, ou concurremment avec l'appareil hydraulique.

Pendant longtemps, les cris des fabricants ont arrêté la suppression de la foulerie, qu'on prétendait indispensable. Cette prétention serait aujourd'hui plus qu'exagérée. En effet, on conçoit que quand la fabrication rémoise était peu considérable, quand les machines étaient rares et d'un prix excessif, la foulerie rendait de véritables services; elle était utile, nécessaire peut-être; mais cette nécessité, mais l'utilité même sont maintenant fort contestables, et sans aucun doute, s'il y a profit à utiliser certaines chutes d'eau en dégorgeoirs sur la Vesle, la spéculation s'en emparera et la lacune sera bientôt comblée. Si d'ailleurs la suppression de la foulerie, et la réunion de sa chute d'eau à celle du système général de nos fontaines, contrarie momentanément quelques fabricans pressés de livrer leur tissus au foulage, notre projet ne rend-il pas un immense service à toute la fabrique, en lui fournissant des eaux abondantes pour ses dégraissages, ses lavoirs, ses teintures? et certes la compensation est hors de toute proportion. Au surplus, un homme habile et qui a fait ses preuves, M. Cordier, après avoir examiné les lieux, a reconnu que, dans deux moulins voisins de la foulerie, on peut, en perfectionnant les moteurs hydrauliques, établir des dégorgeoirs sans nuire au service des moutures. Ces deux moulins sont ceux de Vrilly et de Cormontreuil.

Le système entier une fois convenu, le prix d'exécution a été examiné, et sur les observations d'un membre du Conseil, à qui la science ne fait jamais défaut, M. Cordier n'a pas hésité à réduire le chiffre total du forfait, qui d'abord fixé à 855,000 fr., puis à 835,000, est enfin descendu à 815,000 fr. Ce rabais a été obtenu sur le prix des tuyaux, qui figurent dans le total pour une somme de 400,000 fr. Ils subiront, avant la pose, une épreuve de quinze atmosphères, afin de prévenir tout accident, et pour la garantie d'un long service.

Comme les eaux de la Vesle sont plus pures que celles de la rivière Neuve qui sentent la vase et le roseau, l'eau sera prise dans la Vesle, et amenée par un conduit de fonte, établi perpendiculairement au cours de la rivière, et muni d'un tube de chasse, qui sera mis en rapport avec le tuyau d'ascension, afin de laver et désobstruer au besoin le tuyau de prise.

Les machines à vapeur, avec pompes à double effet, devront, en fonctionnant séparément, ne consommer que soixante kilogrammes de houille, par heure, pour élever dans le réservoir cent pouces fontainiers ou quatre-vingt mille litres d'eau. Cinq cents francs seraient retenus sur le prix des travaux pour chaque quantité de cinq kilogrammes de combustible consommé par heure au-delà des soixante. Si l'excédant de consommation allait à vingt kilogrammes par heure, la ville pourrait refuser la machine. Nous ne risquons donc pas de voir fournir des machines mal conditionnées, que refuserait l'industrie particulière; car ici tout est prévu, et l'entrepreneur va au-devant des clauses pénales. Ces machines ont été perfectionnées par lui, et il a obtenu un brevet d'invention pour cet objet. Aux rondelles fusibles de Darcet, il ajoute une rondelle de cuivre fort amincie qui ploye et saute, en cas d'élévation excessive de la vapeur, ce qui garantit la chaudière de toute explosion. On n'a pas à craindre alors l'imprévoyance, la légèreté, la paresse ou la témérité du conducteur des machines.

M. Cordier doit construire un réservoir alimentaire des fontaines sur un terrain communal, place de la Tour-du-Puits, près St-Nicaise; c'est le point culminant de la ville, et dès lors aucun quartier ne sera privé d'eau. Ce réservoir couvert et voûté sera divisé en deux compartiments : il devra contenir jusqu'à la naissance des voûtes, deux mille mètres cubes d'eau, ou deux millions de litres. L'eau sera épurée dans le réservoir au moyen d'une légère couche de gravier et d'une autre couche de sable mêlée de charbon pilé; ces deux couches formeront une épaisseur totale de vingt centimètres. L'eau traversera ce filtre pour arriver aux fontaines publiques et aux concessions particulières. D'un autre côté, comme le réservoir peut avoir besoin d'être nettoyé ou réparé, non-seulement les compartiments qui le divisent peuvent être isolés, mais même le service des fontaines et des concessions, pourrait, en cas de nécessité, se faire directement par le tuyau d'ascension à travers un tube de communication immédiate, qui servira à volonté.

Le diamètre des tuyaux et l'épaisseur des conduites, leur direction, le nombre des tambours, des robinets vannes et autres, sont déterminés par le traité. Les tuyaux des fontaines auront des tubulures de trois en trois mètres, dans toute leur longueur, afin de faciliter les concessions, et cent regards seront établis pour les réparations ou le nettoyage. Soixante bornes-fontaines distribueront l'eau dans tous les quartiers. Elles seront à soupape et à bascule, afin de donner un jet, soit continu, soit intermittent, à volonté. Au-dessous de chacune des bornes sera une bouche, à laquelle s'adaptera un tuyau flexible avec ajustage, pour laver les rues, ou, en cas d'incendie, distribuer l'eau jaillissante dans le voisinage. Les douze anciennes fontaines recevront également des jets à soupape.

Enfin, M. Cordier établira neuf fontaines monumentales conformes aux dessins annexés au projet. En voici le détail : trois jets d'eau ou gerbes jailliront dans les promenades. Le premier partira du piédestal de la croix, et retombera dans une belle cuvette en pierre, en forme de bassin. Cette place sera ainsi décorée, et les tuyaux en dehors de la Porte de Mars permettront de céder de l'eau au faubourg qui se forme dans cette partie de la banlieue. Ce sera sur les promenades, une perspective de bon goût.—Vis-à-vis du boulingrin, en face de la Porte-Neuve, une gerbe semblable à celle du Palais-Royal, avec bassin circulaire, embellira les promenades, et donnera la possibilité de concéder de l'eau aux belles et vastes maisons qui bordent la place jusqu'à la porte.—La pente qui conduit à la Patte-d'Oie, permet d'y établir un autre jet d'eau avec un bassin semblable au précédent, mais un peu moins grand. — Quatre fontaines à vases seraient fort bien placées, deux sur le Parvis Notre-Dame, et deux sur la place de l'Hôtel-de-Ville; deux fontaines à coupes desserviraient les marchés, indépendamment de la borne-fontaine à placer sur le petit marché projeté entre la rue Trudaine et la rue Royale.

Les établissements publics devraient recevoir, en proportion de leur importance relative, des concessions gratuites, sauf pourtant les frais d'ajustage des tuyaux de conduite qui demeureraient à leur charge.

Les 815,000 fr., prix convenu à forfait, seront payés par huitièmes, de trois mois en trois mois, à compter du jour de l'ouverture des travaux, ou mis en réserve. Mais dans ce dernier cas, les fonds réservés produiraient au profit de l'entrepreneur, intérêt sur le pied de 5 pour o/o par an, à partir de chaque période de trois mois, et pourvu que les fournitures eussent été acceptées. D'ailleurs il est loisible à la ville de payer par anticipation chacun des huitièmes, dont le dernier a pour terme la réception des travaux, qui aura lieu au plus tard dans les trois mois de leur confection.

M. Cordier se charge de l'entretien et de la direction des machines, pendant cinq, dix, quinze ou vingt ans, au choix des parties. Sans cette condition, sa responsabilité cesse après deux années; mais moyennant cette condition, la garantie n'expire qu'avec le bail d'entretien. On a donc unanimement pensé que, pour assurer la bonne exécution des travaux, la conduite des machines, la continuité du service, la meilleure gestion et le bon état de réparation de cet immense matériel, il importe qu'il y ait avec le concessionnaire un abonnement au plus long terme.

Pour évaluer les ressources que présenteraient à la caisse municipale, les concessions en faveur des particuliers, on s'est enquis du prix, que, dans diverses hypothèses, coûterait, par an, l'hectolitre d'eau. Il est résulté de ce travail, qu'en admettant un amortissement de 5 pour o/o sur la totalité de la dépense, et en ajoutant pour 40,000 fr. de frais d'entretien, puis en supposant que chaque jour absorberait trente et un mille six cent quatre-vingts hectolitres, et que les cent quatre-vingts pouces seraient aliénés, l'hectolitre d'eau reviendrait à 2 fr 55 c. par an. Si l'on prend ici pour base du calcul, le maximum d'effet de la machine hydraulique marchant vingt-deux heures, c'est pour être certain que la ville ne perdra pas sur ses concessions.

On a pensé qu'il serait possible de concéder plus de cent pouces d'eau, et que le prix de 4 fr. par hectolitre, par an, serait un prix modéré. Dix hectolitres donneraient un revenu de 40 fr. à la ville, en procurant aux particuliers cent pièces d'eau par jour.

Nous pensons qu'il faut aller chercher ailleurs que dans les recettes ordinaires du budget communal, le moyen de parer à la dépense des fontaines; et pour cela, nous indiquons deux modes : 1° les centimes additionnels au principal des quatre contributions directes; 2° l'emprunt.

Les centimes additionnels sont une voie prompte, juste et économique. Mais on ne pourra obtenir l'autorisation de les imposer que pour 1839 au plus tôt, et comme le contingent de la ville n'est en principal que de 430,000 fr., le chiffre des centimes additionnels devrait être fort élevé (20 au moins). Aux termes des réglements, on ne peut aller au-delà de vingt, et attendu que les centimes additionnels qui grèvent le département, sont déjà de plus de 85, il sera peut-être bien difficile d'obtenir du gouvernement, l'autorisation d'ajouter cette nouvelle charge, aux charges déjà si énormes qui pèsent sur les contribuables. Toutefois, comme il ne s'agit pas ici d'embellissement, mais de la chose la plus importante et la plus utile pour une population nombreuse et industrieuse, on doit pouvoir surmonter les difficultés.

Enfin un emprunt, pour la moitié du chiffre total, a paru devoir compléter les moyens de solder la dépense, et en remboursant, sur les économies des budgets successifs, un cinquième de deux en deux ans, un délai de dix années sera nécessaire pour l'extinction de la dette. On n'aura d'ailleurs à créer qu'une ressource totale de 700,000 fr. et non de 815,000. En effet, suivant les notes prises dans le cartulaire de la ville, les anciennes fontaines ont donné lieu à une fourniture de cinq cent cinquante-huit mille cinquante-deux livres de plomb, et dix-neuf mille trois cent vingt et une livres d'étain. Ainsi le renseigne le mémoire dressé en 1752, par le fournisseur, le sieur Lucas; et l'aïeul d'un de nos magistrats, Jean Sirebeau, inspecteur des eaux, a laissé, outre ses publications imprimées, la preuve de ce fait important dans des papiers du cartulaire qui nous ont été communiqués. C'est donc une ressource certaine. Il y a aussi, puisque l'ancien système de distribution disparaît tout entier, des tuyaux de fonte, du cuivre, des débris de toute nature, dont la valeur ajoutée à celle du plomb et de l'étain, représente assurément un capital actuel de plus de 100,000 fr.

Quelques personnes s'effraient des centimes additionnels, et voudraient que l'emprunt seul fût appelé à couvrir la totalité de la dépense; mais, si on examine avec attention combien de projets utiles sont en cours d'exécution, combien d'établissements sont encore à créer, comment les ressources municipales sont pour longtemps encore absorbées par de spéciales affectations, on reconnaîtra que le remboursement d'un emprunt aussi considérable serait à peu près impossible à effectuer par les économies du budget. Pour y arriver par cette voie et dans des délais admissibles, il faudrait, ou imposer de nouveaux droits sur les consommations, ou élever les tarifs anciens : et c'est ce qu'il y aurait de plus désastreux et de plus funeste. Les impôts indirects ne sont déjà que trop multipliés; ils sont d'une perception difficile, coûteuse, entourée plus ou moins de formes vexatoires; ils ont pour effet certain d'éveiller la fraude et de démoraliser les populations. La vie d'ailleurs est fort dispendieuse à Reims, où les aliments de l'homme sont plus chers qu'à Paris; les fraudeurs y sont nécessairement nombreux, et élever les tarifs serait une atteinte à la morale, à l'industrie, un malheur pour la classe ouvrière.

C'est donc à l'impôt direct qu'il faut recourir : il est facile, il est plus juste et plus moral, il ne frappe que sur ceux qui le peuvent payer; enfin, il n'a rien d'hypothétique, et quand on s'oblige il faut être certain de s'acquitter.

J'arrive à la fin de ma tâche, et je me hâte de reprendre le projet des fontaines, pour exposer encore combien il est vaste et complet, combien il serait fâcheux de le mutiler ou de l'abandonner, comment il est proportionné aux besoins de la ville et de son industrie, comment la nature de notre sol et de nos eaux exige son adoption; comment enfin, tout est réel et positif dans les conceptions de M. Cordier.

Il s'agit de disposer en tout temps de cent quatre-vingts pouces fontainiers d'eau à huit cents litres par pouce à l'heure, et de les distribuer sur tous les points de la ville et de ses faubourgs. Le plan est large et monumental, mais il n'a rien de somptueux, et dans ce qui a été unanimement adopté, il y a tout au plus peut-être du bon goût, et le désir bien légitime d'embellir deux places publiques, de vivifier les promenades, de les assainir et de les féconder.

Pour arriver à ce désirable résultat, il s'agit, non de plusieurs centaines de mille francs, mais de 60,000 fr. au plus, que coûteront les neuf fontaines jaillissantes. Et n'y aurait-il pas plus que de la parcimonie à épargner un déboursé aussi mince, en présence de toutes les convenances de goût et d'utilité qui le réclament. Personne assurément ne contestera qu'un faubourg nouveau tend à se former à la porte du nord; ainsi, amener l'eau au monument du rond-point de la Croix, c'est l'amener aux habitations environnantes. Placer vis-à-vis du grand boulingrin, une gerbe semblable à celle du Palais-Royal, c'est offrir des concessions à peu de frais, aux belles et nombreuses maisons qui entourent l'esplanade des promenades. Où serait enfin la prodigalité dans ces trois jets d'eau, jaillissant aux trois principaux points de la grande allée si nue, si sèche, si souvent déserte, et il faut le dire, si monotone !

Les Places de l'Hôtel-de-Ville et du Parvis Notre-Dame, réclament des fontaines jaillissantes comme un complément nécessaire à leur décoration, et comme une garantie de conservation et de durée pour ces deux monuments, au faîte desquels, en cas d'incendie, des tuyaux mobiles avec ajustage, éleveront l'eau avec force et abondance. Cette prévision a été établie et arrêtée, et le concessionnaire s'engage à la réaliser.

Quant aux marchés, la salubrité de ces lieux, aussi bien que le bon goût, exigent les fontaines proposées, et à cet égard, tout effort de démonstration serait vraiment superflu.

Il n'est donc pas possible de mutiler le projet, et notre conviction sur ce point est si grande, que nous aimerions mieux abandonner le tout, que d'en retrancher les fontaines monumentales.

. . . .

Une partie de la cité manque d'eau; celle de puits n'est pas potable dans le quartier haut; elle est insalubre partout, et partout chargée de matières calcaires dans de fortes proportions. Elle ne dissout le savon qu'à grand'peine, et on compte pour un cinquième, la perte que, comparée à l'eau de la Vesle, elle amène dans le dégraissages des laines. La teinture n'est pas mieux partagée; elle est dans l'enfance; elle est en arrière, elle est impossible avec nos eaux de puits. Notre ville est toujours sale, toujours insalubre; infecte dans les grandes chaleurs, elle est boueuse et impraticable dans les temps pluvieux.

Ainsi l'humanité, les besoins de l'industrie, la salubrité publique, tout nous fait un devoir de procurer enfin des eaux saines pour des consommations si utiles, si indispensables. Il est temps de satisfaire à tous ces besoins, à toutes ces nécessités. Il est temps d'en finir avec tous ces essais malencontreux qui ont soulevé tant de discussions, tant de colères, tant de rancunes. Il faut combler cette source intarissable de difficultés, de démarches compromettantes, de procès insoutenables, et remplacer enfin tous ces projets vagues, inachevés, décevants, par un système sûr, réel et sans mécompte.

L'occasion est propice, et peut-être ne reviendrait-elle pas une fois échappée. Ici on ne paie qu'après le succès: pas de résultats, point de déboursés. Un concessionnaire, nous aimons à le répéter, aussi ingénieux que modeste, esprit positif, que Béziers, Chaumont et Angoulême, bénissent et révèrent, que Narbonne et Poitiers vanteront bientôt, que nos savants recherchent et cultivent, voilà l'auteur et l'exécuteur du système proposé, du système que nous préconisons.

Que si l'on s'en rapporte à l'opinion publique, elle crie fort et haut, elle se passionne, elle veut le projet, elle le veut tout entier, elle le veut sans retard, tant sont pressants les besoins, tant furent amères les dernières déceptions.

PONSINET.

Roger II, Évêque de Châlons.
(mort en 1062.)

PALÉOGRAPHIE.

ROGER II,

XLIV.ᵉ ÉVÊQUE DE CHAALONS.

Sa vie et sa Mission en Russie.

(1048).

NOTICE.

Les églises de Châlons sont remarquables à plus d'un titre : après la riche architecture de leur intérieur, ce que les étrangers y admirent le plus, c'est la beauté des vitraux. Le XVI.ᵉ siècle a doté notamment l'église de Saint-Alpin, des plus belles verrières qu'on puisse voir. Ce qui frappe ensuite les regards et provoque l'attention des curieux, c'est le grand nombre de pierres tumulaires qu'on y trouve. La révolution, tout en fermant les établissements monastiques n'a pas, comme à Reims, brisé ces monuments mortuaires dont le langage si éloquent, rappelle parfois de si touchants souvenirs. La plupart des pierres tumulaires des abbayes et maisons conventuelles, ont été rapportées et réunies dans les différentes églises de la ville dont elles ornent le pavé.—M. Brunette, dessinateur et architecte à Reims, a pris le soin de relever quelques unes des plus remarquables des XIII.ᵉ et XIV.ᵉ siècles : il en doit donner le dessin dans la belle publication qu'il prépare des monuments historiques de la Champagne. La pierre dont nous offrons la reproduction se trouvait autrefois dans l'église de l'abbaye de Toussaints, qui ne subsiste plus aujourd'hui.

C'est celle de l'évêque Roger II, personnage auquel se rattache un fait historique important, ignoré des biographes, et dont nous avons trouvé la preuve sur un manuscrit du xi* siècle, de la Bibliothèque de Reims. — Avant d'énoncer ce fait, nous croyons devoir publier un article biographique, tiré d'un autre manuscrit inédit qui nous a été obligeamment communiqué (1).

Nous lisons au manuscrit de l'abbaye Saint-Pierre que Roger I*er* étant mort en 1042, eut pour successeur Roger II, fils d'Herman, comte de Namur, et de Richilde, comtesse de Haynaut dans la même année; cependant il ne fut sacré que l'année suivante 1043, ainsi qu'il est marqué dans l'ancien manuscrit de l'église Cathédrale. — Peu de temps après son sacre, il se donna la peine d'aller exprès à Laon trouver le roi Henry, duquel il obtint la confirmation des restitutions qu'il fit faire des biens temporels de l'abbaye de Saint-Pierre-ès-Monts qui en avaient été soustraits et aliénés et engagés pour de grosses sommes qu'il remboursa de ses propres deniers. Le tout est fort bien détaillé dans l'ancienne charte qui fut faite à ce sujet, sçavoir : Le bourg entier appelé le Ban Saint-Pierre avec foire et marché, les églises de Saint-Jean et de Saint-Alpin, la banque, le four public, avec toutes les maisons d'alentour et les droits sur tout ce qui se vend au marché qui se tient au parvis de cette église; celle de Saint-Germain avec trois moulins dans cette paroisse; une partie des maisons de la rue du costé de Notre-Dame-en-Vaux; l'église de Saint-Martin dans le bourg Saint-Mémie; le droit de pesche dans la rivière de Marne depuis Corribert, c'est l'endroit où se décharge le sel hors de la ville jusques par de-là le village de Matougues; le village de Coubertrix avec tout ce qui en dépend, terre, prés et viviers; Saint-Martin-sur-le-Pré; Recy, Sommevesle, Louvemont, Esclavon, Soulanges, et Mairy. — Une maison avec une partie du moulin à Gizaucourt; une maison à Aurécourt; moitié du village de Vauray : le domaine et terrage de Coupay avec les cens et redevances, à Lorième, six maisons et demi; une maison dans Sary; deux à Écury. — La moitié d'une ferme à Saint-Memie; une maison à Fagnières et une autre à Pogny. — Des vignes avec une maison dans Arcy; une autre à Couvrot avec le fond et domaine du petit village de Vinets. — La date de cette charte est de l'an 1043.

L'année suivante 1044, cet évêque fit un voyage à Rome pour obtenir

(1) *Histoire ecclésiastique de Chaalons, ancienne et nouvelle*, par P. GARNIER, curé de Febriange. — Communiqué aux éditeurs de *la Chronique de Champagne*, par M. l'abbé LADRAGUE, curé de Saint-Alpin.

du siége apostolique, la confirmation de tout ce que dessus et la permission de bastir une église en l'honneur de tous les Saints, pour en faire une abbaye de chanoines réguliers qu'il commença incontinent après son retour et qui ne fut achevée qu'en 1060 qu'il la consacra : et y fit conduire avec beaucoup de solemnité le corps de Saint-Lumier, dix-huitième évêque de Châlons, qu'il avait fait tirer de terre en l'église de Saint-Jean où il avait esté inhumé pour le canoniser et dont il indiqua la feste chaque année pour le deuxième jour d'octobre auquel fut faite cette translation.... Ce qui redoubla la grande dévotion des Châlonois fut cette insigne miracle que l'évêque Roger fit remarquer à tout le monde quand ont eût tiré ce saint corps de terre; c'est que l'œil duquel il avait si sévèrement regardé Brunehaut et condamné son impudicité, fut préservé de corruption : car nonobstant que toute la chair de ce corps virginal eût été réduite en poudre, cet œil persévéra entier dans sa beauté et fraischeur plus que naturelle, après plus de 430 ans qu'il avait été dans la terre. L'abbé de ce monastère *de tous les saints*, rapporte cette merveille fort amplement, de laquelle il fut témoin oculaire avec tous ses chanoines et tout le clergé et le peuple qui s'estait trouvé en foule à cette grande solemnité en laquelle l'évêque Roger fit un très beau discours et panégyrique de ce grand saint en le canonisant. Il en est fait mention dans Jean Lespagnol, docteur et grand prieur de Saint-Remy de Reims, en l'histoire de Sainte-Vaubourg et le légendaire de l'abbaye de Toussaint.—Nous apprenons de l'histoire de Bezançon (fol. 200), que Saint-Hugues, Ier du nom, quarante-huitième archevêque de cette ville, faisant quelque donation à l'église de Saint-Paul dudit lieu, y fit souscrire quantité d'évêques qu'il y avait assemblé, du nombre desquels est Roger, évêque de Châlons retournant de Rome : la charte est de l'an 1044.

Nous lisons qu'en 1046, son diocèse étant troublé par des hérétiques manichéens qui répandaient partout leurs erreurs, il fit paraistre son zèle à les réprimer ainsi qu'il est marqué au Ier tome des gestes des évêques de Liège, chap. 104. Voicy ce que nous apprend de ces hérétiques, M. Fleury, dans son *Histoire ecclésiastique*, (tome XII, Lib. 58, N° 53, fol. 423). « Ils faisaient des assemblées nocturnes où ils commettaient des vilenies horribles à écrire : ce qu'ils appelaient la viande céleste se faisait en cette manière : estant assemblés la nuit dans une maison où ils s'enfermaient, chacun une lampe à la main, ils récitaient les noms des démons en forme de litanies jusqu'à ce qu'ils vissent un démon descendre en forme de petite beste : aussitôt ils éteignaient toutes les lumières et chacun prenait la femme qu'il trouvait sous sa main pour en abuser. Un enfant né d'une telle conjonction estait apporté après sa naissance, dans le huitième jour, au milieu de cette infâme assemblée : on le jettait dans un grand feu jusqu'à ce qu'il fût réduit en cendres : ils recueillaient cette cendre, et la gardaient avec autant de vénération que les Chrétiens gardent le corps de Jésus-Christ, pour le viatique des malades. Cette cendre, disaient-ils, avait une telle vertu, qu'il estait presque impossible de convertir celuy qui en avait avalé. »

Pour remédier à ces désordres, l'évêque Roger consulta Wazzo, cinquante-deuxième évêque de Liége, âgé de plus de cent ans, et qui passait pour le plus saint et le plus docte prélat de ce siècle, afin d'apprendre de lui, comme il devait se comporter à l'égard de ces fanatiques, s'il devait les châtier par le fer et le feu, pour en purger son diocèse.—La réponse de ce bon pasteur fut, après la confutation qu'il fit en peu de mots de leurs erreurs, qu'il fallait encore un peu de patience, à l'exemple de Jésus-Christ qui n'est pas venu perdre les âmes, mais justifier les pécheurs que l'on peut gagner par douceur et patience. Ajoutant qu'il arrive quelquefois que ceux qui ont été nos adversaires dans la voie de Dieu et dans le chemin du salut, sont souvent plus élevés que nous dans la gloire, comme cela s'est vu dans la conversion de St-Paul : *quos in via Dei nunc adversarios habemus, possibile est eos in patriâ cœlesti nobis fore superiores :* et conclut qu'il ne dit pas cela pour autoriser et approuver l'opiniâtreté de ces hérétiques, mais parce qu'il ne voit pas cela fondé sur aucune des lois divines : *non quod hereticorum pertinaciam tueri velimus, sed quia hoc in divinis legibus nusquam sancitum novimus.* (VASBOURG. t. 1er, ch. 104, fol. 228).

L'an 1059 le 23 may, feste de la Pentescoste, il assista avec vingt évêques et plusieurs abbés, dont les noms sont rapportés chez Du Tillet, (t. 1er, fol. 262, et t. 2. fol. 26), au sacre et couronnement du roi Philippe Ier du nom, âgé seulement de sept ans, fait à Reims par l'archevêque Gervais, accompagné de deux légats du pape Nicolas, savoir : Hugues de Besançon et Hermenfroy, évêque titulaire de Lyon, et les archevêques de Sens et de Tours. Entre les évêques est notre Roger, et entre les abbés est un Odilard de Châlons.

Le catalogue des évêques tiré de l'évêché, met la mort de Roger II l'an mil soixante-deux, en ces mots : *Rogerus secundus obiit anno millesimo sexagesimo secundo, sepultus est in templo omnium sanctorum.* L'obituaire du chapitre et de l'abbaye de Toussaint le marquent au sixième des calendes de février, qui est le 27 de janvier. Un autre mémoire a mis son décès l'an 1067, et dit qu'il a été évêque trente-trois ans trois mois. Son corps ayant été inhumé dans le chœur de l'église de Toussaint, hors de la ville, en fut transféré à la nouvelle église qu'on a basti depuis au bas de l'isle en 1557, dont il est tenu pour fondateur, et l'avoir entièrement bastie hors la ville, à laquelle abbaye il attacha deux prébendes de la Cathédrale du consentement du chapitre.

Le fait nouveau dont nous avons à grossir l'article biographique de l'évêque Roger, est le voyage qu'il fit en Russie avec l'importante mission de ramener pour épouse au roi de France, la fille du souverain de ce pays. — Tout le monde sait aujourd'hui que l'histoire de Russie ne commence pas à Pierre le Grand, ainsi que de très honnêtes écrivains du xviii° siècle ont semblé prendre à tâche de l'établir. Il est bien vrai que si l'on considère l'état d'obscurité où les Russes étaient tombés sous la domination des Mogols, on est tenté de croire que le moyen-âge ne fut chez eux qu'une époque d'ignorance et de barbarie. Il ne faut pas oublier qu'avant l'invasion de Gengis-Khan, la Russie déjà avait eu son ère de gloire et de prospérité. Dès le ix° siècle, des Russes s'étaient montrés à la cour de France, et moins de deux siècles après, notre pays entretint avec le leur les relations les plus intimes.

En effet, du temps que Henri Ier régnait en France, Jaroslaw gouvernait avec éclat la Russie alors forte et puissante.—Henri se rappelait tout ce que son père avait éprouvé de chagrins pour avoir épousé Berthe, sa parente au quatrième degré; il savait qu'un anathème semblable à celui dont Robert avait été frappé, menaçait tout souverain qui oserait épouser sa parente, même au sixième degré, et Henri était lié par le sang à la plupart des princes de l'Europe. Excité, sans doute par le Pape qui cherchait à conserver les Russes, que le schisme d'Orient semblait menacer de soustraire à l'autorité du siége de Rome, Henri jeta les yeux sur la fille du grand prince de Russie. Veuf en premières noces de Mathilde, fille de l'empereur Conrad, dont il ne lui restait pas d'enfants, il sollicita cette alliance, la seule de cette nature qu'ait contractée la France avec la Russie.

Suivant la plus commune opinion, ce fut Gauthier Saveyr, évêque de Meaux, accompagné, dit Toussaint Duplessis (*Histoire de l'Eglise de Meaux*), d'un Goscelin de Chalignac, qui fut chargé en 1048, d'aller demander la princesse de Russie.—Bolland, dans ses *Acta Sanctorum*, a le premier cité Roger, évêque de Châlons, comme ayant été chargé de cette mission par le roi de France. Bolland, dont l'allégation avait été attaquée, étayait son opinion sur une note trouvée par lui sur les marges d'une vieille légende manuscrite de l'église de St-Omer. — Cette note pouvait en effet paraître suspecte aux critiques, en songeant au silence que gardaient sur ce fait de la vie de Roger, les annalistes et les cartulaires des abbayes de Champagne.

Buirette de Verrières, dans ses *Annales historiques de Châlons*, ne fait pas même un point douteux de l'ambassade de Roger en Russie : il la nie tout simplement, ou à peu près. « Quelques auteurs, dit-il, ont avancé qu'en 1044, notre évêque (Roger II), fut envoyé en Russie pour y demander en mariage la fille de *Jorodillas*, roi de Russie, que Henri Iᵉʳ épousa en 1044; nous ne pouvons prononcer affirmativement, parce que cette circonstance ne paraît appuyée sur aucune autorité. Une vieille paperasse de Reims par le mot *Chalinaco*, *Chalinacum*, qu'on interprète pour Châlons, sert de motif à cette erreur ».

Si Buirette de Verrières eût consulté le *Gallia christiana*, il eût été mis sur la véritable voie et n'eût pas pris le nom de Goscelin de Chalignac, (que Toussaint Duplessis dit avoir accompagné Gauthier Saveyr), pour le nom de la ville de Châlons. Personne que lui n'a commis cette bévue : car la *vieille paperasse* de Reims, ne contient pas un seul mot qui ressemble à *Chalinaco* ou *Chalinacum*, et ce n'est pas ce nom qui a donné lieu à l'opinion des Bollandistes. Voici la phrase relative à Roger, telle qu'elle se trouve et dans les Bollandistes (qui l'ont empruntée au manuscrit de Saint-Omer), et sur *la vieille paperasse* qu'avaient vue les auteurs du *Gallia christiana*, et dont Buirette de Verrières ne s'est pas donné la peine de prendre connaissance.

Anno incarnati verbi MXLVIII *(et non* 1044 *) quando Henricus rex Francorum misit in* RABASTIAM CATALAUNENSEM *episcopum R. pro filia regis illius terræ, Annæ nomine, quam debebat ducere uxorem....., etc.*

On voit que ce texte est formel, et qu'il ne peut y avoir d'ambiguité sur le mot *Catalaunensem*. — Maintenant il serait curieux de savoir l'âge du manuscrit de Saint-Omer. Bolland n'en dit rien. Il est plus que probable qu'il est postérieur à celui de l'église de Reims que nous avons sous les yeux. En effet, le manuscrit de Saint-Omer est, dit Bolland, une vieille légende de l'église de Saint-Omer. On ne connaît pas de légende de l'église de Saint-Omer si ancienne qu'elle puisse être, qui remonte au XIᵉ siècle; or notre manuscrit de Reims est évidemment du XIᵉ siècle, car il a appartenu au fameux Odalric, prévôt de l'église de Reims, contemporain de l'évêque Roger : Il est donc bien probable que les moines de Saint-Omer auront pris la mention que citent les Bollandistes sur notre propre manuscrit.

Les auteurs du *Gallia christiana*, qu'on ne doit pas supposer avoir ignoré la citation des *Acta Sanctorum*, étayent leur opinion du voyage en Russie de l'évêque Roger, sur la note du manuscrit de Reims, et ne daignent pas citer celui de Saint-Omer. » Biennio post, missus est (Rogerius) ab Henrico rege in Russiam, *ex veteri codice quem Remensi ecclesiæ Odolricus præpositus dedit ut* Annam Regis Russorum filiam connubio sibi jungendam exoraret : quam legationem una cum Walterio meldensi episcopo obiisse dicendus est ».

Le manuscrit en question que Buirette traite de vieille paperasse, est un *Psalterium partitum* ou recueil des psaumes en latin d'après la triple version. C'est un in-f° sur vélin du IXᵉ au Xᵉ siècle, dont les blancs et surtout les premiers feuillets sont remplis de précieuses interpolations des XIIᵉ et XIIIᵉ siècles. Ce manuscrit, ainsi que nous l'avons dit, a appartenu au fameux Odalric, prévôt de l'église de Reims (1), qu'il ne faut pas confondre avec l'archevêque

---

(1) La dignité de prévôt était la plus élevée de l'église de Reims après celle

du même nom, qui précédemment aussi avait porté le titre de prévôt. Ce prélat était mort dès l'année 970. — Nous finissons cet article par la transcription complète de la note relative à Roger, que nous fournit notre *Psalterium*.

Anno incarnati Verbi M XL VIIII, quando Henricus rex Francorum misit in Rabastiam Catalaunensem Episcopum Rogerum, pro filiâ Regis illius terræ, Anna nomine, quam debebat ducere uxorem ; deprecatus est Odalricus Præpositus eumdem Episcopum, quatinus inquirere dignaretur, utrum in illis partibus Cersona esset, ubi S. Clemens requiescere legitur, vel si adhuc mare *partiebatur* die natalis ejus, et pervium esset euntibus ?—Quod et fecit — nam à rege illius terræ, scilicet Oresclavo hoc didicit :

Quod Julius Papa in regionem illam ubi S. Clemens jacebat, ad destruendam hæresim, quæ illis in partibus pullularerat, perrexit. Cumque peracto negotio, idem Papa ab illis partibus regredi inciperet, apparuit ei angelus Domini, dicens : « Noli recedere ; à Domino enim præcipitur tibi, ut revertaris et transferas corpus S. Clementis, quod hac-

L'an de l'Incanartion M XL VIIII, quand Henri, roi des Français, envoya en Russie, Roger, évêque de Châlons, au sujet de la fille du roi de ce pays, nommée Anne, qu'il devait lui amener pour épouse, Odalric, prévôt de l'église Sainte-Marie de Reims, pria ce même évêque, de vouloir bien s'informer dans quelle partie de ce pays se trouvait Cherson, où, lit-on, saint Clément reposait, et de savoir si, au jour de sa fête, la mer se divisait encore et était guéable aux voyageurs (1). — Ce que ne manqua pas de faire Roger. — Et voici ce qu'il apprit de Oreslaw roi de cette contrée :

Le Pape Jules (2) se rendit en ce pays, où gisait saint Clément, pour y confondre l'hérésie qui avait infecté ces contrées. Cette mission accomplie, ce pape se disposait à quitter le pays, lorsqu'un ange du Seigneur lui apparut et lui dit : Ne t'éloigne pas, car le Seigneur t'ordonne de retourner et d'opérer la translation du corps de saint Clément, qui, jus-

---

d'archevêque. Il présidait le chapitre lorsqu'il faisait hommage à l'archevêque, en mettant la main gauche sur sa poitrine ; il tenait la droite levée et la conservait libre en signe de l'engagement qu'il prenait de défendre le chapitre contre les entreprises du prélat. Il avait la principale autorité. Chargé de l'administration extérieure, des achats, de l'entretien des biens, de la dépense pour la table, des habits, des bâtiments, des meubles, il avait le droit de punir les chanoines en faute, par la prison, la privation de la table commune, ou quelque châtiment corporel. Les doyens l'aidaient dans ses fonctions et étaient également soumis à ses réprimandes. (ANQUETIL.)

tenus in mare jacuit. — Cui Julius : Quomodo, inquit, hoc posset fieri, cum mare non partiatur, nisi die natalis ejus ? —Cui angelus aït : Hoc erit tibi signum, quod Dominus tibi præcipiat reverti, quia mare in occursum tuum partiatur. — Perrexit ibi, et transtulit corpus S. Clementis, et posuit illud super ripam et ædificavit ibi ecclesiam : et assumens de corpore ejus reliquias, Romam secum detulit. — Contigit autem, ut illo deferente, die quo reliquias, cum summa horificentia populus recepisset Romanus, eodem die sepulchrum, quod in mari relictum erat, cum solo se super mare erigeret, et fieret insula, ubi illius regionis homines basilicam construxerunt et congregationem. Ex tunc ad illam ecclesiam navigio itur.—Retulit etiam idem rex Georgius Sclavus Episcopo Catalaunensi quod ipsemet quondam ibi perexit, et inde secum attulit capita SS. Clementis et Phœbi discipuli ejus et posuit in civitate Chiow, ubi honorifice venerantur.—Quæ etiam capita eidem Episcopo ostendit.

qu'à ce jour est resté gisant dans la mer. — Comment le pourrai-je accomplir, dit Jules, puisque la mer ne se retire que le seul jour de la naissance du Saint?—Une preuve que le Seigneur t'ordonne de retourner dit l'ange, c'est que la mer s'ouvrira pour te laisser passage.—Jules obéit; il enleva le corps de saint Clément, le déposa sur la rive, et y construisit une église : puis, prenant avec lui des reliques de son corps, il les emporta à Rome. Mais il arriva que le jour même, où le peuple romain recevait avec la plus grande vénération ces reliques qu'apportait le Pape, ce même jour, le tombeau du Saint qui était resté dans la mer, s'éleva avec le sol au-dessus de la mer, et devint une isle, sur laquelle les habitants du pays construisirent une basilique et fondèrent une congrégation. Depuis lors on se rend par mer à cette église.—Le roi Slave George ajouta à l'évêque de Châlons, qu'il s'y était lui-même un jour rendu, et qu'il en avait rapporté le chef de saint Clément et celui de Phève, son disciple, qu'il déposa dans la ville de Kiew, où ils sont respectueusement honorés. Et il montra ces têtes à l'évêque de Châlons (3).

NOTES.

(1) On n'a rien de bien certain sur la mort de saint Clément, l'auteur *de la nouvelle Bibliothèque des auteurs ecclésiastiques* (t. 1re, p. 26.), doute des actes de son martyre, de l'antiquité desquels, dit-il, on n'a aucune sûreté, et qui paroissent au

contraire avoir été faits par les nouveaux grecs. «Il est dit dans ces actes, que saint
» Clément fut envoyé *ultra mare* et plus loin, *in desertum urbis vicinum:* qu'il y trouva
» deux mille chrétiens, condamnés à tailler des marbres, qui le prièrent: *Ora pro*
» *nobis Pontifex, ut digni efficiamur promissione Christi :* que saint Clément fit venir
» une fontaine en ce lieu, parce que ces Chrétiens étaient obligés d'aller quérir de
» l'eau, à six mille de là; qu'on fit en ce lieu, en un an, 75 églises, qu'on y brisa les
» temples et qu'on y abattit des bois sacrés au nombre de trois cent mille, que
» Trajan étonné y envoya le président Aufidianus, qui fit noyer saint Clément :
» que dans le temps que ses disciples cherchaient ses reliques, la mer se retira, et
» qu'on y trouva le corps de saint Clément dans un tombeau de pierre: qu'il fut ré-
» vélé à ses disciples de ne le point ôter, et que tous les ans la mer se retirait
» pendant sept jours: ce qui se fait, dit l'auteur de ces actes, jusqu'à ce jour et cela
» est accompagné de miracles.

Ce récit est considéré comme apocryphe par l'auteur de la *nouvelle Bibliothèque*.
Il est cependant certain qu'au xie siècle cette légende était répandue et accréditée
en France et en Russie: le récit de Jaroslaw en est la preuve.—Si les auteurs de notre
manuscrit, moines ou clercs de Reims, avaient intérêt à accréditer les reliques de
leur église et à propager, dans ce but, des bruits merveilleux, ils n'avaient pas de
motifs d'attribuer gratuitement à la ville de Kief le chef de saint Clément, que des
villes de la catholicité romaine se disputent encore aujourd'hui. Il a fallu que ce témoignage leur vînt de l'évêque Roger lui-même.—Notre observation ne tend au surplus qu'à prouver, qu'à l'époque dont il est question, la séparation de l'église russe
et de l'église latine n'était pas si grande, puisque l'une et l'autre enviaient et ho-
noraient les reliques des mêmes Saints.

(2) Le Pape Jules Ier succéda à saint Marc en 337, et mourut en 352. — On a
de lui, dans les œuvres de saint Athanase, deux lettres considérées comme les plus
beaux monuments de l'antiquité ecclésiastique. Je n'ai vu nulle part qu'il ait fait le
voyage de la Chersonnèse.

(3) Je compléterai ces notes par l'extrait suivant *de la vie des Saints* (tome 8,
page 157.)

«Les Grecs font la fête de saint Clément, le vingt-quatrième jour de novembre,
» comme on le voit dans leurs menées: néanmoins quelques unes de leurs ménolo-
» gues remettent cette fête au lendemain. C'est ce qui s'observe aussi chez les Rus-
» siens ou Moscovites qui suivent le rit grec.

«L'ignorance où l'on est du lieu de la mort et de la sépulture du saint, rend dou-
» teux ou incertain tout ce qu'on a dit de ces translations. Saint Grégoire de Tours
» a parlé de quelques reliques de saint Clément apportées au vi^e siècle en Limou-
» sin, sans dire de quel endroit. Avant ce temps-là, et sur la fin du vi^e siècle, on
» prétend que saint Allyre, évêque de Clermont en Auvergne, avait un bras de
» saint Clément, qu'il avait apporté lui-même du tombeau de ce Saint, et qu'il
» mit dans une église, qu'il fit bâtir sous son nom.

«Ces reliques n'étaient venues d'ailleurs sans doute que de la Chersonnèse Tauri-
» que, d'où le corps qu'on disait être de saint Clément ne fut déterré et enlevé que
» fort avant dans le ixe siècle.—(*Si le récit que fait Jaroslaw, dans notre manuscrit,*
à l'Evêque Roger est vrai, les restes de Clément auraient été rapportés bien plus tôt,
puisque le Pape Jules, qui en fit la découverte et la première translation, ne mourut
que vers le milieu du VIe siècle.) «On prétend que celui qui le trouva fut un saint

» Père missionnaire, nommé Constantin dit le Philosophe, natif de Thessalonique,
» qui fut depuis évêque sous le nom de Cyrille en Moravie et apôtre de l'Esclavonie.
» Constantin, après avoir prêché dans le Caucase, et en Géorgie, vint en
» Chersonnèse l'an 850 pour y apprendre la langue Esclavone, et y ranimer les
» restes du Christianisme que les Barbares y avaient presque éteint. Le souvenir de
» ce qu'il avait lu et entendu de saint Clément, mort dans ce pays, lui fit faire des
» recherches touchant ce qui regardait son corps et sa mémoire. Personne ne lui en
» put dire des nouvelles, et le nom du saint y était tombé dans un aussi grand oubli,
» que s'il n'y eût jamais été connu. Cependant après avoir recommandé son dessein
» à Dieu par la prière, il s'en alla avec l'Evêque du lieu, et quelques personnes du
» clergé et du peuple en une petite isle où il se doutait que pourrait être ce qu'ils
» cherchaient. L'on fouilla en un endroit qui avait apparence de vieux tombeau, l'on
» trouva d'abord une côte, puis une tête, et ensuite les autres ossements du corps
» parmi la terre. Rien ne fit juger que c'était le corps de saint Clément, qu'une an-
» cre qui se trouva près de là, et une odeur agréable, qui s'exhala de l'endroit que
» l'on avait creusé.—On porta les reliques dans l'église de Saint-Sozon et de là dans
» celle de Saint-Léonic où elles demeurèrent durant tout le temps que Constantin
» prêcha aux Ghazares, peuples voisins du Pont-Euxin.—Il les emporta avec lui
» lorsqu'il vint en Esclavonie et de là en Moravie. La réputation que lui donnèrent
» ses travaux apostoliques, le fit appeler à Rome par le Pape Nicolas Ier.—Constan-
» tin qui se faisait alors appeler Cyrille apporta avec lui les reliques de saint Clément
» qui furent reçues avec une joie extraordinaire, par le Pape Adrien II, qui avait
» succédé à Nicolas, sous la fin de l'an 867.

« On dit que Constantin avait apporté le corps entier, c'est-à-dire, tout ce qu'il
» en avait trouvé dans la Chersonnèse : et l'on ajoute que le pape Adrien II, fit pré-
» sent de ce corps, avant que de mourir, à l'empereur Louis le Jeune, après l'avoir
» couronné dans Rome, le jour de la Pentecôte de l'an 872. Le prince le mit dans
» le nouveau monastère qu'il avait fait bâtir à Pescaire, où l'on institua la fête an-
» nuelle de cette translation, le 25 de mai, dans l'église dédiée sous le nom de
» Saint-Clément.

» Il faut dire cependant que l'on n'avait point tout emporté de la Chersonnèse,
» s'il est vrai que Jaroslas, roi de Russie, beau-père de Henri Ier, roi de France,
» en tira encore le chef qu'il transporta, vers l'an 1040, à Kijovie, ville capitale de
» ses états sur le Dnièper. Cette histoire n'a pas empêché les moines de l'abbaye de
» Cluny en Bourgogne, de soutenir depuis qu'ils ont le chef de saint Clément dans
» leur église, et qu'il leur a été apporté du monastère de saint Clément de Cons-
» tantinople, vers le commencement du XIIIe siècle, lorsque la ville fut prise par
» les Français.—Enfin, quelques auteurs prétendent que le chef de saint Clément
» ne fut jamais dans le monastère de son nom à Constantinople, mais dans une cha-
» pelle impériale où l'empereur Basile le Macédonien, qui commença à régner l'an
» 867, et qui l'avait fait bâtir exprès dans son palais, l'avait fait apporter de la Cher-
» sonnèse.»

Toutes ces versions jettent sans doute beaucoup d'incertitudes sur les véritables
possesseurs des reliques de saint Clément. Nous nous bornerons à remarquer que,
sauf le témoignage de Grégoire de Tours, qui ne contredit nullement celui de
notre manuscrit, puisqu'il n'indique pas le lieu d'où les reliques furent apportées au
IVe siècle en Limousin, Jaroslaw a pour lui la priorité, et que la Russie a plus que la

France et l'Italie le droit de se croire en possession du chef de saint Clément. — Il serait curieux de savoir si cette relique, vraie ou supposée, existe encore en Russie.

L'élégante pierre tumulaire dont le dessin que nous publions est dû au crayon facile de M. Liénard, de Châlons, n'est pas comme on le pense bien du xie siècle; c'est une restitution qui date du xvie, de l'époque de la construction de la nouvelle église de l'Abbaye; en voici l'inscription :

Cy gilt Me Rogier xlve évesque de Chalons, second de ce nom, fils de Hermant comte de Namur et de Richilde comtesse de Haynault q. l'an mxlii *et de son pontificat* iiie *fonda de son acquest l'église de céant et y colloca le corps St. Ludmier et décéda le* 26 *janvier* 1062.

INSTRUMENTS.

LETTRES ÉCRITES APRÈS LA BATAILLE DE DREUX ET AVANT LE TRAITÉ DE PAIX DE L'ISLE-AUX-BŒUFS (1).

(I.)

LE CONNÉTABLE DE MONTMORANCY A LA ROYNE-MÈRE.

Touchant la prise du prince de Condé. — Bons traitements de la princesse de Condé. — Espérances de paix. — Ses blessures.

xxii décembre 1562.

Madame,

Madame la Princesse ayant esté advertie de la prinse de Monsieur le Prince son mary, m'a prié vous escripre et supplier très humblement estre contente que Monsieur le Prince de Melphe vienne vers vous et que je luy baillasse une lettre, à ce qu'il vous plaise estre contente de le veoyr et l'ouyr : vous asseurant qu'elle est si travaillée et affligée qu'il est impossible de

(1) Dans l'un des greniers d'un vieux château de la Beauce, je fis, il y a quelques années, la découverte d'une prodigieuse quantité de documents historiques, lettres autographes et pièces originales, le tout relatif à l'histoire du xvie siècle. C'était une grande partie de la correspondance royale de cette époque, dont avait été dépositaire Sébastien de l'Aubespine, évêque de Limoges, et longtemps ambassadeur en Allemagne, en Suisse, en Espagne. Je fis de cette découverte un rapport à M. Barthe, alors Ministre de la Justice, qui, frappé de l'importance historique de ces matériaux, en ordonna la publication aux frais de l'État. — Depuis cette époque, des travaux d'un autre genre ne m'ont pas encore permis de répondre aux vues éclairées de M. le Ministre. — Cette publication n'est qu'ajournée, je l'espère. — En attendant, voici quelques lettres extraites de cette correspondance qui peuvent servir d'introduction aux articles de *La Chronique de Champagne*, intitulés Isabeau de Limeuil. L. P.

l'estre davantage. — Et je suis prisonnier en sa maison là où elle m'a faict si bon traictement que je tiens ma vie du secours qu'il luy a pleu me faire. Sur quoy je vous supplie très humblement de votre bonté accoutumée avoir pour recommandé mondit Seigneur le Prince, comme je scay qu'il vous a pleu lui porter toujours fort bonne et grande affection : Et pour que notre Seigneur a voulu que les choses de ceste bataille soient passées en ceste sorte, j'espère il en réussira une bonne paix, qui est ce que plus vous désirez en ce monde. Madame, je suis blessé d'une harquebuse à la machouére et d'un coup de pistolet. J'espère à nostre Seigneur estre bientost guéry et en estat de vous pouvoir faire service là ou je n'espargneray ma vie. Vous suppliant, Madame, avoir la Connestable pour recommandée en vostre bien bonne grace, comme autant très humblement que je puis je me recommande, et je supplie le Créateur vous donner tousjours la très heureuse et très longue vie que vous désire,

D'Orléans, ce xxii° décembre 1562,

Votre très humble et très hobéysant
subgect et servyteur,

MONTMORANCY.

(Propriá manu.) — Madame, Monsieur le Prince de Melphe vous fera antandre la bonne voullonté an quoy est ceste compagnye d'avoyr ungne bonne pés. Je vous suplye Madame d'avoyr pour bien recommandé Monsyer le Prynce.

En marge : Madame je vous suplye que se jantylhomme voye Monsyeur le Prince, vous acertant que je suys si byen treté que je vous suplye d'avoyr celle de monsyeur le Prince pour recommandé.

A la Royne ma souveraine dame.

(II.)

LA PRINCESSE DE CONDÉ A MAD. LA CONNESTABLE.

Elle lui donne des nouvelles de la santé du Connestable blessé au menton à la bataille de Dreux, et prisonnier des Protestants : puis s'informe de celle du Prince, prisonnier du maréchal Dampville.

xxiiii° décembre 1552.

Madame, s'en allant vous trouver se porteur pour vous dyre des nouvelles de Monsieur le Connestable, j'ay bien voullu l'accompagner de se mot pour vous avertyr qu'encore qu'y sait ung petit blessé au menton, sy ne se porta yl jamais myeulx de sa santé. Yl vous a desja luy mesme mandé deux foys comme je le traicte yssy, et d'avant mesme que susse que Monsieur mon mari fust tombé aux mains de mon cousyn Monsieur de Denvylle; par coy, autant qu'aymés ledict Seigneur vostre mary, faicte que vos anfans et vous s'employe et tous vos moyens, à faire donner tel traictement à monsieur mon mary quy le méricte : et vous assurés qu'en ce faysant, je feray l'ofyse à mondict sieur Connestable, non de niéyse, mais d'ugne fille fort affectionnée. Supliant Dieu que bientost je puyse veoir en toute lyberté mon mary et vous le vostre, en une bonne païs; et si ne puy avoir ce bien, en attendant de savoyr souvent des nouvelles du myen, vous en sarés aynssy du vostre. Sepandant je saluray vos bones grasses de mays bien affectionnées recommandations. Escript le xxIII^e dessambre.

Vostre entyèremant mylleure et plus
affectionnée nieyse.
LÉONOR DE ROYE.

A Madame ma tante, Madame la Connestable.

(III.)

LA MÊME A LA ROYNE-MÈRE.

Pendant la captivité du Prince. Elle supplie la Reine de lui permettre de communiquer avec lui, et d'accorder au Prince les mêmes libertés qu'elle laisse au Connétable. — Elle demande un passeport pour sa sœur de la Rochefoucault qu'elle désire voir auprès d'elle.

Orléans, xxx décembre 1562.

MADAME,

Je croy que votre Majesté ne doubte point qu'entre toutes afflictions qui se puissent recepvoir, celle de la femme pour la captivité ou aultre accident survenu à son mary, ne soyt l'un des maulx plus preignant et doloreux; et ne saurois assez très humblement vous remercier, Madame, de la favorable consolation contenue en votre lettre, laquelle ne me rend moins obligée à ung redoublement d'affection de la fidélité de mon ancien debvoir à vous faire très humble service, pour y voir le fondement de la briève espérance que je doy avoir de la liberté de Monsieur le Prince mon mari. Comme l'ennuyeux rapport que l'on m'a faict de ne pouvoir récepvoir par lettres signées de luy certaine asseurance de sa santé, au moyen du dessin de la visitation que je lui avois envoyé faire par le cappitaine *La Reinières* (incertain) m'a augmenté mon juste desplaisir, de quoy je ne me puis garder de grandement me douloir et complaindre et cependant en remascher à part moy la pacience; touttefois quand vous entendrez par le sieur de Rostaing fidellement ce qu'il a veu au traictement de Monsieur le Connestable et la famillière communication qu'il a avesques ung chascun, encore que l'égalité de l'ung à l'autre soit par trop inégalle, si m'oseraije bien tant promettre de votre bonté que ce qui en a esté jusques icy interdict de ce que plus je désire, me sera plus volontiers alors aisément permis et concedé. Et quant aux moiens de paix par luy récentement mis en avant, je ne vous scauroys dire autre chose, Madame, sinon que **Votre Majesté** ayant assez d'asseurance et cognoissance du fonds de la volonté de monsieur mon mary, quy n'a jamais été autre que d'en veoir plustot les effects que les parolles, n'ignorant point aussi du subject de son premier mouvement; je souhaitterois que Dieu en ung tant sainct effect m'eut autant favorisé en pouvoir que en singuliere volunté. Car outre ce que ma profession n'est point dévouée aux armes, ma complexion est tellement proclive à la paix que j'estimerois le but de ma vie heureus si, en mes jours, mon moien avoit esté capable de faire veoir en France ce quy y est plus requis et nécessaire et aussi peu apparant en moyen. Mais tout ainsi que les actions humaines ne se trouvent ordinairement plus difficiles à exécuter qu'aisées à inventer et mettre en avant, aussi quand elles sont commancées, lorsque la fin en est moins attendue, c'est à ceste heure là que ce grand Dieu permect quelles soient promptetement exécutées. Et c'est Madame ce de quoy de très bon cueur ordinairement, je le suplye, et vous donner, Madame, en toute perfection de santé très heureuse et très longue vie. Escript à Orléans ce xxx de décembre 1562.

(Proprid manû). Je vous suplie trés humblemant Madame m'escuser sy ne vous escrips de ma mayn, cest que suys trouvée mal toute ceste nuict, vous supliant prandre tant pityé de moy que me permectre que ceulx que renvoyray vers monsieur mon mary le puissent veoir et me raporter de ses lectres : et sy plest à Votre Magesté me donner ung passeport pour fayre venyr ma sœur de la Rochefaucault, suyvant ce que Monsieur le connestable vous en faict pareille requeste, vous nous ferés beaucoup de bien à tous.

Vostre trés humble et trés obéissante servante et subjecte,

A la Royne. Léonor de Roye.

(IV.)

LE CONNÉTABLE A LA ROYNE-MÈRE.

Durant les pourparlers de paix.

vi janvier 1562.

Madame,

L'arrivée du Plessis et de Monsieur de *Lareinière* en ce lieu a esté fort bien receue de Medames la Princesse, Admyralle, de Monsieur Dandelo et de toute la compaignie : Vous asseurant qu'il n'y a celuy qui ne monstre avoir fort grand envye de mectre un bon et seure repos en ce réaume. Si tost qu'ils sont arrivés, Madame la Princesse a envoyé ung gentilhomme à Messieurs l'admyral, Rochefoucault, et autres seigneurs qui sont au camp, pour les advertir ce qu'il vous a pleu nous mander et escripre d'en avoir vendredy au soir la responce, pour incontinant vous en advertir comme j'ay chargé ce porteur vous dire, vous suppliant le croyre : vous remerciant tant et si très humblement que faire puis, Madame, de la bonne souvenance qu'il vous plaist avoir de moi, vous assurant que la vye, femme, enfants comme biens ne seront jamays espargnez pour vous faire cognoistre comme j'estime et honore votre bien bonne grace : A laquelle tant et si très humblement je me recommande d'aussy bon cœur que je prie Dieu vous donner,

Madame, en tres parfaicte santé, heureuse et bonne et longue vye.— A Orléans, ce vi* janvier 1562.

Madame, il vous playra renvoyer le porteur.

Votre très humble et très obéyssant
subject et servyteur.

Montmorancy.

A la Royne ma souveraine dame.

(V.)

LE PRINCE DE CONDÉ A LA ROYNE-MÈRE.

Après l'assassinat du duc de Guise, et au sujet du prince de Joinville qui devait se rendre à Orléans pour traiter avec les réformés.

xxi janvier 1562.

Madame,

Jé veu la lestre quyl a pleu a Votre Magesté m'escripre, par laquelle me commandé que je trouve bon que M. le Prynce de Ginvylle *(Joinville)* n'alie point à Horléans, veu le méchant tour que l'ons a faict à M. de Guyse, quy est sy villaint qu'y sera toutjours trouvé de gens de vertu et d'onneur le plus malheureus acte du monde : et pour saist effait, yl let mylleur que Monsieur son fils demeurre auprès de luy pour le servyr, et que Monsieur de Tempes allie an sa plasse. Vous supliant très humblemant d'écrire que toutgours je ferés connestre à Votre Magesté que ne désire rien tant qu'ene bone pais. Vous supliant très humblement le vousloyr croyrre ne vouslant oblier à remersier très humblemant Votre Magesté de se quy vous a pleu doné congé à ma femme me venyr voyr. Supliant Dieu,

Madame, quy me fasse la grace de vous pouvoir fère parrestre l'anvye que jé de vous fère ung bon servyce. Il ne tiendra ca nous, sy vous m'an donés le moien, a seluy quy suplie Dieu quy vous doint trés heureus et longue vie, que vous désire, d'Amboyse ce xxi° jour de Jenvyer,

Votre trés humble et trés obeyssant
seuget et servyteur.
Loys de Bourbon.

A la Rène.

(VI.)

DU MÊME A LA MÊME.

Au sujet du Connétable de Montmorancy.

25 février 1562.

Madame, aiant veu par la lestre que Votre Magesté m'a escripte et ouy la créance de se porteur, jé bien connu que ceus d'Orléans font grande dificulté pour le partement de Monsieur le connétable ; et pour sait éfait yl ont, sur se, vollu avoyr mon avis, lequel je fais antandre à ma feme par la lestre que luy mande, que verrés ; par laquelle y connetront quy se devé contanter de raysont, et que aiant la foy de Monsieur le connestable avecque les sieurs quy y sont nonmés, sait bien pour leur lever toutte doute. Vous supliant trés humblemant, Madame, de crère que ne désire ryen tant an se monde que de voyr vos Magestés bien contante et tant aconpagnyé d'une bone et eureusse pais : suplian Dieu quy vous doient trés heureuse et longue vie que vous désire, d'Anboysse le xxv jour de fevrier,

Votre trés humble et trés obeyssant
seuget et serviteur.
Loys de Bourbon.

A La Rène.

(VII.)

LE MÊME A ÉLÉONORE DE ROYE, SA FEMME.

Après l'assassinat du duc de Guise, et touchant la pacification des troubles.

Dernier février 1562.

Ma Fame,

Veu les lestres cavez de moy resue, vous avez peu connestre mes intantsiont; par coy sait à moy follie vous an fere antandre davantaige. Car pour la mort de Monsieur de Guisse quy a été tué si misérablement, l'opinyon ne m'est nullemant changée : et de vous an escryrre davantage se seret abus, veu la réssoltion que tous seux d'Orléans on tous prysse de ne leser partyr Monsieur le connetable. Vous priant tous de bien considerer les meschanssetés que saite guerre tire après elle, qui est bien ung suget, pour tous, désirer la pais : supliant seluy qui tient les ceurs des Roys et des hommes, quy les dispose en résevoyr les moyens, et reculler seus quy vousdront aler au contrayre, et chastier ceus quy ne vousdront antandre : car envers Dieu et leur Roy mérytent grande punisiont. Je m'assure que vous amployrés an tout ce que pourrés; se que vous prye fère de toutte votre puysance : car sait une requeste que vous an fais de tout mon cœur, car je ne désire ryen tant qu'eune bonne pays, qui ne sait point fainte et qui sait à lonneur de Dieu, et o servyce du Roy proufitable. Qui sera la fin de cete lestre; après avoir à tante et oncle pressenté mes bien affecsionée recommandasion à leur bonne grace, et quy vous doint à tous autant de contantement que vous en désire,—D'Amboyse se dernyer jour de fevryer,

Votre bien afectionné et bon mary.

Loys de Bourbon.

(VIII.)

LE PRINCE LA ROCHE-SUR-YON, A LA ROYNE-MÈRE.

Touchant l'entrevue du Prince et du Connétable.

5 mars 1562.

Madame,

Si je me trouvay en peyne recevant votre commandemant venir en ce lieu, encores plus quant je my suis veu, estant si peu instruist comme toutes choses estoit passées entre vous et mondit sieur le Prince, qu'il a fallu je l'aye appris de luy mesmes ; car votre lettre ne tandoit principalement que pour la déclaration de la sienne embigue, qu'il m'a monstrée : et a assuré n'en rien mandé que de mesmes ce quil a escrip à vous, Madame, et à Madame sa fame : et que la mort de Monsieur de Guise quil a autant pris à cueur que de son propre frére, estant mort son amy ; et que à son propre fils il ne le pardonneroit; désirant la punition où n'y espergnera sa propre vye au chastimant de sy meschant acte : M'assurant que la mort ne l'a faict changer d'opinion ne moins l'affection qu'il a à vous obéir en tout ce qui vous playra soit pour s'aboucher avesques Monsieur le connestable, ou aultremant, pour s'acheminer à la paix : maisje craint comme il avoit dit à Monsieur l'admiral que *tout-à-l'heure* il apela à themoin, et luy avoit dit, devant que l'homme dOrléans arrivast, que jamays il ne consentiret la sortie dudit connestable que mon dit sieur le Prince ny entrast et que ce moyen tyroit toutes choses an longueur; désirant tousjours avecques toutes suretés soit de son fils, où à ce que choysirés de pover parler a ceus dOrleans qui s'aseure ranger et manier de sorte que dedans dix jours il espére la paix : Et au cas quil faille se randre où il sera ordonné au temps, qu'il sera tenu incapable et indigne du nom qui porte, et permis à tous le tenir pour méchant et sa vie en abandon, le faisant mourir comme Poltrot, pardonnant sa mort : le tout que dessus a dit devant mondit sieur l'admiral.—Vela, Madame, ce que jay peu tirer de ce petit homme.—Il ny a rien de nouveau : La venue de Monsieur de Lymoges nous apprendra quelque chose mesmes si avés parlé à Madame la Princesse. Il demande fort a vous voyr, si l'avyez agréable; il me samble qui ne seret maulvays l'ouyr parler, mais devant partie du conseil y afferoit jugement sur ces propos, assurances et promesses; et davant tous on y adviseroyt et chacun parleroit pour cognoistre s'il y a tromperie. Quant à moy Madame je voy des seujaics que je n'avoys jamais entendus. J'espeyre vous an dire davantage et an serviteur an parler plus avant en pleyne compagnye, jay diré mon opinion : Vous asseurant Madame que se sera en ma consciense pour l'honneur de Dieu, service de mon maistre utilité et advantage de ce posvre et affligé réaulme : Notre Seigneur m'en doint la grace, à vous Madame en trés bonne santé, trés heureuse et trés longue vie,—d'Amboyse III° de mars,

Votre trés humble et trés obeissant
serviteur.

CHARLES DE BOURBON.

A la Royne.

(IX.)

L'AMYRAL COLLIGNY A LA REYNE-MÈRE.

Il se disculpe du meurtre de M. de Guise (1).

12 mars 1562

MADAME,

Depuys deulx jours j'ay veu ung interrogatoire qui a esté faict à ung nommé Jehan de Poltrot, soydisant sieur de Meré, du xxi° du mois passé, lequel confesse avoir blecé Monsieur de Guize; par lequel aussy il me charge de l'avoir sollicité ou plutost pressé de faire ce qu'il a faict et pour ce que la chose du monde que je craindrois aultant se seroit que ledit Poltrot fust exécuté que premierement la vérité de ce faict ne fust bien cogneue, je supply tres humblemant Votre Majesté, comander qu'il soit bien gardé et cependant j'ay dressé quelques articles sur chascun des siens qui me samblent mériter responce, que j'envoye à Votre Majesté par ce trompette; par lesquels toutes personnes de bon jugemant pourront à peu près estre esclarcis de ce qui en est : et oultre cela je diré qu'il ne se trouvera point que j'aye jamais recerché cestuy la, ny oultre pour faire ung tel acte : au contraire j'ay tousiours empesché de tout mon povoir que telles entreprises ne se missent a exécution et de cela en ay-je plusieurs fois tenu propos à Monsieur le Cardinal de Lorraine et a Madame de Guise et mesmes à Votre Maiesté laquelle se peult souvenir combien j'ay esté contrariant a cela; reservé depuys cinq ou six mois ença, que je n'a y pasfort contesté contre ceulx qui monstroient avoir telle volunté; et ce a esté depuis qu'il est venu des personnes que je nommeré quant il sera temps, qui disoient avoir esté patiqués pour me venir tuer, comme il plaira a Votre Majesté se souvenir que je luy dicts à Paris en sortant du moulin ou ce faisoit le parlemant; ce que j'ay aussi dict à Monsieur le Conestable; et néanlmoins puis-je dire aveques vérité que de meisme je n'ay jamais recerché, sollicité, ny pratiqué personne pour tel esfaict; et m'en rapporterois bien à tous ceulx qui ont veu mettre telles entreprises en advant devant moy combien je m'en suys mocqué. Et pour n'ennuyer Votre Majesté de plus longue lettre je la supplirè encores ung coups très humblemant commander que ledit Poltro soit bien et soigneusemant gardé pour vérifier de ce faict ce qui en est, aussy questant à Paris, comme lon ma dict, je craindrois que ceulx de la court de parlemant le voussissent faire exécuter, pour me

---

(1) Cette belle lettre de l'amiral a été publiée dans les Mémoires de Condé (t. 4, p. 303). Nous la donnons ici collationnée sur l'original.

laisser ceste calumnie et imposture ou bien qu'ils voussissent procéder à l'encontre de moy pour ce faict, ce qu'ils ne peuvent faire estant mes parties et recusés come ils sout. Et ce pendant ne pensés pas que ce que j'en dicts soit pour regret que j'ay à la mort de Monsieur de Guize; car j'estime que ce soit le plus grand bien qui povoit advenir à ce royaulme; à l'église de Dieu et particulièrement à moy et à toute ma maison. Aussy que sil plaist à Votre Maiesté, ce sera le moien pour mettre ce royaulme en repos; ce que tous ceulx de ceste armée desirons bien vous faire enttendre, s'il vous plaist, nous donner seureté de ce faire, suivant ce que nous vous avons faict requérir aussy tost que nous avons esté advertis de la mort dudit sieur de Guize.

Madame, je supply Notre Seigneur vous donner en très parfaicte santé très heureuse et très longue vie. De Caen, ce xii° de mars 1562.

Votre trés humble et très obéissant
subject et serviteur.
CHASTILLON.

(IX.)

H. DANVILLE, MONTMORANCY, — A LA REINE-MÈRE.

Au sujet du prince de Condé qu'il amène d'Amboise pour l'entrevue de l'Isle-aux-Bœufs.

13 mars 1562.

MADAME,

J'ai ce matin reçue par M⁺ de Lymoges la lettre qu'il a pleu a Vostre Magesté m'escripre et entendu de luy ce dont il vous a pleu le charger : sur quoy, Madame, je n'ay voulu faillir de vous dire qu'il eust esté impossible de faire partir monsieur le Prince aujourd'huy de ce lieu, pour l'incommodité de notre cavallerye qui est séparée en plusieurs endroits : laquelle ne sauroit estre que ce soir ou demain matin icy : Ayant toutes fois deliberé d'aller demain couscher à Blois, non dans la ville, mais dans le faulxbourg, pour les occasions que dira a Vostre Magesté ledit sieur de Lymoges : où arrivez que serons, je ne fauldray d'envoyer en toute diligence mon mareschal des logis affin de voir le lieu que Vostre Magesté aura advisé commode et à propos pour le sieur Prince : à quoy je vous supplye trés humblement, Madame, faire pourvoir, et que à St Laurent des Canes nous puissions trouver les chevaulx legiers que avez ordonnez aussi. Madame il vous plaira considerer que de nostre infenterye il sera impossible quelle arrive le samedy que j'espere nous serons au camp; mesmes la cavallerye ayant faict cest trotte aura assez d'affaires à se loger sans s'empescher pour ce jour à la garde : à ceste cause qu'il vous plaise Madame, ordonner celle des compagnies quil vous plaise pour ce jour et que nous puissions trouver ceste garde preste au logis qu'aura advisé Vostre Magesté, laquelle je n'importuneray de plus long discours; me remectant sur ledit sieur de Lymoges qui vous fera entendre, Madame, les honnestes propoz qu'a tenuz M^r le Prince en présence de M^r le Prince de la Roche-sur-Yon, dudit sieur de Lymoges et de moy, qui sont tels que je m'asseure Vostre Magesté n'a de long temps ouy langaige qui la contante plus que cestuy la : et en cest endroit je prieray Dieu,

Madame, qu'il vous doint en parfaite santé heureuse et longue vye. De Amboise le IIIIe jour de mars 1562.

Vostre trés humble et trés obeissant
fidel serviteur.
MONTMORANCY. (1)

---

(1) Nous avons scrupuleusement conservé à toutes ces lettres l'orthographe des originaux : si le lecteur est surpris des vices du langage qui s'y trouvent, il devra songer qu'au XVIe siècle, la langue française, arrivée à une époque de transformation, se modifiait et n'avait encore, orthographiquement parlant, aucune règle sûre. Le goût, nouvellement rallumé des lettres latines et grecques, jetait sur la phrase quelque chose d'étrange et d'incertain. Les personnes les plus lettrées de l'époque ne s'entendaient pas sur la manière d'orthographier les mots. Pour s'en convaincre il suffit de lire les lettres autographes de Marie Stuart, de Charles IX, du chancelier Lhospital, de Théod. de Bèze, du cardinal de Lorraine et de l'amiral Coligny, qui tous cultivaient les belles-lettres. On y verra une orthographe moins vicieuse sans doute, mais cependant fort incorrecte encore. Parmi ceux-ci, Charles IX, Lhospital et Coligny, sont ceux dont le style offre le moins de taches.

VARIÉTÉS.

ISABEAU DE LIMEUIL (1).

(Suite).

II.

La Reine-mère.

> Or, pour fin, qu'on débagoule contre elle tout ce qu'on voudra, jamais nous n'aurons une telle en France, si bonne pour la paix.
> (Brantôme).

La compagnie que nous venons d'introduire dans la salle du conseil, s'y trouvait à peine réunie, que la porte des appartements de la Reine s'ouvrit à grand fracas, et qu'un page habillé de noir parut sur le seuil et répéta : « la Majesté de la Reine! »—Bientôt en effet parut, sans autre apparat, Catherine de Médicis entre la princesse de Condé et madame la connétable, et suivie de messire Claude de l'Aubespine que nous avons déjà cité. — La Reine-mère était alors au commencement de son automne, mais à voir

---

(1) Cet article et celui que sous le même titre *La Chronique de Champagne* a publié dans son dernier Numéro, sert de préface à une publication que prépare l'auteur, publication du plus haut intérêt pour l'histoire et les mœurs du xvie siècle. Les pièces inédites qui rendront cette publication si curieuse, proviennent de la même source que les lettres qu'on vient de lire, de Sébastien de l'Aubespine, évêque de Limoges, qui joua un grand rôle dans ce drame historique, dont Brantôme et les auteurs du temps ont à peine soupçonné la vérité. *(Note des Edit.).*

la beauté de ses traits, la blancheur de son teint, la finesse de sa peau, le feu de ses grands yeux noirs, et la forme autant dire parfaite de son buste et de sa taille, on pouvait reconnaître, ainsi que le disent les poètes du temps, qu'elle avait dû faire le plus bel ornement de la brillante cour de François Ier. — Elle était, suivant son usage, vêtue d'une grande robe de velours noir à manches bouffantes sur l'épaule et étroites à l'avant-bras : une ceinture de velours violet à laquelle pendoit sur le devant un miroir que soutenait une double rivière de perles, rehaussait l'éclat de sa taille et la majesté de sa démarche. Sa tête était coiffée d'un bonnet à la lorraine où brillait une épingle en diamants. Ses mains qu'elle avait les plus belles du monde et dont elle était très fière, étaient nues et sans autre ornement que les bracelets à médaillons et resplendissants de pierreries qui lui serraient les poignets.

— Dieu vous garde, messeigneurs! dit-elle en passant au milieu des courtisans rangés sur deux lignes : vous attendez depuis longtemps peut-être? nous en sommes grandement marrie. Pourtant il nous est agréable qu'en cette occurrence la faute n'est pas nôtre... Car mesdames nous sont témoins que nous sommes pareillement prête depuis bien une heure.

— Votre Majesté, dit le prince la Roche-sur-Yon, sait l'empressement de ses fidèles gentilshommes à se rendre à ses ordres.

— Aussi bien, ajoute le connétable en jetant un regard d'humeur sur la princesse, ne sommes-nous pas huguenots et savons-nous ce que de bons serviteurs doivent à la Majesté de la Reine.

— Monsieur le connétable n'oublie pas, dit la Princesse trop fine pour ne pas sentir que cette boutade faisait allusion au retard de son époux, que Monsieur le Prince est sous la garde et conduite de monsieur son fils.

— Oui, dit la Reine, d'un ton de regret, ce qui nous fâche, s'il est vrai, comme aucuns disent, que monsieur Damville soit à notre bien-aimé cousin, rude et fâcheux.

— Par ma foi, madame, n'est-il pas son prisonnier, loyalement et par bon droit de guerre?

— Oui, mon compère, c'est à Damville que Monsieur le Prince a remis son épée, et le Roi monsieur mon fils a bien voulu maintenir au duc la garde de son précieux prisonnier. Mais des égards, mon compère, le sang royal de France peut y prétendre!

— Le sang royal de France, Madame, est chose sacrée aux derniers de vos sujets, et ceux de la famille des Montmorency, à ce que je pense, n'ont encore failli à lui faire hommage et très humble service. Excusez toutefois, Madame, à la rigueur des mesures pour la garde de Monsieur le prince : Damville notre fils est dévoué, prompt, vif....

—Oui, dit la Reine, et quelque peu rabroueur, comme notre charitable compère... cela tient de famille, et j'espère qu'on ne dira pas des vôtres, monsieur le duc, *ottima radice, cattiva pianta*. Au demeurant, nous nous réjouissons que notre belle cousine en ait agi un peu plus courtoisement avec son oncle, notre bon connétable.

—L'âge de monsieur mon oncle, dit la Princesse, et surtout la fâcheuse blessure qu'il reçut à cette vilaine bataille de Dreux....

—En effet, et à ce propos, dit la Reine, racontez-nous donc, mon compère, les rudoiements et mauvais offices de notre cousine à votre endroit...

— Madame, dit le connétable, madame la Princesse a plus fait pour notre guérison que tous vos bélîtres de médecins et autres ânes de la confrérie, qui se disent impertinemment de l'*art*, et sauf votre agrément, je ne trouve à madame notre nièce qu'un défaut, mais un défaut, je dis une énormité, et sans doute Votre Majesté pensera comme son serviteur....

— Il nous plaira fort, dit en riant la Reine, que vous nous l'indiquiez, car pour nous, nous n'y voyons nulle apparence.

—C'est, ajoute le duc, qu'elle est par trop opiniâtre en son huguenoterie, que Dieu confonde! car pour moi j'y renonce.

Un éclat de rire général accueillit cette boutade, et tous les yeux se portèrent sur la Princesse qui ne put se défendre d'un sourire : une légère rougeur fit même place un instant à l'intéressante pâleur de son visage.

Eléonore de Roye, nièce par sa mère de madame de Chastillon l'amirale, et petite nièce de madame la connétable, était une femme d'un esprit élevé, d'un courage héroïque, d'une vertu sans tache, et l'une des plus habiles princesses de ce temps si fertile en capacités. En l'absence du prince son mari, c'était sur elle que reposait le soin des grandes mesures et des plus importantes déterminations. A peine âgée de trente ans, Eléonore, sans avoir rien perdu des charmes de la jeunesse, semblait par le calme imposant de sa physionomie, la régularité de ses traits, la sérénité de son front, jouir du bonheur auquel les belles ames ne devraient jamais échapper. Seulement la pâleur de son visage, la mélancolie de son regard, la rareté de son sourire, le silence presque continuel auquel elle se condamnait, faisaient assez deviner qu'un chagrin profond la dévorait. Comme on la savait fortement attachée à la doctrine de l'Evangile dans laquelle elle avait été élevée, on croyait les ennuis de cette ame sensible produits par les échecs réitérés qu'éprouvait son parti. Mais des douleurs plus cruelles empoisonnaient ses jours. Ce n'était pas seulement sur les maux de l'Eglise réformée, que les grands yeux bleus d'Eléonore se remplissaient de larmes et que cette ame remplie d'amour et de résignation, laissait parfois exhaler un mélancolique soupir. Jeune encore et digne par son caractère et sa beauté des hommages des plus grands princes, Eléonore n'avait pu conserver le cœur de son volage époux, et cette cruelle humiliation avait décoloré sa vie. Dieu sait pourtant l'amour qu'elle portait à Loys de Bourbon, et les tourments de cette épouse aimante, lors du procès qui faillit être si fatal au prince. Mais tant de titres à l'attachement n'avaient suffi pour l'enchaîner : Louis de Bourbon cédant à la contagion du temps, regardait les vertus conjugales comme trop bourgeoises pour se faire une nécessité de les observer : aussi s'était-il livré à de nombreuses intrigues d'amour que les mœurs relâchées du siècle semblaient à ses yeux justifier assez. Malgré les torts de son époux, Eléonore n'en désirait pas moins vivement la fin de la captivité du Prince, alors resserré très étroitement dans le château d'Anzin près Blois, où il éprouvait de la part du jeune Montmorency son gardien, des duretés inimaginables. Mais tout en souhaitant l'échange des prisonniers et la fin des troubles qui divisaient la France, la princesse agissant au nom des chefs protestants, voulait une paix honorable et qui assurât enfin l'existence de ceux de l'Evangile. Et c'était pour parvenir à ce double résultat, que, comme à la Reine-mère, il lui avait semblé utile de rapprocher les deux prisonniers et de leur ménager une entrevue.

Après la dernière boutade du connétable, qui nous a conduit à parler un peu au long peut-être de la princesse de Condé, quelques instants encore se passèrent en devis et piquantes conversations. Chacun avait déjà pris sa place autour du tapis vert, la Reine ayant à sa droite madame la princesse et à sa gauche madame la connétable. A côté de cette dernière, était réservé en face du vieux duc de Montmorency, le siége du prince de Condé qu'on attendait impatiemment. Quant au reste des assistants, chacun d'eux était placé suivant le rang qui lui appartenait : deux ou trois places étaient libres pour ceux des gentilshommes que pourrait amener le prince, et les trois secrétaires Dutillet, l'Aubespine et Bourdin, occupaient l'éxtrémité, en face la Reine.

Bientôt enfin, un page vint annoncer que le bruit des chaînes du pont-levis, et le retentissement de pas de chevaux annonçaient l'arrivée au château de Monsieur le Prince. Un mouvement involontaire d'impatience et de curiosité s'empara des assistants, mais surtout de la princesse qui parut disposée à voler au-devant de son époux.

— Tout beau, belle cousine, dit la Reine, sachons modérer notre joie. Monsieur le Prince venu en chevauchant, a sans doute besoin de quelques minutes de répit. — Page, assurez-vous qu'il ne manque rien à Son Altesse avant de paraître en notre présence.

— Permettez du moins, Majesté, dit le prince la Roche-sur-Yon, que nous, que ce soin regarde, nous allions au-devant de notre parent, Monsieur le Prince, et qu'après avoir pourvu à ses besoins, nous ayons l'honneur de vous le présenter.

— A tout seigneur, tout honneur, mon cousin, le proverbe nous vient à point, ce me semble; allez donc, vous êtes un véritable hôte du bon vieux temps, et qui savez ce que c'est qu'être châtelain et recevoir chez soi fleur de toute chevalerie. — Or ça, ajoute la Reine après la sortie du prince, messeigneurs, voici venir notre champion : que chacun se prépare à la riposte, car m'est avis que celui-là va tirer de rudes bottes. Monsieur le connétable, tenez-vous à deux mains sur votre selle, et gardez que la lance légère de notre cousin ne vous porte trop vite à terre.

— Madame, dit le vieux duc piqué, avec votre grâce, si les années ont quelque peu émoussé la rudesse de ma lance, ce n'a été que par un long et loyal service à la couronne de France... Mais Dieu soit loué, il me reste encore assez d'énergie pour lutter au besoin, corps à corps, avec les ennemis du Roi mon maître, et ceux de Votre Majesté, madame.

—Nous savons, mon bon compère, que l'habitude des Montmorency est de combattre et de vaincre, ou de tomber si fortune le veut, mais toujours sans crier merci ni pitié.

— Avec la permission de Votre Majesté, dit en cet endroit Briquemault placé non loin de la princesse, je me flatte que par ennemis du Roi notre Sire et de la Majesté de la Reine notre maîtresse, monsieur le connétable n'entend point parler de Monsieur le Prince, ni d'aucuns seigneurs du parti de l'Evangile...

—Monsieur de Briquemault, dit la Reine avec hauteur, nous n'acceptons pas encore les protestations de fidélité des seigneurs de l'Evangile, comme il vous plaît les appeler; et encore moins celles de gens qui se présentent devant nous armés de pied en cap, et comme spadassins rhodomonts qui cherchent fortune. — Au demeurant Messieurs, ajoute-t-elle d'un ton plus doux, vous *qui n'êtes pas du parti de l'Evangile,* nous vous le répétons, tenez-vous ferme. Quant à nous il est de notre devoir de nous mettre un instant à l'écart, et de juger les coups des adversaires avant de nous mêler au combat; notre rôle ici devant se borner à n'aider de notre secours que ceux qui s'avoueront vaincus.

Tel était en effet le caractère de Catherine de Médicis, dont on a dit tant de mal, et dont on ne pourrait dire assez de bien peut-être, si sa destinée l'eût appelée à gouverner dans un autre temps: sans doute elle eût mérité par son génie, son adresse et ses grandes qualités, l'admiration de ses contemporains aussi bien que celle de la postérité. Mais venue à une époque où des factions puissantes se disputaient le pouvoir, ses efforts, qu'elle partagea longtemps entre la tâche difficile de réunir les esprits, et celle de conserver intacte l'indépendance de la couronne, furent impuissants. En effet, lorsque de sages capitaines, d'habiles ministres, de grands hommes en tout genre, réunis sous une autorité légitime et bien établie, emploient leurs talents au bien de l'Etat, on peut de cet admirable concours, espérer de grandes merveilles à la gloire du pays et du prince qui gouverne. Mais avouons aussi qu'en temps de grande effervescence politique, il n'y a pas de plus grand malheur que cette multitude de personnages illustres et puissants, qui tous aspirant à l'autorité, la divisent d'abord pour bientôt l'anéantir. — La vie de Catherine ne fut qu'une lutte contre les passions et les intrigues ambitieuses des grands de son siècle, et dans l'impossibilité où elle se trouva d'étouffer les factions, elle crut que pour sauver l'autorité royale, il ne lui restait plus d'autre moyen que de gouverner par les factions.—Personne mieux qu'elle ne connut l'art de balancer deux intérêts opposés, pour se réserver le pouvoir d'accorder le triomphe à celui des partis qui s'y attendait le moins. Employer la ruse, user de finesse, cacher son jeu, paraître aux yeux des catholiques, redouter les protestants quand elle se livrait à leur direction : affecter beaucoup d'attachement pour ces derniers quand elle les abandonnait à la vengeance de leurs ennemis, telle fut la tactique qu'elle sut mettre en œuvre durant tout le temps qu'elle eut l'autorité. Doit-on la louer de ce système, je suis loin de le prétendre ; mais est-il évident que ce fut le plus mauvais, je ne crois pas. Son gouvernement dit-on, valut à la France des maux infinis : avec les passions qui bouillonnaient alors dans les têtes, la question est de savoir s'il était possible de les éviter? Au surplus, nous n'avons que trop appris à nos dépens, en France, qu'il est des crises difficiles, où les meilleures intentions de ceux qui gouvernent sont mises en doute, et comptées pour rien ; où l'art de régner n'a plus de règles sûres ni constantes, mais est subordonné aux éventualités du hasard, et ce qui est pis à l'opinion méprisable d'une multitude ignorante ou pervertie.

III.

Monsieur le Prince.

> Ce petit homme tant joli,
> Qui toujours cause et toujours rit,
> ....
> Dieu garde de mal le petit homme !
> *(Chanson huguenote)*.

A l'arrivée de Loys de Bourbon dans la cour, les officiers de la maison et des valets en livrée étaient courus lui offrir les services de leur emploi, tenir la bride et l'étrier de son cheval et lui aider à descendre. Pareillement une foule de gentilshommes des deux partis qui l'avaient vu entrer, s'étaient empressés d'aller lui présenter leurs devoirs. Chacun d'eux, huguenot ou catholique, sans s'occuper du jeune Damville son compagnon, cherchait l'honneur d'un mot ou d'un regard du prince qui, quoique prisonnier, semblait alors l'arbitre de la destinée de tous, celui de qui allait dépendre la paix ou la guerre, le repos ou la perturbation de la France entière.

Conduit ainsi que Damville dans l'appartement qui lui était réservé, il eut bientôt réparé le tort que la route et le cheval avaient pu faire à sa mise : après quoi, sous la conduite du prince son cousin, il se dirigea vers la salle où se tenait le conseil. A peine avait-il mis les pieds dans la galerie, que l'huissier de service ouvrant la porte à deux battants, cria d'une voix retentissante et comme pour lui faire plus d'honneur : *Monsieur le Prince !*

A ce mot, les personnes qui composaient la réunion, déjà placées autour de la table verte, se parlent à l'oreille, regardent la Reine et semblent préoccupées et pleines d'hésitation. Catherine qui devine leur pensée sourit et dit :

— Messeigneurs, nous vous permettons, pour faire meilleur accueil à notre bien-aimé cousin, de vous lever et de lui témoigner qu'il est le bienvenu.

Mais avant d'introduire le personnage si avidement attendu, il est nécessaire qu'en scrupuleux historien, nous le fassions connaître à nos lecteurs.—Loys de Bourbon était revêtu d'un costume élégant, mais sévère ; sous un manteau léger quoique fourré de loup cervier, se laissait voir un habit de velours noir liseré de blanc, garni de galons et brodé d'or. Une toque de même étoffe ornée d'une agraffe en diamants et surmontée d'une plume blanche lui couvrait le tête qu'il avait abondamment garnie de cheveux noirs et bouclés. A son cou, au moyen d'une triple chaîne d'or, était suspendu l'ordre de Saint-Michel, et suivant l'usage de ce temps, il portait des boucles d'oreille en argent ornées de perles : il n'avait pour toute arme qu'un simple poignard monté en or et qui brillait à sa ceinture, plutôt comme parure que comme objet de défense. Il était leste, fringant, un peu voûté, quoique d'une fort petite taille : d'une figure gaie, ouverte, accostable, ses traits étaient fins, délicats, mais si animés, si expressifs, qu'ils indiquaient, dès l'abord, un caractère ferme, le feu d'une ame ardente et l'irascibilité d'un homme à passion. Au demeurant, il était vert et plein de vigueur, adroit aux armes à pied, à cheval, d'un accès facile, mais railleur, haut à la main, et comme l'écrit Brantôme, disant fort bien le mot.

— Madame, dit Charles de Bourbon, en menant son cousin vers la Reine, voici Genève qui vient congratuler Rome et comme diraient aucuns, lui tâter le pouls.

— Dites plutôt, répond Catherine, un enfant prodigue et bien aimé qui rentre en famille, et pour la bienvenue duquel il ne tiendra pas à nous qu'on ne tue le veau gras.

— Madame, dit le prince avec grâce, et après avoir baisé la main de la Reine, Dieu soit loué! en vous assurant de nos très humbles services, nous ne venons pas vers vous tout à fait aussi dénué que l'enfant de la parabole; et nous voulons bien en vous témoignant le grand honneur que recevrons à banqueter avec Votre Majesté, vous dire que nous nous proposons de fournir les épices du festin.

— Nous savons, beau cousin, qu'en fait de ragoûts délicats, vous vous entendez merveilleusement à assaisonner toutes choses.

— Je veux dire, Madame, que si Votre Majesté est disposée à recevoir les très humbles services de ses fidèles et dévoués serviteurs du parti de l'Evangile, il n'y a pas de sacrifices qu'en leur nom nous ne soyons disposés à faire pour l'honneur de vos bonnes grâces.

— C'est notre bon cousin, ce que nous sommes impatiente d'éprouver. Mais avant de nous donner de nouvelles preuves de votre gentil esprit, que notre présence ne vous empêche pas de voir et complimenter les personnes qui nous entourent.

— J'allais, Madame, vous prier de m'en octroyer le congé.

Ces mots dits, le prince se hâte de rendre à la princesse, son épouse, les devoirs bien doux que réclament le long temps qu'il a passé loin d'elle. Sans se trouver aucunement embarrassé des regards de l'assemblée, il embrasse la Princesse au front, lui serre affectueusement la main et l'interroge sur sa santé comme sur celle de messieurs ses enfants.

Puis se tournant vers la duchesse de Montmorency, « Madame la connétable, lui dit-il, pouvons-nous toujours espérer l'heur de vos bonnes grâces?

— Monsieur le prince, répond la duchesse, si vous croyez les avoir pu perdre une fois, m'est avis qu'il vous faut faire quelque chose pour les reconquérir : c'est aujourd'hui qu'il vous sera tout loisible de nous donner satisfaction. Au demeurant, Monsieur mon neveu, je me réjouis grandement qu'en cette maudite bataille, vous ayez été moins à plaindre que Monsieur le connétable dont les blessures....

— Madame, interrompt celui-ci brusquement, le connétable votre époux n'a rien à envier à Monsieur le prince. Blessé à trois reprises par les armes des rebelles et leur misérable prisonnier, il ne regrette pas le sang versé pour la gloire de son Dieu et l'honneur de son Roi, et souhaiterait à Monsieur le prince une semblable destinée.

— Foi de Bourbon! Monsieur le connétable, merci! vous avez pourtant sur nous un autre avantage encore et dont vous ne dites mot.

— Lequel, beau ricaneur d'huguenot?

— C'est de n'avoir pas remis votre épée ès mains d'un inflexible et rudoyeur compagnon comme l'est M. Damville, votre facétieux fils, qui, sauf votre bon plaisir, nous a un peu aigrement malmené.

— En effet, dit la Reine, le bruit nous est venu Damville, qu'avez exercé sur notre cousin des rigueurs méséantes.

— Madame, répond Damville un peu déconcerté, avec votre grâce, Monsieur le prince est plus souple qu'anguille de roche... sa garde n'est facile, et notre responsabilité nous obligeait à le tenir à la disposition du Roi notre maître, qui nous en avait commis la surveillance.

— Et c'est, reprend le prince, dans cette charitable intention, que Monsieur Damville, hier matin, fit attacher par le col, aux barreaux de notre fenêtre, la sentinelle chargée de la garde de notre porte...

— Notre Dame! dit la Reine, mais ce n'est ni plus ni moins qu'une belle et bonne pendaison!

— Majesté... des preuves de séduction... des tentatives d'évasion déjà déconcertées...

— Il suffit, Monsieur, nous examinerons plus à loisir les détails de cette affaire... Voyons maintenant, beau cousin, que vous voilà au milieu de vos amis, parents et alliés, libre, sans gêne ni contrainte, dites-nous ce qu'avez avisé pour finir d'un coup tous ces troubles fâcheux qui désolent si misérablement notre pauvre royaume de France, et couper à la racine les herbes vénéneuses dont tant de cerveaux sont troublés?

— Madame, dit alors le prince de Condé, debout, la tête nue et les yeux fixés sur la Reine, il n'est besoin je pense au premier prince de la maison de Bourbon, à celui qui a tant d'heur que d'être si près au Roi monseigneur et à vous, Madame, de se défendre sur les reproches de rebellion et de désobéissance qu'aucuns ont malicieusement proférés contre lui. Il ne tient pas à lui, grâces au ciel, que votre preéminence en ce royaume ne soit de tous reconnue: mais tout en confessant humblement et en fidèle sujet, comme il doit, votre souveraine et indépendante Majesté, qu'il lui soit permis, Madame, d'exprimer combien il est esbahi d'avoir vu, et durant un si long temps, une puissante Princesse tant sage et tant éclairée, trompée et abusée comme elle l'a été, que c'était grand'pitié qu'elle fût ainsi livrée aux griffes du loup, avec l'heureuse et belle lignée de princes qu'il a plu au ciel lui donner...

— Allons, mon cousin, dit en interrompant la Reine-mère, encore un coup d'estramaçon à cette pauvre maison de Lorraine! passons court, je vous prie sur cette matière... Aussi bien le sang du vaillant duc de Guise, est-il encore tout chaud, et ne sied-il pas, quand les pleurs que nous ont coûtées la misérable trahison qui nous l'a enlevé, ne sont pas encore taries, venir troubler le repos de sa cendre par récriminations injustes ou tout du moins inutiles.

Un léger murmure d'approbation vient ici prouver au prince que tout le conseil partage sur ce point les sentiments de la Reine.

— Dieu m'est témoin, Madame, continue-t-il, que j'ai maudit et détesté le lâche homicide qui frappa Monsieur de Guise. La querelle qui nous éloignait de lui, était sans accord comme sans relâche, car nous Loys de Bourbon, déclarons ici avoir reçu de cette odieuse et méchante race de Lorraine, tant d'outrages et insupportables affronts, qu'il ne restait autre voie d'accord entr'elle et nous, sinon de vider le différend à la pointe de la lance ou au tranchant de l'épée, et c'est ainsi j'en atteste le ciel, que nous entendions le faire. Mais par le noble et pur sang qui coule dans nos veines, je jure Dieu que sa mort fut traîtreusement exécutée, et que l'auteur de cette noire action n'a que trop à nos yeux mérité le châtiment que justice lui prépare!

— Il n'était besoin, Monsieur le prince, de cette justification : le traître Merey n'a point chargé votre nom dans ses réponses, et l'interrogatoire ne jette soupçons quelconques sur personne, fors, sur Messieurs de Chastillon et Théodore de Bèze, dont veuille le ciel qu'ils se puissent laver !

— Madame, dit alors la princesse de Condé, qu'il plaise à Votre Majesté ne pas prendre en mauvaise part les paroles de son humble servante, et qu'elle excuse, si je lui dis que le caractère d'honneur et de vertu bien connu de Monsieur l'amiral le place fort au-dessus des imputations d'un lâche assassin, dont quelle qu'ait été la doctrine, nulle personne honnête ne peut approuver le méchant acte.

— Belle cousine, il nous sera bien doux, et au Roi Monsieur mon fils, de voir Monsieur l'amiral, M. Dandelot son frère et M. de Bèze, sortir les mains pures et nettes de cette affaire ; toutefois n'oublions pas que ce n'est point ici le temps de discuter à ce sujet... Madame la duchesse de Guise et la maison entière de Lorraine dont fait partie notre bonne et chère fille, Madame Claude, réclament à haute et pressante voix justice de l'assassinat de Monsieur le duc... L'exécution du meurtrier ne pourra satisfaire... il a fait des révélations, et le Roi Monsieur mon fils, doit à la haute justice dont il tient la balance, de laisser l'instruction aller son cours ordinaire... Seulement nous émettons le vœu que l'innocence des inculpés soit aussi évidente aux yeux du conseil qu'elle paraît l'être aux vôtres... Mais je le répète, ce n'est pas sur cette question....

— Avec votre congé, reprend le prince, je demande au contraire, Madame, à ce que cette question soit ici et séance tenante bien approfondie et discutée; protestant de toutes mes forces contre les odieuses imputations faites contre Messieurs de Chastillon que je sais, tiens, et maintiens innocents et incapables de telle traître et méchante action. — Bien est-il vrai, que eux, comme nous-mêmes, avions entendu vingt fois parler de la nécessité de couper d'un seul coup l'arbre chargé de mauvais fruits, et auquel se rattachaient tant et de si détestables rejetons... Bien est-il vrai, qu'ennemi comme nous l'était Monsieur le duc de Guise, nous ne nous sommes crus obligés de lui dénoncer ces projets, ces trames contre sa vie, tant parce que nous n'y croyions pas nous-mêmes, que parce qu'il y a loin de la menace à l'exécution, et que, de rechef, il nous était ennemi capital... Mais de ce soupçon que pouvait avoir Monsieur l'amiral des projets de Merey, à l'approbation, à l'encouragement, à l'excitation, il y a, comme il plaira à Votre Majesté l'observer, une immense mer d'intervalle.

— Ce propos de Monsieur le Prince, dit le connétable, a bien quelqu'ombre de vérité !

— Aussi, continue le prince, devons-nous dès ce jour, et au moment où l'on nous veut amener à baisser nos ponts, à ouvrir nos portes aux renards, aux loups, aux tigres des forêts qui viendront encore se mêler aux bonnes intentions du Roi notre sire et de vous, Madame, protester contre des insinuations qui, après le traité juré, quand nous nous serions, pieds et poings liés, livrés à nos adversaires, nous susciteraient encore de méchantes querelles; et ce, sous quelque fausse apparence de complicité dans un crime que nous détestons sincèrement, comme chrétiens doivent le faire...

— Tout ceci, dit en cet endroit le duc de Nemours, est ce nous semble fort injurieux et mal sonnant pour la justice du Roi notre sire, qui en toutes circonstances doit....

— Permettez, M. de Savoie, reprend le prince, ce n'est pas que nous entendions gêner en ceci, non plus qu'en toute autre chose, le cours régulier de la justice, et que nous nous opposions, même après l'édit signé, à ce que la cause soit examinée dans la forme judiciaire.... Mais nous comprenons et entendons qu'elle le soit par juges loyaux, sans passion, non suspects; et non par ces gens de justice (en appuyant avec intention, et jetant les yeux sur Bourdin et Dutillet) affamés d'or et de sang, dont la conscience achetée par nos ennemis, n'est autre chose qu'une boutique où ils ont vendu par le menu, les divers poids de leur balance, comme nous qui parlons, il pourra vous souvenir, l'avons jà éprouvé de notre propre personne.... »

Un murmure sourd parti du bas de la table, et soudain comprimé par un geste de la Reine, n'arrête pas le prince qui poursuit ainsi :

— Pour faire fin sur cette question, et sauf l'agrément de Votre Majesté, il vous plaira, Madame, et vous princes et seigneurs ici présents, recevoir notre déclaration, que si, avant comme après la signature du traité de paix demandé, quelqu'un entreprend par paroles, par effets, et autrement que par les voies ordinaires de justice, d'attenter à l'honneur ou à la vie de Messieurs de Chastillon et de Bèze, nous Loys de Bourbon, déclarons que nous nous regarderons lésés et vengerons cette injure comme si elle était faite à nous-même et à notre propre maison; parce que d'une part, ces seigneurs sont nos bons et véritables amis, et en ce qui touche personnellement Monsieur l'amiral, parce qu'il est oncle de Madame la princesse notre épouse bien-aimée ici présente, et qu'en un mot, il est gentilhomme d'honneur et de qualité, auquel le Roi notre maître et son royaume, sont fort tenus pour ses longs et loyaux services. »

Ce discours prononcé d'une voix ferme et sonore produit sur l'assemblée une profonde impression. La Reine-mère attentive aux mouvements qui agitent les auditeurs, semble désirer que l'un d'eux réponde, et dirige ses regards, tantôt sur le connétable dont elle ne connaît pas l'opinion, tantôt sur le duc de Nemours que son attachement à la maison de Lorraine doit exciter à prendre la parole en cette occasion...

— Madame, dit enfin le vieux duc, remarquant l'incertitude de la Reine, s'il m'est permis de parler franchement devant votre Majesté, je dirai, que comme à Monsieur le Prince, il me semble un peu bien surprenant qu'on songe à mettre sur le compte d'un homme d'honneur tel que l'est Monsieur l'amiral, une aussi noire et méchante trahison. Certes et sur mon ame, je suis fort marri de la façon dont chemine depuis longtemps Monsieur de Chastillon; mais quelqu'énorme que nous paraisse son oubliance de ses devoirs, nous croyons pouvoir nous rendre garant de sa prudhomie et loyauté. — Or donc, et sans jamais et en quoi que ce soit nous départir de ce que nous devons au Roi notre sire, à vous, Madame, et à notre sainte Eglise catholique, apostolique et romaine, dans laquelle nous prétendons, s'il plaît à Dieu, vivre et mourir, nous déclarons également, tant en notre nom qu'en celui de toute notre famille, prendre ici l'engagement que nous serons toujours à Monsieur l'amiral notre neveu, bon et équitable parent; nous disant dès ce jour prêt, pour le soutien de son honneur et l'éclat de son nom, à sacrifier pour lui nos biens, nos honneurs, notre personne et notre vie, si jamais besoin le requiert. »

Cette déclaration aussi énergique qu'inattendue de la part du vieux connétable ne fait que redoubler l'embarras de la Reine-mère.

— Personne ici plus que nous, dit alors le duc de Nemours, n'est disposé à croire à l'innocence de Monsieur l'amiral, et par cette seule raison nous semble-t-il sans péril de s'en remettre à l'instruction qui s'informe, pour l'acquittement et justification de mondit sieur. Mais ne paraîtra-t-il pas étrange à Votre Majesté, Madame, qu'au moment où, comme elle le disait elle-même tout à l'heure, le sang du généreux et grand duc de Guise fume encore, on vienne par menaces, injures et paroles hautaines essayer d'effrayer sa famille et ceux de ses amis qui se voudraient porter parties contre les méchantes gens auteurs de sa mort?

— En effet, dit la Reine à demi-voix, c'est un peu par trop d'outrecuidance.

— Que le détestable Poltrot, soi-disant sieur de Merey, reprend le duc encouragé par ces paroles, ait pris ses complices dans la famille de Monsieur l'amiral ou autre : que ces dénaturés soient comtes, ducs, princes, altesses, ou de la plus vile roture, je ne les en tiens pas moins traîtres, misérables, infâmes : je les tiens indignes du titre de gentilshommes, déshonorant le nom français, pour avoir par un aussi méchant meurtre, privé le royaume du plus grand capitaine du siècle, et pense qu'on doit, en attendant le jugement qui les convainque et condamne, les jeter hors la société, à l'écart, en un cul de fosse, ainsi qu'on en agit à l'endroit de brebis galeuses, gangrenées et par fortune enragées, de crainte qu'elles ne gâtent et détruisent le restant du troupeau.

— Merci de ma vie, dit en cet endroit le prince plein d'une émotion qu'il cherche en vain à cacher; l'avertissement est bon, Madame, dans un esprit tout guisard, et propre à concilier toutes choses! Bien si, comme le dit Monsieur le duc, les châtiments qu'il provoque ne devaient retomber en effet que sur les traîtres, exécuteurs ou instigateurs du meurtre en question.... mais nous savons et de reste, comment, en fait d'accusations et de condamnations, on interprète les ordonnances : nous savons, à propos de charges et soupçons, jusqu'où l'on peut pousser les choses, et m'est avis que bien nous en a pris d'être sous la surveillance et sauvegarde de l'honorable et loyale maison de Montmorency, d'avoir sur la rive et non loin de l'Ile-aux-Bœufs, de bons et dévoués serviteurs.... car autrement et nonobstant le congé de Votre Majesté, Madame, il plairait bien à aucunes personnes ici présentes, que nous fussions de rechef appréhendé au corps et jeté comme on vient de le dire, en un cul de fosse, ainsi que n'y a guère nous le fûmes....

— Beau cousin, ne vous souvient-il plus de notre royale parole, et des motifs de votre venue ici?

— Il nous souvient, Madame, qu'au mois d'octobre de l'an de grâce 1560, le Roi notre sire, François, deuxième du nom, que Dieu absolve, et la Majesté de la Reine sa mère, daignaient écrire à leur sujet très loyal et très fidèle, qu'il eût promptement à venir les trouver; lui jurant leur parole royale qu'il ne serait attenté à sa personne en aucune manière; qu'il s'agissait simplement d'entendre sa déclaration touchant le fait d'Amboise dont aucuns le chargeaient; et qu'après sadite déclaration, il lui serait loisible de s'en retourner en toute sûreté partout où bon lui semblerait... Il nous souvient aussi que ledit très loyal et très fidèle sujet de Leurs Majestés, se confia aux paroles du Roi son seigneur et de son auguste mère..... et que nonobstant la foi jurée, il fut et sans qu'il pût articuler un mot de défense, tyranniquement arrêté, iniquement jeté au cachot, frauduleusement jugé par juges de civière et de bas lieu, et par iceux juges outrageusement déchu de ses honneurs, titres et prérogatives de prince du sang.... Il nous souvient des verroux et cachots de la forteresse d'Orléans; des pleurs et vaines supplications de Madame la princesse ici présente... Il nous souvient des jactances et insupportables insolences de ceux de la maison de Lorraine et de ses amis.... de la figure odieuse et sans vergogne des juges prévaricateurs qui, sans caractère et contre tout droit écrit, osèrent bien instruire contre nous, prince Francais!.... Il nous souvient surtout de l'innocence et irréprochable conscience de l'accusé... Il nous souvient de tout cela, Madame.... et de beaucoup d'autres choses encore, et pourtant ici, sous la foi et royale parole de Votre Majesté, que nous avons éprouvée si inviolable et si sacrée, nous nous retrouvons entre vos mains, sans appui, sans défense, côte à côte de fidèles et dévoués partisans des Lorrains, nos bons amis, et sous le regard de quelques-uns des juges qui prononcèrent que Loys de Bourbon, prince de Condé, oncle du roi de France, d'Ecosse et d'Angleterre, frère du roi de Béarn et de Navarre, serait livré au bras séculier et aurait la tête tranchée par la main de l'exécuteur ordinaire des hautes-œuvres!!!... »

Achevant ces mots, le Prince, pâle, tremblant de colère et les yeux flamboyants, sans respect pour la présence de la Reine, renverse le fauteuil sur lequel il était précédemment assis, et dans la plus grande agitation parcourt la salle à pas précipités. Toute l'assemblée reste interdite, baisse les yeux et garde le plus profond silence!.... Enfin, la Princesse au comble du désespoir, se précipite aux genoux de la Reine, les yeux baignés de larmes. — « O Madame, s'écrie-t-elle, pitié, pitié! daignez pardonner à Monsieur le Prince! Hélas! vous savez tout ce qu'il a souffert! »

Cependant la Reine-mère, toute habituée qu'elle est à cacher ses émotions, a senti le rouge lui monter au front; elle y porte la main comme pour écarter des cheveux qui la gènent, et profite du temps que lui donne le mouvement de la Princesse pour réfléchir à sa position.—Le coup était violent, frappait à plein visage et paraissait d'autant plus difficile à parer, que dans tout ce qu'avait dit le Prince, il n'y avait rien qui ne fût selon la plus rigoureuse vérité et au su de toutes les personnes présentes à cette scène. Catherine sent que pour changer l'impression produite par ce discours et ramener à elle le prince lui-même, il fallait frapper l'esprit du conseil par un coup aussi extrême qu'inattendu. C'est un des traits caractéristiques de la Reine-mère, que quand, par suite d'une complication d'intrigues et de difficultés, la plupart du temps suscitées par sa tortueuse politique, elle se trouvait en but aux haines et aux atteintes des partis réunis, tout moyen pour sortir d'embarras lui était bon : elle sacrifiait alors ses amis les plus dévoués, jusqu'aux intérêts même de son amour-propre et de sa vanité, et consentait pour reconquérir sa position, à implorer la commisération et la pitié de ses ennemis.—C'est ce dernier parti qu'elle crut devoir choisir en cette circonstance.

—Levez-vous, Madame, dit-elle d'un ton grave à la Princesse... Levez-vous ! cette posture ne sied plus à Madame la princesse de Condé; et nous ne sommes plus, quoi qu'en ait dit Monsieur votre époux, en l'an de grâce 1560.—Messeigneurs, ajoute-t-elle en s'adressant au conseil, que vous en semble ?.... Notre cousin Monsieur le Prince ne nous épargne guère ! Notre Dame ! quel boutoir ! Ne veut-on point persuader au conseil que la parole de la Reine-mère est chose de rien, sinon feu-follet, de prestige et d'artifice, jeté aux déserts pour surprendre les dévoyés et autres gens perdus ?.... Vive Dieu ! Messieurs ! ne sait-on pas qu'il n'a tenu à la mère du Roi, que la foi jurée ne fût gardée, lors des fâcheuses affaires dont il a plu à Monsieur le Prince, rappeler sans sujet le triste souvenir? Beau cousin, il vous aurait pourtant pu venir aux oreilles sur quel périlleux terrain marchait alors la pauvre Reine-mère? Est-il donc nécessaire de vous ramentevoir, Messeigneurs, la tyrannie et méchante sujétion en laquelle on la tenait elle-même, et vous dire que de ses propres oreilles, elle ouït alors faire la proposition, en plein conseil, de la clore en un sac et la jeter à la rivière, ainsi qu'on y jette chiens enragés et autres animaux malfaisants !

—Raillez-vous, Madame, s'écrie le duc de Nemours !

—Votre Majesté se rit-elle de ses fidèles sujets, dit avec la plus grande surprise le prince La Roche-sur-Yon?

— Non, mon cousin, non, Messeigneurs ! et puisque la parole, quoiqu'un peu humiliante à dire, nous est lâchée, nous ne la reprendrons pas. L'épouse et mère de vos rois, mes cousins et seigneurs, était grand empéchement aux trames ambitieuses et criminelles des ennemis de l'Etat, aux infinies cruautés dont fut chargé le nom du jeune et malheureux Roi notre fils, que Dieu absolve! Et sans le secours de notre bonne Vierge la Sainte Mère du Sauveur, en qui, Dieu soit loué! nous plaçâmes toujours notre plus ferme espoir, et nous devons le dire ici, la magnanimité de feu Monsieur le duc de Guise, qui en cette occurrence voulut bien plaider la cause de la veuve délaissée, de la mère pitoyable de vos rois, les méchantes et détestables gens nous faisaient inhumainement périr ainsi que vous l'avons dit tout à l'heure.

— Et par quel admirable moyen, reprend la princesse, Votre Majesté put-elle découvrir un aussi abominable projet..?

— Qu'il vous suffise de voir, belle cousine, que la main du ciel daigna protéger son humble servante, et veuillez après ceci, ramentevoir votre mari que les maux dont il se plaint lui eussent été épargnés si l'on eût tenu plus compte du vouloir de la Reine-mère... chose dont au demeurant, il est bien ingrat d'avoir douté aucun, quand il sait qu'aussitôt qu'il plût au Seigneur nous visiter, en appelant à lui notre bien-aimé fils, nous usâmes de l'autorité que nous rendaient les lois et constitutions du royaume, pour faire ouvrir les portes de ses cachots et l'appeler au conseil où le plaçaient naturellement sa naissance et son rang.

— Madame, dit alors le prince un peu confus, que Votre Majesté daigne pardonner à la vivacité...

— Votre vivacité, beau cousin, est un léger défaut qui dépare à peine les belles qualités dont le ciel se plut à décorer la grande et noble maison de Bourbon et singulièrement Monsieur le Prince... Nous oublierons volontiers ce qu'a pu avoir d'importun et de fâcheux pour notre personne ce qu'il vous a plu dire tout à l'heure... espérant que dores et en avant vous rendrez plus de justice à votre bien bonne amie et cousine la Reine-mère... Au demeurant, revenons donc à l'objet qui nous a réunis dans cette enceinte et dont, après si orageuse discussion, il n'a toutefois encore été rien dit...

— Effectivement, dit le connétable, tels propos n'acheminent pas vite à l'amiable appointement que Votre Majesté désire, et m'est avis que des esprits si grandement échauffés sont peu disposés à discuter froidement et comme raison voudrait, les points importants qui sont à traiter.

— Votre seigneurie a raison, reprend la Reine. Aussi bien nous sentons-nous un peu fatiguée nous-même par ces premiers débats... S'il vous plaît, Messeigneurs, suspendons, par ainsi, la séance de deux heures... Puis après ce temps de repos, et quand le calme sera revenu en tous les esprits, que chacune de vos seigneuries se retrouve ici. Nous comptons vous donner nous-même l'exemple de l'exactitude...

A ces mots la Reine quitte le fauteuil et suivie comme lors de son entrée, de la princesse, de madame la connétable et de M. de l'Aubespine, elle se retire dans ses appartements, dont le page habillé de noir referme immédiatement les portes.

—Messeigneurs, dit alors le prince La Roche-sur-Yon, puisque Sa Majesté nous en donne le loisir, nous vous convions à passer dans la salle de réfection, où quelques mets légers répareront les forces dont vous aurez encore à faire preuve aujourd'hui. »

Cette proposition est accueillie de tous avec empressement, et chacun quoique grandement préoccupé de ce qui vient de se passer au conseil, se met en devoir de suivre le prince : car alors comme de nos jours la table et le vin de champagne avaient bien leur charme, et le poète pouvait déjà dire :

« Dîner est un besoin dans le siècle où nous sommes,
Et c'est par les dîners qu'on gouverne les hommes. »

Louis Paris.

VERSAILLES.

NOUVELLE.

I.

Le Rendez-vous de Chasse.

Vers le milieu de l'hiver de l'année 1647, un pesant carrosse, traîné par deux chevaux gros et lourds, montait péniblement un chemin mal tracé entre des marais et des bruyères. Les livrées des nombreux laquais qui l'accompagnaient, les laquais eux-mêmes, tout avait un air d'antiquité remarquable. Une petite main soulevait de temps en temps les rideaux de la voiture avec un geste d'impatience, puis le froid forçait la curieuse de les refermer. Une fois pourtant, une voix d'homme prononça ces paroles : Tiens, Louise, regarde, voici la maison de Monsieur de Rosny : — De Monsieur de Sully? s'écria Louise, et aussitôt le rideau tiré tout à fait, laissa passer une tête de femme tout enveloppée dans son voile, et dont les yeux découvrirent à travers un loup, ou masque de velours, une chétive maison blanche, située sur la hauteur du côté droit de la route : de Monsieur de Sully! répéta-t-elle avec surprise; mais mon frère comme vous m'avez dit cela singulièrement! Je croyais qu'on ne passait devant cette maison qu'en saluant, comme devant le temple de Dieu? — Oh! reprit en riant le jeune homme, c'était bon il y a cinquante ans; mais depuis, l'habitude s'en est bien perdue ; c'eût été maladroitement faire sa cour à Louis XIII, que de témoigner tant de vénération pour le ministre de son père; et notre régente n'y tient pas davantage. Que dirait de cela notre grand-père! dit Louise... — Et le silence ne fut rompu que deux lieues plus loin, à la vue d'un bâtiment construit en briques, et de deux longues ailes en retour, dans le style du xvi° siècle; c'était le château de Versailles, rendez-vous de chasse du feu roi Louis XIII. Louise ne comprit pas pourquoi la vue de ce château lui inspirait un trouble si grand, qu'elle ne put prononcer une seule parole. Son frère la fit descendre dans le village, tandis que lui allait visiter Trianon, écart appartenant aux moines de Ste-Geneviève.

Louise en quittant Versailles, oublia peu à peu cette impression de terreur: deux jours après, elle arriva au château de ses pères: et là il fallait raconter tout ce qu'elle avait vu à la cour, où l'avait conduite sa cousine, dame d'honneur de la régente.

Le frère et la sœur étaient eux-mêmes un spectacle curieux pour les yeux des bons habitants du vieux castel, qui ne se souvenaient bien que des costumes de Henri IV et de Gabrielle; de ce temps où la mode voulait que les hommes eussent les cheveux noirs et la barbe rousse.

Le jeune homme avait encore le pourpoint court, taillé, et boutonné devant et derrière; son manteau descendait presqu'au genou; par-dessus, un pan d'étoffe lui couvrait les épaules et la poitrine, et se rétrécissait peu à peu jusqu'à la moitié des cuisses, où il se terminait carrément, servant à cacher les mains et plus encore à distinguer *le petit-maître*. Sa culotte, ample et boutonnée par le côté du haut en bas, était resserrée et terminée par une frange. Ses bottes retombaient en forme d'entonnoir au-dessous du mollet.

Louis XIII, en portant ses cheveux longs et tombants, avait amené la mode des perruques. C'étaient quelques cheveux, longs et plats, passés un à un avec une aiguille à travers un léger calepin, attaché aux bords d'une petite calotte qui couvrait le reste de la tête.—Les portraits de Corneille peuvent nous donner une idée de ce qu'était cette coiffure.

Le jeune courtisan avait la barbe soigneusement rasée, à l'exception de la moustache et d'un petit bouquet de poils sur le menton. Son chapeau à larges bords était surchargé de plumes.

Louise portait une robe un peu traînante et lacée par devant, ses manches larges et bouffantes se rétrécissaient vers le bas, un peu recouvert par la manchette empesée. Son collet de dentelle laissait voir le haut de sa poitrine et une partie des épaules; sa coiffure ronde et bouclée, était entremêlée de perles et ornée d'un grand plumet; elle avait à la main un éventail, et à sa ceinture pendaient une montre et un médaillon garni d'un miroir, et du portrait de sa mère. Elle avait en entrant quitté ce masque que les femmes mettaient alors pour la promenade, et qui leur couvrait le haut du visage.

—Et que de choses n'avait-elle pas à raconter? son vieux grand-père se figurait qu'elle avait dû retrouver Anne d'Autriche telle qu'il l'avait vue lui-même pour la première fois, assise sur des carreaux à la mode d'Espagne, au milieu de dames vêtues à l'espagnole; elle, en satin vert brodé d'or et d'argent, avec sa fraise fermée, son petit bonnet vert, et ses cheveux très blonds et frisés à grosses boucles ; mais la jeune infante était devenue Reine-mère. Elle avait adopté le costume noir ; ses cheveux étaient devenus plus foncés : mais elle était encore belle. Sa bouche autrichienne était restée fraîche et vermeille ; ses yeux *verts* toujours doux et beaux ; ses bras et ses mains les plus admirables du royaume.

Elle venait de marier sa chère duchesse de Mantoue ; Marie de Gonzague était reine de Pologne. Celle qui fut adorée et enlevée par un prince du sang, celle qui exalta la tête du bouillant Cinq-Mars, au point de la lui faire risquer et perdre sur un échafaud, était allée épouser un vieux roi du Nord qui la dédaignait, se consolant de sa triste grandeur en amassant ces richesses qui la maintinrent sur le trône après la mort de son époux dont elle épousa le frère. Plus récemment Louise avait été témoin de la réception de la fameuse Christine de Suède ; elle souriait encore de l'effet qu'avait produit à la brillante cour de France, cette amazone avec ses mains crasseuses, sa perruque en désordre, et son costume moitié masculin, si mal ajusté sur sa taille irrégulière, que l'épaule qu'elle avait plus forte que l'autre, sortait presqu'entière de son hongreline. Toute la bizarrerie de la fille de Gustave-Adolphe ne l'avait pas empêchée d'être fort goûtée lors de cette première visite à la France, car elle y montra beaucoup d'esprit et un grand mérite ; ce ne fut qu'à son second voyage qu'elle ensanglanta Fontainebleau par l'horrible meurtre de son écuyer Monaldeschi.

Mais Louise avait encore quelqu'un à qui elle devait un récit plus intéressant, c'était son jeune cousin ; élevés ensemble, destinés l'un à l'autre, la plus douce intimité régnait entre eux. Le voyage de sa Louise à la cour, avait plongé Henri de Lavardin dans une inquiétude incomprise de sa candide compagne ; triste en quittant son ami, mais bien sûre de son cœur et du sien, elle n'éprouvait en le retrouvant, qu'une joie pure comme elle. Appuyée doucement sur son bras, elle lui confia comment elle avait trouvé dans une chaumière du village de Versailles, une vieille qui lui avait dit, en regardant les lignes de sa main, que le séjour d'une grande ville lui serait fatal ; qu'il y avait dans son avenir des crimes et du sang, des remords et une mort violente. Tremblante encore à cet affreux souvenir, Louise s'était laissé tomber sur un fauteuil, et Henri à ses pieds lui prodiguait des consolations. « O ma bien aimée, lui disait-il, chasse ces idées funestes ; n'es-tu pas ma fiancée, mon épouse bientôt ? quels crimes pourront t'atteindre quand je te protégerai ! Quel sang versé retomberait sur toi ? des remords ? ange chéri ? des remords à toi si naïve, si pure, qu'un mot de toi suffirait pour calmer mon âme, quand tous les démons de l'enfer s'en seraient emparés. »

On n'était qu'à la fin de janvier et le ciel était couvert, et des éclairs fendaient incessamment les nuages. Louise pâle et plus tremblante que jamais, cachait sa figure avec ses mains et sa tête dans le sein de son ami qui redoublait ses caresses et ses serments. Cependant les terreurs de Louise, qu'il cherchait à dissiper, avaient fini par se glisser dans son cœur : il souhaita de mourir.... Qui donc a nié l'existence des pressentiments ?...

II.

Le Palais.

Le soleil, perçant à travers des rideaux d'un bleu clair, éclairait de ses derniers rayons un oratoire élégamment tendu de soie avec son sofa de tapisserie, son prie-Dieu, aux coussins de velours à franges d'argent, et un berceau dans lequel dormait un enfant, si frais, si rose, si doucement assoupi, qu'à le voir ainsi sommeiller, on serait demeuré, oubliant tout chagrin, dans une rêverie douce et innocente comme son doux et innocent visage.

Agenouillée sur le prie-Dieu, blanche et immobile comme le Christ d'ivoire qu'elle implorait, une jeune femme semblait tout entière absorbée par la douleur : ses larmes tombaient incessamment sur ses mains, convulsivement pressées l'une contre l'autre. Ses yeux regardaient d'un air insensé un papier froissé qui brûlait lentement dans l'âtre. La joie s'y montra un instant, la joie d'un condamné à qui un jour de fête promet vingt-quatre heures de vie. Mais lorsqu'il n'y eut plus qu'un peu de cendres, elle jeta un faible cri, ses mains s'étendirent comme pour reprendre ; puis, comme si un grand sacrifice avait épuisé ses forces, elle se laissa glisser sur le tapis, la tête appuyée sur le sofa, se redressant de temps en temps pour écouter.

Cette femme, c'était Louise, c'était la jeune fille si douce, si craintive sur la prophétie d'une vieille paysanne, puis confiante et rassurée par les promesses de son cousin.

Henri de Lavardin, tendre et presque timide avec la jeune enfant, soumis et respectueux avec son vieil oncle, qui l'avait élevé, était fier et emporté avec tout autre.

Le frère de Louise, George de Morlaix, vain et moqueur, ne doutant de rien depuis son séjour à la cour, prenait ordinairement pour but de ses railleries, celui qu'il nommait un ignorant campagnard. Huit jours après son arrivée, on rapporta au château le corps du jeune courtisan. Croyant l'avoir tué, Henri s'était enfui, insensé de désespoir. Le vieux comte de Morlaix maudit en mourant le meurtrier de son petit-fils, et Louise pleurant et son père et son fiancé, craignit aussi pour les jours de son frère, longtemps en danger.

Six mois après son rétablissement, George de Morlaix, tuteur de sa jeune sœur, la ramenait à la cour de France; il la maria à M. de Valden, et jamais entre eux le nom de Henri ne fut prononcé. Peut-être George l'avait-il oublié; Louise eut craint en lui en parlant, d'entendre répéter que son aïeul l'avait maudit!

Un jour M. de Valden installa sa femme à Versailles; pouvait-il deviner que là se réveilleraient de tristes et dangereux souvenirs? La cour y venait, il y suivait la cour. Versailles n'était plus ce village pauvre et délabré; le rendez-vous de chasse devenait un palais, les marais un parc superbe, les cabanes des hôtels de grands seigneurs; Louis XIV l'avait voulu.

Comment Louise put-elle retrouver encore la maison de la prophétesse? Dès le lendemain de son arrivée elle était là, au pied d'un misérable grabat, assistant à l'agonie de la centenaire. Un instant celle-ci ouvrit les yeux, saisit la main de la noble dame : « Te voilà donc revenue, lui dit-elle, pauvre folle! crois-tu ton destin changé parce que le château de briques est entouré de colonnes de marbre! Non, Versailles est le lieu marqué pour ton tombeau, qu'il soit rendez-vous de chasse ou palais, village ou cité brillante, tu y succomberas, tu y verras du sang d'homme sur tes mains et sur tes vêtements..... dans huit jours je t'attends. » . .
. . . .

Louise est assise auprès du berceau de sa fille; elle la regarde avec espoir, car le huitième jour va finir; pourtant ses joues sont pâles et ses yeux gonflés.

Une petite pierre, lancée par la fenêtre entr'ouverte tombe à ses pieds, un papier l'entoure, Louise le ramasse, elle lit : « Ce n'est plus ton amant, ton fiancé qui t'implore, c'est ton parent, ton ami d'enfance, je ne te demande plus de m'aimer, je veux te voir une fois et mourir. — Ne me refuse pas, je suis si malheureux! rejette ce billet par ta fenêtre, je comprendrai que tu veux me recevoir et je saurai bien arriver jusqu'à toi. » Le premier mouvement de Louise, fut de presser avec ivresse, sur son cœur et ses lèvres, la lettre de son cousin. Il vit, il m'aime encore, répétait-elle avec une joie folle ; elle riait, elle pleurait. La petite fille remua dans son berceau; Louise s'éveilla comme d'un songe, ses yeux restaient fixés sur le fatal billet, déjà dirigé vers la fenêtre. La lutte fut longue et douloureuse; l'enfant bégaya en dormant le nom de son père; la lettre de Henri vola dans les flammes. Louise tomba expirante sur le plancher.

Tout à coup des pas se font entendre; Louise effrayée, se relève, Lavardin est devant elle. Oh! il fallait les yeux d'une amante pour le reconnaître: Louise le contemple avec une horrible anxiété. Ce pauvre visage si amaigri, si pâle, ces cheveux en désordre, tout son corps tremblant, agité par la fièvre, ses mains fortement pressées contre sa poitrine comme pour contenir les battements de son cœur : elle comprend tout ce qu'il a dû souffrir, elle sait que c'est à cause d'elle qu'il a souffert ainsi.

Elle lui tend les bras, Henri se précipite à ses pieds, la tête sur ses genoux. Louise le soutient, l'appelle des noms les plus tendres.

En cet instant la porte s'ouvre brusquement, et George paraît l'insulte à la bouche, le mépris dans le regard. Il force Henri à se mettre en garde, et, sans remarquer que l'infortuné ne se défend même pas, il le perce de son épée.

Louise se jette à terre auprès du corps sanglant, elle sent les dernières palpitations de ce cœur qui n'a battu que pour elle, et le sien se brise; elle meurt en nommant sa fille!.... — Pauvre enfant!

Jenny d'Avrigney.

DIVAGATION

PAR UN SOLEIL DE JUIN.

> Douces rêveries, colombes errantes, venez rafraîchir mon front ridé du battement de vos ailes.
> L'Individu.

Me voici au bout de la terrasse de mon jardin, où je suis venu passer la journée avec mon neveu Charles. J'ai près de moi des aubépines à fleurs roses, des lilas, des églantiers, et mille oiseaux qui gazouillent et se caressent. Pour comble de biens, François a voulu nous régaler ce matin de moka pur, avec une crème comme en donnait *Io* sans doute (vieux style); et puis ce serviteur incomparable m'a présenté un petit verre d'un vin généreux, dont je garde quelques gouttes pour rafraîchir tantôt ma mémoire. Ah! le délicieux moment pour faire de la philosophie!—L'estomac refait, le corps en repos, la nature qui sourit, et ce doux soleil, l'ami des vieillards, qui se glisse jusqu'à la peau, et caresse comme un flatteur. Charles, mon ami, un peu de philosophie, ou bien l'histoire du vieux Lambert, chantre et jardinier de St-Remi! Mais le fat a répondu par un coup d'épaule, disant que j'étais aussi bavard que Montaigne. Que Montaigne!.... Allons, Charles, puisque vous ne voulez pas du bonhomme Lambert, mort il y quarante ans tout à l'heure, attendez un instant, et nous relirons ensemble un petit chapitre de votre bavard, Michel le Périgourdin; un seul, ne serait-ce que celui de Raymond de Sebande. — Pas plus! — Le cruel vient de siffler Tom au double nez et de sauter avec lui par-dessus la haie de mon jardin. Eh bien! nargue du neveu! je m'en vais conter à mon valet, car il faut que je conte aujourd'hui... Mais je ne puis parler de Lambert à François qui le connut et qui fut acteur dans sa miraculeuse histoire. Pauvre vieux chantre!...Je crois entendre encore sa voix pleine et vibrante à travers les cinquante ans qui se sont écoulés depuis!.. Et ce panier de fraises qu'il m'apporta le jour de l'Ascension, pour fêter mon vingtième anniversaire. Celles d'aujourd'hui n'ont plus un rouge si tendre, et ce goût si parfumé!... Ah! mes vieilles jambes tremblent sous moi quand je parle de ces jours heureux, de ce temps déjà si loin de nous, mais jamais oublié! J'étais alors un chatain assez bien étoffé, l'œil en avant, le cœur bondissant comme les montagnes de Judée, j'avais surtout un air, une physionomie générale qui faisait sur le sexe une impression dont il était difficile de se défendre. La gaieté, l'esprit fin, les doux et vifs propos s'échappaient de moi comme les feux du soleil, et quand j'avais mon habit de velours orangé, j'étais éblouissant........ Le bel âge aussi que vingt ans! Où diable se vont prendre tant de fraîches idées, tant de rêveries délicieuses, tant d'espoirs, et cette ineffable joie du cœur qui l'inonde, pour ainsi dire, et l'enivre sans fin.... ah! rendez-moi, rendez-moi mes vingt ans, ne fut-ce que pour une soirée de juin, et je cours sous les aulnes et les coudriers de St-Brice, baiser encore les traces de ma Nancy.... Avouez, François, que vous n'avez jamais recréé vos yeux d'un plus ravissant assemblage de perfections. Quelle taille! quel air! quelle bouche! quelle main! quel pied! (et qu'un pied de femme dit de choses au cœur d'un honnête homme). Mais savez-vous, savez-vous hélas! ce qu'est devenue cette miniature de Nancy, qui jouait de la cithare comme Amphion, et qui dansait comme une des servantes de Calypso?... Morte, François, morte! et je l'ai pleurée longtemps; mais à quoi bon? Elle a fait comme nous ferons tous! cependant, si je la pouvais revoir, si je la sentais près de moi, je lui dirais : « Nancy, qui fûtes ma fiancée, regardez-moi et voyez sur ce front que vous avez baisé tant de fois, combien se croisent aujourd'hui de sillons creusés par les ans! les amours ne s'y logent plus, comme disait feu Dorat Cubières, mon bon ami. Soyons donc paisibles désormais, et acceptez un peu de ce malaga délectable, afin qu'il réchauffe votre sein brûlé jadis de tant de feux, et que vous êtes obligée de recouvrir aujourd'hui comme moi d'un justaucorps de flanelle.—En disant cela, je lui prendrais la main que je ne lui baiserais plus, et je lui proposerais, comme à mon neveu, de faire un peu de philosophie ou de lire un petit chapitre de Michel le Périgourdin : C'est mon homme......

Mais le ciel s'obscurcit, le vent s'élève, et François m'annonce que nous aurons certainement de la pluie; rentrons donc, car, à mon âge l'humidité n'est plus bonne qu'à la langue, aussi bien ce petit souvenir d'autrefois m'a soulagé, et je me sens au mieux pour attendre Charles et le dîner.

J. H. B. D.

POÉSIE.

L'ESCLAVE GRECQUE

A UN JEUNE ENFANT.

Élegie.

    Toi dont le doux sourire a charmé ma misère,
Repose, heureux enfant, dans les bras de ta mère.

    Bercé sur ses genoux chaque soir tu t'endors,
Sans soucis d'avenir, sans rêves, sans remords;
Et quand vient le matin un baiser te réveille
Plus tendre chaque jour que celui de la veille !
A tes jeunes regards le ciel est toujours pur :
Aucun nuage encor n'en obscurcit l'azur.
Ah ! puisses-tu longtemps, le cœur exempt d'orage,
Ignorer les plaisirs, les chagrins d'un autre âge !
Pour toi viendra trop tôt le terrible avenir :
Tu seras homme un jour, hélas!... et pour souffrir !
Mais avant de savoir si la vie est amère,
Repose, heureux enfant, dans les bras de ta mère.

Tu souris à ce nom !... Moi, je fus mère aussi....
Mon fils en me voyant me souriait ainsi.
Comme toi quand au jour il ouvrait sa paupière
D'une voix enfantine il bégayait : ma mère !
Quand ses larmes coulaient, endormant ses douleurs,
J'effaçais d'un baiser la trace de ses pleurs ;
Et je savais des chants dont la vague harmonie
Berçait de doux accords sa jeune âme ravie.
Inquiète, la nuit, je veillais son sommeil :
Le jour me surprenait épiant son réveil ;
Et j'étais bien heureuse !... oh ! plaignez ma misère !
Il ne repose plus dans les bras de sa mère.

O souvenir affreux ! ô cruels ennemis !
Mon unique trésor, mon fils ! ils me l'ont pris.
Moi, pour défendre, hélas, une tête si chère,
Je n'avais que mes cris, mon désespoir de mère,
Et faible, à leurs genoux j'implorais nos tyrans !
Ils ont ri de mes pleurs !... N'ont-ils donc pas d'enfants
D'enfants jeunes encor laissés dans leur patrie,
Dont le souvenir parle à leur âme attendrie ?....
Mais non : leur cœur de tigre est mort à la pitié,
Et jamais ils ne sont barbares à moitié ?
Ils m'ont ravi mon fils !... Mon fils, loin de sa mère,
Grandit pour être esclave à la terre étrangère :

De sa timide enfance oh ! qui prendra donc soin !
Il est si faible encore et sa mère est si loin ?
Peut-être en cet instant sa prière ignorée
Redemande le sein dont sa bouche est sevrée !
Peut-être il souffre et pleure, et languit sans secours..,
Car moi sur mes genoux je le tenais toujours
Et quand je le quittais l'enfant versait des larmes....
Peut-être qu'il m'oublie !.... ô cruelles alarmes !
Pourtant son jeune amour devançait sa raison ;
Il ne pouvait parler, mais il disait mon nom !
Et maintenant nourri du lait d'une étrangère,
Mon fils, s'il me voyait, méconnaîtrait sa mère !

Sa mère ! elle est captive : elle ne verra plus
Les monts de son pays et les fleuves connus,
O mon pays natal ! ô ma douce patrie !
Qui me reportera vers ta rive chérie !

On est heureux là-bas, au-delà de ces mers !
Ici les jours sont longs au captif dans les fers.
Mais le deuil est aussi sur ce lointain rivage :
Partout où sont les Grecs, sont la mort, l'esclavage,
Et l'œil épouvanté ne voit que des tombeaux,
Des tyrans, des débris, du sang et des bourreaux !
Ah ! sous un ciel moins pur la vie est moins amère !
Repose, bel enfant, dans les bras de ta mère.

Heureuse mère ! et toi, sur ses yeux endormis,
Permets que je l'embrasse.... il ressemble à mon fils !
Eh quoi ! tu ne veux point ! oh ! moi quand j'étais mère
Je ne refusais pas à la pauvre étrangère
D'un baiser de mon fils le bonheur peu commun,
Pourvu qu'il fût bien court et qu'elle n'en prît qu'un.
Pardonne à mon oubli, je ne suis qu'une esclave ;
Et c'est une souillure ! hélas ! dont rien ne lave.
Et bien ! je m'y résigne... à mes fers je souris !
Je suis heureuse encor si je revois mon fils !
En lui seul est la vie et le cœur d'une mère :
Rendez, rendez un fils à la pauvre étrangère.

—Elle dit, et trompée elle étendait les bras,
Et cherchait à saisir une menteuse image.
Mon fils ! » ce n'est point lui, dit-elle, et vers la plage
Bien triste, au bord des flots elle porta ses pas,
Elle y pleura longtems... et puis ne revint pas !

Le Marquis de C.......

PETITE CHRONIQUE.

LETTRES CHAMPENOISES.

(IV°).

Reims, 15 août 1837.

Voilà une belle date, Madame, et toute pleine de grands souvenirs. Le 15 août, c'est la fête de celle qui fut la plus parfaite entre toutes les vierges, la plus heureuse entre toutes les mères ; c'est le 15 août qu'échappant au linceul, la femme, pure de toute souillure, libre de tout servage, s'éleva, portée sur les ailes des anges, jusqu'au trône du Tout-Puissant, et vint, Reine des Cieux, s'asseoir au plus haut des splendeurs éternelles. Le 15 août des catholiques, c'est, pour qui comprend et veut comprendre, le triomphe de la femme affranchie, le glorieux anniversaire de la maternité divinisée, et je ne sais vraiment si le dragon symbolique qu'écrase cette Vierge, qui a le soleil pour vêtement et les étoiles pour parure, n'est pas quelque peu l'emblème du sexe fort, du sexe que la grammaire appelle le plus noble, sans qu'on sache trop pourquoi, si ce n'est pourtant que nous autres hommes nous nous proclamons ici-bas maîtres et seigneurs, et parfois nous reviendrions même assez volontiers au bon temps où, en l'absence du dogme chrétien, le despotisme masculin était absolu ; alors que très sérieusement la question de l'âme des femmes était une question fort controversée.

Je crains bien, Madame, que cette païenne opinion, qui craignait de compromettre la dignité de l'âme humaine, en la mettant au service d'une féminine organisation, n'ait été plus ou moins celle de feu Pierre-Sylvain Maréchal, né à Paris le 15 août 1750, auteur d'un livre fort curieux, je vous assure, qui a pour titre : *Projet de loi portant défense d'apprendre à lire aux femmes*. Ce même Pierre-Sylvain Maréchal, qui se faisait galamment appeler le berger Sylvain, et qui était homme d'esprit et de quelque érudition, le tout gâté par la lèpre encyclopédique, s'avisa en 1788, d'un autre projet de loi qui eut plus tard les honneurs du vote et de la promulgation. Celui-ci était intitulé *Almanach des*

Honnêtes Gens, dans lequel, dit l'auteur, « on a divisé chaque mois par dé-
» cades, c'est-à-dire de dix en dix jours, en sorte qu'il y a dans l'année, trente-
» six décades. Les cinq à six jours excédant les trois cent soixante jours, serviront
» *d'épagomènes,* et peuvent être, si l'on veut, consacrés à des solennités pure-
» ment morales». Suivant cet almanach, Mars était le premier mois de l'année, et s'appelait fièrement *Princeps,* tandis que Janvier quittait son nom pour
celui *d'Undécembre,* et février se déguisait en *Duodécembre.* Enfin, Pierre-Sylvain Maréchal, qui, vous le voyez, Madame, fut le véritable inventeur du calendrier républicain, et qui, dès 1788, datait très philosophiquement de *l'an
premier du règne de la raison,* inscrivit à chaque jour de l'année le nom d'un
personnage historique, suivant la date de sa naissance ou de sa mort. La série
commence à Moïse, et finit par Agnès Sorel; le plus SAINT de tous les noms s'y
lit entre ceux du hardi voyageur Vasco de Gama, et du financier matérialiste
Helvétius; un seul, celui de Socrate, y jouit des honneurs de l'Italique. Mais par
une singularité bien prodigieuse, par une bizarrerie presque prophétique, et non
encore remarquée jusqu'à présent, aucun nom n'est inscrit à la date du 15 août;
elle est restée vide, comme si, aux yeux de l'auteur de *l'Almanach des Honnêtes
Gens,* nul nom, en 1788, ne se fût trouvé digne de la remplir. Et n'oubliez pas que
Pierre-Sylvain Maréchal était un érudit, qui eût à coup sûr rencontré un nom
pour le 15 août, si ce nom eût existé. Une telle et si miraculeuse lacune ne sem-
ble-t-elle pas, Madame, annoncer que les siècles jusqu'alors écoulés avaient,
comme à dessein, respecté cette brillante époque, et que l'histoire se l'était
réservée dès l'origine des temps, comme la plus belle dans les fastes de la gloire
humaine, pour y inscrire le grand nom de NAPOLÉON? — Vous le voyez, la
bibliographie, qu'aucuns profanes appellent *Bouquinismes,* a aussi ses heures de
poésie et d'enthousiasme. Cette particularité, à laquelle notre histoire contemporaine prête un si haut intérêt, fut pour la première fois observée par M. Génin, payeur de la Meurthe, qui vient de faire imprimer à ses frais, cent trente
fac simile du curieux almanach, pour le distribuer aux bibliothèques publiques.
La nôtre n'a pas été oubliée par le généreux bibliophile, et vous pourrez y
voir, et chacun comme vous, *l'Almanach des Honnêtes Gens,* avec cette épigraphe : *Dis-moi qui tu hantes, je dirai qui tu es.*

En lisant ce calendrier fantasque, j'ai remarqué, mais sans surprise, car je
connais et j'apprécie depuis longtemps tout le patriotisme de la secte, dont le
patriarche regrettait amèrement de n'être pas né Prussien, et qui adressait de
Paris à Pétersbourg, ce lâche alexandrin :

C'est du nord aujourd'hui que nous vient la lumière.

j'ai remarqué, dis-je, que dans la liste des élus selon Pierre-Sylvain Maréchal, il
ne se trouve aucun nom de roi ou reine de France. Ces gens-là, voyez-vous, n'ont
pas place parmi les honnêtes gens. En revanche, on y rencontre Elisabeth d'Angleterre, Christine de Suède, Elisabeth Petrowna. Ce n'est pas, croyez-le bien, que
je prétende exclure ces trois dames de la société des honnêtes gens; je sais même

bon nombre d'Anglais, de Suédois et de Russes, que bien volontiers j'y admettrais avec elles. Ainsi, Madame, je tiens pour fort honnêtes gens les très courtois et très spirituels Moscovites, MM. Grestch et Stroëff, dont à la vérité le vénérable Constitutionnel a cru devoir, tout en rentrant ses oreilles dans son bonnet de coton, annoncer l'arrivée par ces mots un peu vieux, mais qui savent briller encore à travers l'odorante fumée des estaminets : *l'horizon politique se rembrunit : la France se couvre d'émissaires russes : les légitimistes s'agitent*...

. . . . Ceci vaut bien sans doute la grrrrrande et terrrrrrible conspirrrrration découverte ces jours-ci dans la tabatière à musique de M. de Genoude. Donc, suivant le mystificateur quotidien, MM. Grestch et Stroëff, sont une nuée d'agitateurs et d'espions diplomatiques, *à preuve* que M. Grestch est un littérateur distingué et le rédacteur en chef de l'*Abeille du Nord*, et que M. Stroëff est correspondant du ministère russe de l'instruction publique. D'ailleurs, et ceci est concluant, tous deux sont venus à Reims par la diligence, tous deux ont visité nos monuments, et surtout certain manuscrit Slavon, but spécial de leur voyage ici, et à propos duquel ils ont appris à *la Chronique de Champagne* certaines choses curieuses qu'elle ne savait pas encore, et qu'elle vous dira plus tard. Enfin, ces perfides étrangers ont parlé de tout avec élégance et savoir ; leur conversation a été une active conspiration contre l'ennui local ; ils sont gais, polis, dînant bien, et buvant, non pas *du champagne*, ce qui n'est ni russe ni gaulois, mais du *vin de Champagne*, ce qui est tout à fait français et de bon goût. Je ne dis pas cela, je vous jure, pour vous rappeler certains feuilletons de nos amis, fort agréables ma foi, où, durant le caniculaire mois de juillet, on a *sablé le champagne*, visité *d'anciens Français* (je ne connaissais pas cette variété de retraités et de démissionnaires), dansé dans *une réunion humaine*, et proclamé cette vérité candide que les villes ouvertes plaisent à ceux qui n'aiment pas les villes fermées. J'en demande pardon à M. L. et à C. B, mais il m'est impossible pour aujourd'hui de les suivre dans leurs voyages à la découverte des *joyaux* ruraux, lisez : *maisons de campagnes* ; je m'attache aux deux nombreux émissaires de l'autocrate, et m'empresse de vous informer que M. Grestch a visité Valençay. Ce mystérieux voyage, pour lequel on a visé son passeport à la Préfecture de police, est un symptôme évident de guerre générale. D'ailleurs

On dit, et sans horreur je ne puis le redire,

qu'à Valençay, terre classique des mots à effet, M. Grestch a trouvé le prince, bien portant *quoiqu'on die*, la duchesse toujours belle et gracieuse, et l'hospitalité seigneuriale et noble ; trop heureux si les grands journaux de *la capitale* ne nous annoncent pas demain qu'à l'entremets on a servi, sous les cloches d'argent, une armée de trois cent mille légitimistes, avec quelques escadrons de jésuites pour hors d'œuvre.

Et à propos de jésuites, lesquels comme chacun sait, gouvernent la Russie, permettez-moi de vous demander, Madame, si vous avez jamais lu leurs *Lettres édifiantes*. C'est un recueil infiniment curieux, dont les trente volumes in-12, imprimés à Paris en 1717, prouvent très nettement que ces moines ignorants savaient tout ce qu'on savait alors de mathématiques, de physique et d'astronomie, et que ces éternels ennemis de la cause *humanitaire*, allaient sans cesse d'un pôle à l'autre, répandant au péril de leur vie, les lumières de la civilisation européenne, et ouvrant à notre commerce ses plus lointains débouchés. Ils furent, il faut bien l'avouer, les premiers agents de ce merveilleux échange d'idées et de connaissances positives, de relations commerciales et d'habitudes industrieuses, éléments féconds du progrès où s'avancent aujourd'hui l'Orient et l'Occident. Du reste, je vous les abandonne comme d'odieux fanatiques, et je ne parlerais pas de cette race maudite, n'était qu'on ne peut dénier à cette dix-septième plaie d'Egypte, le mérite de nous avoir apporté de la Chine le meilleur procédé pour le forage des puits artésiens. C'est l'emporte-pièce ou percusseur, dont notre compatriote M. Goulet-Collet, a le premier, en France, essayé l'usage, et qu'il applique aujourd'hui dans notre ville avec un succès réel, à l'aide d'un moteur d'une grande simplicité, et d'une puissance non encore justement appréciée. Vous savez le vers :

   Et nul n'aura d'esprit hors nous et nos amis ;

Eh bien! dans ces deux hémistiches est toute l'histoire de notre ingénieux concitoyen. M. Goulet-Collet n'est pas devenu, mais il est né mécanicien. Les hautes théories ont manqué à son aptitude naturelle, et je doute qu'il soit entré bien avant dans les profondeurs de la statique et de la mécanique ; je le soupçonne fort d'être aussi étranger que moi aux sublimités du calcul intégral, et certainement les sciences exactes, dans leurs sphères élevées, ont encore pour lui d'impénétrés secrets. Or nous avons plus d'une fois vu et observé cette quasi-association, cette instinctive francmaçonnerie, dans laquelle la confraternité des premières études et les souvenirs de première jeunesse unissent, comme en un faisceau, tout ce que la France compte d'hommes distingués dans la science, et habiles dans les arts industriels. C'est la camaraderie scientifique. Malheur à qui n'en est pas! les plus curieuses inventions courent grand risque de mourir d'inanition, et de s'éteindre dans la détresse et l'isolement. Telle est peut-être la position de M. Goulet-Collet ; il n'a point passé par la théorie pour arriver à l'application, mais amené à l'application par une sorte d'intuition primesautière, il a eu le tort d'aller du premier théorème au dernier corollaire, sans avoir laborieusement traversé la série génératrice des propositions intermédiaires. C'est là un tort grave, Madame, une de ces énormités que les savants à diplôme, même quand ils sont savants, pardonnent peu ou difficilement. — M. Goulet-Collet réussira, tout le fait espérer ; mais loin que le succès justifie ses efforts et légitime sa subreptice invention, vous verrez les adeptes se poser à l'encontre, et, tout hérissés de nombres et de problèmes, déclarer qu'un fait ne prouve rien, et que, pour toutes sortes de raisons que vous et moi nous n'aurons garde de comprendre, un procédé si évidemment coupable d'intrusion et de lèse-formule, n'est jamais applicable qu'une fois. Alors on recommencera, on recommencera encore, la chance sera heureuse ou malheureuse, qui sait? mais l'anathême sera le même, toujours le même, jusqu'à ce que l'inventeur ait cédé la place, lui profane, à quelqu'heureux initié, qui acceptera la croix d'honneur et un brevet de perfectionnement. Si donc la gloire modeste d'être utile à son pays, sans que le pays ait le moins du monde l'air de s'en douter, ne suffisait pas à M. Goulet-Collet, je le plaindrais bien sincèrement; et si par hasard il compte sur quelqu'autre récompense, parce qu'il l'aura méritée, dites-lui bien qu'il se trompe. Autant vaudrait pour lui supputer le profit qui lui reviendra du riche trésor retrouvé il y a un mois dans *la Chronique de Champagne*.

Par une étrange bévue, car elle en fait quelquefois, à ce que dit son ami l'*Industriel*, la Chronique a oublié d'avertir ses lecteurs, que la découverte si magnifiquement annoncée, date du 20 février 1759. C'est un oubli vraiment bien pardonnable à qui ne vit que dans le passé, à qui s'y plaît au point de le confondre quelquefois avec le présent, ce qui n'est pas toujours si malheureux pour celui-ci.—Mais voyons donc ce qui advint de toutes ces belles monnaies d'or, de toutes ces vénérables coupes d'argent, trouvées par le jeune Martin Grandremy. Tout cela fut mis sous le scellé, et, comme c'était une affaire de grande conséquence, porté à Paris, en l'Hôtel des Monnaies de Sa Majesté, par le sieur Barbereux, *maître des carrosses de Reims à Paris*. Le fisc, car il y a toujours eu un fisc avec singulière faculté de croître et d'embellir, le fisc revendiquait le trésor, à titre d'aubaine; Messieurs du chapitre le réclamaient par droit de censive et seigneurie; le sieur Bourgeois, entrepreneur des travaux du Roi, en était bien friand, et l'honnête Martin Grandremy en désirait quelque chose. M. l'abbé de Lattaignant, homme de lettres et d'esprit, deux choses qu'il faut bien distinguer par le temps qui court, se souvint, en cette grave occurrence, qu'il était d'église et chanoine de Reims; et *præsto* le voilà qui quitte la galante Fanchon, son trésor à lui, son joyau des Alpes de Savoie, puis, entre deux vaudevilles, fait décider que le trésor appartient au chapitre, sauf les droits de l'inventeur. Celui-ci eut le tiers de sa trouvaille, et un poète du temps adressa à l'abbé de Lattaignant, qu'il compare à Orphée, une ode, ou soit disant telle, dont vous lirez volontiers ces quelques vers :

> L'argent n'a point de réelle valeur,
> L'usage seul lui donne l'existence.

Bertram n'aurait pas mieux dit. Un peu plus loin, l'auteur, qui n'était rien moins que M. le chanoine Desaulx, ajoute :

> Ah! qu'était fou cet antique confrère,
> Qui, dans son mur exactement scellé,
> Déposa l'or qu'au pied du sanctuaire
> Sa vigilance avait amoncelé !
> . . . .
> A ses amis s'il l'avait révélé,

Il aurait eu de leur reconnaissance
Des *requiem*, quelques *de profundis ;*
Mais sur ma foi ! très peu lui seront dits
Par les vivants qui tiennent sa finance.
....

Qu'un tel exemple, abbé, nous rende sages !
Sans nul excès goûtons les avantages
Des biens divers qui sont entre nos mains,
Et n'allons pas, contre nous inhumains,
En nous privant même du nécessaire,
Stupidement grossir des revenus,
Qu'envahiront à notre heure dernière
Des héritiers ingrats ou peu connus.

J'aime fort cette philosophie ; elle est de bon goût, et je la conseillerais à tous les célibataires, de quelque âge, sexe et condition qu'ils soient, qui ont des biens divers et des revenus.

Moi, qui vous parle, et qui d'ailleurs ne suis peut-être pas si célibataire qu'on le pense, j'ai très peu, infiniment peu de tous ces avantages qu'il faut goûter sans nul excès, et ce que j'ai en ce moment, je ne dirai pas de plus clair, mais de plus effectif, entre les mains, c'est un feuilleton, où, sur ma foi, comme dirait M. le chanoine Desaulx, *la Chronique* est vertement tancée, rabrouée, admonestée, ahurie et traitée de haut en bas. Lisez-le, Madame, je vous en prie, lisez ce majestueux feuilleton, feuilleton-Démosthènes, feuilleton-Mirabeau, feuilleton-Talma ; puis voyez comme il se drape avec art et noblesse, comme sa pose est digne, comme son geste est fier et son regard hautain, comme du haut de sa Mongolfière ardente il jette un à un, lentement, gravement, souverainement, les apophtegmes de sa raison suprême. C'est une pluie, une avalanche de syllabes écrasantes, et *la Chronique* aura beau se faire humble et petite, elle n'échappera pas ; car c'est un feuilleton à haute pression, un feuilleton fulgurant. Et puis comme il est beau quand il passe sur elle avec ces dédaigneuses paroles : « je ne te parle pas, je ne veux pas te parler, Chronique que tu es ». Ceci, voyez-vous, est d'autant plus fâcheux qu'à propos de ce prodigieux feuilleton, la Chronique aurait à soumettre à *l'Industriel* bon nombre de questions intéressantes que lui seul peut résoudre. En voici une entre autres, et celle-là est capitale : le feuilleton pose en principe, et notez bien que c'est le fond de toute sa discussion, que *la Religion est une abstraction*. Or, jusqu'à l'époque du vendredi 4 août 1837, *abstraction* signifiait : généralisation métaphysique d'un fait ou d'une idée, et par *Religion* on entendait : système pratique des rapports de l'homme avec Dieu. Il faut donc qu'il y ait, dans le bizarre accouplement de ces deux mots mis en œuvre par notre ami et confrère, quelque sens caché, quelque combinaison profonde, qui échappe à la vulgarité de nos perceptions. Comme il est dommage qu'il se soit imposé un superbe silence, et qu'il nous prive ainsi des révélations de sa sagesse ! Nous voilà exposés à penser que les six fragments de colonne, qui portent les *deux mots* dont il accable *la Chronique*, pourraient bien n'avoir pour base qu'un sophisme un peu creux. A la vérité on nous reproche de passer à côté de la question ; mais où est la question ? qui est-ce qui aura la charité de nous montrer la question ? Puis nous avons la maladresse d'être par avance, à l'endroit de la maison Laverdet-Auzou et Compagnie, du même avis que la cour de Cassation, ce qui prouve, selon le feuilleton triomphant, que la Chronique est absurde. que la Chronique escobarde, que la Chronique est l'organe d'une puissance occulte, *bravo ! bravissimo !* Nous revenons volontiers à l'âge d'or du Constitutionnel, aux temps heureux de la congrégation, du parti-prêtre, du gouvernement occulte, alors que le sanguinaire Charles X disait la messe au conseil des ministres, et que M. de Paris faisait l'exercice à feu dans son oratoire. J'étais là, Madame, le jour où la demeure de M. de Quélen fut livrée aux sublimes colères du peuple ; soixante superbes poignards y furent découverts, brisés, pulvérisés : c'était admirable ! on avait eu l'infamie de cacher ces armes meurtrières, peut-être même empoisonnées, dans le simple buffet d'une salle à manger, et la veille encore on osait bien appeler cela des couteaux de table ! — Le bon sens populaire fit prompte justice de cette atroce supercherie, et la France fut sauvée.

Elle a, vous le savez, la grande habitude de se laisser sauver, notre belle France ; aussi ne prend-elle plus aucun souci ni de ses périls, ni de ses sauveurs. Et puis c'est quelque chose de si facétieux que notre époque, depuis que Robert-Macaire a recueilli l'héritage de Mayeux, depuis que M. Viennet, que Dieu garde ! fait litière de sa moire rouge, et s'en va par les carrefours, visière baissée, lance en arrêt, défiant, dans son outrecuidance de vétéran en goguette, le romantisme tout entier. Gare la rencontre ! le romantisme n'obtiendra merci du classique champion et de sa mule intime, qu'en faisant vœu d'aller à Pékin, seule ville où se vendent les vers du noble joûteur, et d'y proclamer que la muse Viennet est la plus belle et la plus noble, et que tout magot est un grand homme.

Par bonheur le pouvoir ne commet pas toujours de ces fatales erreurs contre lesquelles M. Viennet regimbe avec tant de grâce, et je sais plus d'une croix, qui, dans ce déluge de rubans rouges, est allée se placer où l'estime publique la cherchait depuis longtemps. Car enfin le pouvoir, tout pouvoir qu'il est, peut bien avoir quelquefois raison, et m'est avis qu'en ce cas, rare je le veux bien, il lui faut applaudir. Ainsi la bonne ville de Reims n'a pas trop à se plaindre aujourd'hui, ce me semble... — On lui va rendre son église de Saint-Remi, plus belle et plus neuve que jamais, plus neuve en vérité ; c'est un tour de force, assurément, mais vous savez que M. Durand en est bien capable, et de mieux encore. — Le pays est dans sa bonne veine architecturale. Tandis que le vieux temple bénédictin se relève jeune et brillant, évoqué de ses ruines par la magie du talent, voici que notre Cathédrale s'embellit des gracieuses et spirituelles idées d'un autre architecte, M. Arveuf, à qui nous devrons le plus délicieux buffet d'orgue qui se puisse imaginer, et une charmante guirlande de beaux fleurons gothiques, heureuse réparation de l'outrage fait à la grille de Mazois. On assure, et ceci me vient de bon lieu, qu'après une interruption de sept ans et plus, les travaux de l'élégante chapelle archiépiscopale seront bientôt repris, et l'on adjugeait hier un devis colossal pour la restauration de tout le côté sud du plus beau portail gothique de la Chrétienté. Il y a des esprits chagrins qui grondent parceque, dans tout cela, je ne vois pas le plus petit mot pour rire; eh! non vraiment, si ce n'est peut-être des révolutions, et de leurs iconoclastes fureurs; mais à nos gouvernants, je ne puis que dire, en pareil cas, comme pour Versailles, comme pour Saint-Germain-l'Auxerrois, et tant d'autres : bien, très bien, *sic itur ad astra*.

Ne craignez pas pourtant que jamais l'épigramme nous fasse faute; cette branche du revenu public, n'a pas de déficit possible; c'est l'appoint nécessaire de tout budget français, et nous sommes toujours les moqueurs descendants de ces bons vieux frondeurs, qui trouvèrent le secret de siffler le Mazarin en 16,000 brochures, ni plus ni moins, et d'imprimer 30,000 volumes très variés contre l'infortunée bulle *unigenitus*. N'allez pas croire au moins que je sois appelant de cette benoîte bulle; non certes, je ne fais appel ici, Madame, qu'à vos bonnes grâces, et au bienveillant accueil que réclament les respectueux empressements de votre vieux et loyal serviteur. — Jean-Sinice.

— Le Joyau de Saint-Basle. Il n'y avait pas d'églises au moyen-âge qui n'eut ses dévotions, ses cérémonies, ses fêtes particulières. — L'église de Reims surtout était célèbre par des usages fort singuliers, des rits bizarres, des farces pieuses qui n'ont cessé que fort tard, peu d'années avant la révolution. Tout le monde sait qu'on y célébrait comme dans la plupart des autres grandes églises de France, la fête des Fous, la fête de l'Ane, celle des Innocents : la procession du *Bailla*, celle de l'*Agneau rôti* ou de l'*hæc Dies*; celle plus burlesque encore des *Harengs* et quelques autres, dont nous espérons pouvoir un jour donner l'origine et l'histoire. — On connaît le pélerinage du Saint Nombril de Châlons, la grande diablerie de Chaumont, les viergeottes de Troyes, le joyau de Saint-Laurent, etc., etc.

Le village de Sept-Saulx, à trois lieues sud-est de Reims, conserva jusqu'en ces derniers temps sa fête du Joyau de Saint-Basle.

Le dimanche de l'octave de la fête de Saint-Basle, patron de la paroisse, jour de la *fête des Danses*, entre vêpres et complies, le marguillier se promenait gravement dans l'église avec son joyau attaché au bout d'un bâton. Ce joyau n'était autre chose qu'un morceau d'étoffe, béni à l'avance par le curé, garni d'épingles et ayant une aune un quart de mesure. Le joyau mis à prix se vendait dans l'église au plus offrant. Le prix variait de cinq à huit livres de cire, au profit de la fabrique. La précieuse relique adjugée à la chaleur des enchères et au milieu des clameurs des assistants, on se mettait aussitôt à entonner le *Te Deum* en actions de grâces : la foule allait ensuite la porter en grande pompe à la maison de l'adjudicataire, où on la laissait avec une petite statue du saint.

qu'on avait soin d'orner de rubans. Le saint passait la nuit chez l'heureux paroissien qui le lendemain le reportait à l'église. Le joyau lui restait et habituellement il s'en faisait faire une culotte pour les grands jours. Ce n'était que l'année suivante, le jour de la fête du patron, que les habitants du lieu se rendaient encore en procession chez l'adjudicataire pour y prendre, au nom de la fabrique, livraison de la quantité de cire convenue un an auparavant. — En 1766 un curé nouvellement nommé à Sept-Saulx, voulut supprimer la fête du Joyau de Saint-Basle, comme une cérémonie superstitieuse et abusive : il faillit être lapidé. Les paysans jetèrent les hauts cris et portèrent leurs plaintes en justice. Par sentence du bailliage royal, rendue le 25 février 1772, sur les conclusions du ministère public, il fut *fait défenses aux marguilliers et fabriciens de Sept-Saulx de procéder, soit dans, soit hors de l'église, à la vente et adjudication d'aucun morceau d'étoffe, ruban ou effigie du patron, ou autre chose généralement quelconque, sous la dénomination de Joyau de Saint-Basle, et sous telle autre dénomination que ce puisse être, comme étant lesdites ventes et adjudications, indécentes et scandaleuses.*

— Installation de M. le Procureur du Roi. — M. Dubarle, Procureur du Roi au tribunal d'Epernay, nommé en la même qualité au tribunal de Reims, en remplacement de M. Boulloche, a été installé sur le siége hier, mercredi 16 août. — M. De Royer, premier substitut, et M. Perrin, vice-président, ont à cette occasion, prononcé un discours, qui, l'un et l'autre ont vivement intéressé l'auditoire. A l'éloge de M. Boulloche, dont tous les auditeurs avaient appris à connaître le beau caractère, a succédé tout naturellement celui de M. Dubarle, qu'une réputation de talents de plus d'un genre, avait déjà précédé ici. Ce magistrat, dans un discours aussi noblement pensé qu'élégamment écrit, a prouvé qu'il saurait dédommager la ville de Reims, de la perte qu'elle vient de faire dans l'éloignement de M. Boulloche. — *La Chronique de Champagne* se félicite plus que personne, de l'arrivée en cette ville, d'un homme qui, aux travaux si graves et si multipliés de la magistrature, trouve le temps de joindre ceux de la science et de l'érudition. — M. Dubarle est auteur d'une excellente *Histoire de l'Université* et de nombreux travaux historiques, dont quelques-uns intéressent principalement la Champagne.

— Archives Civiles de la ville de Reims. — Tout le monde sait que M. Varin, secrétaire du Comité de l'histoire de France, prépare depuis longtemps une publication sur l'Échevinage de la ville de Reims. Cet ouvrage qui doit jeter un jour si complet sur l'histoire de notre cité au moyen-âge, formera trois volumes in-4°. Les frais d'impression en seront faits par le Comité historique, qui a voté pour ce seul objet une somme de 30,000 francs. — M. Varin, que le besoin de nouvelles recherches pour ce beau travail a amené à Reims, a occupé ces jours-ci le Conseil municipal d'une question fort grave. M. le Ministre de l'Instruction publique avait engagé M. le Maire de Reims, dans l'intérêt du travail en question, à confier à M. Varin, pour qu'il les enlevât à Paris, tous les manuscrits de la Bibliothèque et du Cartulaire qui pourraient lui être nécessaires. — Le Conseil municipal appelé à donner son avis sur cet objet, a décidé qu'en principe, aucun des manuscrits ne devait sortir de la bibliothèque, attendu que nulle responsabilité humaine ne pourrait dédommager de la perte ou de la détérioration possible de manuscrits uniques. — D'un autre côté, jaloux de seconder les travaux consciencieux de M. Varin, le Conseil a voté une somme de 500 francs, qui servira à payer un ou plusieurs élèves de l'école des Chartes, qui seront employés à prendre les copies dont il aura besoin. — Puis, et pour cette fois seulement, et en considération de l'intérêt qu'a la ville de Reims à l'accomplissement des travaux de M. Varin, dérogeant quelque peu à la stricte lettre de sa décision, le Conseil a autorisé le Bibliothécaire à communiquer, pour être momentanément enlevés, tous les manuscrits dont il existerait des doubles à la Bibliothèque ou au Cartulaire. — Nous ne pouvons que louer cette décision, empreinte d'un double caractère de sagesse et de libéralité.

Le 1er volume des *Archives civiles de la ville de Reims* est en ce moment sous presse, et paraîtra vers la fin de mars 1838. — Nous tiendrons nos lecteurs au courant de cette publication.

— M. le Ministre de l'Instruction publique, sur la demande de M. Varin, a accordé à la Bibliothèque de Reims, toute la collection des ouvrages publiés par le Comité de l'Histoire de France : collection qui, jusqu'à ce jour n'a été envoyée par le Gouvernement qu'aux Bibliothèques de chef-lieux de département.

—Antiquités. Deux colliers en or et d'une grande antiquité, avaient été vendus dans le courant du mois dernier à un orfèvre de cette ville, comme provenant d'une trouvaille faite aux environs d'Epernay. L'orfèvre *dont le moindre ducaton faisait bien mieux l'affaire*, se disposait à jeter au creuset ces deux objets d'art, quand heureusement, le grand dépisteur d'antiquités M. L. D. mit la main sur notre homme, et sauva du feu ces précieux restes. Ces deux colliers sont en or fin, d'un travail achevé, et enrichis de médaillons émaillés, ce qui les rend inappréciables : ils datent évidemment de la première race de nos rois, à l'un desquels peut-être ils ont appartenu, tant en est riche le travail! Il est certain que pour la forme et le style, ils ressemblent aux bijoux trouvés il y a quelques années à Tournay, dans le tombeau de Childéric, bijoux que possède aujourd'hui le Cabinet des Antiques de la Bibliothèque du Roi. — Deux jours après l'achat de ces colliers, les marchands de Paris étaient sur pied, et deux antagonistes MM. Rollin et Rousseau, se disputaient chez M. L. D., la dépouille du roi franc. —On assure que M. L. D. a été plus que dédommagé de 1800 francs que lui avaient coûté ces deux bagatelles. — Voilà des objets dignes d'un Musée, et qu'il est à regretter que la ville n'ait pu acquérir!

—M. De la Saussaye, le savant éditeur de la *Revue numismatique* qui se publie à Blois, était à Reims ces jours-ci. Parmi les monnaies et médailles de la collection de la Bibliothèque, M. De la Saussaye a surtout remarqué, non sans quelqu'envie, une monnaie de Normandie de la plus grande rareté, puisqu'elle est jusqu'à ce jour inédite, de Richard II.—Le savant numismate en a aussitôt pris le dessin exact qui sera publié dans un des prochains numéros de la *Revue numismatique*.

— M. le Maire a adressé des lettres de remercîment à diverses personnes de cette ville, qui ont bien voulu lui offrir des objets d'art et d'antiquité pour figurer au musée futur.

— MANUSCRIT D'HINCMAR, A EPERNAY. —Dans le 3ᵉ numéro de *la Chronique de Champagne* (t. 1ᵉʳ, p. 210), nous avons parlé et fait la description de ce précieux manuscrit.—Nous ne savons par quel concours de circonstances ce volume se trouvait exposé aux regards des amateurs, lors d'une vente célèbre de livres et manuscrits qui s'est faite à Paris, il y a quelques mois.—M. le Ministre de l'Instruction publique, informé à tort ou à raison, que la ville d'Epernay cherchait à vendre ce manuscrit, a fait entre les mains des personnes à qui il avait été remis, opposition à toute vente ou cession de l'ouvrage.—Puis, appréciant les besoins de la Bibliothèque publique d'Epernay, aussi bien peut-être que la valeur réelle du manuscrit d'Hincmar, M. le Ministre, nous dit-on, fit offrir en échange, et au nom de la Bibliothèque royale, pour 40,000 francs de livres, qui seraient fournis par son ministère. — Ce manuscrit, ainsi que nous l'avons dit, appartiendrait raisonnablement à la bibliothèque de Reims, où sont conservés tous ceux de l'archevêque Hincmar. Mais enfin, puisqu'il est à peu près démontré qu'il y aurait prescription contre les réclamations que nous voudrions faire à ce sujet, il faut souhaiter que cet admirable monument passe à la bibliothèque royale, dont vraisemblablement il ne sortirait plus. — Nous savons à Reims un riche amateur à qui, dit-on, la ville d'Epernay, à une époque déjà loin de nous, le fit offrir et qui refusa de l'acheter au prix de 1200 fr.!!—Cet amateur n'est pas M. L. D.

PETITE CORRESPONDANCE.

A MM. les Editeurs de *la Chronique de Champagne*.

Reims, Juillet 1837.

MESSIEURS,

Quelques personnes se demandent pourquoi nous n'avons pas cette année d'exposition de tableaux? Il avait été à peu près entendu, dit on, que la société des Amis des Beaux-Arts s'arrangerait de façon à ménager tous les ans une exhibition des produits des artistes du pays et des environs, et c'était un sûr moyen d'encourager les beaux-arts. *Mais*, ajoute-t-on, *à la manière dont les membres de la société protégent les arts et les encouragent, on les prendrait pour toute autre chose que pour des amis des arts.* Cette phrase s'est glissée dans un feuilleton de l'Industriel. Il est à propos d'y répondre.

En général, les sociétés des Amis des Arts sont, partout ailleurs qu'à Reims, aidées ou par la caisse municipale, ou par des subventions du gouvernement : elles ont à leur disposition des salles convenablement disposées et des moyens d'action qui, tous, ont fait défaut ici.—La société des Amis des Arts de Reims, encore à son berceau, n'a pas été régulièrement constituée : elle est peu nombreuse, et ne compte que deux ou trois personnes qui, jusqu'à ce jour, se soient occupées de lui donner une direction. Cependant, depuis 1833, époque de ses premiers travaux, la société a offert trois expositions, placé pour 12,000 fr. de tableaux et provoqué des acquisitions pour une somme à peu près égale. Peu de villes avec de plus grands moyens ont obtenu d'aussi beaux résultats. — On reproche encore aux sociétaires de souscrire plutôt dans l'espoir de gagner au sort un tableau de prix que dans le désir d'encourager les artistes! ceci d'abord s'appliquerait difficilement à la commission administrative dont quelques membres ont laissé à la société les lots qui leur étaient échus. Au surplus, nous ne connaissons pas, nous l'avouons, de meilleur encouragement aux artistes que ce désir qu'on incrimine. Si ce désir était plus grand encore, les artistes ne devraient pas s'en plaindre ; ils auraient plus de besogne et par conséquent plus d'encouragement.

Au surplus, il y avait plusieurs raisons pour suspendre cette année le cours des expositions. La première, qui pourrait dispenser d'en donner d'autres, c'est le manque de local : la salle dont nous disposions est actuellement en démolition, et son emplacement réservé à une destination toute autre.—Les achats tentés n'ont pas répondu à l'attente des administrateurs, les nombreuses expositions des départements ayant depuis longtemps déjà, enlevé les meilleures productions.—Enfin, la crise commerciale dont a beaucoup souffert la ville de Reims, a semblé un moment peu convenable pour une exhibition des produits des beaux-arts.—Nous pourrions ajouter qu'une exposition annuelle excéderait les besoins du pays. L'intention du comité est sans doute de stimuler les amateurs ; mais il faut éviter de blaser leur goût à peine formé, par des expositions trop fréquentes.

Agréez! etc.

Un ami des arts.

—Bibliographie.—Nous avions projeté de publier dans *la Chronique de Champagne* un petit poème en vers burlesques et en patois, sur l'excursion de Growesteins en Champagne. Cette pièce d'environ 300 vers, dont nous devons la communication à l'obligeance d'un de nos Collaborateurs, n'a pas paru pouvoir être convenablement placée dans nos colonnes, en raison de quelques expressions ou trop grivoises, ou trop éloignées du beau langage. Nous ne pouvions pourtant renoncer au bénéfice de la découverte de cette curieuse facétie : aussi nous sommes-nous décidés à en faire l'objet d'une publication à part. Nous avons fait précéder ce poème d'une courte notice dans laquelle se trouve réuni tout ce que l'on sait de l'excursion de l'avanturier hollandais ; le texte est éclairci par des notes explicatives.—Cette petite publication destinée aux bibliophiles, est tirée seulement à 125 exemplaires numérotés (1).

(1) *Growesteins à Possesse.* — Poème burlesque.—Brochure grand in 8°. pap. vél. Prix 1 f. 25 c.—Chez JACQUET, imprimeur de la *Chronique de Champagne*.—(Affranchir) ; à Paris, chez TECHENER, place du Louvre.

HISTOIRE.

APERÇU GÉNÉRAL
DE
L'HISTOIRE DE CHAMPAGNE.

LES COMTES DE CHAMPAGNE.

(Suite).

En 1152, lorsque Henri le Large ou le Libéral, succéda dans la souveraineté du comté de Champagne, à son père Thibault le Grand, le droit Romain évoqué par Irnérius, et professé par ses disciples dans les écoles de l'Italie et de la France méridionale, avec toute la ferveur de l'apostolat, le droit Romain n'était encore, surtout pour l'est et le nord de la France, qu'une théorie sans applications positives. Le respect dont l'avaient entouré les capitulaires et les canons ecclésiastiques des six premiers siècles, n'avait pu le préserver de la ruine et de l'oubli, où tombèrent pèle mèle, avec la monarchie de Charlemagne, les institutions judiciaires, l'enseignement public, la discipline religieuse, et toute cette gigantesque organisation de l'empire d'Occident, élevée sur le pavois des Francks et des Germains. Ce vaste déluge où s'abîmèrent, aux cris de guerre des Normands vainqueurs, les derniers vestiges de l'empire Romain, entraîna tout à la fois, et le code de Théodose, et la loi Gombette, et les lois Saliques;

puis la société civile, rétrogradant en quelque sorte jusqu'à son origine sauvage, eut, au lieu de codes, des coutumes qu'elle accepta ou créa suivant les nécessités des faits, et les circonstances de localité. De cet état de choses sortit une législation, ou plutôt une jurisprudence, qui, étrangère aux subtilités théoriques, et toute de faits et d'observation pratique, fut l'expression la plus réelle des rapports sociaux, tels qu'ils se constituaient alors, sous l'influence de l'idée chrétienne, en qui se retrouvait plus pur et comme divinisé tout le rationalisme de la loi romaine.

Certes il y eut alors de bizarres coutumes, des usages barbares et ridicules; mais ils appartiennent tous à la législation criminelle et aux règlements de police publique, c'est-à-dire à la force, tandis que, sauf la distinction des castes qui fut un malheur nécessaire de cette époque, les coutumes, en tant qu'elles furent le droit civil, se distinguent toutes par un profond respect pour la personnalité humaine, par une forte tendance vers la liberté individuelle et l'égalité politique; et ce n'étaient point là des réminiscences du code Théodosien, ou un pressentiment des Instituts de Justinien; c'était la doctrine évangélique s'infiltrant peu à peu dans la société, la pénétrant jusque dans ses rapports les plus intimes, et préparant le triomphe de l'homme créé à l'image de Dieu, sur l'homme factice des distinctions légales et des catégories politiques. On a, de nos jours, écrit, enseigné, promulgué, gravé au fronton des temples, que la loi est l'expression de la volonté générale. Cette maxime, qui, vue d'un peu près, ressemble fort à un sophisme vide de sens, est encore l'erreur de ceux qui prétendent que des lois peuvent créer *à priori* une organisation sociale, et ne veulent pas comprendre que, dans l'ordre politique et moral, comme dans l'ordre physique, les lois, pour mériter ce nom, ne doivent être que l'expression de rapports préexistants. Telles furent les coutumes. On leur a reproché bien aigrement leur diversité, leurs dissemblances, leur multiplicité. Mais n'oublions pas que chaque coutume fut dans l'origine, la loi d'une association distincte, et que, dans leur variété, elles s'adaptaient merveilleusement aux besoins spéciaux, aux mœurs, à la constitution physique et morale de chaque peuple dont elles réglaient les relations civiles.

Quand du cahos féodal sortait une commune, cette naissante individualité politique se donnait à elle-même sa coutume, c'est-à-dire qu'elle déterminait, à l'aide du passé, les conditions de son existence future, les termes de ses rapports avec la société générale, et son mode d'action sur elle-même. Ce pacte s'appelait Charte de commune, et bien qu'il parut émaner uniquement du pouvoir antérieur, il n'était cependant qu'un véritable traité entre ce pouvoir et la commune. « Quand on faisait alors,

» dit Anquetil, un accord avec une personne supérieure en dignité, l'u-
» sage voulait qu'on lui laissât tout l'honneur du traité. Les priviléges,
» qu'elle semblait accorder de son propre mouvement, n'étaient au fonds
» que des conditions stipulées auparavant, mais que la forme de l'acte ré-
» duisait en apparence au titre de simples grâces. » Ainsi les coutumes furent la conquête du peuple, le triomphe du droit sur la force, et, à ce titre seul, elles seraient encore des monuments respectables. « Nos coustumes,
» dit Guy Coquille, qui sont notre vrai droict civil, droict commun et ori-
» ginaire, et non survenu ou adventice. . . . . nos prédécesseurs Fran-
» çais n'ont pas transféré aux Roys indistinctement et incommutablement
» tout pouvoir : dont nous apercevons aujourd'hui quelqu'ombre demeurée
» de reste, en ce que le peuple de chacune province a droict d'establir loy
» sur soy, qui sont les coustumes et droict non escrit. Car nos prédécesseurs
» plus adonnez à faire et bien faire qu'à escrire et dire, n'ont faicte leurs loix
» par escrit, mais par un long usage les ont admises et receues, pour règler
» toutes leurs actions..... le peuple obéist plus volontiers à la loy, que lui-
» même a eu agréable. Puis chacune province a ses mœurs et humeurs di-
» verses, et partant les loix, comme elles ne sont semblables, aussi doivent-
» elles être faites selon le goust et sens de chacun peuple. » Ainsi la coutume de Barcelone, les assises de Jérusalem, les établissements de St-Louis ne furent point des actes législatifs, des créations de jurisprudence; c'était tout simplement la constatation de faits anciens, d'usages établis, de traditions universellement reçues. Ainsi fut-il de la coutume de Reims, qui ne date pas justement de 1556, époque de sa rédaction officielle, mais dont le principe fondamental, *toute personne par la coustume de la cité et ville de Rheims, villes et villages qui se règlent selon icelle, sont franches; et n'y en a aucune de servile condition*, est probablement aussi ancien que notre société chrétienne. Le territoire Rémois jouissait dès le XIIe siècle, et sans contestation, du noble privilége d'affranchir quiconque de condition servile venait s'y fixer (1). Et c'est une remarque bien frappante, qui sort natu-

---

(1) Nos lecteurs nous sauront gré de leur révéler ici un monument précieux de la jurisprudence toute libérale de nos pères. Le document qui suit, est extrait d'un manuscrit appartenant au XIIIe siècle; les faits qu'il allègue remontent certainement au siècle précédent, et les principes dont ces faits sont l'application, étaient déjà assez anciens pour se faire respecter comme une règle invariable.

DES MORTES-MAINS.

Cy-dessous est escripte la coustume qui est à Reins.

C'est assavoir que homs ou feme serf ou de chevage demoure à Reins qui muert à Reins ne doivent aucune chose pour morte-main.

rellement d'un examen même superficiel des coutumes du comté de Champagne, que, dans ce pays, toute la jurisprudence civile tendait à l'ex-

1° Veritez est que en ladite ville de Reins ne coint aucune morte-main, mais se aucuns muert, tous ses muebles et heritaiges escheient à ses hoirs, et se il a feme il puest laissier à sa feme tous ses muebles, tous ses acquès, et la moitié de son naisten, c'est à savoir des héritaiges situés à la coustume de Reins, et aussi fait la feme à son marit, ou à autre à qui qu'il li plait, et tele est la coustume aulez preud'hs la Champaigne à Reins et jusques assez près de Saincte Manoult, et aulez pardevers Tardenois jusques à Largery, à Aoigny à Olizy, à Villers-Haguenon, qui sont six lieues autour de Reins, ou emmis, èsquels il coint mortesmains et non ne plus près.

Item. Avec ce que on en use ou ban et en la terre et juridiction de Mons de Reins, en use-on en tous les chastiaux et villes app^t aux chastellenies dudit Seigneur, si come à Mouzon, à Betheniville, à Sept-Saulx, à Actigny, à Courmicy, à Courville, à Chaumuzy, à Nogent, et autres. Et aussi en use-on en tous les chastiaux et villes qui sont des fiefs dudit Mons. de Reins en pays si come en la chastellenie de .... etc. *(Ici est une longue liste des noms des lieux dépendant de la seigneurie ecclésiastique de Reims).*

Item. Avec ce en use-on ou ban de l'église S. Remi à Reins et ès ville appendant, à plusieurs pourtels, et prévostés de ladite église. Si come Courtisot, Senuc, Braux, Tannay, Pont-bar, Chaigny sous Omont, la prévosté de Bazancourt, la prévosté de la montagne de Reins, et en la ville de Crugny, et avec ce en toutes les villes appendant à l'église S. Nicaise de Reins, et aussi ès villes appendant aux églises de S. Denis de Reins, de S. Thierry lez Reins, de l'hostel N. D. de Reins, du trésorier, du chantre de l'église de Reins, du prévost de ladite église, si come à Montigny, à Vilers as Neux, à Gueus, à Moinson, qui sont à nobles homs, et en toutes les autres villes du pays, appartenant tant à noblesse, à église.

Item. Aussi en use-on ou ban et en la terre du Chapitre de Reins et en toutes leurs villes que il ont en potels si come à Wasignis, Mauberfontaines, Aubigny et autres villes, qui durent assez près du Chastelet en Ardennes, et aussi ès autres ville du chap^e si come Tramery, Pontfaivergier, Boul sus Suippes, Jonchery sus Veelle, et en toute leur jurdiction.

Item. Il est vrai que la suer de jadis maistre Estienne de Verneuil estoit feme de corps de chevage du prieur de la Chapelle à Ullay, laquelle moru à Reins, et volt iceli prieur avoir morte-main, et par accord ledit prieur et les hoirs d'icelle vinrent à Reins pour savoir de la coustume et trouvèrent la coustume tele comme dessus est dit. Et parce ledit Prieur tient les hoirs paisibles.

Item. Semblablement fu aussi faict de prud'hon le Vastelier qui estoit néz de Vilers Haguenon fils de feu Jehan le charron lequel estoit home de corps à l'église de *(illisible)* il paya formariage et chevage mais quand il fu mors il ni orent aucun droit de mortemain pour ce qu'il moru à Reins, et encore demoure à Reins Thiébault le Vastelier frères dudit Prud'hon.

Item. Li mari la Cabarerte demourant à Reins, laquelle Cabarerte est mercière, et vendoit en la trisande sa mercerie, l'an 71 vinrent demourer de Sergy à

tinction de la servitude, à la propagation de la liberté, et au rétablissement graduel de l'égalité politique.

Rien de plus simple que la combinaison de ces dispositions, dont le dernier résultat devait être l'affranchissement de tous, et le même droit public pour chacun. La société se divisait alors en trois classes de personnes, serfs, libres, et nobles. Or quelle que soit la formule politique d'une société, toujours est-il qu'elle se fonde sur ce principe éternel que la liberté et l'égalité sont de droit commun, nous dirions presque de droit divin, tandis que servage et noblesse sont des faits nécessairement exceptionnels et de transition. Si ce n'était là qu'un simple raisonnement, une froide théorie philosophique, cette vérité, si longtemps contredite par la puissance des faits, ne fut jamais devenue redoutable au système féodal ; mais c'est une maxime érigée par l'évangile en dogme religieux, placée sous la protection du sanctuaire, promulguée du haut de toutes les chaires chrétiennes, une maxime féconde autant que sainte, qui dominait la société et les institutions que lui avait imposées l'aristocratie militaire. Les coutumes, toutes imprégnées de christianisme, se montraient, sans pourtant heurter de front les prétendus droits acquis, ingénieuses à faciliter l'affranchissement des serfs. En Champagne, le serf échappait à l'action de la justice seigneuriale, par sa déclaration suivie de résidence d'un an et jour dans le bailliage de Vitry. Il sauvait du droit inique de morte-main les valeurs mobilières, fruit de son travail, et les conservait à sa famille, s'il mourait dans le ressort de la coutume de Reims. Dans les juridictions où le serf ne pouvait ni tester, ni succéder,

Reins en laquelle ville de Sergy a morte-main de mueble et d'itages, et avoient une fille appelée Marion. Li home moru à Reins par le trespas duquel ses biens escheirent à ladit Marion sa fille, laquelle Marion moru après, qu'estoit feme de St-Mard de Soissons, à cause de leur maison de Favière lez Sergy.

Item. Lorens li chastelain vint de ladite ville de Sergy demourer à Reins en l'église S.-Remy et estoit home de chevage de St Mard de Soissons, et moru ou ban de l'eglise S.-Remi.

Item. Jaquet d'Ourmes vint de Sergy demourer à Reins et amena son père, sa mère, et sa feme qui tous estoient homs et femes de chevage de l'église S. Mard de Soissons, et morurent tous à Reins, excepté ledit Jaquet, et quand tous ceux de Sergy dont parlé est furent morts li prevost de Favière, et li bailli de S. Mard de Soissons vinrent à Reins et amenèrent avec eux le gardien de lad* église, et moult s'efforcèrent de lever mortemain sur les dessus nommés, et après ce eux informez de la coustume de Reins s'en départirent paisiblement de leur poursuite, en reconnoissant qu'ils n'y avoient aucun droit, et que leur entente n'estoit mie de asservir le pays, et avec ce a trespassé plusieurs autres personnes à Reins de condition de chevage de plusieurs églises, et aussi homs de corps à plusieurs nobles, qui semblablement ont usé de la coustume dessus dite.

il avait la faculté de disposer par actes entre vifs ; et, selon les coutumes de Châlons, Troyes et Vitry, il pouvait même tester, s'il laissait des enfants. Sous ce rapport, les Aubains ou étrangers, étaient assimilés aux serfs.

De nombreuses et vastes portions du territoire demeuraient incultes. Pour les mettre en valeur, le seigneur réunissait sur son domaine, au centre d'une circonscription proportionnée, un certain nombre de serfs qui se chargeaient de la cultiver en commun, d'en recueillir les fruits en commun, d'en acquitter en commun les tributs et redevances. Toujours cet établissement recevait du propriétaire féodal, qui l'avait fondé, une certaine étendue ou de bois ou de prairie, soit en toute propriété, soit seulement à titre d'usage, et ce domaine indivis fut la première origine des communaux. A ceux qui avaient ainsi mis en commun et leur existence et les fruits de leur travail, la coutume réservait le droit de succéder l'un à l'autre, par voie d'accroissement au profit de chacun, et l'on sent tout ce qu'il y eut de puissance d'affranchissement dans cette accumulation successive de la richesse, bien que par quotités minimes, au profit d'une même association. Ainsi l'homme qui, isolé, était par la loi féodale déclaré incapable de posséder la terre, et qui, réduit à ses propres forces, n'eut jamais reconquis sa liberté, devenait, en vertu de la coutume, et en sa qualité de membre d'une communauté de travailleurs, propriétaire du sol, avec chance d'affranchissement pour lui ou pour les siens.

Tandis que les institutions civiles s'efforçaient ainsi de diminuer le nombre des serfs, les canons ecclésiastiques veillaient à ce que le servage ne se perpétuât point par le recrutement; c'était aux yeux de l'Eglise un état dont on pouvait toujours sortir, où jamais on ne pouvait être forcé d'entrer. Priver un homme de sa liberté, fut un crime que l'anathème poursuivit sans relâche. La loi Salique voulait que, dans le mariage entre une femme de condition libre et un homme de condition servile, le *pire* emportât le *bon;* les conciles prohibèrent de tels mariages, étouffant ainsi dans leur germe des générations vouées à la servitude. Quand au contraire un homme libre épousait une serve, les enfants naissaient libres, et la femme serve, veuve d'un noble, conservait dans son veuvage les priviléges de la noblesse. De la sorte, tout concourait à effacer de la société la honteuse exception du servage, tandis que, par l'action également lente, mais également sûre de plusieurs autres de ses dispositions formelles, la coutume travaillait à faire disparaître l'onéreuse exception de la noblesse.

Pour détruire le servage il fallait le restreindre, le limiter, le circonscrire dans d'implacables prohibitions; pour éteindre la noblesse, il fallait au contraire la répandre, la multiplier, la prodiguer, et sous

ce rapport, les coutumes en Champagne firent preuve d'une merveilleuse intelligence. En l'an 1178, Henri le Large déclara la noblesse transmissible par les femmes, en sorte que le fils d'un roturier, si sa mère était noble, était réputé gentilhomme, et on lit aux coutumes de Troyes, art. 8, et de Bar, art. 72, « Et est assavoir que, par autre cou-
» tume générale gardée au bailliage, entre les rivières d'Aube et Marne,
» le fruit ensuit le ventre et la condition d'icelui, excepté quand l'un des-
» dits conjoints est noble, auquel cas le fruit ensuit le côté noble, si suivre
» le veut » *(Loisel)*.

A cette époque l'égalité civile de l'homme et de la femme, d'accord avec l'égalité spirituelle des sexes proclamée par le Christianisme, semble avoir été, sinon un droit, du moins un fait public assez général. De temps immémorial, le serment que prêtaient les évêques de Troyes avant leur intronisation, était reçu par une femme, l'abbesse de Notre-Dame aux Nonnains, ministre nécessaire de l'installation du chef du diocèse (1). Dans presque tous les actes publics ou privés, dans la plupart des chartes, surtout quand elles ont pour objet des donations, la femme intervient même pour les biens propres du mari. Les femmes héritaient des fiefs, et les possédaient au même titre que les détenteurs mâles ; en conséquence, elles rendaient la justice et siégeaient dans les plaids, soit comme juges, soit comme présidents. Vers l'an 1100, nous voyons Alix, femme de Henri, dit Etienne, gouvernant les états de son mari pendant la Croisade, présider aux débats d'un procès entre deux monastères qui se disputaient le

(1) La veille de son intronisation, le nouvel évêque arrivait en cavalcade, jusqu'à l'entrée des lisses qui ferment la place de l'abbaye. Il y trouvait l'abbesse, qui, à la tête de sa communauté, le conduisait, en le tenant par la main, jusque dans l'église intérieure du couvent et de là dans l'enceinte chapitrale, où, après l'avoir revêtu d'une chape, lui avoir mis une mitre sur la tête et une crosse à la main, elle lui faisait jurer sur les Evangiles de conserver et maintenir les priviléges de l'abbaye. Les notaires présents, dressaient acte de ce serment, et l'évêque donnait sa première bénédiction, après quoi il se retirait dans un appartement qui lui était préparé, et où *il debvoit prendre son giste, et coucher la nuit audict lieu, ainsi qu'avoient toujours faict ses prédécesseurs sans aulcun contredict. Atant se départoit l'assemblée.* Le lendemain l'abbesse, en présence de toutes les personnes de distinction et du peuple assemblés dans l'église extérieure, pour la cérémonie, venait au pied de l'autel, revêtir l'évêque de ses habits et ornements pontificaux. Arrivait alors en procession générale tout le clergé séculier et régulier. Chacun ayant pris place, l'abbesse conduisait le prélat à l'autel, et de là, le présentait au clergé *comme Evesque et Pasteur.* Il prêtait un nouveau serment, suivant la formule présentée par le chapitre de la Cathédrale, puis il était intronisé par l'abbesse dans *une chaire parée, donnée et livrée par ledict chapitre.* (Grosley, *Ephémérides*).

domaine de l'église de Coulommiers. La comtesse y était assistée des évêques de Troyes et de Meaux, et de l'abbé de Lagny, et c'est par elle-même et en son nom que fut rendue la sentence qui vidait le différend. En ce même temps on rencontre plusieurs exemples de femmes nommées arbitres dans de graves litiges; et, ce qui n'est pas moins remarquable, on trouve, en 1256, certaines charges érigées en fiefs créés exclusivement pour les femmes. Enfin, c'est de cette époque que date la célèbre institution de Robert d'Arbrissel, l'Ordre de Fontevrault, dans lequel une femme, placée à la tête d'une corporation puissante, gouvernait de nombreux couvents d'hommes, et marchait, dans l'Etat comme dans l'Eglise, l'égale des abbés généraux de Citeaux et de Clairvaux. Les études du droit Romain, fortifiées de quelques textes apostoliques, n'avaient point encore constitué l'état civil de la femme, ainsi qu'il l'a été depuis, et le peu que les coutumes avaient réglé à cet égard, porte l'empreinte profonde de l'esprit d'indépendance personnelle dont elles sont sorties.

Il en était de même de la puissance paternelle, dont la loi romaine, avait fait la plus lourde et la plus tenace des tyrannies. Selon les coutumes, en Champagne, le fils âgé de 20 ans était émancipé de droit, et même plus tôt, soit par la possession d'un établissement indépendant, soit par le mariage. Et à ce propos, voici ce que dit le savant commentateur de la coutume de Reims, dans un passage tout plein de cette malicieuse naïveté qui ne se rencontre que chez les bons écrivains du xvie siècle: « Quant
» au mariage, c'est une forme d'émancipation inconnue par le droit
» Romain, parce que, nonobstant le mariage, l'enfant de famille de-
» meuroit tousjours en la puissance du père, tant qu'il vivoit, sinon qu'il
» l'émancipast, voire mesmes aussi les enfans issus de ce mariage, et en-
» core les descendants d'iceux en ligne masculine. Mais puisque par un
» commun usage receu et approuvé généralement par toute la France,
» tant au pays de droit escrit que coustumier, par le mariage la femme
» est en la puissance du mary..... Aussi est-il bien raisonnable, que la
» loy luy donnant le gouvernement de la personne de sa femme et de toute
» sa famille, il ait aussi l'administration libre des biens, qui sont beaucoup
» moins estimez que la personne. Et puisque, par le mesme droit Romain,
» le serf de peine ou le prisonnier de guerre est délivré de cette puissance
» paternelle, aussi est-il raisonnable que le fils de famille s'estant par le
» mariage rendu comme prisonnier d'une douce guerre, et aussitôt aussi
» serf de peine, puisque le mariage est ordinairement accompagné de l'une
» des deux extrémités; sçavoir est, d'un grand bien, ou d'un grand mal ;
» d'un grand repos, ou d'un grand trouble; il est, dis-je, bien raisonnable
» que le fils de famille sorte hors de la puissance paternelle; craignant que

» pour la plupart les hommes mariez (voire tous, si l'on vouloit croire
» les femmes) ne tombassent en l'inconvénient d'être sous deux puissan-
» ces, sous celle du père et celle de la femme, qui, selon le dire vulgaire
» et bien avéré par l'expérience, est le paradis ou l'enfer de l'homme, ou
» suivant l'adage latin, *homo homini lupus aut Deus.* »

Aux XIe et XIIe siècles, une sorte d'incertitude touchante, quelque chose de vague et d'indéfini, comme tout ce qui est de sentiment, règne dans les rapports de la famille. A défaut de loi, c'est l'affection qui les établit et les fixe; ce n'est point le code, c'est l'amour qui en règle l'harmonie. L'histoire des comtes de Champagne nous offre plusieurs exemples des fils ne faisant qu'un avec leur père, portant de son vivant le même titre que lui, gouvernant avec lui le comté, participant à tous ses actes, se les assimilant avec une égale autorité, comme si le père, en se reproduisant dans ses enfants, n'eût fait que se multiplier lui-même, et revivre entier dans chacun d'eux; comme si les enfants unis à leur père, n'eussent été qu'une seule et même personne avec lui. La plupart des chartes et des titres de ces deux siècles, s'ils ont pour objet d'aliéner le patrimoine à un titre quelconque, sont signés, non-seulement par le chef de la famille, mais par tous ceux qui la composent, avec un droit éventuel d'hérédité. Ce fait trouverait au besoin son explication dans cette disposition de la coutume qui, dans ses tendances plébéiennes, prescrivait l'égal partage de toute succession en ligne directe. Et cette législation, antipathique à la conservation de la noblesse, qui n'est qu'une *richesse continuée*, explique assez pourquoi en Champagne, l'histoire trouve si peu de grandes et puissantes maisons nobles, et pourquoi, dans le sens héraldique et chevaleresque, cette province ne peut soutenir la comparaison avec aucune autre du nord et de l'ouest de la France.

En revanche, le commerce était puissant et honoré! Il ne dérogeait pas. Nos vieilles chartes, dit Grosley, nous offrent une foule de *nobles vivant marchandement;* et cette vie marchande des nobles, conduisait nécessairement à des alliances et à une incorporation continue entre les familles nobles et les familles roturières. Le mouvement industriel et commercial dans les XIIe et XIIIe siècles, fut immense pour le temps; les créations de foires, à cette époque, sont innombrables, et que l'on ne croie pas que ces institutions fussent alors, ce qu'elles sont devenues de nos jours, d'inutiles superfétations. Les voies de communication, les moyens de correspondance n'existaient pas encore; un voyage était une entreprise difficile et périlleuse. Le commerce eût été impossible, s'il n'avait eu ces grands et solennels rendez-vous, où de tous les points de l'Europe, arrivaient, en puissantes caravanes, les dépositaires et les créateurs de la richesse publique. La proclamation d'une foire éveillait tous les intérêts, stimulait tous les désirs, révélait tous les besoins, et tous, par un mouvement simultané, convergeaient vers ce point, où chaque besoin, chaque désir était sûr de rencontrer l'intérêt créé pour le satisfaire. L'Eglise fut la première et la plus énergique protectrice de ces pélerinages entrepris au profit du bien-être matériel et de la civilisation des peuples. Elle fulminait l'excommunication contre quiconque empêchait les marchands et changeurs d'arriver aux foires, ou les vexait dans leurs voyages, ou les inquiétait dans leurs opérations ; puis elle accordait des indulgences et toutes les grâces spirituelles à ceux qui favorisaient les foires et qui les fréquentaient. Sans parler ici de la grande foire de Reims, fondée par un fils de Thibault II, l'archevêque Guillaume aux blanches mains (1), qui ne sait que les foires de Champagne, et surtout celles de Troyes, furent longtemps les plus célèbres et les plus renommées de l'Europe ?

Nous ne pourrions que répéter ici ce qui a été dit avant nous ; mais il est un fait que peut-être on n'a pas assez signalé et mis en lumière, c'est que les foires de Champagne furent des institutions de crédit. La prohibition absolue du prêt à intérêt a été bien souvent reprochée aux théo-

---

(1) Guillaume de Champagne, cardinal-archevêque de Reims fut l'un des plus grands hommes de son siècle, et le bienfaiteur de la ville et de tout son diocèse. Il a trouvé justice même devant les auteurs des résumés historiques, ces comparses de la comédie de quinze ans, à qui en général on ne peut pas plus contester le talent que la mauvaise foi. Voici ce que dit de cet illustre prélat, l'auteur du résumé de l'histoire de Champagne (page 186) : « Guillaume aux blanches mains n'aurait droit
» ni aux regards, ni aux éloges de l'histoire, s'il n'avait fait que jouir de la faveur des
» papes et des rois, et exercer quelqu'influence dans les affaires de son pays ; mais
» il donna l'exemple de l'affranchissement des peuples d'une partie de ses domaines ;
» et ce premier coup porté à la féodalité, est sans doute le plus beau titre de gloire
» que se soient acquis les princes de la maison de Champagne. Les terres de Guil-
» laume s'étendaient jusqu'à l'extrémité de la province. Par ses soins, la petite ville
» de Beaumont s'était élevée près de la Meuse, entre Mouzon et Stenay ; il donna
» à ses habitants des franchises et des lois qui, dans ces temps de despotisme, ré-
» glèrent du moins l'arbitraire, et fixèrent des bornes à la servitude. Par la volonté
» de Guillaume, la ville naissante eut des mayeurs, des jurés et des priviléges ; les
» délits furent punis par des amendes dont la plus grande partie fut encore réservée
» au Suzerain, mais dont il revenait du moins quelque chose à l'offensé. Tout homme
» eut droit de refuser à son seigneur les tailles et services qu'il exigeait sans raison.
» Enfin la loi dite de Beaumont (malgré des traces de la barbarie du temps) fut la
» première étincelle de liberté qui pénétra en France. Dès le milieu du siècle sui-
» vant, on vit cette loi adoptée par les comtés de Bar, de Luxembourg, comme par
» les ducs de Lorraine ; déjà une partie des villes et villages du comté de Champagne
» jouissait de ses bienfaits ».

logiens du moyen âge, comme hostile aux spéculations commerciales, qui, il est vrai, ne peuvent se passer de la puissance du crédit; et presque partout on a écrit que les Juifs et les Lombards furent les seuls qui, dans ces temps éloignés, eurent quelqu'idée du crédit, et des opérations qui l'expriment et le constituent. Mais voici une charte de Philippe le Bel, du mois de janvier 1311, citée par Grosley, et dans laquelle on lit ce qui suit : *In nundinis verò Campaniæ, ubi pro expeditione nundinarum mutuatur pecunia, vel creditur de nundinis ad nundinas, quæ sexties sunt in anno; propter graves summas mutuorum, vel alias creditas, quæ contrahuntur ibidem, et in nundinarum favorem, infligimus pœnam qualiter sub interesse nomine, vel alio prœsumpserit, excedere pro singulis nundinis suprâdictis lucrum quinquaginta solidorum pro singulis centum libris creditis, pro minori crediti quantitate proratâ, quod intelligimus de lucro quod de mutuo recipitur, vel cambio de nundinis ad nundinas* (1). De ce passage, il résulte évidemment que dès longtemps le crédit était fondé dans les foires de Champagne, et qu'il les vivifiait; il en était de même, sauf des différences accidentelles, dans toutes les foires un peu importantes; dans toutes, les transactions commerciales se plaçaient hors de l'atteinte vraiment mortelle des exagérations scholastiques du *mutuum date*.

A la mort de Thibault le Grand, les principales foires de Champagne, indépendamment de toutes celles qui se tenaient dans les domaines ecclésiastiques, et il s'en tenait dans tous, étaient au nombre de six, dont deux à Troyes, deux à Provins, une à Bar-sur-Aube, et une à Lagny-sur-Marne.

Un délai de quarante à cinquante jours séparait l'une de l'autre ces six foires, dans un intervalle de huit mois, de la première quinzaine de mars à la première quinzaine de novembre, de manière que les voyages des spéculateurs et les transports de marchandises n'avaient lieu que pendant la belle saison, et tant que les chemins étaient praticables. L'intérêt de deux et demi pour cent, stipulé d'une foire à l'autre, paraît avoir eu pour objet, non de représenter, comme aujourd'hui, la valeur journalière d'une jouissance anticipée, acquise au crédité; mais de rembourser en quelque sorte au créditeur la moyenne du profit des opérations qu'il aurait pu lui-

---

(1) « Dans les foires de Champagne, où, pour la facilité des expéditions, on emprunte du numéraire ou bien l'on crédite de foire en foire, lesquelles sont au nombre de six; comme les emprunts ou les prêts qu'on y fait s'élèvent à de fortes sommes, et en faveur des foires, nous défendons à tout créditeur, stipulant en son nom ou pour autrui, d'excéder, pour chaque foire, cinquante sols d'intérêts pour cent livres, et proportionnellement pour une moindre somme; ce que nous entendons du gain résultant, soit du prêt, soit de l'escompte payable d'une foire à l'autre. »

même faire sur place avec le capital dont il se mettait à découvert. L'argent considéré comme productif au moment et pendant la tenue des foires, était une valeur morte et stérile dans les autres temps, par la raison que l'industrie et les spéculations, au lieu du mouvement rapide et continu de leur vie actuelle, n'avaient d'existence que par l'action successive, mais discontinue, que leur imprimait le mouvement périodique des foires. Il était donc rationnel de ne régler l'intérêt que sur le nombre des faits productifs de bénéfice, sans tenir compte du laps de temps plus ou moins considérable qui séparait ces faits l'un de l'autre. Ainsi, dans les foires de Champagne, l'intérêt de cinquante sols pour cent livres était le même pour les crédits accordés de la Toussaint à la Mi-Carême, que pour ceux obtenus du deuxième jour de *l'an neuf*, jour très voisin de la fête de Pâques, à celui de l'Ascension. Cette observation sur le calcul de l'intérêt de l'argent au XIIIe siècle, détermine très nettement et la situation du commerce, et son mode d'existence au moyen âge.

En Champagne, presque toutes les stipulations se faisaient en livres de Troyes, et la monnaie de cette ville était si estimée et d'un usage si général, qu'en Angleterre, en Allemagne, en Normandie, la plupart des opérations commerciales se réglaient à la livre de Troyes. La monnaie de Provins et celle de Meaux jouissaient de la même faveur, et quand, sur la fin de son règne, Henri le Large tenta, pour réparer le désordre de ses finances, d'altérer la monnaie de Meaux, tous les vassaux de ce comté se soulevèrent en des réclamations unanimes, et obtinrent facilement que leur monnaie continuât d'être au même titre que celles de Troyes et de Provins. Il ne pouvait en être autrement avec un prince qui jamais ne leva un impôt sur ses peuples, et qui fut le digne fils de ce Thibault II, si justement honoré du titre de Grand, parce que, comme l'a dit Grosley, « il affranchit les
» hommes, il les appliqua aux arts utiles; il attira toute l'Europe aux foires
» de sa capitale, par l'ordre qu'il y établit; il créa des manufactures, et,
» pour leur commodité, il partagea la Seine en une infinité de ramifica-
» tions qui la portèrent dans tous les ateliers : entreprise *(qu'il exécuta à*
» *ses frais)* digne de l'admiration des siècles les plus éclairés, soit par son
» objet, soit qu'on la considère du côté de l'art qui a présidé à cette sa-
» vante distribution, dont l'industrie de Troyes jouit encore aujourd'hui. »

H. FLEURY.

(La suite à un prochain Numéro).

MONOGRAPHIE.

HISTOIRE DES GAULOIS.

LES CARNUTES CLIENTS DES RÉMOIS.

Toute la Gaule était divisée en trois parties. La Garonne divisait les Gaulois proprement dits des Aquitains placés à l'ouest; la Meuse et la Seine les séparaient encore des Belges habitants du nord; ils occupaient le centre et le midi (1). Avant la conquête des Romains, tous ces peuples avaient des institutions, des lois, et des idiomes différents (2).

Le midi était habité par une foule de petites nations qu'il fut plus ou moins facile aux Romains de soumettre à leur empire, l'an 121 avant l'ère chrétienne. Les vainqueurs créèrent une nouvelle province appelée par eux Narbonnaise, du nom de Narbonne sa ville principale. C'est la *Provence* des temps postérieurs.

La cité des Rémois dans la Belgique, et celle des Carnutes dans la Gaule proprement dite ou la Celtique, voyaient autour d'elles des territoires bornés dans leur étendue, et dont les habitants n'avaient pas grande importance.

Cette masse d'états secondaires sentait le besoin d'un protectorat, à cause des factions qui les agitaient jusqu'au sein des familles. Il y eut donc

---

(1) Cæsar de bell. Gall. lib. 1, c. 1.
(2) *Ibid.* J'explique César de cette manière conformément à la vérité : il existait une langue, mère de beaucoup d'autres, langue parlée purement dans la cité des Carnutes et autres voisines, puisque le chef-lieu de l'enseignement pour toutes les Gaules existait, et le tribunal suprême pour toutes les affaires, siégeait dans la première de ces cités.

des patrons et des clients, parce qu'il y avait des forts et des faibles. Ce qui eut lieu de toute antiquité (1).

Quand César vint dans les Gaules, l'an 58 avant J.-C., les Eduens (habitants de la cité d'Autun) dont la ville forte était Bibracte, d'une part, et les Sequanois (les Francontois) de l'autre, se montraient à la tête des deux factions principales et les dirigeaient. Mais bientôt les Rémois prirent la place de ces derniers, rejetés, pour ainsi dire, dans les Vosges (2).

Avant que les Gaulois ne se réunissent presque tous sous la clientelle des Eduens pour résister en corps aux Romains (3), qui finirent par les accabler de leurs forces, les Carnutes étaient sous celle des Rémois (4).

On se demande naturellement pourquoi une nation, qui ne pouvait être assimilée à une foule d'autres nées et végétant dans leur faiblesse, nation forte d'un territoire étendu et fertile (5), et surtout puissante par l'influence sacerdotale, va chercher un appui et va le trouver si loin d'elle, quoique la cité des Rémois ne soit pas aussi fertile, et par conséquent n'ait pu nourrir une aussi nombreuse population, alors que les arts industriels étaient peu de chose (6). Tout ce que j'ai à dire tend à expliquer ce fait.

Reims, par le génie de ses chefs qui en firent un centre d'unité, avait étendu son influence des bords de la Marne sur une grande partie de la Belgique, et jusque sur les cités de Senlis et de Beauvais (7), voisines de celle des Parisiens (8). On sait que celle-ci touchait à celle des Carnutes.

Ceux-ci durent donc recourir à une protection aussi puissante que celle des Rémois. Ils ne voyaient autour d'eux que des nations faibles, les Aulerces Diablintes, et les Aulerces Cénomans (les habitants du Perche et du Mans), les Euburoxins (ceux d'Evreux), et les Vélocasses, nation pres-

(1) Cæsar, *ibid.* lib. 6. c. 4.
(2) *Ibid.* lib. 6. c. 4.
(3) *Ibid.* lib. 7. c. 4.
(4) *Ibid.* lib. 6. c. 1.
(5) Avant la scission qui s'est faite dans le territoire Chartrain, par l'érection de l'évêché de Blois en 1697, on jugeait encore par l'étendue du diocèse de Chartres ce qu'il avait été; les communautés religieuses ou paroisses s'élevaient à 1010, 200 en furent alors séparées (voir *Gallia Christiana*, ou simplement la France ecclésiastique de 1789), au mot *Chartres*.
(6) Reims n'avait en 1789, que 517 paroisses anciennes, et 229 annexes, signes d'un défrichement postérieur (Ædem au mot Reims).
(7) La Martinière, nomenclature des cités, au mot *Gaules*, t. 3, p. 55, 56.
(8) Les Parisiens n'avaient point marqué dans la confédération gauloise avant que les empereurs Romains y fixassent leur séjour à cause de leur île, qu'on pouvait rendre très forte, et pour surveiller le grand-prêtre et le collége sacerdotal des Druides, dont le séjour était voisin.

que inconnue dans l'antiquité, ou les habitants du petit pays où s'éleva depuis la ville de Rouen (1).

Il faut établir maintenant la cause de la faiblesse *relative* des Carnutes. Les Druides qui avaient fixé chez eux le siége du souverain pontificat, y étaient tout puissants sur les chevaliers ou nobles, qui avaient partout ailleurs la plus grande, la première influence ; ils étaient à leurs ordres. Partout ailleurs ils disposaient du peuple qui n'osait rien, tant il manquait d'énergie, tant il était opprimé (2). Ainsi, la plus puissante des cités, sous un rapport, était la plus faible, parce que les factions des prêtres trouvaient toujours les chevaliers armés soit pour l'une, soit pour l'autre.

Le grand-prêtre qu'on croit avoir siégé à Dreux, cité des Carnutes (3), avait son habitation au milieu *d'un lieu consacré*, et ses prêtres paraissaient avoir pour partage, aux yeux des Gaulois, la suprême sagesse. Les dieux leur avaient manifesté les célestes doctrines, les rendaient législateurs et juges.

S'il s'était commis un crime, un assassinat, s'il s'élevait des contestations sur les héritages, sur les bornes des terres, tous les procès arrivaient en dernier ressort à leur décision, eux seuls accordant des récompenses et infligeant des peines. Si quelque particulier ou quelque homme public ne se soumettait pas à leur décret, les sacrifices lui étaient interdits, tout le monde se séparait de lui, on le fuyait comme impie et scélérat (4).

Les Druides avaient un système tout particulier de polythéisme et de philosophie qui ne tenait rien de ceux des autres nations, notamment de ceux des Grecs et des Latins ; enseigné longuement de mémoire à des élèves qui ne craignaient pas de passer vingt ans dans cette étude qu'on ne peut pas croire avoir été bien profonde (5).

Une preuve qu'il y avait souvent perturbation dans l'enseignement, c'est que la cité des Carnutes avait plus besoin qu'une autre de protecteur, parce que le souverain pontificat n'était point donné par la libre élection

---

(1) Cette ville ne commence à devenir importante qu'au milieu du troisième siècle de l'ère chrétienne. Au milieu du cinquième, elle avait tellement profité de son heureuse situation sur la rive droite de la Seine, que les empereurs en firent la capitale de la 2e Lyonnaise (voir la notice des Gaules).

(2) Cæsar, *ibid.* lib. 6. c. 4.

(3) *In finibus Carnutum* (dit César), c'est à Dreux, selon l'opinion commune, qu'était le lieu consacré, centre des lumières et de la justice. A l'autre extrémité était *Genabum* (Orléans), la forteresse des Carnutes. Cæsar, *ibid.* lib. 7. c. 1. 2.

(4) Cæsar, *ibid.* lib. 6. c. 4.

(5) *Ibid.* Comparer avec César qui n'a point approfondi la matière, Pline (*Hist. natur.* lib 24. c. 11.), et Lucain (*in Hercule Gallico*).

à celui des prêtres qui, à raison de son talent et de ses vertus, devait succéder au pontife décédé; et si plusieurs semblaient doués d'un mérite égal, selon la déclaration du collége druidique, il n'était pas rare de les voir disputer les armes à la main, à l'aide de chevaliers, le souverain pontificat (1).

De là, nécessité de s'adresser au plus fort qui était le plus grand appui des prêtres pour lesquels il se déclarait. De là, un rapport indispensable des Carnutes avec les Rémois, sans les autres occurrences qui n'étaient pas rares.

Je me résume. Les Gaulois avant la conquête des Romains vivaient dans une anarchie continuelle. Cependant l'influence des Druides regardés comme des sages, était grande, quoique l'ambition des prétendants au souverain pontificat souillât souvent le lieu consacré, célèbre par le principal sanctuaire et le tribunal souverain.

On conçoit d'ailleurs combien était difficile la position des Rémois protecteurs des Carnutes, chez qui se terminaient tant d'affaires, mais du milieu desquels des plaideurs trompés dans leur attente faisaient un appel à la force. C'est ce sentiment de l'amour-propre offensé qui fut la première source du duel judiciaire que les Germains apportèrent dans les Gaules plus tard, et que la législation de S. Louis attaqua avec succès par la seule force de la raison.

M. J.-F. Ozeray,

Membre de la Société d'Histoire de France, auteur de l'Histoire générale de la cité des Carnutes et du Pays Chartrain.

(1) Cæsar, *ibid.* lib. 6. c. 4.

LA DIABLERIE DE CHAUMONT.

(Suite).

Lorsque la fête de la Décollation de saint Jean-Baptiste se trouvait concourir avec le saint jour du dimanche, et que par conséquent la bulle d'indulgences devait recevoir son effet, le chapitre adressait, le premier jour de carême, un message au procureur de la commune, pour l'en instruire. Alors celui-ci convoquait son conseil, et dans cette réunion on prenait une décision provisoire que l'on portait ensuite à une assemblée générale composée des membres du chapitre, des gens du roi, de la mairie et des huit capitaines de quartiers. Là on arrêtait définitivement le programme de la fête et on nommait les personnes chargées de la direction des théâtres. Cette assemblée congédiée, on allait de suite demander à l'évêque diocésain l'autorisation de publier les indulgences du Pardon, et toujours on l'obtenait, moyennant finances, bien qu'à la suite de graves démêlés entre le chapitre et Guy Bernard, celui-ci eut promis pour lui et ses successeurs de la délivrer *gratis*. Une année on n'en donna pas moins à ce seigneur trois *escus soleil*, non compris certains gras chapons qu'on lui présenta, mais en pure perte, pour obtenir l'exécution de ses promesses, et encore un *escu* au secrétaire.

A peine la députation à l'évêque était rentrée dans les murs de la cité, que tous les écrivains publics étaient à l'œuvre, les presses gémissaient...

Le Roi ayant permis à toutes ses bonnes villes d'être informées du bonheur spirituel dont elles pouvaient jouir, le chapitre ne manquait jamais de profiter de ce bon vouloir du monarque, en répandant ses publications dans toute la France; il chargeait encore plusieurs de ses membres de parcourir les couvents, de prier les religieux de recommander le Pardon dans leurs prônes et prédications, et, *affin qu'ils soyent plus enclins ad ce faire, de leur bailler dix ou douze solz pour boyre, et avec ce leur dyre et promectre que le chapitre sera tenu de les festier quand ils seront venus aux dicts pardons et de les recognoistre plus amplement.*

Outre ces publications solennelles, le pardon était annoncé dans le diocèse par cri public dans tous les villages, surtout aux jours de foires, et pour laisser des souvenirs de leur passage, les crieurs affichaient dans les églises des écussons aux armes de Rome et de la ville de Chaumont.

Dans cette dernière ville, un chanoine assisté d'un notaire apostolique et précédé des joueurs de trompe, parcourait chaque dimanche tous les quartiers et faisait une ample distribution d'*articles* ou proclamations aux fidèles, en criant à chaque station : *le grand Pardon général de peine et de coulpe*.

Le Dimanche des Rameaux, cette publication officielle n'avait pas lieu, mais l'apparition des diables en disait bien plus au peuple que le cri public. Leur présence à la procession pour la bénédiction des rameaux attirait à Chaumont une foule considérable de curieux. On sait que cette procession a pour but de représenter l'entrée triomphale de Jésus-Christ à Jérusalem, au milieu d'une foule de peuple qui jonchait la terre de feuillages sur son passage. Maintenant tout se passe dans l'intérieur des églises, mais autrefois la représentation était plus frappante ; la procession sortait à la campagne, et lorsqu'elle retournait pour rentrer dans la ville avec ses rameaux, elle trouvait les portes fermées, comme le furent celles de la cité sainte à l'approche du Christ. A Chaumont, on se rendait à la Chapelle Saint-Michel, et lorsqu'on voulait rentrer à la paroisse, on était arrêté à la tour du Barle, qui était alors la principale porte de la ville.

Au lieu des gens d'église, qui d'ordinaire répondent au chœur du dehors, c'étaient huit ou dix diables, diablesses et diablotins horriblement costumés, qui, du haut de la tour, répondaient au roi de gloire en jetant sur la foule épouvantée des lances d'artifice, des pétards et des fusées. C'était à travers cette pluie de feu que la divinité pénétrait dans son sanctuaire ; alors la diablerie descendait de son repaire, se divisait dans la ville en poussant des hurlements horribles et se ruant sur les passants.

Rien n'indique quel sens les Chaumontais attachaient à cette ridicule coutume ; mais on doit présumer que, pénétrés de l'excellence des indulgences de leur église, ils voulaient représenter le monde gouverné par le génie de la damnation, jusqu'au jour du pardon où ils précipitaient ce mauvais génie dans l'abîme des ténèbres.

Les diables parcouraient ainsi la ville tous les dimanches après les vêpres, jusqu'à la Saint-Jean, se jetaient dans la campagne, rançonnaient les habitants des villages voisins, et levaient sur les marchés une sorte de dîme qu'on ne leur disputait jamais, tant on les craignait. Le jour de la Quasimodo leur cohorte était encore augmentée par l'arrivée des Sarrasins. Ces mécréants étaient aussi déchaînés contre le pauvre peuple, mais ils avaient la réputation de se comporter avec plus de décence que les diables, et les paysans redoutaient moins leurs excès.

Depuis le jour de la Diablerie, les Chaumontais prenaient une vie toute nouvelle. Une seule pensée les occupait, c'était la célébration du Pardon, et ils abandonnaient tout pour se livrer entièrement aux préparatifs de cette fête brillante. On dressait les échafauds ; bientôt le choix des nombreux acteurs était fait, les rôles étaient distribués, on étudiait, et par de fréquentes répétitions qui avaient lieu, soit au palais, soit sur les théâtres, on préparait pour la représentation l'ensemble qui est si nécessaire à la fiction.

Ici, le potier d'étain moulait les saintes images dont le chapitre devait couvrir ses comptoirs ; les clés de saint Pierre, l'agneau Saint-Jean, les médailles Notre-Dame ; là, on fabriquait les reliquaires, les scapulaires, les rosaires, les chapelets ; plus loin, le maître musicien montrait à danser aux *sauterelles* du théâtre de la Décollation. Dans l'atelier du peintre, on travaillait à la décoration des théâtres ; des jeunes filles tressaient le lierre, assemblaient les fleurs en guirlandes ; d'autres ajustaient les habits, les brillantes parures, les diamants qui arrivaient chaque jour de Paris et les riches costumes de cour qu'envoyaient toutes les châtelaines des environs.

Deux mois se passaient au milieu de cet empressement général et l'on touchait au dimanche qui précède la Saint-Jean. C'était le jour des *montres* ou de la grande répétition ; après on attendait l'ouverture de la sainte semaine au milieu des préparatifs de réception des parents et amis.

Enfin, le jeudi après les premières vêpres, le chapitre a fait processionnellement le tour du chœur, un prédicateur a annoncé solennellement en chaire l'ouverture du Jubilé, et une sonnerie à carillon de toutes les cloches de la ville a proclamé pendant une demi-heure cet heureux événement.

Les vrais chrétiens *confès* et repentants peuvent donc, en visitant l'église Saint-Jean jusqu'aux secondes vêpres, gagner trois plénières indulgences et rémission de tous leurs crimes, excès et délits.

Dès le matin le sépulcre est ouvert ; les capuces et troncs des églises et de toutes les chapelles sont ornés de grandes croix rouges et de Bulles du Pardon. Tous les reliquaires sont exposés à la vénération des fidèles ; dans l'église paroissiale, celui des onze mille vierges et le précieux chef Saint-Jean sont honorés d'un culte particulier.

Aux portes des églises, aux abords de la ville, dans les rues, le chapitre a placé ses imagiers, ses vendeurs de Véroniques, et sur la place il a dressé un comptoir où l'on vend les chandelles qui doivent être offertes au patron de la ville.

L'affluence des pénitents est telle qu'on ne peut circuler librement dans les rues, de jour ni de nuit ; les prédications et les instructions se font à la porte des églises, et les pénitenciers, qui sont au nombre de plus de trois cents, ne pouvant tous entendre les confessions dans les temples, établissent les tribunaux de pénitence dans les rues, sur une borne ; et c'est ainsi, au milieu d'une foule si diversement composée et qui les presse de toutes parts, qu'ils remplissent le ministère extraordinaire dont les a revêtus la bulle de Sixte IV, en leur conférant le pouvoir d'absoudre des plus énormes fautes, d'anéantir les excommunications et de lever les interdits.

C'est donc au milieu d'un mouvement continuel et bruyant et du plus grand désordre moral, que les pénitents accomplissent toutes les œuvres pies qui leur sont prescrites pendant les trois jours qui précèdent la grande solennité du dimanche. La veille, qui est un jour renommé parmi le peuple crédule pour certaines observances superstitieuses, le clergé et les autorités de la ville et du bailliage, escortés par la milice bourgeoise, viennent processionnellement, à la nuit tombante, mettre le feu à une *borde* dressée sur la place Saint-Jean ; ensuite la foule s'écoule lentement, et va se resserrer dans les rues qui avoisinent la place. Là est élevé un superbe feu d'artifice surmonté d'un transparent aux armoiries de la ville; chaque pièce éclate accompagnée de cris de joie et d'admiration qui redoublent à la vue d'un magnifique obélisque de feu, décoré de l'emblème du triomphe de la Religion. Enfin, une batterie bien fournie de bombes termine ce noble spectacle pyrotechnique, et la foule émerveillée se disperse dans la ville.

La nuit est déjà fort avancée : Le grand jour va briller !...

Emile Jolibois.

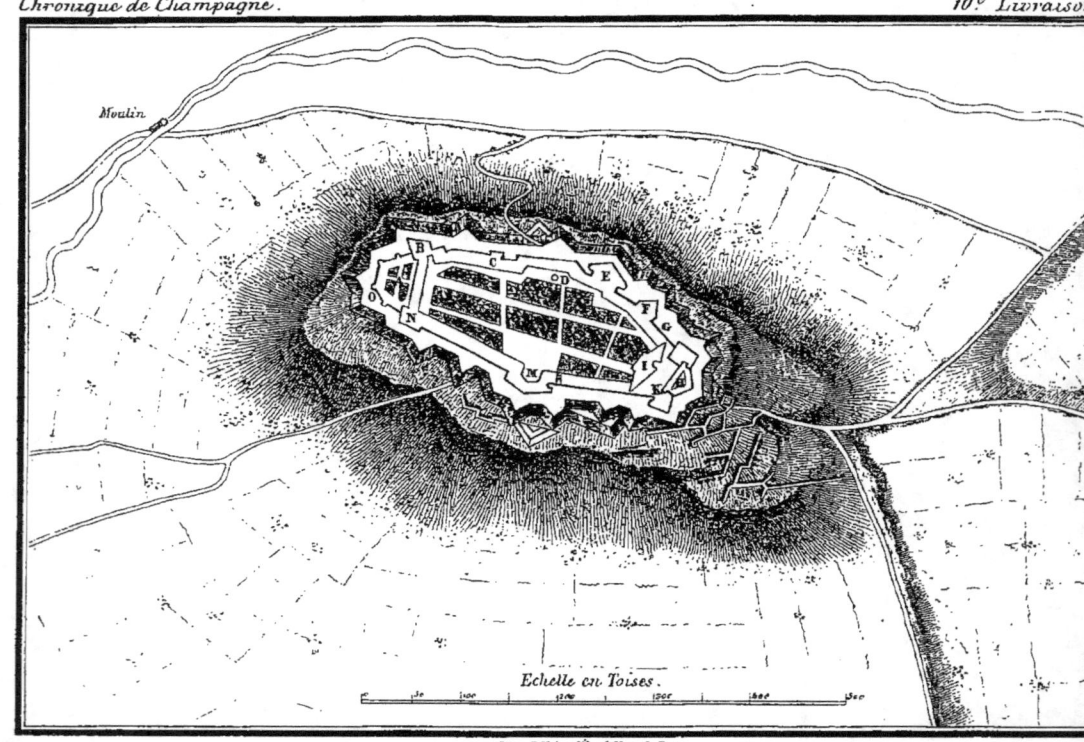

A	Château et Jardin	H	La Pointe d'Iche
B	Bastion de Danemarck	I	Le Moulin et Retranchement
C	Plateforme de St François	K	Bastion Ste Barbe
D	Le grand Puits	L	La Porte de Nancy
E	Bastion le Duc	M	Bastion St Georges
F	Bastion St Antoine	N	Bastion Vaudemont
G	Bastion St Nicolas	O	La Fontaine

PALÉOGRAPHIE.

RELATION

DES TROIS SIÉGES DE LA VILLE ET FORTERESSE DE LA MOTHE,

ez années 1634, 1643 et 1645,

Par un Officier de la Garnison de cette Place.

La ville de La Mothe, dans le Bassigny, formait l'extrême frontière et le dernier boulevard des possessions des ducs de Lorraine et de Bar, du côté de la Champagne. Elle fut bâtie et érigée en commune l'an 1248, par Thiébaud II, comte de Bar, suivant une charte qui commence par ces mots : « Je Tiébaud, comte de Bar, » fais connoissant à tous ceux qui ores sont et qui à venir seront, que j'ai affranchi » mon chastel de Saint-Hilairemont, et juré la franchise en telle manière qui suit : » tels qui en seront bourgeois, seront francs de toutes choses, etc. »

Cette cité, dont l'existence fut de quatre siècles, disparut en 1645, détruite par la politique du cardinal Mazarin. Avant de succomber, La Mothe soutint trois siéges, dont la relation a été conservée par un officier de la garnison, dans un manuscrit du plus haut intérêt. Cet ouvrage, remarquable par le style, et surtout par les curieux détails qu'il renferme, appartient à l'histoire de notre province, autant qu'à l'histoire générale ; il est d'une grande importance comme document stratégique, et il touchera vivement tous ceux qui honorent le courage militaire et le dévouement à la patrie. Son auteur ne fut pas un officier obscur. Cette relation, au témoignage de dom Calmet, qui la cite souvent dans son histoire de la Lorraine, est de M. Duboys de Riaucourt, conseiller-d'état du duc Charles, et lieutenant-général de la province de Bassigny. Ce magistrat prit une part active à tous les événements qu'il raconte, et fut l'un des plus énergiques défenseurs de La Mothe. Son travail, inédit jusqu'à ce jour, occupera, dans la CHRONIQUE DE CHAMPAGNE, la section *Paléographie*, des livraisons de septembre et d'octobre. A cette dernière sera joint un plan de la ville de **La Mothe**, avec l'indication des attaques de 1645. Nous devons ce précieux et presqu'indispensable éclaircissement à l'obligeance de M. Vieux, commandant du génie, membre du comité des fortifications au ministère de la guerre.

1er Siége.

La Mothe, ville des duchés de Lorraine et de Bar, située à une lieue de Bourmont, sur une montagne (aliàs St.-Hilairemont) qui commandait à trois autres, n'avait d'étendue sur son sommet, que ce qu'il en faut pour terminer de toutes parts ses murailles, et joindre l'extrémité de ses fossés à ses dernières lisières. La nature lui avait donné des rochers pour fondements et des précipices pour les dehors : l'art ajouta depuis à sa force naturelle huit bastions qui enfermaient la place, et la fesait terminer en figure presque ovale; ayant pour bord, dans sa longueur, deux bons retranchements. Ses fortifications furent encore augmentées aux dehors qui ceignaient les fossés remplis de demi-lunes et de ravelins. Sa force causait de la jalousie à la France; les partis en partaient sans cesse, ce qui la tenait en sujétion et en alarmes.

Les troupes françaises déterminèrent Louis XIII à s'assurer de cette place. Il n'était pas facile de l'enlever par les règles ordinaires de la guerre, aussi ne compta-t-il que sur l'industrie et la ruse du cardinal Mazarin, quand on prit le dessein d'en faire la conquête. Il fit valoir l'une et l'autre auprès du duc Nicolas-François, et sous des promesses que l'on n'eut jamais envie de tenir, il arracha de ce prince, un peu avant sa retraite, une lettre de jussion adressée au commandant de la place, par laquelle il lui ordonnait d'en sortir avec la garnison.

Villers, exempt des gardes de Son Altesse, suivi de Dépenant, faisant la charge de sergent de bataille dans l'armée du Roi, arriva devant La Mothe, le 5 mars 1634. Choiseul-d'Iche, premier gouverneur, établi de la main du duc Charles IV, était alors dans la guérite sur la pointe du ravelin de la porte, où il reçut la lettre du duc Nicolas-François; il la lut, et sans perdre de temps, il en fit la réponse verbale et dit : qu'il respectait tous ceux qui venaient de la part de Son Altesse; mais que les devoirs du serment qu'il avait prêté au duc Charles, le dispensaient de l'obéissance aux ordres du prince François.

La garnison, applaudissant à la fermeté du gouverneur, crie d'une seule voix, qu'elle était prête à s'ensevelir sous les ruines de la forteresse, plutôt que de manquer à la fidélité. Dès le huitième mars, on aperçut, de dessus les bastions de Danemarc et de St-Nicolas, six cents chevaux qui tiraient de la côte de Châtillon, le long de la montagne de Roche, et prirent quartier à Médonville.

Le vicomte de Turenne, qui menait l'avant-garde, ayant distribué ses troupes, eut la curiosité de voir et de reconnaître la place de plus près; pour cet effet, il marcha à la tête de deux compagnies d'infanterie et de trente chevaux, et se coula le long d'un rideau de la montagne de Fréhaut, pour se garantir des insultes du canon; mais sa précaution ne le sauva pas du danger, les soldats qui étaient à ses côtés furent renversés par les boulets de canon, et lui-même courait risque du même sort, s'il n'eut regagné Médonville à la hâte. Les ingénieurs arrêtés par le feu continuel des remparts, ne furent pas plus heureux dans leurs découvertes. Dès le lendemain, trois mille hommes vinrent rejoindre le vicomte de Turenne; comme il n'y avait point de sûreté dans les approches, ils logèrent leur cavalerie à l'ombre d'une haie qui tire de Vaudrécourt à Sommerécourt, et posèrent deux sentinelles à leur tête : l'infanterie s'enfonça dans le bois de Fréhaut et se mit à l'abri de l'épaisseur des chênes.

La présence des ennemis redoubla le courage des assiégés, la contenance ferme du gouverneur rassura les moins hardis, et fortifia la hardiesse des intrépides. Il assembla les magistrats et la bourgeoisie, et d'un air de héros, il leur remontra combien il était de leur gloire et de leur intérêt de résister à des ennemis, qui ne cherchaient qu'à anéantir la souveraineté d'un prince réduit dans un azile, et de se défendre contre une nation ambitieuse, qui, ayant déjà mis dans l'esclavage presque toute la Lorraine, venait pour exterminer le reste d'un peuple fidèle, et mettre dans les fers des sujets dont la fidélité faisait tout le crime, et allait être toute leur espérance.

Chacun s'anima à ce discours, et dès lors on dressa un plan de police pour être observé pendant le siège. Les bourgeois s'offrirent à partager les travaux militaires avec les troupes réglées; ils se divisèrent en quatre compagnies, qui montèrent tour-à-tour la garde dans les ouvrages extérieurs, sous les ordres de leurs capitaines, Roncourt, Dillou, Collin, et Guiot. Tous confondus quelquefois avec les soldats, servirent de nuit et de jour, et leur bonne volonté leur tenait lieu de discipline. Ils firent les fonctions avec une adresse égale à leur zèle, dans les compagnies de Stainville, Montarby, St-Ouen, Desloges, Germainvillers, Labretonnière et Watteville. Six jours entiers se passèrent sans que les assiégeants tentassent sur la ville : la difficulté des approches de l'artillerie des bataillons, mais plus encore la bonne contenance des assiégés leur donnèrent lieu de regretter leurs engagements. Le 14 mars 1634, une secrète honte leur reprochant leur inaction, les poussa à mettre le feu au moulin d'Outremecourt ; cette expédition fut suivie d'un embrasement des villages de Parcy-St.-Ouen, de Sauville et de Vrécourt.

La garnison renfermée dans ses murs, ne tarda pas de se faire raison de ce ravage. D'Iche en suggéra les moyens : il fit placer une batterie de canons sur le bastion de Ste-Barbe, qui regardait la montagne de Fréhaut, sur laquelle une partie de l'armée ennemie avait pris son logement, du 15 au 16 de mars. Il fit donner des spectacles de réjouissance par des feux d'artifice. Leur beauté attira les troupes françaises hors de leurs postes, pour contempler plus à leur aise les feux qui se jouaient sur le bastion de Ste-Barbe : elles se rangèrent comme par amphithéâtre sur le revers de Fréhaut. D'Iche qui avait conçu le dessein du piège, en remarqua le succès à la lueur des fusées. Incontinent, il commanda au canonnier (son nom était Lallement) de charger sa pièce de canon à cartouches, et de la tirer contre les avides spectateurs : la décharge se fit et redoubla avec tant d'adresse, de célérité et de bonheur, que, de toute cette multitude qui était accourue au spectacle, il n'en resta que huit qui portèrent la nouvelle de la mort de leurs compagnons.

Cinquante mousquetaires français appuyés d'un gros de cavalerie s'avancèrent le lendemain jusqu'au pied des contrescarpes, faisant mine de vouloir entrer en action, et de venger la mort de leurs camarades : la garnison piquée de ce défi, alla au-devant d'eux jusque sur les dehors de la ville. Les fauconnaux commencèrent en même temps de tirer, le feu des remparts et la vigueur des assiégés étourdirent tellement ces avanturiers, qu'ils prirent aussitôt la fuite, laissant nos troupes maîtresses du terrein où elles étaient venues pour recevoir le combat. Elles y demeurèrent longtemps, et par un effet de leur valeur, elles essayèrent d'engager l'action, en invitant leurs ennemis à la vengeance : mais cette bravoure ne put vaincre leur frayeur, ils restèrent immobiles dans leurs retranchements. D'Iche, désespérant d'en venir aux mains, envoya sur les dehors une troupe de hautbois et de tambours insulter à leur timidité : il leur cria que puisqu'ils n'étaient point d'humeur de combattre, ils ne refuseraient pas sans doute de danser.

Depuis le 19 mars jusqu'au 10 mai suivant, les assiégeants ne firent aucune entreprise sérieuse; on eût dit que tout était mort ou en retraite. A la vérité, ils travaillèrent à une digue pour arrêter les eaux du *Mouzon*, petite rivière qui passe à Neufchâteau ; elle prend sa source à cent pas au-dessus de Martigny, proche Lamarche, serpente et borde les villages de Soulaucourt, Vrécourt et Sommerécourt, situés autour et à quelque distance de La Mothe ; mais cet ouvrage ne pouvait être pour eux d'aucune utilité. Ils s'avisèrent de bâtir un fort au-dessus de la montagne de Fréhaut ; ce fort d'une figure octogone, composé de terre et de gazon, d'une capacité assez grande pour loger commodément mille hommes, avait ses flancs revêtus de parapets, et son circuit environné de fossés, profonds de trente pieds, et larges de vingt. On jugea, à la vue de cette entreprise, que les assiégeants avaient résolu de prendre la ville par famine ; mais on changea de sentiment, lorsqu'on entendit le bruit du canon ; et les boulets poussés contre les remparts annonçaient l'ouverture du siége.

Le maréchal de la Force qui commandait devant la place, s'imagina qu'après avoir étourdi la garnison par des décharges réitérées, il la trouverait le lendemain plus docile aux offres d'une capitulation ; dans cette confiance, il dépêcha un tambour au gouverneur, et le chargea d'une lettre par laquelle il l'exhortait à aller au-devant de la colère du Roi, en prévenant la victoire de ses armes ; il lui disait que la résistance de quelques jours pouvait prolonger sa défaite, mais qu'elle ne servirait qu'à augmenter le malheur de la garnison ; qu'il ne pouvait ignorer que le plus grand roi du monde n'eût assez de force pour soumettre La Mothe, lui qui en peu de jours, avait conquis toute la Lorraine ; qu'ainsi le parti le plus sage, et l'unique qui restait à prendre était d'obéir, et par cette obéissance, de mériter les bonnes grâces de Sa Majesté.

D'Iche et Antoine de Choiseul, également aguerris aux ruses et aux dangers de la guerre, lurent la lettre sans émotion ; ils mandèrent Dubois, gouverneur du bailliage de La Mothe, et la lui ayant communiquée, ils dirent que cette sommation audacieuse ne rallentirait ni leur zèle pour Son Altesse, ni leur ardeur pour la défense de la place ; que cependant, comme il y avait quelques officiers d'une vertu équivoque, *il voulait* se servir de l'occasion pour les éprouver, en leur donnant lecture de la lettre du maréchal ; que pour cet effet, il les assemblerait tantôt ; et qu'après avoir délibéré avec eux, sur les propositions du maréchal de la Force, et feignant de balancer sur les motifs de part et d'autre, ils pencheraient du côté de la reddition de la place, afin de donner lieu aux plus dissimulés de découvrir plus facilement et plus librement leurs pensées.

L'expédient plut à Dubois ; on convoqua les officiers au gouvernement, et D'Iche leur ayant exposé les hasards qu'ils couraient en s'obstinant à la défense de La Mothe, et le peu de profits que Son Altesse tirerait de sa conservation, il conclut de remettre la ville aux assiégeants, afin de ne pas révolter les esprits : il ajouta qu'il y avait plus de gloire et plus d'avantages pour leur souverain, d'abandonner la ville, pour aller grossir son armée par leur jonction, que de s'opiniâtrer à la défendre sans espérance de s'y pouvoir maintenir.

Watteville, à qui l'âge et la bravoure donnaient le pouvoir de parler librement, interrompit, tout en colère, le discours du gouverneur. Quoi? dit-il, nous livrerons la première et la dernière place de la Lorraine, la ressource des espérances de l'Etat, plutôt perdre mille vies que de manquer à la fidélité.

Cette déclaration précipitée fut agréée des autres officiers, de manière qu'il ne resta au gouverneur qu'à donner des éloges à leur constance, et à suivre leur résolution. Il écrivit au maréchal qu'il n'avait trouvé aucune disposition dans les officiers ni dans les bourgeois à se rendre; que la crainte d'être en proie au ressentiment du roi, n'avait pu prévaloir à la honte de devenir infidèles à leur souverain légitime; qu'il était de son devoir et de sa gloire de tout hasarder pour défendre la place qui lui était confiée; qu'il s'attendait bien à éprouver les efforts de la valeur française, mais qu'il était aussi tout résolu de lui faire voir ce que peut la fidélité lorraine.

Cette réponse fit croire au maréchal de la Force qu'il devait tourner ses soins du côté de Biche, dont la conquête lui sembla plus facile, tandis que le vicomte de Turenne tiendrait La Mothe resserrée par le blocus. Turenne redoubla son attention; il avança ses corps de gardes, et poussa les tranchées du côté du ravelin de la porte; mais à peine eut-il achevé les ouvrages, que les mousquetaires, dans une sortie, comblèrent les tranchées et contraignirent le colonel Hébron de se retirer avec perte dans le village d'Outremécourt.

Quoique cette déroute fut une preuve glorieuse de la valeur des assiégés, elle n'empêcha pas les ennemis de leur reprocher qu'il n'y avait que des femmes dans la place. C'était accuser nos troupes de lâcheté, ou insulter à la petitesse de leur nombre: les femmes qui s'approprièrent cet outrage s'amassèrent pour s'en faire raison. Leur sexe timide dans le calme, mais audacieux dans le trouble et le mépris, s'enflamma à ce dédaigneux reproche. Trente à quarante filles des plus résolues, auxquelles s'associèrent des garçons travestis en filles, ayant toutes des armes à feu cachées sous leurs manteaux, demandèrent au gouverneur la permission de faire une sortie sur ces insolents. La nouveauté de cette proposition surprit le commandant de la place: voulant expérimenter leur bravoure, il consentit à leur demande. Elles partent tout de suite, et vont d'un air négligé se présenter sur les dehors, et feignant de couper de l'herbe pour la nourriture des bestiaux, elles s'avancèrent vers les tranchées, et à leur approche, un détachement de jeunes cadets Français, emportés bien moins par la gloire de vaincre que par l'espérance de satisfaire leur passion, accoururent d'un pas précipité pour se saisir de nos amazones.

Celles-ci affectant la frayeur se sauvent vers la porte, et les cadets les poursuivent. Alors ces femmes, tournant tête à leurs ennemis, se mettent en posture de défense, et tirant leurs armes de dessous leurs manteaux, elles font leur décharge, renversant les uns morts sur la place, et les autres étendus par terre agonisant dans leur sang. Pas un n'échappa à leur ressentiment, et toutes ensemble rentrèrent dans la ville au milieu des acclamations et des applaudissements.

Cette défaite couvrit de honte les assiégeants : le colonel Hébron en frémit de dépit, et ne pouvant survivre à cet opprobre, il marcha plein de rage et de vengeance à la tête de quatre-vingts écossais, et vint assez près des contrescarpes s'emparer d'un poste où cinq cents hommes pouvaient se loger à leur aise sans être découverts. Le gouverneur qui comprit de quelle conséquence il était de déloger l'ennemi, commanda aussitôt des mousquetaires pour leur donner la chasse. Les bourgeois jaloux de cette préférence, s'offrirent de servir à cette expédition, ils l'entreprirent sous la conduite de leur capitaine, et d'un air de confiance ils allèrent droit à l'ennemi, et l'attaquèrent dans ses retranchements. L'avantage de la situation, le nombre de leurs ennemis redoubla leur courage, ils se jetèrent comme en furie sur cette troupe d'Ecossais qui les reçut avec fierté. Les escarmouches durèrent plus d'une heure, sans que l'une des deux parties voulut ni parler ni se rendre, jusqu'à ce que les bourgeois partagés en deux bandes eussent pris les ennemis en face et en dos, et par une décharge réitérée, les eussent forcés d'abandonner le terrein : la perte des Ecossais fut considérable dans leur fuite. Le succès entraîna nos troupes jusque dans les gardes avancées de la cavalerie française, sans s'apercevoir du péril où l'ardeur du combat les menait.

Le baron de Bussy qui remarqua la déroute des Ecossais quitta brusquement son poste et vint à leur secours; il tomba sur les bourgeois et les mit incontinent en déroute. Ils allèrent errants par les sentiers de la montagne, tâchant de se retirer sous la protection de la ville et des remparts : on en tira en effet quelques pièces pour arrêter l'ennemi dans sa course. Mais l'impétuosité de Bussy lui en fit mépriser le feu. Il poursuivit la bourgeoisie. Ses cavaliers se répandirent le long de la montagne, et continuèrent, à son exemple, leur exploit sans s'étourdir du canon. Les bourgeois poussés d'un désespoir généreux, se rallièrent sur la croupe de la montagne, et résolus de vendre chèrement leur vie, qu'ils ne comptaient plus pouvoir sauver, ils firent face à l'ennemi, tuèrent les trois premiers cavaliers qui vinrent les affronter, pendant que Lachapelle, habitant de Sommerécourt, ayant l'épée à la main, tenant de l'autre les rênes du cheval de Bussy qui criait sans cesse, à moi cavaliers, s'efforçait de l'abattre, ou de le mettre hors de combat à force de coups d'épée qui portèrent tous dans sa cuirasse, impénétrable à la pointe du fer et à la vigueur d'un bras raccourci et généreux : cette espèce de duel, dont l'issue ne devait pas être favorable pour Bussy, fit quitter prise à sa troupe acharnée à la poursuite des bourgeois, et par cette diversion, ceux-ci se développèrent de leurs ennemis : et Lachapelle se trouva, en un instant, investi d'une multitude qui l'accabla, et le fit périr d'une grêle de coups de pistolets.

La mort de Lachapelle ne tarda pas à être vengée par celle du chevalier Senneterre ; M. de Senneterre mort et tué d'un boulet de canon en dînant à l'ombre de quelques arbres avec une compagnie de gentilshommes de son âge. La table était dressée sur le coulant d'une fontaine, dans un petit vallon bordé de deux coteaux de vignes sises au bas de La Mothe. (Le nom de ce chevalier comme il le signait, est *Laferté Senterre*). La bonne chère animée par la joie et par les cris d'allégresse, se firent entendre à La Mothe, où les assiégés, attentifs à tous les mouvements des ennemis, de jour et de nuit, observèrent ce banquet, et conclurent le dessein d'en troubler la fête par quelques saluts de canon. Le canonnier Lallement, étant le seul pour défendre La Mothe, comme je l'ai déjà dit, eut ordre d'en pointer deux; il s'acquitta sur le champ de sa commission, et de la première décharge il fit rouler la table et le service. Il emporta d'un boulet les deux jambes du chevalier Senneterre, et par un second salut, il tua une partie des officiers et changea en sépulture, ce beau lieu de plaisir et de divertissement. Senneterre fut transporté à Médonville, où après avoir perdu les deux cuisses par ordre de son chirurgien, il perdit enfin la vie par l'excès des douleurs, et fut inhumé à l'abbaye de Flabémont, ordre des Prémontrés.

Cependant le maréchal de la Force qui venait de réduire la forteresse de Biche, sous l'obéissance du Roi, arriva au camp devant La Mothe : il signala son arrivée par seize cents coups de canon qu'il fit tirer contre la ville. Les deux batteries qui firent feu continuellement, dont l'une était dressée sur la côte de la Roche, et l'autre sur la côte de Châtillon, au-dessus du village d'Outremécourt, toutes deux servies avec une grande exactitude, causèrent un tel désordre dans la ville, qu'il n'y eut pas un bâtiment qui n'en fut endommagé. Quoique parmi cet orage, il y eut peu de sûreté de paraître sur les bastions, D'Iche, accoutumé aux foudres de la guerre, alla pourtant lui-même observer la contenance des ennemis et la disposition de leurs batteries.

Après cette découverte, il fit dresser une contre-batterie sur le bastion de Saint-Nicolas, et dès le premier coup il ruina la batterie de la Roche, et renversa, d'un second coup, un commissaire d'artillerie. Ces petits avantages donnèrent le loisir au gouverneur de donner quelques ordres dans la place ; il distribua, sur chaque bastion, un certain nombre de bourgeois et de soldats sous le commandement des capitaines Watteville, Germainvillers le jeune, et Dillou, qui commandèrent sur le bastion de St-Nicolas; Montarby et Roncourt, sur celui de Saint-Antoine; Saint-Ouen, la Bretonnière et Guiot sur celui de Dannemarc; Germainvillers le père, Desloges et Collin, sur celui du Duc; D'Iche et Dubuisson, sur celui de Saint-Georges; les chanoines et les ecclésiastiques avec les exempts, sur celui de Vaudémont; et Stainville fut chargé de la défense des retranchements.

Le gouverneur, non content d'avoir réglé le dedans de la place, pour la mettre en état de résister aux formidables attaques dont elle avait déjà essuyé les premiers efforts, pourvut encore à la disette d'argent qui se faisait sentir de jour en jour, et qui tendait au soulèvement des troupes; dans cette extrémité, il imagina un expédient, qui, sans multiplier les espèces, devait les rendre plus communes par la circulation, et délivra le blé des magasins de la ville à deux boulangers préposées pour la vente du pain pour la subsistance de la garnison.

Ces boulangers tiraient par leur commerce, la meilleure partie de la paie des troupes, et chaque semaine ils rapportaient le produit de leur vente au trésorier : par ce négoce, l'argent circulait sans cesse, et le gouverneur trouva le moyen de fournir plus aisément à la paie des soldats au bout de chaque semaine. Mais comme cette industrie ne suffisait pas seule aux frais de la garnison, il rehaussa le prix des espèces; et par un cri public qu'autorisa Son Altesse, il mit les doubles pistoles d'Italie et de Lorraine, à 15 fr.; celles d'Espagne, à 16 fr.; l'écu d'or, à 8 fr. et demi; le ducat à la grande et à la petite croix, à 8 fr. et demi; le florin d'or, à 6 fr.; le quart d'écu, à 20 sous; les testons de France, à 19 fr. deux blancs; les rixdales et patagons, à 4 fr. huit gros; les philippetons à 5 fr; et les ducats à 5 fr. dix gros.

Ce rehaussement et cette circulation de monnaie, ne furent que de très petits remèdes contre de grandes maladies. Le gouverneur fut obligé d'en venir à une invention qui parut alors aussi heureuse que nouvelle : il amassa toute l'argenterie et tout le fin étain de la ville, et l'ayant fait fondre, il en fit battre une espèce de monnaie qui représentait un double C entrelacé et couronné, et sur le revers, cette légende : *aut pereundum aut vincendum*, qui signifie en français, ou vaincre ou mourir. Avec ces ressources dignes de la providence et de la prévoyance d'un grand capitaine, il n'y avait plus rien à craindre que du côté de l'ennemi.

La canonnade dont on avait essayé d'intimider la garnison, n'ayant servi qu'à en fortifier le courage, le maréchal enfin se détermina à une attaque plus sérieuse et plus décisive. Il ordonna aux ingénieurs de tracer des lignes de circonvallation, et de faire travailler aux tranchées sans retardement; l'ardeur du chef inspira tant de zèle aux troupes, qu'elles se présentèrent à l'envi pour commencer cet ouvrage périlleux. Le colonel Hébron, plutôt par dépit que par bravoure, voulut le premier entamer l'entreprise, et soutenir les travailleurs. Il les mena, sous la conduite des ingénieurs, jusque sur les dehors des bastions de Sainte-Barbe et de Dannemarc; et à la faveur de la nuit, ils poussèrent heureusement leurs travaux jusqu'aux pieds des fossés. Mais à la pointe du jour du 14 juin, D'Iche se mit en devoir d'en arrêter les progrès : des mousquetaires se coulèrent à travers les blés, vinrent si brusquement arrêter les travailleurs et les soldats qui les soutenaient dans leur ouvrage, et sans leur donner le temps de se reconnaître, ils les assaillirent à coups de mousquets, en jetèrent une partie à terre, tombèrent ensuite sur les autres, en égorgèrent un grand nombre à coups d'épée, et comblèrent ces travaux, autant par la multitude des corps qui restèrent dans la tranchée, que par les terres dont ils la remplirent : rien n'était plus vigoureux.

Les ennemis étaient tellement abandonnés de la fortune que le maréchal de la Force songeait à lever le siège de La Mothe, presque imprenable par sa situation, et défendue par des hommes invincibles par leur courage; mais loin de se rebuter, ils s'opiniâtrèrent dans leurs attaques : ils foudroyèrent la place à force de bombes et de grenades, dans l'espérance de réduire la garnison. (On remarque que c'est au siège de La Mothe qu'ont été jetées les premières bombes). Ils tâchèrent de réduire la ville en cendres : au milieu de ce bombardement qui tenait tout le monde en alarme, ils poussèrent la tranchée, ils pressèrent les ouvrages, enfin ils logèrent des troupes fraîches dans les fossés.

On crut à ce moment que c'était fait de La Mothe : le gouverneur lui-même commença à se défier, non de la valeur de ses troupes, mais de la conservation de la place. En conséquence, il fit savoir à Son Altesse, le triste état des assiégés, par un billet que porta un bourgeois, dans lequel il lui marquait : « Si le nombre de mes soldats était aussi grand que leur » courage, je ne presserais pas Votre Altesse de m'envoyer du secours » qu'elle m'avait promis; mais après avoir opposé toutes mes forces aux » efforts de l'ennemi sans l'avoir pu empêcher de se loger dans les fossés, » il ne me reste plus que la nécessité de mourir dans la défense, si elle » diffère plus longtemps à faire partir du secours qui doit sauver la ville » et nos vies ».

Pendant qu'on attendait la réponse de ce billet, les assiégeants se disposèrent à battre la place en brèche. Dès le second jour ils firent jouer leur artillerie : elle consistait en cinq batteries, dont l'une était commandée par ...., et était pointée contre le bastion de St.-Antoine ; la seconde sous les ordres du maréchal de la Force regardait le bastion de St.-Nicolas; la troisième était contre le flanc du bastion de Ste.-Barbe; la quatrième appelée la batterie Royale, composée de dix-sept canons, était tournée contre les parapets de la porte et contre la face du bastion de Ste-Barbe; la cinquième commandée par le vicomte de Turenne, mirait aux défenses des bastions de St.-Georges et de Vaudémont; enfin les plus éloignées n'étaient qu'à cinq cents pas de la muraille.

Aussitôt que les batteries furent dressées, elles firent un feu terrible et si continuel contre les remparts, qu'en moins de vingt-quatre heures, on vit sauter les parapets et couler les terrasses. Les bastions à découvert s'ébranlèrent aux coups des boulets, tant ils étaient frappés. D'Iche fit élever des contre-batteries, mais elles furent incontinent démontées, en sorte qu'il fallut essuyer tout le feu des ennemis, sans autre espérance de leur disputer la victoire que sur la brèche.

Le messager envoyé à Son Altesse, arriva dans ces entrefaites, et ayant pénétré à travers l'armée ennemie, travesti en vivandier, il se glissa avec adresse dans la ville, et rendit au gouverneur la réponse de Charles IV dont voici le contenu : « Vous pouvez compter sur un prompt secours de » ma part, et annoncer à la garnison et aux bourgeois des récompenses » pour leur fidélité constante et généreuse ». Cette nouvelle redonna des forces aux assiégés qui n'avaient pas seulement à combattre contre des ennemis inexorables, mais encore à se défendre de la soif qu'ils souffraient cruellement, depuis que les chaleurs avaient épuisé les citernes, et que les assiégeants avaient coupé toute communication à une fontaine qui déchargeait ses eaux dans les fossés. Il est vrai qu'il leur restait un puits, mais soit que l'ébranlement de la montagne en eut détourné les sources, ou que les sécheresses de la terre les eussent taries, il ne fournissait plus, comme autrefois des eaux avec cette abondance qui suffisait à la ville.

Le ciel sembla prendre pitié de ce peuple par l'abondance des pluies qu'il versa après plusieurs jours d'aridité : mais cette consolation, qui calma pour quelque temps les clameurs du peuple, fut suivie d'une disgrâce qui plongea la garnison dans une tristesse accablante.

Le gouverneur qui payait partout de sa personne; qui allait au danger avec la valeur d'un César, et la hardiesse d'un simple soldat; qui ne se refusait ni de jour ni de nuit aux rencontres les plus périlleuses; qui paraissait sur les brèches pour repousser l'ennemi à l'assaut, et entrait dans les tranchées armé en fantassin, pour ranimer par sa présence les troupes à leur devoir, fut enfin frappé d'un éclat de boulet de canon, en faisant la visite des postes avancés. Ce coup fatal lui ayant brisé le bras gauche, traversa son corps assez près du bas-ventre, lui arracha une partie des entrailles, et le jeta en bas du pont qui communiquait du bastion de Dannemarc à celui de Vaudémont, sans lui laisser qu'un moment de vie pour pousser avec le dernier soupir, ces dernières paroles, *Jesus Maria* : après quoi il expira entre les bras du révérend père Eustache, son frère, qui était capucin.

La perte de cet illustre commandant produisit une consternation générale dans toute la ville. Les pleurs, les gémissements allaient porter la nouvelle de sa mort dans le camp des ennemis, si la prudence des officiers n'eût arrêté les soupirs lamentables d'une garnison éplorée. On commanda partout un silence profond sur cet événement, sous peine de la vie, et on donna ordre au clergé de rendre les derniers devoirs à ce brave défenseur de la patrie, qui signala son courage en diverses occasions. Après que l'on eut payé le tribut à la douleur que causa la mort précipitée de ce grand homme, on songea à remplir sa place. Jean-Baptiste Sarrazin, seigneur de Germainvillers, lieutenant de gouverneur, devait naturellement prendre le poste : il lui était dû par son rang et ses bons services ; il fallait toute son expérience pour en soutenir le poids ; il fut donc prié de se charger de la conduite de la place : il l'accepta. Ses premiers soins furent de se concilier le cœur de la bourgeoisie et de gagner la confiance des troupes. Il s'assura de l'un et de l'autre par ses bonnes manières : il se précautionna ensuite par des retranchements contre les brèches que le canon de l'ennemi avait commencé de faire dans les bastions de St-Nicolas, de Ste-Barbe et de Dannemarc. Trois cents hommes tant bourgeois que soldats, qui faisaient toute la force et la défense de la ville, pouvaient difficilement fournir à l'entreprise et aux devoirs des factions. Cependant malgré ce petit nombre, il tenta et vint à bout de ce dessein : mais pour en applanir les obstacles, il fit ouvrir les magasins de lard, de sel, de blé et de vin, et on en distribua si abondamment aux travailleurs, qu'ils eurent assez de force pour perfectionner les ouvrages en peu de jours, se relevant tour à tour dans les fonctions de soldats et d'ouvriers, et tempérant les rigueurs de leurs travaux opiniâtres par des concerts de violons et de hautbois.

Les mouvements des assiégés inconnus à leurs ennemis, n'apportèrent aucun changement à leurs attaques ; ils continuèrent de battre les trois bastions, pendant que le marquis de Tonnieux s'avançait pour se loger dans les fossés. Il était déjà arrivé sur les bords, lorsque par un dernier effort d'un désespoir généreux, Germainvillers se présenta sur les murailles marchant à la tête des plus braves, et écarta, à coups de mousquets et de pierres, cette multitude de soldats, dont la plupart furent tués et écrasés sous la grêle des balles et des cailloux.

Le malheureux succès de cette entreprise, rebuta tellement les troupes françaises qu'elles disputèrent depuis avec leurs commandants, lorsqu'il fut question de monter à la tranchée. On voyait les capitaines aux prises avec leurs soldats, et ceux-ci se révoltaient contre eux à coups d'épée et de hallebardes, et ceux-là, en défense, paraient aux coups de leurs officiers, et s'obstinaient à ne pas se laisser conduire dans un risque certain de perdre la vie. Il fallut pour les y résoudre, porter des gabions et des haies qui les couvrissent durant leurs approches. Mais ces préparatifs ne les garantirent de rien. Les feux d'artifices brûlèrent leurs gabions et les carreaux de pierres tombant sur les planchers, les accablèrent sous leur pesanteur. Ils étaient sur le point de lever le siége, si Castel-Moron, troisième fils du maréchal de la Force qui se trouva dans la tranchée, n'eût relevé le courage des fuyards et forcé par son exemple à retourner sur leurs pas. Ils se rallièrent et revinrent à la charge. Leur résolution en inspira à Germainvillers : il fit porter un tonneau rempli d'artifices sur le bord des remparts, et y ayant fait mettre le feu, le canonnier Lallement le poussa si adroitement dans les tranchées, qu'il enflamma les gabions, brûla les planches, tua une quantité de soldats, jeta la confusion parmi les troupes qui prirent la fuite malgré l'autorité de Castel-Moron. Nos mousquetaires profitant du désordre, entrèrent dans la tranchée, firent leur décharge si à propos, qu'après la perte de plusieurs français, ils mirent Castel-Moron hors de combat par un coup de mousquet qu'il reçut à la cuisse, et comblèrent les travaux.

Dès le lendemain, le maréchal de la Force, outré de l'accident survenu à son fils, et en dépit de la fortune qui se déclarait contre ses desseins, fit redoubler les canonnades, et commencer les ouvrages avec plus de vigueur. Sept batteries tirant nuit et jour emportèrent les guérites, détruisirent les parapets, démontèrent les canons des remparts, renversèrent la demi-lune qui défendait la porte de la ville, et ouvrirent le chemin à l'assaut. Les assiégés qui s'aperçurent que les ennemis voulaient se frayer un chemin par la porte pour faire irruption dans la ville, prévirent le danger avec tant de promptitude, qu'en deux jours la porte fut murée, et réparée au-dedans par des terres, des fascines et des pierres ; avec cette précaution, ils mirent cet endroit hors d'insulte. Mais nonobstant leur prévoyance, ils ne purent aller au devant de tous les périls dont ils étaient menacés. La trahison de leurs contre-mineurs, la disette de poudre et de boulets, le manquement d'hommes, la perte de leur brave canonnier qui était *Lallement*, le retardement du secours promis par Son Altesse, étaient des maux incurables et plus grands en apparence que la grandeur de de leur bravoure. Ils les surmontèrent cependant, et les pluies secondant leur infatigable zèle, obligèrent les ennemis à faire une trêve et à suspendre leurs travaux.

Le comte de Noailles qui voulut braver la saison, se fit un point d'honneur de relever la tranchée; il y alla en effet avec son régiment, et à son abord ayant fait faire une décharge contre le bastion de Ste-Barbe, comme pour insulter aux assiégés, Jean-Baptiste Sarrazin, seigneur de Germainvillers, accourut au bruit, accompagné de vingt-cinq mousquetaires, qui répondirent brusquement à cette décharge par un salut de mousqueterie. Les soldats de la garnison, jugeant que leurs camarades étaient aux mains avec l'ennemi, quittèrent leur poste pour prendre part à l'action. A leur arrivée, les décharges redoublèrent, et le comte de Noailles sans s'alarmer du nombre des morts qui tombaient à ses pieds, voulut faire ferme contre le danger. Mais il fut à son tour renversé sur un tas de cadavres, et périt avec la réputation d'un officier aussi intrépide, que d'un obstiné protestant. Son corps fut inhumé à Mont, près de La Marche et d'Iche, dans le cimetière des protestants.

Après d'inutiles tentatives, les assiégeants comprirent qu'il fallait en venir à un grand effort pour soumettre La Mothe jusque là invincible. Dans cette pensée, le maréchal de la Force ordonna de mettre incessamment les mines en état de jouer; on les conduisit avec toute la diligence possible jusque sous les bastions. L'humanité dont les grands capitaines se font honneur à l'égard de leurs ennemis dont ils estiment la valeur, inspira un sentiment de pitié au marquis de Praslin, à la vue de la prochaine ruine de la ville de La Mothe. Au milieu d'une nuit assez calme, poussant sa voix vers les remparts, il avertit les sentinelles de faire savoir à M. Jean-Baptiste Sarrazin, gouverneur de La Mothe, que si dans huit jours il ne rendait pas la place par une composition honorable, il devait s'attendre à voir les terribles effets des mines, dont six en activité. Vaubecourt qui était en garde avec son régiment sous le bastion de Ste-Barbe, donna deux jours après le même avis; et de crainte qu'il ne fut suspect, il ajouta, que la parenté qui était entre lui et M. D'Iche premier gouverneur, l'obligeait à l'informer du péril, afin qu'il eut le temps de le prévenir par sa prudence.

Le comte de Nanteuil, du pied du bastion de Saint-Nicolas, confirma ces avis dans les entretiens qu'il eut avec M. de Germainvillers, second gouverneur de la ville de La Mothe. Mais ces avertissements qui intimidèrent les uns, firent croire aux autres que les ennemis étaient au bout de leurs forces, et tendaient à la ruse. Germainvillers fit valoir cette opinion parmi le peuple et les troupes, et ce sentiment prévalut, malgré les craintes qu'inspiraient les menaces d'un événement si tragique : il leur représenta même que quand l'ennemi aurait miné les bastions, ils devaient peu appréhender leurs fourneaux ; que la solidité du rocher répondait de la sûreté de la place, et que si contre son attente, le feu faisait sauter quelques fortifications, les retranchements leur serviraient de défense ; qu'il serait encore temps de capituler lorsque les assiégeants auraient le second bastion à forcer, et une garnison à combattre. Ces motifs entraînèrent les soldats, et ne guérirent cependant pas tout à fait les bourgeois de la peur ; mais soit bienséance, soit nécessité, ils ne laissèrent pas de se joindre au parti qu'ils envisageaient avec frayeur. Ils implorèrent l'assistance du Dieu des armées, par des processions publiques, et afin de mettre plus sûrement le ciel dans leur intérêt, ils firent un vœu public, par lequel la communauté s'engageait d'aller en pélerinage à Notre-Dame-de-Bon-Secours proche de Nancy, et de là à St-Nicolas, si elle avait le bonheur d'échapper au péril.

A l'abri de la protection du Très-Haut, les habitants restèrent tranquilles, malgré les effrayants pronostics de leur dévastation prochaine. Pendant deux jours entiers d'un repos paisible, depuis le jour de la dénonciation de leur perte, ils se persuadèrent que Dieu avait exaucé leur vœu, ou que les ennemis avaient abusé de leur bonne foi, sous l'ombre d'une fausse commisération. Mais le 25 juillet, le calme s'étant subitement changé, sur les quatre heures du soir, en un orage de bombes, on vit porter une grande quantité d'échelles précédées de quatre-vingts mousquetaires qui les appliquaient contre une tour comme pour monter à l'assaut. Cette manœuvre n'était qu'une feinte, qui cachait sous une fausse attaque, le dessein d'aller reconnaître le défaut d'une mine, et rallumer le boudin qui avait manqué. Cependant les assiégés qui se figuraient que cette escalade était sérieuse, se rendirent sur la tour et firent feu sur les Ecossais.

Cet avantage qu'ils remportèrent sur l'ennemi fut le signal de leur dernier désastre. Entre minuit et une heure, la mine que le marquis de Tonnieux avait disposée sous le flanc du bastion de Saint-Nicolas, prit feu, et venant à opérer, se fit un jour par la ruine des courtines, ébranla le rocher par un tremblement général, et emporta en haut les pieds du bastion, comme pour faire un plancher assuré à l'ennemi.

L'effroi qui saisit à ce moment la bourgeoisie, ne l'empêcha pas de courir à la brèche pour en disputer les approches : Roncourt qui la commandait, encouragea sa troupe par son exemple. Les soldats pleins de résolution, vinrent en foule se joindre avec les bourgeois, et tous ensemble s'avancèrent vers le milieu de la brèche, criant d'une voix ferme et hardie : Ça, cavaliers français, mettez pied à terre, paraissez, enfants perdus ; voici le lieu où il est question de donner des preuves de votre courage. A ces mots, deux fois répétés, Roncourt partagea sa compagnie en trois bandes pour border la brèche, et leur fit faire leur décharge au hasard sur l'ennemi. A la faveur de ces mousqueteries, on découvrit une compagnie de fantassins rangés sur quatre lignes, qui montaient à la brèche dans le dessein d'en reconnaître l'état, et de frayer le chemin à trois cents volontaires, qui attendaient, au pied des tranchées, le signal pour livrer l'assaut. A la vue de ce péril, on renforça les défenses, et les fantassins furent reçus à leur abord avec tant de vigueur, que quinze couvrirent la brèche de leurs cadavres, d'autres blessés allèrent mourir dans les tranchées, et le reste se sauva en désordre dans le camp.

Cette expédition obligea l'ennemi de surseoir à ses attaques; durant cet intervalle, les hommes, les femmes, tous pêle-mêle, travaillèrent à des retranchements : la précipitation et l'obscurité de la nuit ne permettaient pas d'élever un ouvrage aussi régulier; mais il ne fut pas moins de résistance, par la quantité de pierres et de fascines dont il était composé. A la pointe du jour, l'ennemi recommença d'engager l'action avec une nouvelle ardeur. Les assiégés, de leur part, se mirent en posture de se défendre en désespérés. Les femmes, poussées d'une généreuse émulation, s'exposèrent au commun hasard de la patrie; tandis que leurs époux combattaient avec chaleur pour le salut de la ville, elles avaient soin de leur apporter des rafraîchissements sur la brèche. Pendant qu'ils déchargeaient leurs mousquets, elles en demandaient d'autres de suite pour les charger; enfin, elles allaient de rang en rang distribuer des balles et de la poudre, tant à leurs maris qu'aux soldats. Ce service ponctuel fit croire aux assiégeants qu'ils avaient à faire à une garnison nombreuse et intrépide dont ils ne tireraient pas facilement composition; mais toute cette défense qui déconcertait l'ennemi, affaiblissait étrangement les assiégés, leurs soldats étant ou épuisés par les fatigues, ou diminués par le nombre des morts.

Montarby, dangereusement blessé par un coup de feu, le père Eustache, capucin, l'un des plus hardis au combat, mis hors de service par une atteinte au bras gauche, Saint-Ouen, Dubuisson, couverts de plaies et presque sans espérance de survivre à leurs blessures, mais plus que tout cela encore, les ravages de trois mines prêtes à jouer, alarmaient tellement la garnison, que les plus braves, moins sensibles à leur perte qu'aux malheurs inévitables de leurs compagnons, ne rougirent point de proposer à Germainvillers de songer à la capitulation. Les officiers, touchés des mêmes raisons, donnèrent dans le même sentiment. Le seul Watteville, par une générosité mal entendue, fut d'une opinion contraire : il la soutint avec chaleur, soit par zèle, soit que la singularité l'eût poussé dans cet écart; il se raidit contre le torrent, jusqu'au point que le père Raymond, capucin, le mit à même de connaître que cette obstination était ridicule, par les remontrances qu'il lui fit à ce sujet, en ces termes : « Cette obstination que » vous faites paraître avec autant de zèle que de générosité pour le salut » de la patrie, et particulièrement pour la défense de la place, va vous » rendre devant Dieu responsable de la mort de vos concitoyens et de la » ruine de la ville entière; de tant d'honnêtes femmes, qui ne manqueront ja- » mais d'être victimes de la brutalité des soldats victorieux; enfin la fermeté » pour le bien du service qui vous autorise, tend directement au désavan- » tage de l'Etat, puisque si la ville de La Mothe est prise d'assaut, ou en- » sevelie dans les ruines des mines, les coffres qui renferment les trésors » de la couronne, seront infailliblement en proie à la fureur des ennemis » et aux flammes ».

Watteville, sur ces remontrances, se remit à l'opinion commune. Cependant Germainvillers qui ne voulait rien mettre sur son compte qu'on pût lui reprocher, assembla un conseil où les ecclésiastiques, les gens d'épée et les bourgeois arrêtèrent, par une délibération unanime, d'entrer en négociation avec les ennemis; ce résultat fut signé des notables. En conséquence, Germainvillers, dès le 26 juillet, dépêcha un officier avec un tambour sur le bastion St.-Georges, qui demandait à parler à Vaubecourt. Vaubecourt en ayant obtenu la permission du maréchal de la Force, ordonna dans toutes les tranchées une suspension d'armes pendant la conférence. On y ébaucha les articles de la capitulation que Germainvillers donna ensuite par écrit. Stainville, Prainsay et St.-Ouen passèrent au quartier du Roi, pour les faire agréer au maréchal de la Force, pendant que Vaubecourt restait dans la ville en qualité d'ôtage.

Le vicomte de Turenne chagrin de ce qu'il n'avait pas eu l'honneur de faire jouer ses mines, résista de toutes ses forces à la capitulation et tâcha d'en faire échouer le projet. Mais le maréchal de la Force ennuyé de la longueur du siège, incertain du succès et de la réussite d'une attaque opiniâtre, méprisa les avis du vicomte, et ratifia les articles du traité par lequel il fut arrêté :

Art. 1er. Que la garnison sortirait de la place avec armes et bagages, tambour battant, mêche allumée, étendards déployés, et serait conduite jusqu'à Joinville en Champagne.

Art. 2. Que le 28 juillet, la place ne serait livrée que de l'aveu du gouverneur; que les officiers et gentilshommes qui se trouveraient dans la ville pourraient faire sortir les meubles et hardes qui leur appartiennent, desquels ils donneraient le dénombrement de bonne foi; que chacun rentrerait dans ses biens et pourrait se retirer en sûreté dans sa maison, sauf toutefois les meubles et autres objets qui pourraient avoir été pris jusqu'au jour des présentes, lesquels ne pourront être répétés, et toutes confiscations demeureront comme non avenues.

Art. 3. Que les habitants qui voudront demeurer, lors de la capitulation, dans la ville de La Mothe, le pourront faire en toute assurance et jouiront de leurs biens et privilèges : comme pareillement les chanoines et gens d'église jouiront de leurs bénéfices; et que ceux qui voudront sortir, le pourront faire en toute sûreté, et qu'à cet effet il leur sera donné, pour emporter leurs meubles et bagages, vingt charriots, sauf toutefois les meubles et autres choses qui pourraient avoir été pris jusqu'au jour des présentes, lesquels ne pourront être répétés.

Ainsi se rendit La Mothe, après quatre mois de siége : quatre ans n'auraient pas suffi à en faire la conquête, si le nombre des assiégés eût égalé leur courage. Mais la garnison affaiblie, soit par le nombre des morts, soit par le manquement des munitions de guerre et de bouche, fut enfin obligée, malgré sa bravoure, de négocier une capitulation aussi honorable qu'avantageuse dans les circonstances, qui fut suivie et exécutée selon toute l'étendue et la validité du traité fait sur la fin du mois de juillet 1642, sous le règne de Louis XIII, et sous le ministère du cardinal Mazarin.

VARIÉTÉS.

LA SAINTE-CHAPELLE (1).

Le plus grand de nos rois, le plus pieux des chrétiens, le neuvième monarque de la race d'Hugues-Capet, Saint-Louis, fils de Blanche, éleva ce beau monument vers l'année 1248, pour recevoir la couronne d'épines de Jésus notre Seigneur.

De la plus élégante architecture bysantine, cette église excita, par sa forme extérieure, ses sculptures et ses ornements, une vive admiration.

Dans l'intérieur étincelle un magnifique vitrage composé d'une longue suite de médaillons nuancés des plus riches teintes. Il enveloppe les deux roses et tout le tour de la nef comme un réseau transparent. Au milieu de ces mailles brillantes, l'œil éprouve quelque peine à distinguer les sujets représentés dans les divers médaillons. Les dessinateurs et les peintres de ce bel ouvrage ont puisé leurs inspirations dans les livres de l'ancien et du nouveau Testament. Au-dessous de ces hautes et larges croisées règne une plinthe qu'un ancien auteur rapporte avoir vue ornée *de peintures d'émail et de crystal reposantes sur petites colonnes d'une pierre servantes d'ornements.* Au-dessus de cette plinthe montent de longues et délicates colonnettes qui séparent, seules, le vitrage, et soutiennent les arceaux de la voûte, autrefois entièrement peinte d'azur et d'or : cette voûte d'une

---

(1) Au moment où le gouvernement songe enfin à disputer au vandalisme et aux atteintes du temps, les précieux restes de la Sainte-Chapelle, le lecteur ne lira pas sans plaisir un article qui, selon nous, retrace avec un charme puissant de style, certaines particularités historiques touchant cette élégante basilique.

(Note des Edit.).

hardiesse presque inexplicable, s'élance, s'abaisse, se relève encore, sans aucun autre soutien. Aussi, disent les anciens auteurs, quand les cloches étaient en branle pour annoncer à la grande ville quelque fête, la flèche aiguë qui montait dans les airs et l'édifice tout entier semblaient remuer. Entre les arceaux de cette voûte si hardie, on voit encore un grand nombre de trous destinés à recevoir les chaînes des lampes qui se balançaient lumineuses en ces jours solennels. Au fond du sanctuaire derrière l'autel, sur une estrade carrée, élevée par plusieurs degrés, il y avait une grande châsse en bronze doré ; elle avait la forme d'une arche : six serrures différentes en fermaient les portes extérieures, et quatre autres clés, les battants du treillis intérieur où étaient déposées les saintes reliques contenues dans des vases et des tableaux de cristal.

Devant la châsse, une crosse en orfévrerie soutenait un ostensoir dans lequel était élevé et suspendu un ciboire d'or où reposait la divine Eucharistie. Cet antique usage de la primitive Eglise dont parle spécialement le cinquième concile général de Constantinople, avait été conservé dans la Sainte-Chapelle.

La Sainte-Couronne.

Asile de toutes les infortunes, la France vit, en l'année 1238, l'empereur Beaudoin venir chercher une espérance au pied du trône de Saint-Louis.

Alors l'empire des Latins s'ébranlait de toutes parts ; Constantinople était assiégée par les Barbares, et leurs flottes audacieuses pénétraient presque jusqu'au cœur de la ville. Chaque journée apportait à Beaudoin, le récit de nouveaux désastres, la crainte de nouvelles défaites. Certain que les barons de l'Empire seraient forcés d'engager les reliques de la chapelle des Empereurs, il se présenta devant Saint-Louis : — Vous êtes mon parent, mon ami, dit-il, c'est pourquoi je désire ardemment faire remettre entre vos mains le plus riche des trésors ! La France est ma patrie ; qu'elle reçoive donc par moi la couronne d'épines de Jésus-Christ, et que je n'aye pas la douleur de la voir passer à des étrangers !....

Ravi de joie, Saint-Louis envoya des ambassadeurs à Constantinople pour réclamer la sainte Couronne, mais déjà elle avait été remise aux mains des Vénitiens ; impatients de l'acquérir, ils s'étaient hâtés de prêter dessus des sommes considérables, avec la condition qu'elle serait transportée à Venise, et que si, dans un délai très court, l'argent n'était pas rendu, la sainte Couronne leur appartiendrait sans retour.

Les Vénitiens refusèrent donc de la rendre aux envoyés de Saint-Louis. Ils se hâtèrent de partir; leurs vaisseaux triomphants fendirent, dans la plus mauvaise saison de l'année, les flots d'une mer obéissante, suivis par les ambassadeurs de France et par les principaux citoyens de Constantinople, qui voulurent accompagner d'un dernier hommage le gage précieux des traditions chrétiennes.

A Venise, la sainte Couronne fut portée en grande pompe dans la chapelle de Saint-Marc. Alors dans tout l'éclat de sa puissance, le doge, après l'avoir honorée, la remit avec regret entre les mains des Français, qui livrèrent joyeusement en retour les sacs d'or qu'ils avaient rassemblés pour posséder la frêle et muette dépouille de celui qui fut vendu trente pièces d'argent.

Ainsi, en ces jours, l'Orient céda à l'Occident ce diadème de cruauté et d'ironie dont la main impie des soldats du Calvaire tressa les épines et ceignit la tête du Sauveur!.... En ces jours, l'éclat de la Croix brilla d'un bout de l'univers à l'autre, et tous les peuples de la terre se prosternèrent pour l'adorer.

Aussitôt que la sainte Couronne fut arrivée dans la ville de Troyes, les ambassadeurs s'empressèrent de prévenir le roi. Saint-Louis partit immédiatement avec la reine sa femme, et les princes ses frères. Ils rencontrèrent la sainte Couronne à cinq lieues de Sens. On ouvrit la cassette d'or qui la renfermait, en présence de ces augustes personnes. A cette vue, elles fondirent toutes en larmes et firent éclater les marques de la plus vive piété; le lendemain, le roi et Robert d'Artois son frère entrèrent dans la ville de Sens portant sur leurs épaules la châsse qui renfermait la sainte Couronne. On lit dans la relation que Gaultier, archevêque de Sens, écrivit par ordre de Saint-Louis, que le roi et son frère étaient vêtus, l'un et l'autre, pour cette pieuse cérémonie, d'une robe de laine unie et qu'ils marchaient pieds nus.

Huit jours plus tard, la sainte Couronne arriva sous les murs de Paris : le peuple enivré de joie se précipita en foule hors des portes pour la recevoir. On la lui montra d'abord à l'église de Saint-Antoine, puis on la porta dans la cathédrale, et ensuite elle fut déposée dans la chapelle du Palais. Saint-Louis alors commença, pour la recevoir plus dignement, le monument dont nous venons de faire la description.

Avec la sainte Couronne d'épines, l'Eglise de France reçut encore diverses autres reliques. Dans la lettre de donation de Beaudoin, on en trouve le détail. Ecrite sur peau, datée de Saint-Germain en Laye, environnée de lacs de soie, scellée du sceau de l'empereur et signée en grec avec du cinabre, cette lettre que l'on conservait autrefois dans le trésor de la Sainte-

Chapelle, existe encore; elle est maintenant dans les archives de l'état.

Après les premières formules, on trouve dedans que Beaudoin cède et donne, outre la sainte Couronne d'épines, deux parties de la vraie Croix ; l'une renfermée dans un étui de vermeil, au fond duquel sainte Hélène et l'empereur Constantin sont représentés debout au pied de la croix. L'autre, nommée Croix de Victoire, parce que les empereurs avaient coutume de la porter dans les combats; ensuite un morceau du manteau de pourpre dont les soldats revêtirent Jésus après l'avoir flagellé; un fragment du roseau qu'ils lui mirent entre les mains, et avec lequel ils lui frappaient la tête; une portion de l'éponge qu'ils remplirent de fiel pour lui présenter à boire; les clous dont ils lui percèrent les pieds et les mains ; le fer de lance avec lequel ils ouvrirent son côté; le titre de la croix; une partie du suaire que les saintes femmes trouvèrent après la résurrection dans le sépulcre, enfin du voile et des cheveux de la Sainte-Vierge. Quelques auteurs parlent aussi et font des remarques critiques sur un vaisseau contenant : *de lacte Beatæ matris Mariæ*.

Pour nous, nous pensons qu'il faut entendre par ce terme et comprendre sous ce nom une substance quelconque qui avait ou que l'on croyait avoir touché le corps très pur de la Vierge sainte, substance qui aura été conservée en souvenir d'elle : peut-être était-ce une partie du parfum qui, selon la coutume des Juifs, avait servi à sa sépulture. Quel ne dut pas être en effet le respect, l'attendrissement avec lequel les disciples environnèrent le lit de mort de Marie! avec quelle douleur et quel amour saint Jean, le disciple que Jésus-Christ aimait, parce qu'il était pur, ne dut-il pas recueillir et partager entre les premiers chrétiens tout ce qui pouvait rappeler Marie! lui qui avait entendu descendre du haut de la Croix ces douces paroles : Femme, voici votre fils, et vous, Jean, voici votre mère !... Ne vous étonnez pas, lecteur, si dans un ouvrage de science, je vous rappelle Marie, car mon cœur l'aime et toutes les puissances de mon âme la révèrent. Pourquoi me demanderiez-vous une parole si vous vouliez m'interdire un souvenir! Vous aussi, orphelins, peut-être vous avez une mère dans les cieux, une mère qui ne saurait vous oublier.... Espérez donc en elle, car toutes les générations l'ont bénie..... Et l'on n'entendra jamais dire de moi, s'écrie même un chef de la réforme, que je sois contraire à Marie ; car je pense que c'est la marque assurée d'une âme réprouvée que de ne sentir pour elle aucun amour ni aucune reconnaissance. . . . .
. . . .

Il y avait encore dans la Sainte-Chapelle, une multitude de reliquaires précieux par la forme, la matière, les ciselures, les perles, les pierreries et l'art divin des ouvriers du moyen-âge. Dans le trésor, on conservait des manuscrits ornés de toutes sortes de peintures et de dorures. Tous nos rois se plurent à embellir la Sainte-Chapelle et à ajouter de nouveaux dons et de nouvelles fondations à celles de leurs ancêtres. Les uns y établirent des chantreries, les autres y firent dire chaque jour des prières pour les morts. Le Vendredi-Saint, vêtus des insignes royaux, ils venaient eux-mêmes à la Sainte-Chapelle présenter la croix aux adorations du peuple. En ce jour, le plus pauvre des Français recevait sur ses lèvres, de la main de son prince, le signe du salut de tous, du salut du dernier comme du premier, du faible comme du fort, de l'enfant que la crèche a nourri et qui ne peut nommer son père, comme de celui dont le berceau compte de nombreux et illustres aïeux!...

Véritable égalité du sanctuaire, échange d'amour, de déférence, de soins et de devoirs que la philosophie stérile et creuse de nos jours, s'efforce en vain de remplacer par des déclamations et par la haine de toute supériorité! Mais vous demandez la Sainte-Chapelle, vos pieds s'avancent déjà pour vous y porter; vous cherchez des yeux du cœur tant de foi, d'art, de magnificence, d'émotions nobles et grandes, allez!.... vous trouverez des murs dévastés, des peintures éteintes!.... Dans le dernier siècle, quand la révolution de 93 eut ébranlé l'ordre social jusque dans ses fondements, et dépouillé la France des souvenirs de huit cents années de gloire, quand au pied de l'échafaud du descendant de Saint-Louis, vinrent s'amonceler les corps palpitants des jeunes vierges, les têtes de vieillards, les membres des hommes; quand les fleuves roulèrent du sang et des cadavres jusque par-dessus les bords, et que notre patrie ne fut plus couverte que de ruines et de décombres, la chapelle des vieux temps de la monarchie pouvait-elle subsister?... Une horde sans nom comme sans vêtements brisa les portes, arracha l'autel, souilla le sanctuaire et combla le parvis sacré de la vile nourriture réservée aux bêtes de somme.

En ces jours de deuil, quelques-uns cependant pleurèrent sur la patrie; ils recueillirent en silence dans leur sein les morceaux de la Croix de Jésus-Christ, les débris de la sainte Couronne; ils laissèrent aux mains des massacreurs de septembre l'or, l'argent et ces trésors que la rouille et les vers rongent; mais, avec courage, ils sauvèrent le souvenir et l'espérance de ces biens qui ne périront jamais.

Princesse de Craon.

APHORISMES

ET PENSÉES DIVERSES (1).

31.

Parmi les avantages que l'homme a sur les autres animaux, il en est un dont il ne se vante pas, quoiqu'il en use amplement; c'est de savoir se contrefaire.

32.

Pour qui aime avec excès le monde et ses plaisirs, les devoirs les plus sacrés sont choses importunes.

33.

Peu d'hommes qui ne sachent aujourd'hui se préserver du ridicule ; en revanche beaucoup qui n'ont plus aucune honte du vice : en peut-il être autrement ? Le monde est pétri d'indulgence pour le vice, tandis qu'il est sans pitié pour les moindres travers d'esprit.

34.

Ceux qui ne veulent être dominés par personne, sont, pour l'ordinaire, ceux qui se laissent le plus dominer par leurs passions.

35.

Nous exigeons souvent de nos enfants des qualités qui nous manquent,

---

(1) Les réflexions morales que, sous ce titre, *la Chronique de Champagne* a publiées dans son Numéro de juillet dernier, sont le fruit d'un esprit juste et mûri par une longue fréquentation des hommes. Les nouvelles pensées ne seront pas moins goûtées que les premières auxquelles elles font suite, et nous avons l'espoir que l'auteur, ancien magistrat, homme éminent, à la collaboration duquel la Chronique attache le plus grand prix, ne tarira pas de si tôt pour nous la source de ces fines et judicieuses observations. *(Note des Édit.).*

et leur reprochons des défauts que nous avons ; ils trouvent cela injuste, les ingrats! ils ne sentent pas que nous voulons qu'ils soyent meilleurs que nous.

36.

Voyez la bizarrerie de l'esprit humain, et comme nous fuyons ce que nous cherchons! N'est-il pas vrai que nous aspirons tous, ou presque tous, à une longue existence? et pourtant nos vœux tendent sans cesse à l'abréger, puisqu'il n'y a guères de jour où nous n'ayons quelque motif pour désirer d'être au lendemain.

37.

Le monde ne serait pas aussi plein de désordres qu'il l'est, si, au mauvais vouloir des gens vicieux, ne se joignait pas trop souvent l'indifférence des gens de bien.

38.

Ne nous en faisons pas accroire, et ne prenons pas pour progrès de civilisation des progrès d'immoralité.

39.

La beauté d'une femme plaît beaucoup, mais elle passe ; un bon caractère en elle plaît moins, mais il reste.

40.

Pour ne pas trop s'enorgueillir d'appartenir à l'espèce humaine, il suffit de visiter les maisons de fous et les bagnes.

41.

Un parfait bonheur est aussi difficile à trouver qu'une personne parfaite.

42.

On ne s'habitue pas plus à voir pleurer un homme qu'à entendre jurer une femme : l'un et l'autre vous étonnent, avec cette différence, qu'un homme qui pleure vous touche, au lieu qu'une femme qui jure vous repousse.

43.

Reprochez à quelqu'un un défaut ou un tort qu'il n'a pas, il s'en défendra modérément ; mais reprochez-lui un défaut ou un tort qu'il ait réellement, il s'en défendra avec force, même avec colère.

44.

Plus on apprend à connaître le cœur humain, plus on devient modeste, par la honte que l'on a de soi-même.

45.

Que d'extravagances, que de faussetés, que de pernicieuses maximes n'engendre pas la libre expression des pensées ! — On les laisse s'exhaler, comme on laisse croître des plantes vénéneuses dont on retire des moyens de santé.

46.

On se plaint que les révolutions amènent le règne des parvenus...., mais les gens titrés que cela blesse, ne descendent-ils pas tous, sans en excepter un seul, d'hommes qui eux-mêmes, il y a plus ou moins de temps, n'étaient que des parvenus?

47.

Qu'est-ce que le nombre d'hommes criminels dont la justice purge la société, en comparaison de tant et tant de braves gens que les guerres et d'autres calamités moissonnent ? — Voilà ceux pour qui les vrais philantropes devraient réserver leurs soupirs.

48.

Parce que vous verrez quelqu'un s'éprendre tout à coup d'une belle passion pour telle ou telle personne, ou pour tel ou tel objet ; ou bien, se montrer, à tout propos, ardent et enthousiaste, ne croyez pour cela qu'il soit profondément touché : cette grande et subite ardeur se remarque au contraire chez les gens les moins susceptibles d'un sentiment durable.

49.

Deux hommes du peuple qui se battent à coups de poings ou à coups de triques, pour cause d'injures, font preuve d'autant d'honneur que deux *messieurs* qui se battent au pistolet, au sabre, ou à l'épée, pour la même cause : mais ce qui les distingue, c'est que ceux-là n'agissent que dans un premier mouvement de colère ; au lieu que c'est nécessairement de sang-froid et avec réflexion que ceux-ci cherchent à s'arracher la vie. Il y a, de plus, cette différence entre eux, c'est que les premiers ne méconnaissent pas la loi qui les punit pour leurs voies de fait, tandis que les autres, coupables de voies de fait bien plus graves, osent défier la justice de les atteindre.

UNE DEMI-HEURE

DE CONVERSATION INTIME.

> Va dire à ton maître, que tu
> as vu Marius assis sur les ruines
> de Carthage.   (Marius).

J'en étais là du passé et des hommes fameux, lorsque par un bizarre retour sur ma destinée, je me persuadai que j'étais une créature étrangement malheureuse et incontestablement à plaindre.—Sur ce, fumons la consolante cigarette : cric, crac, croc, cruc.... point de feu, point de flamme ! impertinente humidité, qui s'est avisée de paralyser, de stériliser le sable de mes allumettes chimiques à friction et à la congrève ! Résignons-nous à une descente au rez-de-chaussée où resplendissent le feu sacré des fourneaux, et la plus maussade figure de cordon bleu qu'on puisse imaginer.— Maudit fumeur, prendre ma cuisine pour une tabagie et puis on trouvera à redire à mon rôti. — Outrecuidante observation ! Ton rôti, que m'importe ton rôti, mademoiselle Marguerite ? je n'aime pas le rôti. J'ai un défaut de nature, probablement immortel autant que moi, c'est d'être brusque et de mentir dans mes brusqueries : car, soit dit entre nous, j'estime le rôti, et vous-même ? — A moi, fidèle cigarette, ma consolation et ma muse : jette ton parfum de Maryland dans mon cerveau malade et mes poumons humides. Que ne possèdes-tu la vertu de réhabiliter aux yeux des hommes, y compris les femmes, (car grâce au progrès social, ces sortes de distinctions arbitraires s'effacent), mes bottes déshonorées par la pluie, et par les torrents qui roulent dans nos rues à la barbe de l'aquatique autorité municipale, s'y ébattant et folâtrant commes gens civilisés et bourgeois de la cité, puis encore mon feutre défoncé et mon justaucorps chocolat foncé ! tu serais mille fois bénie, ma cigarette : car de tout cela j'ai peu de rechange. La main sur la conscience, suis-je sans reproches, et absous à mes propres yeux ? Puis-je me rejeter sur la disette de parapluies, moi qui ai l'oreille assourdie d'offres que vocifèrent sous mes fenêtres tant d'oiseaux de mauvais augure? Je l'avouerais à ma honte, si c'était un parti systématique; mais j'éprouve une répugnance instinctive pour le parapluie, cette conquête des temps modernes, merveille en dehors de la nature et de la dignité humaine. Que nos autorités civiques fassent jeter de distance en distance des ponts-levis pour parer aux désagréments de l'inondation, et par provision établir des barraques de secours en cas d'asphyxie par immersion, le tout comme à Venise, la ville flottante. Ce serait une heureuse imitation, si ce n'est pas une idée neuve dont ma philantropie fait hommage à nos magistrats municipaux pour servir à ce que de droit. Au cas improbable de rejet, restez chez vous bien claquemuré, en robe de chambre, à pareil anniversaire, ou ne sortez qu'en costume de nageur. Je me permettrai de vous rappeler que c'est aujourd'hui le 30 août 1837, donc avis pour pareil jour en 1838; car la statistique, comme le proclame M. le baron Séguier, est une merveilleuse pensée pratique.

J'entends un bourdonnement sinistre au fond de mon oreille gauche, qui se formule ainsi : Oh! l'utopie! l'anarchiste! le révolutionnaire utopiste! d'accord! Autant vaut être utopiste que noyé, car si j'en crois Panurge, c'est délicieux pays que celui d'utopie, et ce n'est pas délicieux pays que celui de Reims, si je m'en crois! L'utopie d'ailleurs..... allons, voilà Médor qui se nourrit de pantoufles, de mes belles pantoufles rouges à étoiles de soie jaune..... or sus, vous êtes un brutal, mon beau chien, mon braque écervelé! Il eut été dans les convenances, si vous aviez envie de dévorer n'importe quoi de mon mobilier, de me le faire entendre par vos yeux ou votre queue! Je vous aurais abandonné mes bottes d'hier soir, et vous en eussiez été quitte pour une visite de remercîment à la mairie! mais mes pantoufles qui ont été tressées par de si blanches et si douces mains! vous les connaissez, Monsieur, elles qui ont passé tant de fois, si caressantes, sur votre dos et votre tête! c'est un sacrilége, c'est mal à vous, Médor, vous serez grondé : couchez-vous là, et si vos mandibules s'agacent et vous démangent, déchirez à belles dents nos grands littérateurs modernes, je vous les livre de grand cœur; mais ne touchez plus à mes pantoufles : tenez, voici les impressions de voyage.... *nil durat œternum sub sole*, car voici ma cigarrette fumée, et c'est tant pis! nouvelle tribulation; je vous le demande de bonne foi, pourquoi une cigarrette, cette individualité si chétive et si innocente, a-t-elle une existence si courte et si vite épuisée, quand nous en sommes au temps où nous vivons, à maudire la *vivacité* si forte d'individualités oppressives et méchantes? mauvaise et vicieuse combinaison! éléments de force et de durée aux ressorts anti-humanitaires, à tout cela, constitution forte et robuste, et aux belles choses de ce monde, constitution frêle et sans consistance, comme à ces jolies **roses champêtres, qui, dans un jour, éclosent et meurent dans les fissures d'un tombeau.**

Rien de rien, dit-on, *ex nihilo nihil*, lequel axiome engendra celui-ci, qui a du moins le mérite d'être neuf : point d'effet sans cause, lequel à son tour, engendra une prodigieuse quantité de même force : bienheureuse et féconde paternité.—Médor, vous êtes insupportable : qu'avez-vous à gronder ? est-ce que vous trouvez ces impressions de voyage de mauvais goût, et difficiles à digérer? vous m'avez troublé dans la poursuite d'une pensée des plus philosophiques : tenez, voici de la polémique de Paris et des départements ! arrangez-vous avec, et restez coi, plus tard si vous êtes sage, nous jouerons ensemble au corbillon.

Je disais donc : rien pour rien, c'est plus logique et plus à l'ordre du jour ! je comprends avec efforts que dans notre siècle, on trouve dans la langue contemporaine, le sens et la définition du mot dévouement : chacun s'enveloppe dans son égoïsme et dans son budget, et tout le monde est du haut en bas pauvre, excepté ceux qui mendient : Dieu nous assiste !

Qu'est-ce que Monsieur désire déjeûner?—Que vous êtes importune, Madame; comme à l'ordinaire, comme tous les jours, du thé et des œufs frais. —Je vous recommande ce régime hygiénique et fashionable, si vous avez comme moi l'estomac peu appétent, et la tête sujette aux migraines. —Fatigante interruption ! Me revoici à fleur d'eau de ma causerie. Tout pour rien, je crois ! hélas ! c'est encore une des douleurs de notre époque : une vie toute entière donnée en pâture à une idée, une spéculation, un système ! et pour dévouement, des sifflets et des calembourgs, quand on est sur les jambes, et de l'oubli quand on n'y est plus ! Misérable condition!— Ah bath ! encore une cigarrette, un ami à déjeûner, une orgie pour le soir ! et nargue des systèmes de la philosophie et de la littérature ! Vive Rabelais !

—Il faut à tout une fin, disait sentimentalement ma défunte grand'-mère, qui avait en horreur le célibat, par la raison fort simple qu'elle vivait sous les fourches caudines du mariage et qu'elle s'en trouvait fort bien : mettons en pratique le précepte de ma grand'mère et marions-nous ! ce sera une chose sage, sociale et poétique... peut-être : car nous possédons un cœur à placer et n'avons pas nom Epaminondas ! Si ce sont des chances.... à propos d'Epaminondas, je regrette bien vivement notre vieux Plutarque, ce délicieux biographe des hommes célèbres de l'antiquité ! Plutarque est venu trop tôt avant le temps ! Il eut été mieux placé à notre époque, où les grands hommes pullulent et s'étouffent dans les rues, *et nigrum campis agmen*. Que d'in-folios ! quelle perte pour la postérité ! mais après nous le déluge, si ceci est un proverbe, tant pis pour elle. — Je trouve au bout de chacune de nos tribulations (par un bienfait providentiel) une robuste consolation : c'est le doute et le scepticisme, bonne, excellente chose dont je fais mon ordinaire pour mon plus grand bien être sur cette terre : essayez-en, je vous y engage : c'est un dictame bien puissant sur nos blessures sociales, et je suis souvent porté à le prendre pour la pierre philosophale : de cette sorte, l'on fait peau nouvelle et l'on s'affuble d'une épiderme plus résistante qu'un cuir tanné et retanné. — A tout prendre, on peut descendre le fleuve de la vie, (style de l'empire) assez agréablement, quand on n'a ni intelligence, ni entrailles, et que l'on possède 40 mille livres de rente. — Il ne me manque que cette dernière condition de bonheur, bien que les deux autres se rencontrent encore plus rarement : homme privilégié que je suis ! gare l'hôpital ! — Nous avons aussi les harmonies et les compensations, ainsi que me l'apprirent il y a quelques huit ans M. Azaïs, le philosophe le plus ennuyeux de toutes les sectes philosophiques passées et présentes, et son violon, le plus présomptueux instrument qui se soit jamais fait entendre...... Notre philosophe philosophait en plein air, *sub dio*, le *stradivarius* à la main, pour le confortable et l'intelligence de la phrase, dans un joli jardin situé près du Luxembourg ! Les adeptes et virtuoses s'étendaient sur le tapis de gazon, s'éparpillaient dans les parterres, ou grimpaient sur les arbres fruitiers, où ils trouvaient qui des abricots, qui des pêches, qui des prunes en manière de compensation aux leçons du maître.—A tout il y a un beau côté, et c'est maladresse de ne jamais retourner un fait sur toutes ses faces ! — Allons, encore de la pluie, et point d'autre préservatif qu'une canne ! attendons le soleil. — Je vous le disais bien qu'il faut avoir de l'étoffe et du courage pour vivre sur cette terre, et je persiste à me poser en être infiniment à plaindre.—Plaignez-moi donc, si vous en avez le temps et si cela ne vous gêne pas trop ! — Allons, Médor, une promenade au bon soleil : Dieu soit loué ! mais je n'en conclus pas moins qu'il n'y a que deux types de parfaite félicité sur cette terre, le fabricant de charades et le pêcheur à la ligne.

CORRESPONDANCE LITTÉRAIRE.

A Messieurs les Editeurs de LA CHRONIQUE DE CHAMPAGNE.

Paris, le $\frac{28 \text{ juillet}}{9 \text{ août}}$ 1837.

MESSIEURS,

Vous m'avez témoigné le désir d'avoir mon opinion sur le manuscrit slave de la bibliothèque de Reims, connu en France sous le nom de *Texte du Sacre*. Je m'empresse de vous envoyer les notes que j'ai prises en examinant ce manuscrit bien plus remarquable par l'usage auquel il a servi, que par sa valeur intrinsèque.

Je n'ai pas besoin de répéter ici les opinions aussi nombreuses que contradictoires sur ce manuscrit : elles vous sont connues. Toutes se réduisent à un seul résultat : que ce manuscrit est antécédant à l'an 1250. Mais pour peu que l'on connaisse la paléographie slave, il ne sera pas difficile de prouver, par la forme des caractères, l'orthographe moitié ancienne, moitié moderne, ainsi que par la tournure d'une phrase qui vient après l'évangile du 1ᵉʳ novembre, que ce manuscrit est du commencement du xvᵉ siècle. Les demi-caractères, dont on s'est servi dans ce manuscrit, n'appartiennent pas au xiiᵉ ou au xiiiᵉ siècle ; ce n'est qu'au xivᵉ et au xvᵉ siècles qu'on a commencé à s'en servir. L'orthographe de ce manuscrit est un mélange de formes anciennes et de celles qui ne s'employaient qu'au xvᵉ siècle. Ainsi, j'ai trouvé bien souvent un même mot écrit sur une même page de deux manières différentes : tantôt on lui conserve l'orthographe ancienne, tantôt on suit celle du xvᵉ siècle. Ceci ne prouve qu'une seule chose : c'est que votre manuscrit est une copie faite sur un texte ancien, et que le copiste, se souciant fort peu de reproduire avec une stricte exactitude l'ancienne orthographe, l'altéra en y substituant celle qui lui était plus familière et contemporaine. C'est une remarque à faire sur tous nos manuscrits. Et quoi de plus naturel que cette altération ? Ne vous est-il jamais arrivé, Monsieur, en relisant une copie que vous avez faite sur un texte ancien, d'y trouver plusieurs mots écrits d'après la nouvelle orthographe ? Si cela arrive à des savants pleinement persuadés de la nécessité de reproduire exactement l'ancien texte, à plus forte raison, de pareilles altérations doivent-elles arriver à des copistes qui s'occupaient fort peu de l'orthographe.

Ainsi, Messieurs, mon opinion est que votre manuscrit slave est un manuscrit du commencement du xvᵉ siècle. Je suis de l'avis des personnes qui pensent que le cardinal de Lorraine le reçut en don du Patriarche de Constantinople, et l'offrit en 1554 à l'église de Reims. Cette opinion est d'autant plus vraisemblable, que les rois de France ne commencèrent à prêter serment à leur sacre sur ce manuscrit que vers la moitié du xvi° siècle. Ici on peut, avec le célèbre Kopitar, me faire l'objection suivante : « Comment le chapitre de Reims aurait-il employé, à un usage aussi solennel, un livre récent et contemporain, quand il possédait tant d'autres manuscrits plus anciens et plus ornés (1) ? « Au premier abord, cette objection paraît être juste. Mais pour peu qu'on l'examine, il sera facile de reconnaître sa nullité. Il faut remarquer avant tout, que si le chapitre de Reims a employé ce manuscrit à un usage aussi solennel, c'est à coup sûr, non parce que ce manuscrit fut ancien ou slave, mais parce qu'il fut orné de reliques. Sans cette assertion-là, comment expliquerez-vous la prédilection du chapitre de Reims pour un petit in-quarto pas plus gros qu'un pouce ? Comment expliquerez-vous la grande vénération du cardinal de Lorraine qui le portait dans les cérémonies, suspendu à son cou par une chaîne d'or ? Après cela remarquons encore une circonstance : jusqu'en 1717 personne ne savait en quelle langue était écrit ce manuscrit; comment voudrait-on que l'on ait su, au xvi° siècle, s'il était ancien ou non ? Un manuscrit du xv° siècle, dans les mains de personnes qui ne savaient pas dans quelle langue il était écrit, pouvait passer pour un manuscrit de tous les siècles ! Ainsi donc, Messieurs, il me paraît incontestable, vu les raisons que je viens d'exposer, que les rois de France pouvaient sans aucun obstacle, prêter serment à leur sacre sur un évangile du xv° siècle, et que l'on s'est servi de cet évangile, non parce qu'il était ancien, ni parce qu'il était slave, mais par la grande raison qu'il était orné de reliques précieuses.

Maintenant, Messieurs, je vais vous donner en quelques mots la description de votre manuscrit. Il forme, comme vous le savez, deux parties tout-à-fait différentes : la première est écrite en ce que nous appelons *le slavon ecclésiastique* (Tserkovno-Slavianksy), langue jusqu'à présent employée dans nos livres sacrés ; les caractères de la seconde me sont tout-à-fait inconnus.

La première partie du manuscrit ne contient qu'un *fragment* d'un évangile complet, et précisément les cahiers 18 et 19, dont chacun est composé de huit feuillets ou de seize pages. On s'est grossièrement trompé, en croyant que le chiffre 18 indiquait le nombre de feuillets, et que par con-

(1) Voyez sa *Glagolita Glozianus* : Ponamus enim allatum seu 1204 seu 1250, ecquis credet Capitulum Remensis ecclesiæ *codicem recentem et coævum* tàm solemni usui destinasse, cùm tot aliis antiquioribus et ornatioribus abundaret ?

séquent il n'en manquait au commencement que 17. Il en manque 136, ou 17 cahiers. Le 18⁰ cahier commence par l'indication de l'évangile qui se lit le 27 octobre ; ainsi donc les 17 cahiers qui manquent au commencement, contenaient les évangiles de tout le mois de septembre et de celui d'octobre jusqu'au 27. Après l'indication de l'évangile du 27 octobre, viennent ceux des mois de novembre, décembre, janvier, février et mars; le 19⁰ cahier se termine par l'évangile du 1ᵉʳ de mars. Par conséquent il manque à la fin du manuscrit les évangiles des mois de mars, avril, mai, juin, juillet et août, ou pour le moins encore autant de cahiers qu'au commencement. Les évangiles sont disposés, non par ordre des évangélistes, mais par ordre des jours du mois, où ils doivent être lus. Mais on n'y trouve pas indiqués tous les jours des mois. Par exemple, au mois de février, vous ne trouvez que les évangiles qui sont lus le 1, 2, 3, 11, 13, 23 et le 24 de ce mois. Sur le *fac-simile*, joint à la première livraison de *la Chronique de Champagne*, on peut voir qu'après l'évangile du 27 octobre vient celui du 30, et non ceux du 28 et du 29.

Quant à la seconde partie du manuscrit, elle ne me paraît pas être écrite en idiome slave ; c'est tout ce que je puis vous dire, Messieurs ! Peut-être un homme versé dans les langues orientales pourrait-il y reconnaître de l'arménien ou du géorgien ; mais il serait bien hardi de ma part d'avancer une pareille opinion, vu que je ne suis pas un orientaliste.

Voilà, Messieurs, tout ce que je crois nécessaire de vous dire sur le manuscrit slave de la bibliothèque de Reims. Les renseignements que je donne ici, pourront compléter ceux qui se trouvent dans la correspondance littéraire de la première livraison de votre *Chronique*. Il me reste seulement, Messieurs, à excuser mon style auprès des lecteurs de votre revue : ils voudront bien se rappeler que j'écris en ce moment dans une langue qui n'est pas celle de mon pays.

En terminant ma lettre, j'oserai, Messieurs, vous demander s'il ne serait pas possible de savoir quels sont les rois de France qui ont prêté serment à leur sacre sur le manuscrit slave, ou du moins quels furent le premier et le dernier ? Si les archives de Reims pouvaient vous donner des notions sur ce point, vous me rendriez un grand service en me les faisant parvenir quand il vous plaira.

Veuillez, Messieurs, agréer l'assurance de la parfaite estime de
Votre très dévoué serviteur,

Serge Stroïeff,

Correspondant du Ministère de l'Instruction publique
de S. M. l'Empereur de toutes les Russies.

POÉSIE.

Vers trouvés dans la Succession d'un Célibataire.

A MM. les Editeurs de *la Chronique de Champagne*.

MESSIEURS,

J'ai eu dernièrement le malheur d'hériter d'un oncle célibataire.

Au nombre des manuscrits trouvés dans sa succession, j'ai rencontré celui dont j'ai l'honneur de vous adresser une copie à l'intention de la Chronique, dont je me flatte d'être l'un des plus dévoués actionnaires.

Voyez si cela peut figurer dans vos instruments, comme bizarrerie.

Je vous avouerai que je respecte trop l'oncle dont j'ai hérité pour le blâmer; mais je ne suis pas de l'avis de ses vers.

C'est ma femme qui a désiré qu'ils vous fussent adressés. *Suum cuique.*

UN ACTIONNAIRE.

JE VOUDRAIS ÊTRE FEMME.

A Mme ****.

Il est doux, croyez-moi, de régner et de plaire,
De voir tous les orgueils s'abaisser sous ses loix.
C'est un rôle dont l'âme est en droit d'être fière
Que celui de guider tout un monde à sa voix,
De marcher à sa tête, et de le voir sans cesse
Demander à genoux des chaînes qu'il bénit :
— C'est la gloire du cœur. — Douce et brûlante ivresse
Qui s'inspire d'amour et que rien ne ternit.

Traverser ici-bas notre pélerinage
Au bruit d'un long concert de louange et de vœux ;
N'avoir qu'à se baisser pour cueillir un hommage,
Qu'un regard à donner pour créer un heureux ;
Être des mains de Dieu le plus parfait ouvrage ;
Du bienfait de la vie avoir pris le meilleur ;
Veiller à nos côtés comme un divin courage
Qui console et soutient l'âme offerte au malheur ;
Être l'ange de l'homme ! — Être sa providence,
Et la divinité de ceux qui n'en ont pas ;
Tenir lieu de vertu, de lois et de croyance
A celui dont le crime eut égaré le bras !.....

Voir un homme, à tout prix, poursuivre une victoire,
Le voir, la lance au poing, ou la plume à la main,
Jouer jours et repos contre une ombre de gloire,
Et s'en aller quêtant un éclatant destin !..
Le voir, recommençant pour une autre chimère
D'un délire d'enfant les crédules accès,
Prétendre de sa vie étourdir la misère
Dans un peu de ce bruit qu'on appelle succès ! —
Savoir que de cet homme un mot a tout l'empire ;
Le secret de ce mot, le posséder en soi,
Et dire, en écoutant du héros qu'on inspire
Le nom devenu grand : « Tout cela, c'est pour moi ! »
Eh bien ! ce sort si beau ! ce pouvoir sans blasphème
Que n'ont jamais maudit nos jours de liberté ;
Ce front de Roi qui ceint des fleurs pour diadême,
Qui n'a que des sujets, et pas un révolté :
Majesté qui se rit des majestés qui tombent
Et ne tombe jamais ! culte aimé qui survit
Aux autels qui s'en vont, aux cultes qui succombent :
Rameau des anciens jours qui toujours reverdit :
C'est la femme !.....
    Respect à sa noble puissance
Qui commande, console, inspire tour à tour ;
Qui traîne notre vie à son obéissance,
Qui se dit notre esclave, et règne par l'amour !
C'est la femme, vous dis-je, — arrière devant elle,
O Rois ! inclinez-vous, vous lui devez le pas.
Sa couronne est debout et la vôtre chancelle.
Votre empire se meurt, et le sien ne meurt pas.

La femme! ah! sous ses pieds répandons notre hommage!
Il ne s'abaisse pas celui qui, vers l'autel,
Sur le marbre béni prosternant son visage,
S'honore de fléchir devant le Roi du ciel. —
A genoux! car voici la Reine de la terre,
Celle pour qui le ciel, en un jour de faveur,
Nous enseigna deux noms beaux comme une prière,
Deux noms qu'on ne dit pas sans se sentir meilleur ;
Deux noms presqu'adorés, ceux d'amante et de mère! —
Oui! pour qui règne ainsi, régner c'est le bonheur! —
Voilà la royauté qui tenterait mon âme :
— Ne pouvant être Dieu, — je voudrais être femme.

Bade 1832.

PETITE CHRONIQUE.

— M. DE QUÉLEN ET L'INDUSTRIEL. Décidément M. Hyacinthe-Louis, comte de Quélen, archevêque de Paris, est au plus mal avec M. Charles Béranger, rédacteur-gérant de l'*Industriel de la Champagne*, journal qui, comme celui des *Débats*, pourrait bien avoir la faveur de se trouver *chez presque toutes les portières qui savent lire*, signe non équivoque de talent, d'influence et de popularité, comme nous l'enseigne M. Charles Béranger, en son numéro du mercredi 13 septembre 1837. En ce même numéro est un article, le plus pernicieux, selon nous, qu'ait encore inséré l'*Industriel*; on y adresse à M. de Paris des questions, auxquelles nous croyons qu'il peut se dispenser de répondre, et des injures, que nous n'avons nulle envie de relever. M. de Quélen agit au point de vue de sa haute position; M. Béranger écrit au point de vue de la sienne, et vraiment tout est pour le mieux. Et puis c'est un éloge que nous devons à notre confrère, c'est que sa critique est si élevée, son agression si fière et généreuse, que jamais nous ne le voyons s'attaquer aux hommes ou aux faits, même blâmables, de la sphère étroite où nous vivons ici, tandis qu'il ne se refuse en aucune occurrence le plaisir de courir sus à ces hommes haut placés, qui sont depuis sept ans le point de mire de toutes les attaques de la presse, de toutes les fureurs de l'insurrection. Nous maintenons que rien n'est plus généreux, si ce n'est toutefois de venir, à propos du prêtre, outrager le Dieu, et insulter, au nom du *rationalisme sévère de la jeunesse de nos écoles*, à tous les cultes chrétiens. Quand donc M. Charles Béranger comprendra-t-il qu'avant de parler de certains faits et de certaines doctrines, il faudrait les avoir étudiés, et qu'avant de faire pompeusement du *rationalisme*, il serait prudent d'avoir un peu de logique. On ne s'attend pas sans doute que nous entrions ici dans les graves discussions historiques et métaphysiques, d'où sort, pour tout esprit juste et de bonne foi, la preuve éclatante de la divinité du Christ; cela se trouve partout. Nous ne voulons qu'examiner en lui-même le quatrième paragraphe du grand et superbe article qui ronfle en tête du n° 416 de l'*Industriel*, dont on sait déjà la date. Voici ce curieux passage : « Avant 1830, les héros,
» les saints (s'il est permis de s'exprimer ainsi) de la jeunesse studieuse de France,
» étaient d'Alembert, Voltaire, Rousseau, Diderot, et tous les encyclopédistes.
» *Le Bon Sens du curé Meslier* avait été imprimé à l'usage des écoles; beaucoup
» d'hommes, distingués par leur esprit et leur savoir, ne craignaient pas (étrange

RESTES DU MONT - ARENE

» aveuglement de la préoccupation) de traiter le Christ comme un imposteur,
» et les pères de l'Eglise, ces grandes lumières morales et intellectuelles du
» monde, de bavards et de radoteurs crédules. Aujourd'hui, la jeunesse de nos
» écoles rend plus de justice aux hommes et aux choses du passé ; elle sait que
» les pères de l'Eglise ont été les saints instruments de l'enfantement d'une civilisa-
» tion, la plus grande de celles qui ont existé à la surface du globe ; elle sait que le
» le Christ fut un révélateur; et si elle nie sa divinité, parce que son rationalisme
» sévère ne lui permet pas de scinder l'unité divine, elle sait et proclame qu'il
» fut le Verbe de Dieu et l'instrument de sa volonté, qui est de fonder sur la
» terre l'égalité et la liberté. » Mais, Monsieur, ne savez-vous donc pas que c'est
le Christ lui-même qui s'est proclamé Dieu, et d'où vient qu'en ceci vous refu-
sez de croire à sa parole, quand dans le moment même vous déclarez qu'il y a
aveuglement et préoccupation à le traiter comme un imposteur; quand dans le moment même, vous reconnaissez qu'il fut *un révélateur, le Verbe de Dieu, l'instrument de la volonté divine;* et ce révélateur, ce Verbe de Dieu, cet instrument
de la volonté divine, n'aurait paru sur la terre que pour enseigner le mensonge,
et révéler l'imposture ! Ah ! Monsieur, quelle étrange idée vous avez de Dieu,
et de son Verbe, et de l'instrument de sa volonté ! mais savez-vous que supposer Dieu menteur ou fauteur de mensonge, c'est nier Dieu, c'est de l'athéisme
au premier chef. D'ailleurs vous nous avez dit que les pères de l'Eglise furent
les grandes lumières morales et intellectuelles du monde; mais, Monsieur, les pères
de l'Eglise ont tous cru et professé que le Christ est Dieu, et c'est même là le
fondement de toute leur doctrine, de tout leur enseignement ; et s'il n'est pas
Dieu, comme vous osez l'insinuer, que deviennent, dites-nous, ces grandes
lumières morales et intellectuelles du monde ? Ceci en vérité tomberait dans
la bouffonnerie, s'il ne s'agissait de tout ce qu'il y a de plus saint et de plus
respectable dans le monde. A la vérité, vous avez découvert un agréable moyen
de concilier ces inconciliables contradictions, ce moyen, précieuse trouvaille
qui n'appartient qu'à vous, c'est *le rationalisme sévère de la jeunesse de nos écoles,
qui ne permet pas de scinder l'unité divine.* Qui donc vous a dit, Monsieur, à vous
et à la jeunesse de nos écoles, dont nous respectons infiniment la docte et grave
autorité, qui vous a dit que le dogme de la divinité du Christ scindait l'unité
divine ? Pour nous, nous n'avons jamais rien ouï de pareil, et si la jeunesse de
nos écoles, si vous-même, Monsieur, veuillez bien prendre la peine de lire le ca-
théchisme à l'usage des petits enfants, j'ose croire que vous et la jeunesse de nos
écoles, seriez complètement rassurés sur le sort de l'unité divine, et que votre
tendre sollicitude à cet égard, ne vous ferait plus tomber dans l'étrange aveuglement de la préoccupation, qu'avec tant de raison vous reprochez à d'autres.

— Mont d'Arène. La lithographie jointe à la neuvième livraison de la *Chronique de Champagne,* et dont nous devons le dessin au crayon gracieux et facile
de M. Maquart-Barbereux, reproduit ce qui restait encore, il y a quelques années, des anciennes arènes, monument de la grandeur de notre cité, alors

qu'elle était le chef-lieu d'une des grandes divisions de l'administration romaine. On ne trouvera rien là d'analogue aux merveilles de Nismes ou d'Arles ; mais l'indication historique est la même, et sous ce rapport il importait de la conserver. Ces lieux où plusieurs milliers d'hommes assemblés, assistaient aux spectacles gigantesques que Rome, en ses jours de puissance, inventa pour distraire les peuples du sentiment de l'oppression, et dont elle couvrit sa faiblesse aux jours de sa décrépitude, ces lieux sont aujourd'hui une promenade riante et fréquentée, qu'animent à la fois et de beaux établissements industriels et de joyeuses guinguettes.

— Voiture cellulaire. Un avis officiel annonça pour le 13 de ce mois, l'arrivée à Reims, de l'une de ces voitures, dites cellulaires, récemment établies pour le service de la justice criminelle. Ce même jour le temps fut affreux, et la pluie qui tombait par torrents, ne put empêcher environ deux cents curieux de se réunir aux abords de la maison de justice. Après plus de deux heures d'attente, ils purent enfin. . . . . se retirer, en affirmant qu'ils n'avaient rien vu. C'est partie remise au 17 courant.

— A un Anonyme. La direction de la *Chronique de Champagne* a reçu par la poste, une pièce de vers, ayant pour titre : *La Jeune Chrétienne mourante*. Ce petit poème, fruit d'un talent réel et qui n'exprime que de nobles sentiments, eut été inséré au présent Numéro, s'il eut été possible aux directeurs de la *Chronique*, d'avoir avec l'auteur, que leur dérobe le voile de l'anonyme, quelques instants de conversation.

SOCIÉTÉ D'AGRICULTURE, COMMERCE, SCIENCES ET ARTS DU DÉPARTEMENT DE LA MARNE.

La société académique de Châlons-sur-Marne, a tenu sa séance solennelle et publique le 12 de ce mois. — M. le Préfet, président né, occupait le fauteuil. M. Copin, vice-président, a ouvert la séance par un discours dans lequel il a essayé de démontrer combien le gouvernement féodal avait été contraire au développement de l'industrie en France. Après avoir établi que la révolution française fut un grand bienfait, surtout pour les classes laborieuses, M. le vice-président en est venu à poser cette question étrange pour beaucoup d'auditeurs, mais cependant bien juste à nos yeux : « Comment se fait-il que la classe ouvrière, au profit de qui s'est surtout accomplie la révolution, soit aujourd'hui moins heureuse que sous l'ancien régime ? » L'orateur a fort judicieusement démontré qu'il fallait la rappeler au contentement de sa position, ranimer chez elle les idées religieuses, le respect dû aux institutions, à la magistrature, aux hiérarchies sociales, toutes convictions que la révolution a plus qu'ébranlées en elle. — Nous sommes sur ce point tout à fait de l'avis de M. le vice-président. Voilà ce qu'il faudrait faire? mais le moyen? question grave, difficile à résoudre et que nous ne pouvons aborder ici.

Après le discours de M. Copin, M. Joppé, secrétaire, prend la parole et retrace les travaux auxquels la Société s'est livrée dans le courant de l'année qui vient de s'écouler. Nous croyons utile d'extraire les points principaux de ce rapport que l'auteur avec toute l'obligeance possible a bien voulu nous communiquer.

— *M. de Maupassant, professeur de philosophie au collége de Châlons.* M. de Maupassant, en faisant connaître l'établissement à Paris d'une société Séricicole, qui va s'occuper exclusivement de tout ce qui a rapport aux vers à soie, à leur éducation et au parti que l'industrie peut retirer de leurs produits, a appelé l'attention de la société académique, sur la possibilité d'introduire dans nos pays la culture du murier et l'éducation des vers à soie. Cette branche d'industrie peut en effet devenir parmi nous une mine féconde de précieux résultats. La France est annuellement tributaire de l'étranger de la somme énorme de 43,000,000 de soies écrues : ce serait donc une entreprise tout à la fois nationale et d'intérêt privé, que d'affranchir le commerce de cette onéreuse importation. L'expérience a prouvé que l'éducation des vers à soie peut réussir parfaitement dans le nord de la France. Aux Bergeries, près Paris, à Amiens, à Soissons, et dans vingt autres lieux, on trouve déjà de superbes plantations de muriers et des magnaneries mieux dirigées et plus productives que les plus beaux établissements du midi. On peut poser en principe que l'éducation des vers à soie est possible partout où le murier, après avoir été effeuillé une fois, peut produire une deuxième feuille avant le retour de l'hiver. M. Maupassant a pensé qu'il réussirait dans les parties les plus fertiles du département, dans la Brie, le Perthois, le Vallage, et que de notre sol pourrait encore jaillir une nouvelle source de richesses. — Ce rapport était à peine communiqué, que M. le Préfet transmettait à la Société, une lettre de M. le maire de St-Prix, arrondissement d'Epernay, qui annonce l'établissement de la première magnanerie, créée dans le département de la Marne, par M. Baron, propriétaire au Reclus. Avec huit mille muriers blancs ou multicaules, plantés au mois de mars, dans deux hectares de terre presque sans valeur, cet agriculteur éclairé est parvenu au mois de juin dernier, à élever une certaine quantité de vers qui ont produit une soie blanche de la plus belle qualité. On a donc lieu d'espérer que l'exemple de M. Baron trouvera des imitateurs, et qu'en introduisant dans la Champagne une industrie aussi précieuse, on utilisera des terres stériles pour la culture des céréales.

— *M. François* a fait un rapport sur l'industrie des sucres. On sait quelle extension a prise, depuis quelques années, la culture en grand de la betterave et la fabrication du sucre indigène. Il serait digne de la Société d'encourager cette nouvelle branche d'industrie. En effet, notre département offre plusieurs localités qui conviennent à cette culture, et si ces plantations n'étaient pas destinées tout d'abord à alimenter des sucreries, puisqu'il n'en existe encore qu'une seule dans nos environs, les habitants des campagnes y trouveraient déjà de grands avantages. Pendant la mauvaise saison, la betterave fournit une excellente nourriture pour les animaux ruminants, nourriture qui doit être alternée avec des fourrages secs. En deuxième lieu, les sarclages successifs qu'on fait subir à la terre, la rendent éminemment propre à l'ensemencement du froment. M. François a fait part à la Société d'une découverte récente faite en Allemagne, et qui peut amener un notable progrès dans l'industrie des sucres. Ce nouveau procédé, qui consiste dans la dessication de la betterave, aurait pour résultat de faire continuer le travail pendant toute l'année, avantage immense dont profite déjà le grand duché de Bade, et que plusieurs de nos fabricants songent à réaliser.

— M. *Picot*, membre de la Société, a fait un rapport sur le pressoir cylindrique de M. Revillon, horloger à Macon. Ce pressoir doit fixer l'attention des propriétaires de vignes, et principalement ceux de notre département. Il a l'avantage de pouvoir être aisément transporté d'un lieu à un autre, sans qu'il soit besoin de le démonter : le mécanisme en est très simple ; un des avantages qu'il présente, est qu'on en obtient une dessication complète dans un court délai.

— M. *Leroux, pharmacien de Vitry-le-Français*. M. Leroux, pharmacien à Vitry-le-Français, qui déjà, s'est signalé par la découverte de la salicine pour laquelle la Société a décerné une médaille d'or, a remis cette année une préparation pharmaceutique qu'il appelle *Lépidine*. L'amertume très prononcée de la petite passerage (*Lepidinus Iberis*), a fait penser à M. Leroux, qu'il serait possible d'extraire de cette plante, un principe amer doué des propriétés fébrifuges, et que cette substance pourrait, dans la matière médicale, prendre place à côté du sulfate de quinine et de la salicine.

— M. *Valentin, docteur en médecine à Vitry*. M. Valentin, docteur en médecine à Vitry, a soumis à la Société de nouvelles considérations sur les propriétés thérapeutiques de la salicine. Il établit quelle peut être employée avec succès dans les douleurs nerveuses de l'estomac, et cite un fait qui donnerait à penser qu'elle peut combattre avantageusement l'épilepsie.

— M. *le docteur Jolly*. L'on doit à M. Jolly, docteur-médecin de Paris, un mémoire (lu à l'académie royale de Médecine), sur la volonté considérée en même temps comme moyen thérapeutique et comme puissance morale. Ce sujet éminemment philosophique, est traité avec l'élégance et la pureté de style qui caractérisent tous les écrits de l'auteur.

—M. *Patin de Troyes*. M. le docteur Patin, de Troyes, a fait hommage du recueil des travaux du conseil de salubrité du département de l'Aube ; on sait que de semblables conseils avaient été fondés sur presque tous les points de la France, à l'époque de l'invasion du choléra : ils ont disparu tous ou à peu près avec le danger : Il n'en a pas été de même dans le département de l'Aube :

Les membres composant ce conseil, s'occupent sans relâche à rechercher et à signaler à l'autorité les causes permanentes ou accidentelles qui influent sur la santé des populations. On remarque dans ces publications plusieurs mémoires de M. Patin, et notamment un travail fort étendu sur la population de la ville de Troyes, pendant la période décennale de 1821 à 1830, en outre des études hygiéniques fort intéressantes sur deux communes de l'arrondissement.

— *M. Soulès.* L'écrit que M. Soulès d'Avize a composé sur des modifications qu'il propose d'apporter à la culture de la vigne, est arrivé trop tard à la Société, pour que la commission chargée de son examen ait pu, cette année, en rendre compte.

— *M. Materne.* M. Materne, professeur au collége de Châlons, est auteur d'un mémoire ayant pour titre : *Comparaison des mœurs et des usages de la Grèce dans les temps héroïques, avec les mœurs et les usages des Barbares qui envahirent l'empire Romain.* Cet ouvrage aussi sagement pensé qu'éloquemment écrit, mérite l'estime et l'attention des hommes qui s'occupent des études historiques.

— *M. Béranger.* M. Béranger, directeur à Reims, de l'*Industriel de la Champagne*, a donné communication d'une brochure sur l'*Influence des Mécaniques*, publiée par lui à l'époque où la classe ouvrière égarée par de perfides conseils menaçait l'existence des machines qu'elle regardait comme funeste à ses intérêts. L'auteur s'attache surtout à démontrer que si les mécaniques produisent plus qu'autrefois, la consommation est aussi dans des proportions beaucoup plus grande. Cet opuscule, qui, à Paris, a valu à son auteur un prix d'encouragement, offre réellement de l'intérêt et des vues nouvelles : il dénote un homme à qui les hautes questions d'économie politique sont familières.

—*MM. Lacatte-Joltrois et Povillon.* Une découverte faite, il y a plusieurs années, d'un aqueduc dans les hautes terres des communes de Prunay, a soulevé une polémique assez vive entre deux antiquaires rémois, MM. Povillon-Pierrard et Lacatte-Joltrois. Celui-ci y voyait un canal destiné à amener une partie des eaux de la Suippe dans la cité de Reims.—C'était, selon M. Povillon, un égout ou simple cloaque creusé pour entraîner les immondices de la ville voisine, et et nettoyer la route romaine de Reims à Bar. M. Lacatte-Joltrois a repris la plume, et a composé un nouvel opuscule, dans lequel il semble terrasser son adversaire sous le poids de sa savante critique. L'*Annuaire* du département a publié quelque chose de cette piquante polémique, et le public peut dès-lors adjuger gain de cause à qui de droit.

— *M. Povillon.* M. Povillon de Reims, entr'autres opuscules dont il a fait cette année hommage à la société, a présenté une notice biographique sur M. Perceval, peintre, mort à Reims le 10 mars dernier, à l'âge de 92 ans. Les églises de cette ville doivent à son pinceau quelques tableaux qui ne sont pas sans mérite. L'église de St-Alpin de Châlons conserve de Perceval un tableau de St-André, et c'est à lui que sont dues les grisailles qui décorent le vestibule de l'Hôtel-de-Ville de Châlons. — M. Povillon, dans un autre mémoire, rappelle à la Société les découvertes d'antiquités faites sur le sol de l'ancienne cité de Reims et hors de ses murs, depuis le mois de juillet 1830, jusqu'à la fin de 1836 ; l'auteur en signale vingt-sept dans ce court espace de temps, parmi lesquelles il en est plusieurs qui offrent un véritable intérêt. Telle est celle de 150 médailles en or trouvées en 1834, près de la porte de Cérès, aux effigies de Néron, d'Othon, Vitellius, Vespasien, Titus, etc., toutes à fleur de coin, et dont un antiquaire Rémois, homme de goût, a enrichi son cabinet, déjà si curieux.

— *M. Hiver.* M. Hiver, procureur du roi à Orléans, a fait l'envoi d'une notice fort curieuse sur un atelier monétaire découvert à Damery près d'Epernay. Déjà M. Bonnard, il y a quelques années, faisant part de cette découverte à la Société, lui avait adressé des moules contenant encore les monnaies qu'on y avait autrefois coulées. Dans le voisinage de ces moules, on a encore trouvé des vases remplis de médailles, 2000 en bas argent, dont plus de 1500 de mauvaise fabrique, et à l'effigie de Postume ; et 4000 en petit bronze, à l'effigie de Constant et de Constance : toutes d'une belle fabrique et à fleur de coin. M. Hiver pense que sous le règne de ces deux princes, un atelier monétaire existait à Damery, et qu'on y moulait des pièces à l'effigie des empereurs qui ont régné depuis Caracalla jusqu'à Postume ; que cet atelier placé au centre d'une ville, n'était pas un atelier de faussaire, mais bien une fabrique impériale dans laquelle on frappait au marteau les espèces en cuivre, au coin des empereurs régnants, en même temps qu'on y reproduisait par le coulage, en les altérant encore, les espèces déjà altérées des anciens Césars.

— *Ecole des Arts.* A l'époque du passage de la princesse de Mecklembourg, l'école des Arts et Métiers avait fait une exposition publique des travaux de ses élèves. Sur l'invitation de M. le directeur, la société a député une commission pour examiner les objets exposés : cette commission a été unanime dans son admiration, à la vue de ce grand nombre de machines ingénieuses, de modèles d'un fini précieux et d'une si parfaite exécution. Elle a cité particulièrement une machine à raboter les métaux, construite en fer fondu : un modèle de grue destinée à décharger les bateaux, un autre de la pompe Pontifex, d'une élégance et d'un travail achevé. Il faut encore citer les horloges en cuivre destinées aux églises, et les pompes à incendie : puis cette machine ingénieuse inventée par le docteur Rousseau, d'Epernay, servant au travail des vins mousseux ; les tours à engrenage, les machines à battre le blé, les meubles en acajou, et par-dessus tout, cette innombrable quantité de petits objets, d'outils, et de pièces isolées, d'une exécution si remarquable ; mais ce qui doit surtout surprendre, c'est que les plus habiles de ces jeunes ouvriers à qui sont dûs tant de travaux précieux, n'ont pas encore trois années d'apprentissage, et qu'ils ont donné le tiers de leur temps aux études théoriques. — Ces heureux résultats sont dûs surtout à la nouvelle organisation qu'a reçue l'école sous l'habile direction de M. Vincent dont on ne peut assez louer l'active sollicitude, le zèle infatigable et la haute intelligence.

La société de Nancy. — La Société centrale d'agriculture de Nancy a réclamé le concours de toutes les Sociétés qui sont en relation avec elle, à l'effet de solliciter une loi tendant à obliger les garçons de charrue à se munir d'un livret comme les ouvriers des autres professions : ce serait un bien pour les maîtres qui y trouveraient des gages de sécurité et un frein salutaire aux exigences des serviteurs qu'ils emploient. Cette pièce pourrait d'ailleurs leur servir en même temps de passeport et de certificat de bonne conduite, et épargneraient le soin aux propriétaires de demander des renseignements qui, pour la plupart, sont arrachés par l'importunité et dictés par la complaisance (1).

Au nombre des autres ouvrages offrant un véritable intérêt, dont hommage a été fait par leurs auteurs à la société, M. le rapporteur signale :

La Chronique de Champagne, publication mensuelle, remplie de documents curieux sur l'histoire de notre Province.

Un *Cours élémentaire et progressif de perspective linéaire*, par M. Navelet, de Châlons.

Un *Essai sur la plantation et la culture des arbres verts dans les plaines crayeuses de la Champagne*, par M. Ballet-Petit, pépiniériste à Troyes.

Des *Observations* de M. D'herbés, d'Ay, *sur l'étymologie du nom latin de Châlons, Durocatalaunum.*

Un *Calendrier perpétuel* de M. Hermant, instituteur à Sompuis.

La deuxième édition d'un poème sur *la Chasse*, par M. le comte de Chévigné.

Une *Grammaire anglaise*, de M. Neveu.

Un *Tableau calligraphique*, de M. Hémart, ancien instituteur primaire de Châlons, dans lequel l'art rivalise avec ce que la gravure a de plus parfait, etc.

— M. le secrétaire rapporteur, rappelle ensuite les pertes que la Société a faites de quelques-uns de ses membres décédés dans le courant de l'année écoulée. M l'abbé Virguin, curé de St-Alpin, conservateur du Musée de la Société, en qui l'on ne sait ce que l'on doit le plus regretter des vertus évangéliques si utiles et si chères à ses paroissiens, ou des connaissances aussi profondes que variées qui brillaient en lui. Il projetait depuis longtemps un nouveau système d'enseigner l'histoire de France dans les établissements d'instruction publique, persuadé des heureux effets que produiraient sur de jeunes cœurs le récit des

---

(1) Cette mesure aurait incontestablement de grands avantages, et on ne voit pas pourquoi on ne l'étendrait pas à tous les gens de service, de l'un et de l'autre sexe. Si l'on peut astreindre à cette règle des hommes voués aux travaux de l'agriculture, à bien plus forte raison le peut-on souhaiter des gens à gages que la confiance introduit dans l'intérieur des familles. Mais les domestiques, valets, et autres mercenaires de ce genre veulent aussi jouir du bienfait de l'émancipation et des idées libérales ; ils accepteraient difficilement un livret qui les stygmatiseraient du nom de gens exerçant une profession servile.

belles actions, dont est remplie l'histoire de notre patrie. M. Mathieu, de Vienne, ancien membre du conseil-général, et juge à Ste Ménéhould ; M. Maucourt, docteur en médecine à Reims ; et M. Charpentier, professeur au collège royal de cette ville, auteur d'un cours abrégé d'Histoire Naturelle, sont également à regretter pour la Société.

—Ont été admis dans le courant de l'année, comme membre titulaire résidant, M. Picot, mécanicien à Châlons, et comme associé correspondant, M. Mittre, avocat à la cour de Cassation, qui a fait hommage à la Société d'un mémoire fort remarquable, intitulé : *De l'Influence de Paris sur toute la France*, sujet mis au concours par la Société en 1835.

CONCOURS DE 1837.

—*Premier concours*. Jalouse d'attirer les méditations des hommes éclairés sur un point qui intéresse essentiellement l'avenir de l'agriculture, point sur lequel le gouvernement a depuis peu invoqué les lumières des conseils-généraux, la société avait offert une médaille d'or de la valeur de 300 fr., à l'auteur du meilleur mémoire sur cette question : « L'agriculture, pour atteindre au degré de perfection, dont elle est susceptible, a autant besoin d'hommes éclairés que d'hommes pratiques. Quels seraient les moyens de diriger vers cet art l'esprit et les études de la jeunesse, surtout de celle des campagnes qui tend toujours à affluer vers les villes ? »

Quinze concurrents se sont présentés de tous les points de la France. Cependant la question n'a point été complètement résolue : la commission chargée d'examiner ces mémoires, en a distingué cinq qui lui ont paru dignes d'être favorablement accueillis : en conséquence, elle a proposé à la Société d'accorder une médaille d'or à titre d'accessit à chacun des auteurs dont les ouvrages sont côtés sous les n°s 14—6 et 12—et une mention honorable avec une médaille d'argent aux mémoires cotés sous les n°s 10 et 3, qui lui ont semblé mériter aussi quelque distinction.

—*Deuxième concours*. Dans le désir de stimuler le zèle des communes, à l'entretien et à la réparation des chemins vicinaux, la Société, depuis plusieurs années, distribue une médaille d'encouragement à la commune de chaque canton qui se distingue le plus dans ce genre de travaux publics. La commission a distingué quatre communes auxquelles il est juste d'attribuer une honorable distinction.

— *Troisième Concours*. Le concours ouvert pour la statistique, a valu cette année celle du canton de Bourgogne, arrondissement de Reims : quoique ce travail ne soit pas exempt de quelques défauts, on peut affirmer que c'est un des meilleurs de ce genre qui aient encore été adressés à la Société : aussi la commission a-t-elle été unanime pour décerner à son auteur une médaille d'encouragement de première classe.

—*Le quatrième concours*, relatif aux médailles d'encouragement à offrir au médecin ou au chirurgien du département qui aura vacciné le plus grand nombre d'individus pendant l'année 1837, n'a été l'objet d'aucune distinction.

— *Le cinquième concours* offrait des médailles d'encouragement aux cultivateurs ou propriétaires, commerçants et artistes dont les travaux devaient paraître à la Société dignes de cette distinction.

Après la lecture du rapport de M. le secrétaire, M. Prin, membre de la commission d'examen des mémoires relatifs au premier concours, a pris la parole et a fait remarquer à l'assemblée les divers points qui légitimaient aux yeux des commissaires les distinctions qu'ils proposaient d'accorder aux mémoires indiqués dans le rapport de M. le secrétaire.

Immédiatement après ces diverses et judicieuses appréciations, M. le président annuel s'est levé et a procédé à la distribution des médailles.

Sur le premier concours, une médaille d'or, de la valeur de 100 francs, a été remise à titre d'accessit:

1° A M. Eugène Perrier, de Châlons, auteur du mémoire n° 14.

2° A M. Villerval, de Sericourt, maire et propriétaire à Sericourt (Pas-de-Calais), auteur du mémoire n° 6.

3° A M. Trochu, de Belle-Isle en Mer, propriétaire à Lyon, auteur du mémoire n° 12.

Une mention honorable avec une médaille d'argent à M. Perrot, licencié ès-lettres à Phalsbourg, Meurthe, auteur du mémoire n° 10.

Et à M. L. Budart, de Vitry-le-Français, auteur du mémoire n° 3.

Sur le deuxième concours, une médaille d'encouragement de première classe:

1° A la commune de Dommartin, arrondissement de Sainte-Ménéhould.

2° A la commune de Saint-Saturnin, canton d'Anglure, arrondissement d'Epernay.

3° A la commune de Vanteuil, canton et arrondissement d'Epernay.

Et un rappel de médaille à la commune d'Athis, canton d'Ecury, arrondissement de Châlons.

Sur le troisième concours, une médaille d'encouragement de 1re classe, à M. Chalette, auteur de la statistique du canton de Bourgogne, arrondissement de Reims.

Sur le cinquième concours, une médaille d'encouragement de 1re classe, à M. Collard, menuisier à Cheniers, pour le perfectionnement d'instruments aratoires.

La distribution des médailles faite, M. le secrétaire a clos la séance par la lecture du programme suivant des sujets de prix proposés pour l'année 1838.

Premier concours. La Société décernera dans sa séance publique de 1838, une médaille d'or de la valeur de 300 francs à l'auteur du meilleur mémoire sur l'une de ces deux questions:

1° Quels seraient les moyens de rendre le remplacement du service militaire plus utile à l'état de l'armée et aux remplaçants eux-mêmes?

Le gouvernement ne pourrait-il pas faire cesser les abus du mode actuel d'une part, en obligeant ceux qui voudraient se dispenser du service militaire, à verser au trésor public, une somme déterminée, et d'autre part, en attachant assez d'avantages aux enrôlements volontaires, pour n'avoir pas à craindre que leur nombre fut inférieur à celui des exemptions?

2° Quels seraient les moyens d'abolir en France la coutume du duel?

Ne serait-il pas possible de donner au duel lui-même, abstraction faite de ses conséquences, le caractère de délit, et d'en soumettre le jugement aux tribunaux correctionnels?

Quelles seraient en cas d'affirmative, les peines qu'il conviendrait d'appliquer à ce délit? (1)

— *Deuxième concours.* ENTRETIEN ET RÉPARATION DES CHEMINS VICINAUX. La société décernera aussi à la même époque, une médaille d'argent dans chaque canton du département de la Marne, à la commune rurale qui justifiera avoir le mieux entretenu ses chemins vicinaux.

— *Troisième concours.* Une médaille d'encouragement est offerte à la meilleure statistique d'un canton du département de la Marne.

— *Quatrième concours.* VACCINE. La société continue d'offrir des médailles d'encouragement au médecin ou chirurgien de ce département qui aura vacciné le plus grand nombre de sujets pendant l'année 1838.

— *Cinquième concours.* La société décernera dans la même séance, une médaille d'encouragement à celui des instituteurs du département qui avec l'autorisation de qui de droit, aura ouvert une école d'adultes dans laquelle des notions d'agriculture applicables à la localité, auront été enseignées avec le plus de succès.

— *Sixième concours.* Elle décernera dans sa séance publique de 1842, une médaille d'or (de la valeur de 100 fr.), au propriétaire qui justifiera d'une plantation de muriers blancs, de mille pieds au moins, et de l'âge de quatre ans.

— *Septième concours. Objets divers d'utilité publique.* Aux termes de l'art. 4 de son règlement, la Société distribuera dans sa séance de 1838, des médailles d'encouragement aux cultivateurs ou propriétaires, commerçants et artistes dont les travaux lui en paraîtront dignes.

Les personnes qui pourront y avoir des droits, sont invitées à déposer au secrétariat, leur demande et les pièces à l'appui, avant le 1er juillet 1838.

(1) Les mémoires devront être adressés, *francs de port*, au secrétaire de la Société à Châlons-sur-Marne, avant le 15 juillet 1838 (terme de rigueur). — Les auteurs ne doivent point se faire connaître; ils joindront à leur envoi un billet cacheté, qui renfermera leur nom et leur adresse, et sur lequel sera répété l'épigraphe de leur manuscrit.

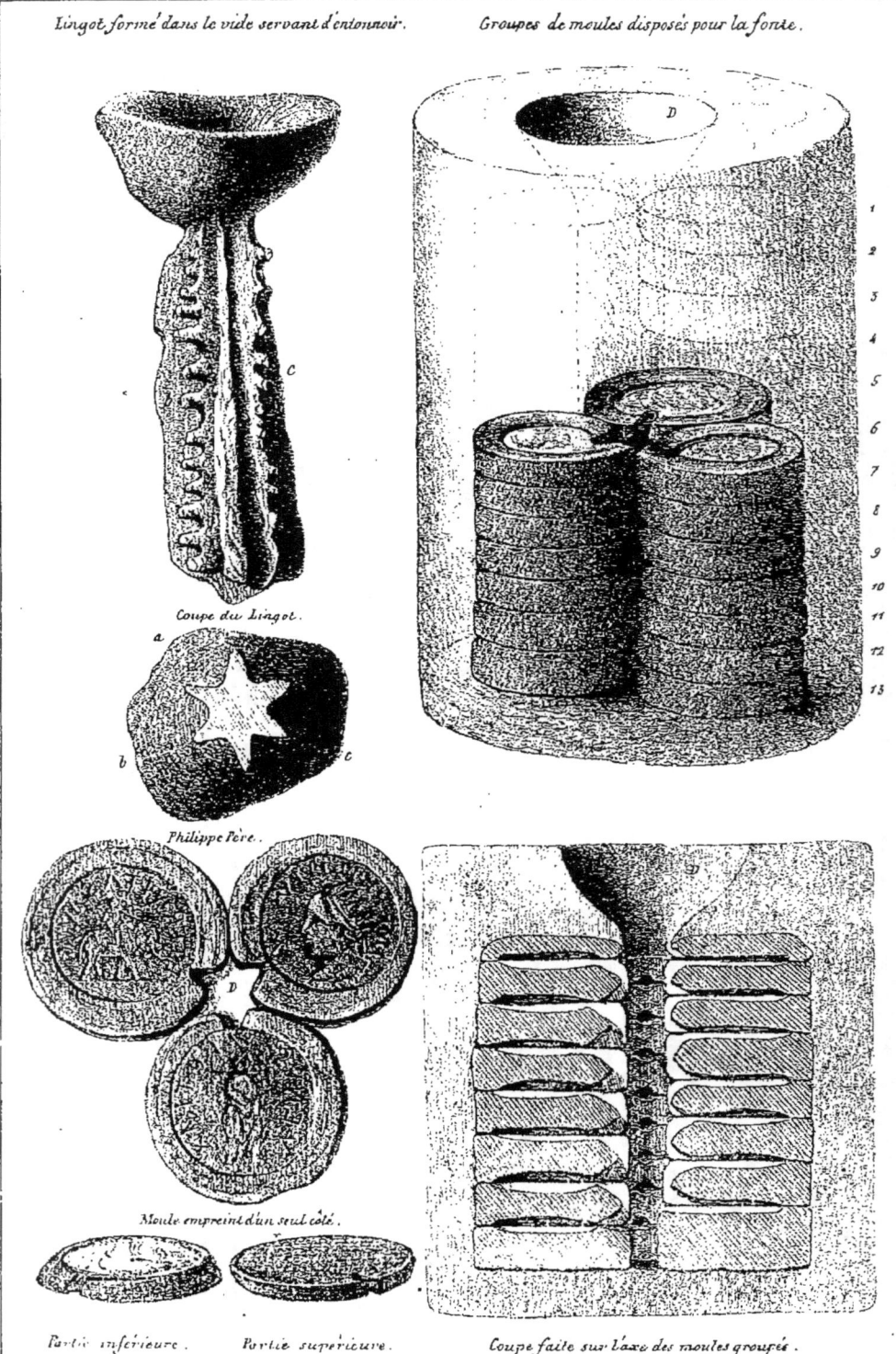

HISTOIRE.

MONOGRAPHIE.

ATELIER MONÉTAIRE DÉCOUVERT A DAMERY,
EN 1830.

(*NOTICE.*)

Notre pays en France a cela de remarquable entre tous les autres de l'Europe, qu'il s'y trouve à peine un hameau qui n'ait ses singularités historiques. Ici c'est une origine antique qui se perd dans la nuit des temps et qu'attestent d'irrécusables monuments : Là des constructions romanes, une église gothique, un château féodal. Autre part, un événement capital, un fait d'armes, une naissance illustre : partout de curieuses et touchantes traditions.—Ce n'est pas seulement dans les chartes et dans les titres des seigneuries qu'il faut aller chercher l'histoire d'une localité : la terre en sait souvent plus que nos archives, et les secrets que de temps à autre elle veut bien nous révéler, nous mettent à même de restituer et de faire honneur à tel pauvre petit village, aujourd'hui fort humble et fort ignoré, de faits historiques et d'établissements qui suffiraient à l'illustration de grandes cités.

Damery est une de ces localités de notre Champagne auxquelles fait défaut l'histoire écrite. En présence des nombreux vestiges de haute antiquité que son sol nous révèle fréquemment, nul écrivain ne s'est encore occupé de débrouiller son origine et l'histoire de ses premiers temps. Les traditions locales ont été négligées, et si de temps à autre quelques curieux amateurs de vieilleries recueillent les débris que son sol met à nu, les érudits restent silencieux, aucune induction n'en est tirée, et le pays, malgré ces témoignages vivants d'une ancienne civilisation, reste dans l'ignorance des nombreuses vicissitudes qui furent le partage de ses enfants.

Voici pourtant une trouvaille qui lève une partie du voile dont le bourg de Damery était couvert. Il s'agit de l'atelier monétaire romain, signalé il y a quelques années à la société d'agriculture de Châlons-sur-Marne, par M. Bonnard de Damery, atelier sur lequel nous recevons une notice fort intéressante de M. Hiver, aujourd'hui Procureur du Roi à Orléans et que nos villes d'Epernay, Reims et Sainte-Ménéhould ont tour à tour possédé. Il résulte évidemment de cette importante découverte que Damery, déjà du temps des Romains, était un endroit d'une grande importance, puisqu'ils y avaient des thermes et un hôtel de monnaies impériales.

Damery, situé non loin d'Epernay, sur les bords de la Marne, au bas de coteaux qui produisent des vins excellents et renommés, était encore au xiii° siècle, un endroit considérable, une ville fortifiée avec ponts, tours, créneaux et bastions. Les grandes Chroniques de Flandres racontent que lors des guerres qu'eut à soutenir contre les grands vassaux de la couronne, Thibaut le Chansonnier, comte de Champagne, Damery eut le sort de Sézanne et d'Epernay et fut entièrement saccagé. *La Chronique de Rains*, dont nous achevons en ce moment l'impression, fait aussi mention de cette guerre si ruineuse pour notre pays. Le récit en est curieux. Il intéresse trop l'histoire de Champagne, pour que nous nous refusions au plaisir de le reproduire ici.

Thibaut était le plus puissant feudataire de la couronne (1). Sa domination s'étendait sur presque autant de provinces que le roi de France lui-même en possédait à titre de propriété. Aussi devait-il singulièrement exciter l'envie des autres grands vassaux.—Louis VIII ayant rallumé la guerre contre les malheureux Albigeois, Thibaut qui lui devait foi, hommage et service l'accompagna dans cette expédition. Après quelque séjour, le comte demanda la permission de se retirer, il avait payé sa dette à son Suzerain par quarante jours de service, elle ne pouvait lui être refusée. Louis voulut le retenir, et le comte partit sans congé. Bientôt le Roi mourut subitement à Avignon : quoique parti, Thibaut fut hautement accusé par les barons

(1) Les comtes de Champagne, ainsi qu'on sait, descendaient des comte de Vermandois, issus eux-mêmes du sang de Charlemagne. Ils avaient des alliances avec la maison de Bourgogne, avec les ducs de Bretagne, de Guyenne, de Normandie, devenus rois d'Angleterre ; avec les comtes de Flandre devenus empereurs de Constantinople, enfin, plusieurs avec la maison de France. La maison de Champagne avait donné un roi à l'Angleterre (Étienne mourut en 1154), un autre à Jérusalem, mort en 1137, etc.

de l'avoir empoisonné. Les écrits du temps sont pleins de ces bruits que pourtant la haine seule propagea. Ici commencent les guerres et dissentions soulevées contre la reine Blanche; mais laissons parler notre Chroniqueur :

« On revenrons as barons qui ne pensoient, se mal non, envers la roine de France et faisoient souvent parlement ensemble : et disoient qu'il n'estoit en France qui les peust gouverner, et veoient que li rois estoit jouènes et si frère, et poi prisoient la mère. Si foloierent (*faisoient folie*) ensemble, et fisent entendant au conte de Boulongne que il le feroient roi. Et il n'estoit mie moult sages, si les crut. Et prisent conselg que il se prenderoient premiers au conte Thiébault de Champaigne et li meteroient sus la mort le roi Loeys, pour çou que il l'avoit laissiet à Avignon et s'en estoit partis mauvaisement comme traitres; Et s'il l'avoient mort ou pris, il n'averoient mais nul contredit au roiaume conquerre. — Ensi fu atourné. — Et li quens de Boulongne alla deffier le conte Thiébault par .II. chevaliers et li demanda entresait (*alors*) la mort son frère. Li quens en fu moult esbahis, et fist semoure (*assembler*) ses hommes, et lor demanda conselg que il feroit. Et si homme li respondirent malement, car il estoient tout tourné deviers les barons. Et quant li quens vit et entendit lor mauvais cuers et lor mauvais respons, si ot tout le cuer pierdu, et nequedent (*pourtant*) il fist millour cière que il ne pensa et comencha à deffaire un earche dou Port de Basson (*Port-à-Binson*), et fist faire, par deseure le pont, barbacanes et deffenses et comanda le pont à garder au conte Huon de Retel, qui gaires n'en fist sa partie boine ; et garni Fimes et en fist kievetain (*gouverneur*) Simon de Traileu, et fist garnir Moiemer (*Mont-aimé*), et ce fu la garnisons qui mius se prouva enviers lui. Et se traist à Provins et fist le bourc fremer hastement et se tint là, car il ne se savoit à qui fier.

Chi vous lairons .I. poi dou conte Thiébault et dirons des barons qui assamblèrent une si grant ost que c'estoit mervelles à veoir. Et vinrent droit à Fimes et fu assise (*assiégée*), et furent devant grant pièche. En la fin lor fu rendue, et le fisent miner et boutèrent le fu dedens. Mais la tour estoit si boine qu'onques ne se desmentit. Et puis se traisent droit au Pont-à-Basson, et là ne porent passer, car il estoit moult bien hourdés. Et quant li quens de St. Pol (*Chastillon*) vit qu'il ne passeroit pas au pont, si contre monta un poi Marne, juskes endroit Ruel et la passa-il premerains entre lui et sa gent. Mais un poi i ot de contredit d'entour .X. chevaliers qui estoient de la maisnie au conte de Retel qui contredisent le passage tant comme il porent. Mais il ne lor valu noient, car li quens de St Pol estoit passé. Et quant li quens de Rethel le vit outre, si tourna le dos et s'enfui. Et li moines de Longon i fu navrés et pris. — Atant passèrent tout, car Marne estoit adont petite, et puis alèrent à Asprenay (*Epernay*), et le brisièrent et entrèrent ens par force et i gaegnièrent grant avoir, et moult en vint à Rains, dont teus i ot qui bien en fisent lor fieret. Et puis alèrent à Dameri et fu reusé (*rasée, détruite*), et d'enki allèzent à Sésanne (*Sézanne*) et le trouvèrent toute vui-

de, car li quens i avoit fait le fu bouter, et bien saciés de voir que cil de Moiemer les contralioient durement : Et puis s'en alèrent vers Provins, mais la vitaille lor aloit aukes falant (1), et cil de Moiemer hapoient qu'onques il lor venoit deviers Rains, et c'estoit li lius dont plus de biens lor venoit : car li Archevesques lor aidoit de tout son pooir; et ensi ardoient le pays de Campaigne, et nus n'i metoit conselg. » . . . .
. . . .

Le sort de Damery retombe ensuite et pour longtemps dans l'incertitude. Nous lisons seulement dans une charte de 1380, que Charles VI confirma à ses habitants la jouissance du bas d'Auney.

Il y a toute apparence qu'au xve siècle, Damery eut encore beaucoup à souffrir des guerres des Anglais. Il faut reporter à cette époque les nouveaux désastres qui, suivant certaines traces d'incendie, obligèrent les habitants à reporter un peu plus loin leurs nouvelles habitations. L'assiette de Damery était alors plus à l'avant, et le ruisseau que les habitants appellent *Ru de Brunet*, la traversait. Peut-être en changeant de site, voulurent-ils se rapprocher du prieuré de St.-Mard qu'occupaient alors non loin de là, des moines Bénédictins.

Quoiqu'il en soit, il reste encore une chaussée de fort ancienne construction, qui traverse la prairie et qui, dès ces temps-là, procurait avec la route d'Allemagne, une communication facile et fort nécessaire, en cas d'inondation surtout. —Savary dit qu'il se faisait autrefois à Damery, un commerce considérable de bonneterie, de cuirs et de pelleteries. Ce bourg aujourd'hui d'environ quinze cents habitants, a conservé ses foires, qui sont encore assez fréquentées.

Nous laissons actuellement parler M. Hiver :

Pendant l'hiver de 1829 à 1830, des fouilles faites dans une portion fort petite de l'emplacement du parc de l'ancien château de Damery, bourg près d'Epernay, bâti sur les ruines de *Bibé* (2), première station sur la

---

(1) *La Chronique de Flandres*, chap. XIX, est de tous points conforme à ce récit. Hugues, comte de St.-Paul, de la noble maison de Châtillon-sur-Marne, était de la ligue contre Thibault : « il contremonta Marne jusqu'à Reuil ; là, passa premier, luy » et sa gent, mais un peu y eut de contredit des chevaliers du comte de Rethel. Toute- » fois, rien ne leur valut, car le comte de St.-Pol gaigna le pas sur eux. Le comte » de Rethel s'enfuit, et fut pris un de ses chevaliers, qu'on appeloit le moine de » *Meignon*. Atant passa tout l'ost la rivière et vinrent à Esparnay, qu'ils abatirent » tout, et là gaignèrent grand thrésor. De là alèrent à Damery et l'abatirent tout. » Puis vindrent à Sésanne, et la trouvèrent toute vuide. Tantost menèrent leur ost » vers Provins ; mais victuaille leur faillit. »

(2) D'Anville a déterminé la position de Bibé comme répondant au village de

voie militaire de Reims à Beauvais (1), firent découvrir à une profondeur de quelques pieds, sous un amas de cendres, de charbons et de tuiles brisées, les débris de vastes constructions rasées par un incendie, ayant servi notamment à des thermes (2) et à un atelier monétaire.

Dans des pièces qui se touchaient, on trouva en peu de temps plusieurs vases remplis de médailles.

Les premiers renfermaient au moins 2,000 médailles d'argent, dont plus de 1,500 étaient à l'effigie de Postume; le surplus présentait la série des monnaies qui se trouvent communément depuis Philippe père jusqu'à ce tyran; la seule pièce rare était un Macrien fils; les Revers, bien que très variés pour les médailles de Postume, étaient tous communs; enfin la fabrique de ces pièces était mauvaise et le métal fort appauvri, et celles au type de Postume étaient comparativement plus défectueuses que les autres (3).

Un autre vase contenait : 1° une médaille d'argent d'Antonin;

2° Cinq petits-bronzes de la Monnaie de Trèves, aux types de Rome et de Constantinople;

3° Cent autres petits-bronzes des Monnaies de Trèves, Lyon, Arles, Aquilée, Sisseg (4), et Rome aux types de Constant et de Constance, fils de Constantin, et présentant pour ces deux empereurs les trois mêmes Revers : FELIX TEMP. REPARATIO; *guerrier donnant la main à un enfant.*—Même légende, *l'empereur debout sur une galère.*—VICTORIAE DD. AVGG. NN., Victoires présentant des couronnes;

Saint-Martin-d'Ablois, situé au-delà de la Marne, à une lieue au midi de Damery, et tout à fait hors de la direction de Reims à Beauvais. D'Anville a raisonné dans la supposition que la station suivante *Calagum,* était Chailly près Coulomniers, sans examiner si la détermination de ce lieu est exacte, ce que l'on ne pense pas; il est du moins aujourd'hui de toute évidence que les ruines antiques sur lesquelles Damery est bâtie sont celles de Bibé.

(1) Cette voie s'embranchait entre Reims et Fismes *(Fines),* sur la route de Soissons; l'Itinéraire d'Antonin n'en fait pas mention, mais elle est tracée sur la carte Théodosienne. Bergier, bien que Rémois, n'a point décrit ce grand chemin.

(2) Le fourneau de ces thermes était garni de tuyaux absolument semblables à ceux provenant des fouilles de Famars conservés au Musée de Valenciennes; la pièce principale était revêtue de stuc.

La route de Strasbourg a été pendant quelque temps réparée avec les pierres arrachées des fondations de l'ancienne Bibé; elles s'étendaient sur une surface de plus de dix hectares : le terrain fouillé en 1829 et 1830 n'a pas vingt ares.

(3) Ces monnaies ont été acquises par la Société littéraire d'Epernay et par MM. Bonnart, de Damery, et Lucas-Desaint, de Reims. Il serait difficile d'en donner aujourd'hui un catalogue détaillé.

(4) *Siscia,* actuellement Sisseg, ville de Croatie.

4° Et enfin trois mille neuf cents pièces environ en petit-bronze, du quatrième module, toutes à fleur de coin, d'une belle fabrique, et toutes aux types des mêmes empereurs Constant et Constance, et au Revers unique, du phœnix sur un globe ou sur un rocher avec la légende FELIX TEMP. REPARATIO (1).

La plupart de ces pièces portaient à l'exergue la marque de la Monnaie de Trèves ; plusieurs, celles de la Monnaie de Lyon, et une seule portait le *différent* monétaire SIS, attribué également à la Monnaie de Sisseg ; on remarquait en outre des différences de coins.

Néanmoins, et malgré ces indices formels d'une fabrication dans des lieux éloignés les uns des autres, l'identité de l'alliage et de la gravure de ces trois mille neuf cents médailles était telle, et leur conservation si parfaite et si égale qu'on ne pouvait se refuser à l'idée qu'elles avaient été fabriquées dans le même atelier, et qu'elles n'en étaient pas sorties pour être mises en circulation.

Cette hypothèse, justifiée encore par l'uniformité des empreintes, paraît pleinement confirmée par la découverte dans une pièce voisine d'un atelier monétaire en pleine activité.

Là, sous un amas de cendres et de tuiles, on trouva tout à la fois des cisailles et des débris d'autres instruments en fer, propres à la fabrication des monnaies, et plusieurs groupes de moules en terre cuite renfermant encore les pièces qui y avaient été coulées, et le lingot formé par le métal surabondant.

Comme ceux trouvés à Fourvières, ils avaient été moulés sur les monnaies qu'ils étaient destinés à reproduire, en serrant les pièces modèles entre des disques d'argile pétrie d'un diamètre plus grand, de manière à former rebords, et placés les uns au-dessus des autres ; de façon qu'à l'exception du premier et du dernier, ils reçussent sur chaque face l'empreinte du Droit et du Revers d'une pièce (2).

Le creux et les empreintes obtenus par ce procédé aussi exact que facile, les disques servant de moules étaient entaillés pour que la matière en fusion put y pénétrer, puis durcis au feu, replacés les uns au-dessus des autres dans le sens des entailles, et dans le même ordre que lors du moulage, et enfin lutés avec de la glaise, de façon à former un cylindre ou rouleau semblable à celui trouvé à Fourvières, et décrit par M. de Caylus (3).

(1) Ces petits-bronzes ont été acquis par MM. Bonnart et Lucas-Desaint.
(2) La planche qui accompagne cette notice a été faite d'après les moules qui sont dans le cabinet de M. Hiver.
(3) Ant. de M. de Caylus, t. Ier, p. 286 et pl. cv.

Mais une dernière opération, qui a échappé à la sagacité de cet antiquaire, précédait le coulage. Les rouleaux de moules étaient réunis par groupes de trois, et placés à côté les uns des autres, de façon que les entailles pratiquées pour l'introduction de la matière se trouvassent toutes dans le vide intérieur, lequel alors servait d'entonnoir pour la verser.

Telle était la disposition matérielle des groupes de moules, découverts dans les ruines de Bibé; elle est reproduite avec la plus grande exactitude sur notre planche.

Le lingot qu'on y a dessiné (1) est l'un de ceux formés par le métal surabondant dans le vide destiné à servir d'entonnoir. Les trois lignes de douze pointes chacune (fig. 15 et 16, lettres A B C), dont il est hérissé, correspondent aux entailles du pareil nombre de moules dont chaque rouleau était composé.

Ainsi chaque rouleau ou cylindre présentait douze moules formés par la réunion de treize disques d'argile, dont deux n'avaient d'empreintes que sur une face; trois de ces rouleaux composaient un groupe de moules, et par conséquent on coulait à la fois trente-six pièces; observations que n'avait pu faire M. de Caylus.

Il n'est pas douteux que ces moules, comme ceux beaucoup plus parfaits découverts à Fourvières, ne servissent plusieurs fois; il suffisait d'un peu de soin pour en extraire les pièces sans les briser; et M. de Caylus a fait sur ces derniers une expérience que quelques-uns de ceux trouvés dans les ruines de Bibé pourraient encore supporter, bien qu'ayant subi, lors de l'incendie de cet établissement romain, l'action du feu le plus violent.

Les moules trouvés à diverses époques à Fourvières, étaient aux types de Septime Sévère, Julia Domna, Caracalla, Geta, Soemias, Maesa et Sévère Alexandre (2).

Trente-deux moules seulement ont été recueillis intacts dans les ruines de l'atelier monétaire de Bibé; c'est à peine la dixième partie du nombre total : trois sont à l'effigie de Caracalla, quatre à celle de Philippe père, et vingt-cinq à l'effigie de Postume, avec neuf variétés de Revers.

Voici la description détaillée des empreintes des moules conservés dans les cabinets de MM. Lucas-Desaint, de Reims, et Hiver, avec le nombre des doubles :

Caracalla : *Antonius pius aug. germ* ; tête diadêmée, grand module.

— R. *Venus victrix;* Vénus victorieuse, debout, portant une Victoire

(1) Ce lingot est dans le cabinet de M. Hiver.

(2) Le Mém. P. Ménestriers de l'Acad. des Ins.— M. de Caylus, aux écrits indiqués dans la note première. — M. Poey d'Avant. Il serait à désirer que ce dernier donnât le catalogue des moules trouvés à Fourvières.

sur la main droite, la haste transversale dans la gauche et le coude appuyé sur un bouclier; pl. vi, fig. 5.

— R. *Securitas perpetua* ; Minerve debout.

— R. *Caritas mutua augg.* ; deux mains jointes.

Philippe père : *Imp Philippus Aug.* R. *Æternitas augg.* ; figure sur un éléphant, pl. vi, 7.

— R. *Sæculum novum* ; Jupiter dans un temple, pl. vi, 9.

— R. *Fides exercitus* ; quatre enseignes, pl. vi, 8.

— R. *Sæculares augg.* ; hippopotame.

Postume : *Imp. c. Postumus p. f. aug.* R. *Felicitas aug.* ; femme debout, la main droite sur un long caducée et tenant de la gauche une corne d'abondance (4 doubles); pl. vi, 10.

— R. *Moneta aug.* ; femme debout (2 doubles).

— R. *Lætitia aug.* ; galère (2 doubles).

— R. *Sæculi felicitas* ; l'empereur en habit militaire, tenant un globe et une haste transversale (7 doubles).

— R. *Fides exercit.* ; deux enseignes (3 doubles).

— R. *Herculi deusoniensi;* Hercule, debout, s'appuyant sur sa massue (3 doubles).

— R. *Herculi pacifero;* Hercule, debout, tenant un rameau.

— R. *Neptuno comiti* ; Neptune debout.

— R. *Dianæ luciferæ* ; Diane.

— R. Revers sans empreinte, (vi, 11.)

Il est à croire que ceux brisés ou dispersés reproduisaient les diverses empreintes des monnaies d'argent, trouvées par masse dans les pièces voisines de cet atelier, monnaies dont la plus grande partie devait provenir du coulage actif auquel on s'y livrait. Cette supposition paraît surtout fondée pour les quinze cents pièces d'argent au type de Postume, dont le mauvais aloi et la fabrique défectueuse étaient comparativement remarquables.

A l'égard des trois mille neuf cents petits-bronzes au Revers unique du phœnix, on persiste à croire qu'ils ont été frappés dans l'atelier de Bibé, bien que portant les marques des Monnaies de Trèves et de Lyon. Et en effet, on conçoit que, dans ces temps de désordres, la Monnaie des empereurs dût suivre leurs camps, et être constamment placée à portée de leur résidence. La découverte simultanée, sous les mêmes ruines, de ces petits-bronzes aux effigies de Constant et de Constance, et des moules renfermant encore les monnaies aux types de Caracalla, de Philippe et de Postume, qui y avaient été coulées, prouve d'ailleurs ce fait si important, que ces dernières n'avaient été fabriquées que sous le règne de ces deux premiers empereurs.

Indépendamment de ces dépôts considérables, il a été trouvé fréquemment à Damery des médailles isolées; mais aucune de celles qui ont passé sous nos yeux n'était postérieure au règne des enfants de Constantin, époque à laquelle on doit placer la ruine complète de Bibé par les Francks, qui, dès-lors, faisaient des incursions dans la Gaule-Belgique (1).

De ces découvertes, qu'on s'est attaché à rapporter avec exactitude, découvertes bien plus importantes pour la critique que celle de Fourvières, on tire la conséquence :

Que si des faussaires ont les premiers, suivant le témoignage de Pline, employé le procédé du coulage pour la contrefaçon des monnaies antiques, les empereurs, depuis Postume, se sont eux-mêmes emparés de ce procédé pour reproduire secrètement, et en métal de mauvais aloi, les monnaies de leurs prédécesseurs;

Que c'est à ces restitutions clandestines que l'on doit l'énorme quantité de monnaies d'argent à bas titre et de fabrique défectueuse, aux types des Césars, depuis Septime Sévère jusqu'à Postume;

Et, qu'enfin, elles expliquent le manque absolu de monnaies d'argent de Victorin à Dioclétien, et la grande rareté de celles du Bas-Empire.

En effet, il résulte de ces découvertes, que sous les règnes des césars Constant et Constance, on coulait dans un atelier monétaire, établi à Bibé, des monnaies nombreuses aux types des empereurs qui avaient régné de Caracalla à Postume, et que cet atelier, placé dans le sein d'une ville, près de bains publics, n'était pas un atelier de faussaire, mais bien la Monnaie impériale, dans laquelle on frappait au marteau les espèces de cuivre au coin des empereurs régnants, en même temps qu'on y reproduisait par le coulage, et en les altérant encore, les espèces d'argent, déjà altérées, des anciens Césars.

De là, la possibilité pour l'empereur régnant de ne pas frapper de monnaies d'argent à son coin ou de maintenir fidèlement le titre de la faible quantité qu'il émettait, puisqu'en même temps il jetait dans la circulation, en monnaies anciennes, secrètement reproduites en les affaiblissant, la masse d'espèces nécessaires pour les transactions civiles et commerciales.

Il était d'ailleurs évident que le petit nombre d'espèces d'argent frappées au coin des Césars, depuis Dioclétien jusqu'à la destruction de l'em-

---

(1) En l'an 341 après Jésus-Christ, les Francks s'étaient jetés dans les Gaules; Constant leur livra plusieurs combats dont les succès furent balancés, et ce ne fut que l'année suivante qu'il leur fit repasser le Rhin plutôt par des négociations que par la force des armes.

pire d'Occident, n'avaient pu suffire aux besoins publics, même dans ces temps désastreux ; que les monnaies des anciens Césars avaient continué à avoir cours pendant cette période, mais que les unes et les autres disparaissant dans les enfouissements continuels, conséquence de guerres et de ravages sans fin, auraient été également insuffisantes, si les empereurs n'avaient, à leur grand profit, fait reproduire clandestinement les premières, au lieu de multiplier les espèces de bon aloi, frappées à leur coin.

On conçoit alors qu'ayant le choix, on ait reproduit de préférence les monnaies dont le titre avait été affaibli dans le principe, et qu'ainsi tous les moules découverts soient aux effigies de Septime Sevère, qui le premier avait altéré la monnaie, et de ses successeurs jusqu'à Postume, qui tous avaient suivi son exemple ; car, s'il est facile de reconnaître à la simple inspection si l'argent d'une monnaie est pur ou altéré, il est impossible de juger par ce moyen le degré de cette altération.

Depuis longtemps on avait remarqué qu'il existait une grande inégalité dans le degré d'altération des monnaies frappées dans le même temps et au type du même empereur. Aujourd'hui, il n'est plus permis de douter que ces différences soient la conséquence de ces restitutions frauduleuses.

Ainsi, si les empereurs punissaient l'altération de la monnaie comme un sacrilége, c'était, pour certains, à l'effet de s'assurer le monopole de cette source honteuse de bénéfices.

Hiver,
Procureur du roi à Orléans.

LA FÊTE DE L'ANE

Célébrée dans la Cathédrale de Sens,

LE 1ᵉʳ JANVIER DE CHAQUE ANNÉE.

« L'ignorance du clergé, dit Dreux du Radier, de concert avec celle du peuple qui aime tout ce qui affecte ses sens, avait introduit dans l'Eglise, des cérémonies qui avaient toute l'impertinence de celles du paganisme. Il a fallu tous les efforts d'une piété éclairée pour anéantir ces usages qui ont toujours trouvé quelques défenseurs dans la multitude. »

La fête de l'Ane chez les chrétiens n'est rien autre chose qu'une épisode des bacchanales des païens. Dans les fêtes de Bacchus, paraissait son joyeux compagnon, monté sur un âne, suivi d'hommes et de femmes masqués et déguisés : Silène seul a disparu dans la solennité de la cathédrale de Sens. A l'âne de Silène, a succédé l'âne qui réchauffa Jésus-Christ dans sa crèche de Bethléem, l'âne qui lui servait de monture, lors de son entrée dans Jérusalem.

Le jour de la Circoncision, avant de commencer l'office des vêpres, le clergé de la cathédrade de Sens se rendait processionnellement à la principale porte de l'église, et deux chantres à grosse voix entonnaient sur le ton mineur ces deux vers :

> Lux hodiè! lux lætitiæ! me judice, tristis
> Quisquis erit, removendus erit solemnibus istis!

« Lumière du jour! lumière de joie! voici l'arrêt : Que tout esprit morose
« soit éloigné de ces solennités. »

Ils continuaient sur le même ton les vers suivants :

> Sicut hodiè procul invidiæ! procul omnia mœsta
> Læta volunt quicumque colunt asiniaria festa.

« Loin d'ici l'envie : tristesse, retire-toi! tous ceux qui célèbrent la fête de l'Ane, ne veulent que de la gaîté. »

Immédiatement, deux chanoines députés se rendaient auprès de l'âne, pour le conduire dans l'intérieur de la cathédrale à la table qui lui était préparée. Le préchantre lisait le programme de la fête, et proclamait les noms de ceux qui devaient y prendre part.

Aussitôt que l'âne avait pris place à table, et qu'il commençait à manger, on chantait devant lui la prose que nous restituons ici dans son intégrité avec ses additions, revues sur plusieurs manuscrits.

Prosa Asini.	*Prose de l'Ane.*
Orientis partibus	Des contrées de l'Orient,
Adventavit Asinus,	Il est arrivé un Ane,
Pulcher et fortissimus,	Beau, bien vigoureux,
Sarcinis aptissimus.	Très apte à porter les fardeaux.

CHOEUR DU PEUPLE.

Version du Manuscrit de Sens.	*Version de Ducange.*
Hez va ! hez va ! hez va hez !	Hez sire âne, car chantez
Biala sire Ane, car allez	Belle bouche rechignez,
Belle bouche, car chantez.	On aura du foin assez,
	Et de l'avoine à plantée.

Lentus erat pedibus,	Il marchait lentement,
Nisi foret baculus,	A moins d'être excité par le bâton,
Et cum in clunibus	Et on lui enfonçait l'aiguillon
—Pungeret.	Dans les fesses.

CHOEUR DU PEUPLE.

Hez va, hez va, hez va, hez, etc.

Hic in collibus Sichen	Sur les collines de Sichen,
Enutritus sub Ruben,	Maître Baudet nourri par Ruben,
Transiit per Jordanem	A traversé le Jourdain,
Salcit in Bethleem.	Et fait l'aimable près des ânesses De Bethléem.

CHOEUR DE PEUPLE.

Hez va, hez va, hez va, hez, etc.

Saltu vincit hinnulos,	A la course, il devance
Damas et capreolos,	les faons, les daims,
Super dromedarios,	les chevreuils, les dromadaires
Velox medianeos.	de Madian.

CHOEUR DE PEUPLE.

Hez va, hez va, hez va, hé, etc.

Ecce magnis auribus,
Subjugalis filius
Asinus egregius,
Asinorum Dominus !

Voyez ce beau fils bâté,
aux longues oreilles,
cet âne de choix,
ce seigneur des ânes !

CHOEUR DE PEUPLE.

Hez va, hez va, hez va, hé, etc.

Aurum de Arabiâ
Thus et myrrham de Saba
Tulit in Ecclesiâ
Virtus asinaria.

La vigueur de l'âne
a transporté dans l'Eglise
l'or de l'Arabie
l'encens et la myrrhe de Saba.

CHOEUR DE PEUPLE.

Hez va, hez va, hez va, hé, etc.

Dùm trahit vehicula,
Multâ cùm fasciculâ,
Illius mandibula
Dura terit pabula.

Pendant qu'il traîne le charriot
chargé d'un lourd bagage,
sa mâchoire broye
un dur fourrage.

CHOEUR DE PEUPLE.

Hez va, hez va, hez va, hé, etc.

Cùm aristis hordeum
Comedit et carduum ;
Triticum à paleâ
Segregat in arcâ.

Il mange l'orge en épis,
et broute le chardon,
dans l'aire il sépare
le blé de la paille.

CHOEUR DE PEUPLE.

Hez va, hez va, hez va, hé, etc.

Amen dicas asine,
jam satur ex gramine,
amen, amen itera,
aspernare vetera !

Ane rassasié de foin
dites amen, amen
encore amen,
et nargue des vieilleries !

CHOEUR DE PEUPLE.

Héz va ! hez va ! hez va hé !

Biala sire âne, car allez,
Belle bouche, car chantez :

Hi han ! hi han ! han han han !

Amen.

Dans l'office de la fête de l'âne, cette prose est suivie de l'antienne suivante, où l'acclamation des bacchanales *Evohé* se retrouve.

Virgo hodie fidelis	Le Seigneur dit, Evovœ !
Dixit dominus : Evovœ !	une vierge fidèle, Evovœ !
Virgo verbo concepit	a conçu aujourd'hui le verbe, Evovœ !
Confitebor, Evovœ !	mère sans le savoir,
Nescia mater	Heureux époux, Evovœ !
Beatus vir, Evovœ !	vierge mère de Dieu, de profundis, Evo-
Virgo Dei genitrix	vœ !
De profundis Evovœ !	souvenez-vous aujourd'hui Seigneur,
Hodiè memento, Domine, Evovœ !	Evovœ !

Le Célébrant après avoir entonné le *Deus Adjutorium* des Vêpres, attendait la réponse du chœur qui est tout à fait bizarre :

All... resonent omnes ecclesiæ	All... Que toutes les églises chantent
Cum dulci melo symphoniæ	au son d'une douce symphonie
Filium Mariæ	le fils de Marie mère pieuse,
Genetricis piæ	afin qu'il nous remplisse
Ut nos septiformis gratiæ	de la grâce septiforme,
Repleat donis et gloriæ	de gloire
Unde Deo dicamus : —Luia.	et que nous puissions
	dire à Dieu : —Luia.

Ensuite deux chantres, à grosses voix, chantaient *in falso* les trois vers suivants ; si la rubrique était bien observée, il devait en résulter une grande cacophonie et un terrible charivari.

Hæc est clara dies, clararum clara dierum,
Hæc est festa dies, festarum festa dierum,
Nobile nobilium, rutilans diadema dierum.

« Voici le jour solennel, le solennel des jours solennels.
» Voici le jour de fête, la fête des jours de fête
» Le noble diamant des nobles jours, le resplendissant diadème des jours. »

La prière suivante sent un peu le panthéisme; elle se chantait à deux ou trois voix.

ORATIO.

Trinitas, deitas, unitas æterna ;
Majestas, potestas, pietas superna ;
Sol, lumen et numen, cacumen, semita ;
Lapis, mons, petra, fons, flumen, pons et vita :

Tu sator, creator, amator, redemptor luxque perpetua;
Tu nitor et decor, tu candor, tu splendor et odor quo vivunt mortua,
Tu vertex et apex, regum rex, lex et vindex, tu lux angelica;
Quem clamant, adorant, quem laudant, quem cantant, quem amant
   agmina cœlica;
Tu Theos et heros, dives flos, vivens ros, rege nos, salva nos,
   perduc nos ad thronos superos et vera gaudia.
Tu decus et virtus, tu justus et verus, tu sanctus et bonus
Tu rectus et summus dominus, tibi sit gloria.

Prière.

» Trinité, divinité, unité éternelle
» Majesté, puissance, piété d'en haut :
» Soleil, lumière, volonté divine, comble de la perfection, sentier ;
» Pierre, montagne, rocher, fontaine, fleuve, pont et vie;
» Toi père, créateur, amateur, rédempteur, lumière perpétuelle :
» Toi éclat et ornement, toi blancheur, toi splendeur, et odeur en qui vivent les morts;
» Toi cime et sommet, roi des rois, loi et vengeur des lois, toi lumière angélique :
» Qu'appellent, qu'adorent, que louent, que chantent, qu'aiment les cohortes célestes;
» Toi Dieu et héros, riche fleur, rosée vivante, gouverne-nous, conduis nous aux trônes célestes, et à la véritable joie ;
» Toi dignité et vertu, toi le juste et le vrai, toi le saint et le bon;
» Toi le seigneur véritable et suprême, à toi soit la gloire.

Les matines sont séparées dans l'office de la fête de l'Ane en trois nocturnes ou veillées. La longueur des nuits dans cette saison se prêtait à cet arrangement, mais il devait en résulter beaucoup d'abus. Cet office excédait en longueur ceux des plus grandes fêtes, aussi était-il nécessaire que les chantres et les assistants se désaltérassent. La rubrique indique en plusieurs endroits qu'ils étaient conduits au retrait du gobelet *conductus ad poculum*.

Dans l'intervalle des leçons, on faisait manger et boire l'âne.

Après les trois nocturnes, il était conduit dans la nef, où le peuple mêlé au clergé dansait autour de lui en tâchant d'imiter son chant. Après la danse, on introduisait l'âne dans le chœur, et le clergé terminait cette partie de la fête par le chant du *Te Deum*.

Après les premières Vêpres et les Complies, le préchantre de Sens conduisait dans les rues la bande joyeuse précédée d'une énorme lanterne : on allait ensuite sur un théâtre dressé devant l'église où l'on représentait les farces les plus indécentes. Le chant et la danse étaient terminés par des sceaux d'eau que l'on jetait sur le corps du préchantre.

La messe n'offre rien de remarquable que dans le mot *Evovœ* qui partout remplace le mot *Amen*.

L'office des vêpres n'a rien de particulier.

La Rubrique *ad prandium* qu'on lit à la fin des Vêpres prouve qu'on se mettait à table au moins deux fois. Le répons contient une invocation à Jésus-Christ et à la sainte Vierge pour les inviter à aiguiser l'appétit des assistants, et à leur inspirer de joyeux propos.

L'office de la fête de l'Ane a été composé par Pierre de Corbeil, archevêque de Sens, qui mourut en 1222.—Vainement le zèle et la piété de certains prélats, un décret du concile de Bâle, plusieurs arrêts des parlements, un décret de la Sorbonne cherchèrent-ils à faire cesser ces scandaleuses profanations. Elles n'ont tout-à-fait disparu qu'à l'aurore de la réformation. Le culte catholique ne s'est débarrassé des superfétations grossières qui s'y étaient introduites pendant le moyen âge, que quand l'esprit de critique s'est fait jour, en dépit de toutes les résistances et de tous les obstacles. Les siècles de ténèbres n'ont jamais été favorables à la religion, et le retour de semblables abus n'est plus à craindre pour elle aujourd'hui.

JULES GARINET.

PALÉOGRAPHIE.

SECOND SIÉGE

DE LA VILLE DE LA MOTHE,

QUI FUT BLOQUÉE PAR LE MARÉCHAL DU HAILLIER, AU MOIS DE MAI 1643,

NEUF ANS APRÈS LE PREMIER SIÉGE.

M. Clicquot, gouverneur pour Charles IV.

(Suite).

Le duc Charles IV fit avancer ses troupes du côté de Tannes et en forma le siége. Il pressait ses attaques avec vigueur, et la place était sur le point de se rendre, lorsqu'on l'avertit que le maréchal Du Haillier, nommé depuis le maréchal de l'Hôpital, se prévalant de l'absence de Son Altesse, avait mené son armée devant La Mothe dans le dessein de l'assiéger, et d'arrêter les courses de la garnison par le blocus. Charles IV qui connaissait le mauvais état de l'intérieur de la ville, et qui savait que dépourvue de munitions de guerre et de vivres, elle ne pouvait subsister longtemps, prit incontinent la résolution de renoncer à la conquête de Tannes, pour accourir à la défense de ce poste important. Au bruit de sa marche, Du Haillier leva le blocus, et se mit en posture de recevoir le duc qui venait à lui. Dans ce dessein, il rassembla ses troupes au-delà de la Meuse, à Liffol-le-Grand, ainsi que son quartier-général; et pour être moins embarrassé, il envoya son gros canon à Chaumont en Bassigny.

Charles IV informé de la disposition du camp de Du Haillier, entreprit de l'y attaquer, mais comme il conduisait un grand convoi pour ravitailler La Mothe, il ménagea si adroitement sa marche, qu'ayant passé sans résistance la Meuse à Bazoilles, il fit couvrir le convoi de quelques détachements jusqu'à Harréville, d'où ils eurent ordre de reprendre le chemin de Liffol-le-Grand, afin de charger l'armée française en flanc, tandis qu'il l'attaquait en tête.

Cela fut exécuté ponctuellement, et c'est ce qui lui facilita la victoire : car comme les deux armées étaient aux mains, dans cette grande plaine, les détachements du convoi n'eurent pas plus tôt paru vers le moulin, que Du Haillier, appréhendant d'être renfermé entre les deux armées, prit la fuite, après avoir laissé quinze cents hommes sur la place, et mille prisonniers. Tout le bagage fut trouvé à Liffol avec la caisse du trésorier et le cordon bleu du maréchal. La trouvaille de ce cordon fit dire aux railleurs, qu'il ne fallait pas s'étonner si Du Haillier, ayant perdu le St-Esprit, eût aussi perdu la bataille.

Clicquot, gouverneur de La Mothe, et seigneur de Liffol-le-Grand, fit une action durant le blocus qui lui mérita des éloges, et qui doit trouver place dans cette histoire. Débesne, dont nous avons déjà peint le caractère, se glissa dans la ville avec Guébenhose, dans le dessein de corrompre la fidélité de Clicquot, mais en apparence, pour concourir par ses services à la conservation de cette forteresse. Il colora sa trahison du zèle et de la reconnaissance qu'il devait à la maison de Lorraine, à laquelle, disait-il, il s'était dévoué dès sa tendre jeunesse.

Clicquot le reçut sur ces assurances, mais avec les précautions d'un habile gouverneur, qui ne devait être ni trop crédule ni trop défiant; il assigna aux deux transfuges des logis séparés, et fit éclairer leur conduite de près.

Débesne en traître de profession, contrefit le brave et l'empressé pendant les premiers jours de sa détention. Clicquot le prenait pour ce qu'il se donnait, l'admettait à sa table, et l'honorait d'une espèce de confiance. Cette distinction fit hasarder ce perfide à exécuter son projet. Visitant, sous prétexte de fidélité, le gouverneur réduit à garder le lit par la goutte dont il était cruellement tourmenté, il lui conte, dans son entretien, qu'il dépendait de lui de faire sa fortune, sans intéresser les affaires de Son Altesse. Clicquot comprit le reste du sens de ces termes ambigus : mais pour faire parler plus nettement Débesne, il le pria de s'expliquer. Alors l'explication fut de livrer La Mothe pour une somme d'argent, qui se paierait à Charles IV, et avec promesse de faire donner à Clicquot le bâton de maréchal de France, et un gouvernement à son fils pour récompense de cette action : enfin il assaisonna très bien sa proposition de ce que la perfidie a de plus séduisant ; l'impossibilité de défendre la place, l'obligation d'établir une famille et d'avancer sa fortune, surtout quand l'honneur n'y est pas compromis, furent les spécieux motifs dont il essaya d'émouvoir l'ambition du gouverneur.

Clicquot témoigna n'être pas insensible à ses offres, mais il le pria de remettre au lendemain la décision de cette affaire, la vivacité du mal ne lui permettant pas alors de prendre une résolution juste. Débesne de se rendre au jour marqué. La présence du baron de Lubarche le tint d'abord dans un profond silence; Clicquot le lui fit rompre en l'assurant qu'il était de ses amis. Débesne reprenant courage, renoua la conversation de la veille, et quoique les intrigues d'une conspiration ne demandassent jamais de confident surnuméraire, il rétablit les offres qu'il avait faites le jour précédent, et conjura le gouverneur, par le bien qui en reviendrait à Son Altesse, et par ses propres avantages, à ne pas hésiter de suivre la fortune qui se présentait.

A ces instances, Clicquot lui demanda quels seraient les garants de ses promesses; Débesne lui répondit que c'était Du Haillier. Le Poncre et Raimond colonels d'infanterie, qui étaient cachés par ordre du gouverneur derrière la tapisserie, écoutaient ce dialogue qui finit par des cris causés par les lancements de la goutte que Clicquot feignait à propos pour congédier le traître. Alors le baron de Lubarche le mena souper chez lui et le reconduisit jusque dans sa maison ; et après le repas, Débesne charmé des projets de sa trahison, se promettait d'en voir bientôt l'issue ; mais à peine fut-il couché, que vingt mousquetaires vinrent l'enlever avec Guébenhose, et les conduisirent dans des prisons séparées avec défense de se communiquer. M. Rouyer, conseiller de la cour, intendant de La Mothe, et M. Dubois, lieutenant-général du Bassigny, eurent dès le lendemain commission du gouverneur de faire le procès aux traîtres. Les informations déchargèrent Guébenhose, et Débesne convaincu de trahison et d'attentat sur la personne de Son Altesse, fut condamné, par arrêt de la cour, à perdre la tête sur un échafaud. M. de Mallaincourt fut nommé député par la compagnie pour aller sur les lieux, faire mettre l'arrêt à exécution, mais il fut arrêté par les gens de Magalotty, qui investirent la place l'année suivante. Ils envoyèrent Mallaincourt prisonnier à Chaumont en Bassigny, le traitèrent avec les rigueurs que l'on supposait être pratiquées envers Débesne, le menacèrent de le faire mourir du même genre de supplice dont on aurait fait mourir le perfide. Heureusement que l'arrêt de la cour n'étant pas venu jusqu'à Clicquot pendant le siège, son retard sauva la vie à un innocent, et délivra de la mort un coupable.

TROISIÈME ET DERNIER BLOCUS OU SIÉGE DE LA MOTHE,

Recommencé au mois de Décembre 1644;

Et fini le 20 Juillet 1645.

Rien ne mortifiait plus le duc Charles IV que la nouvelle de la perte prochaine de La Mothe. Magalotty l'avait investie dès le 6 décembre 1644 : l'hiver, d'intelligence avec les assiégeants, avait favorisé leur entreprise. Ils poussèrent leurs travaux et tirèrent leurs lignes de circonvallation avec un bonheur qui présageait le succès de leur expédition. Ils n'ouvrirent cependant leurs tranchées que le 2 mai 1645, et cette ouverture fut accompagnée de la décharge de cinq batteries dressées contre les bastions de St-Nicolas et de Ste-Barbe. La furie des canonnades y fit des brèches assez considérables pour tenter un assaut. Magalotty enivré d'espérance du bâton de maréchal de France, le prix certain de la conquête, ne balança point sur cette attaque. Emporté par sa téméraire ambition, il se confondit avec les subalternes pour partager avec eux l'honneur de monter à la brèche. Clicquot qui en était gouverneur, et qui n'avait pas la même récompense à se promettre, mais qui agissait par les motifs de la belle gloire, accourut en personne à la défense du bastion : l'assaut fut courageux, la résistance le fut encore plus : Magalotty, malgré sa résolution, plia dans le choc, et ses troupes renversées se retirèrent en désordre. La décharge recommença avec des troupes fraîches commandées par le même général ; ses efforts redoublés n'aboutirent qu'à une déroute générale, et Magalotty n'en retourna qu'avec une blessure qui lui donna la mort : ce qui ne lui laissa que la gloire d'avoir combattu en bon officier, et les reproches d'avoir mal soutenu le caractère de général.

Le marquis de Villeroy succéda au commandement de l'armée, mais plus patient après la victoire que Magalotty, il chercha à se l'assurer par des routes plus sûres. Il fit miner le bastion de Ste-Barbe : la mine joua le 20 juin et en fit sauter un flanc qui mit la place à découvert, et par conséquent hors de défense. Clicquot réduit à la nécessité de capituler ou de périr sur la brèche, fut sollicité par le clergé et la bourgeoisie de sauver les tristes débris d'un peuple accablé de misère; les officiers de la garnison joignirent leurs prières aux gémissements publics. Clicquot plus docile aux mouvements de la pitié qu'au sentiment de la valeur, demanda une suspension d'armes : on la lui accorda, et dans une assemblée des trois états, on fit régler les conditions sur lesquelles on capitulerait.

Dubois lieutenant-général du Bailliage fut député vers le maréchal de Villeroy pour les lui présenter. Il y eut quelques contestations sur les articles: le maréchal refusait de donner des ôtages et en exigeait des assiégés. Durant la surséance convenue pour donner avis au duc de la disposition de la place, et des circonstances du siége, il voulait aussi pendant cette armistice, s'assurer de la garde de la brèche et de la première barrière de la porte. Clicquot se raidissait contre ces deux propositions : les troupes qui n'en étaient pas moins indignées se révoltaient hautement, et prêtes à rompre les conférences, elles parlaient de reprendre les armes. L'ardeur des officiers allait en décider au préjudice des clameurs de la bourgeoisie, si le marquis de Villeroy n'eut envoyé sommer le gouverneur d'accepter les offres faites, ou de s'attendre à voir continuer des attaques avec vigueur et sans quartier : et pour donner plus d'effroi à la populace, il commanda au marquis de Francière, gouverneur de Langres, qui était entré dans la ville en qualité d'ôtage, de se rendre au camp, et dit qu'à son retour, il renverrait St-Ouen et Germainvillers qui étaient près de sa personne au quartier-général.

Cette fierté ne déconcerta pas Clicquot, il remit sa réponse au lendemain. Villeroy radouci par la réflexion qu'il s'agissait d'un ennemi vaincu, suspendit l'exécution de ses ordres jusqu'au jour suivant.

L'arrivée du courrier de la cour de France qui lui apporta de nuit des lettres du cardinal Mazarin, le fit repentir de son engagement : elles contenaient les ordres de ne rien précipiter, et que le retardement ne serait pas désagréable à Sa Majesté, pourvu qu'en lui soumettant La Mothe, il fit le gouverneur prisonnier de guerre.

Cette dernière condition impatientait Villeroy ; il lui était difficile de la remplir après les avances presque arrêtées dans les négociations. Un seul moyen qui lui sembla propre pour parvenir au but du cardinal fut de renvoyer dès le matin les ôtages, et sous ombre de manquement de parole de la part de Clicquot, révoquer celle qu'il lui avait donnée dans ses préliminaires. Le retour de Germainvillers et de Dubois, et les nouvelles qu'ils rapportèrent dans la ville, répandirent la terreur jusque dans l'âme de Clicquot. Il se figura que le cardinal en voulait plus à sa personne qu'à la place, et qu'après la reddition de La Mothe, il serait la victime, non de sa valeur, mais du ressentiment de Son Eminence. Dans cette inquiétude, il assembla le conseil de guerre pour prévenir le malheur dont il se crut menacé, il lui fit agréer une seconde tentative pour de nouvelles négociations avec le marquis de Villeroy, et il dépêcha Dubois au quartier-général pour les renouer.

Cette démarche donna assez à entendre au maréchal la mauvaise situation des assiégés : il s'en prévalut et extorqua de leur faiblesse les conditions qui les avaient ci-devant si fort aigris : la batterie du bastion et la garde de la barrière furent confiées à Villeroy et on lui laissa pour ôtages St-Ouen, Germainvillers et Dubois, pendant les quatre jours accordés pour informer le duc Charles de l'état du siége.

Charles s'était avancé jusqu'à Longwy dans le dessein de secourir La Mothe. Il prétendait avec des troupes ramassées, harceler les assiégeants, et faire diversion par que'que entreprise sur leur camp. Mais le duc d'Enghien lui ayant bouché les passages, il ne put ni forcer ses ennemis supérieurs en nombre, ni faire couler du secours aux assiégés. Il déclara ainsi au courrier que Clicquot lui envoya sous l'escorte d'un trompette Français, qu'il était satisfait de la généreuse défense du gouverneur, de la fidélité de son peuple et du courage de la garnison, et consentit à la capitulation qui lui fut présentée, et qui portait :

1° Que le vendredi, septième juillet, à sept heures du matin, Clicquot remettrait la forteresse entre les mains du marquis de Villeroy.

2° Que tous les actes d'hostilités commis de part et d'autre, pendant le siége, seraient pardonnés.

3° Que l'office divin se continuerait à La Mothe, après la reddition, comme auparavant.

4° Que les officiers et les soldats sortiraient avec armes et bagages, enseignes déployées, tambours battant et avec deux pièces de canon.

5° Que les meubles appartenant à Son Altesse seraient menés aux dépens de S. M. T. C. et sous bonne escorte à Longwy, ou à Luxembourg, si Longwy était occupé par les armes de S. M. T. C.

6° Que les officiers et les soldats blessés de la garnison, seraient traités aux frais de Sa Majesté, jusqu'à leur entière guérison.

7° Que les femmes d'officiers et de soldats qui voudraient rester à La Mothe, ou passer ailleurs, le pourraient, sans qu'il leur fût fait aucun mal en leurs personnes et en leurs biens.

8° Que tous les officiers de part et d'autre, seraient rendus sans rançon.

9° Que les conseillers de la cour souveraine étant alors à La Mothe, pourraient sortir avec leurs femmes et leurs meubles, aux mêmes conditions que la garnison.

10° Qu'il ne serait permis à aucun officier Français de prendre par force aucun soldat de la garnison.

11° Que les bestiaux et meubles pris devant et pendant le siége demeureront à ceux qui en seraient les maîtres, sans qu'ils puissent en être recherchés sous aucun prétexte.

12° Que les prêtres, prévôts, chanoines et autres bénéficiers, seraient maintenus en la jouissance de leurs bénéfices, en prêtant par eux le serment de fidélité au Roi.

13° Que les officiers du bailliage du Bassigny et des sénéchaussées de La Mothe et Bourmont, seraient conservés dans leurs charges, en faisant le même serment de fidélité au Roi.

14° Qu'il serait permis aux prévôts et chanoines, comme aux officiers de justice, de disposer de leurs bénéfices et offices dans l'an, pourvu que ce fut en faveur de personnes agréables à Sa Majesté Très-Chrétienne.

15° Qu'il serait libre aux bourgeois de demeurer à La Mothe ou ailleurs, où bon leur semblerait, et qu'ils seraient conservés dans leurs libertés et leurs biens dans quelques pays qu'ils fussent situés.

16° Qu'au cas qu'il se trouverait quelqu'un réfugié dans la place, qui ne serait ni de la bourgeoisie ni de la garnison, il lui serait permis d'en sortir, sa vie et liberté sauves, et de se retirer avec ses meubles et sa famille où bon lui semblerait.

17° Que les récollets et les religieuses de la Congrégation de Notre-Dame pourraient, en toute sûreté, demeurer dans leurs couvents, et y faire leur règle, en prêtant serment de fidélité, ou en sortir avec tous leurs ornements d'église et leurs meubles pour aller où bon leur semblerait.

18° Que toutes les confiscations et larcins faits pendant le siége, seraient restitués, soit que les biens fussent situés en France ou ailleurs.

19° Pareillement, que les biens immeubles qui auraient été vendus seraient restitués.

20° Que toute l'artillerie, munition de guerre et de bouche, seraient remises de bonne foi, sans rien excepter, entre les mains du commissaire du Roi.

21° Que les officiers, soldats, bourgeois et gens réfugiés qui auraient laissé quelques meubles dans la place, pourront les retirer en toute sûreté dans l'an du jour de la reddition de la place.

Telle fut la capitulation qui fut exécutée le septième juillet mil six cent quarante-cinq.

Le marquis de Villeroy signala son entrée dans la ville de La Mothe par le *Te Deum* qu'il fit chanter en action de grâce de la victoire. Le peuple entraîné à cette cérémonie par les devoirs d'une bienséance nécessaire, fut en quelque sorte consolé par les marques de bonté et les assurances de protection que lui donna le vainqueur. Tout se passa avec ordre, durant les premiers jours de l'évacuation. Les tapisseries, les meubles, le trésor de la couronne furent emmenés sous bonne escorte. La garnison sortit sans insulte, et les bourgeois tranquilles dans leurs maisons, commencèrent à respirer sous un règne nouveau, mais plus supportable que les alarmes d'un siége orageux.

Au troisième jour ce calme se changea en une tempête furieuse. Un courrier dépêché de la cour de France, apporta l'ordre de raser La Mothe, et de réduire cette ville orgueilleuse en un monceau de pierres. La religion du traité n'avait pu servir de rempart contre la colère du cardinal; la crainte de l'avenir, l'expérience du passé, l'emportèrent sur les règles les plus sacrées de la guerre.

Dubois dépêché en France pour faire révoquer cet arrêt fatal, ne put fléchir l'inexorable Mazarin, ni engager la duchesse d'Orléans à interposer ses bons offices auprès de la reine-mère.

Le Tellier ne fut pas plus traitable; il allégua pour toute raison du ministère, que La Mothe ayant causé au Roi la perte de tant de braves officiers et d'un nombre infini de soldats, il était bien juste que Sa Majesté Très-Chrétienne fît de cette place ce qui lui semblerait plus convenable au soulagement de son peuple; que le meilleur usage qu'il en pourrait faire était de la raser, pour prévenir les orages que les partis continueraient de causer dans les pays voisins par leurs incursions, si jamais il arrivait que cette forteresse rentrât par un traité de paix, sous l'obéissance du duc de Lorraine; qu'il était inutile de solliciter la conservation de cette place, déjà de plus de moitié démolie, et qu'il la trouverait entièrement détruite à son retour.

En effet, en moins de trois jours, les Mineurs, avec quinze cents paysans commandés des élections de Langres, de Chaumont en Bassigny, et de Bar-sur-Aube, firent sauter, par le feu et la sape, cette forteresse, la terreur des voisins, le boulevard de la Lorraine, et la ressource du souverain dans ses proscriptions.

Ainsi finit La Mothe.

L'Eglise Collégiale, composée d'un prévôt, de douze chanoines, de quatre vicaires, de deux chapelains, d'un maître de musique, de quatre enfants de chœur, d'un clerc de chapitre, fut transférée à Bourmont avec le siége du bailliage du Bassigny.

Les bourgeois allèrent en désespérés, les uns s'enfoncer dans les forêts, les autres courir le monde en vagabonds, et annoncer, par leurs gémissements, la désolation entière de leur ville, dont on ne voit plus que quelques traces de ce qu'elle pouvait être dans sa beauté et dans sa force.

Epitaphe que l'on dressa à cette ville infortunée pour servir de monument à la postérité.

Toi qui cherches La Mothe au milieu d'elle-même,
Et qui n'y trouves rien de ce qu'elle *a été*,
Vois ces rochers, ces murs, qui sont de tout côté
Les honteux monuments d'une rigueur extrême;
Vois ces affreux monceaux de pierres et de bois,
Ensemble dans leur ombre et parmi leurs ruines;
Ces funestes débris, ce vaste cimetière,
C'est La Mothe! tu peux la connaître en ce point,
C'est que toute abattue, elle donne matière
De crainte aux ennemis, et de n'en avoir point.

VARIÉTÉS.

NOTICE

SUR

PIERRE DE LESTOILE.

Il est depuis longtemps hors de doute que les journaux de Henri III et de Henri IV sont de Pierre de Lestoile; et si je rappelle encore qu'on les a attribués quelquefois à l'avocat-général Servin, c'est pour citer un nom toujours répété par les éditeurs, et pour montrer par là en quelle estime on tenait ces utiles monuments de notre histoire.

Pierre de Lestoile naquit à Paris dans l'année 1546. Sa famille était originaire de l'Orléanais; du moins son grand-père, Pierre Taisan de Lestoile, était né à Orléans, et il a constamment vécu dans cette ville où il parvint aux fonctions de docteur régent de droit en l'Université, jusqu'à ce que François Ier, touché de son mérite et content de son zèle pour la défense de la religion catholique, le nommât président aux enquêtes du parlement de Paris. Pierre Taisan était un des professeurs qui faisaient le plus d'honneur à l'Université d'Orléans, université alors très célèbre. Il avait eu Calvin pour disciple et pour ami Théodore de Bèze; mais il n'en était pas moins resté fidèle à l'Eglise. C'est à partir de Pierre Taisan que la famille de Lestoile se fixa à Paris; elle y occupa toujours un rang honorable dans la société, et y acquit même une certaine illustration.

La mère de Lestoile était sœur de François de Montholon, garde des sceaux sous Henri III, mort en 1590 dans la ville de Tours. Restée veuve en 1558, elle s'était remariée une première fois à François Trouson Ducoudray, grand audiencier en la chancellerie de France, et une seconde fois à André Cotton, maître des requêtes et président au grand conseil. Elle n'eut de son premier mariage qu'un seul fils, Pierre de Lestoile; du second et du troisième, elle eut des fils et des filles dont il est parlé surtout dans le Journal de Henri IV.

Pierre de Lestoile n'avait que douze ans lorsqu'il fut appelé avec son précepteur près du lit de son père qui allait mourir et qui dit : « Maître Mathieu, mon ami, je vous recommande mon fils; je le dépose en vos mains comme le plus précieux gage que Dieu m'a donné. Je vous prie de l'instruire dans la piété et la crainte de Dieu; et pour le regard de la religion (connaissant bien ledit maître Mathieu), je ne veux pas que vous me l'ôtiez de cette église; mais aussi ne veux-je pas que vous le nourissiez aux abus et superstitions d'icelle. » Ces paroles, que Lestoile nous a conservées, firent une profonde impression sur son esprit; et il nous apprend qu'elles ont été la règle de sa conduite pendant toute sa vie. Ses Journaux nous font connaître en effet que, s'il n'a pas quitté l'Eglise, il a du moins toujours été fort ami du Prêche. Il était du petit nombre de ceux qui disaient qu'il fallait rendre *la religion catholique bien réformée, et la réformée catholique*. C'est principalement dans les dernières parties du Journal de Henri IV qu'il s'occupe de ce rêve de conciliation, qu'il le discute avec plus de passion que d'intelligence et peut-être de bonne foi.

Après qu'il eut fini ses premières études, Pierre de Lestoile fut envoyé à Bourges pour y suivre les écoles de droit sous la *conduite* du savant Arbuthnot, Ecossais, qui, quelques années plus tard, abjura la religion catholique. Ainsi il fut élevé et instruit dans la défiance des pratiques de l'église romaine. Son éducation explique ses opinions religieuses et politiques. C'est dans les leçons de maître Mathieu et d'Arbuthnot qu'il avait puisé la haine ardente qu'il ressentait contre la Ligue; haine qui entrait pour la plus grande part dans les sentiments de fidélité à la cause des rois Henri III et Henri IV, dont il a déposé secrètement le témoignage dans ses Journaux.

A son retour de Bourges, Pierre de Lestoile épousa en 1569 Anne de Baillon, fille de Jean Baillon, baron de Bruyères-Châtel, trésorier de l'épargne. Vers le même temps, il acheta une charge de grand audiencier en la chancellerie de France (1). Il eut de son mariage un fils, Louis de Les-

(1) Les audienciers avaient le titre de notaires et secrétaires du Roi; ils signaient toutes les lettres de chancellerie, étaient chargés des recettes, etc. Ils signaient aussi les arrêts du Parlement quand le greffier en chef n'était pas pourvu d'un office de secrétaire du Roi.

toile, et trois filles qui épousèrent Grainville, Poussemothe et Duranti. Louis de Lestoile entra dans l'armée de la Ligue, en 1589, et fut tué en 1595, devant Dourlens, au service du Roi. « Le dimanche 4 septembre 1580, dit Lestoile dans le Journal de Henri III, entre midi et une heure, mourut heureusement en notre Seigneur, en l'âge de trente ans, au logis du contrôleur de Bourges, à Lagny, sage et vertueuse damoiselle Anne de Baillon. Son corps repose à Pomponne. » Lestoile a composé sur cette mort douloureuse trois sonnets, qui donnent une moins haute idée de son talent poétique que de la beauté de sa femme, et qui autorisent à croire qu'il avait su trouver le bonheur dans le mariage. Voici les quatre premiers vers du second sonnet :

> Tout ce que peut nature à orner une femme,
> L'avait dessus son front couché de son pinceau ;
> Et en nous envoyant ce chef-d'œuvre nouveau,
> Anima ce beau corps d'une plus belle flamme.

Cependant, moins de deux ans après, c'est-à-dire le 28 janvier 1582, il contractait un second mariage avec Colombe Marteau, fille de Marteau, sieur de Gland. Lestoile ne nous a laissé aucun témoignage des perfections de cette seconde femme ; mais hâtons-nous de dire qu'elle lui a survécu. Seulement il raconte que, pendant le siége de Paris, le 14 août 1590, elle obtint la permission de sortir de la ville avec son fils Mathieu, la mère de Lestoile et Anne, une des filles du premier mariage, pour se retirer à Corbeil ; que là elle tomba entre les mains des Espagnols, qui lui firent payer cent soixante-quinze écus pour sa rançon. Puis il écrit sous la date du 31 octobre : « Le mercredi, dernier jour d'octobre, veille de la Toussaint, ma femme revint à Paris en sa maison, sous la conduite de Dieu, qui l'a préservée d'aussi grands hasards que femme ait courus il y a longtemps. De quoi je prie Dieu qu'elle puisse faire son profit et moi aussi. »

Colombe Marteau lui avait donné six fils et deux filles : Pierre de Lestoile qui fut avocat au parlement de Paris ; Mathieu, qui embrassa l'état ecclésiastique, devint prieur d'Hornoy et secrétaire du cardinal de Lyon, frère de Richelieu ; Claude, qui fut appelé du Saussoy, et n'eut, dit Pélisson, d'autre emploi que celui des belles-lettres et de la poésie. Il était un des cinq poëtes qui mettaient en vers les pièces de théâtre dont Richelieu fournissait le canevas, et fut au nombre des premiers membres de l'Académie française. On ne sait rien des trois autres fils qui étaient fort jeunes quand Lestoile mourut. Les deux filles avaient nom Louise et Marie. Il ne paraît pas qu'elles aient jamais été mariées.

Pierre de Lestoile dit quelque part qu'il était *inops in divitiis* sur la fin de sa vie. Les troubles de la Ligue l'avaient en quelque sorte réduit aux profits de sa charge, qui ne devaient pas être considérables à cette époque. Ce ne fut que le 23 octobre 1592, pendant la trêve, que, s'étant rendu à Saint-Denis pour la seconde fois, il trouva moyen de jouir d'une partie de son revenu d'Orléans (ce sont ses propres expressions) sous le nom de Bellemanière (1). Mais déjà sa fortune était dérangée : sa maison avait été pillée par les Seize; il avait eu à payer le passeport et la rançon de sa femme, puis le passeport qu'il avait acheté lui-même la veille de la levée du siége de Paris; tout cela alors coûtait fort cher. La *curiosité vaine* qui le portait sans cesse à courir après des livres rares, des médailles, des monnaies, des antiquités, les pamphlets, les *pasquils* et les *fadèzes* qui se criaient par les rues ou se vendaient sous le manteau, n'avait pas peu contribué à augmenter ses embarras. Son cabinet était celui d'un amateur plus curieux que savant. Il y avait entassé une énorme quantité de pièces sans intérêt et sans valeur : « Car de moi, dit-il naïvement, je confesse que je n'y connais rien du tout; il n'y a que l'opinion en cela.» Quant l'argent lui manquait pour acheter, il vendait une partie de ses collections. Nous voyons par ses manuscrits qu'il faisait, pour ainsi parler, commerce des copies de ses journaux.

Il se défit de sa charge en 1601; mais il perdit une partie du prix, et, pour toucher le reste, il lui avait fallu plaider. Le procès avait été long et dispendieux; car, si nous l'en croyons, il n'y avait pas parmi tous les procureurs de Paris un seul honnête homme. Son revenu ne lui suffisant plus, il aliéna ses contrats de rente, compromettant ainsi son avenir pour satisfaire ses goûts futiles dans le présent.

Les infirmités et les maladies l'assiégèrent avant soixante ans. Son caractère, naturellement impatient et frondeur, s'en aigrit; l'incertitude de ses opinions religieuses redoubla; flottant toujours entre le catholicisme et l'hérésie, il ne pouvait se résoudre ni à abjurer l'un ni à condamner absolument les doctrines de l'autre. Quand il se croyait en danger, il faisait appeler un confesseur; mais au lieu de se soumettre avec simplicité à l'autorité et aux exhortations du ministre de Dieu, il argumentait contre lui. A peine consentait-il à déclarer qu'il mourait dans la religion catholique. «Pour le regard de la romaine, dit-il, je le lui passois sous garantie qu'on me feroit voir que la doctrine et tradition de l'église romaine d'aujourd'huy étoient en tout et partout conformes à celles de l'antique et vieille romaine qui étoit du temps des apôtres et de saint Paul. »

Il mourut ainsi, sans avoir pu fixer ses idées, dans les premiers jours

(1) Ce Bellemanière était chauffecire de France et commis de Lestoile.

d'octobre 1611, et fut enterré le 8 dans l'église Saint-André-des-Arcs, sa paroisse, qui était située sur la place du même nom, et qui a été profanée, puis démolie pendant le cours de la révolution de 1789. Il avait soixante-cinq ans.

Pierre de Lestoile avait vécu sous sept rois, depuis François Ier jusqu'à Louis XIII. Il a traversé dans son entier l'une des époques les plus orageuses de notre histoire; il s'est trouvé jeté au milieu d'événements immenses, qui emportaient à la fois les hommes et les institutions; il a pu suivre la transition si pénible et si douloureuse par laquelle la France a passé de la royauté de François Ier à la royauté de Henri IV. Deux fois il a vu la monarchie prête à périr, d'abord sous le fédéralisme féodal des protestants et des politiques, puis sous l'usurpation des Guise; mais il l'a vue aussi se relever enfin plus brillante et plus forte. Jamais aucun temps ne fut plus fécond en enseignements prodigieux. C'est alors surtout qu'on put comprendre comment *l'homme s'agite et Dieu le mène*. L'histoire de cette époque a à signaler de grandes vertus et de grands crimes, au milieu d'une dégénération presque universelle de hardis et admirables caractères, à travers une corruption profonde de magnifiques exemples de fermeté et de patriotisme.

Quand le protestantisme se crut assez fort pour tenter la voie des armes, la royauté, qui reposait sur la tête d'un enfant, ne pouvait pas se défendre elle-même; elle fut contrainte de se mettre en quelque sorte en tutelle. Il arriva alors ce qu'on avait vu déjà sous les deux premières races: le roi n'eut plus rien que le nom de roi; le lieutenant-général du royaume, nouveau Maire du palais, en avait toute l'autorité. La guerre se fit. Aucune gloire peut-être n'aurait surpassé la gloire de Coligny et des Guise, s'ils avaient employé leurs talents et leur courage à maintenir l'ordre et la paix dans le royaume, au lieu de le déchirer. C'est quelquefois dans sa colère que Dieu envoie ces dominateurs des nations! Pendant les deux minorités de François II et de Charles IX, le pouvoir royal s'effaça devant la puissance et la grandeur des chefs de partis. L'autorité sainte des lois et de la justice disparut; les factions ne connurent plus d'autre règle que l'intérêt et la vengeance, d'autres moyens que la guerre et l'assassinat. Coligny fit assassiner le grand François de Guise; Charles IX et Henri de Guise firent assassiner Coligny. C'était là toute la justice alors! Henri III mourut assassiné, n'avait-il pas lui-même ordonné l'assassinat du duc et du cardinal de Guise? Aucun parti ne sut se défendre de ces fureurs atroces; aucun chef de parti ne fut innocent de pareils crimes. Et le roi qu'était-il autre chose qu'un chef de parti? Tous les princes de la maison de Lorraine eurent recours à l'assassinat. Le duc de Mayenne tua de sa main

Saint-Mégrin et le capitaine Sacremore; le fils de Henri de Guise tua Saint-Pol; le duc d'Aumale voulut assassiner d'Épernon; le duc de Joyeuse fut assassiné après la bataille de Coutras, comme le prince de Condé l'avait été après la bataille de Jarnac, comme le maréchal de Saint-André après la bataille de Dreux. Et si nous descendons dans les rang inférieurs de la noblesse, qu'y verrons-nous encore? l'assassinat! Ce que les discordes civiles font le plus certainement, c'est de corrompre le caractère et les mœurs des nations!

Les massacres de la Saint-Barthélemy, qui furent surtout des assassinats populaires, affaiblirent le parti protestant, mais ils ne l'anéantirent pas. Il en résulta même deux choses que ni Charles IX ni ses terribles conseillers n'avaient prévues: la première, que les politiques rattachèrent leur cause plus étroitement à celle des hugenots qui ne les dominaient plus, ensorte que la royauté n'en fut pas moins menacée; la seconde, que la puissance des chefs catholiques, et plus particulièrement de ceux de Guise, n'eut plus de contrepoids dans un autre parti à la cour, et qu'ils purent ainsi entreprendre à leur aise contre la royauté qui s'était livrée entre leurs mains. Tant il est vrai que le meurtre est un mauvais instrument de la politique.

C'est dans ces circonstances que Henri III parvint au trône. Le roi n'était plus mineur; mais c'était la royauté qui l'était à son tour. Henri III n'avait pas assez de résolution pour aborder de front les difficultés qui semblaient à chaque pas se lever devant lui, ni assez d'habileté et de constance pour les tourner. Il n'avait de penchant bien décidé que pour la volupté et la paresse; et s'il fut cruel une fois, c'est pour avoir manqué trop souvent d'énergie et de courage. Il aima mieux ne pas combattre parce qu'il désespérait de vaincre. Il traîna la royauté dans des pratiques ridicules de dévotion; il la rendit odieuse par sa prodigalité et méprisable par sa faiblesse. Il n'avait pas su être roi; il fut obligé de se faire chef de parti. Cette politique molle, indécise, honteuse ne le sauva pas. Au moment où il sentit enfin que sa couronne allait tomber, il essaya de la raffermir par un assassinat; un assassinat la lui ravit avec la vie. Il avait cru que ce serait assez d'avoir tué deux hommes, et il n'avait pas vu que derrière ces deux hommes se tenait debout un parti qui ne pouvait être tué ni par le poignard ni par l'épée.

On aurait pu croire alors que la royauté allait faire place à l'usurpation, ou la religion catholique au protestantisme. L'héritier légitime du trône, le roi était protestant, et la Ligue était puissante; elle avait pour elle la noblesse dans un grand nombre de provinces, le peuple partout; elle régnait à Paris et dans toutes les grandes villes du royaume. Mais les choses avaient été merveilleusement disposées pour que la religion et la royauté sortissent triomphantes de cette redoutable épreuve.

Dès l'origine, des catholiques s'étaient joints aux protestants révoltés; c'étaient ceux qu'on appelait les Politiques. Leur nombre s'accrut considérablement quand Henri III rompit avec la Ligue. L'alliance de ce prince avec le roi de Navarre, sa mort qui suivit de près, absorbèrent le parti huguenot, numériquement très faible, dans le parti du roi. L'armée protestante se trouva, pour ainsi dire, incorporée dans l'armée royale. Des dignitaires et des princes de l'église qui étaient restés fidèles à Henri III contre la Ligue, se soumirent à la loi fondamentale du royaume et demeurèrent auprès de Henri IV.

D'un autre côté, l'étranger se fit un parti dans la Ligue. On y distingua les Espagnols et les Catholiques que bientôt on appela les Royaux. Le peuple ne voulait pas être espagnol; le parlement ne permit pas qu'on violât la loi salique. Plus le parti de l'étranger faisait d'efforts pour arriver à son but, qui était de donner une reine espagnole à la France, plus les catholiques, restés Français, se rapprochaient du roi de Navarre.

Ainsi les deux partis travaillaient, sans peut-être s'en rendre bien exactement compte, au triomphe de la cause française. Avec l'un était la royauté, avec l'autre la religion. Mais tous deux aidaient en même temps à la conservation de la religion et de la royauté. Les catholiques de la Ligue maintenaient la loi d'hérédité par un arrêt de leur parlement; les catholiques royalistes stipulaient auprès du roi pour les intérêts de la religion et pressaient avec ardeur la conversion du Béarnais.

On voit par quels points essentiels se touchaient ces deux partis. Que fallait-il pour les confondre en un seul ? la conversion du roi; et pour la déterminer, la résistance de l'un ne devait pas être moins efficace que le concours de l'autre. Dans cet état, il était naturel que des négociations s'ouvrissent entre les *royaux* de la Ligue et les catholiques du parti du roi, mais seulement entre eux. C'est ce qui eut lieu en effet. Les protestants royalistes ne furent pas plus admis aux conférences que les Ligueurs du parti de l'Espagne. Le roi lui-même n'y fut pas représenté; il avait permis qu'on traitât de lui et sans lui.

Les choses étaient déjà bien avancées quand les négociations commencèrent; quand la trêve générale fut conclue, elles étaient finies. C'est ce que comprit admirablement le peuple de Paris, qui fit éclater la joie la plus vive à cette heureuse nouvelle. Il vit que le roi irait à la messe; et en effet le roi y alla dans l'église de Saint-Denis, le 25 août 1593.

« Il est roi par la seule grâce de Dieu, s'écrie Lestoile en cet endroit; ce qu'il peut mettre fortement en ses titres et à meilleur droit qu'aucun des rois ses prédécesseurs. » C'était aussi le cri du peuple : « Il est roi ! »

Jamais Lestoile ne s'est mêlé activement aux événements de son époque; il les a vus passer, pour ainsi dire; il en a souffert; mais il ne les a ni aidés ni contrariés. Sa charge ne lui en faisait pas une obligation; et son caractère n'était pas susceptible de cette exaltation, de cette conviction ferme et résolue qui font les hommes de parti. Aussi son nom n'est pas même cité dans les mémoires du temps. Une fois seulement il a prêté sa plume à une cause que déjà peut-être il entrevoyait devoir être la cause de la France; une autre fois sa prudence ordinaire s'est trouvée en défaut.

Le Pape avait fulminé la sentence d'excommunication du 9 septembre 1585, contre le roi de Navarre et le prince de Condé. Le parlement fit des remontrances sur la bulle; et dans le même temps on répandit à Paris une opposition du roi de Navarre, à laquelle le prince de Condé avait donné son adhésion. Lestoile, qui a transcrit cette pièce à sa date dans le Registre-Journal de Henri III, ajoute : « au susdit écrit, *fait par l'auteur des présents mémoires*, on a fait faire du palais de Paris un voyage à Rome, où on l'a mis, signifié et affiché, et l'a-t-on inséré aux recueils du temps imprimés à La Rochelle : tant la vanité et curiosité des hommes de ce temps était grande. » Ainsi Lestoile se déclare l'auteur de l'opposition du roi de Navarre. Mais avait-il été chargé d'écrire cette opposition? Par qui en avait-il été chargé? Le roi de Navarre l'avait-il demandée? en avait-il du moins ordonné la signification à Rome et l'impression à La Rochelle? Les paroles de Lestoile laissent toutes ces questions sans solution. Sa réflexion sur la *vanité et curiosité des hommes de ce temps* doit-elle faire croire qu'on a attaché trop d'importance à une pièce qui n'était qu'un jeu d'esprit, ou tout au plus une inspiration particulière de Lestoile, ou bien n'est-ce qu'une formule d'humilité? Je crois que ce passage du Journal de Henri III mérite une attention particulière.

Au mois de mars 1589, la Ligue, maîtresse de Paris, avait emprisonné à la Bastille les plus ardents de ceux qu'elle soupçonnait d'être dévoués à la cause du roi. De ce nombre était le lieutenant civil Rapin, l'un de ces hardis et spirituels écrivains à qui nous devons la *satire Ménippée*. Du fond de sa prison, Rapin faisait encore des vers contre la Ligue. Laissons parler Lestoile : « Sur la fin de ce mois se firent voir à Paris des sonnets contre la Ligue, faits et adressés au roi par le lieutenant Rapin; desquels la première copie sortit de la Bastille (encore qu'il y fît bien chaud pour tels écrits), et étant trouvés bien faits, ne laissèrent de courir, nonobstant la fureur et malice du temps. Je les copiai moi-même, le soir dans mon étude, le jour de l'Annonciation, 25 mars, et les fis tomber plus hardiment que prudemment dans beaucoup de bonnes mains. »

Il y avait en effet, dans cet acte de Lestoile, moins de prudence qu'on ne lui en connaissait : car la Ligue le savait du parti des *royaux*, et plus d'une fois déjà elle l'avait traité en ennemi. Le 28 décembre 1588, le jour des Innocents, c'est lui qui consigne cette observation dans son Journal, sa maison avait été fouillée la première du quartier par Pierre Senaut et Larue ; plus tard, il avait été jeté en prison *lorsque le roi Henri III fut assassiné par le moine.* Il nous apprend lui-même qu'il a été à cette époque *compagnon de prison à la Conciergerie* de Boucherard, maître des comptes, et de Thomas Sébilet, avocat au parlement. Dans le Journal de Henri IV, il raconte, sous la date du 20 novembre 1589, la mort de deux bourgeois de Paris qui ont été pendus *pour avoir conspiré contre l'état de la ville.* L'un de ces bourgeois s'appelait Blanchet. « Et me souviens, ajoute Lestoile, qu'*étant à la Conciergerie lorsque le roi fut tué*, deux honnêtes hommes de mes amis l'ayant entendu *avec moi* discourir sur les affaires de ce temps, firent dès lors le jugement de sa fin, telle qu'elle est advenue. »

Lestoile ne nous a pas dit ce qui avait motivé son emprisonnement ; il ne s'explique pas davantage sur la cause de sa mise en liberté. Tout ce que nous savons, c'est qu'il est sorti de la Conciergerie avec Sébilet le 7 août 1589. Cependant il était encore grandement suspect. Aussi, pour ne pas se brouiller une seconde fois avec la Ligue, le samedi 25 novembre de la même année, Louis de Lestoile, le fils de son premier mariage, partit pour aller à la guerre avec le chevalier Picard, « où je fus, dit-il, comme forcé de le laisser aller, afin d'éviter à un plus grand inconvénient ; le malheur du siècle étant tel, qu'un homme de bien ne pouvait être ici en sûreté s'il ne connivait aux armes et aux rébellions qui se faisaient contre le roi. » Lestoile suivait fort assidûment les processions de la Ligue. Cette double connivence n'aurait pourtant pas été pour lui une sauve-garde assurée, si les Seize n'avaient pas été sévèrement contenus par le duc de Mayenne. Il avait été fait une liste des principaux politiques, où chaque nom était suivi d'une des trois lettres P. D. C., ce qui signifiait *pendu, dagué, chassé.* Si nous l'en croyons, Lestoile avait la lettre D.

On comprend que Lestoile ait passé pour Politique à Paris et pour Ligueur dans le camp du roi, et vraiment il a tort de s'en plaindre ; il était en réalité l'un et l'autre. Il voulait bien être bon serviteur du roi, mais à condition de ne l'être que dans ses Journaux, où, comme il le dit, dans son cœur. Il n'a pas pris la moindre part aux efforts des politiques pour aider Henri IV à rentrer dans Paris (1) ; il n'a assisté à aucune de leurs as-

(1) Je vois bien dans un *Supplément* tiré de l'édition de 1719, que le 22 mars 1594, entre trois et quatre heures du matin, Lestoile se porta sur le pont Saint-Mi-

semblées, tandis qu'on le voyait partout se mêler à la foule des Ligueurs. Le dernier jour du siége de Paris, il sollicita et obtint du duc de Nemours un passeport, *parce qu'il était à bout de son pain.* Le siége ayant été levé le lendemain, il resta. Sa charge de grand audiencier fut exercée à Tours par un nommé Cognier jusqu'à la rentrée du parlement du roi dans la capitale. Pendant ce temps-là, il était, lui, grand audiencier pour la Ligue; et parce qu'il fut obligé de céder le pas à Cognier, après la fusion de deux parlements, il conçut contre cet homme une haine qui s'exhale avec emportement dans le passage où il rapporte sa mort, vers la fin d'octobre 1610.

La grande affaire de Lestoile, pendant ces longues et sanglantes discordes au milieu desquelles la monarchie était menacée de périr, fut de rechercher des nouvelles, de recueillir des anecdotes, de ramasser tous les écrits, *pasquils*, placards, pamphlets, sonnets et pièces de vers de toutes sortes qui s'imprimaient et se colportaient alors. Il était sans cesse à l'affût de tout ce qui se disait, s'écrivait ou se faisait, interrogeant tout le monde, assistant avec beaucoup de régularité aux sermons des prédicateurs de la Ligue, suivant les cérémonies publiques, courant les rues aux jours d'excitation et de tumulte, pour saisir l'expression des sentiments et des passions populaires. Dès qu'un fait quelconque, une exécution par exemple ou un assassinat, parvenait à sa connaissance, il allait aussitôt le vérifier sur les lieux. Il nourrissait un pauvre bonhomme, « lequel, pour un morceau de pain lui savait à dire tout ce qui advenait de nouveau et prodigieux dans la ville. » Il raconte que, pendant le siége de Paris, un de ses amis vint lui demander du pain, « disant qu'il y avait quatre jours que son pain d'avoine lui était failli ; je l'en aidai de ce que je pus, ajoute-t-il ; et sachant que j'aimais la poésie, me donna des sonnets qu'il avait composés sur ce sujet. » Ces sonnets, au nombre de quatre, sont transcrits tout au long sur ses *Tablettes*. Il recevait ainsi de toutes mains, grossissant ses recueils de toutes les *fadèzes* dont on repaissait son avide curiosité. Quelquefois même il usait d'adresse et de ruses pour se procurer des pièces rares ou défendues. Un frère minime avait fait l'oraison funèbre d'une demoiselle Aurillot, appelée communément la *dévote*. « J'en tirai une, dit Lestoile, de la pochette d'une bigotte de la Ligue, n'étant possible

---

chel *avec ses armes et écharpe blanche*. Mais, outre que cet acte de vigueur est tout à fait contre ses habitudes de prudence, l'authenticité de ce supplément peut être contestée. Il est parlé de l'entrée du roi dans Paris dans deux autres suppléments tirés de l'édition de 1719 et de l'édition de 1736. Ni l'un ni l'autre ne fait mention *des armes et écharpe blanche* de Lestoile. Le manuscrit original est également muet à cet égard.

d'en recouvrer autrement, pour ce qu'Acarie, le maître des comptes, qu'on appelait à Paris le *laquais de la Ligue*, en avait retiré toutes les copies et n'en faisait distribuer qu'à ceux qu'il savait être bien avant de l'Union. » A ce trait, plus d'un amateur de nos jours pourra se reconnaître.

Chaque jour Lestoile mettait en ordre les matériaux qu'il avait recueillis, couchant sur ses registres les faits dont il avait été témoin, les nouvelles et les anecdotes qu'il avait apprises, analysant les sermons qu'il avait entendus, ou les pièces importantes qu'on lui avait communiquées, annotant les pamphlets des protestants, des catholiques et des Ligueurs qui venaient prendre place dans ses collections. Jamais peut-être on n'avait plus écrit et plus imprimé que dans ce temps. Les intérêts et les passions, engagés dans cette grande lutte, parlaient toutes les langues connues. On s'attaquait, on s'injuriait en français, en latin, et même en grec. A aucune époque assurément la presse n'avait joui d'une plus effroyable liberté! et pour qui aujourd'hui la politique s'égaierait-elle dans des épigrammes grecques ou latines?

Lorsque la nécessité d'une défense commune eut réuni à Tours le roi de France et le roi de Navarre, «il n'y eut, dit Lestoile, si chétif prédicateur qui ne trouvât place dans ses sermons pour y enfiler une suite d'injures contre le roi, ni si malotru pédant qui ne fît une couple de sonnets sur ce sujet, ni si pauvre petit imprimeur qui ne trouvât moyen de faire rouler tous les jours sur la presse quelque sot et nouveau discours et pamphlet diffamatoire contre Sa Majesté, farcis de toutes les plus atroces injures qu'on se pouvait aviser.... desquels j'ai été curieux jusque-là d'en ramasser plus de trois cents, tous divers, tous imprimés à Paris et criés publiquement par les rues, contenant quatre tomes, que j'ai fait relier en parchemin et étiquetés de ma main, sans compter un grand in-folio, plein de figures et placards diffamatoires que j'aurais baillés en garde au feu, comme ils en sont dignes, n'était qu'ils servent plus que quelque chose de bon à montrer et découvrir les abus, impostures, vanités et fureurs de ce monstre de Ligue. »

On peut juger que, si un seul événement a fourni à la fécondité déplorable des pamphlétaires et des *pourtraicturistes* de la Ligue la matière de quatre tomes, sans compter un grand in-folio de pièces et de figures de toutes sortes, il a été facile à Lestoile d'en recueillir plus de quatre mille pendant les deux règnes de Henri III et de Henri IV. C'est sur ces documents d'une authenticité certaine, mais d'une véracité justement suspecte, qu'il a rédigé ses Registres-Journaux. Ajoutons que, neveu du garde-des-sceaux, François de Montholon, par sa mère, neveu par sa seconde femme de M. de Neuville, secrétaire d'état sous Henri III, allié aux familles parlementaires les plus illustres, il était bien placé, sinon pour pénétrer le secret des affaires (car à cette époque les hommes d'état ne parlaient pas légèrement des grands intérêts publics), au moins pour savoir promptement les bruits que les partis faisaient répandre, les interprétations diverses qu'ils donnaient aux événements, pour suivre leurs mouvements, pour connaître leurs craintes et leurs espérances.

Il paraît que Lestoile n'était pas le seul qui s'occupât de tenir un journal des faits et des anecdotes du temps. Je vois en effet qu'en un endroit du Journal de Henri IV, à propos d'un meurtre qui avait été commis sur un soldat, il parle du *registre* de son beau-frère, Marteau de Gland, qu'il qualifie d'un des plus beaux esprits de l'époque. Ne serait-il pas possible que ce registre eût servi par erreur aux éditions de 1719 et 1736 ? car il est bien certain que ces éditions contiennent des passages qui ne se retrouvent pas dans le manuscrit autographe.

On lit dans le tome 1er des *Tablettes* de Lestoile : « J'ai remis ce jour entre les mains de maître Etienne Guichars le vieil journal de ce prêtre, que M. Dupuy m'a prêté, pour le transcrire sur un grand livre de papier. » Le *vieil journal de ce prêtre* est le curieux manuscrit qui a été publié pour la première fois dans la présente collection en deux parties, portant pour titre, l'une *Journal d'un bourgeois de Paris sous Charles VI*, l'autre : *Journal d'un bourgeois de Paris sous Charles VII*. Il existe entre ces deux documents historiques et les Registres-Journaux de Lestoile, de grands points de ressemblance. Seulement Lestoile a toute la supériorité que donnent une civilisation plus raffinée, un esprit plus cultivé, une position plus haute, une plus longue habitude des hommes et des choses.

Mais avant de juger les Registres-Journaux de Lestoile, voyons ce qu'il en dit lui-même :

« Les Registres-Journaux sont d'usage ancien, et servent souvent à nous ôter de peine et à soulager notre mémoire labile, principalement quand nous sommes sur l'âge comme moi.

» En ces registres, que j'appelle les magasins de mes curiosités, on m'y verra, comme dit le sieur de Montaigne en ses *Essais*, parlant de soi, tout nu et tel que je suis, mon naturel au jour, mon âme libre et toute mienne, accoutumée à se conduire à sa mode, non toutefois méchante ni maligne, mais trop portée à une vaine curiosité et liberté dont je suis marri ; et laquelle toutefois qui me voudrait retrancher, ferait tort à ma santé et à ma vie, parce qu'où je suis contraint, je ne vaux rien, étant extrêmement libre par nature et par art... et en suis logé là avec le sieur de Montaigne, que, sauf la santé et la vie (j'ajoute l'honneur de Dieu et sa crainte), il n'est chose pourquoi je veuille ronger mes ongles, et que je veuille acheter au prix du tourment de l'esprit et de la contrainte. »

Ailleurs parlant du Registre-Journal de Henri III, il dit que le bon et le mauvais, le véritable et le médisant, y sont pêle-mêlés ensemble.

Enfin dans un autre endroit : « J'en écris plus que je n'en crois, et seulement pour passer mon temps, et non pour le faire passer aux autres, auxquels je conseillerai toujours de le mieux employer qu'en telles fadèzes. » Ce passage est la traduction un peu libre de la devise : *Mihi non aliis*, qui se trouve sur tous ses manuscrits.

Sincères ou non, ses jugements sont vrais ; mais ils ne sont pas complets ; ils demandent à être développés et motivés.

Lestoile a trop souvent cédé à une curiosité vaine. Il ramasse tout ce qu'il rencontre, les nouvelles les moins probables, les récits les plus absurdes, les inventions les plus ridicules. Il pêle-mêle ensemble, pour me servir de ses expressions, des faits graves et des anecdotes futiles, des sonnets et le prix des denrées, des pamphets et des observations atmosphériques, des jugements sur des livres et des réflexions sur quelques morts de procureurs au parlement, des extraits de sermons, et des présages superstitieux tirés des tempêtes, des épidémies, de l'apparition subite d'insectes inconnus, des dérangements dans les saisons. Il ne tient pas précisément à ce que ce qu'il rapporte soit vrai, il lui suffit que cela ait été dit. Il se donne même quelquefois la peine de consigner des nouvelles qu'il déclare avoir été reconnues fausses, en ayant soin de noter l'intervalle de temps pendant lequel elles n'ont point été démenties. C'est un écho qui répète tous les sons.

Sa liberté est grande, trop grande même : non pas que je le blâme d'avoir exprimé librement son opinion sur les hommes et sur les choses ; mais c'est que cette liberté est souvent de la partialité, souvent encore de l'exagération. Il ne se fait aucun scrupule de prêter à ses adversaires des intentions qu'ils n'ont pas eues. La justice même prend quelquefois sous sa plume l'apparence de la colère. Morose et frondeur, il exagère le mal pour avoir plus de raison de le flétrir. Ce défaut se fait surtout sentir à la fin du Journal de Henri IV. La maladie et les infirmités étaient venues aigrir encore son humeur, naturellement chagrine. Il semble qu'il ait voulu se venger sur tout le monde de ses souffrances. Ses jugements sont plus sévères, ses traits plus rudes, ses accusations plus violentes.

Et cependant qui lui ôterait cette curiosité et cette liberté, le gâterait en effet. Il faut le prendre tel qu'il est, avec ses futilités et ses longueurs, ses injustices et ses emportements, non pas seulement pour voir *son naturel au jour, son ame libre et toute sienne*, ce qui au fond importe assez peu à l'histoire, mais aussi pour avoir cette expression particulière du temps qu'ailleurs on chercherait en vain. Car, après tout, il y a dans ses Journaux bien peu de choses dont on ne puisse pas profiter. Les manuscrits de Lestoile appartiennent à toutes les branches de la science historique.

On a quelquefois attaché trop d'importance à ces notes qu'un homme qui ne se recommande par aucun caractère public, a rédigées en forme de journal. On a dit que la vérité historique doit être là, parce que l'auteur n'a point eu d'intérêt à tromper. Point d'intérêt, soit. Mais n'a-t-il pas pu, n'a-t-il pas dû être trompé lui-même? Quels moyens avait-il d'éviter l'erreur? Où a-t-il puisé ses renseignements? Dans la rumeur publique. Est-ce là qu'il faut aller chercher les secrets de la politique, les mobiles qui ont fait agir les hommes, les causes qui ont influé sur les événements? il faut prendre garde de trop étendre cet axiome, que les grands événements sont souvent produits par de petites causes. L'homme qui fait un journal a aussi ses erreurs de position; il a ses préventions et ses préjugés; de plus, il écrit presque toujours sous la dictée des passions populaires. Comment aurait-il pu se garantir des erreurs où sa bonne foi a dû inévitablement se briser? Que sait-il? Qu'a-t-il vu? Qu'a-t-il fait? Où a-t-il appris à connaître les secrets ressorts des affaires, lui qui ne les a jamais maniées?

Les Journaux de Lestoile ne sont pas toujours des témoignages bien certains quand il s'agit de juger les grands événements de l'histoire dans leurs causes et dans leurs effets, de faire la part des hommes dans les succès ou dans les revers. Mais ils peignent bien le caractère de l'époque; ils en détaillent la physionomie; ils indiquent avec exactitude les mouvements de l'opinion. Ils ne seraient pas d'une grande utilité à ceux qui n'auraient pas déjà étudié l'histoire, qui n'auraient pas lu les mémoires des hommes d'état et des grands capitaines. Il n'y a point de vues d'ensemble dans ses Journaux, point de suite, point d'unité. Les faits y sont morcelés, éparpillés; et c'est peut-être parce qu'on y a cherché vainement ce qu'on ne devait pas y trouver, qu'on les a jugés avec une injuste sévérité. Mais ils aident puissamment à apprécier les embarras au milieu desquels la politique était obligée de se mouvoir, les obstacles que le pouvoir et les partis ont rencontrés dans les dispositions de cette masse flottante qui, en définitive, donne la victoire et la force. Sous ce point de vue, les défauts que je reproche à Lestoile sont presque des qualités. Plus de critique lui aurait fait rejeter beaucoup de bruits qu'il est encore bon de connaître; plus de justice l'aurait mis en garde contre des calomnies et des mensonges qui peuvent jeter quelque jour sur les intérêts et les intrigues des partis; plus de sagesse lui aurait fait négliger des détails que la raison calme désavoue à cette heure, mais dont la science sait faire son profit.

Ce qui donne surtout du prix aux Journaux de Lestoile, ce sont les réflexions politiques et morales qu'il mêle à ses récits. Il me suffira d'en donner quelques-unes pour présenter un tableau exact et complet du règne si malheureux et si déplorable de Henri III.

La cour : « Les farceurs, bouffons et mignons y avaient tout le crédit. »

Le pouvoir royal : « Les gouverneurs faisaient fort peu d'état des ordres et recommandations du roi en ce temps de guerre, étant rois eux-mêmes. »

Les lois : « Il est à craindre qu'on ne die des ordonnances de Blois comme de l'édit d'Orléans et de toutes autres bonnes ordonnances faites en France : après trois jours, non valables. »

La justice : Le jeune Châteauneuf a tué le seigneur de Chesnay-Lallier, son oncle et son tuteur, pour un procès. « Ainsi se démêlaient les procès, et autres différends, sans autre formalité de justice, par la connivence du roi et des magistrats. »

La noblesse : Les gentilshommes, à l'exemple des grands seigneurs, avaient remplacé le duel par l'assassinat. On cherchait à prendre son ennemi à son avantage, comme on disait alors, et on le tuait. « Ainsi sont secrets les jugements de Dieu sur cette pauvre noblesse de France qui se défaisait ainsi de ses propres mains. »

La bourgeoisie : « Sa Majesté n'eût su créer si petit office qu'on ne se battît incontinent à qui l'aurait, et n'était importunée d'autre chose que de survivance, n'y ayant si petit officier qui ne voulût assurer son état et qui ne trouvât argent prompt pour acheter une survivance, et cependant blâmait son roi, rejetant sur lui l'abus de la pluralité et de la vénalité des offices dont il était la première et la principale cause. »

Le peuple : « Le peuple était mangé et rongé jusqu'aux os en la campagne par les gens de guerre, et aux villes par nouveaux offices, impôts, et subsides. »

Mais aussi il y avait un peu de la faute de « ce sot peuple qui, en un état troublé, suit toujours le plus mauvais et injuste parti. »

Les partis : « Ceux qui entreprenaient en ce temps étaient tous serviteurs du roi, mais c'était pour le dépouiller. »

Les armées : « Si en l'une il y avait bien des larrons, en l'autre il n'y avait pas faute de brigands. »

Enfin ces deux réflexions qui s'adressent à tout le monde : « Tout était permis en ce temps, hors bien dire et bien faire. »

« Il n'y a plus de vérité, il n'y a plus de miséricorde, et la science de Dieu n'est plus sur la terre. »

Que manque-t-il à ce tableau? Je veux croire qu'il y a de l'exagération dans ces généralités; mais c'est un privilége de l'écrivain moraliste; et si Lestoile n'en avait mis que là, loin de l'en blâmer, il faudrait l'en louer au contraire. Il ne pouvait trop charger ses couleurs pour imprimer dans tous les cœurs l'horreur des discordes civiles.

Lestoile tonne avec une indignation qui s'élève quelquefois jusqu'à l'éloquence, contre la corruption des mœurs, contre l'avilissement des caractères, contre la cupidité, le luxe et la dissolution. Il gémit amèrement sur l'aveuglement de toutes les classes de la société qui s'obstinent à méconnaître la main de Dieu qui les châtie. Là il ne connaît point de partis : ses paroles sont aussi sévères pour les politiques et royaux que pour les protestants et les ligueurs : car, malgré ses erreurs, il était profondément religieux. Le seizième siècle, au milieu de ses plus coupables excès, avait du moins conservé la foi.

C'est principalement sur le Journal de Henri III qu'il faut juger Lestoile. C'est en effet celui auquel il a donné le plus de soins, le seul qu'il ait revu et travaillé après les événements, dans le silence du cabinet. Il n'y justifie pas tout à fait ce qu'on a dit de lui, « que sa narration est hardie, mais vraie ; qu'on n'y trouve ni l'enthousiasme de la passion, ni l'emportement de la satire ; qu'il y peint son caractère propre, qui est celui de son style, libre, naturel, annonçant la probité, la candeur de l'écrivain, son zèle pour le bien public, son amour, sa fidélité pour le souverain. » Ses jugements sont trop bienveillants ; mais il est vrai que Lestoile y est plus exact, moins frondeur et moins futile que dans le Journal de Henri IV. On voit dans ce dernier qu'il n'a pas eu le temps de retoucher son œuvre et de la dégager de tout ce qu'elle a de rude, d'incohérent, de fastidieux et d'inutile. Ses opinions y sont exprimées avec moins de fermeté. Il y a tels passages où l'on dirait qu'il sacrifie à la Ligue.

Dans l'un et l'autre Journal, Lestoile a l'esprit caustique et malin ; il ne laisse guère passer une occasion de lancer un trait satirique. Il dit quelque part : « Il n'y a corruption si grande qui puisse dispenser un chrétien de médire de son roi et de ses supérieurs. » Mais cette belle maxime ne l'empêche pas de médire fort souvent de Henri III, même de Henri IV, et toujours des princes de la maison de Lorraine. Cependant il faut le dire ici : Lestoile a long-temps porté la peine des interpellations faites par les anciens éditeurs ; et les passages les plus odieux contre Henri III ne sont pas de lui.

On a pu juger le style de Lestoile par les citations nombreuses que j'en ai faites. On a vu qu'il est clair, vif, animé ; qu'il a un tour d'originalité qui charme, une soudaineté et une naïveté qu'on ne rencontre que dans nos vieux écrivains. Il ne manque d'ailleurs ni de force ni d'éclat. Lestoile peint la tyrannie des factions par ce seul mot : « Chacun avait son Seize. » Quand Henri III a fait le duc de Guise lieutenant-général du royaume, il dit que le roi lui a donné « un rayon de sa splendeur, un bras de sa puissance, une image vive de sa majesté. » Sa pensée s'enveloppe quelquefois de formes pittoresques ; « Le pis qui était en tout cela, c'est que le roi était à pied et la Ligue à cheval, et que le sac de pénitent qu'il portait, n'était à l'épreuve comme la cuirasse qu'ils portaient sur le dos. » Ailleurs elle jaillit en traits épigrammatiques : « Et eût-on bien voulu que le roi, pour le bien du royaume, eût fait autant des hommes comme il avait fait des écus, et qu'il les eût remis à leur prix. »

Quelque jugement qu'on porte sur les Journaux de Lestoile, ils resteront toujours comme des documents très curieux, d'une lecture agréable, facile, souvent entraînante; et si on n'est pas d'accord sur le degré de confiance qu'ils méritent, on conviendra du moins qu'ils ne sont ni sans intérêt ni sans utilité.

Moreau.

FRANCESCA.

Nouvelle italienne, racontée par un Curé (1).

Dans un village d'Italie que j'habitais il y a quelques années, se trouvait un bon et sociable prêtre qui était en même temps maître d'école. Lorsqu'il avait dit sa messe, terminé sa classe, écouté quelque confession, s'il s'en présentait, tout son plaisir, pendant l'été, était d'errer çà et là sur nos collines, ou de jouer quelques airs sur les orgues de son église, et sur les clavecins des châteaux d'alentour. L'hiver il entrait chez les petits propriétaires et chez les pauvres du village, et là, il tenait ce qu'on appelle un cercle à la ville. Mais comme c'était un homme de bien, pieux et pacifique, toute sa conversation tendait à inspirer la paix et la piété. Aussi avait-il coutume de dire avec une innocente vanité, aux autres prêtres ses amis, que ses discours au dehors n'étaient que la continuation des enseignements commencés à son école, et l'explication de sa doctrine par des exemples, bien plus propres à faire impression, mais qui n'auraient pas tous été à leur place dans une église.

Et vraiment, ajoutait-il en souriant, c'est ainsi qu'en usent les vieilles femmes elles-mêmes, lorsque voulant donner des leçons à la jeunesse, elles en viennent de suite aux exemples; mais il y a entre elles et moi cette différence, qu'elles choisissent leurs exemples voisins et contemporains, et que moi, je cherche toujours les miens dans des temps reculés et des lieux inconnus. Je ne sais si leur méthode est plus efficace, mais la mienne est certainement plus charitable. — Or, un soir que j'étais présent et qu'à son grand déplaisir, on avait médit du prochain, le bon maître commença en ces termes :

«Mes chères dames, mal parler des gens est une vilaine chose. On le fait sans y songer, et celui qui l'a fait le soir, ne s'en souvient ni le lendemain matin, ni tout autre jour de sa vie, et cependant ces paroles sorties avec tant de

(1) Cette nouvelle tirée de : *le Quatro novelle narrate da un maestro di scuola*, n'a jamais été traduite en français.

légèreté de la bouche, croissent et portent dommage, elles perdent un homme ou une femme dans son honneur, dans sa profession, quelquefois même dans sa vie; et l'auteur de ces propos ne peut, malgré tous ses regrets, les rappeler à lui. Je ne vous parle pas de la calomnie par malignité, car ici vous êtes toutes de bonnes femmes, mais dans les villes et dans les grands pays, il en est autrement.—Dans une ville que je ne vous nommerai point, parce que vous ne la connaissez pas, et que je vous nommerais encore moins, si vous la connaissiez, vivait autrefois une jeune fille nommée Francesca, noble, belle, née riche et grande par-dessus toute autre dans la cité. Mais pour avoir pris part, comme on le faisait malheureusement alors, mes enfants, aux inimitiés des guerres civiles, tous les siens, père, aïeul, oncles, frères, avaient péri, ou dans les batailles, ou sur la place publique par la fureur du peuple, ou dans les supplices et dans l'exil, car tous étaient du parti vaincu, et la malheureuse restait seule avec sa mère veuve et réduite à la pauvreté. Combien était triste la vie où s'élevait la pauvre enfant, vous pouvez le penser; ni fêtes, ni divertissements, ni jeunes et gaies parures, car rien de tout cela ne pouvait convenir à leur veuvage et à leur pauvreté; pas même une promenade, tant la mère eût éprouvé d'horreur à rencontrer quelqu'un des assassins ou des persécuteurs de son époux et de ses fils: point de compagnes ni d'amies, car le petit nombre qui leur en restait, frappé de crainte se fuyaient entre elles, au lieu de se chercher. Ainsi abandonnées, la mère pleurait la plupart du temps, et la fille pleurait avec elle, ou bien s'occupait à ses côtés de quelque ouvrage d'aiguille, et lui lisait à haute voix un livre de dévotion, quelque légende ou quelque chronique, jusqu'à ce que les pleurs d'abord suspendues par cette lecture eussent de nouveau recommencées.

Chaque dimanche, toutes deux se rendaient bien matin à la messe, et bien tard aux vêpres pour ne pas être vues; enveloppées dans une mante noire, car la mère eût cru commettre un péché en permettant à sa fille d'échanger ce signe de deuil contre la blanche robe de l'enfance. Ne croyez pas toutefois que la vie de Francesca fut tout à fait sans consolation : elle n'avait connu ni son père, ni ses frères, étant encore au sein de sa mère, quand leur fortune éprouva cette révolution. Lorsqu'on n'a pas le souvenir de temps plus heureux, la misère en est bien allégée, et de plus, la jeunesse ne porte-t-elle pas en elle-même et dans son propre sang la félicité : les consolations ne lui pleuvent-elles pas de toutes parts? Tantôt c'était un beau jour de printemps, et alors la mère se laissait aller à permettre à sa fille de sortir dès l'aube avec leur servante, pour cueillir des fleurs dont elle rapportait un beau bouquet qui, toute la journée embaumait leur pauvre demeure : tantôt c'était un chardonneret qu'elle achetait de quelque enfant, puis qu'elle élevait avec amour et dont elle se faisait un compagnon : tantôt encore, car elle était aussi bonne que belle, avec quelque monnaie qu'elle avait épargnée, pauvre, elle soulageait un plus pauvre encore, qui restait moins longtemps reconnaissant d'avoir reçu, qu'elle n'était heureuse d'avoir donné. Et ce n'était pas tout, puisqu'il faut le dire. Elle n'avait pas atteint sa seizième année, lorsqu'il lui vint une consolation plus grande que les fleurs, le chardonneret, et même que son affectueuse charité, consolation d'abord inaperçue par elle, et qu'elle ne nommait ni du nom de consolation, ni d'aucun autre; mais c'était une vision, une pensée, une occupation continuelle, et même une existence entièrement nouvelle et pleine de douceur.

A vous qui êtes pénétrantes, il n'est pas besoin de dire ce que c'était. Je vous dirai seulement le nom du jeune homme qui la vit un jour par hasard dans ses promenades matinales, au milieu des prés fleuris; qui, sous son pauvre et triste vêtement la trouva plus belle que toute autre, qui revint le lendemain matin, puis le jour suivant, puis bien d'autres encore sans la rencontrer, qui la revit enfin, et la trouvant plus belle chaque fois, mais n'osant l'aborder, la suivit de loin jusqu'à sa demeure, sut qui elle était, et l'ayant appris, car sa beauté, sa bonté, sa misère, toutes cachées qu'elles étaient, ne pouvaient rester inconnues, devint subitement épris d'une vive passion pour elle.

Ce jeune homme donc se nommait Manfred : lui-même il était beau et noble, né d'une famille autrefois opulente qui appartenait au parti vaincu : son père était mort dans l'exil; et lui resté seul et pauvre, malgré son esprit, son courage, son adresse au maniement des armes et dans tous les exercices de cavalier, odieux par son nom à ceux qui gouvernaient l'Etat, n'en avait reçu aucun emploi, pas même dans la milice : aussi languissait-il dans une grande inaction. Et comme vous le savez, l'oisiveté est dit-on, la mère de tous les vices, mais je crois bien qu'il ne s'agit que de l'oisiveté des riches, car les pauvres et les infortunés ne peuvent guères se livrer aux plaisirs, aux caprices et à tous les vices qui en découlent. J'avoue cependant que l'oisiveté malheureuse tend bien souvent à tomber dans l'amour, aussi Manfred y tomba-t-il. L'amour d'un pauvre jeune homme oisif qui n'a rien autre chose à songer la nuit et le jour, est bien différent de celui de ces jeunes gens qui trouvent à se distraire par des plaisirs ou par des occupations publiques et particulières. En un mot, Manfred était comme on dit, perdu d'amour, ce qui veut dire qu'il n'avait plus d'autre pensée au monde, ou même que toutes ses pensées anciennes et nouvelles il les rapportait à sa passion, et s'il songeait encore à regagner son rang et ses richesses, à s'acquérir un nom ou à se faire connaître, ce n'était plus pour lui-même, mais pour la jeune fille dont il eût voulu faire une dame riche, satisfaite, honorée, sa propre femme enfin.

Ces idées et d'autres rêveries semblables l'absorbaient si fort, qu'il en perdait l'esprit et la raison. Et notez bien qu'il les perdait non-seulement dans les autres affaires, qui toutes lui semblaient sans importance, mais encore dans la seule qui en eût maintenant pour lui, celle de son amour. C'est ce qui arrive à celui qui écoute son imagination, au lieu de faire tout d'abord, comme il le pourrait avec facilité, ce qui convient à l'accomplissement de ses désirs. Mais ainsi font les amoureux : autant d'histoires j'en ai lues, autant de fois j'ai vu que leur malheur venait toujours de leur faute. Car au lieu de déclarer de suite leur amour à celle qu'ils aiment, de savoir s'ils en sont aimés, et dans ce cas de la demander à son père, à sa mère, puis de l'épouser et de la mettre en ménage, tantôt c'est une folle raison et tantôt c'en est une autre, qui leur fait reculer soit la déclaration, soit la demande aux parents, soit les noces. Mais alors il survient quelque contre-temps qui prolonge tristement leur liaison et les fait souffrir bien longtemps avant de se retrouver au point par où ils auraient dû commencer, c'est-à-dire aux noces. Quelquefois même cela ne se représente plus. Aussi vous autres jeunes gens, si jamais vous devenez amoureux, je vous engage bien à ne pas vous amuser en de longues histoires, mais à suivre ma méthode, en parlant aujourd'hui à la jeune fille, demain à ses parents, et le dimanche suivant à la personne chargée des publications. Et plût à Dieu que Manfred en eût agi ainsi? Car la mère n'avait pas tardé à être informée par sa fidèle servante, et à s'apercevoir elle-même sinon de l'amour de l'un, au moins du penchant de l'autre, et si Manfred l'eût demandée alors, on la lui aurait donnée non-seulement volontiers, mais encore avec grand plaisir. Car s'il était pauvre et sans fortune, elle aussi était pauvre et abandonnée,—et sa mère n'était pas de celles qui ne veulent à leurs filles que des époux riches, ou qui les laissent mourir dans le célibat.—Elle avait en outre éprouvé tant de chagrins, souffert tant de cruautés de la part de ceux qui étaient alors en grande fortune, et sans en pouvoir tirer vengeance, que cette impuissance à se venger avait produit chez elle, comme il n'arrive que trop souvent, surtout chez les femmes, une haine et une fureur amères. Aussi pour tout l'or du monde et pour toute la puissance d'un empereur, n'eût-elle pas voulu faire ce qui lui semblait une bassesse, voir sa fille en haut rang, mais dans les bras d'un des oppresseurs plutôt que dans ceux du plus pauvre des opprimés.—Vous pouvez bien voir maintenant quelle fut la folie de Manfred, lorsqu'au lieu de parler à des personnes aussi bien disposées que l'étaient la mère et la fille, il se mit à déraisonner comme s'il se fut agi d'une princesse et non d'une personne son égale. C'eût été un trop grand péché selon lui, si une si belle, si bonne, si céleste jeune fille fût devenue la femme d'un homme aussi pauvre, aussi délaissé, d'aussi peu d'espérance. Or, le mal, ce n'était pas de n'être rien, mais bien de n'avoir pas encore fait le plus petit effort pour devenir quelque chose. Il venait d'accomplir sa vingtième année : combien d'autres à cet âge ont, je ne dis pas donné des espérances, mais les ont réalisées, ont fait ou refait leur fortune, se sont acquis un nom, ou ont accru celui de leurs ancêtres! Et lui malheureux, quel effort, quel essai avait-il tentés? lui qui n'avait pourtant que bien peu, si ce n'est rien à perdre, puisque sa propre naissance lui était alors un désavantage.—Il n'avait su ni tirer parti de sa triste vie, ni la perdre.

Peu à peu le jeune homme s'égara dans tant et tant de mauvaises pensées, qu'il lui en vint une où il se complut d'abord, puis où il s'arrêta fermement ensuite, celle de partir pour la Terre-Sainte. Là, se faisaient alors, je ne sais si vous l'avez entendu dire, de grandes guerres qui n'ont plus lieu maintenant, contre des peuples qu'on appelait infidèles; ces guerres elles-mêmes se nommaient Saintes ou Croisades, et il n'est point de grande famille parmi nos seigneurs et nos princes qui n'y ait envoyé quelqu'un des siens combattre et même mourir avec joie, tant était grande la dévotion de ces temps. Il est vrai aussi que beaucoup n'y allaient que pour acquérir des seigneuries ou du renom, et Manfred, il faut le dire, était de ces derniers. Car, pensait-il, avec sa valeur et son mépris de la vie, le moins qui pût lui arriver, c'était de se signaler par quelque prouesse sous les yeux d'un grand prince ou d'un seigneur, qui le prendrait en affection et qui, à son retour en Europe lui ferait rendre son rang dans sa patrie, ou se l'attacherait à sa cour. Alors il verrait à épouser Francesca, et à la posséder d'une manière moins indigne d'elle, et convenable à une demoiselle ou à une grande dame.—Lorsqu'il eût prit cette belle résolution, il prit enfin aussi celle d'en parler aux deux dames, et ayant trouvé moyen de se présenter chez elles, ce qui fut pour les deux jeunes gens une occasion de s'éprendre plus que jamais l'un de l'autre, il leur expliqua son malencontreux projet. Elles eussent mieux aimé je crois qu'il ne leur eût parlé ni de Terre-Sainte, ni de gloire, ni de lointain espoir. Mais soit honte de se montrer plus empressées que lui, soit égard pour l'âge tendre encore de la jeune personne, soit enfin que ces entreprises lointaines s'accommodassent un peu à l'esprit des dames de ce temps, la mère loua son dessein, la fille se tut, et lui se disposa à partir, confiant aux soins d'un vieux serviteur qui l'avait élevé, la garde de quelques effets et du modeste réduit qu'il occupait à loyer dans un quartier retiré de la ville : il emmenait avec son cheval et ses armes la meilleure partie du faible avoir qui lui restait. Il avait aussi une croix d'or qui avait appartenu à sa mère : elle lui était non pas chère, mais sacrée, il la laissa à la jeune fille en la priant de la porter pour l'amour de lui jusqu'à ce qu'elle eût appris sa mort, ou au moins pendant cinq ans.—Elle se la mit au col en pleurant, lui donna un bracelet tressé de sa main, et il partit.

Deux ans se passèrent : les postes n'étaient pas réglées comme aujourd'hui, ni les communications par lettres faciles, aussi restèrent-ils tout ce temps sans nouvelles l'un de l'autre.—A la fin, un pélerin qui avait entrepris un grand voyage à tous les lieux saints, arriva de Jérusalem à Rome avec une lettre de Manfred : celui-ci écrivait en peu de mots aux dames qu'il était vivant et arrivé, que chaque jour on avait quelque rencontre avec les infidèles, qu'il en avait tué plusieurs de sa main et mérité les éloges de ses compagnons, mais que pour acquérir un nom ou la faveur de quelque grand, il n'avait pas encore eu ce bonheur. Que là comme ailleurs, tout était faction et scandale des puissants entre eux : qu'à moins d'être flatteur ou de servir leurs violences, on faisait mal son chemin près d'eux : qu'il craignait bien de ne jamais faire le sien : que peut-être Dieu voulait ainsi le punir d'être allé à cette guerre sainte avec des fins humaines ; toutefois qu'il les priait de lui garder la fidélité promise jusqu'au terme convenu.

Les dames, quelques mois après, par l'entremise d'un frère qui allait à Jérusalem, lui répondirent en l'encourageant, et la jeune fille ajouta secrètement à la lettre qu'elle lui serait fidèle non-seulement jusqu'au jour promis, mais encore pendant tout le reste de sa vie, et qu'en tout temps, avant comme après lui, elle mourrait sienne. Cependant elle était arrivée à dix-huit ans, et sa beauté s'était si fort accrue de toute manière, qu'il n'y eut plus de pauvre habit ni de vie solitaire qui la pût cacher aux yeux perçants des jeunes gens de la ville. L'un deux principalement, noble, riche, d'une famille puissante, puissant lui-même, moins beau peut-être que Manfred, mais orné de manières franches, aisées, et de ce charme de jeunesse qui tient souvent lieu de beauté, la vit, l'admira, l'aima à sa manière. Je dis sa manière, quoiqu'elle soit aussi la mienne, car il songea de suite au mariage. Un amour moins honnête, outre qu'il eût été sans espoir, ne convenait pas d'ailleurs à son caractère. Rambaldo, c'est ainsi qu'on le nommait, était de ces gens qui ne sont ni tout bons ni tout mauvais, qui auraient peut-être été tout à fait bons, si une trop constante fortune ne les avait gâtés. Et quoique pour épouser une si pauvre enfant, reste de parents condamnés et voués à l'opprobre, il lui fallut d'abord vaincre sa propre ambition, puis la résistance de sa famille, cependant l'amour a tant de pouvoir qu'il s'y détermina d'abord lui-même, et qu'au bout de quelque temps, il y fit consentir ses parents.—Il crut alors que tout était terminé, car de penser qu'une mère triste et indigente pût lui refuser sa fille à lui si grand et si riche, ou que cette fille élevée si solitairement pût avoir placé ailleurs son amour, c'est ce qui ne lui vint pas même dans l'idée, et comme il était un homme tout à rebours de Manfred, qui ne s'égarait jamais en des pensers et bien moins encore en des actes inutiles, ainsi qu'il s'en glorifiait lui-même, il n'avait voulu se présenter chez ces dames qu'après s'être assuré de l'assentiment de sa famille, et lorsqu'il l'eut fait, il crut qu'il serait reçu par elles, non pas comme un homme, mais comme un ange du paradis descendu à leur secours; il se complaisait par avance dans la pensée de sa générosité et de leur reconnaissance. Jugez de sa profonde humiliation, lorsque ses propositions n'obtinrent pour réponse qu'un muet et presque dédaigneux étonnement. Il pensa toutefois que ce pouvait être l'effet d'une modestie mal entendue et désirant leur laisser le temps de se remettre, il se retira après quelques mots assez mal en ordre, disant qu'il ne voulait pas les presser et qu'il reviendrait le lendemain.—La mère et la fille tinrent alors conseil, si ce mot convient entre deux personnes dont l'une est très résolue et dont l'autre veut aussi le paraître, car à dire vrai, la mère commençait à hésiter tant par suite de la lettre de Manfred que par l'amour de sa fille qui surmontait tout en elle, même sa haine contre leurs tyrans : mais la sincérité de ce même amour lui faisait chercher non-seulement ce qui semblait convenir au bonheur, mais encore ce qui pouvait agréer aux désirs de sa fille:—bien différente de vous autres qui trop souvent en donnant vos filles à un mari, ne consultez que votre gré, comme s'il s'agissait de votre mariage et non du leur.—Aussi dit-elle à sa fille tout ce qu'elle put imaginer, non pas pour la détourner de sa foi pendant les cinq années, ce qui lui eût paru à elle-même une grande faute, mais pour qu'elle remît sa réponse à la fin de ce temps. Qui sait, disait-elle, ce qui peut arriver ! — Mais la jeune fille répondit avec beaucoup de chaleur, que n'eût-elle pas connu Manfred, elle n'accepterait pas davantage Rambaldo pour mari : et bien plus, que si après avoir reçu l'offre de la main non pas de Rambaldo, mais du plus grand prince de la terre, elle fût venue à connaître Manfred, c'est Manfred qu'elle eût voulu, Manfred qu'elle eût préféré; et bien d'autres discours semblables. —La bonne mère ne pensa plus alors qu'à lui éviter la gêne d'une seconde entrevue avec Rambaldo, et le lendemain l'ayant envoyée chez une bonne vieille leur voisine, elle reçut seule celui-ci, et comme elle était prudente et avisée en toute chose, lui donna du mieux qu'elle put son congé.

Vous devez penser ce que sentit Rambaldo, si vous avez fait attention à sa nature plus orgueilleuse encore que passionnée. Perdre la jeune fille lui était pénible, mais ce qui l'était plus encore, c'était d'avoir à revenir sur les confidences prématurément faites à ses parents et à ses amis. Le seul moyen de ne pas se montrer repoussé, c'était de paraître repousser soi-même, aussi commença-t-il par dire, que vue de près, Francesca lui avait semblé moins belle, et comme il était difficile de le persuader à ceux qui l'avaient vue, même une seule fois, il ajoutait que sa conversation lui avait paru sotte et niaise; cela n'ayant non plus l'ombre de vérité, il changea encore de discours, et avec cet air mystérieux et cette espèce de silence plus perfide que les paroles mêmes, il fit entendre qu'il aurait pu avoir bien d'autres facilités que celle du mariage, mais que cette excessive facilité lui déplaisait : qu'il ne savait quel mauvais esprit lui avait mis en tête de songer à ces femmes qui, à vrai dire, ne valaient pas beaucoup mieux que les hommes de leur famille si justement condamnés et châtiés quelques années auparavant... Bientôt une parole en amenant, comme on dit, une autre, un premier mensonge en nécessitant un second, il en vint à faire clairement entendre que l'ayant eue pour maîtresse, il ne se souciait plus de l'avoir pour femme. Il fut aidé par la servante de ces pauvres dames, qui ne pouvait concevoir qu'un seigneur si riche et si puissant s'offrant pour mari à sa jeune maîtresse, en eut été si sottement refusé. Aussi le jour qu'il reçut son congé de la mère, la servante le suivit-elle, lui disant de ne pas désespérer, et lui offrant ses services non pas dans un mauvais but, mais dans celui de voir s'il n'y avait pas moyen de renouer le projet rompu. Rambaldo tout troublé ne lui répondit rien alors, si ce n'est de venir le trouver : et lorsqu'elle vint quelques jours après, il commença par lui donner quelque argent, puis lui parla de son amour.—Pour ne rien supposer de pis, peut-être qu'il restait encore au fond du cœur de Rambaldo, quelque espoir entretenu par son orgueil. Mais s'il l'avait, il ne tarda pas à le perdre, lorsque la servante lui apprit les rencontres matinales de Manfred avec Francesca, ses visites, son départ pour la Terre-Sainte, l'échange de la croix et du bracelet, en un mot toutes les particularités de leur innocent amour.—A ce récit, une subite jalousie se glissa dans le cœur de Rambaldo, et la jalousie d'orgueil est bien plus féroce et plus acharnée que celle du véritable amour : car, remarquez-le bien, mes enfants, les amants jaloux conservent toujours quelque secrète espérance et sont pleins d'égards pour leur amante, c'est contre eux-mêmes et non contre elle qu'ils tournent leur désespoir; mais la jalousie d'orgueil est implacable et sans pardon, de là ces scandales et ces effets déplorables que nous voyons trop souvent.

Tel était Rambaldo.—Il revit plusieurs fois la servante, et un jour qu'il la trouva plus attendrie que jamais et plus disposée à tout faire en sa faveur, il lui demanda de prendre la croix d'or de la jeune fille, et de la lui apporter comme une consolation et un soulagement à sa malheureuse passion. La servante hésita : elle disait que pour rien au monde elle ne voudrait faire de la peine à sa maîtresse, ni commettre une chose défendue, que c'était voler, et autres raisons pareilles; mais Rambaldo la pressant, et lui disant qu'il la lui rendrait ensuite, ou même qu'il lui en donnerait une plus belle, finalement il en reçut la promesse qu'il désirait et bientôt après la croix : car, une nuit où la jeune fille était plongée dans le profond repos d'un sommeil virginal, songeant peut-être aux joies du retour, la perfide servante s'approchant pas à pas et sans bruit, lui coupa le ruban noir qui tenait, jour et nuit, la croix suspendue à son cou si blanc : certes, il eut mieux valu, par pitié, lui percer en ce moment de part en part. En effet, lorsqu'éveillée dès le point du jour, la malheureuse voulut, avant toute chose, embrasser comme d'habitude sa croix, et faire sur elle sa prière du matin et qu'elle la chercha en vain à son cou, sur son sein, dans son lit, dans ses vêtements, dans sa chambre, dans toute la maison, elle répétait qu'elle était bien certaine de s'être couchée le soir avec elle, qu'on la lui avait prise, et toute en pleurs, elle se livrait au plus misérable désespoir.—Comment soupçonner ou la servante qui leur avait toujours été fidèle, ou Rambaldo dont on n'avait plus même entendu parler, ou toute autre personne? On crut, ou que Francesca s'était trompée en croyant l'avoir à son cou le soir précédent, et qu'elle l'avait perdue au dehors, ou bien, car à cette époque on croyait facilement aux prodiges et aux présages, qu'un grand malheur, le plus grand peut-être de tous, étant arrivé à Manfred, sa croix avait miraculeusement disparu.—La solitude aidant encore à ces imaginations, Francesca s'en pénétra si fort, que sa mélancolie naturelle qui avait eu jusque-là un caractère de douceur, commença à devenir pleine d'amertume : ses jours étaient tristes, ses nuits sans repos, sa tête pesante, son cœur palpitait gonflé et crispé tour à tour, ses regards étaient languissants, son beau visage pâli, toute sa charmante personne paraissait fiévreuse.

Rambaldo ne se figurait pas tout ce mal, car les tourments du malheureux ne sont pas compris par l'homme heureux qui les cause. Maître de la croix, après en avoir fait quelque temps un étalage mensonger aux yeux de ses compagnons, auprès de qui la fameuse croix était aussi connue que le ruban noir et que le blanc cou de Francesca, il ne s'en occupa bientôt plus, et trouva des consolations et des distractions dans d'autres amours, puis dans les charges et les affaires publiques où il s'employa avec tant d'ardeur et de succès, que la République ayant un ambassadeur à envoyer au Pape, il fut choisi pour cette commission, et que plein de joie et d'empressement, il se mit en route pour Rome avec une suite nombreuse et magnifique.

La quatrième année du départ de Manfred n'était pas encore tout à fait écoulée. Voyant que la fortune lui souriait si peu, désespérant d'un meilleur avenir, pressé par le désir de revoir celle qu'il aimait, et ramené par l'expérience à de plus sages pensées, il avait laissé les songes et les imaginations pour revenir dans sa patrie, avec le dessein de s'y offrir pauvre cavalier qu'il était à la pauvre jeune fille, et de vivre heureux ensemble avec peu de bien, mais beaucoup d'amour. Il baisa en sortant du vaisseau Génois le doux sol de l'Italie. Le cœur lui palpitait en traversant à cheval chaque terre, chaque lieu qu'il reconnaissait sur sa route, mais lorsqu'il aperçut les environs de sa ville, les champs témoins de son enfance, de son amour, puis les tours, les murs, enfin les maisons et surtout celle de son amante, peu s'en fallut qu'il ne pût poursuivre son chemin et ne tombât à terre. Enfin s'armant de courage, il arrive, s'élance de son cheval, monte les escaliers, il est dans la chambre des dames qui jettent un grand cri à son approche : Francesca tombe évanouie, et la mère s'écrie : « Quoi, c'est vous ! vous ici, vous que nous avions cru mort ! Comment... de quelle manière...» et d'autres paroles entrecoupées.... puis courant à sa fille, elle la relève dans ses bras, lui porte secours.—Manfred la secoure aussi, et tous deux la font peu à peu revenir, alors ouvrant les yeux elle jette ses deux bras autour du cou de Manfred, et s'y tenant suspendue elle éclate en sanglots prolongés.—Lui pleurait aussi et disait : « Je ne reviens pas comme je vous l'avais promis, mais pauvre et inconnu comme je l'étais en partant. » Puis il la regardait et ne la reconnaissant presque plus tant elle était différente de celle qu'il avait laissée, il la regardait encore, enfin à force de la contempler, de s'émerveiller, ses yeux tombent sur son cou et n'y voient plus la croix. — Alors par un retour sur lui-même, il se plaint de sa triste fortune, montre le bracelet inutilement teint de son sang, redemande sa croix. — Les dames lui en racontèrent l'histoire, qu'elles comprenaient maintenant moins que jamais, comment elle avait disparue, qu'elles en avaient tiré l'augure presque certain de sa mort, que c'était cela qui avait si fort affligé et si torturé la pauvre Francesca, qu'elle était comme pour en mourir, et plût à Dieu qu'il ne fût pas trop tard. Et la mère recommençait à pleurer sur sa fille, et à se plaindre de la venue de Manfred, trop soudaine pour sa faiblesse. Mais celle-ci disait que non, que maintenant elle se guérirait, et reviendrait ce qu'elle était avant, et autres choses pareilles ; enfin Manfred se sépara d'elles, et revint à sa propre demeure.

Je ne vous dirai pas avec quelle joie il fut accueilli par son fidèle serviteur, tout étonné lui-même du retour imprévu de son maître. Il n'y a rien qui aille tant au cœur, quand on revient dans sa patrie, que de trouver les hommes et les choses si différents de ce qu'on les avait laissés, et de voir ces changements même si différents de ce qu'on les avait supposés. Si j'étais un conteur de nouvelles, je vous redirais tous les récits un peu longs du bon vieillard et les réponses de son maître, et comment de sujet en sujet, tous les discours se ramenaient toujours à un seul, celui de l'amour et de Francesca. A la fin le vieillard ajouta qu'il avait appris par la servante, que pendant son absence, Rambaldo s'était présenté, et avait demandé Francesca en mariage, qu'il avait été à la vérité refusé absolument, mais que la servante ajoutait que tout n'était pas fini, car Manfred passait pour mort, surtout depuis que la croix disparue en avait presque donné la certitude à ses deux maîtresses, que pour lui il n'avait jamais rien cru de cette disparution, et pensait plutôt que la mère l'avait enlevée à sa fille pour la détourner de son ancienne inclination et la jeter dans un nouvel amour ; pour la fille on voyait bien à sa langueur qu'elle était sincère, mais toutefois les femmes sont toujours femmes.... Manfred devait bien réfléchir, songer avant de se résoudre, que c'est une grande charge dans la pauvreté qu'une femme et des enfants...... il finissait par lui dire de s'informer, de prendre garde : toutes choses et réticences qui firent presque devenir fou l'infortuné jeune homme. — Il n'eut pas de repos qu'il n'eût rencontré deux jeunes gens, de ses anciens compagnons, mais l'un d'eux qui avait été autrefois confident de ses amours, paraissait ne plus se soucier de l'être, il évitait de répondre, ou répondait comme le vieillard : l'autre mis sur le compte de Francesca qui, si jeune et si belle, n'ayant pas de mari, devait avoir au moins quelque amant, répondit plus clairement, qu'on lui avait dit, je ne sais quoi, d'elle et de Rambaldo, qu'il ne savait ce qui en était, mais que pour certain, ce dernier lui avait montré ainsi qu'à d'autres jeunes gens, une croix qu'elle avait l'habitude de porter auparavant à son cou... — « Tu mens », fut pour lui dire Manfred anéanti et prêt à tirer son épée, pour venger l'injure faite à son amante. Mais la vérité était trop claire, le démenti trop inutile, la trahison trop certaine, trop odieuse : lui-même trop inévitablement malheureux. — Il resta encore un instant pour ne pas révéler son angoisse, puis se sépara de son ami, retourna à sa demeure, fit replacer la selle sur son cheval, endossa de nouveau ses armes, sans répondre un mot au vieillard, et la visière basse, pour cacher son visage mouillé de larmes cuisantes, sans choisir son chemin ni savoir où il allait, il repartit à travers des sentiers déserts, le soir du même jour qu'il était arrivé.

Cependant Rambaldo avait heureusement terminé son ambassade, et content de ce succès, il s'apprêtait à retourner dans sa ville. Mais c'était alors le temps de la semaine Sainte dont les cérémonies sont plus belles à Rome que dans aucun autre pays de la Chrétienté, il se décida à rester encore pour faire ses Pâques. — Rappelez-vous ce que je vous ai dit de son caractère : nous connaissons tous de ces gens qui restent plus de onze mois à se divertir avec le démon, et dans la dernière quinzaine refont leur paix avec Dieu : d'autres plus mauvais encore qui, toute l'année, vont du diable à Dieu, et d'autres enfin les plus mauvais possibles qui appartenant toujours au démon, feignent cependant d'être tout entiers à Dieu.—Rambaldo était des premiers, il chercha un prêtre pour se confesser et s'accusa sincèrement de tous ses péchés, même de ceux qu'il croyait les plus véniels, et parmi ceux-ci il comptait celui d'avoir faussement tiré vanité de l'amour d'une jeune fille et de lui avoir fait voler, pour la montrer à ses amis, une croix qu'il était, disait-il, disposé à lui faire remettre... » Et l'honneur perdu le lui ferez-vous remettre ? reprit le bon religieux. — Comment, repartit Rambaldo, je ne l'ai pas dit de propos délibéré pour lui ôter l'honneur, je ne crois pas le lui avoir fait perdre : je ne saurais d'ailleurs comment retrouver tous les compagnons auprès de qui je m'en glorifiai : la chose ne me paraît pas mériter un démenti, elle est de celles qui s'empirent en les remuant...—mais le religieux répondait que la calomnie, même légère, est un péché grave : que ce n'était pas le calomniateur, mais le calomnié qui devait être juge du tort reçu, que la réparation était nécessaire, urgente, devait être aussi entière que possible, que le sang de l'innocent calomnié crie vengeance au tribunal de Dieu : qu'on se trompe en croyant que l'innocent puisse se satisfaire du témoignage de sa propre conscience qui est bien tout, à la vérité devant le Dieu sage, mais qui, aux regards des hommes injustes et ignorants, n'est rien.

C'est avec ces paroles, et en y joignant beaucoup de beaux exemples tirés de l'écriture et de la vie des Saints que le bon prêtre s'efforçait de ramener le pécheur à son devoir, et de l'engager à une rétractation qu'il lui imposait pour toute pénitence. Mais le fier Rambaldo ne s'y voulut jamais soumettre, il se retira sans absolution, et alla trouver un second prêtre, puis un autre encore, qui tous lui disaient la même chose, et lui imposaient la même pénitence. Mais il avait bien décidé de ne pas la faire, et en homme de guerre qu'il était, peu versé dans les matières de théologie et dans les cas de conscience, il se mit à songer que le Pape qui peut tout dans l'Eglise, pourrait aussi l'exempter de cette obligation ; comme ils avaient eu ensemble des relations très amicales, il espérait bien aussi en obtenir cette faveur, aussi alla-t-il à lui, en le priant de vouloir bien entendre sa confession. Le pape qui était un très saint homme et qui aurait confessé aussi bien le plus misérable pécheur que Rambaldo, ou que tout autre grand seigneur, dit qu'il le voulait bien et l'écouta : arrivés à la pénitence, il lui imposa la même que tous les autres confesseurs. — « Saint-Père, lui dit

Rambaldo, comme vous avez pu l'entendre, il n'y a dans ma confession aucun cas réservé, aucun péché si grave que le plus humble prêtre ne puisse m'en absoudre lui-même, si je les lui racontais : si donc je suis venu incommoder votre Sainteté et me jeter à ses pieds, c'est que pour la seule faute d'avoir mal parlé d'une jeune fille, tous les confesseurs veulent me donner une même pénitence, que je ne me sens nullement disposé à accomplir. Aussi je voudrais que votre Béatitude, usant de son pouvoir suprême, m'en dispensât, en la changeant contre toute autre que je suis prêt à faire, soit prières, œuvres pies, aumônes, soit même s'il le faut, ce qu'à vrai dire je ne crois pas, pour des pèlerinages que j'entreprendrais à mon grand désavantage, plutôt encore que de me soumettre à la honte d'une telle rétractation, si dure et si insupportable pour un cavalier. » — Le Pape à ce récit, quoiqu'il lui en coutât beaucoup de renvoyer un ami sans le satisfaire, et qui plus est, un chrétien sans l'absoudre, lui répondit que cela était impossible, et voulut lui faire comprendre la distinction qu'il y a entre les règles de la justice et celles de la discipline. Mais le cavalier n'entendait pas ou ne voulait pas entendre, et insistait, auprès du Saint-Père qui, saisi à la fin comme d'une céleste inspiration : Oh! mon fils, dit-il, Dieu sait combien j'ai de peine à voir dans cette obstination un cavalier si sage, sous tous les autres rapports, et qui a si bien mérité de l'Eglise ! que ne puis-je faire pour vous cette pénitence, et prendre pour moi, qui suis le serviteur des serviteurs de Dieu, cette humiliation qui est cependant le seul moyen de vous remettre jamais en paix avec le Seigneur et avec vous-même. Car ce sont ces abaissements qui élèvent, et ce que le monde appelle bassesse, c'est de la force d'âme ! Mais puisqu'il n'a point été donné à mes paroles assez d'efficacité pour vous pouvoir persuader, je crois bien que Dieu qui veut votre salut, en considération de vos autres mérites, m'inspire de vous donner une nouvelle pénitence, et j'ai cette confiance, que si vous l'accomplissez, il vous sera fait remise de ce péché et de toutes vos autres fautes. Or, cette pénitence, c'est aussitôt votre retour à Florence, de passer votre première nuit toute entière en veilles et en prières dans le Dôme : le ferez-vous ? — Certes oui, répondit le cavalier, qui ne croyait pas s'en tirer à si bon compte. — Eh bien, lui dit le Pape, je vous donne une absolution conditionnelle, après cette pénitence vos péchés vous seront pardonnés, et je vous prolonge la Pâque, jusqu'au moment où vous la pourrez faire. — « Rambaldo ayant alors récité les paroles ordinaires, fait les prières d'usage, et baisé les pieds du Pape, sortit du saint tribunal bien joyeux d'avoir obtenu ce qu'il demandait, puis quittant Rome il se mit en route avec sa suite vers Florence.

Ainsi léger de conscience et gai de cœur, après qu'il eut chevauché quelques jours avec ses compagnons, il arriva près de sa ville par un beau soir d'avril, moment qui lui semblait commode pour se débarrasser cette nuit même de sa pénitence : aussi fit-il presser les chevaux, et la vingt-quatrième heure sonnait à l'horloge, au moment où il ôtait le pied de l'étrier et se sentait pressé dans les bras de sa mère, de ses parents et de ses amis rassemblés dans sa maison.—Il se tenait encore sur le seuil, au milieu de ces embrassements, quand il entendit de loin psalmodier les prières des morts, car c'est à cette heure que se font les enterrements à Florence, puis il vit quelques cierges traverser la rue et se diriger lentement vers le Dôme. Et quoiqu'il lui parût bien dur de quitter en ce moment sa demeure et ses parents, toutefois sous le prétexte des affaires et des intérêts publics, qui l'appelaient ailleurs, il les engagea à ne pas l'attendre et les laissa bien éloignés de soupçonner la vérité. Il se perdit alors peu à peu dans la foule, rejoignit le convoi, et entra avec lui dans l'église. — Ce dôme, comme toutes les anciennes églises que vous avez pu voir, était fait en forme de grande croix, avec un autel au milieu, deux grandes chapelles aux côtés, trois nefs, beaucoup de piliers et de colonnes. — Rambaldo, placé derrière une de ces colonnes, vit poser le cercueil devant l'autel : les psaumes se continuèrent quelque temps, puis il vit éteindre tous les cierges à la réserve d'un seul qu'on laissa à la tête du mort, et peu à peu s'éloigner toute l'assistance qui semblait composée de personnes de moyenne et de basse condition. Il lui vint alors à l'idée de savoir quel était ce mort qu'il allait avoir pour compagnon de sa veille, et s'approchant d'un vieillard qui sortait l'un des derniers, il lui demanda : — « Quel est ce mort? — C'est, lui fut-il répondu, une jeune fille qui a aimé et qui en est morte de douleur et de honte.— Rambaldo se remit alors derrière sa colonne, dont il voyait approcher le sacristain qui faisant sa ronde, ferma les balustrades des autels, puis les portes de l'église, où Rambaldo, resta seul sans autre lumière que celle d'un cierge auprès du cercueil et d'un autre sur l'autel du Saint-Sacrement.—Son cœur s'était bien un peu serré en entendant parler d'une jeune fille déshonorée; mais comme il n'était homme à avoir peur ni des morts ni des vivants, il en vint ensuite à penser qu'il valait mieux remplir le triste office de sa veille en cette compagnie, qu'en celle d'un pécheur invétéré, d'un hérétique mal converti, ou d'un excommunié mal réconcilié.—Peu à peu il s'approcha du cercueil, et la lueur de la lampe funèbre lui fit apercevoir des armoiries qui montraient que la jeune fille était de noble naissance, mais qu'il ne put distinguer autrement. Sa curiosité s'accroissait, peut-être aussi son anxiété; il se répétait à lui-même : « jeune et deshonorée! il cherchait dans sa mémoire à quelle famille pouvait appartenir le caveau funéraire qu'il avait sous les pieds, quand tout tremblant, pressé d'une immense angoisse, ou plutôt poussé par un mouvement de Dieu, il se précipita tout d'un coup vers le cercueil ; il lève le voile, saisit l'une des mains que l'on avait repliées en croix sur la poitrine, et voit avec épouvante le visage de Francesca !

Hélas ! oui, c'était Francesca.—Que devint-il ? quel déchirement, quelle horreur éprouva-t-il en ce moment. Mais que sa terreur fut inexprimable quand laissant retomber cette main morte, il sentit retomber aussi la sienne ! il essaya de la retirer et ne le put, il la sentait serrée et retenue, et quelque effort qu'il fît doux ou violent, il ne pouvait la débarrasser. Il jeta un cri et se précipita le genou en terre : le caveau qui était celui de la famille de Francesca en retentit, et un autre cri parut répondre au sien dans le temple; il lui sembla que des ombres sortaient, et que l'une d'elles s'avançant entre les colonnes, faisait résonner les dalles de ses pas lourds, de ses pas de fer, puis rentrait peu à peu dans la nuit. Le silence redevint général. Rambaldo fit alors de nouveaux efforts pour dégager sa main, il crut un instant que Francesca n'était pas morte. Il la regarde, mais les fleurs de sa couronne étaient flétries, et ces beautés qu'il avait vues si fraîches étaient également ternes et fanées. De longues douleurs, une céleste patience avaient leur empreinte sur ce doux visage pâle, blanc et froid comme sa main glacée. Pour lui, tantôt il défaillait comme prêt à mourir, puis emporté par la fureur il voulait tirer son épée, trancher cette main vengeresse, mais il la sentait se resserrer sur la sienne et la pénétrer non plus de froid, mais d'une ardeur et d'une cuisson insupportables. Il pensa à se tuer, mais comme si c'eut été un avertissement des peines de l'enfer, la main lui instillait alors un feu qui passait dans ses veines et jusque dans la moëlle de ses os : enfin il se tint en repos, si l'on peut appeler ainsi son état, et se mit à genoux près du cercueil, courbé sur lui, et abandonnant sa main à cette main vengeresse. Il commença à prier plus doucement et à mesure aussi la main devenait plus douce, lui causait moins de douleur, mais sans cesser de le tenir pour cela; il pria de longues heures, et enfin il se disposa à mourir, persuadé que cette main ne le relâcherait plus, mais l'entraînerait avec elle dans la tombe. Cependant il sentait l'étreinte de plus en plus douce ; une odeur suave et comme un souffle de Paradis s'exhalait de ce corps, et lorsqu'il reporta ses regards sur la céleste paix de ce beau visage, il lui sembla qu'il s'embellissait de grâces nouvelles et qu'il revenait tel qu'il l'avait connu autrefois. Lui-même aussi éprouvait comme cette paix du moribond qui veut bien finir : il demanda à Dieu et à Francesca un sincère pardon, il ne désirait plus avant de mourir que d'avoir quelqu'un pour recevoir sa confession et la réparation de l'honneur si faussement enlevé à la jeune fille. Ce fut dans ces pensées qu'il revit le jour : lorsqu'il vint à poindre à travers les vitraux bariolés, il entendit sonner l'*Ave Maria*, puis ouvrir les portes, puis approcher le sacristain, et s'armant de résolution, il l'appela. Celui-ci qui ne croyait pas qu'il y eût quelqu'un dans l'église et à qui cette voix sembla partir du caveau, au lieu de s'approcher prit la fuite et revint quelques instants après avec un prêtre, la croix et l'eau bénite. Le prêtre appelé par Rambaldo, s'avança, le reconnut et l'entendit s'écrier : —« C'est moi qui suis l'assassin de cette jeune fille, son calomniateur, je suis un grand pécheur, châtié par Dieu comme vous le voyez. »—A ce spectacle, le prêtre recula et se mit à crier au miracle. Peu à peu d'autres prêtres et le peuple à qui on avait ouvert les portes, accoururent : tous entouraient la bière et le misérable pécheur, qui leur répétait : —«C'est moi qui l'ai tuée, qui l'ai lâchement calomniée! » Et le peuple criait au miracle.—Bientôt l'évêque qui était un homme saint et prudent, arriva avec tout son clergé : il ordonna à ses clercs de se tenir en étole et un cierge à la main autour de la morte et du pécheur agenouillé, puis montant à l'autel, il entonna la messe : arrivé à l'évangile, il se tourna vers les assistants et leur fit une exhortation bien simple, leur disant d'admirer les voies du Seigneur : d'apprendre combien est grave cette faute, que beaucoup regardent comme si légère; qu'il fallait donc détester la calomnie, l'avoir en horreur, mais en même temps entrer en compassion du pécheur, et implorer pour lui la miséricorde de Dieu, pour qu'il voulût la lui accorder soit dans cette vie, soit dans l'autre. — Alors il reprit la messe, et quand il l'eut terminée, il vint au cercueil et dit à Rambaldo, que puisque Dieu l'avait laissé en vie jusque-là, sans que personne pût savoir le nombre des instants bien courts peut-être qu'il voulait lui laisser encore il devait en profiter pour faire sa confession publique. Alors Rambaldo se releva et se signant de sa main restée libre, il commença sa confession, et raconta d'abord son amour, sa jalousie, puis les premiers bruits calomnieux qu'il avait vaguement répandus, enfin le vol de la croix dont il s'était fait un sacrilége et faux témoignage à l'appui de sa calomnie. Ici, se souvenant de cette croix que depuis sa confession à Rome il avait toujours portée, dans l'intention de la restituer en secret, il l'ôta publiquement de son sein en la montrant au peuple et à l'évêque, il la remit avec l'aide de ce dernier au cou de la jeune fille. Cet acte était à peine accompli, qu'une joie virginale parut s'épanouir sur ce céleste visage, la main vengeresse s'ouvrit, tomba doucement et laissa libre celle de Rambaldo; ce furent alors de nouveaux cris au miracle!—Rambaldo se prosterne, le peuple se précipite et l'entoure. Lorsque l'ordre fut rétabli, l'évêque entonna les dernières litanies des morts : arrivé au *requiescat in pace*, on entendit tout à coup dans une chapelle un grand bruit et comme le fracas d'une armure qui tomberait sur le pavé : on court, on trouve derrière l'autel un cavalier par terre, on lève sa visière, il était mort : on l'envisage, c'était **Manfred**.

On croit que lui aussi, ramené par la main de Dieu dans sa patrie, le jour d'auparavant, il avait passé la nuit dans cette église. C'était lui qui s'était approché au premier cri de Rambaldo, mais l'ayant reconnu et croyant toujours qu'il avait possédé le cœur de Francesca, et que c'était pour la pleurer qu'il était là, son amour fut plus fort que sa colère, il se retira pour prier derrière un autel d'où il entendit en entier la terrible confession de Rambaldo. Il reconnut alors sa propre erreur, sa propre folie, et s'accusant de la mort de cette jeune fille, son cœur se serra si violemment, qu'aux paroles du dernier *requiescat in pace*, il se rompit et qu'il en mourut.—Il fut enseveli non loin de son amante, la mère ne leur survécut pas une année entière.

Quant à Rambaldo, les uns disent qu'il se fit moine parmi ceux de St-Benoît, qui vivaient alors dans un désert, comme le font maintenant les Trappistes : d'autres, qu'il s'en alla à la Terre-Sainte, non pas comme chevalier, mais comme pélerin, nuds pieds, faisant de grandes pénitences, et qu'il mourut saintement à son retour, en se rendant à Saint-Jacques de Compostelle.... »

L'histoire était finie là, mais le bon maître ne s'arrêta pas. Comme il voulait y joindre une moralité, il se remit à parler de la calomnie qui trouve sa punition en ce monde ou en l'autre, et tel qui croit vivre comme un demi saint et aller tout droit en Paradis, se réveillera mort en enfer : pour moi, disait-il, je prie Dieu d'épargner un si grand malheur à quiconque viendrait à mal parler de ma personne, car je ne m'en mets aucunement en peine ; mais on a vu non-seulement des jeunes filles, mais encore des hommes, même parmi les plus sages, mourir d'un mensonge qu'ils ont pris à cœur ; ce qui est une folie et une grande faiblesse assurément : mais l'erreur de celui qui meurt n'excuse pas celui qui fait mourir. Et quand quelqu'un de vous.... — Mais l'heure était avancée et la lampe tirait à sa fin. Ces bonnes gens qui goûtaient moins la moralité que l'histoire, se retiraient les uns après les autres en se disant bon soir...... Alors le curé et moi nous prîmes congé des maîtres de la maison après nous être souhaité mutuellement une bonne nuit, nous nous en allâmes chacun de notre côté.

Dubourg Maldan.

SCIENCE HÉRALDIQUE.

ARMES PARLANTES.

(Continuation et fin).

Le goût des armes parlantes ne fut pas circonscrit à la Champagne ; il s'étendit, il se propagea dans toute la France, en Italie, en Espagne, en Angleterre, en Allemagne, tant pour les armoiries des familles que pour celles des provinces et des villes.

France.—Arbaleste de Melun, porte d'or au sautoir engrêlé de sable, cantonné de quatre arbalètes de gueules ; Arc, d'azur à un arc d'argent, à la flèche encochée de même, empennée d'or, chargée de deux autres flèches d'or empennées d'argent, mises en sautoir ; Arcussis, d'or à la bande d'azur, accompagnée de trois arcs de gueules mis en pal.

Bar, duché, d'azur semé de croix recroisettées au pied fiché d'or, à deux bars adossés de même ; Barbeau, coupé aux deux de gueules à deux barbeaux d'or affrontés en chevron ; Belet, une belette d'or ; Berbis, d'azur au chevron d'or, accompagné en pointe d'une brebis paissante d'argent ; Berbisi, d'azur à une brebis paissante d'argent ; Bichi, de gueules à une colonne d'argent : la base et le chapiteau d'or, entortillée d'une bisse d'azur, dévorant un enfant issant de sinople ; Bœuf (le), de gueules au bœuf passant d'or ; la queue passée entre les jambes et relevée sur le dos ; Bouc de Gavre, de gueules à trois boucs d'argent, accornés et onglés d'or ; Boucallac, d'azur au bouc d'argent ; Bouhier, d'azur au bœuf passant d'or ; Bouvet, de gueules au rencontre de bœuf d'or ; Brachet-Péruse, d'azur à trois chiens bracs (braques) couchés, d'argent ; Brancas, d'azur au pal d'argent chargé de trois tours de gueules, accosté de quatre pattes de lions affrontées, mouvantes des flancs ; (Branca signifie, en italien, serre, ongle, griffe). Brocard, d'azur à trois broquarts d'or ; Brosse (de), d'azur à trois brosses d'or, à la bordure componée d'argent et de gueules ; Butet, d'argent à trois butes d'azur.

Cabre de Roquevaire, de gueules à la chèvre saillante d'argent, surmontée d'une fleur de lis d'or; Canillac, d'argent au levrier rampant de sable, accolé d'or; Carbonière, bandé d'azur et d'argent de huit pièces, l'argent semé de charbons de sable, allumés ou ardents de gueules; Castellane, ville (Basses-Alpes), de gueules à un château sommé de trois tours d'or accompagné de trois fleurs de lis de même, deux en flanc et une en pointe; Castelnau, de gueules au château d'argent, maçonné de sable; Castille (de) d'azur au château sommé de trois tours d'or; Chabot, d'or à trois chabots de gueules; Chaffardon, de gueules à trois chats passants d'or, les deux du chef affrontés; Chantelou, d'or au loup passant de sable, accompagné de trois tourteaux de gueules; Chat-Plessis, de sable au chat effrayé d'argent; Chatelain, d'azur au château couvert, girouetté d'argent; Chauvelin, d'argent au chou sauvage arraché de sinople, accolé d'une bisse d'or; (des mots chaul et velin qui signifient en langue romane, chou et venin). Chesne (du), d'azur au chêne englanté d'or, au chef d'argent, chargé de trois étoiles de gueules; Chesneau, un chêneau; Chétardie (la), d'azur à deux chats l'un sur l'autre d'argent; Chevalerie (la), de gueules au cheval gai, cabré d'argent; Chevalier, de gueules à la licorne saillante d'argent; Chisseret, d'azur à trois pois chiches cossés d'or, (Ciceres Ciceronis), partis d'argent, à trois têtes de nègres couronnées d'or; Corbin-Villarceau, d'argent à trois corbeaux, de sable, supportés chacun par un tourteau de gueules; Créqui, d'or au créquier de gueules; Cuers, ville (Var), d'azur à deux clefs adossées et posées en sautoir d'argent, surmontées d'un cœur de gueules, chargé d'une fleur de lis d'or; (en langue romane, cuers signifie cœur). Cygni, de gueules au cygne d'argent, becqué, membré de sable.

Dauphin d'Auvergne, d'or au dauphin pâmé d'azur; Dauphiné, province, d'or au dauphin d'azur, allumé, lorré et peautré de gueules; Drac, d'or au dragon de sinople, couronné de gueules; Draguignan, ville (Var), de gueules à un dragon d'argent.

Espeignes, d'azur au peigne d'argent, accompagné de trois étoiles d'or; Espervier (l'), d'argent à l'épervier d'azur, membré, longé, grilleté d'or; Esquirol, d'azur à l'écureuil d'or.

Falaise, ville (Calvados), de sinople à une falaise d'or moussée de sinople; Faulx (du), d'azur à trois faux d'argent, le ranchier en bas; Fauquières, d'azur à trois faux d'or; Ferrier, d'argent à trois fers de pique d'azur; Ferrières (de), d'hermine à la bordure de gueules chargée de huit fers à cheval d'or; Font (la), de gueules à la fontaine d'argent, au chef cousu d'azur, chargé de neuf étoiles d'or 5, 4; Fougères, ville (Ille-et-Vilaine), d'or à une plante de fougère de sinople; Fraguier, d'argent à trois fraises de gueules; Fresne (du), d'or au frêne de sinople; Frétart, de gueules fretté d'argent.

Genas, d'or au genêt de sinople; Goupillière (la), d'argent à trois renards d'azur; (Goupil signifiait autrefois renard). Grateloup, de gueules au dextrochère d'or mouvant à sénestre, grattant le dos d'un loup rampant de même; Gué (du), d'azur au cheval gai passant d'or, au chef de même.

Hayes (des), d'azur à trois haies mortes d'or; Hersy, d'azur à trois herses d'or.

Lauzières de Thémines, d'argent à un osier de sinople; Lègue (de), de gueules semé de gouttes d'eau (aigue); Léon, d'or au lion morné de sable; Loup (le) de Foix, de gueules au loup passant d'or, denté, langué, onglé d'argent; Louvet, un loup; Louviers, d'or à la fasce de gueules chargée en cœur d'un anneau d'or, accompagnée de trois têtes de loups au naturel; Luc-Fontenay (de), d'azur au brochet (lucius) mis en fasce, surmonté d'une étoile en chef d'or.

Maillots (des), d'azur à trois maillets d'or; Manosque, ville (Basses-Alpes), écartelé d'azur et de gueules, à quatre mains appaumées d'argent; Martel, de gueules à trois marteaux d'argent; Masse, d'or à trois masses de sable; Montdragon, de gueules au dragon monstrueux d'or; Montolivet, d'or à un olivier arraché de sinople; Montpesat, de gueules à la balance d'or; Montregnard, de gueules au renard rampant d'or; Morand, d'azur à trois cormorans d'or; Morisot, d'argent à trois mûres de sable, à la quinte-feuille de gueules en abyme; Mornay-Laferté, burelé d'argent et de gueules de dix pièces, au lion morné de sable brochant sur le tout; Mouchard, d'azur au chevron de sable, accompagné de trois mouches aussi de sable; Mouchet de Battefort, de gueules à la fasce d'argent, accompagnée de trois émouchets d'or; Mouton (du), de gueules à trois rencontres de béliers d'argent; Mutel, de gueules à trois belettes (mustela) d'or.

Noailles, d'or semé de noyaux de cerises, avec la queue de gueules, au loup ravissant de même; Nogaret, d'argent à un noyer de sinople, le noyer et le guéret sont désignés par le champ de l'écu et par son arbre.

Ourcière, d'argent au chef de gueules, à l'ours debout ou dressé de sable, portant entre ses pattes une couronne d'or, brochant sur le tout.

Palmier, d'azur à trois palmes d'or; Paschal, d'azur à un agneau pascal d'argent; Pellevé, de gueules à une tête humaine d'argent, le poil levé d'or; Pen-Mark, d'azur à une tête et cou de cheval d'or, animée et bridée de sable; (de pen, en breton, tête, et de marc'h, cheval); Perrier (du), d'or au poirier de sinople, fruité d'argent; Phénis (de), d'azur au phénix, sur un bûcher allumé d'or, surmonté d'un soleil de même; Pinard, trois pommes de pin; Pommereul, d'azur au chevron d'or accompagné de trois pommes d'or; Pontac (de), de gueules au pont à cinq arches d'argent, supportant deux tours de même sur une rivière d'argent, ombrée d'azur; Porcelet, d'or au porc de sable; Porte (de la), de gueules au portail d'or.

Ray, de gueules au rais d'escarboucle d'or; Renardière (la), d'azur à trois renards passants d'or; Rochedaim (la), de sable à trois têtes de daims coupées d'or; Rochette, d'azur à trois rocs d'échiquier d'or; Roquelaure, d'azur à trois rocs d'échiquier d'argent; Roquetaille, un rocher coupé en deux; Roure (du), d'azur au chêne de quatre branches passées en sautoir, englanté d'or; (du vieux mot roure et rouvre, chêne; en latin robur). Rubis, d'or à trois rubis au naturel.

Saint-Paul-du-Var, ville, d'azur à la figure d'un Saint-Paul vêtu d'or, avec son livre et son épée d'argent; Sapin, d'azur au sapin arraché d'or; Sardigni, d'azur à trois sardines d'argent en pal; Sartine (de), d'or à la bande d'azur chargée de trois sardines d'argent, posées en pal; Saulsaye (la), d'argent à trois saules de sinople; Ségoing, d'azur à une cigogne d'argent, becquée, membrée de gueules, tenant en son bec un lézard de sinople; Solages, d'or à l'ombre de soleil de gueules.

Taboureaux, un tambour (en langue romane, tabour). Tangues, d'or à la tanche de gueules mise en pal; Tarascon, ville, (Bouches-du-Rhône), d'azur au château d'argent maçonné de sable, accompagné en pointe d'un dragon sans ailes, à six jambes (dit tarasque) de sinople aux écailles d'argent, avalant un homme; Tour-d'Auvergne (de la), d'azur semé de fleurs de lis d'or, à la tour d'argent maçonnée de sable, brochant sur le tout; Tour du Pin (la), de gueules à la tour sénestrée d'un avant-mur, crénelée d'or, maçonnée de sable; Trudaine, d'or à trois daims de sable.

Vache (la) du Saussay, de sable à trois gerbes mal-ordonnées d'or, accompagnées de trois croisettes au pied fiché d'argent, au chef d'or chargé d'une vache de gueules; Vachon, de sable à la vache d'or; Vacon (de), d'azur au sautoir d'or, cantonné aux trois premiers cantons de trois étoiles du même, et au dernier, d'une vache d'argent; Valensolle, bourg (Basses-Alpes), d'azur à un grand V d'or, surmonté d'un soleil de même; Vannelat, d'azur à un vannet d'or; Verne (la), d'argent à un aune de sinople; (en langue romane, aune ou aulne s'appelait vergne, verne). Vignoles (de), de sable au cep de vigne d'argent, soutenu d'un échalas de même; Virieu, de gueules à trois vires d'argent.

ITALIE. — Anguillara porte de gueules à deux anguilles d'azur en sautoir à la bordure dentelée d'argent.

Biscia, une bisse ; Boba, coupé d'argent et de gueules à deux rencontres de bœufs bouclés de l'un en l'autre ; Bosco (del), coupé de gueules et d'or à un arbre sec ébranché de sinople, brochant sur le tout ; Brancaccio, d'azur à quatre pattes (branche) de lions posées en sautoir ; Bucelli, d'argent au bœuf furieux, de sable, à la bordure engrêlée de même ; Busdraghi, d'argent au dragon monstrueux, de sinople, ayant tête humaine dans un capuchon, ailé de gueules.

Castagna, une châtaigne ; Castelli, un château ; Cervini, d'azur au cerf d'argent couché sur une terrasse de sinople, appuyé à neuf épis de blé d'or ; Chiavaro, de gueules à deux clefs (chiavi) d'argent affrontées, mises en pal ; Colonna, une colonne.

Delfini, parti d'argent et d'azur à trois dauphins nageant rangés en fasce de l'un en l'autre.

Gatta, d'azur à une chatte d'argent, au lambel de gueules.

Lunati, d'azur à trois croissants d'argent.

Orsini, d'or à un ours (orso) de sable.

Palumbara, un colombier ; (palombo, pigeon sauvage, espèce de pigeon ramier). Peruti, d'azur à trois poires (pere) d'or ; Rovere (la), d'azur au chêne d'or, (rovere, rouvre).

Tassi, un taisson ; Torta, d'azur à une redorte feuillée de trois pièces d'or.

Vitelleschi, deux veaux, (vitelli).

Zante, île (Zacynthe), d'azur à l'hyacinthe d'argent.

Espagne. — Cardona, trois chardons ; Castille, province, de gueules au château d'or, sommé de trois tours de même, maçonné, ajouré d'azur.

Figueroa, d'or à cinq feuilles de figuier de sinople en sautoir.

Galice, province, d'azur semé de croix tréflées au pied fiché d'or, au calice couvert, aussi d'or ; Granata, d'azur à cinq grenades d'or, ouvertes de gueules en sautoir ; Grenade, province, d'argent à la grenade de gueules feuillée de sinople.

Léon, province, d'argent au lion de gueules ; Luna, d'argent au croissant renversé, échiqueté d'or et de sable, coupé, échiqueté de même.

Navarre, province, de gueules à la chaîne rangée selon toutes les partitions et en double orle (una varra, d'où vient navarra, signifie en basque une cloison de fer, ou des chaînes, forme qu'offrent visiblement les sceaux des rois de Navarre de la maison de Champagne et de celle de Philippe le Bel).

Padilla, trois poêles à frire ; Porcelos, d'or à une porque de sable sur une terrasse mouvante de la pointe de sinople.

Solis, d'or à une ombre de soleil de gueules, à la bordure componée de vair et de gueules.

Taxis, d'or à l'aigle éployée de sable, becquée, membrée, diadémée de gueules; coupé d'azur au taisson (en latin, taxo) passant d'argent.

Zapata, des souliers ou brodequins, même mot que savate.

ANGLETERRE. — Appleby (apple, pomme) porte d'argent à la bande de sable chargée de trois pommes d'or; Arundel, de sable aux hirondelles d'argent (on les appelait arondelles en vieux français); Askew, (ass, âne), trois ânes passants, de sable.

Beare, (bear, ours), d'argent à un ours de sable en pied; Beeston, (bee, abeille), six abeilles de sable; Bird (oiseau), d'argent à la croix cantonnée de quatre merlettes de gueules; Bollen (bull, taureau), d'argent au chevron de gueules, accompagné de trois têtes de bœuf de sable; Bore (boar, verrat), de gueules au sanglier passant d'argent; Botereaux, d'argent à trois crapauds de sable (en langue romane, on appelait un crapaud, bot, boterel, boteraux, botte; les Italiens le nomment encore botta). Bowes, (bow, arc), d'hermine à trois arcs de gueules cordés de sable posés en fasce; Breakspear, (lance brisée, ou brise lance), de gueules à la lance brisée d'argent; Bulkley, (bull, taureau), de sable à trois têtes de taureau d'argent.

Calf, (veau), trois veaux de gueules; Calverley, trois veaux d'or; (le pluriel de calf est calves). Camel, d'azur à un chameau d'or; Cockayn, d'argent à trois coqs de gueules; Colt, (poulain), trois poulains de sable; Conesby, de gueules à trois connils ou lapins assis à la bordure engrêlée d'argent. (Conil ou connil, en vieux français; cuniculus, en latin; couniou, en provençal; conicl, en bas-breton; coniglio, en italien). Corbet, d'or à un corbeau de sable.

Dogget, (dog, chien), d'azur à deux dogues d'or; Dove (colombe), de sable à la fasce vivrée d'hermine, accompagnée de trois colombes d'argent.

Elphinston, de gueules à un éléphant d'or.

Godolphin, (en cornouaillien, aigle blanche), de gueules à une aigle blanche à deux têtes, et les ailes éployées entre trois lis blancs; Griffin, un griffon de sable.

Hart, de gueules mantelé d'azur à trois cerfs d'or; (Hart, cerf de cinq ans). Héron, un héron d'argent; Horsey, trois têtes de cheval; (Horse, cheval).

Lambard (de lamb, agneau), trois agneaux d'argent autour d'un chevron; Lambert, trois agneaux d'argent; Lambton, trois agneaux d'argent autour d'une fasce de même.

Mainard, d'argent à trois mains gauches de gueules; Malmaine, trois mains gauches d'argent; Moore, une tête de more.

Old-Castle (vieux-château), un château de sable sommé de trois tours.

Partridge (perdrix), trois perdrix d'or.

Ramme (de ram, bélier), d'azur à trois rencontres de bélier d'argent; Ramsay, de sable au chevron d'argent, accompagné de trois têtes de bélier d'or; Ravenscroft (de raven, corbeau, et de croft, petit clos, agellus), d'argent au chevron d'or, accompagné de trois têtes de corbeau de sable.

Storkey (de stork, cigogne), d'azur à une cigogne d'argent becquée et membrée de gueules; Swallow (hirondelle), d'argent à trois hirondelles de sable aux ailes éployées; Swiney (de Swine, cochon), d'argent à trois sangliers de sable.

Troutbeck (de trout, truite), trois truites d'argent.

Wolf (loup), de sable à deux loups d'argent.

ALLEMAGNE, SUISSE, etc. — Aalen, ville, porte de gueules à une anguille (aal) courbée d'argent.

Berne, canton et ville, de gueules à la bande d'or chargée d'un ours (bær, bæren) passant en bande de sable; Betteler (bettler, mendiant), d'or à un mendiant passant de carnation, habillé de sable, le manteau et la calebasse d'argent, tenant son bonnet de la main droite, et de la gauche un bâton aussi d'argent; Beverfonde (de bever, mot hollandais qui signifie bièvre, castor), d'or au castor rampant de sable; Biberach, ville, d'azur au castor couronné d'or; (de biber, bièvre, castor; en latin, fiber, Pline dit biber; en italien, bevero; en espagnol, bibaro; en anglais, beaver; en russe, bobr). Brandschidt, (de brand, tison, brandon), fascé de gueules et d'argent de six pièces, au bâton noueux de sable mis en bande, allumé d'argent.

Coesfeld, ville, (champ de la vache), une vache passante (en allemand kuh; en hollandais, koe; en anglais, cow).

Dinkelsbühl, ville, de gueules à trois collines, surmontées d'un épi d'épeautre d'or; (bühel est un vieux mot allemand, qui signifie colline, et dinkel veut dire épeautre).

Engelshofen, d'azur à un ange (engel) de front, joignant les mains, l'étole au cou d'argent, sur une plaine d'or.

Fausten (de faust, poing), d'azur à une main fermée d'argent; Flessingue, ville, une bouteille couronnée (du mot hollandais flesch, bouteille; en allemand flasche). Freyberg (de berg, montagne), d'or au lion diffamé, naissant de sable, tenant un chicot d'argent, soutenu d'une colline à trois coupeaux d'argent, mouvant de la pointe.

Gemmel, de gueules au pal d'argent accosté de deux enfants de carnation, tenant un cœur du champ posé sur le pal; (de l'italien gemello, jumeau). Geyersberg, une montagne surmontée d'un vautour, (berg, montagne, geyer, vautour).

Hasen, d'azur à un lièvre courant, en bande d'argent; Hasenburg, d'azur à un lièvre courant, en bande d'or; (de hase, lièvre). Hirschbach, d'or au cerf rampant, sommé de neuf dagues de sinople, (de hirsch, cerf).

Katzen (de katze, chat), d'azur au chat effarouché d'argent, tenant entre ses dents une souris de sable; Krantz, (de kranz, couronne, guirlande), de gueules à la couronne de roses blanches feuillées de sinople.

Mœnchen (de mœnch, moine), d'argent à un moine, les mains jointes, de carnation, la tête découverte, habillé de sable; Münchau (de mœnch, moine) d'argent au buste de moine de carnation, habillé de sable et vu de profil; Munster, ville, d'azur à l'église d'argent essorée du champ; (münster, cathédrale).

Oxenstiern, d'or au front de bœuf de gueules; (de stirn, front, et ochse, bœuf; en suédois, oxe).

Prandner, (de brand, tison, brandon, P. pour B), d'or à deux flambeaux de sable passés en sautoir, allumés d'argent.

Rechenberg (de rechen, râteau), de gueules au râteau emmanché d'or mis en pal; Riedesel, un rencontre d'âne mâchant une laîche (du mot esel, âne, et ried, laîche, roseau de marais). Rindtorf, d'argent au taureau accolé de gueules; (de rind, bête à cornes, bœuf). Rossberg, (de ross, cheval), d'or au cheval gai, courant de sable sur une terrasse de sinople.

Salm (saumon), de gueules à deux saumons adossés d'argent; Schaffhouse, canton et ville, d'or au bélier sautant de sable, accorné d'or; (de schaf, brebis). Schlüsselberg, de gueules à la clef renversée, l'anneau en losange pommeté d'argent, posée sur un rocher d'or mouvant de la pointe; (de schlüssel, clef, et de berg, montagne). Schürstab, (tisonnier), d'argent à deux bâtons noueux de sable, passés en sautoir, allumés de gueules; Sonnenberg, (sonne, soleil), un soleil naissant d'une montagne; Spiegel (miroir), un miroir; Stumpfen (chicot d'arbre, souche), d'argent à deux troncs d'arbres arrachés, ébranchés, passés en sautoir de gueules.

Teufel (diable), un diable.

Uri, canton, d'or au rencontre de buffle de sable, accorné et bouclé de gueules; (du mot ure ou urus, espèce de buffle ou de taureau sauvage, décrit par les anciens, et qui se trouve en Autriche, Hongrie, Pologne et Russie).

Hédouin de Pons-Ludon.

POÉSIE.

UNE VISITE A LA TRAPPE.

Paisibles habitants de ces sombres retraites,
Voyageurs abrités dans le calme du port,
Vous qui n'avez trouvé sous ces voûtes muettes
Que l'horreur d'un silence image de la mort ;

Sur vos fronts dépouillés que la pensée assiège,
Fruits précoces et sûrs de la veille et du temps,
S'amoncellent déjà quelques flocons de neige
Usurpant par dégrés la verdeur du printemps.

Sous ces habits grossiers et ces manteaux de bure,
Peut-être un cœur brûlant palpite-t-il encor !
Peut-être que la nuit, de la couchette obscure
Un souvenir s'élève avec des ailes d'or !..

Qui sait, alors, qui sait les combats de votre âme !
Qui sait les longs soupirs qui s'exhalent du cœur
Lorsque le doux sommeil que le besoin réclame
Se dérobe du lit où veille la douleur !..

Oh ! que les nuits d'hiver sont terribles et sombres
Lorsque dans les sapins le vent vient à gémir,
Et qu'au chevet glacé tourbillonnent des ombres
Vains reflets du passé, rêves sans avenir !

Et quand le premier coup de la cloche nocturne
Retentit en sursaut dans l'immense dortoir,
Il faut recommencer le cercle taciturne
Des prières, du jeûne et des maux sans espoir !

Apportez, maintenant, au fond du sanctuaire
Un cœur brisé d'amour et de regrets tardifs,
Et des sons assourdis d'une tiède prière
Faites vibrer les murs qui vous tiennent captifs !

Et lorsque le matin vous creusez votre tombe,
Chaque son du beffroi qui vient à retentir,
Chaque saison qui fuit, chaque feuille qui tombe
Réveille dans vos cœurs un douloureux soupir.

Pleurez !.. Il n'est plus temps ! Victimes volontaires,
Rongez le frein sacré qui vous lie aux autels
Et songez, imprudents, que des vœux téméraires
Doivent vous séparer du reste des mortels.

Pour vous le monde est mort et le temps n'a plus d'ailes,
Sur un cadran muet il se traîne sans bruit,
Et vous ne connaissez, pieuses sentinelles
Que la clarté du jour et l'ombre de la nuit !

Mais que dis-je ? Ah ! plutôt, bénissez votre chaîne !
Qu'elle paraît légère au cœur plein de son Dieu !
Pêcheurs, si le remords ou la Foi vous amène
Consacrez votre effort par un sublime adieu.

Oh ! ne dédaignez pas l'austère solitude
Où dans la pénitence et dans la pauvreté,
Vous usez quelques jours, libres d'inquiétude
Et rayonnant de paix et de sérénité !

Oasis éternelle ouverte aux caravanes
Son calme n'est troublé que par le bruit du vent,
Et sous le sombre abri des pins et des platanes
Le murmure du monde expire en arrivant !

Et qu'eussiez-vous trouvé dans les sentiers du monde ?
Des plaisirs fugitifs et des siècles de pleurs ;
De frivoles amis inconstants comme l'onde
Et des pièges cachés sous des voiles de fleurs !

Priez !.. Car la prière aux ailes étendues
Ravit l'âme brûlante en son essor de feu ;
Priez, car chaque jour qui colore les nues,
Chaque soleil qui fuit vous rapproche de Dieu !..

L. DE J.

PETITE CHRONIQUE.

AVIS CHARITABLE.

Nous voici dans le mois des protestations, des explications, des professions de foi. Graves électeurs, votre heure approche. Vous allez exercer le droit imprescriptible que, au dire de quelques bénévoles publicistes, trente millions d'hommes vous ont confié : droit de déléguer vous-même, à des citoyens dévorés de l'amour de la patrie, la tâche d'administrer vos affaires, ou plutôt d'en donner le soin à sept ou huit ministres d'un autre auguste délégué. — On se perd bien un peu dans la judicieuse série de toutes ces délégations; mais, l'ordre public, la garde nationale, le coq gaulois, la dignité française, la liberté, l'égalité, le bonheur d'un grand peuple et tous les bienfaits dont jouit notre belle patrie n'en sont-ils pas les irrécusables conséquences ! Il y aurait donc flagrante injustice, mauvaise grâce infinie à chicaner sur ce point nos législateurs et la glorieuse charte de 1830. — Nous nous en garderons bien, pour ce qui nous regarde.

Oui, le moment des élections représentatives est grand, imposant solennel. Quelle est respectable l'irrésolution de ces nobles patriciens, eux-mêmes déjà mandataires de la loi, élus de la nation, électeurs patentés, se consultant sur le choix d'un représentant plus noble qu'eux, d'un mandataire plus digne, d'un élu plus national ! — Acte grave et redoutable en effet, car il ne s'agit de rien moins que de faire surgir parmi tant d'hommes vertueux, l'homme par excellence intègre, éclairé, consciencieux, indépendant, moral; l'homme en un mot doué de la plus grande somme de vertus. Et si riche que soit l'espèce électorale en notabilités de tout genre, encore faut-il avouer le choix difficile, ardu, délicat. — Aussi voyez avec quelle imposante majesté s'ouvre la salle des délibérations ! quelle réserve dans le vote ! quel religieux silence dans le dépouillement du scrutin ! quelle dignité dans la proclamation des candidats....
— Mais c'en est fait, la raison qui parle par la majorité s'est prononcée : elle

vient de révéler au pays le plus illustre, le plus honorable de ses citoyens! — Alors sont déjouées les intrigues, alors meurent la calomnie et ses odieuses machinations. Gloire donc au sage député, au vertueux mandataire, à l'intègre élu, au digne représentant de la cité!—Oh mille fois heureux les électeurs privilégiés par la patente, en qui repose le noble droit de signaler ainsi le mérite et de glorifier la vertu! Pour nous autres, Ilotes de la société, gens de lettres, avocats, médecins, professeurs, architectes, artistes, mécaniciens, artisans de toutes classes, prolétaires indignes que la libérale constitution exclut de ces solennités, qu'on nous permette du moins de nous glorifier d'appartenir en quelque chose à la nation, à la grrrrande nation, qui produit et livre à la contemplation du monde entier, tant et de si nobles caractères! — Gens indignes, mes frères, glorifions-nous! La matière électorale est en travail et va nous doter d'un représentant!

C'est à la veille de ce laborieux enfantement, amis lecteurs, que votre *Chronique de Champagne* éprouve un regret indicible à ne pouvoir toucher avec vous aux questions de la politique du jour. Elle vous l'a promis, elle ne sera pas parjure. Elle n'applaudira donc qu'avec discrétion à vos grandes élucubrations électorales. Mais osera-t-elle toutefois, prendre la liberté grande de vous recommander (et cela dans votre intérêt exclusif), certaines précautions d'hygiène et d'économie domestique que votre titre d'abonnés suggère à sa tendre sollicitude?

Et d'abord en quittant votre logis, votre foyer chéri (car novembre hélas! a déjà pour escorte les vents et la cheminée, la neige et les pincettes), ayez soin d'insinuer sous votre plus secret vêtement l'un de ces petits juste-au-corps fabriqués dans la prudente ville de Reims, et connus sous le nom de gilets de flanelle, camisoles de molleton ou de futaine : cette bienfaisante enveloppe vous prémunira contre deux ennemis fort dangereux, quoique de contraire nature : le premier, la concentration d'une chaleur excessive dans le temple électoral, chaleur que n'amortissent pas toujours le calme des délibérations, la silencieuse et imposante gravité du président et de son bureau :—le second, la froide allocution de l'heureux député, la gaucherie glaciale de ses remerciments... je ne vous parle pas d'un troisième danger *du changement subit d'atmosphère*, comme disait feu *Constitutionnel*.—Puisse aussi mon juste-au-corps vous armer contre l'accueil embarrassé, dédaigneux, sardonique ou furibond que vous ne manquerez pas, au sortir du tabernacle, de recevoir de la moitié de vos amis intimes : car malheur à vous si le candidat de votre choix est par hasard l'élu de la majorité! l'instant même où, glorieux et satisfait de votre mandat rempli, vous déposerez vos insignes *électoraux*, pour rentrer, bon bourgeois, au sein du foyer domestique, alors tomberont sur vous les tribulations, les quolibets, les sanglantes ironies, les invectives, et les amères apostrophes.—Que sera-ce après deux mois d'épreuve à la chambre de votre malencontreux député? Votre inintelligent vote retombe alors de tout son poids sur vous, bonhomme que vous êtes.—Votre élu accepte une place salariée... on vous l'avait bien dit!—Il se jette dans l'opposition... on vous l'avait bien dit!—Il ne parle jamais... ou vous l'avait bien dit!—Il est ministériel.... on vous l'avait bien dit!—Il use de son crédit pour servir ses parents, ses amis.... on vous l'avait bien dit!—Il ne sert ni vos intérêts ni ceux des gens que vous lui recommandez....on vous l'avait bien dit.—Donc, au milieu de tant de fluctuations dans l'*atmosphère* qui vous circonvient, ayez grand soin, mes chers électeurs-abonnés, de vous munir de résolution, de patience... et de gilets de flanelle!

Ceci dit, *la Chronique de Champagne* n'a plus rien à ajouter... Un mot peut-être encore, si vous le permettez. En vérité vous ferez que sage, dans les circonstances susdites, de ne pas endosser l'élégant habit que Staub, Schwartz ou Petit vous auraient par aventure expédié de leurs coquets ateliers. Que deviendrait-il, grand Dieu! au milieu des tiraillements sans nombre, dont, huit jours durant, vous serez l'objet et la victime? vous serez tiraillé pour le candidat du ministère, bon! pour le candidat du tiers-parti, bon! pour le candidat de la doctrine, bon! vous serez tiraillé par les républicains, bon! par les carlistes, bon! par les Phalanstériens, bon!... vous serez tiraillé au nom de M. le Préfet, au nom de M. le Sous-Préfet!... — vous le serez au nom de la ville, au nom de l'arrondissement; vous le serez au nom de la France entière : vous serez tiraillé partout, par tous, en tous sens et de toutes manières, et toujours soyez en sûr, dans l'intérêt du pays, mais jamais, croyez-moi, dans celui de votre habit.

La Chronique de Champagne ne vous tiraillera pas. Seulement, tout bas, à l'oreille, sans vous serrer la main, ni vous flatter de l'œil, du geste ou de la voix, elle vous dira : N'empruntez personne aux étrangers!—Si vous avez chez vous, dans vos murs, un homme probe, éloquent, chaleureux pour le bien : un homme aimant sa ville, qu'il honore par ses talents; son devoir qu'il n'a jamais trahi, les opprimés qu'il a continuellement défendus ; les intérêts généraux qu'il ne sacrifiera en aucune circonstance, ceux de ses commettants qu'il fera toujours valoir : celui-là, votre compatriote, votre avocat naturel, celui-là, dis-je, fût-il votre adversaire politique, nommez, nommez-le!—Vous serez encore tiraillé, avant comme après, gardez-vous d'en douter! mais du moins aurez-vous rempli un devoir et mérité de votre pays. — Voilà ce que vous dira *la Chronique de Champagne*.

Puis ceci convenu, et encore par pitié pour votre habit, sinon pour vous-mêmes, gardez-vous de ces courtiers électoraux, de ces entremetteurs de votes qui, la veille du conclave, s'en vont parcourant les cafés, les hôtels, les estaminets, les spectacles, prônant leur protégé, lui assurant d'avance les trois quarts des voix, afin de lui en conquérir une seule, puis le jour arrivé, s'attachant à l'urne électorale, à leurs victimes de la veille, les reprenant de plus belle et de nouveau, leur jetant à la face le nom qu'ils veulent faire prévaloir, nom qu'ils ont écrit cent fois d'avance, à l'usage de ceux en assez grand nombre, qui, pour motifs à eux connus, ont une haine singulière, une véritable antipathie pour tout ce qui ressemble à de l'écriture.

Résumé corollaire.--Votre choix arrêté, évitez huit jours à l'avance tout contact avec les grands batailleurs : redoutez l'homme affairé que vous voyez sillonner en tous sens les rues, places et carrefours : craignez celui qui du plus loin qu'il vous aperçoit, vous donne un coup de chapeau : doublez le pas à l'approche de l'homme qui tousse, ou vous interpelle : n'ayez nulle communication avec Messieurs de l'administration, Messieurs du parquet, Messieurs de l'état-major, Messieurs du commerce! Messieurs du salon, Messieurs du foyer, Messieurs de la haute et basse volée : fuyez surtout en ces jours redoutables le corps-de-garde de l'Hôtel-de-Ville, club des clubs s'il en est quelque part : si vous êtes de service, dites vous malade, infirme, impotent, à Constantine ou Quimper... votre sergent-major vous donnera une garde hors de tour, qu'à cela ne tienne! claquemurez-vous, fermez votre porte, vos volets, vos contre-vents : ne recevez âme qui vive, nul message, ami ou ennemi, scellez-vous!—Puis la veille, rafraîchissez-vous le corps par les bains, purifiez-vous le sang par tous moyens médicaux et pharmaceutiques... Ceci fait, prenez votre élan et que Dieu vous soit en aide!

Après tout, il faut bien qu'il en coûte quelque chose au citoyen privilégié, investi par la loi du glorieux droit d'élire un député.—Puissiez-vous en être quitte pour un rhume de cerveau, auquel cas je vous renvoie à la panacée bienfaisante que vous connaissez et qu'a chantée si poétiquement notre immortel Odry.

—On parle à Epernay de la candidature de M. Jacques Coste, directeur du *Temps* : Il semble que cet arrondissement soit le patrimoine des étrangers : notre pays est-il donc si pauvre en capacités, que nous soyons obligés de les aller recruter jusques dans les colonnes des journaux de Paris?

— Les électeurs de l'arrondissement d'Arcis-sur-Aube se proposent de porter leurs voix sur M. Mailly, juge au tribunal de première instance d'Arcis, qui compte beaucoup d'amis parmi les électeurs d'Arcis, de Fleury, de Chevanges et de Brienne. — Ses concurrents sont M. le comte de Colbert et M. Auguste Portalis.

— M. Stourm fils, ex-substitut du Procureur du roi à Paris, vient d'écrire aux électeurs de la ville de Troyes, une lettre par laquelle il leur exprime l'intention de se remettre sur les rangs pour les prochaines élections, et de tenter une candidature qui, aux dernières élections, ne lui a failli que d'une voix. — Le concurrent de M. Stourm est M. Delaporte, membre du conseil-général de l'Aube.

--Dans une *Biographie des Nouveaux Pairs* que vient de publier dans ses feuilletons le *Propagateur de l'Aube et de la Champagne*, on lit l'article suivant sur M. le général Tirlet, ex-député de l'arrondissement de Ste.-Ménéhould.

« Le vicomte Tirlet, lieutenant-général, est né en 1773. Elève de l'école d'artillerie de Châlons, il entra au service en qualité de capitaine, et parvint rapidement en Egypte au grade de colonel : en 1815 il était lieutenant-général.

Aqueduc Souterrain
Construction Romaine,—
de Rheims à Jonchery-sur-Suippe.

Chronique de Champagne.   *10.e Livraison.*

a. Voute composée de pierres meulières et de gros ciment.
b. Briques superposées de 11 p.^s de largeur sur 17 p.^s de longueur, au nombre de 15.
c. Dalles de pierre ayant 2 p.^{ds} 6 p.^s de largeur, de 5 à 6 p.^{ds} de longueur, et de 5 à 7 pouces d'épaisseur.
d. Gros ciment sur lequel reposent les dalles.
e. Ciment recouvrant le canal intérieurement de 2 p.^s d'épaisseur.
f. Espace vide entre la voute du canal et le banc de craie.
g. Banc de craie.
h. Sable très fin déposé par les eaux.
J. Hauteur apparente du volume d'eau, environ 2 pieds.

A la Restauration dont il adopta les principes, il fut conservé dans les fonctions d'inspecteur de son armée. En 1823 il fit la campagne d'Espagne, comme commandant-supérieur d'artillerie. Il fut élu député en 1827, et siégea parmi les royalistes. Il repoussa l'adresse des 221. Après juillet, l'ancien favori du duc d'Angoulême se rattacha à la branche cadette et vota avec les ministres : il a appuyé les lois de septembre, et dans le projet de disjonction, il demanda que les citoyens non militaires fussent jugés par les conseils de guerre.»

— AQUEDUC ROMAIN. Dans notre dernier Numéro, à l'article *Petite Chronique*, nous avons dit quelques mots de la polémique soulevée entre deux antiquaires rémois, au sujet d'un aqueduc romain, découvert il y a quelques années par un laboureur dans les terres de Prunay, entre Reims et Châlons. Nous avons dit que M. Lacatte, qui, le premier, dès 1831, signalait cette découverte à la société académique de Châlons, avait deviné dans ce travail dont il n'avait pu reconnaître encore l'importance et la direction, un canal destiné à amener les eaux de la Suippes dans la cité de Reims, tandis que M. Povillon n'y avait vu qu'un égoût, un simple cloaque, creusé pour entraîner les immondices de la ville et nettoyer la route romaine de Reims à Bar.—Cette singulière opinion, M. Povillon l'avait puisée, dit-il, dans le savant ouvrage de Bergier, où se trouvent cités quelques travaux du même genre. — Dans l'espèce, et après avoir visité comme nous l'avons fait, le canal en question, il est impossible de ne pas être contre M. Povillon, de l'avis de M. Lacatte. D'après les indications qui nous avaient été données, nous nous sommes transportés sur les lieux, c'est-à-dire, à l'excavation pratiquée par les ouvriers qui exploitent aujourd'hui cet aqueduc. —C'est, ainsi que nous l'avons dit, vers la fin de 1829, qu'un laboureur des terres de Wez et de Prunay, en rencontra la voûte avec le soc de sa charrue.— C'était peut-être le cas pour la ville de Reims dont les quartiers élevés manquent d'eau depuis si longtemps, et qui vient de voter une somme énorme pour des travaux hydrauliques, d'examiner si ce canal, dont il était facile de retrouver la direction, n'était pas susceptible de restauration et ne pouvait dispenser au moins d'une partie des travaux coûteux qu'on projette en ce moment-ci. Cet aqueduc est en effet à lui seul une œuvre immense et capitale, et n'a évidemment été éxécuté par les Romains, que pour remédier à cette pénurie d'eau, qui, depuis si longtemps se fait sentir à Reims.—Il part de Jonchery où il prend les eaux de la Suippes, dans le jardin du percepteur des contributions; passe à côté de St.-Hilaire-le-Grand, atteint la droite de la chaussée romaine qu'il côtoye, monte au-dessus de la ferme de Moscou, gagne les hautes terres de Prosne, touche les Commelles, Alger, coudoye la croix de la Pompelle; remonte les terres de Nogent-l'Abbesse, passe non loin de Cernay, vient entrer dans Reims, au-dessus de la Porte Dieu-Lumière, et traverse en plusieurs directions toute la partie haute de la ville. — Creusé dans le roc, l'aqueduc est fortement maçonné de blocailles et de ciment : le fond est dallé dans toute son étendue de grandes pierres de Saint-

Dizier, de Nancy et quelquefois d'une autre pierre plus dure encore, fine et polie comme le marbre. Ces dalles ont 3 pieds 6 pouces de hauteur sur 2 et 1/2 de largeur.—On conçoit que, voulant mettre l'aqueduc à l'abri des dégradations, en assurer la perpétuité, on ait éprouvé de nombreuses difficultés à diriger son cours à travers un terrein inégal et souvent fort bas. C'est ce qui explique comment ce canal mis à découvert par le soc d'une charrue, se trouve cependant à plus de 50 pieds sous terre à quelque distance de là. Près d'Alger, où nous nous sommes fait descendre au moyen d'une corde, le canal est à 30 pieds environ du sol. C'est la nécessité d'éviter les bas terreins et d'aller chercher les hautes terres, qui explique les continuelles déviations, les coudes nombreux que l'on remarque dans la direction de l'aqueduc. Si nous en croyons les ouvriers que nous avons vus, son cours d'eau serait au moins de 40 pieds plus haut que celui de la Vesle.
— A chaque coude se trouve percée dans la voûte une cheminée en forme d'entonnoir, pratiquée vraisemblablement pour faciliter aux travailleurs l'enlèvement des terres : au-dessous et dans la direction de la cheminée, un bassin carré de 2 pieds plus profond que le courant, dans lequel au moyen de la cheminée en question, on pouvait puiser l'eau du dehors.—Il est vraisemblablement trop tard pour songer à utiliser ce beau travail ; on ne pourrait désirer la conservation de ce qui reste que comme un monument de plus en notre pays, de la civilisation romaine. — Sur une étendue de huit à dix lieues que peut avoir cet aqueduc, il y a, depuis cinq à six ans qu'on travaille à le déchausser, près de deux lieues entièrement exploitées. Au dire de l'ouvrier qui exécute ces fouilles, ce ne serait pas seulement de nos jours qu'on aurait commencé la démolition de l'aqueduc : au moyen âge déjà, l'on se serait servi des matériaux provenant de la partie qui avoisine Jonchery, et l'église d'Auberive serait construite en briques et pierres de l'aqueduc Romain.—Dans l'un des bassins dont nous venons de parler, entre Auberive et Moscou, les ouvriers ont trouvé le squelette d'un homme qui aura été jeté du dehors par l'entonnoir, et se sera tué en tombant : c'est du moins ce que fait croire la position brisée, la main sur l'endroit du cœur, et la jambe repliée du personnage. Dans un autre bassin, on a trouvé un lampion encore muni de sa graisse et de sa mèche : ailleurs, quelques médailles, de la poterie légère, des ossements d'animaux, des pierres avec inscription. Des tuiles portant des traces de pas d'hommes, de chien, d'oiseaux, ou des dessins capricieux tracés avant le refroidissement de la pierre, tels sont les objets rencontrés le plus fréquemment par les ouvriers. Quelques-uns de ces objets ont été recueillis par les amateurs de Reims.—Nous donnons ici la configuration du canal qu'a dessiné sur les lieux notre ami M. Maquart.

EXPOSITION DES TAPISSERIES DE LA COURONNE.—Le goût des anciennes tapisseries historiques est tout à fait revenu à la mode. Les artistes, les gens de lettres ont compris toutes les ressources dont ces tableaux variés peuvent être pour l'étude des ameublements, des armes, et des costumes du moyen âge. Le gouvernement semble seconder sous ce point de vue, les vœux des amateurs de ces curieux monuments. On vient d'ouvrir au Louvre une grande galerie où sont exposées les tapisseries de la Couronne. Cette galerie a sept cents pieds de longueur, et d'un bout à l'autre ses deux murs sont recouverts par soixante-quinze tapis précieux de plus de deux cents aunes carrées. La plus ancienne date du xiv® au xv® siècle : elle représente un miracle de St-Quentin, qui sauve un pendu. Les autres sont des sujets religieux, des chasses, des combats, des faits historiques. La plus moderne est une copie du tableau de Gros, représentant les pestiférés de Jaffa touchés par l'empereur. — Avant la révolution, le garde-meuble possédait plus de trois mille aunes de tapis précieux. Plus des trois quarts ont été gaspillés, perdus, volés sous la république, l'empire et la restauration. C'est une perte irréparable ; car ceux que fit faire François Ier, sur les dessins de Jules Romain et de Raphaël, ainsi que ceux qui dataient du premier temps de la manufacture des Gobelins étaient regardés comme des chefs-d'œuvre inimitables.—La ville de Reims possède ainsi qu'on le sait, un grand nombre d'anciennes tapisseries du xiv®, xv® et xvi® siècle. Plusieurs amis des arts ont émis le vœu à différentes reprises, de voir l'administration s'occuper du soin d'ouvrir une galerie où seraient exposées quelques-unes de ces belles pièces : ce serait là dignement commencer le Musée dont tout le monde demande impatiemment la création.—Nous reviendrons sur ce sujet.

—Plusieurs journaux ont annoncé que M. l'archevêque de Paris avait interdit la musique dans les églises. Le prélat n'a porté aucune défense à ce sujet. Ce qui a pu donner lieu à ce bruit, c'est que M. l'archevêque, un des jours de la dernière retraite, donnant après chaque discours, comme il le faisait souvent, des avis sur le sujet traité par le prédicateur, parla de quelques abus qui avaient pu s'introduire dans la musique des églises, et recommanda d'éloigner tout ce qui pourrait ressembler à une musique profane et théâtrale, et tout ce qui, loin de favoriser la piété, ne pourrait que la contrarier et la troubler dans son désir de s'unir aux prières et aux cérémonies de l'église.

(*Ami de la Religion.*)

— M. Scribe vient, dit-on, d'acheter et de faire restaurer le château de Sericourt, dans les environs de Montmirail.

— Un aigle brun d'environ 7 à 8 pieds d'envergure, a été abattu d'un coup de fusil à Epernay, et envoyé vivant à Reims, où il est encore chez M. Déhu, commissaire-priseur, qui se propose, non de l'envoyer à la ménagerie de Paris, mais d'en faire hommage à la ville de Reims, pour l'ornement de son futur Musée.

—Quatre nouvelles chaires d'enseignement viennent d'être créées à l'école de médecine de Reims.

— Le conseil-général des Ardennes a renouvelé cette année le vœu de voir établir à Reims, une Cour royale pour les départements de la Marne, de l'Aisne et des Ardennes.

— Madame Adélaïde d'Orléans a fait don de 44,000 fr. au département de la Haute-Marne, pour que le chemin d'Arc en Barrois à Chaumont, soit classé parmi les routes départementales. Madame Adélaïde possède dans l'arrondissement d'Arc en Barrois, des forêts et des usines dont les produits quadrupleront la valeur, lorsqu'une route départementale leur aura assuré un débouché.

— A Angoulême, des polissons ont brûlé une croix et en ont jeté les cendres au vent, tout comme si nous étions encore aux beaux jours de 1830 et 1831. — Les organes de la presse *libérale* ont exalté à l'envie le noble et populaire triomphe des polissons d'Angoulême.—L'autorité qui peut-être eût dû les faire fouetter, garde le silence de peur de se compromettre à la veille des élections.
(*Chronique de Paris.*)

— Un jeune couple se présente à l'Hôtel-de-Ville de Rethel, devant M. le maire pour contracter le mariage : mais au moment de signer l'acte, la jeune fille refuse nettement, et force est au futur de retourner chez lui. — La question est de savoir si le mariage civil a été consommé par la déclaration même du maire, que les futurs étaient unis, ou si le refus et défaut de signature rendent le mariage nul?

—Tandis que depuis sept ans Paris compte dans son enceinte douze ou quinze régiments, et que quarante mille hommes sont casernés dans un rayon de vingt lieues de la capitale, nos places de Champagne, si importantes pour la défense du territoire français, Sedan, Mézières, Rocroy et Givet, sont dépourvues de garnison ou à peu près : Givet et Rocroy n'ont pour elles deux qu'un seul régiment.

—On nous écrit de Ste.-Ménéhould : «M. Becquey, Sous-Préfet de l'arrondissement de Ste.-Ménéhould, vient d'être récemment appelé à la Sous-Préfecture du Hâvre. Peu d'administrateurs sont destinés à laisser dans les lieux où ils auront passé des regrets, nous ne dirons pas aussi généraux, mais aussi incontestablement unanimes, que ceux qu'emporte M. Becquey.

»Douze années d'actes utiles, de services journaliers, de sollicitudes constantes, ont donné dans notre arrondissement, aux administrations municipales, à l'organisation de l'instruction primaire, à la création et à l'exécution des chemins vicinaux, une impulsion et une rapidité de résultats qui demeurent aujourd'hui la meilleure louange possible pour celui auquel on en doit le bienfait.

»Ste.-Ménéhould était trop juste envers M. Becquey, pour ne pas prévoir qu'un poste plus important, devait lui enlever un jour l'administrateur qui se signalait ainsi. Mais il est toujours triste pour un pays de penser que les services que lui rend un homme de bien et de lumières, que la reconnaissance et l'estime publique qu'il recueille en récompense, sont autant de titres à son éloignement et deviennent chaque jour davantage une menace de le perdre. »

— Anecdote dramatique. On se rappelle la plaisanterie publiée dernièrement par les journaux, de ce charlatan italien qui, à l'aide d'un sirop merveilleux, aurait guéri Duprez d'une extinction de voix, et lui aurait donné son fameux *ut* de poitrine. Ce conte a été pris au sérieux par un figurant de l'Opéra-Comique, qui vient d'écrire à notre grand artiste pour lui demander le nom et l'adresse du sirop musical auquel il doit cette voix qui fait les délices de la capitale.... Dernièrement, les habitués du foyer de l'Opéra se passaient de mains en mains la lettre autographe du solliciteur. On y remarque cette curieuse phrase : « Si » vous me communiquez le secret de la chose, vous pouvez être sans crainte : » moi être un ingrat ! moi, vous faire de la concurrence, oh non !... Je respecte » votre voix de tenor, et, ma parole d'honneur la plus sacrée, je me bornerai à » prendre du sirop de basse-taille. »

— On nous annonce que M. le professeur Hoffman Von Fallersleben vient de retrouver, dans un des manuscrits de la bibliothèque de Valenciennes, le Chant de victoire composé en langue teutonique, en 883, sur la bataille gagnée par Louis III, roi de France, sur les Normands. Ce document, que Mabillon avait copié d'après un mns. de l'abbaye de Saint-Amand, mais que l'on a vainement recherché depuis 1692, est de la plus haute importance pour l'histoire littéraire des Belges.

— M. le ministre de l'Intérieur a nommé, sous la présidence du directeur des monuments historiques, une commission pour assurer l'exécution de la circulaire qu'il a adressée aux Préfets des départements, touchant la conservation des monuments et objets d'arts. Cette commission se composera de MM. le baron Taylor; le comte Anatole de Montesquiou; Vitet; Auguste Le Prévost; Caristie; Félix Dubau, architecte; et Prosper Mérimée, inspecteur et secrétaire de la commission.

— La bibliothèque de la ville de Reims est réouverte au public depuis le 15 courant. — Dans un de ses prochains Numéros, la Chronique de Champagne publiera un travail sur les curiosités littéraires de cet établissement.

— Madame Albert, du Vaudeville, dont le talent a si puissamment contribué à la fortune du théâtre de la rue de Chartres, est actuellement à Reims, où elle doit jouer les principaux rôles de son répertoire. Si quelques rancuneuses pensées subsistaient encore dans l'esprit de certaines personnes contre la direction de M. Nestor, la présence de Madame Albert à Reims serait un puissant moyen de les dissiper. Nous nous réservons le plaisir de parler, dans notre prochain Numéro, de cette aimable artiste, dont les représentations seront certainement fort suivies, si l'esprit, la grâce, la verve, le sentiment, la chaleur entraînante et toutes les qualités qui caractérisent le véritable talent, suffisent pour attirer la foule et garantir un succès.

HISTOIRE.

JEAN-BAPTISTE DE LA SALLE,

ou

HISTOIRE

De la Fondation des Écoles Chrétiennes.

Sinite parvulos venire ad me.

Oh qu'il est difficile de faire le bien, s'écriait, dans la simplicité de son cœur, la belle et douce Virginie, cette ignorante créole !

Combien d'hommes graves n'ont-ils pas répété cette exclamation dans l'amertume de leur âme ?

Eux aussi ils avaient voulu le bien de leurs semblables, mais alors repoussés, méconnus, calomniés par ceux-là même qu'ils cherchaient à servir, ils avaient dû s'apercevoir en soupirant qu'il n'y a que le mal qui soit facile à faire. Car le monde s'est presque toujours révolté contre ses bienfaiteurs ; il ne leur a ménagé ni les ignominies, ni les persécutions : triste loi de l'humanité dont ne fut point exempt l'un des plus vertueux citoyens de Reims, Jean-Baptiste de la Salle, instituteur des Frères des écoles chrétiennes.

Notre ville qui, pendant sa vie, fut pour lui la plus injuste des mères, s'honore maintenant de lui avoir donné naissance. Une enquête solennelle vient de remuer sa cendre, de rassembler tous les témoignages, de composer avec ses vertus la lumineuse auréole dont sera parée la tête du nouveau saint que l'église est sur le point de proclamer, mais elle a remis au jour en même temps les outrages de toute espèce qui l'ont abreuvé, les huées de la populace, la boue dont fut salie sa robe de prêtre, les coups qui le frappèrent, poursuite acharnée qui dura huit années sans se ralentir, que son exil seul pût apaiser et dont la reconnaissance actuelle est une bien tardive expiation.

Et cependant s'il est un bienfait que sa nature aurait dû soustraire aux attaques, n'est-ce pas celui de l'obscure institution qui vint offrir aux classes malheureuses, aux enfants du peuple, ces maîtres humbles et laborieux qui s'intitulaient les frères de leurs élèves, qui leur communiquaient gratuitement les éléments simples mais suffisants de ces connaissances que la pauvreté des parents ne pouvait acheter aux vendeurs d'éducation *populaire*.

Certes peu d'existences ont été aussi bien accommodées pour le bonheur que l'était celle du jeune de la Salle. Né de l'une des premières familles de Reims où son père exerçait la charge de conseiller au présidial; lui-même chanoine de l'église métropolitaine à dix-sept ans, maître à vingt, par la mort de ses parents, d'un assez riche patrimoine, il se trouvait comme enchaîné par tous ces liens et par ceux de la tutelle de ses trois jeunes frères, à des jours tranquilles et reposés qui se seraient écoulés à l'ombre du sanctuaire, et en pratiquant les vertus du chrétien dans le cercle de la vie commune : cercle trop étroit pour une âme comme la sienne.

Ce fut sans doute dans ses entretiens avec les vénérables Roland, théologal de l'église de Reims, et Barré, religieux minime, qu'il puisa ce vif amour de l'enfance, et que s'éveillèrent les saintes ardeurs de son zèle ; ces trois hommes, si bien faits pour s'entendre, déploraient souvent ensemble le sort de tant d'enfants livrés à la corruption précoce d'habitudes oisives et vagabondes, pauvres plantes qui, laissées sans culture, ne peuvent ensuite produire que des sucs amers. M. Roland avait même fondé la communauté des sœurs de l'Enfant-Jésus qui se vouent à l'instruction des filles d'artisans (1); mais cette institution précaire et chancelante qu'il entoura de tout son amour, qu'il soutint de tout son crédit pendant sa vie, qu'il dota de tous ses biens à sa mort, serait tombée après lui, si M. de la Salle, dépositaire des derniers désirs de son ami, n'était parvenu à faire agréer par le conseil de ville et confirmer par lettres-patentes,

(1) Une pauvre veuve Varlet qui possédait pour tout bien la maison de la rue Canneton où est encore aujourd'hui l'école des Sœurs, avait, sans autres ressources que son dévouement, commencé l'œuvre que continua M. Roland.

cette congrégation qui s'est perpétuée, en divers lieux, jusqu'à nos jours.

Il préludait ainsi à la fondation bien autrement importante dont il devait être l'auteur. Mais lui-même ignorait encore sa mission, s'il eût pressenti l'avenir, il n'aurait pas osé toucher même du doigt l'œuvre qui lui réservait de si terribles misères. Voici comment il y fut amené.

Par un soir du mois de juin de l'année 1679, deux voyageurs poudreux et fatigués, l'un d'un âge déjà mûr, l'autre tout jeune encore, sonnèrent à la porte du couvent des sœurs de l'Enfant-Jésus au moment même où M. de la Salle se présentait aussi pour y entrer : rapport fortuit que devaient suivre de plus étroits rapports, car ces deux étrangers étaient les premiers membres de la société qui allait naître, les premiers travailleurs qui venaient défricher ce sol où sont nées tant de riches moissons.

C'est qu'à cette époque l'idée d'écoles ouvertes à tous, d'enseignements gratuits, occupait vivement les esprits. Madame Maillefer, née à Reims, mais mariée à Rouen où elle employait une belle fortune en œuvres charitables, voulut faire jouir son pays natal de ce bienfait. Elle trouva pour entrer dans ses vues, un homme d'un caractère ardent, M. Niel, qui s'était déjà signalé par quelques essais de ce genre, et qui consentit à venir se charger à Reims de l'aride labeur d'un premier établissement. Un vieillard, un enfant, cent écus de pension pour leur entretien commun, en furent les pauvres commencements.

Entre les lettres de madame Maillefer, dont M. Niel était porteur, il y en avait une pour M. de la Salle, son parent, qu'elle priait de seconder de son zèle un dessein où l'engageait déjà bien assez sa propre sympathie. La tentative lui parut toutefois si délicate, qu'il voulut entourer ses premières démarches du plus grand mystère. Croirait-on que cette œuvre de bien ait eu besoin de mentir son origine, et de s'introduire avec la clandestinité d'une œuvre de ténèbres ? On craignait les vives oppositions de MM. du conseil de ville, toujours prévenus contre les nouveautés. Une révélation prématurée, une seule précaution omise, un pas trop précipité, et tout avortait. Enfin on arrêta que l'un des curés de Reims usant du droit attaché à son titre de pasteur qui l'autorisait à faire instruire ses pauvres, paraîtrait l'auteur de la nouvelle école ; qu'il lui donnerait son nom ; que les maîtres passeraient pour ses ministres, que le nom de la véritable fondatrice ne serait pas même prononcé.—Au moyen de ce pieux subterfuge, la paroisse de Saint-Maurice vit l'ouverture de la première école gratuite.—Un bonheur vient rarement seul. Madame de Croyères, veuve sans enfants et avec de grands biens, laissa pour établir une seconde école de garçons sur la paroisse de Saint-Jacques, une rente de 500 livres que ses héritiers ont exactemement acquittée. En même temps cinq nouveaux maîtres étaient venus s'offrir, gens rustiques et grossiers, il est vrai, mais pleins de zèle et de bonne volonté.

M. de la Salle, après s'être généreusement engagé à compléter par une rétribution annuelle, les frais de la subsistance de ces nouveaux venus, se tenait à l'écart, croyant n'avoir plus à servir que par des conseils, une entreprise dont il avait bien voulu être le promoteur, mais dont il pensait peu, dont il espérait moins encore devenir le chef. Mais que peut la volonté de l'homme contre cette force que le monde nomme destinée, et que le Christianisme appelle providence !

Les magistrats de Guise, informés du succès des écoles de Reims, firent prier M. Niel de venir en établir une semblable dans leur ville. M. de la Salle, conseillait de ne point accéder encore à cette demande ; et de mûrir une œuvre avant d'en semer précipitamment une autre, il voulait, avant tout, former en silence la petite colonie des maîtres par un long et fervent noviciat ; il était l'exemple de Jésus-Christ qui a retenu pendant trois années ses disciples à sa divine école, avant de les envoyer au monde.

Mais l'attrait d'une vie agissante, et l'inconstance naturelle de son caractère, entraînèrent M. Niel. Cet homme quoiqu'ami du bien, plein de piété, et excellent pour créer, n'était pas propre à mener une œuvre à sa perfection. A peine avait-il ouvert une école, qu'il songeait à en ouvrir une autre : son zèle était de multiplier les établissements. Aussi, les mille projets qu'il roulait sans cesse dans sa tête, les nouvelles connaissances à faire, les anciennes à entretenir, les mouvements infinis qu'il se donnait, le jetaient-ils trop au dehors, et en de continuelles absences. C'est ainsi qu'on le vit successivement à Rethel, à Château-Porcien, à Laon, laissant partout les traces éphémères de créations incomplètes. Semblable à ces oiseaux de passage qui visitent tous les lieux de la terre, sans s'arrêter à aucun, M. Niel, ennemi de la stabilité, ne put résister au penchant qui l'entraînait partout, puis quand on ne lui demanda plus de nouveaux services, aliments nécessaires à cette imagination vive et exaltée, il repartit pour Rouen, croyant sa mission en Champagne terminée, parce qu'il y avait fondé quelques écoles.

Mais qu'étaient ces écoles ? Aucune observance uniforme : chacun des maîtres, suivant dans sa conduite particulière les inspirations de sa seule fantaisie : même absence de règles, même diversité de méthodes pour les classes qui ne se correspondaient ni par la distribution des matières enseignées, ni par celles des heures. Comment aurait-on pu imposer aux subalternes une fixité que n'avait pas le chef des maîtres ?

Avec ces inconvénients, le caractère de M. Niel eut cependant ses avantages. Son active et remuante inquiétude vint mettre en exercice, le zèle plus lent et plus précautionneux de M. de la Salle, l'introduisit en scène, et en disparut à temps. Avec l'un de ces hommes, le diocèse de Reims aurait eu quelques écoles, avec l'autre, la France eut un ordre nouveau.

M. de la Salle était l'homme de la règle et de l'uniformité. Deux années de ses études passées à Paris, au milieu de la jeunesse Sulpicienne, lui avaient appris les avantages d'un genre de vie dont tous les actes sont soumis à l'obéissance, et de retour à Reims, il appliqua à sa propre maison les habitudes de cet ordre intérieur. Chez lui le lever, le coucher, la table, en un mot l'emploi de tout le jour, étaient déterminés : son vêtement se composait d'étoffes viles et grossières. Ses frères à qui seuls auraient pu importer ces changements, s'y prêtèrent sans répugnance, mais le monde, qu'ils ne concernaient point, ne les supporta pas aussi bien. Alors pour la première fois, le jeune chanoine avait senti les pointes acérées de la médisance humaine. Les uns plaignaient le sort de ses frères victimes de la singularité d'un homme outré en tout, sauvage, véritable tyran domestique. C'est un ambitieux, disaient les autres. Paraître saint, est la gloire qui le touche, voilà le fantôme après lequel il court avec son grand chapeau, ses souliers plats et épais, son extérieur nouveau et singulier.

Quand les écoles, orphelines de M. Niel, réclamèrent M. de la Salle pour père, il espérait encore en leur accordant cette adoption, qu'il en pourrait borner les soins à ceux de la conduite extérieure, et ne pas s'engager plus avant. Rassembler en un corps ces membres épars, qui en essayant chacun d'une vie excentrique et indépendante, ne seraient parvenus qu'à végéter, telle fut sa première pensée. Bientôt les maîtres vinrent habiter une maison voisine de la sienne, et réunis sous un même toit, ils y goûtèrent les commencements de la vie commune et ses douceurs. Un esprit ardent de ferveur s'empara de la petite société. M. de la Salle s'en réjouissait, mais en même temps il se sentait saisi lui-même d'une idée qu'il écarta d'abord comme importune, mais qui revint sans cesse, celle d'ouvrir sa maison à ces maîtres pour y demeurer ensemble. Sa direction en devenait plus facile, sa surveillance plus assidue, le progrès plus rapide. Mais d'un autre côté, pourrait-il, lui jeune homme, à l'esprit cultivé, aux manières polies et gracieuses, lier société, et mener une vie commune avec ces hommes rudes, sans éducation, sans civilité, incapables de concourir même à un entretien raisonnable ?

Cette horreur secrète de sa nature alarmée, se trouvait encore appuyée de raisons humaines. Cette démarche déplairait peut-être au Chapitre dont il était membre ? sa famille choquée d'un mélange de conditions si peu sortables s'en irriterait comme d'un déshonneur ? Enfin il avait chez lui ses frères, et leur devait une éducation conforme à leur condition, pourrait-il les joindre dans la maison paternelle à une troupe de paysans, et les faire vivre avec ces maîtres d'école comme avec leurs égaux ?

Las de ces perplexités, il en chercha la solution auprès du père Barré, son recours ordinaire.—Puissant en paroles et en œuvres, au-dessus de toute vue et de toute crainte humaine, ennemi déclaré des âmes tièdes et de ces accommodements qui essaient de mêler les intérêts de la terre à ceux du ciel, le Père Barré était un de ces directeurs qui précipitent leurs disciples dans la vertu. Aussi sa réponse fut-elle qu'une pensée venue si souvent, devait être prise pour une inspiration divine, et suivie malgré toutes les contradictions humaines. Cette décision fit frémir M. de la Salle, mais après un violent et dernier combat, il se soumit, et les maîtres entrèrent dans sa maison. Alors aussi éclatèrent, comme il l'avait prévu, les murmures de la ville entière, les reproches de ses parents qui le décriaient hautement comme un homme incapable des soins d'une tutelle, et même de la gestion de ses propres biens, qui essayaient d'envenimer contre lui ses frères, et qui ne réussirent que trop bien auprès des deux plus jeunes. Mais l'aîné lui resta constamment attaché, et refusa de le quitter.—Si le cœur de M. de la Salle eut à souffrir en se voyant arracher des enfants qu'il aimait tendrement, il en resta du moins plus libre de suivre sa voie. Ainsi, tomberont un à un, détachés par le monde lui-même, les anneaux qui l'enchaînent encore aux choses et aux affections de la terre. Ainsi les affronts serviront à l'endurcir aux affronts !

Mais ce qu'il ne supporta jamais aussi bien, ce fut la désertion de quelques uns de ses disciples. La ruine d'un établissement le trouva souvent résigné, la perte d'un seul membre de son troupeau lui fut toujours sensible. Accoutumés à la vie libre et commode de M. Niel, quelques maîtres se rebutèrent insensiblement. Porter jusqu'à la mort le joug d'une vie de retraite, de silence, d'austérité et d'obéissance, parut insupportable à ces volontés faibles et trop peu affermies dans le bien : ils se retirèrent. Ce fut une perte bien triste, car de tous les anciens maîtres, il n'en resta que deux, et il ne fut pas facile d'en trouver d'autres. Plusieurs mois s'écoulèrent sans qu'un seul se présentât. Enfin, arrivèrent de nouveaux sujets qui avaient une piété plus sûre, et des dispositions meilleures à devenir les vrais disciples de M. de la Salle.

Il avait alors trente ans, cet âge où les élans de la jeunesse et ses enthousiastes sacrifices peuvent encore se mêler et venir en aide aux plans déjà plus calmes qu'inspire l'approche de l'âge mûr. On ne peut exprimer toutes les peines et les incroyables dégoûts qu'il eût à former ces hommes si peu préparés par leur éducation à la perfection où il voulait les élever;

mais, pensait-il, Dieu, s'il y va de sa gloire, saura bien leur donner l'intelligence. « Si j'avais cru, dit-il aussi, que le soin de pure charité que je
» prenais des maîtres d'école, eût jamais dû me faire un devoir de de-
» meurer avec eux, je l'aurais abandonné : car comme je mettais naturel-
» lement au-dessous de mon valet, ceux que j'étais obligé, surtout dans
» les commencements, d'employer aux écoles, la seule pensée qu'il aurait
» fallu vivre avec eux, m'eût été insupportable. Je sentis en effet une
» grande peine dans le commencement que je les fis venir chez moi, ce
» qui dura deux ans. Ce fut apparemment pour cette raison que Dieu,
» qui conduit toutes choses avec sagesse et avec douceur, et qui n'a point
» coutume de forcer l'inclination des hommes, voulant m'engager à
» prendre entièrement le soin des écoles, le fit d'une manière fort imper-
» ceptible et en beaucoup de temps, de sorte qu'un engagement me con-
» duisit dans un autre, sans l'avoir prévu dans l'origine. »

La fin d'un premier orage était, pour M. de la Salle, le commencement d'un second.

Des inquiétudes sur l'avenir agitèrent ces hommes encore tout terrestres. « A quoi nous conduira la vie dure que nous menons, se dirent-ils les uns aux autres? Il n'y a rien de solide dans l'état que nous avons pris. Nous perdons notre jeunesse dans cette maison. Ne ferions-nous pas mieux d'apprendre des métiers. Que deviendrons-nous si les écoles tombent, si on se dégoûte de nous, si notre père nous abandonne, s'il vient à mourir? nous nous trouverons sans ressource et réduits à la mendicité. Pas un morceau de pain dans un âge avancé, pas d'autre asile qu'un hôpital en cas de maladie et de caducité, et après nous être sacrifiés au service du public, nous n'en recevrons que de l'ingratitude et du mépris. »

De-là, vint un refroidissement général qui inquiéta beaucoup M. de la Salle. Il cherchait, sans y réussir, à pénétrer les mouvements secrets de ces cœurs, et le principe funeste de leur abattement, quand ces hommes sans feinte et incapables de dissimuler, lui en avouèrent franchement la cause. Saisi d'une sainte indignation, il leur fait de vifs reproches, il leur cite ce que Jésus-Christ dit dans l'Evangile, sur la confiance qu'on doit avoir dans un Dieu qui a soin des lys des campagnes, des oiseaux du ciel et des plus vils insectes. « Regardez autour de vous, aucun être qui manque du nécessaire. Dieu pourvoit à leurs besoins. Sans grenier et sans cave ils trouvent partout une nourriture prête et présente. Sans semer et sans moissonner, ils rencontrent leur subsistance, car le Père céleste en est chargé. Mais si sa main libérale et bienfaisante étend ses soins jusqu'à ces êtres que l'homme foule aux pieds, jusqu'au foin qui sèche et qui sert d'aliment au feu, pouvez-vous croire, gens de peu de foi, qu'il vous abandonne dans votre vieillesse, qu'il vous laisse traîner dans la misère la fin d'une vie employée à son service? Jetez-vous plutôt dans les bras de sa tendresse, sans inquiétude snr le présent, sans souci sur l'avenir. Ne chargez point le jour qui coule des prévoyances du jour qui suit! Ce qui vous manquera le soir, le lendemain vous le fournira, si vous savez espérer en Dieu. Dieu ferait plutôt des miracles que de nous laisser manquer. »

Ces paroles étaient touchantes, mais c'était un riche chanoine qui parlait. Exhortations tendres, réprimandes sévères, tout restait sans effet sur cette inquiète défiance qui, comme un ver rongeur, minait et affaiblissait les meilleures vocations. Aucun étai ne pouvait soutenir ces âmes ruineuses. Enfin, un jour qu'il les prêchait avec une véhémence extrême sur cette matière, ils l'interrompirent par une brusque et naïve répartie. «Il en parlait bien à son aise, dirent-ils, lui qui ne manquait de rien. Qu'à la vérité, il méritait leur vénération et leur confiance; qu'il leur commandait la pratique de bien des vertus par ses exemples, mais qu'ils ne voyaient pas encore dans sa personne un modèle de ce détachement entier, de cet abandon filial aux soins paternels de la Providence, dont il leur faisait un devoir; que quoiqu'il vécût comme eux, ne s'accordant que le pur nécessaire, et distribuant le reste en aumônes, après tout, en cas d'accident, supposé que sa santé ne lui permît plus de se contenter d'une nourriture aussi grossière, son patrimoine et son canonicat seraient des ressources toujours prêtes pour le soulager : qu'enfin, ils seraient bien plus disposés à l'écouter et à le croire, si comme eux, il n'avait rien. »

La glorieuse destinée de M. de la Salle dépendait de la manière dont il recevrait ce reproche. Son esprit droit en conçut la vérité. Il tomba dans de profondes réflexions qu'une note de sa main nous a conservées.—«J'ai la bouche fermée; je ne suis pas en droit de leur tenir ce langage de perfection, dont je me servais avec eux sur la pauvreté, si je ne suis pauvre moi-même, ni sur l'abandon à la Providence, si j'ai des ressources contre la misère, ni sur la parfaite confiance en Dieu, si un assez bon revenu m'ôte tout sujet d'inquiétude! En restant ce que je suis et eux ce qu'ils sont, les tentations persisteront avec leur cause : bientôt les écoles se videront par une seconde désertion, et de degrés en degrés, elles iront s'ensevelir dans une chute dont rien ne les pourra relever. Est-il vrai d'ailleurs, que je puisse être à la fois, vigilant, supérieur et bon chanoine. Je ne me sens plus d'attrait pour cette dernière vocation : elle m'a quittée avant que j'en quitte l'état. Cet état n'est plus pour moi. La même voix qui m'y a appelé semble m'appeler maintenant ailleurs. » — Un seul moyen se présentait à son esprit, moyen propre à faire taire sans retour les murmures, mais héroïque, extraordinaire, et d'une effrayante générosité, c'était de se dépouiller de tout, comme les apôtres, de devenir semblable aux maitres et pauvre comme eux. Mais alors son imagination troublée lui traçait mille sombres visions et les plus terribles tableaux, la faim, la soif, le chaud, le froid, la nudité, les rebuts, les maladies, tout ce nombreux cortége de peines qui assiège la pauvreté. — Elevé avec tant de soin, nourri dans l'abondance, pourrait-il soumettre sa frêle complexion aux rigueurs du plus entier dénuement, comme ces hommes qui, pauvres de naissance, élevés dans les privations, endurcis et familiarisés aux besoins de la vie, n'en sentent la peine que quand elle est extrême. Oh! combien sera cruelle son agonie, quand il se trouvera victime aveugle et volontaire, sous le poids de tant de nécessités, sans oser même recourir ni à ses anciens amis, ni à ses proches qui le verront avec une joie maligne boire jusqu'à la dernière goutte du calice d'amertume, que leurs sages avertissements n'auront pu détourner de lui! — Enfin un sublime effort arracha le saint prêtre à ces longues rêveries; il se releva ferme, résolu, s'écriant : Eh bien, s'il faut mendier, nous mendierons!

L'homme aux vérités rigides, aux durs conseils, le Père Barré approuvait entièrement ce dessein, et dans son langage figuré et comme surnaturel, il répétait ces paroles du Sauveur : « Les renards ont des tanières, les oiseaux du ciel ont des nids pour se retirer, mais le Fils de l'Homme n'a pas où reposer sa tête! » paroles qu'il expliquait ainsi : « Qui sont ces renards? ce sont les enfants du siècle qui s'attachent aux biens de la terre. Qui sont ces oiseaux du ciel? ce sont les religieux qui ont leurs cellules pour asile. » Mais pour les maîtres d'école dont la vocation est d'instruire les pauvres à l'exemple de J.-C., point d'autre partage sur la terre que celui du Fils de l'Homme!

Mais le confesseur ordinaire, homme d'une foi prudente, et que le récent éclat des censures encourues par son pénitent, rendait encore plus circonspect, s'effraya d'une si violente résolution qui pouvait n'être qu'un mouvement précipité de ferveur passagère, il lui ordonna d'en suspendre l'exécution, et de s'éclairer par beaucoup de conseils. La grande variété de ceux que l'on trouva et dont le plus grand nombre était pour désapprouver, rendit encore le directeur plus inflexible. Dix mois se passèrent dans cette sorte de combat entre les vives instances du disciple, et les sages résistances du maître. Enfin, ce dernier céda. Mais alors, M. de la Salle ne put obtenir audience de son archevêque. Prévenu de la demande du chanoine et ne voulant pas l'accorder, M. le Tellier affectait de se rendre invisible pour lui, et espérait le fatiguer par ces remises successives, colorées chaque jour de nouveaux prétextes. Mais ce zèle était de ceux qui se raidissent et qui croissent par les oppositions. Prosterné aux pieds des autels et devant ce véritable et seul Seigneur, dont ni barrières, ni portes, ni gardes ne lui interdisaient les approches, immobile et comme mort dans une longue extase, le lévite y puisait sa sainte obstination et son inébranlable persévérance. Enfin les portes du palais épiscopal lui sont ouvertes. Le Prélat le reçoit, l'écoute avec bonté, lui fait de paternelles remontrances, et quoiqu'ébranlé lui-même par la candeur de son langage, ne se rend à ses sollicitations qu'avec peine et regret.—Un ambitieux ne s'entend pas accorder une grâce ardemment sollicitée avec plus de joie que n'en eût M. de la Salle à recueillir les paroles de cette bouche révérée qui agréait la résignation de son bénéfice, et lui permettait de se faire pauvre.

On pensait qu'il allait proposer pour successeur à sa prébende, ce frère qui, lui restant fidèle au milieu de l'abandon général des siens, avait bien mérité cette marque de son amitié. Quel fut l'étonnement, quand on l'entendit prier l'archevêque de remplir l'acte de résignation du nom de M. Faubert, jeune ecclésiastique plein de zèle, il est vrai, et en réputation dans Reims, mais sans biens et d'une obscure extraction. Tous s'émeuvent. Prières, représentations, flatteries, menaces, tout est employé par ses parents qui lui reprochent, comme une injustice et comme une insulte, cette préférence pour un étranger. De tous les assauts que M. de la Salle eut à subir, ceux-ci furent sans doute les plus rudes. Quoique la vertu contredise quelquefois la nature, elle n'en étouffe pas tous les sentiments. Mais M. de la Salle n'était pas homme à autoriser par son exemple, la pernicieuse coutume de se transmettre comme un héritage les biens du sanctuaire.—Le fier corps des chanoines regarda lui-même la nomination de M. Faubert comme une tache. Ils écrivirent à l'archevêque pour lui témoigner combien elle leur était désagréable, et pour le prier de sauver à son Chapitre une pareille flétrissure. Cédant à ces remontrances, le Prélat envoya vers M. de la Salle l'un de ses grands vicaires, M. Tallon, esprit insinuant, et qui possédait éminemment, dit-on, le talent de la parole. Mais toute la force et toute l'adresse de cette éloquence, échouèrent devant des paroles simples et franches. Frappé, édifié, persuadé lui-même, le négociateur ne put s'empêcher d'approuver ce qu'il venait combattre : « à Dieu ne plaise, s'écria-t-il, que je vous conseille jamais de faire ce que tant de gens désirent de vous. Exécutez ce que l'Esprit Saint vous inspire ».

Mais le déchaînement continuait au dehors. Aux yeux et selon les vains propos du monde, M. de la Salle était un homme opiniâtre, plein de son sens, un cerveau affaibli par les macérations d'une vie mortifiée, une imagination malade qui essayait de se guinder et de porter son vol au-dessus de la région commune des parfaits, pour prendre place et s'asseoir parmi les Fondateurs d'Ordre. Le monde et l'archevêque lui-même le traitèrent de fou. Folie rare, il est vrai, mais sublime et incomprise du vulgaire, qui échange le titre envié de chanoine d'une puissante Cathédrale, contre le titre modeste d'Instituteur; qui abandonne la stalle privilégiée d'un noble chœur, pour venir s'asseoir sur le banc tout nu d'une école! Etrange ambition que celle qui n'aspire qu'à descendre, et dont l'objet est de gouverner six hommes simples et pauvres d'esprit, comme ceux que cite l'Ecriture! — Et lui pendant ce temps tranquille au milieu des siens, le visage serein, l'œil radieux, il chantait et leur faisait chanter un *Te Deum*.

Un sacrifice, plus facile que cet oubli de la nature et du sang, lui restait encore à faire, celui de ses biens. Il ne fut indécis que sur leur usage. Devait-il les distribuer en aumônes, ou, suivant l'exemple de M. Roland, les appliquer à ses écoles par une fondation qui assurerait leur avenir? « Il n'y a de bien fondé que ce que Dieu fonde lui-même! Il faut tout donner aux pauvres, répond encore la rude voix, la voix d'oracle du Père Barré! »

C'était en 1684, année dans laquelle la France éprouva les malheurs d'une horrible disette. Les villes de la Champagne, et Reims surtout étaient remplis d'indigents. Les libéralités de M. de la Salle furent accompagnées de beaucoup de prudence. Il commença par les enfants de ses écoles. Chaque jour, après les exercices ordinaires, ils sortaient avec une portion de pain qu'ils venaient chercher avec plus d'avidité peut-être que l'instruction. Il s'étudia ensuite à découvrir les pauvres honteux qui souvent ignorèrent la main qui les soulageait. Enfin, il rassemblait dans sa maison les pauvres connus pour tels et leur faisait lui-même l'aumône à genoux. Ces temps calamiteux épuisèrent promptement un patrimoine de plus de 40,000 livres.—Sa famille, quoique mécontente, n'osait le témoigner en ces tristes circonstances et gardait un silence de pudeur. Mais ses disciples encore aux prises avec l'égoïsme et la peur, fâchés de ce qu'il n'eût rien réservé pour eux, lui en marquaient souvent leur surprise et leur blâme. Alors l'homme de Dieu, fort de son droit et d'une autorité si chèrement achetée, les rappela doucement à eux-memes. — « Pendant tout ce temps où les plus riches n'étaient pas eux-mêmes assurés de trouver, à prix d'argent, un pain devenu aussi rare que précieux, que leur avait-il manqué? Ils ne devaient rien à personne, pendant que plusieurs communautés opulentes s'étaient ruinées par des emprunts et par des ventes désavantageuses, devenues nécessaires pour les faire subsister ». — Il dit, et ce furent les derniers murmures.

Ainsi le voilà devenu par son propre choix le dernier et le plus pauvre prêtre du diocèse, mais cette pauvreté lui fut comme un piédestal. Désormais sa parole est plus grande, son front plus imposant, son pouvoir plus assuré. Il semble que toute sa personne ait quelque chose d'inspiré et de surhumain.

Il invita d'abord ses disciples à compléter par eux-mêmes le code encore informe de leur constitution intérieure. Législateur habile, il voulait que ces règles fussent leur ouvrage, car les chaînes qu'on s'impose à soi-même paraissent toujours moins pesantes. Aussi toute sa peine fut-elle de modérer et de retenir l'impétuosité de ces ardeurs novices à qui rien ne semblait difficile et qui voulaient s'assujétir tout d'abord aux pratiques les plus rudes, par d'irrévocables vœux.— On décida dans ces assemblées de prendre le nom de Frères, mot d'une signification modeste et touchante.

Jusqu'alors aussi les maîtres avaient été revêtus chacun de l'habit séculier qu'il avait apporté. M. de la Salle entreprit de le rendre uniforme. L'habit, outre qu'il isole du monde ceux qu'il revêt, en les marquant comme d'un sceau particulier, est encore un moniteur apparent et perpétuel qui rappelle les devoirs de la profession à ceux qui le portent et à ceux qui le voyent. Ce fut l'hiver qui en décida la forme encore incertaine; le froid se faisait vivement sentir, les Frères légèrement vêtus en souffraient beaucoup. Le Maire de Reims en eut pitié, et rencontrant M. de la Salle, il lui conseilla de leur donner une espèce de manteau alors en grand usage dans le pays. Cet avis frappa le bon prêtre et le fixa; il fit faire le vêtement de couleur noire, d'un gros drap, à collet de toile, et tombant à huit pouces de terre; il ajouta la soutane, de forme antique, fermée par-devant avec les agrafes de fer, le chapeau à bords amples, les souliers de deux semelles fortes et épaisses, tels que les portent les gens de charrue et ceux qui font les gros ouvrages. Il voulait ne leur rien laisser de conforme au siècle. Cet habillement est encore aujourd'hui celui des Frères, le temps qui change tout à la longue, n'en a point altéré la simplicité primitive.— On connaît peut-être la manière dont furent reçus dans le monde les cordes et les sacs dont saint François et ses premiers compagnons se montrèrent ceints et revêtus? on sait combien semblèrent étranges les figures des premiers capucins avec leur bure brune et grossière, comme la portaient les galériens d'Italie. Telle fut l'apparition des Frères dans les rues de Reims. On crut voir des êtres d'une espèce nouvelle. Les passants s'arrêtaient, les artisans sortaient de leurs boutiques, on les montrait au doigt, on les escortait avec cris et tumulte. Ces hommes doux, bons, paisibles, inoffensifs ne pouvaient cheminer qu'à travers une méchante troupe d'enfants, continuellement harcelés, tiraillés, couverts de boue, poursuivis à coups de pierre. Malheur surtout à ceux qui joignaient à cet habillement grossier, un air simple et l'une de ces figures candides et honnêtes, comme il y en avait alors plusieurs dans la compagnie! M. de la Salle exhortait ces pauvres gens par ses conseils et par son exemple à une patience dont ils avaient bien besoin pour supporter la longueur de la persécution, car la guerre que le monde leur déclarait avec tant de cruauté ne fut pas de quelques jours, mais dura plusieurs années. — La mort de trois Frères qui succombèrent peut-être à des austérités sans mesure, fit dans les écoles un vide qu'il dut remplir lui-même. Il osa alors endosser la robe infâmante, la douloureuse livrée, et la porter aux écoles de St-Jacques, non par des rues détournées, mais par la voie la plus courte, sous des yeux autrefois amis, mais devenus ennemis. Le voyez-vous ce Chanoine, ce Docteur, ce fils de famille, au milieu de ses chers petits enfants, qui les fait épeler, qui guide leur main incertaine en ses premiers essais d'écriture, qui leur distribue, en de familières instructions, le pain de la parole divine et celui de la science humaine! Et cependant aux portes de cette même école est une foule insolente qui attend sa sortie, escorte ignominieuse qui a suivi ses pas depuis sa maison et qui l'y reconduira tout à l'heure, au milieu des risées et des moqueries. Des soufflets même lui seront donnés dans les rues d'une ville dont les principaux magistrats, dont les premiers citoyens sont ses parents, et personne ne s'opposera à ces outrages. — Nous sommes regardés comme la balayure du monde, disait-il à ses compagnons.

Il eut lieu de les exercer à l'humilité et de les rassasier d'opprobres. Les maîtres qui montraient à lire et à écrire le savaient assez mal pour leur propre compte. Ils reprenaient mal à propos ou faisaient quelquefois eux-mêmes des fautes. Les enfants, race maligne, s'en apercevaient, les méprisaient et leur manquaient de respect. Les Frères cherchaient à soutenir leur autorité par des punitions qui ne se tenaient peut-être pas toujours dans les bornes d'un zèle éclairé et charitable. Les écoliers revenaient chez eux avec des desseins de vengeance. Ils se plaignaient à leurs parents des mauvais traitements qu'ils avaient reçus, récit qu'ils ne manquaient pas d'exagérer. Ceux-ci toujours aveugles, au lieu de leur imposer silence, entraient dans leur ressentiment et se portaient même quelquefois à les venger. Ils allaient assiéger la maison des Frères. Les femmes surtout, comme des furies, vomissaient mille injures contre eux et leur Supérieur. Tout le quartier retentissait de ces scènes scandaleuses. — M. de la Salle connaissait la source du mal, mais le temps seul pouvait donner aux maîtres tous les talents nécessaires. Il redoubla de zèle pour les perfectionner dans la lecture et dans l'écriture, il les exhorta à prendre davantage sur eux-mêmes, à se retenir malgré les sujets d'impatience, à se faire aimer par leur douceur. — Il est un livre modeste et précieux, mais que le monde ignore, livre où se trouvent, pour ainsi dire, le secret et la clé des établissements des écoles chrétiennes. Par lui elles ont cessé d'être des individualités périssables; le maître passe, l'école reste. Là sont établies, avec le plus minutieux détail, toutes les règles au moyen desquelles les mêmes choses sont enseignées, en tout temps et en tout lieu, de la même manière. Là sont les adresses et les pieuses industries qui gagnent au maître le cœur de ses élèves, les diverses conduites qu'il devra tenir avec les divers caractères, à l'égard des esprits doux et timides, des opiniâtres, des stupides, des incommodés, et des nouveaux venus. Là sont enfin des conseils d'une admirable tendresse : Ayez l'air d'un juge et le cœur d'un père : — Les enfants ne sont presque jamais punissables, qu'il n'y ait souvent plus de la faute de ceux qui les conduisent que de la leur : — On ne fait usage des coups que par humeur ou par incapacité, car les coups sont des châtiments serviles qui avilissent l'âme, lors même qu'ils corrigent, si toutefois ils corrigent, car leur effet ordinaire est d'endurcir : — Un maître doit toujours posséder son âme, si la passion s'en mêle, les pauvres enfants se ressentiront de la mauvaise disposition de leur chef; un maître qui conserve son sang-froid, c'est la raison qui commande; les enfants méprisent et abhorrent ceux que la passion conduit : — Le jeune maître est l'ange visible de ses élèves, établi pour leur donner extérieurement les mêmes soins qu'ils reçoivent invisiblement de leur ange gardien (1).

Il est certaines natures qui se plaisent et qui croissent au milieu des rafales et des secousses de l'air. Ainsi prospérait la société. Elle comptait déjà plus de cinquante membres répartis en trois classes; quinze à vingt Frères, autant de jeunes gens confiés par les curés des paroisses rurales pour en former des maîtres qui, répandus ensuite dans les campagnes, y portèrent, sinon l'habit, au moins les pratiques et l'esprit de l'Ordre. Le reste c'était des enfants de quatorze à quinze ans, destinés à entrer dans l'Institut, jeunes intelligences que le Supérieur aimait à faire éclore, frêles et douces espérances sur lesquelles il reposait l'avenir.

Maintenant l'œuvre peut se transporter. Son germe s'est nourri silencieusement au sein qui l'avait conçu, il peut devenir un grand arbre qui

(1) Conduite des Écoles chrétiennes, composée par Messire de la Salle, prêtre-docteur en théologie. 1 vol. in-12.

étendra partout ses branches pour la nourriture des pauvres. A Reims, la lumière resterait sous le boisseau, Paris sera la montagne d'où ses rayons iront reluire à tous les points du royaume. Appelé à Paris par le vœu du P. Barré, par ses propres désirs, M. de la Salle quitta Reims en l'année 1689. Il sortit sans fiel ni ressentiment, sans secouer contre elle la poussière de ses souliers, de cette ville qu'il ne reverra plus, ville ingrate qui ne possédera même pas ses ossements. Je cesserai ici de le suivre pas à pas, car c'est surtout l'histoire des Écoles de Reims que je veux écrire, et je me contenterai d'esquisser à grands traits les divers événements de cette vie orageuse.

Y eût-il jamais une plus pauvre demeure d'homme que celle de Vaugirard? Des murs nus; quelques bancs pour s'asseoir; des portes, des fenêtres mal jointes, qui laissaient passage aux vents, à la pluie, même à la neige jusque sur les paillasses jetées à terre, lits humides et glacés où des nuits fâcheuses succédaient à des jours laborieux; des vêtements usés jusqu'à n'être plus que des haillons; point d'autre feu que ce qu'il en fallait pour faire réchauffer les aliments apportés chaque jour du dehors, et ces aliments eux-mêmes étaient les restes du repas de quelques communautés, miettes échappées à de plus riches tables.

Malgré cela, M. de la Salle ne craignait pas de grossir le nombre de ses disciples; il acceptait tous ceux qui se présentaient, souvent plutôt par faim ou par besoin d'asile que par une vraie piété, et lorsque les Frères lui insinuaient qu'il n'était peut-être pas prudent d'appeler des étrangers au partage d'un pain qui déjà suffisait à peine à ses propres enfants, il répondait qu'il n'est pas plus difficile à Dieu de nourrir cinquante personnes que deux. La Providence était son étoile. — D'ailleurs, le rude genre de vie de cette maison était comme un vent fort et impétueux qui séparait promptement la paille d'avec le grain, les fausses vocations d'avec les véritables. Sur trois cents personnes qui passèrent dans la maison, il n'en resta que trente-cinq; mais ce qu'il faut remarquer dans ce petit nombre d'élus, c'est qu'à la réserve de deux qui étaient véritablement pauvres, tout le reste aurait pu vivre à l'aise.

La multitude d'enfants qui peuplait les écoles gratuites et qui laissait désertes celles des mercenaires, alarma les maîtres-jurés de Paris. Un procès où M. de la Salle fit l'office d'avocat, qu'il gagna d'abord, qu'il perdit ensuite, eut pour résultat sa condamnation à 2,000 livres d'amende et celle de chacun des Frères à 50 livres. Il vit saisir les bancs, les tables de ses écoles, enlever l'inscription de la porte. Enlevez-moi aussi, dit-il paisiblement à ceux qui instrumentaient.

Une cruelle maladie lui montra de bien près la mort, dont l'idée l'attristait moins que celle de laisser inachevée son entreprise, car il sentait avec effroi que tout reposait sur sa seule tête. A peine convalescent, il s'engagea par un vœu secret avec deux des Frères sur lesquels il croyait pouvoir surtout compter, à ne jamais laisser tomber l'Institut, à ne jamais abandonner l'œuvre. Voici la formule de cette obligation : « Très sainte Trinité, Père, Fils et Saint-Esprit, prosternés dans un profond respect devant votre infinie et adorable Majesté, nous nous consacrons entièrement à vous, pour procurer de tout notre pouvoir et de tous nos soins, l'Etablissement de la Société des Ecoles chrétiennes, en la manière qui nous paraîtra vous être la plus agréable et la plus avantageuse à ladite Société : Et pour cet effet, moi J.-B. de la Salle, prêtre ; moi Nicolas Wiart, et moi Gabriel Drolin, nous, dès à présent et pour toujours, jusqu'au dernier vivant ou jusqu'à l'entière consommation de l'établissement de l'Institut, faisons vœu d'association et d'union pour procurer et maintenir ledit Etablissement, sans nous en pouvoir départir, quand même nous ne resterions que nous trois dans ladite Société, et que nous serions obligés de demander l'aumône et de vivre de pain seulement. En vue de quoi nous promettons de faire unaniment et d'un commun consentement tout ce que nous croirons en conscience et sans aucune considération humaine être pour le plus grand bien de ladite Société. Fait ce 21ᵐᵉ novembre, jour de la Présentation de la très sainte Vierge, 1691, en foi de quoi nous avons signé. »

C'est ainsi que près de deux siècles auparavant, en ce même Paris, une obscure chapelle de Montmartre avait vu trois hommes, se donnant la main, s'engager par un serment solennel à consacrer leur vie au soutien de la religion ébranlée ; et tous trois, fidèles à leur promesse, avaient été, l'un François-Xavier, l'apôtre des Indes ; le second, Diego Lainez, et l'autre Ignace de Loyola. —Moins heureuse, la Société de M. de la Salle eut un apostat.

Le génie du mal semble l'avoir suivi de Reims à Paris. Peines plus intolérables que la famine, menées sourdes, hostilités ouvertes, protecteurs exigeants, compagnons infidèles, délations, calomnies, trahisons domestiques, tout s'accumule contre lui. « Mes propres enfants, s'écrie-t-il, ceux que j'avais chéris avec le plus de tendresse, que j'avais cultivés avec le plus de soin et dont j'attendais les plus grands services, se sont élevés contre moi, et ont ajouté aux croix du dehors celles du dedans, qui sont de toutes les plus sensibles. » — Il a existé, quoique ce fait ne soit annoncé nulle part, un ordre surpris à la religion de l'archevêque de Paris, l'ordre, rétracté ensuite, de traîner M. de la Salle dans les prisons épiscopales. Déposé par l'autorité ecclésiastique, ce sont les Frères qui, en pleine révolte, le maintiennent à leur tête. Bien des fois sans doute, au milieu de ces furieuses attaques, il conjura ses disciples de consentir à sa retraite et de le jeter, comme Jonas, à la mer, pour apaiser ces tempêtes suscitées contre lui seul. Enfin, atteint d'un second jugement civil, il le laisse cette fois sans appel. Las de résister, il cède, il fuit; son absence rendra peut-être la paix à son troupeau désolé. — Je voudrais vous le montrer maintenant, le vieillard à cheveux gris, traversant, l'hiver dans la neige, les âpres montagnes du Gévaudan, allant de ville en ville, ici chassé, là laissant de bonnes et fécondes semences, écrivant, parmi les hasards de cette vie incertaine, ces admirables livres qui aujourd'hui encore sont aux mains de la jeunesse de ses écoles; ferme dans sa profession de foi, au milieu des discordes de la bulle *Unigenitus* ; enfin, mettant le pied sur le vaisseau qui doit l'emmener à Rome, l'éloigner pour toujours de France, mais retenu, comme un docile enfant par la voix d'un évêque. Que de sueurs il a tirées de son corps ! que de longs et pénibles voyages entrepris à pied, au milieu des périls de toute espèce, périls de la route et de la solitude, périls des Camisards sans merci !—Un jour ses courses errantes l'amenèrent à la grande Chartreuse, à cette Thébaïde du restaurateur de la vie solitaire en occident, de ce saint Bruno qui fut aussi chanoine de Reims. Des honneurs particuliers y sont attachés à la réception de ceux qui portent ce titre, mais qui le soupçonna sous l'humble et pauvre habit du modeste voyageur ? La vue de cet affreux désert, de ces sommets escarpés, solitude profonde qui semble éloigner de la terre et rapprocher de Dieu, le ravit en admiration. Mais quand il en vint à comparer ce silence perpétuel, l'immobilité de cette vie contemplative aux agitations de la sienne, cette âme si ferme se sentit aller à ces lassitudes, à ces longs découragements qu'ont éprouvés presque tous les grands bienfaiteurs, lorsqu'arrivés vers la fin d'une carrière en vain dépensée pour le bonheur des hommes, ils ont reconnu tristement les impuissances de leur mortalité. Un violent désir le prit de cacher derrière ces rochers un deuxième chanoine de Reims. Il se retira dans une solitude, et là, le cœur aride, la face prosternée à terre, réduit à douter si son entreprise venait de Dieu, ou si une œuvre que tout le monde contredisait n'était pas celle de son propre esprit, il se roulait dans ses désespoirs en s'écriant : « Mon Dieu, mon Dieu, pourquoi m'avez-vous abandonné ! » — Les bruits les plus divers se répandirent, les uns qu'il était mort, d'autres qu'il s'était livré à sa mauvaise fortune et avait abandonné l'Institut.

Enfin, la parole d'une pieuse fille, d'une pauvre recluse le tira de cet anéantissement. « Le travail, lui dit-elle, est votre partage jusqu'à la fin de vos jours. » — En même temps il reçut une lettre des Frères de Paris :

Nous vous prions, écrivaient-ils, nous vous ordonnons même au nom et de la part du corps de la Société, auquel vous avez promis obéissance, de venir prendre incessamment soin du gouvernement général de notre compagnie.—Il reparut alors comme Moïse descendant de la montagne, le visage rayonnant et avec des paroles de feu. Il revint à Paris, mais cette ville ne lui plaisait plus. Rouen l'attirait par un secret penchant; Rouen, où s'étaient endormies l'une après l'autre, dans la paix du Seigneur, trois personnes que M. de la Salle avait tendrement aimées, le P. Barré, madame Maillefer et aussi M. Niel, dont la mort avait enfin fixé là les errantes habitudes. Quand il y fut, je ne sais quel souffle précurseur du repos, quelle inspiration cachée lui annonça le port et comme la fin des misères. Il dit hautement à ses compagnons d'exil que Rouen serait leur terre promise. La grande maison de Saint-Yon, située aux portes de cette ville, devint en effet le centre de l'Ordre, et c'est là que déchargé volontairement du poids de la supériorité, il rendit doucement à Dieu, le 7 Avril 1719, une vie pleine de jours et de vertus. — Né avec une constitution délicate, elle s'était fortifiée par les fatigues. Sa taille était un peu au-dessus de la moyenne; bien fait de corps et proportionné; le front large, le nez bien tiré, des yeux grands et beaux, presque bleus; les traits du visage doux et agréables, la voix forte, le teint un peu basané, à cause de ses fréquents voyages, et animé pour l'ordinaire par un peu de feu et *de vermeil*. Ses cheveux crépus et châtains dans sa jeunesse, devenus blancs avec les années, le rendaient vénérable.

Toutes ses richesses à sa mort consistaient en un crucifix, une imitation de Jésus-Christ, un chapelet et son bréviaire. On mit en pièces ses pauvres habits et on se les partagea. — Son trésor, c'était sa famille. Nouveau patriarche, il vit multiplier cette postérité. Le nord et le midi de la France avaient reçu ses Etablissements et les Frères qu'il leur envoyait. Partout les populations étonnées sur leur passage, se demandaient : Quels sont ces hommes nouveaux, qui marchent deux à deux, les yeux baissés, l'air modeste, l'extérieur recueilli?

Ces hommes étaient les apôtres des petits enfants, les missionnaires de la science populaire, ceux dont la Société, après avoir distribué l'instruction à trois ou quatre générations, la donne encore aujourd'hui à onze cents enfants de notre ville, et à plus de cent mille autres dans les diverses parties de la France, de l'Italie et de la Belgique.

Ce que devinrent les écoles de Reims après le départ de M. de la Salle, la suite va nous l'apprendre.

(La suite à un prochain Numéro).

HISTOIRE

DE REIMS ET DE BOUILLON.

Du Fief de Reims dans le duché de Bouillon.

Le fief de Reims au duché de Bouillon, dont Douzi était le chef-lieu, comprenait plusieurs villages. C'était un domaine que Clovis roi des Francs après ses premières conquêtes (1), avait donné à Saint-Remi pour son église, et qu'elle posséda pendant plusieurs siècles. Charlemagne, empereur et roi (2) qui, à l'instar de Charles Martel multipliait ses résidences non loin de la Meuse, dans des vues politiques, le redemanda à cette église, lui payant un cens applicable au luminaire de la Cathédrale de Reims (3). Le palais de Douzi, sur la rivière de la Chierre, offrait la plus charmante habitation.

Le territoire se composait de seize villes et villages : Douzi, Saint-Menges, Floing, Fleigneux, Illy, Givonne, Villers-Cernay, Le Moncelle, Dubecourt, Bazeille, Balan, Pourru-aux-Bois, Ecombre, Pourru-Saint-Remi, *Sedan*, et Francheval (4); tous ces endroits formèrent dans les derniers siècles, Ecombre et Pourru-Saint-Remi exceptés, la principauté de Sedan, réunie à la France en 1643 (5).

A la chute de la seconde race de nos rois, et lorsque Hugues Capet monta sur le trône en 987, les archevêques de Reims rentrèrent facile-

---

(1) Clovis commença son règne en 481 et mourut en 511.
(2) Charlemagne fut roi en 768, après Pépin, chef de la deuxième dynastie, empereur d'Occident en 800, et décéda en 814.
(3) Flodoard. Hist. Remens. Eccles., lib. 3. c. 20.
(4) Marlot, Hist. Remens. Eccles., in-folio, t. 3, p. 549.
(5) *Ibid.*, et histoire de l'ancien duché de Bouillon, p. 152.

ment en possession de ce domaine seigneurial, dont ils purent s'attribuer la souveraineté, au moment où tous les seigneurs se rendirent indépendants. Mais comme il était séparé de l'archevêché de Reims par le comté de Rethel, et par d'autres possédés par des seigneurs remuants (1), il fut cédé en fief au duc de Basse-Lorraine, tout-puissant sur la frontière de France, propriétaire de la seigneurie, puis duché de Bouillon. C'était Godefroi *le barbu* décédé en 1070 ; son fils Godefroi surnommé *le bossu*, mort en 1076, le posséda tranquillement sous la foi des hommages. Mais Godefroi de Bouillon, fils de celui-ci, digne héritier de la gloire et des hauts faits de ses pères, trouva beaucoup de difficulté à en jouir, parce qu'il ne cessa d'être fidèle à son prince, parce qu'il ne cessa d'être dévoué à l'empereur Henri IV, que Grégoire VII regardait comme simoniaque, et que comme tel il jugeait indigne du trône. Godefroi dont le nom est immortel, donnait au monde un exemple qui ne trouva pas d'imitateurs dans la famille de cet empereur. Son fils fut assez ingrat pour disputer la couronne à son père...

L'impérieux Grégoire ordonna à Manassés, archevêque de Reims, de disposer du fief en faveur du comte de Namur. Mais le duc de Basse-Lorraine et de Bouillon n'en resta pas moins en possession, parce qu'il sut braver l'orage. Le fief passa aux évêques de Liège avec le duché de Bouillon qu'il engagea à l'un d'eux, à Obert, lorsqu'il partit pour la croisade de 1096 (2). On sait qu'il fut roi de Jérusalem.

Dans l'instabilité des choses humaines que traînait toujours après lui le régime féodal, Thomas de Beaumetz, archevêque de Reims, au défaut de l'évêque de Liège, la principauté étant souvent agitée, pensa en 1258 à fortifier Douzi, sans autre dessein, disait-il, que de le tenir à l'abri de toute surprise, pour y tenir des conciles et des synodes en toute sûreté. On voit que les intérêts étaient bien changés, et le comté de Rethel s'était prodigieusement agrandi.

Les évêques de Liège se plaignirent amèrement de l'usurpation, et crièrent à la violation d'un ancien traité. Ce qui porta le même Thomas de Beaumetz à reconnaître l'évêque, ancien feudataire, propriétaire avec lui des terres dont nous avons parlé, et qui perdirent ainsi leur qualité de fief (3).

Ici commence l'histoire de ces arrière-fiefs, qui deviennent propriétaires des domaines indivis entre les deux églises. Cependant j'espère intéresser mes lecteurs en leur racontant les transformations politiques de ce petit

---

(1) Marlot, *Ibid.* --- Chronic. Sigebert.---Histoire ecclésiastique et civile du diocèse de Laon, à l'article de *Rethel*, in-4°, p. 480, 481, 482.

(2) Histoire de Namur, in-4° p.   ; histoire de Bouillon, *ibid.*, p. 319.

(3) Histoire de Bouillon, *ibid.* p. 93, 94.

territoire, et sa reconstruction sous la suzeraineté nouvelle d'un de ces villages, devenu redoutable par son château élevé sur les bords de la Meuse, de Sedan, dont l'histoire n'est qu'une épisode de celles de Reims et de Bouillon.

En 1289, le seigneur de Josce, ou de Jasce, Gérard prête serment à Bertrand, abbé de Mouzon, pour les terres de Sedan et de Balan; il ne possède que ces deux villages (1). Un demi-siècle après, l'an 1347, un certain nombre des villages de l'ancien fief reconnaît l'archevêque de Reims pour son unique seigneur. Ce sont Francheval, Villers-Cernay, Illy, Fleigneux avec des portions de Douzi, de Saint-Menges et de Balan.

D'un autre côté, Philippe de Valois érigea pour le comte de Nevers, et de Rethel, seigneur de Mézières, d'Arche (depuis Charleville), de Château-Renaud, et de Raucour, de son chef, et par son mariage avec Marguerite de Brabant, comte de Bourgogne, de Flandres et d'Artois, le domaine de Douzi en baronnie, avec Bazeilles, La Moncelle, Rubecourt, Lamecour, et Pourru-Saint-Remi. La terre de Saint-Menges seule, reste sous la domination de l'évêque de Liège (2).

Avec le temps, autre scène historique. Dans les troubles de la principauté de Liège, la maison Allemande de La Marck ayant reçu vers 1424, des emplois du prince évêque, allait tourner contre lui les armes qu'il lui avait mises en main. Evrard III de cette maison, seigneur de *Sedan et de Balan*, était en 1440 gouverneur du château de Bouillon (3). C'est par l'influence dont il jouissait, que le domaine sedanais s'augmenta de quelques villages, enlevés à la double possession de l'archevêque de Reims et du duc de Bourgogne, comte de Rethel; et même en 1477, il y avait d'autres terres étrangères à l'ancien fief de Reims, tels que Raucour, Floranges, Jamets, depuis et peut-être dès-lors, décorés du titre de souverainetés (4).

Alors Robert I, seigneur de Sedan, prenait le titre de duc de Bouillon, par concession d'un de ses frères qui tenait le duché de l'évêque et du chapitre de Liège, par engagement pour dettes contractées au milieu des malheurs extrêmes et dans la plus grande pénurie du trésor. La France, cédant aux circonstances qui avaient fait de Robert de La Marck un prince puissant, le reconnut sous cette dernière qualité (5).

---

(1) Chronologie des faits concernant les principautés de Sedan et de Raucour, par le père Norbert, capucin, (Claude-Collin), manuscrit in-folio de 575 pages, p. 56; histoire de Bouillon, *ibid.* p. 95.

(2) Histoire, *ibid.* p. 96, 97.

(3) Chronologie des faits, etc. *ibid.* p. 63.--- Histoire, etc. p. 126, 127.

(4) *Ibid.* p. 136.

(5) *Ibid.* p. 134, 135.

L'influence des La Marck continua à être grande. L'un d'eux fut élevé en 1503, sur le siége épiscopal de Liège, sous le nom d'Evrard. Louis XII lui donna l'évêché de Chartres, le qualifiant *d'évêque de Liège duc de Bouillon* (1). Si sa famille le mit en possession, ce ne fut que temporairement. Car c'est sur son frère que Charles Quint qu'il avait offensé, saisit en 1521 la ville de Bouillon, la dévasta, l'incendia, et la démantelant en haine de la France avec qui il était en guerre, il la rendit avec le duché à l'évêque de Liège. François Ier par la paix qui suivit sa défaite de Pavie en 1526, et sa captivité à Madrid, promit de châtier Robert II et ses enfants, s'ils osaient ravager le domaine de l'empereur. La Semoi était la limite des deux principautés (2).

Nous raconterons en deux mots, la dernière des transformations politiques de l'ancien fief de Reims. La dynastie des princes de La Marck, finit à Sedan, dans la personne d'une fille Charlotte, sœur de Guillaume, et fille de Henri Robert; sa mère, Françoise de Bourbon Montpensier, était parente de Henri IV, roi de France. Il la maria en 1591, à Henri de la Tour d'Auvergne, prince de Turenne, le plus valeureux et le plus redoutable des guerriers attachés à la confession de Genève (3).

Henri Robert de La Marck avait embrassé la nouvelle religion en 1557, avec la promesse de maintenir la liberté religieuse. Mais il autorisa l'année suivante la réforme au point de la rendre dominante (4). Cependant malgré l'espèce d'Université établie par le parti à Sedan, comme à Genève, à Saumur et à Montauban, et où l'on vit jusqu'à vingt-deux ministres ou professeurs (5), la plus grande partie des anciens habitants persévéra dans le catholicisme. Car la moitié dans la ville, et les deux tiers dans les villages, n'embrassèrent point le protestantisme (6).

Henri de la Tour d'Auvergne respecta les droits de l'évêque de Liège, et vécut en paix avec lui, comme allié de l'empereur d'Allemagne, portant tous deux le titre de Bouillon (7). Frédéric Maurice, son fils, embrassa la religion catholique, sans se montrer moins remuant sous la minorité de Louis XIII, que ses anciens coreligionnaires; il vit occuper sa principauté par les troupes du roi, et fut jeté dans les fers par le terrible Richelieu. L'année suivante, ce ministre n'existant plus, et sous la minorité de Louis XIV, il

---

(1) Chronologie des faits, etc. p. 141, 145, 146.
(2) *Ibid.* p. 88, 89.
(3) *Ibid.* p. 163, 164.
(4) *Ibid.* p. 111.
(5) Biographie ardennaise, par M. l'abbé Bouilliot, t. 1, p. 270.
(6) Histoire de l'ancienne principauté de Sedan, par M. Peyran, t. 1. p. 179.
(7) Histoire de l'ancien duché de Bouillon, *ibid.* p. 164, 165.

put avoir l'espérance d'une indemnité en France pour ses terres conquises, et cette espérance ne le trompa point (1). Enfin la faveur de la maison de la Tour d'Auvergne augmenta tellement, que Louis, vainqueur des rois et des princes confédérés, créant à la France de nouvelles limites au nord, obtint par la paix de Nimègue, pour Godefroi Maurice, petit-fils de Henri, le duché Bouillon, et l'évêque de Liège conserva un vain titre, que ses protestations ne rendirent pas plus réel (2).

M. J. F. OZERAY.

(1) Chronologie des faits, etc. *ibid.* p. 259. Histoire de Bouillon, etc. *ibid.* p. 163, 168.
(2) Histoire de Bouillon, etc. *ibid.* p. 177.

MONOGRAPHIE.

LA DIABLERIE DE CHAUMONT.

(Suite et fin).

L'horloge du Barle a sonné minuit.... L'empressement du bonheur succède, dans la foule, au calme d'une attente incertaine : le ciel est pur et sans nuages ; la puissance céleste semble elle-même se complaire à donner plus d'éclat à cet heureux jour.

Bientôt, le tintement d'une cloche appelle les fidèles à la prière, c'est le desservant de Saint-Michel qui va célébrer sur le cimetière de cette chapelle la seule messe du jour ; le peuple y accourt. Il faudrait une plume plus exercée que la nôtre pour peindre dignement le tableau de cette réunion ; en effet, un ministre qui célèbre sur un tombeau, avec une simplicité qui rappelle les catacombes, le mystère le plus fondamental de la religion, au milieu de dix générations éteintes pour lesquelles il prie, et de celle vivante qui répond à ses prières, n'est-ce pas pour le croyant un bien touchant spectacle ?

Ce devoir accompli, on travaille aux derniers préparatifs de la fête : on entoure de lierre les théâtres ; on y place les feuillages, le gazon ; les édifices publics sont partout couverts de verdure et décorés d'armoiries, d'emblèmes et de devises analogues à la cérémonie : on remarque sur la tour du Barle, la bannière de Saint-Jean et un faisceau de fouets emblème de la pénitence. Les rues par où doit passer la procession sont jonchées de fleurs, et chaque bourgeois y tapisse de verdure et de draperie la façade de sa maison ; enfin, la milice en armes se range dans les rues qui avoisinent l'église. Dans ce vieil édifice, dont les Chaumontais sont fiers de parer les gothiques arceaux, l'empressement n'est pas moindre : Ceux-ci travaillent au placement des reliquaires, d'autres règlent l'ordre de la procession ; bientôt la porte s'ouvre, la foule se précipite et le chapitre entonne avec ses chantres l'hymne sacré qu'accompagne une savante musique et la voix majestueuse de l'orgue. Après, le son des cloches et le bruit des tambours, des fiffres, des trompettes, qui se mêlent dans un bruyant concert, donnent le signal du départ ; un mouvement tumultueux s'exécute dans la foule, la milice se range et la procession sort.

C'est alors que commence la représentation des mystères ; nous essaierons d'en donner une idée, lorsque nous aurons indiqué la composition et l'ordre du cortège.

C'est la troupe des acteurs qui doivent figurer dans les mytères qui ouvre la marche : des joueurs de hautbois et de trompette les précédent. Les ordres religieux, les pénitenciers avec leurs verges blanches et MM. du chapitre avec leurs verges rouges, sont ensuite rangés sur deux files que protège la milice contre l'impétuosité d'une foule qu'excite également la curiosité et la dévotion. Dans le centre sont les bannières et en tête, celle de saint Jean, les porte-croix, les thuriféraires et les porteurs de reliques : ceux-ci sont chargés du précieux chef saint Jean posé sur un brancard de damas rouge à franges d'or ; ceux-là portent le magnifique reliquaire d'or apporté de Rome après la mort de Jehan de Montmirel et qui renferme plusieurs reliques données à ce prélat par Sa Sainteté. Sur un autre brancard est un sac de *camelot* rouge renfermant la chemise de Notre-Dame *de la Châtre* (1), puis suivent les bustes de saint Jean, saint Joseph, saint Agnan, saint François de Sales, saint Bernard, les images de saint Jacques au grand chapeau, de saint Philippe aux coquilles et des patenôtres d'argent. Le célébrant vient ensuite et après lui le corps de la ville, le bailliage et les autres juridictions précédés de leurs massiers, et une foule immense de peuple.

Dans cet ordre, la procession parcourt les principales rues de la ville, sortie par le grand portail, elle rentre à l'église par la rue de l'Ange, et la journée est déjà fort avancée, car pendant ce long trajet, on a stationné devant les quinze théâtres de la diablerie : alors un des prédicateurs monte en chair et recevant du doyen, la bulle originale du pardon, la déploie sur sa tête et en baise le sceau, à la grande édification des fidèles.

Ainsi se termine cette belle journée : les trois qui la suivent se passent comme celles qui l'ont précédées, en visites, stations et confessions ; mais

(1) On prêtait cette relique aux femmes enceintes, pour hâter leur délivrance. Ce prêt n'était pas gratuit, car on n'obtenait la miraculeuse chemise, qu'en payant préalablement douze sous.

l'empressement n'est plus le même, et l'affluence a beaucoup diminué. Les Chaumontais reprennent leur genre de vie accoutumé, et sont heureux de retrouver leur ancienne tranquillité, et les mœurs douces de la famille auxquelles il avait fallu déroger pour satisfaire aux lois de l'hospitalité.

Il ne nous reste plus maintenant qu'à donner une idée des représentations, et nous ne pouvons mieux le faire, qu'en analysant le mystère de la Décollation, l'un des plus importants.

Le théâtre qui était spacieux et élevé de terre de dix pieds environ comme les autres, était disposé de manière à représenter tout à la fois, la campagne et l'intérieur du palais d'Hérode. Sa partie gauche, celle où devait avoir lieu la Décollation, était garnie de feuillage; on y avait élevé une prison et une maison que son *écriteau* indiquait être celle du spéculateur ou bourreau. La droite était tendue de riches tapisseries, entourées de guirlandes de lierre et de fleurs; au milieu, on dressait une table que l'on chargeait de parfums et de mets délicieux; le couvert était tout entier d'argent. Les personnes de la cour au nombre de huit, se plaçaient autour de cette table sur de superbes pliants; le roi et la reine avaient chacun un trône resplendissant d'or et de pierreries.

C'était sur cette partie du théâtre que l'on représentait la fête brillante au sein de laquelle Hérode, selon l'Ecriture, ordonna le supplice de Jean, sur la demande d'une danseuse ennemie du saint Précurseur, et qui avait su gagner en même temps le cœur et les volontés du roi. — Cette représentation était des plus brillantes, et certainement l'éclat de la cour de l'Hérode chaumontais, aurait fait pâlir le Tétrarque de Galilée. — A la fin du festin, deux jeunes filles légèrement vêtues et couronnées de fleurs, avec deux jeunes garçons d'une stature assez médiocre et déliée, exécutaient des danses lascives que conduisait un bruyant orchestre de hautbois et de violon. On appelait ces danseurs *baladins* ou *saulterelles*, et la saulterelle qui représentait la méchante danseuse, était suivie d'un diablotin, sans doute comme emblème de la perversité de son âme.

Pendant le festin et les danses, les personnages de la partie gauche du théâtre restaient étrangers à l'action; leur rôle ne commençait qu'au moment où Hérode ordonnait le supplice de Jean, et alors le dialogue suivant s'engageait entr'eux :

LE GRAND-MAITRE.

J'obéis promptement suivant votre désir :
(*A part*).

Qu'à ce commandement mon âme est abattue ;
Dieux ! que la volonté des rois est absolue !
Toutefois, différer sur l'exécution,
C'est se rendre envers eux suspect de trahison.
(Se tournant vers le capitaine des gardes, il lui dit à l'oreille) :

O contrainte fâcheuse ! où par ma diligence,
Il faut favoriser une injuste vengeance :
(Haut).

Commandez tous vos gens, contentez son esprit,
Et ne manquez à rien de ce qu'il vous prescrit.

LE CAPITAINE DES GARDES.

Mais si j'achève enfin le dessein qu'elle trame !
Hérode, en la croyant, se comblera de blâme !
J'exécute à regret, dans cette extrémité,
L'ordre que me prescrit par vous Sa Majesté.
(A ses soldats).

Soldats ! à moi, soldats ! avancez vers la porte
Pendant que je ferai ce que mon ordre porte...
(Au geôlier).

Geôlier, c'est le roi qui me fait t'avertir
De mettre entre mes mains les clés et de sortir.
(Le geôlier qui avait écouté, répond) :

Mettre à mort l'innocent, retirez-vous, infâme !
(Il s'enfuit).

Non jamais lâcheté n'entrera dans mon âme.
(On le retient, il dit) :

Monsieur, quand son péché serait même infini,
Le tenant au cachot, il est assez puni.
(A saint Jean, qu'on tient).

Prophète, plût à Dieu qu'il fût en ma puissance,
En ce malheureux jour, d'aider à l'innocence.
(Il parle aux soldats, se mettant à genoux et voulant délier St. Jean).

Déchargez de ces fers le plus grand des humains,
Et pour les recevoir, tenez, voilà mes mains.
Si mes soins le pouvaient à la fin secourir,
Je serais dans ce cas toujours prêt à mourir.
Celui dont la vertu s'égalait au courage,
Va sentir d'un tyran l'injustice et la rage ;

Si le ciel secondait mon dessein généreux!!.....
Mais Hérode est le maître, et moi trop malheureux.

SAINT JEAN.

Ne tournez plus vers moi ni le cœur ni les yeux,
Pour quelques cruautés que j'endure en ces lieux;
Mais adorez du ciel l'arrêt irrévocable :
Pour être rigoureux, il n'est pas moins aimable.
Si les mépris du roi me causent ce malheur,
Il verra mon esprit plus fort que sa douleur,
Et parmi les rigueurs, tout ce qui me console,
C'est qu'au milieu des fers, j'aie encore la parole,
Qui vous prouve du ciel les palmes méritées,
Pour le prix des vertus qui sont persécutées?
Qu'Hérode a bien ouï parmi ceux de sa cour
Mépriser sa colère ainsi que son amour;
Qui vous assure enfin que le souverain bien
Consiste en la vertu, que le vice n'est rien,
Et que les vitieux ont toujours sur la tête,
La foudre épouvantable à tomber toute prête.

LE CAPITAINE DES GARDES.

(Pendant que quelques soldats tiennent St. Jean, il commande à deux d'entre eux d'amener le spéculateur).

Allez à cet archer dire qu'on le demande;
Qu'il vienne! Obéissez, puisque je le commande!
(Les soldats entrent dans la tente du spéculateur et l'en tirent malgré les difficultés qu'il fait).

1ᵉʳ SOLDAT.

Arrête! Approche ici; prends garde à ton dessein;
Veux-tu que je te mette un poignard dans le sein?

LE SPÉCULATEUR.

Je ne puis me résoudre à cet acte tragique,
Et de quelque vertu que mon esprit se pique,
Et bien qu'il soit forcé d'obéir, de partir,
Je sens bien que mon cœur n'y saurait consentir;
Pour lors on me verrait en ce malheureux jour,
Mépriser leur colère ainsi que leur amour.

2ᵉ SOLDAT.

Dépêche, encore un coup, cette lenteur nous fâche.

LE SPÉCULATEUR.

Quoi, Messieurs, croyez-vous que je sois assez lâche?

LE CAPITAINE DES GARDES.

Marche donc sans contrainte et redouble tes pas,
Obéis, autrement il y va du trépas.

LE SPÉCULATEUR.

Grand saint, c'est par ma main qu'Hérode vous opprime,
Qu'épenchant votre sang j'augmenterai son crime :
(*Après avoir donné le coup*).

Je déteste mon sort pire que le trépas
Mourant avecques vous je ne m'en plaindrais pas.
(*Aux soldats.*)

Si votre cruauté n'est pas bien assouvie,
Tigres! voilà mon cœur arrachez-moi la vie.

LA FILLE D'HÉRODIADE.

Donnez-moi dans ce plat ce précieux butin,
Comme il est don de roi, c'est l'honneur du festin.

Cette représentation de la Décollation devait faire une dangereuse impression sur les esprits craintifs, car on n'y avait rien oublié de ce qui fait horreur dans ces sortes de spectacles. Non-seulement le mannequin était parfaitement ressemblant avec l'acteur qu'il remplaçait et qui a disparu par une trappe sous le théâtre, mais on voyait encore jaillir du cou de la victime, des flots de sang qui inondaient le théâtre. Pour cette dégoûtante imitation, on remplissait la tête du mannequin d'une teinture faite de bois de Brésil et de Tournesol.

Le passage que nous venons de rapporter est tout ce que nous avons pu retrouver du mystère de la Décollation. Le théâtre sur lequel on le représentait était celui de tous que les Chaumontais se plaisaient à décorer le plus noblement, aussi était-il surmonté des armoiries de la ville et de celles du roi; on l'appelait le *Grand Théâtre*. Dans une série assez considérable de dessins, on avait trouvé matière à autant d'emblêmes qui, tous étaient expliqués par une inscription latine. Les sujets de ces dessins étaient tirés des astres, de la terre, et des pierres précieuses, ainsi que l'expliquent les trois vers suivants qui étaient destinés au premier cartouche :

> Hic quos syderibus cœlum, quos æquora gemmis,
> Quosque suo tellus depromit ab ubere flores,
> Isti Baptistæ triplici caput ordine cingunt.

Traduction.

> Ici les feux brillants dont l'Olympe rayonne,
> Et les fleurs dont nos champs éclatent de beauté,
> Et les trésors des mers, d'une triple couronne
> Ceignent ce front promis à l'immortalité.

Émile Jolibois.

PALÉOGRAPHIE.

TESTAMENT DE SAINT REMY,

AVEC DES COMMENTAIRES POUR EN FACILITER L'INTELLIGENCE.

(Extrait des mnss. de Lacourt, t. 2., biblioth. de Reims).

NOTICE.

Le testament de saint Remi est le plus ancien et le plus célèbre des testaments que l'on connaisse. Comme ceux des Romains, il est dicté sous la forme d'une lettre, et il a toujours été regardé comme un des monuments les plus précieux de l'Eglise gallicane. Les plus habiles jurisconsultes et antiquaires l'ont reçu comme authentique : c'est notamment l'opinion de Mabillon, de Du Cange et des auteurs du *Nouveau Traité de Diplomatique*. Cependant, il paraît certain qu'il n'est pas exempt d'interpolations. Une preuve, disent les érudits, qu'il a été altéré par les copistes, c'est que la date du jour et du consul, seulement indiquée avant les signatures, ne paraît point à la tête de la pièce. Mais les églises de Reims, de Laon et d'Arras, et plusieurs autres jouissaient encore à la révolution de tous les biens qui leur avaient été légués par ce testament. Saint Remi y fait ses légataires universels, avec l'église de Reims, Loup, évêque de Soissons, et le prêtre Agricola, ses neveux. Il y appelle saint Principe, son frère, qui l'était en effet, au témoignage de saint Sidoine. Ces caractères de vérité, joints aux formules romaines, ne permettent pas de révoquer en doute l'authenticité de ce monument. Le Pape Sylvestre II, qui avait été archevêque de Reims, voulait qu'on ne donnât aucune atteinte *au Testament de saint Remi, apôtre des Français.* — Mais fût-il apocryphe ou postérieur à saint Remi, ce serait encore un monument fort précieux par son antiquité, puisqu'on ne peut le supposer postérieur à Hincmar, dans les écrits duquel il se retrouve. Il est surtout important pour l'histoire des villes et villages dont il fait mention, par le nom latin qu'il donne à ces divers lieux, et les curieuses notions qu'il fournit des mœurs et des usages du temps.

On a deux testaments de saint Remi : le premier beaucoup plus long que l'autre (c'est celui que nous publions), est rapporté au 7e livre des Formules anciennes du président Brisson, et dans l'*Histoire de la Jurisprudence Romaine*, par Terasson, avocat au Parlement. Il est tiré d'Hincmar, de Flodoard, des archives de l'église de Reims, et a déjà été traduit en français par Duchesne. Le second testament a été publié par Dom Marlot, qui n'a guère fait que dégager le premier de certaines phrases ornées et le reproduire sous une forme plus simple.

Le texte original que nous publions a été revu sur les différentes versions connues, et notamment sur le précieux manuscrit du xiiie siècle, de Flodoard, que possède la bibliothèque de Reims. La traduction ainsi que les commentaires sont du chanoine Lacourt, savant critique, qui vivait au commencement du siècle dernier, et qui a laissé pour l'histoire de Reims d'excellents matériaux.

I.

Ego Remigius Episcopus civitatis Remorum, sacerdotii compos, testamentum meum condidi jure prætorio, atque id codicillorum vice valere præcepi, si ei juris aliquid videbitur defuisse. Quandoque ego Remigius Episcopus de hac luce transiero, tu mihi heres esto Sancta et venerabilis Ecclesia Catholica urbis Remorum, et tu fili fratris mei, Lupe Episcope, quem præcipuo semper amore dilexi : et tu nepos meus Agricola presbyter, qui mihi obsequio tuo à pueritia placuisti, in omni substantia mea, quæ mea sorte obvenit antequam moriar : præter id quod unicuique donavero, legavero, darive jussero, vel unumquemque vestrum voluero habere præcipuum.

Moy Remy évêque de la ville de Reims, honoré de la dignité du sacerdoce, j'ay fait mon testament suivant le droit prœtorien, et s'il y manque quelques formalités, je veux qu'il ait la force d'un codicile.

Quand je cesserai de vivre, je t'institue mon héritière, ô sainte et vénérable église catholique de la ville de Reims, et vous Loup, évêque, fils de mon frère, pour lequel j'ay toujours eu une affection singulière : et vous aussi Agricole prêtre mon neveu, que j'ai chéry dès votre enfance par l'attachement que vous avez eu pour moy: je vous laisse tous les biens qui m'appartiendront jusqu'au moment de ma mort, à l'exception des legs particuliers que j'auray faits à différentes personnes et de ce que je pourray spécialement vous donner à l'un ou à l'autre.

COMMENTAIRE.

Ce testament est imparfait dès le commencement : la date du consul ou du prince régnant y manque. Les testaments que nous avons de ces temps l'expriment toujours. Celui d'Hadoindus, dont parle Colvener commence ainsy : *In nomine Domini nostri Jesu Christi et Spiritus Sancti;* VIII *Idus februarii anno* v. *regnante gloriosissimo Clodoveo rege, ego Hadoindus,* etc.

Saint Remy appelle l'église de Reims, saincte, vénérable et catholique, non dans le sens auquel l'église de Rome est nommée église catholique, mais parce qu'elle est église principale de la province, et la mère des autres églises. Saint Epiphane appelle l'église d'Alexandrie l'église catholique; Théophane donne le même nom à l'église de Damas.

Loup étoit évêque de Soissons, fils du frère de saint Principe et de saint Remy : Agricole pouvoit être neveu de saint Remy par une de ses sœurs.

II.

Vous sainte église de Reims, mon héritière, je laisse en votre possession les personnes de condition serve que j'ay dans les terres des Potez, soit qu'ils m'appartiennent ou par mon père ou par ma mère; je vous laisse aussy ceux que j'ay échangés avec mon frère Principe évêque de sainte mémoire, ou qui m'ont été donnés, scavoir : Dagarède, Profuture, Prudence, Temnaie, Maurilion, Baudoleif, Provinciol : Naviaténe, Laute, et Suffronie femmes : Amorin entièrement serf et ceux que je n'auray point affranchis demeureront en vostre puissance. Les métairies et terres que j'ai dans l'étendue des Potez comme Tugni, Balahan, Plerigny, Vacculiac et tout ce qui peut m'appartenir au même endroit, seront à vous en la même manière que je les possédois avec les champs, les prez, les pâturages, et les bois qui en dépendent, par la disposition testamentaire que j'en fais.

Tu sancta heres mea Remensis ecclesia, colonos quos in Portensi habeo territorio, vel de paterna maternaque substantia, vel quos cum fratre meo sanctæ memoriæ Principio Episcopo commutavi, vel donatos habeo, possidebis, Dagaredum, Profuturum, Prudentium, Temnaicum, Maurilionem, Baudoleifum, Provinciolum : Naviatenam, Lautam, Suffroniam colonas; Amorinum quoque servum, cum omnibus quos intestatos reliquero, tuo dominio vindicabis. Necnon villas, agrosque quos possideo in solo Portensi, Tudiniacum scilicet, et Balatonium, sive Plerinacum, et Vacculiacum, vel quæcunque in eodem solo Portensi qualibet auctoritate possedi, integrè cum omnibus campis, pratis, pascuis, silvis, ad te testamenti hujus auctoritate revocabis.

COMMENTAIRE.

Colonos (personnes de condition serve), c'étoient les censiers et les laboureurs. Il y en avoit de deux sortes, de condition entièrement serve, ils travailloient toute l'année pour leur maître : les autres n'étoient serfs qu'en partie, c'est-à-dire assujétis à certains services, de labour, de corvée, etc. *(V. le glossaire de M. Du Cange.)*

In portensi territorio (la terre des Potez), saint Remy y avoit son patrimoine qu'il laisse à l'église de Reims. Larisville dit qu'il contenoit dix-sept villages, dont Maubert-Fontaine étoit le chef. *In Portensi patria villas numero septem decem, quarum caput, villa de Mauberti Fonte.* — Les exemplaires manuscrits ont *Portensi* ou *Porcensi* : on ne peut entendre par-là que la terre des Potez, dont l'église de Reims jouit encore. Flodoard en parle dans sa chronique, à l'année 941, et dans son histoire, l. 3. chap. 7 et 10. Les nouveaux manuscrits la nomment *terram de Potestatibus.*

Saint Principe étoit frère aisné de saint Remy : il fut évêque de Soissons : Sidonius luy adresse la 14ᵉ lettre du 8ᵉ livre ; Flodoard en parle l. 1ᵉʳ, chap. 10.

Tudiniacum est Tugny près de Bierme : *cùm sanctus Remigius parochias circumiret, transiretque per Villam, cui Tudiniacus nomen est, gallicè* Tugny. *(Voy. Larisville.)*

III.

Simili modo, sanctissima heres mea, quæcunque tibi à propinquis et amicis meis, in quocunque solo et territorio collata sunt, sicuti disposuero in ptochiis, cœnobiis, martyriis, Diaconiis, Xenodochiis, omnibusque matriculis sub tua ditione degentibus, ordinationem meam futuri successores mei, ordinis sui memores, sicut ego prædecessorum meorum, ita quoque inconvulsè, et absque ulla refragatione servabunt.

Mes successeurs, ô ma très sainte héritière, observeront inviolablement et sans aucune opposition la distribution que j'ay faite, aux hôpitaux pour les malades et pour les passants, aux monastères, aux églises des martyrs, aux diaconies, et à toutes les matricules qui sont dans l'étendue de votre jurisdiction, des biens qui vous ont été donnés par mes parents et par mes amis, en quelque pays et en quelque lieu qu'ils soient situez : et en cela ils respecteront l'autorité épiscopale, comme j'ay fait celle de mes prédécesseurs.

COMMENTAIRE.

Sanctissima heres mea. Saint Remy s'adresse ici à l'église de Reims. Bennade son prédécesseur, avoit fait la même chose dans son testament que l'on voyoit encore en original du temps de Flodoard. *Hæredem suam subinferendo alloquens ecclesiam ut in se ducat esse collatum, quidquid præsbyteris, etc. Fuisset in.... memoratione devotum* (Flod. l. 1er, cap. 9.)

Ptochia, Cœnobia, Martyría. Saint Remy suit l'ordre du saint canon du concile de Calcédoine (en 451). — Ptochium, Ptochodochium, Ptocotrophium : c'étoit un hôpital où l'on nourrissoit les pauvres et les infirmes. *Ptocotrophium, idest locus venerabilis in quo pauperes et infirmi homines pascuntur :* (liv. 2 des capitulaires, chap. 29). Herbert, comte de Vermandois, laisse cent sols à ces hôpitaux, dans son testament fait en 1059 : *Trado omnibus comitatum meorum Ptochiis centum solidos. (V. l'Hist. de Cambray, par Charpentier).*

Xenodochium, lieu destiné à recevoir les pélerins et les passants. Xenodochium, locus venerabilis in quo Peregrini suscipiuntur. *cap. ibid.* Théophile qui s'opposoit à l'élévation de saint Jean Chrisostôme, fit nommer par les évêques pour remplir le siége de Constantinople, Isidore, prêtre qui avoit soin des hôpitaux des pauvres et des passants dans la ville d'Alexandrie. (V. Sozomène, liv. 8, ch. 2). Il y avoit dans les grandes villes, d'autres hôpitaux encore, pour les malades (Nosocomia), pour les orphelins (orphanotrophia), pour les enfants (brephotrophia), pour les vieillards (gerontocomia).

Martyria. Eglises dédiées en l'honneur des martyrs ou pour conserver leur mémoire, ou parce que leurs corps y reposoient. On commença par élever dans la campagne et sur les grands chemins, des tables ou des autels aux endroits où ils avoient souffert pour la foi. Des prêtres s'établissoient près de ces autels et y subsistoient des aumônes des fidèles. Le cinquième concile de Carthage, pour prévenir les abus qui pourroient se glisser sous prétexte de piété, ordonne de démolir ces *mémoires*, si les autels ne renfermoient pas les corps, ou au moins quelques reliques des martyrs, dont l'histoire fut bien avérée. — On éleva ensuite des chapelles qui devinrent des titres ecclésiastiques : il en est parlé dans le concile de Calcédoine. Elles étoient desservies par un prêtre qu'on appeloit Garde des Mémoires, *Mémorophilax*. La table qui a subsisté jusqu'à nos jours, à l'endroit où saint Timothée a répandu son sang pour la religion chrétienne, étoit un de ces anciens autels, monument respectable, que la piété des religieux de l'abbaye de saint Remy vient de rétablir. — Le pape Félix Ier ordonna de célébrer la messe sur ces mémoires : il vivoit vers l'an 270.

Diaconæ. Hôpitaux administrés par un diacre qui y distribuoit les aumônes : les diaconies avoient des églises annexées. Le texte du testament de saint Remy, montre qu'il y en avoit plusieurs à Reims. Nous n'avons connaissance que de celles de saint Symphorien. On a encore des lettres de

Photius, adressées au diacre du Xenodoche, au diacre de l'Orphanotrophe.

Matriculæ. Chaque paroisse avoit sa matricule, c'est-à-dire une maison de charité pour les pauvres. Dans les premiers temps, on appeloit matricule le rolle où les noms des clercs étoient inscrits, et qui leur donnoit droit de participer aux biens de l'Eglise. L'auteur de la vie de saint Rigobert, dit que jusqu'à ce saint prélat, les chanoines de Reims *non ut nunc erant canonici, sed matricularii.* — Dans les testaments de Sybille et de Garin Govion, il y avoit des legs faits aux matricules de la ville. L'église cathédrale avoit sa matricule, saint Remy en parle plus bas : Hincmar en augmenta les revenus et bâtiments. C'est aujourd'hui l'Hôtel-Dieu.

IV.

Ex quibus Celtus, quam per manum meam Celsa sobrina mea tibi tradidit, et Huldriciaca villa, quam Huldericus Comes, ei loco ubi ossa mea sancti fratres et Coëpiscopi diœceseos tuæ ponenda elegerint, in tegumentis deserviant. Sitque locus ille successoribus meis Remorum Episcopis peculiariter proprius, et in alimoniis ibidem Deo militantium, vicus ex proprio, in Portensi, et..... Villaris quoque ex Episcopio in Remensi, deserviant. Blandibaccius villa in Portensi, quam à coheredibus meis Benedicto et Hilario, datis pretiis emi de thesauro Ecclesiæ, et Albiniacus ex Episcopio, in alimoniis Clericorum Remensis ecclesiæ communiter deputentur. Quibus etiam Berna ex Episcopio, quæ peculiaris prædecessoribus meis esse solebat, cum duabus villis, quas Ludowicus à me sacro baptismatis fonte susceptus, amore nominis mei, Piscofesheim sua lingua vocatis, mihi tradidit, sive cum Coslo et Gleni, vel omni-

Celte est du nombre de ces bienfaits (Celse ma cousine vous la laisse par mes mains) aussi bien que le village d'Hudrégiville que le comte Huldéric a donné au lieu que mes frères les Evêques de la Province choisiront pour ma sépulture, pour servir à l'entretien de la couverture. Ce lieu dépendra spécialement des Evêques mes successeurs. Je laisse pour la nourriture de ceux qui y sont attachés au service de Dieu un village qui vient de mon patrimoine dans la terre des Potez, et Villiers, dans le terroir du pays de Reims, qui dépend de l'Evêché.

J'ai acheté de mes cohéritiers Benoit et Hilaire le village de Blambay situé dans la terre des Potez : et je l'ai payé des deniers de l'église. Ce village et celui d'Aubigny qui appartient à la manse de l'Evêque sera destiné aux dépenses communes du réfectoire des clercs de l'église de Reims.

Berne qui dépend de l'Evêché et qui appartenoit à mes prédécesscurs, les deux villages, que Loys que j'ay baptizé, et qu'on appelle en sa langue Piscofesheim, m'a donnez en témoignage de son amitié, et qu'on appelle Cosle, Glan, et leurs dépendances, les acquisitions que j'ay faites dans la Vosge et aux environs du Rhin, et qui sont tenues par diverses personnes, seront obligés de fournir chaque année aux clercs de mon église, et aux monastères fondés par moy ou mes prédécesseurs, à ceux même que mes successeurs pourront fonder à l'avenir, la quantité de poix dont ils auront besoin pour enduire les tonneaux à mettre le vin.

bus silvis, pratis, pascuis, quæcunque per diversos ministros in Vosago, infra, circum et extra, tam ultra quam citra Rhenum pretio dato comparavi, picem annuatim ministret, cunctisque locis regularibus, tam à me, quam ab antecessoribus meis ordinatis, sive in futuro ab Episcopis successoribus meis ordinandis, pro necessitate locorum ad vascula vinaria componenda annuatim distribuat.

Commentaire.

Celtus. Chesneau prétend que c'est le village de Cernay : quelques uns croyent que c'est Saulx-Saint-Remy. Ce peut être plus probablement Ceault, proche de Rethel. En 1128, l'archevêque Regnault en donna l'autel et les dixmes à l'abbaye de Saint-Nicaise. Innocent IV confirma cette dotation par une bulle où cet autel est appelé *Altare de Celto super fluvium Azonam.* C'est aujourd'hui le secours de la cure de Biermes, que l'on prononce par corruption Ceaulx, Seaulx ou Sais près de Tugny. Saint Remy est le patron de cette église.

Sitque locus ille, etc. Saint Remy recommande à ses successeurs de prendre particulièrement sous leur protection, l'église où il devoit être inhumé. Celle de Saint-Remy est nommée dans les chartes *specialis filia ecclesiæ remensis.* (Voyez ce qu'en dit Nicolas de Larisville.)

Vicus in Portensi et Villaris. Le texte est corrompu en cet endroit : il y a une lacune dans les manuscrits entre Portensi et Villaris : Colvener l'a remarqué dans son édition de Flodoard : quelques exemplaires ont *Villanis* au lieu de *Villaris :* le sens en est moins naturel. On a dans le diocèse, plusieurs villages composés du nom de Villiers, Villiers-Allerand, Villiers-Marmery, etc.

Piscofesheim : ce terme est allemand : il signifie la maison de l'évêque.

Cosla et Gleni. Ces deux terres étoient situées dans la Vosge; saint Remy les avoit achetées avec une grande étendue de bois : les termes de son testament, semblent faire entendre que Cosle et Glen, étoient les deux villages que Clovis lui avoit donnés : *cum duabus villis, sive cum Cosla et Gleni...*

ce sont cependant quatre lieux différents : Clovis lui avoit fait présent des deux premiers : Clodomir, fils de Clovis, lui avoit donné d'autres biens considérables dans la Vosge; on en annexa dans la suite la plus grande partie au monastère que les religieux de saint Remy avoient fait bâtir à Cosle : Conrad, duc de Lorraine, en étoit avoué pendant les guerres sous Louis d'Outremer : Artaud, archevêque, obtint d'Othon Ier, un diplôme qui confirme à l'abbaye de Saint-Remy, la donation qu'il lui avoit faite de ses possessions, après que Conrad les eût délivrées des vexations de Raimbaut : elles avoient appartenu jusque-là aux archevêques de Reims. — La charte d'Othon est de l'an 952, et datée de Paderborn. (V. Marlot. t. 1er, p. 581.)

Gleni. Il n'en est point parlé en particulier dans la charte d'Othon. Flodoard dit expressément que saint Remy tira les habitants de Berne pour peupler ces deux villages. La charte d'Adalbert, archevêque de Mayence, pour le rétablissement du prieuré de Cosle, ou autrement du Mont-Saint-Remy, pourroit donner lieu à douter que Glan fût un village, *circa villam quæ Cosla dicitur super fluvium Glan erat mons prædiis adjacens*; peut-être y avoit-il un village du même nom que cette rivière.

Berna. Le testament marque expressément que c'étoit une dépendance de la manse des évêques, et que les prédécesseurs de saint Remy en jouissoient. Flodoard en parle différemment : *Incolas de vicina episcopi villa nomine Berna dudum sibi à Francis data, in eas* (Cosla et Gleni), *transferens*, etc. Saint Remy, qui l'avoit reçu des français peu de temps après le baptême de Clovis, et peut-être de Clovis même, pouvoit l'avoir unie au domaine de l'évêché, mais ses prédécesseurs ne la connoissoient pas même de nom.

Picem annuam ministret. Berne, Cosle, Glan et les autres biens que saint Remy possédoit dans la Vosge, étoient obligés de fournir chaque année aux chanoines de Reims et aux maisons religieuses une certaine quantité de poix pour enduire les tonneaux à mettre le vin. Le testament ne détermine point cette redevance à aucun poids; il ordonne seulement que l'on en donnera autant qu'il sera nécessaire à chaque maison. Cet endroit sert à rendre le testament suspect : dans toutes les anciennes donations la quantité est toujours exprimée : sans cela les bienfaiteurs eussent ouvert une source intarissable de contestations et de procès. D'ailleurs il est sans exemple qu'on étende un legs jusque sur des monastères qui ne sont pas encore fondés. Saint Remy avoit pris toutes les précautions possibles pour éviter les disputes et les chicanes : non-seulement il avoit fixé la quantité de poix à laquelle il engageoit les villages de Cosle et de Glan, mais il avoit même établi un poids particulier sur lequel on continuoit encore au xe siècle à percevoir cette redevance.. *Quibus pensam tribuit quæ hodieque ab ipsorum successoribus accipitur, cum qua suum quoque persolvunt debitum.* Ce témoignage de Flodoard ne peut être contesté, et il fait voir assez de quelle main vient cet article. Dans les lettres d'Hincmar que nous avons perdues, il y en avoit une à Maingaud, auquel il recommandoit d'empêcher qu'on n'usurpât sur ces biens situés dans la Vosge : et une autre à Erluin, qu'il prie de faire en sorte que les monastères puissent recevoir de ces terres la poix qui leur étoit due. — Doublet et Félibien, dans l'histoire de saint Denys, rapportent une charte de Charles le Chauve, de l'an 862, où l'on voit que l'abbé Louys avoit assigné des fonds *pro decem libris argenti, quæ pro pice annualim solvebantur ad componenda omnia vasa vinaria.* — Dans le temps des vendanges les rois levoient un droit de poix et de cerceaux. Louis VI, en 1112, le remit aux religieux de l'abbaye de Saint-Denys (V. Doublet, p. 844). Nous avons observé ailleurs que l'abbaye de Saint-Remy se régloit sur les usages de celle de Saint-Denys. Celui qui a falsifié le testament de saint Remy pourroit bien avoir eu en vue cette donation de l'abbé Louys.

La coutume de boucher les vaisseaux à mettre du vin et de les enduire avec de la poix est très ancienne. Pline en parle ch. XVI du liv. XI, et au liv. XIV, ch. XX.—La poix bruttienne étoit la plus estimée : elle ne servoit même qu'à cela.

V.

Quant à Cruny, Fère et quelques autres villages que le roi très chrétien Clovis avoit donné à Geneviève très-sainte vierge de Jésus-Christ, pour l'aider dans les voyages qu'elle faisoit très souvent à Reims, dont elle venoit visiter l'église, et qu'elle a assigné pour servir à la nourriture de ceux qui y servent Dieu, je confirme ce qu'elle a ordonné, et j'ordonne de même que Cruny demeure entre les mains de l'évêque mon successeur pour son service, et les réparations de l'église Cathédrale : que Fère dépende aussi de l'évêque et que les revenus en soient employés à perpétuité pour entretenir et réparer le lieu où mon corps reposera.

Crusciniacum verò et Faram, sive villas quas sanctissima virgo Christi Genovefa, à Rege Christianissimo Ludowico, pro compendio itineris sui, cùm Remensem Ecclesiam sæpissime visitare soleret, adipisci promeruit, alimoniisque ibidem Deo famulantium deputavit, sicut ab ea ordinatum est, ita confirmo, ut Crusciniacus futuri Episcopi successoris mei obsequiis, et sartatectis principalis Ecclesiæ deputetur. Faram verò eidem Episcopo, et sartatectis Ecclesiæ ubi jacuero perpetualiter servire jubeo.

Commentaire.

Si l'autorité de ce testament étoit incontestable, on prouveroit sans difficulté, que nos rois ont porté le titre de très Chrétien dès le baptême de Clovis. — *Ludovicus*, c'est le nom que saint Remy donne à Clovis au devant d'autel de N. D : *HLVDOVICVS*. Le nom de très Chrétien est donné à Charles Martel. (V. Diplomatique) *infrà Jovinus dicitur Christianissimus* §. 19.

VI.

Sparnacus villa, quam datis quinque millia libris argenti, ab Eulogio comparavi, (tu, sanctissima heres mea) non extraneorum heredum meorum esse cernitur, eò quod cùm criminis accusatione regiæ majestatis idem teneretur obnoxius, et se minimè purgare posset, non solum ne occideretur, dato jam dicto pretio de thesauris tuis, sed ne pecunia ejus publicaretur, unâ tecum obtinui : et ideo ut præfata Sparnacus perpetualiter tibi ad restituendum thesaurum, stipendiisque tui Pontificis deserviat, liberali sanctione firmavi.

La ville d'Esparnay que j'ay achetée d'Euloge cinq mille livres d'argent, doit vous appartenir, ô mon héritière très sainte, et non à aucun de mes héritiers étrangers. Ce seigneur étant accusé de crime de lèze-majesté et ne pouvant se justifier, nous avons obtenu ensemble, en fournissant cette somme tirée de votre trésor, non seulement qu'il ne seroit pas condamné à mort, mais même qu'on ne saisiroit point son argent; c'est pourquoi j'ordonne que cette ville vous serve de dédommagement et en même temps qu'elle soit employée à l'entretien de votre évêque.

Commentaire.

Sparnacus villa. L'Eglise de Reims a possédé Esparnay jusqu'au pontificat de Gervais : elle est nommée dans les Chroniques *villa Remensis ecclesiæ.*

Stipendiis etc. Dans la vie de saint Quentin, *villa quæ dicitur* VILLARE *in stipendiis fratrum deo militantium sit reputata*. Marculphe lib. 1ᵉʳ. *In luminaribus ipsius Sancti loci, vel stipendiis Sanctorum Dei.*

VII.

Duodeciacus verò, sicut à Clodovualdo nobilissimæ indolis puero confirmatum est, tibi heres mea perpetualiter famuletur.

Je veux aussi que le village de Douzy vous appartienne, ô mon héritière, à perpétuité, ainsy que l'a ordonné Clodoald, enfant d'un excellent naturel.

Commentaire.

Clodoald, fils de Clodomir, et petit-fils de Clovis, étoit un des disciples de saint Remy, qui l'affectionnoient.—Flodoard parle de ce village, donné par saint Cloud, *l.* 3. *ch.* 20. Les autheurs le nomment *Duodeciacus*, *Duodeciacum*, et *Deduciacum*.

VIII.

A l'égard des villages que le Roy Monseigneur Louys d'illustre mémoire, que j'ay tenu sur les fonts sacrez du baptême, m'a donné en propre, lorsqu'étant encore payen il ne connoissoit point le vray Dieu, je les ay distribués aux lieux qui en avoient le plus besoin, de crainte qu'il ne pensat que je recherchois les choses de la terre, et moins son salut que les biens temporels : touché de ma conduite qu'il admiroit, il consentit volontiers et avec bonté tant avant sa conversion que depuis son baptême, que je luy représentasse les besoins de ceux qui étoient en nécessité.

Villas quas mihi domnus illustrisque memoriæ Ludowicus Rex, quem de sacro baptismatis fonte suscepi, cùm adhuc paganus Deum ignoraret, ad proprium tradidit, locis pauperioribus deputavi : ne fortè, cùm esset infidelis, cupidum terrenarum rerum me arbitrari posset, et non potiùs suæ salutem animæ, quàm exteriora ab ipso bona requirere. Quod et admiratus, intercedere me pro quibuscunque necessitatem patientibus, et fidelis, et ante fidem, benignè, liberaliterque concessit.

Commentaire.

Cet article fait voir que saint Remy étoit connu à la cour de Clovis avant la conversion de ce prince, puisqu'il en reçut des bienfaits. — Le nom de Clovis est différemment exprimé dans les anciens autheurs :—*Chlotovicus*, au concile d'Orléans; *Chlodovicus*, V. lettre d'Avit de Vienne : *Chlodoveus* et *Clodoveus*, ainsi qu'écrivent les modernes. V. Leblanc, p. 47 et 51.

IX.

Et comme ce prince sçavoit que j'avois travaillé plus qu'aucun autre des évêques des Gaules pour amener les François à la foy, Dieu qui par la grâce du St-Esprit s'étoit servy de moy quoique pécheur et m'avoit fait opérer plusieurs prodiges afin de convertir les François, me

Et quia ex omnibus Episcopis Galliarum, pro fide et convocatione Francorum potissimum me laborare cognovit, dedit mihi Deus tantam gratiam in conspectu ejus, virtusque divina, quæ per Spiritum sanctum me peccatorem plurima signa ad salutem præfatæ gentis Francorum operari fecit, ut non solùm ablata omnibus Ecclesiis Regni Francorum restitueret, sed etiam de proprio, gratuita bonitate, plurimas ditaret Ecclesias. Neque prius de regno ejus, quantum passus est pedis, Ecclesiæ Remorum jungere volui, donec ut hoc omnibus Ecclesiis adimpleret, obtinui.

donna assez de pouvoir sur son esprit, non seulement pour le porter à restituer ce qui avoit été pris à toutes les églises du royaume de France, mais à en enrichir beaucoup d'autres de son bien propre par un effet de sa libéralité et de sa bonté. Quant à moy je n'ay rien voulu recevoir de luy, pas même l'espace d'un pied de terre en faveur de l'église de Reims, jusqu'à ce qu'il eût accompli ce que je viens de dire.

COMMENTAIRE.

Les évêques qui ont le plus travaillé à la conversion de Clovis sont: saint Vast, saint Médard et saint Solemne, évêque de Chartres. Saint Remy consomma ce grand ouvrage. (*V. la lettre de saint Avit.*)

Pro fide et convocatione. Les françois n'étoient pas encore maîtres de toutes les provinces des Gaules, lorsque Clovis se fit baptiser. Il est assez vraisemblable que saint Remy ait travaillé à l'affermissement de la monarchie, et à faire recevoir la domination des Francs. —Hormisdas et Hincmar, parlent des miracles faits par saint Remy en cette occasion. — Nous avons parlé ailleurs des églises fondées par Clovis, à la sollicitation de saint Remy.

X.

Sed neque post ejus baptismum, nisi Codiciacum et Juliacum, super quibus jam dictus puer sanctissimus et unanimus mihi Clodovualdus, et incolæ loci illius multiplicibus xeniis gravati, obnixè deprecantes, quod Regi debebant Ecclesiæ meæ solvendum, me petere compulerunt. Quod idem piissimus Rex et gratanter accipiens, promptissima voluntate largitus est, usibusque tuis, sanctissima heres mea, juxta ejusdem piissimi datoris præceptum, Episcopali auctoritate firmavi.

Je n'ai même acccepté depuis son baptême que les villages de Coucy et de July.—Les habitans de ces lieux qui devoient au Roy plusieurs dons annuels vinrent avec Clodoald, dont j'ay déjà parlé, me prier instamment de demander à Louys au profit de mon église ce qu'ils étoient obligés de luy fournir. Ce pieux prince m'accorda cette grâce avec plaisir et sur le champ. Je veux, ô sainte église mon héritière, que ces villages soient à vous suivant la volonté de ce pieux bienfaiteur, que je confirme encore par mon authorité épiscopale.

COMMENTAIRE.

L'église de Reims possédoit encore les villages de Coucy et de Jully (ou *Luilly*, selon la traduction de Chesneau) au temps de Flodoard. (V. liv. 1., *cap.* 14).

Xeniis gravati, (Voy. le glossaire de M. Ducange, et la quatrième dissertation sur Joinville); c'étoit des prestations et une sorte de don gratuit dans son origine, et qui fut changé en droit onéreux et annuel par l'usage. Flodoard se sert du mot Xenium, *l* 5., *cap*. 17, en parlant des privilèges que Carloman accorda à l'église de Reims, à la recommandation de Tilpin. — *Nullus Judex publicus audeat aut penitus Xenia requirere :* c'est le style des chartes de ces siècles : (*V. Doublet*).

XI.

Je veux que les biens que vous avez dans l'Austrie ou dans la Turinge ; ceux que le pieux prince Clovis nous a donnez dans la Septimanie, et dans l'Aquitaine, soient employés à perpétuité à l'entretien de votre luminaire et de celui de l'église où je serai mis en terre : on fera le même usage de ceux que vous tenez en Provence de la libéralité de Benoit : sa fille m'ayant été envoyée par Alaric, la grâce du St-Esprit la tira de la puissance du démon et de la mort, par l'imposition de ma main pécheresse.

Res etiam quas sæpe dictus Rex, piissimusque Princeps, tibi in Septimania et Aquitania concessit, et eas quas in Provincia Benedictus quidam (cujus filiam mihi ab Alarico missam, gratia Sancti Spiritus per impositionem manus meæ peccatricis, non solùm à diabolicæ fraudis vinculo, sed ab inferis revocavit) ad usum luminis tui, et loci ubi corpus meum jacuerit, continuatim deservire præcipio, villasque in Austria sive Toringa.

COMMENTAIRE.

L'ancienne Septimanie est le Languedoc. (V. Grég. de Tours. Liv. 8. *cap.* 28.—Aimoin, liv. 5, c. 8.) Hincmar recommande souvent la terre que l'église de Reims possédoit en Aquitaine et en Provence. Il menace ceux qui les usurpoient des malédictions fulminées par saint Remy dans son testament. (*V. Flodoard*, liv. 3., *cap.* 26., *et liv.* 4, *cap.* 6.)

L'Austrasie ou l'Austrie, est la France orientale qui s'étendoit entre la Meuse et le Rhin. La Thoringe tenoit le milieu où sont les comtés de Mons, de Lothier, le pays de Liège, etc. — Flodoard parle des biens de l'église de Reims dans la Thoringe (*l.* 3., *cap.* 24.) Il y avoit l'Austrasie supérieure et l'Austrasie inférieure. Dans la vie de saint Lambert par Nicolas, chanoine de Liège, cap. 6. *Austrasia dicebatur ea pars regni francorum quæ à Burgundia usque ad mare frisonum extenditur*, etc.

XII.

Futuro Episcopo successori meo amphibalum album paschalem relinquo, stragula columbina duo, vela tria, quæ sunt ad ostia diebus festis triclinii, cellæ, et culinæ.

Je laisse à l'évêque qui sera mon successeur, l'habit blanc que je porte au temps de Pasques; deux couvertures bleues ou de couleur changeante, et trois voiles que l'on met les jours de fêtes aux portes de ma chambre, du cellier et de la cuisine.

Commentaire.

Amphibalus. C'étoit un manteau d'hiver qui alloit jusqu'aux pieds comme une chappe, qui étoit fourré, et qui avoit un chaperon pour couvrir la tête. (*V. gloss. de Du Cange. Saint Grégoire, liv.* 10, *epist.* 52.) On lit dans quelques manuscrits *amphibelum paschalem* : dans d'autres *Pastorialem*. Dans l'invention du corps de saint Quentin par saint Eloy *rejectoque amphibalo cœpit totis viribus terram effodere manibus.* (liv. 2., *cap.* 5. et liv. 1. *cap.* 9.)« Cet évêque retroussa sa chappe, et se mit à creuser la terre de ses propres mains ». — Ce mot se trouve dans la vie manuscrite de saint Oricle, écrite il y a plus de six cents ans, lorsqu'il y est parlé des prêtres Normands, qui avoient emporté les reliques de ce saint martyr : et là, il signifie proprement un manteau. (*V. Du Cange, verbo casula, p.* 969. *Testament de saint Céraire d'Arles, apud Baronium*).

(La suite au prochain Numéro).

VARIÉTÉS.

LETTRES DU COUSIN.

Ire.

Paris, 10 *Novembre* 1837.

Vous voulez, ma chère cousine, savoir ce qui se passe à Paris, et c'est moi que vous avez choisi pour vous tenir au courant des nouveautés artistiques, littéraires, scientifiques, de tout enfin et du reste. C'est une tâche compliquée et difficile : mais en y mettant d'une part du zèle, de l'autre, de l'indulgence, nous finirons, je l'espère, par nous accommoder, et la chose ira le mieux du monde.

Par où commencerai-je ? en vérité j'y suis embarrassé, et ce n'est pas, hélas! l'embarras du choix, car rien n'est si fade que Paris à l'heure où nous sommes. Le prolongement inespéré de la belle saison retient tout le monde à la campagne, les théâtres ne lancent pas encore les ouvrages importants sur lesquels leur espoir se fonde : les soirées ne commenceront guères avant un mois, les salles de concert sont à peine ouvertes, l'exposition est fermée, qui d'ailleurs, ne valait pas la peine qu'on s'en occupât, et pour comble de maux, nous sommes en pleines élections ! l'horrible et envahissante politique s'est emparée de tous les esprits! Vous n'en voulez pas entendre parler, vous avez bien raison : mais de quoi voulez-vous que je vous parle ?

De l'ouverture du théâtre Italien ? soit. Vous aimez la musique, vous la savez à merveille, ce sujet vous intéressera. On avait annoncé pour la rentrée *les Puritains*, avec Rubini, Tamburini, Lablache et une débutante, madame Tacchinardi-Persiani, fille du célèbre ténor que vous n'avez certainement pas entendu, ma cousine, puisqu'il faisait, il y a trente ans, les beaux jours du *théâtre de l'Impératrice.* Malheureusement Rubini est resté en route, arrêté par la maladie ; l'affiche continue à nous le promettre, mais on se dit tout bas et avec frayeur, que la voix de Rubini est en un péril extrême, et que peut-être, sans qu'on s'en doutât, elle a déjà fait entendre ses derniers accents! ce serait une perte immense!... Aussi pourquoi Rubini est-il si avide d'argent? on ne veut pas perdre une seule soirée; on chante partout et jusqu'au dernier jour, et puis il faut arriver à l'heure dite : or, il y a bien loin de Bergame à la salle Favart! on se jette en voiture épuisé de fatigue et chargé d'or; le postillon brûle le pavé; on arrivera, on tiendra ses engagements!..... Mais le pauvret avait compté sans le mal de gorge, qui tout à coup enfonce ses redoutables griffes dans le larynx du chanteur, accroche au passage le *sol* de poitrine, les trilles, les fioritures, les gammes chromatiques; et l'artiste, cloué au coin de son feu, passe le temps à se gargariser, non plus avec les notes mélodieuses de Rossini, mais avec de l'eau de ronces et du sirop de mûres! grand bien lui fasse (1).

Madame Persiani est donc restée dans la coulisse, et nous avons eu au lieu des *Puritains*, la *Gazza*, l'éternelle, la sempiternelle *Gazza*, le plus rebattu des opéras de Rossini, avec son action qui se passe au village, et son ouverture qui exprime les fureurs d'Achille. A présent qu'on est un peu dégrisé de la musique de Rossini, on est frappé des défauts de cette manière, qui, sans avoir le moindre égard à ce que réclame le sujet, va prodiguant le bruit, les dissonnances, les cantilènes suaves, les effets d'instrumentation, tout cela pêle-mêle et au hasard, le neuf avec le vieux, le bon goût avec le mauvais. Rossini a trop méprisé ses auditeurs : il s'est jugé trop au-dessus d'eux, et n'a pas mis assez de conscience, assez d'efforts dans ses ouvrages. J'en excepte *Guillaume Tell* : celui-là restera longtemps encore en avant du public; quant aux autres, le public est à la veille de dépasser le *maëstro*, et tout en lui tenant compte de ses admirables mérites, on est disposé à juger sévèrement tout ce qui, dans ses œuvres, est fait à la brosse, son placage, ses innombrables lieux communs, ses formules un moment fraîches et brillantes, aujourd'hui fanées, usées, décrépites. A la *Gazza*, l'auditoire a été de glace.

Après avoir donné trois fois de suite cette *Gazza*, nous avons eu trois fois *Cenerentola*, et trois fois *Sémiramide*, parce qu'il y a des abonnés du mardi, d'autres du jeudi, d'autres du samedi. Une chose fort triste, c'est que Lablache dans *don Magnifico*, semble avoir perdu cette retenue, qui jadis, ajoutait tant de piquant à ses bouffonneries. Aujourd'hui il fait une incroyable dépense de grimaces et de contorsions : il suspend la me-

---

(1) Depuis que j'ai écrit ces lignes, Rubini a reparu, un peu fatigué. Mme Persiani est à présent annoncée dans la Somnambule.

sure, il la presse, il hurle, il chante tout bas ; ah ! ces anglais nous ont gâté Lablache en applaudissant sur la foi de son nom, et avec leur grosse gaîté inintelligente tout ce qu'il se permettait !

Voilà, ma cousine, l'état du théâtre Italien. Il va *empirando*, comme disait madame de Sévigné, et pourtant le théâtre Italien reçoit 170,000 francs de subvention, sans compter la salle gratuite !! C'est énorme ! En fait de nouveautés, on nous fait espérer la remise des *Cantatrici Villane*, de Fioravanti, lequel vient de mourir en Italie à 74 ou 78 ans. Il y a long-temps que ses *cantatrices* étaient défuntes. Il y aurait dans le vieux répertoire beaucoup mieux que cela à ressusciter. Barilli était fort plaisant dans le rôle de *Bucéphale*, et sans doute Lablache n'y serait pas moins bon ; mais cela n'empêche pas que cet opéra ne soit pauvre, d'idées, surtout d'instrumentation. Le trio *Io diro se nel gestire*, est sans contredit le meilleur morceau de la pièce ; la phrase à l'unisson *questro si ch' è un bel terzetto* a de la verve comique, mais je dirai toujours que ces vieilleries-là ne valent pas 170,000 francs par an.—Mais en voilà assez sur le théâtre Italien, quittons un peu les Bouffons, et transportons-nous sur une autre scène ; après vous avoir entretenue de Fioravanti, de Barilli et de Lablache,

> Je veux ici vous parler d'un autre homme
> Tel que n'en vit Paris, Pékin, ni Rome.

C'est M. Cousin, ma cousine. Vous savez que M. Cousin est pair de France, conseiller de l'Université, et professeur de philosophie. Il se fait suppléer, non pas au Luxembourg ni au Ministère, oh non ! mais à la Sorbonne. Il a gardé le titre et les appointements de philosophe, mais un autre exerce la philosophie en sa place. Pour lui, il voyage et publie la relation de ses promenades en Allemagne, en Hollande, en Suisse, etc..... sous le titre de *Rapport sur l'état de l'Instruction publique en Allemagne, en Hollande, en Suisse, etc.* Il est superflu de vous prévenir que ces *rapports* n'ont presque point de rapport à l'Instruction publique ; le dernier publié est vraiment curieux : il se compose de 250 pages, où l'on voit le nom des amis de M. Cousin, les dîners et les déjeûners qu'ils lui ont donné : plus les noms des villes que M. Cousin a traversées. Cela se vend philosophiquement 7 fr. 50 cent. N'est-il pas juste après tout que l'auteur s'indemnise de ses frais de route ? Assurément, d'autant que M. Cousin voyage au compte de l'Etat. On dit que le ministère, pour compléter l'indemnité, va prendre deux ou trois cents exemplaires du *Rapport sur l'Instruction publique en Hollande*, en attendant que le *Rapport sur l'Instruction publique en Suisse*, ait vu le jour. Ces volumes iront tenir compagnie aux exemplaires du catéchisme de M. Cousin, qui s'ennuient sous les combles de l'hôtel où ils sont logés à raison d'un franc par tête. Or ils sont trente mille! Quel catéchisme direz-vous? Quoi! vous ne savez pas que M. Cousin a fait un catéchisme historique, philosophique, éclectique, et même un peu hérétique, s'il faut en croire les évêques du royaume qui l'ont repoussé? Ainsi le Pair de France, ne sera point Père de l'Eglise, mais il s'en console, d'abord parce qu'il avait commencé prudemment, et avant toutes choses par faire acheter trente mille exemplaires du livre par le conseil de l'Université, dont il est membre; ensuite, n'est-il pas professeur de philosophie? M. Cousin a vendu son volume trop cher, et le conseil Royal a pu s'apercevoir qu'il ne faut jamais se fournir dans la boutique de ses amis, mais les rats et les souris des greniers du Ministère, sont pour longtemps à l'abri du besoin : c'est quelque chose! M. Cousin aussi est à l'abri du besoin; ainsi tout le monde doit être content.

Puisque nous sommes sur le chapitre de l'Instruction publique, je ne le quitterai pas sans vous dire quelque chose des livres de M. Napoléon Landais, qui s'en occupe spécialement. Ce M. Landais nous a donné sur l'éducation en France, un volume rempli des attaques les plus grossières et les plus maladroites contre l'Université et ses colléges. La société actuelle est composée, dit-il, « de demi-docteurs, de bavards, de libertins, de toute cette » masse qui ne vit que dans les spectacles, les estaminets et les mauvais » lieux. Demandez à chacun de ceux qui composent cette troupe vagabonde, » d'où il sort : il vous lancera de la fumée de cigarre au visage, et vous ré- » pondra avec orgueil : *Je sors du collége.* » Voilà pourtant où conduisent les épîtres de Sénèque et les offices de Cicéron! Quand M. Landais parle des colléges, ce sont des *cloaques;* des études du collége, ce sont *des âneries de grec et de latin,* car M. Landais déteste le latin, il proclame de sa grosse voix que le LATIN PERD LA FRANCE! Aussi j'espère qu'avant peu, dit-il aux professeurs, *vous n'aurez pas un morceau de pain à vous mettre sous la dent.* Ne trouvez-vous pas que M. Landais avait une vocation particulière pour prêcher l'éducation? Son instruction n'est pas moins remarquable; il commet à chaque page les fautes de français les plus lourdes. Il veut par exemple que les pères de famille remplissent leurs devoirs *autour de leurs enfants;* il demande *qu'est-ce qui* raisonne au sortir des classes? etc. Tout cela est arrosé d'une pluie de babarismes comme *antivital, éducateur, productionnel,* etc., etc.....

Hé bien, ma cousine, il s'est trouvé des journaux pour louer ce beau livre et des sots pour l'acheter. Il s'en trouvera pour l'admirer, je n'en fais aucun doute. On a bien loué, acheté, admiré la *grammaire* et le *dictionnaire* de ce même M. Landais, atteint et convaincu de ne savoir pas le français. Cette grammaire, dans laquelle l'auteur veut qu'on dise *des coups* d'yeux au pluriel de *coup d'œil*, et qu'on prononce un *poniard*, un *pognet*, pour un *poignard* et un *poignet*; il regrette aussi qu'on ne dise pas *pleuroter* et *pleurasser*, enfin, et ceci vous touchera, ma chère cousine, plus que tout le reste, il s'attaque aux *spencers* des dames, qu'il tire du grec, fort mal à propos, car les *spencers* viennent de lord Spencer, comme les fontanges de mademoiselle de Fontange.—Lord Spencer ayant eu dans une foule, les basques de son habit emportées, ne laissa pas que de se présenter avec ce qui demeurait du vêtement. Il en naquit, au milieu des éclats de rire, une nouvelle mode qui prit naturellement le nom de son père. Voilà ce que personne n'ignore, excepté M. Landais, l'étymologiste. On n'a jamais porté de *spencers* à Athènes ni à Lacédémone, et se ranger à l'opinion de M. Napoléon Landais, c'est comme si l'on s'avisait de vouloir tirer du grec les *fiorella*, les *pierrots* et les *croix à la Jeannette*. M. Landais exige donc au lieu d'un *spencer* qu'on dise un *sphincter*. Ah! ma cousine, qu'attendre d'un grammairien, d'un lexicographe, d'un *éducateur* qui veut faire dire à la jeunesse : Madame une telle portait hier un beau *sphincter*, un *sphincter* neuf, un *sphincter* rouge..... ah! fi! le grossier!

Ce qu'il y a d'assez plaisant, c'est que M. Landais, si ennemi des *âneries de grec et de latin*, que l'Université enseigne dans ses *cloaques*, ce M. Landais a saupoudré de grec toutes les pages de sa grammaire française.

Et quel grec, juste ciel! si je pouvais l'examiner avec vous, c'est à ce coup que vous ririez de bon cœur! Mais votre mari lit Homère dans le texte; apprenez-lui de ma part, que M. Napoléon Landais vient de découvrir une nouvelle particule grecque, la plus drôle de toutes les particules connues : c'est la particule *penta* ou *pinta*, qui sert à composer le mot *pentagone*. Cette particule est visible tous les jours, à la page 126 de la *grammaire de Napoléon Landais*, laquelle s'annonce modestement pour le résumé de *toutes* les grammaires françaises, et promet la solution de *toutes* les difficultés grammaticales, *anciennes et modernes*. Voilà des gens qui entendent le prospectus! Je ne vous parlerai pas des injures contre l'Académie et son dictionnaire, contre MM. Didot, contre tout le monde, dont ce volume est assaisonné : vous avez eu un échantillon des aménités du style de M. Landais, près de qui M. Jacotot, de grossière mémoire, serait un modèle d'atticisme et d'urbanité raffinée. Avertissez, je vous prie, vos connaissances de ce que sont les livres de M. Napoléon Landais, afin de limiter, autant que possible, le nombre des dupes. Car, je vous le déclare, qui s'y laissera prendre se repentira de sa bévue, et il n'y aura pas moyen de la réparer, soit en *pleurotant* soit en *pleurassant* : l'argent parti, le livre reste, et la prime est acquise au charlatanisme.

Ah! ma pauvre cousine! dans quel siècle vivons nous! que les temps sont durs! de quelque part qu'on se tourne, on ne voit que des sujets d'affliction. Après les libelles pédantesques de M. Landais, voici *les Pensées d'août* de M. Ste-Beuve. (Faut-il prononcer pensées *d'a-oût*, ou pensées *d'oût !* l'un et l'autre est également harmonieux. Image fidèle et naïve de l'harmonie des vers enfermés sous ce joli titre!) Les pensées d'août s'appellent ainsi, parce qu'elles n'ont aucun rapport avec le mois d'août, pas plus qu'avec le mois de janvier; l'amphigouri commence dès la couverture du livre. Il est fâcheux réellement, que M. Ste-Beuve qui, du reste, est un homme de grand mérite, se laisse aller à publier de telles pauvretés.

<blockquote>
N'a-t-il pas quelque ami qui pût sur ses manières
D'un charitable avis lui prêter les lumières ?
</blockquote>

Dans les *poésies de Joseph Delorme*, la raison était continuellement blessée et mise en fuite : aujourd'hui la rime commence elle-même à disparaître, en sorte qu'il n'y aura bientôt plus dans les poésies de M. Ste-Beuve, ni rime ni raison. En effet, qu'est-ce que *la présidente de...* rimant avec *Dieu ?* le comte *de*, avec un *peu;* madame *R.*, avec un toit *clair ?* M. Ste-Beuve est singulièrement arriéré, s'il croit en 1837 produire encore de l'effet avec les procédés qui émouvaient en 1828 : avec des coupes et des enjambements d'une hardiesse extrême, avec des peintures, des images révoltantes, une prétendue simplicité qui n'est que platitude, et un laisser-aller qui n'est que de l'incorrection. M. Ste-Beuve a débuté dans la littérature, sous le masque d'un homme mort et enterré; il a gardé de son ancien rôle un ton pleurard, une sentimentalerie funèbre, excessivement ennuyeuse. Il pleure sans cesse dans son écritoire, et on pourra lui appliquer un jour ces deux vers, pour lesquels je donnerais tout son recueil :

<blockquote>
«Du bon d'Arnaud les pleurs trempaient la plume,
« Et d'une larme il faisait un volume.
</blockquote>

Les *pensées d'août*, sont un petit in-12, qu'il est impossible d'achever quand on le lit seul; à deux, si l'on veut prendre le parti d'en rire, on rencontre à chaque ligne de quoi s'égayer. Savez-vous ce que c'est que Virgile ?

<blockquote>
C'est l'attendrissement du dimanche et du soir. »
. . . . Je lui *refis mon dit*
En allemand alors, auquel il répondit :
Venez, *plus naturel*, le pauvre a ses trésors....
Ce mot charmant la peint !...... »
</blockquote>

Ces vers et mille autres du même genre, peuvent paraître bouffons à différents titres. Le dernier a l'air d'une apostrophe aux *charmants lapins*.

On peut dire que M. de Ste-Beuve est un mauvais poète, un critique fort distingué, bien que son analyse soit souvent trop subtile; mais on ne dira pas qu'il soit avide de places ni de distinctions. Il a eu la modestie de refuser la croix d'honneur que lui offrait M. de Salvandy, et qui certes, lui était bien due. Cela compense beaucoup de rimes fausses et d'hémistiches baroques.

Vous savez que M. Ste-Beuve va passer l'hiver à Lausanne, où il fera un cours public sur les écrivains de Port-Royal. Je tremble que M. Ste-Beuve, oubliant le précepte de Voltaire : *faites tous vos vers à Paris*, ne nous lance du haut des glaciers des Alpes, quelque nouveau recueil poétique :

<blockquote>Il se tue à rimer : que n'écrit-il en prose ?</blockquote>

Il pourrait à la vérité, répondre que ses poésies réunissent les deux genres.—C'est ainsi que M. Jules Janin, avec ses feuilletons et ses romans surtout, a la prétention d'être un poète, et un grand poète, bien qu'il n'ait jamais aligné deux rimes. Vous avez lu sans doute *un Cœur pour deux Amours*, et il est trop tard pour vous parler de ce livre, comme d'une nouveauté. Au lieu donc de vous en dire mon avis, je vous demanderai le vôtre. Dites-moi si vous avez jamais lu rien de plus extravagant pour le fonds, de plus guindé pour la forme, et de plus ennuyeux en somme ? Ce qui me choque par-dessus tout dans le ton et les compositions de ces messieurs, c'est leur profond dédain pour le lecteur. Ils affectent de ne prendre la peine ni d'écrire, ni de penser à ce qu'ils disent. Ils tombent à chaque pas dans l'absurdité, dans les contradictions les plus choquantes, qu'importe ! c'est toujours assez bon pour le stupide public. L'héroïne monstrueuse de M. Janin, est composée de deux corps unis par une bande charnue : l'auteur nous montre ces intéressantes personnes *courant l'une après l'autre*, il nous les montre au dénouement l'une *couchée dans un lit*, l'autre pleurant *assise sur le bord de ce lit!* apparemment la bande charnue avait sept ou huit pieds de long ? Au reste il est bon de vous prévenir, que cette donnée est prise à un romancier jadis célèbre, aujourd'hui presque oublié : Pigault-Lebrun avait traité le même sujet, mais avec une supériorité de talent incontestable. Si la nouvelle de Pigault est licencieuse, en revanche quelle verve de style et d'invention ! le livre de M. Janin n'est pas déjà si chaste ! Je n'en veux pour preuve qu'un long passage, vers la fin, où il s'agit des inconvénients de la situation des deux sœurs, dans le cas où elles n'auraient qu'un amant en commun, et même dans le cas où elles auraient chacune le leur.

<blockquote>Sur quelle sale vue il traîne la pensée !</blockquote>

Au demeurant, je suis bien aise de vous dire que, par une raison ou par une autre, ce roman n'a obtenu aucun succès. Il s'opère dans le goût du public un retour fort marqué. On est revenu de l'engoûment pour le style cavalier, ou le style petit-maître, ou le style faquin, comme vous voudrez l'appeler. On est las de ce style *curieusement ciselé*, du clinquant, des antithèses, du fouillis, des métaphores, du cahos d'images, et surtout du pronom de la première personne *je* ou *moi*, qui fait la base de la manière de cette école. Le feuilleton du *Journal des Débats* voit son crédit s'en aller chaque jour : son piquant paraît émoussé, on trouve sa gaité froide, son érudition fausse, sa grâce minaudière, sa vivacité effrontée, et sa décence bégueule. Que voulez-vous ? c'est un sauteur qui a vieilli ; c'est Forioso à 80 ans ! Cette originalité qui faisait sa gloire, cette originalité *aux provinces si chère*, cette originalité dont les allures étaient si faciles à copier, est devenue, grâce au troupeau des imitateurs, tout ce qu'il y a de plus vulgaire : ce n'est plus que du mauvais ton. On rencontre encore bien çà et là ces paroles écrites : *M. J. J. notre spirituel feuilletoniste, l'homme le plus spirituel de France ;* mais elles sont timidement jetées par quelque jeune écrivain débutant dans la presse, qui par-là, croit se mettre à la mode, et se faire un puissant protecteur, car *la puissance de M. J. J. ! !* Peste ! on en parle bas et à l'oreille ! c'est quelque chose, comme la puissance du tyran de Syracuse, ou comme celle de M. Bertin lui-même, le grand M. Bertin! — M. J. J., dit-on, mène non-seulement les théâtres et les libraires, mais il n'est pas sans influence auprès des ministres ! *enfin bâtons flottant sur l'onde*. Parfois aussi, ces brillantes qualifications sont attachées au nom de M. J. J., par quelque ancien camarade, membre invalide d'une coterie dispersée; lequel répète machinalement les formules de son défunt enthousiasme, et, prêtre d'une religion détruite, consacre à l'ombre de son idole *les restes d'une voix qui tombe et d'une ardeur qui s'éteint.*

Je vous en dirais davantage, ma chère cousine, mais notre oncle veut absolument que je lui réserve le reste de la place pour un *post-scriptum*. Je me conforme à son désir. Je dois seulement vous prévenir d'une chose relativement à ce bon oncle : c'est que depuis que vous ne l'avez vu, sa santé s'est beaucoup altérée ; ses attaques de goutte sont plus fréquentes, et son humeur s'en ressent. Vous savez qu'il a toute sa vie été fort mauvaise langue, (n'ayez pas peur : il ne lira pas ma lettre.) Jugez ce que c'est aujourd'hui ! rien ne le contente plus : il est d'une sévérité ridicule, et me reproche continuellement d'avoir trop d'indulgence, de gâter les gens. Il vous écrira donc par forme de contrepoids. J'avoue que je suis trop bon, mais j'aime mieux pécher par cet excès que par l'autre. Je suis champenois, et il est parisien. Adieu, ma cousine. — Hé mon Dieu ! J'allais oublier de vous conter un fait curieux qu'on m'a dit ce matin. M. Napoléon Landais, à ce qu'on assure, va présenter aux chambres, dès que la session sera ouverte, une pétition très éloquente, pour faire inscrire en grandes lettres sur la porte des colléges de Paris : Cloaque Louis le Grand. — Cloaque Henry IV. Et sur l'égout de la rue Montmartre, Collége Montmartre. — Mon oncle m'arrache la plume des mains ! (1) adieu, adieu !

Votre cousin,
Jean.

(1) *Le post-scriptum* manque : une crise douloureuse nous prive cette fois-ci du correctif de l'oncle; nous espérons être pleinement dédommagés à la deuxième lettre du cousin.

ANTOINE.

Mœurs contemporaines.

XXXVIIIe LETTRE.

Madame,

Depuis mon retour ici, je suis triste, maussade, plein d'idées contradictoires : je suis surtout d'un découragement qui me tuera, si Dieu ou vous n'y mettez ordre. Tout me pèse et me fatigue, je ne sais plus à quelle puissante diversion avoir recours. Bien autrement il en est quand je suis avec vous : vous avez des paroles qui calment l'affliction, des sourires qui sèchent les larmes, des consolations qui vont à l'âme. Quand je suis près de vous, j'oublie et mes misères et mes poignantes douleurs : je ne songe plus aux illusions déçues de mon passé, aux mortelles angoisses que me réserve l'avenir. Je vous vois, je vous écoute, je vous retrouve comme avant, toujours la même, bonne, aimable, compatissante, rieuse et pleine de ces charmantes façons, qui vous font adorer. — A côté de vous je redeviens volontiers calme, disposé au rire, à la gaîté : il me semble en être encore aux premiers jours de ma jeunesse. Puis je ne sais, malgré la région élevée où vous placent votre haute intelligence et vos graves études, vous avez un entourage qui ranime et vivifie : quelque chose qui fait naître la confiance, l'humeur enjouée, les folles récréations. Je me prends à vous admirer, à vous aimer avec vos vertus, votre esprit, vos grâces de femme : je vous aime avec vos gronderies, vos taquineries, vos petites noirceurs, avec vos défauts enfin, car vous en avez, Madame, il faudra bien que je vous les dise, que je vous en fasse convenir... mais que vous importe puisque l'on vous aime !

Tenez, je quitterais volontiers tout ce qui m'entoure, la vie que je mène ici, celle surtout que j'ai l'espoir de mener ailleurs, pour aller me faire votre esclave, vivre autour de vous, respirer de votre air. Ah ! que je regrette ce temps gracieux de notre histoire, où le rêveur et affectionné serviteur, abandonnait tout au monde pour suivre sa maîtresse, pour s'attacher à ses pas, vivre de sa vie, et ne songer à rien autre qu'au bonheur d'être avec elle ! —Si ces mœurs revenaient, vous seriez la dame de mes pensées, j'oublierais mes amours déçus, trahis, pour me vouer à votre service : je prendrais vos couleurs, je me rendrais digne de vous par quelque action d'éclat : puis nous irions de par le monde, chercher un asile contre les revers de la mauvaise fortune : Nous fuirions la société des autres, indigne de nous, pour aller à la recherche de l'Eldorado lointain, du rêve enchanté, de l'illusion qui fuit et qu'on ne peut saisir au milieu des hommes. — Sinon, puisque tout cela est folie, que ne puis-je du moins passer mes jours près des vôtres, les employer à vous servir, à vous aimer, à vous gronder, à vous haïr, pour vous aimer ensuite davantage! — Je voudrais vous entendre causer de vos folles imaginations, narrer les fantastiques chimères dont se compose votre vie, les hallucinations étranges dont votre esprit se repaît. J'éprouve tant de charme à vos contes bleus, à vos récits qui tiennent de la raison et du délire! oui, moi si froid, si incrédule, si corrigé de l'amour, si revenu des grandes émotions, moi si peu confiant dans tout ce qui m'entoure, moi qui ne crois ni à la probité des hommes ni au cœur des femmes, j'aime à vous entendre pourtant : votre voix m'émeut : je vous écoute, comme on écoute un beau livre, une histoire touchante, un récit qui attache et qui charme si bien, que vous ne vous appartenez plus, que vous pleurez, que vous sanglottez comme un enfant, comme une femme. Voilà l'impression que vous produisez sur mon âme blasée : il y a des instants où je vous vénère comme une puissance occulte, où je vous porte un cœur fervent comme à mon bon génie, des moments enfin où je crois en vous.

Mais, pauvre petite femme que vous êtes et dont je raffole, vous n'êtes pourtant qu'une frêle et frivole créature! Vous vous êtes donné une existence à part, étrange entre toutes les existences : une manière d'être qui fait que vous ne ressemblez à personne, et que, personne peut-être ne voudrait vous ressembler. Vous êtes aussi bien à plaindre, vous, avouez-le. Vous avez tout essayé pour pervertir votre bonne, votre excellente nature, pour vous donner une nature contraire, entièrement autre que celle dont le Ciel vous avait si heureusement dotée : votre vie pouvait être calme, paisible, et semée de fleurs... Vous n'avez pas voulu de cette existence vulgaire. Vous avez tenté le siècle, vous avez demandé des émotions à la foule, vous avez cherché le drame au milieu de ce monde si plat, si monotone et si digne d'indifférence, sinon de mépris. Déçue bientôt, vous vous êtes épuisée en veilles, en songes creux, en exaltations extatiques : vous avez poursuivi la science, l'érudition, vous avez recherché les hommes graves, les penseurs, les philosophes, les hommes à idées nouvelles : vous avez cru qu'ils vous donneraient la pierre philosophale, le mot du grand *tout*. Mais bientôt, demain peut-être, vous reconnaîtrez le vide de tout cela; vous serez surprise alors, étonnée, abattue, découragée de tant de travaux inutiles, de tant de veilles sans profit, de tant de folles et incroyables aberrations. Alors, vous serez effrayée de votre solitude, de l'isolement dans lequel vous êtes tombée : car tout ce qui vous occupe n'est rien, tout ce que vous étudiez moins que rien.—La vie, Madame, si vie il y a quelque part, n'est pas là : la vie n'est pas dans les études sérieuses, dans le recueillement de la pensée, dans l'exercice des facultés de l'esprit, dans le travail et les bonnes œuvres. Tout cela bouffonneries! Il n'y a de vrai au monde que l'or! l'or c'est tout. L'or c'est, à choix, le repos ou le bruit: la paix ou le tumulte : le monde ou la solitude. L'or c'est l'empire, la force, la jeunesse, les hommes, les femmes, la table, les courses, les jeux, les rires, les pleurs, les éclats, l'effrénée volupté, la passion en délire; c'est la vie, c'est tout, c'est la seule chose vraie, la chose qui fait que l'on est, que l'on peut être, le mot du *grand tout*.—Hors de là, misères atroces, et damnation !

Est-ce ma faute à moi, si le siècle est ainsi? — Est-ce ma faute à moi, si l'homme à vêtement déguenillé, mais à cœur chaud, est inhumainement éconduit : si hommes, femmes, enfants et valetaille, se donnent le mot pour poignarder, pour assassiner lâchement avec impunité, le misérable qui n'a contre lui que son vêtement? Est-ce ma faute à moi, si l'aspect du jeune homme qui n'a que son cœur et sa probité, fait fuir à cent lieues les gens heureux, les hommes de plaisir, les femmes de joie!— Et vous vous épuisez à étudier, et vous pâlissez sur les livres, et vous fanez les fleurs de votre teint pour veiller la nuit à la solution d'un problème. Mais pauvre créature dont tout le monde va rire, et qui serez demain lapidée par vos meilleures amies, où tout cela vous doit-il mener? Entendez donc ce que l'on dit de vous, comme la foule juge et vos travaux et vos bonnes œuvres! prêtez l'oreille aux paroles de dérision et de mépris qu'inspirent votre étrange vie! — Tenez, croyez-moi, puisque la grande activité de votre esprit a besoin d'aliment, devenez industrielle : créez une machine ; combinez des drogues chimiques, découvrez des secrets de potasse, jetez-vous dans la houille, le charbon, spéculez sur le poil de chien, et vous serez louée, enviée, admirée, fêtée, embrassée, car vous serez riche, vous aurez de l'or.—Mais rêveuse, intelligente, instruite et spirituelle, pour le seul plaisir de n'être que cela! En vérité, vous êtes digne des petites maisons !

Madame, je quitte les champs où mes douleurs ne se calment pas : je retourne à Paris..... à Paris, dans ce gouffre horrible de mort et de vie, dans ce tourbillon où l'on ne se sent pas, où l'on n'a pas le temps de s'interroger, de sentir son pouls ; dans cette fosse aux lions, d'où l'on ne sort que glorifié, que grandi devant Dieu et devant les hommes. Que de gens hélas! y restent sous les griffes des bêtes féroces.... Ils en finissent du moins.

Adieu, Madame. ANTOINE.

BIBLIOGRAPHIE.

HISTOIRE DE FRANCE
sous
LOUIS XIII [1]

Je donne au public l'ouvrage de dix années. Je n'ai aucun titre pour exiger qu'on le lise; car ce n'est pas le succès déjà suranné de quelques pages écrites pour l'amusement, ce n'est pas non plus la recommandation aujourd'hui fort peu accréditée d'une couronne académique, qui peut mettre un écrivain en passe d'appeler l'attention du monde sur un livre comme celui-ci. Mais je tiens d'un long travail, d'une pénible et consciencieuse étude, le droit, que je réclame, de voir ce livre jugé seulement par ceux qui l'auront lu, non pas, ainsi qu'il se fait trop souvent, sur un aperçu rapide et distrait de la forme, ou sur un vague et ignorant souvenir du sujet.

Je dirai d'ailleurs très volontiers à la critique paresseuse ce qu'elle pourra se plaindre de ne pas y trouver. Je n'ai pas reconstruit l'histoire sur des bases nouvelles; je ne lui ai pas découvert des sources inconnues, je ne l'ai pas envisagée sous un point de vue original et fécond; je n'en ai pas tiré des conséquences jusqu'à présent inaperçues. Cette puissance d'invention appliquée au passé, et dont le secret s'est révélé si heureusement à notre siècle, m'a manqué, je l'avoue, aussi bien que le mouvement dramatique, l'effet pittoresque, les caractères en saillie, les figures dessinées à grands traits, et surtout la grande pensée humanitaire ou sociale qui doit toujours présider, dit-on, au récit des événements. Outre

---

[1] Cet ouvrage, entièrement terminé et livré à l'imprimeur, sera publié en deux livraisons de deux volumes, dont la première paraîtra le 1er décembre prochain, et la deuxième le 1er février 1838.
Prix de chaque livraison......................... 14 fr.
A Paris, chez CHAMEROT, quai des Augustins, N° 33.

mon infirmité naturelle, une autre préoccupation, bien froide et bien mesquine en apparence, mais qui peut encore devenir passionnée, m'empêcherait d'avoir ces hautes visées. La mienne était d'atteindre et de ne pas dépasser la limite du vrai; je n'ai rien épargné pour y arriver; je me suis refusé, pour ne pas la franchir, les faciles ressources que donnent toujours la phrase, la déclamation, l'enflure, l'exagération, et tous les artifices menteurs de la mise en scène.

J'ai choisi cette époque de nos annales, parce qu'elle convenait à ce que je me sens de faculté pour penser et pour écrire, parce que, dès mes plus jeunes ans, qui sont loin, je l'avais étudiée avec une sorte de prédilection. J'ajouterai que j'y ai souvent été ramené par le spectacle du temps où nous vivons. Le règne de Louis XIII vient, après la grande commotion des guerres religieuses, presque dans les mêmes conditions où nous sommes nous-mêmes, à la suite de la double secousse causée par la révolution et par l'empire. Je ne me croirais pas appelé à faire l'histoire de nos troubles et de nos conquêtes; je ferais volontiers, et par le même motif de préférence, celles des années qui se sont passées depuis la restauration jusqu'aujourd'hui, et je m'engagerais même à la continuer, si deux siècles en séparaient, non pas moi, mais mon lecteur.

C'est à peine si je puis appeler méthode la forme que j'ai suivie. Il m'a semblé qu'il existait une façon d'écrire l'histoire toute simple, toute naturelle, n'ayant rien d'arbitraire et de contestable; c'était de la raconter comme elle se faisait, selon l'ordre du temps et le cours des faits. Cela ne demande pas grand effort de génie, sans doute; mais peut-être faut-il permettre quelquefois aux écrivains de s'en passer. La classification systématique, celle qui part d'un principe et se propose une fin, forçant les événements à s'y ranger en manière de preuves, au risque de les tordre et de les fausser, est plus ambitieuse et plus brillante, quoiqu'elle coûte beaucoup moins de peine. Mais elle a surtout le tort de n'être pas la vérité; elle s'impose au lecteur; elle lui interdit toute action libre de sa pensée; et, pour un peu de commodité qu'elle offre à sa paresse, elle ne lui laisse qu'erreur et confusion. Ici en effet se retrouve la loi générale des choses humaines. Le faux s'empare de l'esprit avec contrainte; le vrai ne veut que se montrer.

J'ai composé mon récit sur les documents contemporains, pièces authentiques, libelles, manifestes, relations, gazettes et mémoires. C'est seulement après avoir recueilli ma vérité de première main, que je l'ai comparée avec les ouvrages de forme historique qui traitent du même temps. J'y ai trouvé rarement de quoi m'instruire, ou même douter; mais plus d'une fois j'ai eu l'occasion d'admirer avec quelle facilité l'inexactitude et le mensonge s'introduisent dans l'histoire, et s'y transmettent de livre à livre par l'habitude, invariable chez nous, de copier ses devanciers tout en les méprisant. La discussion n'entrait pas dans mon plan; je me suis donc contenté d'indiquer en passant quelques unes des erreurs auprès desquelles je faisais route. Le plus souvent, je ne m'y suis pas arrêté : car une critique de chaque pas aurait nui à mon allure, que je voulais maintenir franche et leste, dégagée pour le lecteur de toutes ces querelles dont la confidence lui importe si peu.

Je n'ai pas indiqué en marge mes témoignages. Cela m'a paru un charlatanisme d'érudition fort inutile. J'y ai mis les dates précises, ce qui me semble d'un intérêt sérieux. Je n'ai fait aucune note, parce qu'il m'a semblé que le récit, quand il n'est pas monté au ton de la déclamation, pouvait tout dire; ce qui n'y doit pas entrer appartenant dès lors à toute autre chose qu'à l'histoire.

On demandera sans doute si je suis un historien impartial. Je répondrai d'abord que, dans une époque comme la nôtre, où le temps est cher et où on le met généralement fort bien à profit, ce serait une idée fort étrange que d'aller s'ensevelir dans la recherche laborieuse d'un autre siècle, pour servir les opinions du moment qui se contentent vraiment à moins de frais. Quant à moi, j'ai toujours mis les faits du passé entièrement à part de la très médiocre contribution que j'ai pu payer aux passions contemporaines. Mais j'ai fait, grâce à Dieu, quelque chose de mieux pour mon bonheur que de porter l'impartialité dans l'histoire; je l'y ai prise, et, quel que soit le sort de ce livre, j'en ai déjà tiré, par cela seul, assez de profit. En étudiant des événements éloignés et sans aucun contact avec les causes d'irritation qui sont entre nous, j'ai compris assez des affaires humaines pour les voir désormais passer en repos, pour me garder des illusions, me défendre des engoûments, me soumettre aux nécessités, admirer peu d'hommes, en plaindre beaucoup et ne haïr personne.

A. Bazin.

CORRESPONDANCE LITTÉRAIRE.

A Monsieur le Ministre de l'Instruction publique.

Monsieur le Ministre,

Par votre lettre du 5 juin dernier vous avez bien voulu m'honorer du titre de correspondant du Comité de l'Histoire de France. Pour répondre à cette marque de confiance, je me suis immédiatement occupé d'un inventaire général des archives de la ville de Reims. J'adresse copie de ce travail à M. Augustin Thierry, membre de l'Institut, ainsi qu'il vous a plu, Monsieur le Ministre, m'en donner l'ordre.

Sous peu de jours j'enverrai encore à M. Thierry la description des pièces provenant des archives ecclésiastiques du pays de Reims, archives transférées à l'époque de la révolution au chef-lieu du département de la Marne. Ce sont ces pièces que, sur les instances de M. le Maire de Reims, M. le Ministre de l'Intérieur et Monsieur le Ministre de l'Instruction publique, votre prédécesseur, avaient bien voulu m'autoriser à réclamer de M. le Préfet de la Marne, et qu'en conséquence de leurs ordres j'ai réintégrées aux archives communales de la ville de Reims.

Jaloux, de justifier la confiance que vous voulez bien m'accorder, Monsieur le Ministre, j'oserai solliciter toute votre bienveillante attention pour un travail dont je vais avoir l'honneur de vous entretenir et que je crois d'un grand intérêt pour l'Histoire de France.

Il y a quatre ans, que dans les greniers d'un château des environs de Paris, je fis la découverte d'une masse énorme de pièces originales, lettres autographes et inédites, depuis plus d'un siècle confondues dans un monceau de paperasses inutiles qu'on allait livrer à l'épicier.

Cette correspondance comprenait, entr'autres documents précieux, la plupart des lettres politiques écrites sous le règne de François II, tant par ce prince (dont l'écriture est restée si rare dans les dépôts publics), que par la reine-mère, Catherine de Médicis, par le duc de Guise, le cardinal de Lorraine, les ambassadeurs, les princes régnants contemporains, et par une foule de personnages marquants de l'époque. Toute l'histoire de ce court et malheureux règne se retrouve dans ces lettres, avec des circonstances et une infinité de curieux détails que les livres imprimés ne laissent pas soupçonner.

En 1833, M. le Garde des Sceaux, sur un rapport que j'eus l'honneur de lui adresser à ce sujet, frappé de l'intérêt dont serait pour l'histoire la publication de ces documents, voulut bien en recommander l'examen à MM. les membres composant le comité des impressions gratuites.

Voici, à l'occasion de la communication que je dus faire à ce sujet, la lettre dont m'honora M. le directeur de l'Imprimerie Royale.

« Monsieur, vous avez adressé à M. le Garde des Sceaux une demande » tendant à obtenir l'impression, aux frais de l'Etat, d'une collection de » lettres autographes et de divers discours et documents historiques. J'ai » présenté à l'examen du comité de savants et hommes de lettres institué » près M. le Garde des Sceaux, les manuscrits que vous m'avez adressés à » l'appui de cette demande, et je dois m'empresser de vous dire que le » comité s'est montré favorable à la publication des pièces qui ont été » mises sous ses yeux. Il a pensé qu'elles pouvaient intéresser la science » historique comme documents et pièces justificatives à l'appui de l'his- » toire, et qu'elles étaient en effet de nature à jeter quelque nouveau jour » sur les dissentions religieuses du XVIe siècle, sur les rapports de la France » avec l'Espagne à cette époque, et sur l'intérieur de la cour ou même du » ménage de Philippe II. Le comité serait donc disposé à en conseiller » l'impression à Monsieur le Garde des Sceaux : mais, Monsieur, vous de- » mandez davantage : vous n'avez envoyé à son examen que la valeur d'un » volume, et vous souhaitez en publier six. Il a dû lui paraître difficile de » conseiller la publication de pièces qu'il n'a pas été à portée d'exami- » ner... », etc. (Lettre de M. Lebrun, — du 11 Avril 1833).

Contraints à l'économie dans l'emploi des fonds destinés aux impressions gratuites, MM. les membres du Comité parurent disposés à élaguer une partie des documents que je trouvais indispensables à la publication, attendu qu'ils étaient le complément absolu des pièces inédites qui pouvaient exister sur le règne de François II. En effet, comme supplément aux matériaux que je possédais, j'avais compulsé tous les recueils du cabinet des manuscrits de la Bibliothèque royale; j'avais extrait jusqu'au moindre fragment relatif à cette époque; et toutes ces pièces réunies formaient un ensemble qu'il ne me paraissait plus possible de diviser. Je reculai devant la nécessité de tronquer ce travail, et malgré l'honneur et l'avantage que m'offrait l'Imprimerie Royale, je repris mon manuscrit pour en remettre la publication à une meilleure époque.

Cette époque, Monsieur le Ministre, est peut-être arrivée. Grâces vous soient rendues ; sous votre haut patronage les études historiques éprouvent la plus salutaire impulsion. Chacun sent la nécessité de revenir aux sources pour réhabiliter l'histoire que des écrivains ignorants ou de mauvaise foi ont si étrangement défigurée. Rien ne sera plus utile à l'étude des premières guerres de religion en France, que la publication des documents dont je viens, Monsieur le Ministre, de vous entretenir.

Les Monuments inédits du règne de François II (tel pourrait être le titre de cette publication), accompagnés d'éclaircissements historiques, de notes biographiques, critiques et autres, formeraient la matière de deux volumes in-4°.

Ce recueil, qui pour la forme et le caractère ressemblerait aux *Mémoires de Condé*, aux *Mémoires de Castelnau*, servirait aussi de complément à ces deux excellents ouvrages.

J'ai l'honneur de solliciter près de vous, Monsieur le Ministre, la faveur de voir figurer les *Monuments inédits du règne de François II* parmi les ouvrages publiés par le Comité de l'Histoire de France.

Je suis avec un profond respect,
Monsieur le Ministre,

Votre très humble et très obéissant serviteur,
Louis Paris,

Correspondant du Comité historique, archiviste de la ville de Reims.

Reims, 5 Novembre 1837.

POÉSIE.

EUPHÉMIE

ou

LA CONVALESCENTE.

O ma sœur, ma bonne Louise,
Tandis que ma mère à l'église
Invoque pour moi le bon Dieu,
Si je pouvais sortir un peu !
Mais j'ai besoin qu'on me conduise,
Car je chancelle à chaque pas.
Je veux aller m'asseoir là-bas
A côté de la grand'fontaine :
De-là je verrais dans la plaine,
Et l'ombre des lilas en fleur
Rafraîchirait, j'en suis certaine,
Mon front brûlé par la douleur.

Comme on est bien sur cette pierre,
A l'abri des festons de lierre
Qui tremblent au vent du matin !
Cette cloche au timbre argentin,
L'aspect de ces riantes plaines,
Le doux murmure de ces eaux
Et le gazouillis des oiseaux
Versent du baume dans mes veines.
Sentez-vous les tendres haleines

Des jacinthes et des muguets?
Oh! voici le temps des bouquets!
De nos promenades lointaines
Au fond des prés et des bosquets,
Nous retournerons les mains pleines!
De mes fleurs deux parts je ferai:
De la première j'ornerai
La chapelle de sainte Hélène,
Et des autres je garnirai
Mon beau vase de porcelaine
Où serpente un filet doré.
Sitôt que je serai guérie,
Avec ma mère nous irons
Promener à Sainte-Marie,
A la fête, et nous danserons.
J'aime tant ce joli village!
Nous reviendrons par l'ermitage,
A travers le bois.—Oh, mon Dieu,
Ma sœur, examinez un peu :
Voilà ce que le vent m'apporte!
Hélas, c'est une feuille morte,
Ah! ce présage est trop certain,
Par les aquilons respectée,
Cette feuille à l'arbre est restée
Pour me déclarer mon destin.
Elle attendait, se tenait prête,
Comme une fatale interprète
Des mystères de l'avenir,
Et quand je parle de guérir,
Elle s'élance sur ma tête
Afin de me les découvrir!
Feuilles nouvelles, sœurs chéries,
Avant six mois, pâles, flétries,
Vous irez cédant à l'effort
Du redoutable vent du nord,
Tourbillonner sur les prairies!
Feuilles, lorsque vous partirez
Avec vous vous m'emmenerez.
Malgré l'espoir dont on me leurre
Je sais bien qu'il faut que je meure,
Mais pour ne pas faire pleurer;
Je fais semblant de l'ignorer.

Je vous attriste, ma Louise?
Il faut pourtant que je vous dise
Un secret : cela me poursuit,
M'ôte le repos jour et nuit ;
Et puis vous me direz ensuite,
Votre romance favorite,
Cet air si plaintif et si doux
Qu'Eugène a composé pour vous.
Ce vœu, cette ardente prière,
Je vous la confierai tout bas :
Après ma mort ne souffrez pas
Que l'on me mette au cimetière ;
C'est trop loin, je veux être ici :
Ma sœur, le lieu que j'ai choisi,
C'est la place où je suis assise.
Vous me le promettez, Louise.
Au mois de mai, quand on viendra,
D'Euphémie on se souviendra.

Paix, dans le massif de verdure
Quelqu'un s'est glissé, j'en suis sûre,
On marche à pas silencieux :
C'est ma mère...... essuyez vos yeux
Et n'ayez pas l'air si touchée,
La voilà qui s'est approchée :
Je crois sentir battre son cœur.
Elle écoute...... chantez, ma sœur.

F. GENIN.

QUATRAIN

Mis dans un vase de marbre blanc, sur la cheminée d'une jeune personne.

Vase d'albâtre embaumé d'innocence,
Vous qui joignez aux attraits la candeur ;
Comment sur ma fade blancheur
N'auriez-vous pas la préférence !

PETITE CHRONIQUE.

LETTRES CHAMPENOISES.

(V).

Madame,

Il est de par le monde une infinité de petits êtres organisés qui s'imaginent tenir en arrêt les destinées humaines. A leur avis la société n'en est qu'à son départ, et pour qu'elle monte à son point culminant, il ne faut qu'une chose : c'est qu'ils soient à même de projeter sur elle l'éclat des lumières qu'ils tiennent sous leur boisseau.

Je commence par vous dire, Madame, que cette outrecuidance me fait rire, mais d'un rire fou.

Ces grandes capacités peuvent tout au plus avancer d'une minute l'instant de leur dîner : et encore cette faculté chez eux ne m'est-elle pas invinciblement démontrée.

On se dit : Voici le jour qui va décider de ma vie ; agissons avec finesse et prudence, j'arriverai : mon sort sera brillant, il excitera l'envie du populaire. —Lors on se met à la besogne, on s'ingénie, on s'évertue, on agit en tout sens, avec prudence et finesse surtout, puis l'on est tout étonné de faire la culbute et de tomber dans une impasse.

Tenez, vivent ceux qui vont au jour le jour, sans but arrêté ni prétention aucune ! S'ils sont malheureux : « Ces choses-là, disent-ils, n'arrivent qu'à moi ! » Et les voilà consolés. S'ils réussissent : « Ah, par exemple ! je ne m'y attendais pas ! » Parbleu je le crois bien, ni moi non plus.—Le public toutefois en juge autrement et dit : « Cela doit-il surprendre ? Ces gens-là sont si intrigants, si.....! »—Le public se trompe : il ne sait pas que tout est selon la règle, que chaque chose vient en son temps, et qu'on ne doit pas se plaindre ou s'étonner d'une tuile qui tombe sur la tête. Il faut prendre son parti, de cela comme de beaucoup d'autres choses, et ne pas même dire au lourdaut qui vous écrase le pied ou qui vous crève un œil : « Prenez donc garde, Monsieur, vous me faites mal ! »

Nos destinées, Madame, s'arrangent à notre insu. Tant mieux, si bien : tant pis, si mal. Quoi qu'à vrai dire, il importe médiocrement que tel ou tel s'imagine être heureux ou non. L'individualité n'est rien dans l'espèce : le monde n'en a pas moins son temps, sa providence. Et puis que faut-il à beaucoup de gens pour se croire dignes d'envie ? Des châteaux ! un tilbury ! les yeux bleus d'une jeune fille ! des bottes qui ne gênent pas ! une robe de chambre à ramages ! du *papel ispagnol por cigarettas !* En vérité si la privation de ces futilités rend malheureux, que penserons-nous de tant de gens qui sont satisfaits avec un rayon de soleil, le murmure d'un ruisseau, des cheveux roux, des dents noires, et le *Rocher de St-Malo* ?

Il n'y a rien de vrai, il n'y a rien de faux : rien de bon, rien de mauvais ; rien de beau, rien de laid ; rien de grand, rien de petit ; rien de réel surtout. Tout est dans l'imagination, dans le sentiment qu'on éprouve des choses, dans l'idée qu'on en a, l'opinion qu'on s'en forme. Et je vous prie, qu'est-ce que l'idée, l'opinion, l'imagination ? Une vapeur, un nuage, rien, moins que rien.

C'est pour vous dire, Madame, qu'après l'affaire du salut et la certitude de vos bonnes grâces, je ne m'inquiète de rien au monde, pas même des étranges combats que se livrent ici-bas les petites ambitions, les petites rivalités, se disputant le monopole des choses. A la vue de tant et de si diverses contentions, je rentre en moi-même et m'écrie : Vanité, vanité : Dieu seul est grand, et Mahomet n'est pas du tout son prophète ! — Mi'le pardons à Babel-el-Oued et à Condiat-Aty, que mon intention n'est pas d'humilier ici.

Donc, je vous le disais, Madame, ou plutôt j'avais envie de vous le dire, nous voilà sortis des élections ; temps de crise et d'agitation, de menées et d'intrigues, de gloriole et d'humiliation, de jactance et de fausse modestie, de promesses dérisoires et de rodomontades comiques, de bassesses et de *tripoteries* de tout genre. Chacun dans sa petite sphère se plonge plus ou moins dans cet impur cloaque. C'est, nous dit-on, une nécessité de notre *organisme gouvernemental et constitutionnel* (Priez Dieu, Madame, pour la langue française !) Tout cela ne nous fait pas mal ressembler à une nation de juifs ou de forbans qui s'en vont trafiquant sur tout, spéculant sur la vénalité publique, mettant au rabais les consciences et les apostasies. L'intérêt matériel est le grand, le seul, l'unique mobile. Il en est des élections, où il s'agit de la gloire et de la prospérité d'une grande nation, comme de toute autre affaire, où il ne serait question que du succès d'une combinaison industrielle, de l'avenir ou de la prospérité d'un individu, d'un marché de colza par exemple, d'une spéculation à la bourse, ou d'un mariage de convenance. Il faut pour arriver, reluire l'or. « Société métallique, dit *Nettement*, où toute supériorité est monnayée, où l'on fait tinter un homme pour voir s'il sonne l'or, au lieu de lui demander s'il est intelligent, s'il est moral, s'il est habile, s'il est vertueux. » Que voulez-vous, Madame, ainsi sommes-nous faits, nous autres Français d'aujourd'hui. Nous avons bien encore par-ci par-là, quelques bonnes gens qui s'en vont répétant qu'un des grands bienfaits de notre révolution, c'est d'avoir ouvert toutes les portes au mérite, à la capacité. La Charte proclame ce principe, et la Charte est une vérité : une bouche auguste l'a dit… ; mais je vous prie, demandez aux électeurs ruraux ce qu'ils pensent de vos capacités, et toutes les gentillesses débitées à la barre du collége *extra-muros* de Reims, au grand applaudissement des ruraux, à propos des capacités capables et des capacités non capables. « L'esprit, leur a-t-on dit, » est un privilége accordé par la nature : le cens, une charge imposée par l'Etat. » Vous vendez vos propriétés, la foudre ou l'inondation, les ruine, vous n'êtes » plus électeurs. — L'homme d'esprit reste ce qu'il est, sa propriété est inalié- » nable : vous voyez bien que si vous reconnaissez son aptitude électorale, vous » créez un privilége en sa faveur et à votre détriment. Or, est-il rien au monde de si » odieux pour un Français, que le privilége ! A bas donc, les gens d'esprit ! » Et les ruraux de rire, de se frotter les mains, et de crier : « A bas les gens d'esprit. » — Décidément, les ruraux veulent arriver… — Je ne m'y oppose pas.

Mais **voici** bien une autre histoire : à force de chercher des capacités sans esprit, ou du moins des capacités qui avec peu d'esprit payassent le cens voulu par la loi, voici nos ruraux de la Marne tombés dans un cas étrange. Ils ont fait des élections qui n'en sont pas : leur députation est nulle, ou pour le moins borgne ou bancale. Voici venir la chambre qui va déclarer à la face du monde entier, qu'il ne s'est pas trouvé dans le département de la Marne, six capacités électorales domiciliées, et que force a été aux électeurs d'en emprunter quatre aux départements limitrophes ! Ceci, Madame, est quelque peu humiliant pour nous qui sommes nés natifs de la Marne. En vérité, pour ma part, je ne supposais pas mon pays si pauvre, moi qui le sait, la patrie de Dupré, de l'Académie royale de Musique ; de Frédéric Lemaître, de la Porte-St-Martin ; de Musart, des concerts en plein vent ; et de Regnault, de la pâte…. que vous savez.—Acteurs et charlatans, direz-vous ? Soit. Mais ne parlons-nous pas de députés ? ah pardon ! les miens ne paient pas le cens. — Toujours est-il que la chambre va annuler l'élection d'un de nos honorables. Dieu veuille que le sort ne frappe pas celui des quatre auxquels les électeurs tiennent le plus !

Voilà, Madame, toutes mes nouvelles en fait de politique, à moins que je ne vous entretienne de ce qui se fait en *Algérie*, où nos braves guerriers viennent de frotter d'une gaillarde manière le farouche et sauvage africain. Après tant de désastres et de glorieux revers, nous voici maîtres de Constantine. Je ne sais si de tant de lauriers et de boulets de canon, la France gardera autre chose que des cicatrices. Il est beau de soumettre des villes et de gagner du terrain, le tout est de conserver sa conquête, et Dieu sait si l'Afrique restera nôtre. En attendant, M. le duc de Nemours en prend fort gaiment son parti. Après s'être conduit en brave, le voilà nouveau Mars, qui se laisse désarmer par Vénus, ou, si vous aimez mieux, par cinq cents bédouines, dont la prise du harem l'a fait l'heureux Sultan. Vous avez su le bal auquel Son A. R. a daigné prendre part : un des témoins de cet agréable spectacle, vous a conté comment nos guerriers « se sont trouvés tout à coup au milieu d'un double rang de femmes accroupies, noires et blanches, à peu près sans voiles et fort parées. » — Il paraît que la danse de ces dames a parfaitement satisfait nos héros d'outre-mer. « C'étaient, nous dit-on, des contorsions, des poses, des mouvements de jambes incroyables, qui avaient pour les spectateurs tout le charme de la surprise. Après les négresses, sont venues les blanches, bien moins étonnantes, bien moins exaltées, car pour les autres, elles s'animaient jusqu'au délire. Les gardiens du harem, ajoute notre conteur, avaient pris leur parti de fort bonne grâce, et se montraient fort complaisants et nullement inquiets de la familiarité de ces dames, qui allait toujours croissant. » — Vous voyez, Madame, qu'entre M. le duc de Nemours, nos invincibles guerriers et les houris d'Achmet-Bey, les choses sont allées aussi loin que possible. Il n'y a qu'un point inquiétant en tout ceci. De quel œil, à leur retour du sol africain, nos héros verront-ils les façons bien moins étonnantes, bien moins exaltées de nos modestes jeunes filles de France? La comparaison pourra bien être fatale à ces dernières : il est impossible qu'elles songent à égaler les incroyables mouvements de jambes qui ont si fort excité la surprise de M. de Nemours et de nos braves guerriers!... Qu'en pensez-vous, Madame?

Je sais qu'il leur restera le soldat-citoyen, héros de la patrouille et de l'estaminet, qui n'attend qu'une invasion pour, lion terrible, se réveiller de l'humiliante léthargie où le plonge le calme plat du pays. Au fait, ce n'est pas là le but de cette grande institution! le beau rôle vraiment pour des cœurs nobles, que de s'*astiquer* juste une fois par deux mois, pour monter une faction d'une heure, en passer cinq sur une méchante paillasse, et dix-huit autour d'un billard, dans un nuage de fumée, de punch, de bierre et surtout de tabac de la régie! Il n'y a pas le plus petit laurier à cueillir à ce métier-là, et n'était le respect dû aux institutions nationales et à la grande mémoire de feu M. de La Fayette, je serais d'avis que l'on suspendît la gloire du soldat-citoyen à la fameuse colonne prochainement érigée en commémoration des deux grandes ruines, LA BASTILLE ET LA RÉVOLUTION DE JUILLET! je le demande au nom des infortunés pensionnaires de l'hôtel des Haricots, qui tous n'ont pas pour y passer leur temps, la bibliothèque d'un homme de goût, la voluptueuse ottomane du sybarite, le ronflant piano à soufflet, les pâtés de M. Lesage ou de Mme Lamy, une cave fournie des vins les plus exquis, du maryland à pipe que veux-tu? et la compagnie des plus aimables vauriens de la terre. Pareille prison devient paradis, aussi se fait-il au conseil de discipline de sévères réquisitoires contre un tel relâchement de la discipline. A Paris comme ici sans doute (un grand journal nous l'assurait hier), on songe à prévenir ces abus, en appliquant le le système cellulaire à la prison de la garde nationale. Grande pensée de salut public! La solitude moralise l'accusé! Les condamnés auront tout le loisir de méditer sur les saints devoirs de la faction et la morale du fourniment bien astiqué : ils vivront, nous dit ce journal, dans l'isolement et le silence, comme des chartreux : seulement l'officier d'état-major leur criera d'une voix sourde, en les visitant dans leur cabine : *Il faut patrouiller, frères!* à quoi ils devront répondre : *Frères, il faut patrouiller.* »

Décidément, Madame, la ville de Reims est en voie d'améliorations, de progrès et de lumières. Voici bientôt que vont se sillonner ses rues d'un brillant éclairage au gaz : les travaux préparatoires sont terminés, les tuyaux conducteurs établis, et dans quelques semaines on pourra, la police aidant, éviter la rencontre des musarts, croquants, barrèteres, filous, ribauds, larrons et autres malfaiteurs que notre ami l'*Industriel* signale avec tant de zèle et d'impartialité à l'autorité, ci-devant peu clairvoyante. L'éclairage au gaz me conduit, Madame, à vous dire qu'en creusant pour placer les tuyaux conducteurs, de nombreuses traces de la domination romaine ont encore été trouvées, çà et là, dans les rues de Colbert, des Tapissiers, du Puits-Taira, et surtout de la Porte-aux-Ferrons. Désirez-vous savoir ce qu'était la Porte-aux-Ferrons, Madame? un peu d'histoire en passant ne peut vous déplaire.

Cette ancienne porte de la cité romaine s'appelait, selon Jean de Sarilbery, *Porte de Vénus*, en raison, dit-on, de la verdure des prés qui l'avoisinaient. Il est difficile de se contenter de cette étymologie, vous savez qu'autrefois les portes de Reims étaient consacrées aux divinités du paganisme. Nous avions la porte de Bacchus (porte Basée), la porte de Cérès, celle de Mars, qui toutes deux ont conservé leur nom : enfin la porte de Vénus. L'opinion la plus vraisemblable est, qu'il existait non loin de cet endroit un temple consacré à cette aimable déesse. Ce nom, sous les Romains, déjà, fut remplacé par celui de la porte *Valoise* ou *Gauloise*, sans doute parce qu'elle conduisait vers la Gaule celtique, par Soissons. Et si vous me permettez à cette occasion de vous citer une docte autorité, je vous dirai que dans le testament de St-Remy, elle est désignée sous le nom de *Porte de Soissons*. A cette époque, était située tout près, l'église de St.-Victor, à laquelle saint Remy par son testament laisse deux sols : de cette église il reste je suppose quelques vestiges à la maison qui fait le coin de la rue du *Clou-dans-le-Fer*. Depuis, au moyen âge, la *Porte de Vénus* prit successivement le nom de *Porte de Vesle*, du nom de la rivière à laquelle elle conduisait, et le nom de *Porte-aux-Ferrons* qu'elle conserva jusqu'au moment de sa démolition, et qui lui fut donné, parce que le quartier où elle était située, se trouvait alors occupé par des serruriers ou ferroniers. La *Porte-aux-Ferrons* cessa d'être fermée lorsque l'enceinte de la ville fut reculée jusqu'à la rivière de la Vesle, ce qui eut lieu de 1348 à 1358. Devenue alors un embarras pour les habitants du quartier, dont elle gênait la circulation, la démolition en fut longtemps projetée.—A l'époque du sacre de Louis XVI, en 1775, on résolut d'élargir le passage pour faciliter l'entrée du prince : Louis XVI, fit les frais de la démolition ou du moins y contribua pour une somme de 45,000 fr. C'est ce qu'indique l'inscription sur marbre, placée contre le mur auquel l'édifice était adhérent.

Puisque je vous ai conduite sur le terrain de l'histoire et de l'archéologie, peut-être ne serez-vous pas fâchée d'apprendre une bonne nouvelle pour les amis des arts et de nos monuments gothiques. On nous mande de Provins, que la reconstruction du dôme de St.-Quiriace, annoncée et commencée depuis déjà quelques mois, se poursuit avec activité. C'est, Madame, la quatrième res-

VUE DE L'ÉGLISE DE St QUIRIACE A PROVINS

tauration de cette antique basilique qui donne un aspect si pittoresque aux ruines de la ville haute, qu'on s'accorde à les regarder comme les plus beaux restes des fortifications de l'Europe féodale.—Le dôme que l'on reconstruit, et que dans le dessin que vous adresse *la Chronique de Champagne*, a reproduit l'élégant crayon de notre habile Pernot, avait été construit en 1662, à la place d'un autre, brûlé l'année précédente par l'imprudence d'un ouvrier. Celui-ci plus haut de trente pieds, était surmonté de la statue colossale de Ste-Hélène. Il datait du règne de Thibaut II, comte de Champagne, de ce prince dont Baugier écrit que *tout brouillon qu'il était, il ne manquait pas de piété, était fort aumônier, grand protecteur des églises et des monastères*. Thibaut II dit l'aumônier, le grand, et le libéral, fit élever cette basilique, dans la première moitié du XII° siècle, sur les ruines d'une plus ancienne église dont on ignore le nom, et qui, suivant la tradition, avait succédé au temple d'Isis. Vous vous rappelez peut-être, Madame, ce que dans son premier numéro vous avait déjà dit *la Chronique de Champagne*, de la ressemblance du site de Provins et de son église avec celui de Jérusalem : ce fut pour ajouter à cette ressemblance, que les comtes de Champagne décorèrent leur basilique du dôme en question, surmonté de la statue de Ste-Hélène, à qui l'Eglise attribue l'invention de la vraie croix, et lui donnèrent le nom du saint évêque Quiriace qui s'était fort occupé de cette recherche.

Des monuments du moyen âge à *la Chronique de Reims*, la transition n'est pas trop brusque. J'ai le plaisir de vous apprendre, Madame, qu'avant quinze jours vous recevrez ce livre depuis si longtemps annoncé, l'un des plus vieux monuments de notre belle langue française, qui vous dira l'idiôme si naïf et si vrai des preux du XIII° siècle ; comment discorde se meut entre le roi de France et le roi d'Angleterre: comment les princes de la Chrétienté allèrent outre mer en Palestine, comment ils y exploitèrent : Les rivalités du roi Richard et du roi Philippe, les prouesses de l'un et de l'autre, celles du vaillant Guillaume Desbarres, du généreux Alain de Roussi. Le dévouement de Blondel le Ménestrel, l'histoire de Jehan sans Terre, du Sultan Saladin, de Gaucher de Châtillon, de Thibault le Chansonnier, de la reine Blanche, de l'archevêque de Reims, Guillaume aux blanches mains *qui tant valu à son temps qu'il restablit eschevinage à Rains et fist moult de biens*; de l'autre archevêque Henri de Braisne *qui fist tant de mal as bourgeois qui n'eurent onques paix tant comme il vesqui.* J'allongerais de beaucoup cette lettre, si je songeais, Madame, à vous indiquer tout ce que *la Chronique de Rains* contient de curieux et d'intéressant. J'aime mieux vous l'adresser aussitôt qu'elle sera sortie des griffes de l'imprimeur.

On nous promet encore à Reims pour la mi-décembre un livre d'un tout autre genre, un volume de poésies nouvelles, dont toutefois le succès paraît assuré. Oui, Madame, notre bonne ville aura son poète qu'elle ne désavouera pas, si j'en juge par quelques fragments qui me sont passés sous les yeux. Il s'agit de l'œuvre de M. Théodore Carlier, dont s'est rendu éditeur, le libraire Cordier. Vous connaissez vous-même déjà quelques pièces du poétique collaborateur de *la Chronique de Champagne*. M. Carlier n'est pas poète d'hier, et son nom se lie à ceux de cette pléiade de jeunes écrivains, qui dès 1828, livrait de si piquantes et parfois si bouffonnes attaques à la somnifère littérature de l'empire. Il a publié en 1829 des *Voyages poétiques* qui ont fait quelque sensation dans le monde littéraire. Depuis ce temps, le talent du poète a grandi. Dans son premier recueil, l'auteur plein des illusions de la première jeunesse, peignait sous des cieux différents, les passions fougueuses de son âge, ses désirs immodérés, ses amours de vingt ans.—Aujourd'hui, le jeune poète s'est fait homme, sa pensée a mûri ; ce ne sont plus les fruits exubérants d'une imagination effervescente et folle ; l'auteur nous offre des études sérieuses de morale et de psychologie : la destinée de l'homme sur la terre, le sentiment inné qu'il a de sa grandeur future, les passions de l'âme, les mouvements les plus intimes du cœur, les extases de l'esprit, et toutes ces grandes et sublimes passions qui le font planer en des régions célestes. Tel est la marche, l'esprit, et le but du nouveau livre de M. Carlier. Au milieu du matérialisme de notre époque, du scepticisme moral qui corrode et dissout les éléments sociaux, on ne verra pas sans plaisir un poète ne pas désespérer de l'humanité, et lui rappeler à chaque page les grandes destinées auxquelles le réservent les nobles facultés dont le ciel l'a pourvu.

Je voudrais bien ne pas clore cette longue et fastidieuse lettre, sans vous parler un peu de notre pauvre théâtre. Je dis pauvre, Madame, parce qu'en effet, je ne sais quel mauvais sort on a jeté sur lui. Depuis quelque temps ses loges sont toujours vides et ses banquettes dégarnies. *L'Industriel* nous a juré pourtant, avec tout le sérieux possible, qu'il n'y a plus de sorciers, ou du moins que s'il en existe encore par-ci par-là quelques uns, ils *n'envoûtent* plus personne, ils n'effraient plus que les niais, et que vienne un ministère qui dote la France d'un bon système de routes vicinales, le sorcier aura complètement disparu. J'en passe par ce qu'en dit *l'Industriel*, et d'autant plus volontiers, que je commence à voir que notre directeur de Reims, longtemps soupçonné de magie, en raison du prodigieux succès, de la continuelle prospérité de son théâtre, n'est pas plus sorcier qu'un autre. Le voilà comme tant de directeurs de province, réduit au moyen ruineux des acteurs de Paris, des artistes en réputation, des phénomènes vivants, des bêtes curieuses, des engastriloques, des poupées vivantes, des monstres amphibies et autres animaux aussi surprenants.

Je dirais bien à M. le directeur la cause de l'indifférence générale, et des motifs qui semblent avoir fait désapprendre au public le chemin de son théâtre. Mais là-dessus M. Nestor en sait tout autant que moi ; je me garderai bien de lui en parler. Il n'y a qu'aux ignorants auxquels on soit obligé de dire : *Vous avez des oreilles d'âne !* — M. Nestor n'est pas dans cette catégorie, et je vous prie de le croire, M. Nestor n'a pas des oreilles d'âne. Aussi sait-il parfaitement pourquoi le public ne vient plus à son théâtre.—Mais vous, Madame, qui ne le savez pas, je m'en vais vous le dire : c'est qu'en ce monde on se lasse des meilleures choses, et à bien plus forte raison des choses médiocres, et qu'à franchement parler, les acteurs de M. Nestor ne sont guère que de médiocres acteurs. Nous avons M. Grandjean qui a de la tenue, un bel extérieur de comédien, une tête bien plantée et qu'il porte haut; mais cela ne suffit pas; M. Grandjean qui tient les premiers rôles, crie beaucoup, gesticule davantage: son débit est trop prompt, le diapazon de sa voix continuellement trop élevé pour notre petite salle, il s'exténue, il se fatigue, et tout cela sans émouvoir personne : il va trop vite, n'appuie pas assez sur les traits saillants du dialogue, et sous prétexte de mener la scène chaudement, il en manque presque toujours l'effet. Nous l'avons pourtant volontiers vu dans plusieurs rôles : il porte bien l'habit de vieux grognard, *de culotte de peau*; mais ce n'est pas dans son emploi ; en général, il dit mieux la comédie que le drame, et je lui conseillerais volontiers de s'y tenir.

M. Juclier n'a pas les défauts de M. Grandjean, il a du feu, de la verve dans le drame, il chauffe assez bien la scène, et dit convenablement la tirade : il y a de l'étoffe en lui ; c'est une bonne copie de Lockroi, de la Porte-St-Martin : seulement il n'a pas le geste de celui-ci ; Juclier est souvent embarrassé de ses mains, son mouvement de bras est vulgaire, et n'est pas toujours en accord avec son débit : du reste, comme Lockroi, son type, il est médiocre dans la comédie, et à peine supportable dans le vaudeville, qu'il joue par bonheur fort rarement, on lui reproche aussi de faire un trop fréquent usage de la grimace; il ne faut abuser de rien, M. Juclier, même pas du droit de se défigurer.

M. Vernin se met très bien, avec goût et avec recherche, mais M. Vernin est trop pétulant, trop remuant, trop dandinant : c'est un jeune homme qui ne tient pas en place, il faut qu'il se promène, qu'il coure, qu'il remue, qu'il se dandine; tout cela n'est pas de la comédie. Il a cependant de l'ingénuité, du naturel et quelque chaleur, mais comme M. Juclier, il ne croit jamais avoir assez de physionomie, et il s'ingénie à donner à ses traits une expression, dont, peut-être croit-il, la nature l'a privé. Je le laisse libre de penser là-dessus ce qu'il voudra.

Mais si grimacier il est au monde, c'est bien M. Jeault. Parbleu! M. Jeault, la nature vous a créé assez laid comme vous êtes, vous devriez bien vous contenter de votre lot, et ne pas vous rendre abominable, comme vous le faites toujours à force de contorsions, d'horribles clignements d'yeux, et de déplorables charges. Vous êtes caricature, c'est bien, mais que diable ne vous rendez pas horrible pour le seul plaisir de l'être. Nous sommes contents de ce que vous êtes tout naturellement dans ce genre, faites comme nous, et bornez-vous en là.

Madame Jeault, c'est une autre affaire, Madame Jeault est une fort belle femme, elle a une tête vraiment remarquable, et qui, veuillez le croire, n'a pas la moindre ressemblance avec celle de son mari : c'est fort heureux pour nous et pour elle aussi, je suppose. Madame Jeault fait les soubrettes, et s'en acquitte convenablement. Sa voix assez maigre et quelque peu glapissante, s'accorde bien avec son emploi, aussi perd-elle beaucoup dans les rôles d'étiquette et de salon. L'habit de petit garçon, de gamin de Paris surtout, lui sied à merveille.

Madame Lefèvre n'est pas à beaucoup près aussi jolie que madame Jeault, mais madame Lefèvre est une véritable actrice. Elle a de l'âme et de l'enjouement, du naturel et de la grâce. Son organe est pur et flatteur, sa voix harmonieuse et fraîche. Elle chante fort agréablement, avec goût et méthode. Peut-être pourrait-on lui reprocher l'abus qu'elle fait de la *sentimentalerie* : elle pleure un peu trop volontiers ; il est vrai qu'elle pleure avec expression et larmes, et que la sympathie larmoyante lui est acquise dans toute la salle, dès qu'elle pousse un soupir ou qu'elle pose sa main sur son cœur. En résumé, je n'hésiterais pas à nommer madame Lefèvre, la meilleure actrice du théâtre, si nous n'avions madame Meynier.

Madame Meynier est une petite femme toute aimable, et qui dit le vers avec une grâce vraiment charmante. Personne ici ne rappelle aussi bien le théâtre Français : son intonation est fine, railleuse et pleine d'atticisme : on voit qu'elle a pratiqué la bonne école, et qu'elle a joué la comédie autre part que sur les planches de province. Nous voudrions bien pour elle et pour nous, que M. le directeur nous donnât plus souvent l'ancien répertoire ; madame Meynier et madame Lefèvre pourraient y ramener la foule, qui décidément se lasse de toutes les monstruosités dramatiques dont on nous régale depuis si longtemps. Il est bien vrai que les mélodrames-vaudevilles, les farces et bouffonneries grotesques, ont perdu la comédie en province : on ne l'y joue plus, parce qu'elle ennuie tout le monde, et elle ennuie tout le monde, parce qu'elle est mal jouée, et elle est mal jouée parce qu'elle ennuie tout le monde : tout cela est pourtant vrai : la comédie étant dédaignée, il ne se forme plus d'acteurs capables de la bien jouer : on ne rencontre plus partout que de petits acteurs à la glace, fredonnant de misérables couplets, quelques méchants farceurs, quelques forcenés hurlant le mélodrame, des niais et des caricatures, race qui pullule et prospère. On ne fait pas toujours recette avec ces moyens-là, et M. Nestor doit commencer à s'en apercevoir. Viennent les bonnes pièces, viendront les bons acteurs, viendra le public et l'argent... que je lui souhaite au nom de l'art, du plaisir de la foule, et de l'intérêt que je lui porte, AINSI SOIT-IL.

Agréez, Madame, avec mes regrets mortels d'une aussi longue épître, l'assurance de tous les sentiments de zèle et de dévouement de

Votre très humble et très vieux serviteur,

MICHEL CHAMPENOIS

(de *Rilly-la-Montagne*).

—A l'approche du jour de l'an, nous ne devons pas manquer de recommander comme livre d'étrennes, le charmant ouvrage de madame Pauline C. de Mouzay, *Louise et sa Mère, ou de l'Education*; 2 vol. in-12, ornés de planches, dont *la Chronique de Champagne* a déjà rendu compte. Cet ouvrage a été jugé digne de concourir pour le prix *Monthion*, que l'Académie Française décernera dans le courant de l'année 1838.

—BIBLIOTHÈQUE DE M. LEBER. La ville de Rouen vient de donner à la France, un exemple qui, nous l'espérons, ne sera pas entièrement perdu. Son conseil municipal instruit, comme tous les littérateurs sérieux, des curiosités nombreuses et variées qu'offrait l'admirable bibliothèque de M. Leber, membre de la Société royale des Antiquaires de France, vient de conclure avec cet honorable savant, une convention aux termes de laquelle la propriété de tous les livres qui la composent est acquise à la ville de Rouen. Mais ceux qui connaissent M. Leber, comprennent parfaitement qu'on eût inutilement essayé de le décider à se dessaisir, vivant, de l'œuvre de toute sa vie. M. Leber reste donc possesseur de sa bibliothèque jusqu'au jour, probablement fort éloigné de son décès. Et, jusqu'alors, la ville de Rouen lui assigne une rente annuelle de trois mille francs, qu'il lui sera permis d'employer à rendre encore plus précieuse, l'une des plus précieuses collections historiques qu'ait jamais faite un particulier.

— *La Chronique de Champagne* s'est assuré la collaboration de l'auteur des *Lettres du Cousin*, dont ce numéro-ci publie la première. Dans ces lettres, il sera fait mention des nouveautés, des arts et de la littérature, des événements de l'époque, des bruits de salons, eh un mot, de la Chronique Mensuelle de Paris. Ni le charlatanisme, ni les réputations usurpées, ni les nullités orgueilleuses, les médiocrités incorrigibles, ni les fanfarons de scandale, de déraison ou d'immoralité, ne trouveront grâce devant notre spirituel correspondant, qui, toutefois nous a promis de n'être injuste envers personne, et de donner à chacun, suivant l'occurrence, sa part de louange et de critique. Malheureusement de nos jours, dans les revues et les grands journaux de Paris, la louange se paye à tant par ligne : le public le sait, et trouve la louange à trop bon marché, partant nauséabonde. Notre cousin ne veut pas être nauséabond; d'ailleurs il est peu connu, c'est un bonhomme tout simple, tout ingénu, tout champenois, que personne ne craint, ne redoute, dont nul ne soupçonne la malicieuse humeur, et ne cherche à entraver la critique. Il se nomme JEAN : il est le cousin de sa cousine. Voilà tout ce que l'on connaît de lui : là-dessus, *la Chronique de Champagne* n'en sait pas plus que tout le monde, et prie ses lecteurs de ne pas vouloir soulever un voile dont elle-même ne tient pas les coins.
— Les *Lettres du Cousin* paraîtront à l'avenir mensuellement et sans interruption, et formeront le premier article des VARIÉTÉS de chaque numéro.

Errata : page 330, ligne 10, au lieu de

    Et les fleurs dont nos champs *éclatent de* beauté.

Lisez :   Et les fleurs dont nos champs *étalent la* beauté.

HISTOIRE.

APERÇU GÉNÉRAL

DE

L'HISTOIRE DE CHAMPAGNE.

LES COMTES DE CHAMPAGNE.

(Suite).

Henri le Large, à peine de retour de son second voyage en Palestine, mourut à Troyes, au mois de mars 1180. Il avait fondé et richement doté treize églises collégiales, entre autres, Saint-Quiriace de Provins; Saint-Nicolas de Sézanne, dont l'Hôtel-Dieu de Reims possède aujourd'hui l'antique domaine; Saint-Maclou de Bar-sur-Aube; et l'*Insigne* église de Saint-Etienne de Troyes, attenante à son palais, et où bien souvent il se rendait pour assister à l'office divin, entrant au chœur avec sa brillante toque de velours écarlate, et sa riche aumônière de la même couleur. Dans la dispersion de ses biens, les pauvres ne furent pas oubliés; treize hôpitaux lui durent leur patrimoine et leur institution; le principal fut l'Hôtel-Dieu de Troyes, qui en retint le titre d'*Hôtel-Dieu le Comte*. La libéralité de ce prince ne connaissait point de bornes, et jamais nulle misère ne l'implora en vain. Joinville raconte qu'un jour, à défaut d'argent, il donna à un pauvre chevalier la personne même de son trésorier, Artaud de Nogent, qui se trouva, lui, assez riche pour payer au titulaire de cette donation bien caractéristique de l'époque, une rançon de cinq cents livres.

Henri le Large avait épousé Marie de France, fille de Louis le Jeune et d'Eléonore de Guienne, la *gentius feme*, qui, pélerine en Terre-Sainte, s'en fut, par une belle nuit, transfuge du camp français et de la foi chrétienne, chercher sous les tentes de l'Infidèle le don d'amoureuse merci; déjà elle touchait au terme de sa course, quand Louis lui-même atteignit l'adultère et la ramena, non plus reine, mais prisonnière, aux étendards de la croisade (1).

Henri eut de son mariage deux fils, Henri II, qui lui succéda, et Thibault, qui régna après son frère.

(1) La plupart des historiens ont ou ignoré, ou mal présenté ce fait, qui a eu pour la France des conséquences si graves. Tous se sont accordés à blâmer Louis VII d'avoir, en répudiant l'amante de Saladin, perdu l'occasion de réunir à la couronne les grands domaines de cette riche princesse, et livré à l'Angleterre la souveraineté d'une vaste portion du sol français. Moins délicat en effet que le père de Philippe Auguste, Henri Plantagenet épousa bientôt la reine répudiée, et eut, avec sa honte, ses états de Guienne, d'Anjou, de Touraine, de Poitou, etc. Mais c'est bien moins, selon nous, par ses conséquences funestes, que par la généreuse susceptibilité dont elle est empreinte, qu'on doit juger la détermination toute chevaleresque de Louis VII, détermination qui fut approuvée de saint Bernard lui-même. Nous rapportons ici les détails ignorés de l'aventure d'Eléonore, tels que nous les donne un manuscrit presque contemporain, *la Chronique de Rains*, précieux monument jusqu'alors inédit, que vient de publier M. Louis Paris.

« Et quant la roine Eliénor vit la défaute que li rois avoit en lui, et elle oï par-
» ler de la bonté et dou sens et de la prouèche Salhédin si li manda salus, par un
» drughemans, et bien sceust que s'il pooit tant faire qu'il l'en peust mener, elle
» le prendroit à signeur et relinquiroit sa loi. Quant Salehedin l'entendit par la
» lettre que li drughemans li ot baillie, si en fut moult liés. Car il savoit bien que
» c'estoit la plus gentius feme de la chrestienté et la plus riche. Si fist apprester
» une galie et mouvoir d'Escalon où il estoit et aler à Sur atout le drughemans : et
» i arrivèrent entore la mye nuit. Et li drughemans monta à mont par une fausse
» poterne et vint en la cambre la roine qui l'atendoit. Quant elle le vist, si dist :
» quels nouvièles? — Dame, dist-il, veschi la galie qui vous atend au rivage : or
» don hastés que vous ne soyés pierchute. — Parfoi, dist la roine, c'est bien faict.
» Atant prist 2 damoisielle atout 2 coffres bien garnis d'or et d'argent, et les en
» voloit faire porter en la galie, quant une des damoisielles issi de la cambre au
» plus coiement quelle pot, et vint au lit le roi qui dormoit, et l'envella et li dist :
» Sire, malement est : madame s'en voet aler en Escalonie avec Salehedin et la
» galie est au port, si l'atent. Quant li roi l'oï, si sali sus et se vestit et atourna
» et fist sa mainsnie armer et s'en alla au port et trova la roine qui jà estoit d'un
» piet en la galie : et la prist par la main et la ramena arrière en sa cambre : et la
» mainsnie le roi retint la galie et ceaux qui estoient dedans : car il furent si sous-
» pris qu'ils n'orent pooir d'eaux deffendre. Et li rois ce manda à la roine pour
» quoi elle voloit en fuir. En nom Dieu, dit la roine, pour vostre mauvaisté, car
» ne valés pas une prune pourie ; et j'ai tant oï dire de bien de Salehedin que
» j'aime mieus que vous : et saciez bien, de voir, que de moi tenir ne jorés non jà ».

La fin du xiie siècle et le commencement du xiiie marquent dans l'histoire cette époque si longtemps incomprise, où la chevalerie et la gaie science, toutes pétulantes de jeunesse, tout étincelantes de verve, emportées l'une et l'autre par la double ardeur de la gloire et de l'amour, l'une et l'autre enthousiastes et frivoles, rêveuses et passionnées, dédaigneuses de la vie et folles d'un baiser, brillèrent de l'éclat prestigieux, qui aujourd'hui encore rayonne en tons vifs et dorés sur la société de ces temps héroïques, et lui prête cette physionomie grandiose à la fois et joyeuse, sous laquelle l'œil ébloui retrouve à peine les misères de la vie réelle. Les romans de la Table-Ronde, ceux des Douze Pairs, magnifiques épopées, que d'ingénieux rhapsodes s'en allaient récitant de castel en castel, avaient exalté toutes les têtes, enflammé toutes les imaginations, et quiconque se sentait le cœur battre, voulut, vaillant émule des héros d'Arthus et de Charlemagne, guerroyer et mourir pour sa dame et son Dieu. On ne rêva plus que combats et tendres aveux, amour et bons coups d'épée, dévouements sans espoir et trépas glorieux. Ce fut l'âge de la loyauté pure, de l'inflexible honneur, des vœux bizarres, des lointains pélerinages, de l'aveugle crédulité, et des histoires merveilleuses. Esclave de sa dame et de sa parole, le chevalier mourait plutôt que de s'affranchir de l'une ou de l'autre. Alors il se vit de généreuses amitiés, des amours sans fin, des fidélités inviolables, toutes choses étranges et bizarres en notre siècle, où elles seraient certes aussi ridicules, que ne manqueraient pas de l'être, hors du théâtre, les riches et galants costumes des preux et des nobles dames, les longues robes d'écarlate doublées de vair ou d'hermine, les surcots de samis vert broché d'argent et d'or, l'écu savamment blasonné, le heaume orné du *nobloy*, la cotte de maille, et le casque au mouvant panache, à la tête de licorne, aux ailes de griffon.

Ce qu'on ne sait pas assez, c'est que la chevalerie, dans son principe et dans son origine, fut un bienfait du christianisme, une garantie créée par l'Eglise en faveur de la civilisation, et la seule protection possible en ces temps d'anarchie, pour les opprimés et les *chétifs*. « L'occasion
» de cet établissement, dit Boulainvilliers, fut l'extrême désordre où
» la multiplicité des seigneurs particuliers avait mis toute la France.
» Chacun voulait être indépendant, et pour parvenir à cette fortune,
» on employait une violence excessive envers les plus faibles, pour en
» tirer des soumissions et de l'argent. La dépravation se porta à la fin
» si loin, qu'il n'y avait plus de sûreté sur les chemins. Le commerce d'une
» ville ou d'une province à l'autre devint impossible. Plus de bois ni de
» campagnes où les marchands ne fussent pillés; plus de ponts ni de pas-
» sages où l'on ne payât des droits arbitraires de la part des châtelains,

» qui rançonnaient les indéfendus. Les veuves et les orphelins étaient tou-
» jours dépouillés de leurs biens............ On ne s'avisa point alors de re-
» courir à l'autorité des rois. Elle était si faible, ou plutôt si peu connue,
» qu'elle n'aurait pu entreprendre raisonnablement de calmer un si grand
» désordre; mais les prélats et les gens d'Eglise y réussirent par le moyen
» de la prédication. Les personnes d'honneur se laissèrent persuader, et
» ils formèrent entre eux certaine association, dans laquelle tous ceux qui
» se piquèrent ensuite de probité ou de gloire effective, s'empressèrent
» d'entrer. L'engagement que l'on y prenait était de défendre les opprimés,
» les veuves, les orphelins, les dames et damoiselles, de procurer la liberté
» des chemins, la destruction de la tyrannie, la facilité des semences et des
» moissons, enfin la ruine des châteaux qui servaient de retraite aux mé-
» chants. Voilà l'origine de ce que l'on appela depuis chevalerie, laquelle
» on ne manqua point de consacrer par des cérémonies religieuses, aussi
» bien que par les militaires. »

La chevalerie en effet fut un sacerdoce conféré par l'Eglise avec les solennités les plus augustes, et tout l'imposant appareil des pompes catholiques. On sait les détails de ces cérémonies saintes, la veille des armes, l'accolade, le serment, et le bain commémoratif du baptême, et la blanche tunique, symbole de pureté, et la *paulmée*, naïf emblème d'une seconde confirmation, et la confession mystérieuse, et le festin eucharistique, et toute cette resplendissante liturgie, du milieu de laquelle sortait, marqué du sceau divin, le héros voué au culte de l'honneur et à la défense de tous les droits.

En même temps qu'il consacrait ainsi des protecteurs pour le peuple, et qu'il suppléait à l'absence ou à l'inertie des lois écrites, par la création de ces lois vivantes, armées du glaive et du bouclier, le christianisme, dans sa divine intelligence de tous les besoins de l'humanité, ouvrait à la démocratie trop faible encore pour se risquer au choc du mouvement social, les retraites nouvelles fondées par les Bruno, les Dominique, les François d'Assises. Les conciles, sénats de prêtres, dont la grandeur n'eut que de pâles analogues dans les sénats de rois chassés du capitole par le pêcheur galiléen, continuèrent, au profit de la liberté du monde, la liberté de discussion, l'indépendance du vote, et la majesté des assemblées souveraines; la chaire conserva aux sociétés modernes, les traditions de l'éloquence publique, les gloires de la tribune aux harangues, toutes les hardiesses de la puissance tribunitienne; et c'est à l'ombre des cloîtres que se sont perpétuées les doctrines évangéliques d'égalité et de fraternité; sous les vieilles voûtes des chapitres conventuels, se sont retrouvées les plus saines maximes sur le droit d'élection, et sur l'origine populaire du pouvoir. A ceux que n'avait pu protéger *la commune*, à ceux que l'Université n'admettait point au partage de ses priviléges et de son influence; à ces âmes inquiètes, maladives, qui cherchent en vain leur place dans la société; à tout être pauvre, isolé, souffrant, les monastères furent un noble refuge où, dans les douceurs de l'étude et les triomphes de la prédication, toute ambition généreuse trouva à se satisfaire, et toute douleur à se consoler. Ces belles institutions eurent alors tant d'éclat et de force, parce qu'elles venaient en leur temps, parce qu'elles répondaient à l'un des plus pressants besoins de l'époque. Mais, comme toute œuvre humaine, elles ont disparu, minées par l'action du temps, et leur poussière s'est dispersée au souffle des révolutions, quand déjà, depuis longues années, l'esprit des saints fondateurs s'était retiré d'elles.

Ainsi fut-il et plus promptement encore de la chevalerie. A peine comptait-elle cent cinquante ans d'existence et de gloire, qu'envahie par les passions les plus antipathiques à ses conditions d'existence, souillée des vices et livrée aux excès qu'elle avait surtout mission de réprimer et de combattre, elle mit à la place de la foi chrétienne, une superstition étrange, une folle confiance en des pratiques purement extérieures, matérialisant ainsi son principe spiritualiste, tandis qu'elle spiritualisait l'amour, son principe terrestre, et en faisait ce mysticisme incompréhensible et bizarre qui ne reconnut plus d'autre divinité que la femme, d'autre loi morale que le caprice d'une maîtresse. L'amour, et plus souvent encore la galanterie qui n'en est que le mensonge, eurent donc le singulier privilége, moyennant toutefois un vœu plus ou moins fantasque à Notre-Dame, ou à quelque saint en crédit, de sanctifier tous les dérèglements, de diviniser tous les dévergondages. Les curieuses histoires, les légendes merveilleuses, les poèmes chevaleresques du XIIIe et du XIVe siècle offrent de nombreux exemples de meurtres, de vols à main armée, d'adultères surtout, glorifiés comme généreuses prouesses, s'ils se colorent d'un prétexte amoureux, si le héros y a fait preuve de courage, et d'aveugle dévouement à sa dame. L'aventure du châtelain de Coucy et de la dame de Fayel, ces deux amants si tendres, si beaux et tant chantés par les menestrels, ne fut qu'une intrigue adultère, que sa fatale catastrophe, et la vengeance, toute sauvage et atroce qu'elle fût, du sire de Fayel, ne peuvent légitimer, si ce n'est aux yeux d'un fanatique *servant d'amour*, ou dans la facile morale de quelque vagabond *trouvère*. Le Décaméron de Bocace, les Contes de la reine de Navarre, portent l'empreinte fidèle des mœurs de cette époque.

Mais tout en signalant les désordres où succomba la chevalerie, dans sa période de dégénérescence, n'oublions pas que c'est à l'influence des idées de grandeur, de générosité, de désintéressement, fécondées par le christianisme au sein de cette brillante institution, que la société fut redevable de tant de chartes de commune, de tant de lettres d'affranchissement, et de ces libéralités immenses, qui, en subdivisant le sol, furent le premier pas vers l'aisance générale, et vers une meilleure répartition de la fortune publique.

Henri II hérita de l'esprit chevaleresque de Thibault le Grand, et de Henri le Large, comme il avait hérité de leur couronne; et, comme eux, il fut libéral, magnifique, et brave. C'est sous son règne qu'éclata, dans la ville de Troyes, le fameux incendie du mois de juillet 1188, pendant que se tenait la foire de la St-Jean, ou *foire chaude*. « La sécheresse, dit Cour-
» talon, était alors extraordinaire, et le 23 du mois, lendemain de la Ste-
» Magdeleine, un incendie terrible se déclara pendant la nuit, et s'accrut
» avec une rapidité incroyable, augmentée encore par l'impétuosité du
» vent...........La Cathédrale, l'église de St-Etienne, l'Hôtel-Dieu, les étuves
» aux hommes furent consumés, ainsi que l'abbaye de Notre-Dame aux
» Nonnains, où plusieurs religieuses furent la proie des flammes............ Le
» comte Henri, pénétré du malheur de son peuple, employa ses revenus à
» la reconstruction des édifices publics et des maisons particulières, et à dé-
» dommager ceux qui avaient été enveloppés dans cette affreuse calamité. »

Deux ans après cet événement, Henri prit la croix, et se rendit à la Terre-Sainte avec Philippe Auguste, et Richard-cœur-de-Lion, laissant le gouvernement de la Champagne à sa mère, Marie de France, sœur de ces deux rois. Mais tandis que la chrétienté semblait unie sous une même bannière et dans un même enthousiasme religieux, contre les envahissements de l'Islamisme, une guerre intestine, guerre d'intrigues, de trahisons et d'assassinats, divisait la croisade, et, sous les menteuses apparences de l'union la plus sainte, divisait en deux camps ennemis les troupes coalisées d'Angleterre et de France. La *Chronique de Rains* jette sur ces événements, et sur la part qu'y prit le comte de Champagne, un jour tout nouveau, dans ce curieux passage :

« Li rois Ricart ot moult le cueur enflé dou rois Phelippe qui avoit l'ou-
» neur d'Acre, si le prist forment à haïr et meymement pour l'ocoison de
» son pére, et pourcacha tant par ses dons que li rois fu enherbés : mais
» Dieu merchi! li enherbemens ne fu mie à mort. Quant li rois Ricart vit
» quil ot fali, si traïst au conte de Flandres et au conte de Campaigne et
» au conte de Blois et tant lor dona de ses eskallins que il jurerent la mort
» li roi, et traitièrent coment il en ouveroient. Mais Diex qui n'oublie pas
» les siens, envoia une maladie au conte Phelippe dont il moru. Quant il se
» senti agrevé, si manda au roi Phelippe son filleul que il venist à lui, et

» li dist quant il fu venus. — Biaus filleul, faites prendre une corde et le
» me faites mettre en tour le col et me faites trainer par toutes les rues
» d'Acre, car je l'ai bien désiervi. Quant li rois l'oï ensi parler, si quida
» que il ne fust mie bien en son sens, et li dist : — Biaus parins que çou
» est que vous dites ? — En mon Dieu, dit-il, je sai bien que di. Saciés de
» voir, biel filleul, que j'ai vostre mort jurée et çou et li quens Henris
» vostré niés et li quens de Blois : et bien saciés de voir que sé vous n'en
» alés errantement que vous serés mors et trays. — Hé, dist li rois, biaus
» parins, pourcoi vous y accordastes vous ? En nom Dieu, biaus filleul, il
» meussent autrement ocis.

» Atant se parti li rois dou conte à grant mésaise de cuer et pensa
» toute la nuit que il feroit, et s'avisa que il feroit crier que tout li cheva-
» liers venissent mangier à sa court au tierc jour : et fist apareillier viandes
» à grant plenté, si que il convenoit à court de Roi. Et ne quedent, il n'ou-
» blia pas çou que li quens de Flandres li avoit dist. Si fist atourner coie-
» ment sa nave et fist mettre dedens que onkes mestiers li fu, et lende-
» main devant le jour monta sour mer seurement atout ses privés.

» Quant li quens Henri sot que li rois s'en aloit, si se mist en une barge
» et sen ala après lui et le consuit, car il n'estoit mie encore lonc. Si li dist :
» Biaus Sire, biaus cousin, me lairés vous donc en celle estrange tère ? —
» Li rois respondi et dist : — oil ! par la lance saint Jaque, mauvais traitres,
» jamais en Campaigne ne rentrerrés, ne vous ne vostre oir. Atant retorna
» li quens en Acre et vint au roi Ricart et li dist : Sire, nous soumes des-
» truict et hounit, car li rois s'en va en France et bien set par le conte Phe-
» lippe çou que nous avons traitiés ; et bien saciés que il nous destruira tous ».

Ainsi s'expliqueraient et l'inexplicable générosité de Richard pour Henri
de Champagne, et la rigueur politique qui bannit les enfants de ce dernier de l'héritage de leurs pères. L'armée des croisés avait reconquis Acre,
et, avec d'autres possessions, reconstitué le royaume délabré de Jérusalem.
Guy de Lusignan, l'époux du choix de la reine Sybille (1), et si odieux à
cause de ce choix même à tous les barons d'outre-mer, ne put remonter
sur le trône où l'avaient élevé sa vaillance, et l'amour d'une princesse plus
tendre qu'habile. Les orgueilleux feudataires, vassaux de la couronne de

(1) L'aventure de Lusignan et son mariage avec la reine Sybille, ont fourni
à M. Em. Dupaty, de l'Académie française, la matière d'une tragédie inédite,
quoique reçue depuis longtemps au théâtre Français. Ce brillant poème, dont nous
avons obtenu une bienveillante mais trop rapide communication, nous a paru,
sous le double rapport du style et des moyens dramatiques, destiné à un succès
éclatant. On ne peut assez regretter que de telles œuvres soient étouffées dans les
tripotages de la coterie qui exploite l'administration de la Comédie Française.

Godefroi, refusaient de défendre cette couronne, tant qu'elle serait portée par un homme de condition selon eux inférieure. La déchéance de Guy, fut donc la condition de salut pour la Palestine. Le choix d'un nouveau souverain étant unanimement déféré à Richard-cœur-de-Lion, il désigna son neveu, Henri comte de Champagne, et, pour prévenir toute résistance de la part du parti de Lusignan, abandonna à ce prince le royaume de Chypre, que l'armée anglaise venait de conquérir.

Henri avait épousé Isabelle, fille puînée d'Amauri, roi de Jérusalem, et veuve de Conrad de Montferrat. Son règne fut court, et sa fin malheureuse. L'an 1197, il se tua en tombant d'une fenêtre de son palais de St-Jean d'Acre. Les circonstances de cette chute fatale sont diversement rapportées par les historiens. Selon les uns, Henri haranguait ses troupes assemblées pour une expédition contre Saladin; selon d'autres, il venait de quitter la table, et se lavait les mains; enfin, selon *la Chronique de Rains*, il discutait un emprunt avec un riche bourgeois. Voici le texte de cette dernière version : « Adonc avint que li rois..... en ala en Acre, et vot emprunter deniers à un » bourgois, et le traist d'une part de jouste une feniestre qui ouvroit par » defors, et estoit close sans fremer, et li Rois si apoïa et maintenant li fe- » niestre ouvri et li roi chéi et brisa le col : et si chevalier et sa maisnie » coururent aval et le drecièrent et trouvèrent qu'il avoit le col rompu; si » demenèrent grant duel. Li cors fu emportés en Cypre et fu illuec ense- « velis ». Quand cette nouvelle parvint à Troyes, Marie de France quitta le gouvernement du comté, et remit à Thibault III, l'héritage de son frère, sans égard pour les réclamations des deux filles de Henri, dont les efforts n'aboutirent qu'à des troubles énergiquement réprimés par le roi de France, uni contre elles à son nouveau vassal.

Sur la fin du règne de Thibault, au commencement du XIII° siècle, naquit à Troyes dans la boutique d'un pauvre cordonnier, en la censive de l'abbaye de Notre-Dame aux Nonnains, Jacques, fils de Pantaléon. « En ces » temps-là, dit le P. Desguerrois, on choisissait des enfants de nature pie, » doulce, bénigne, accorte et généreuse, ayant aussi un bon esprit, pour les » mettre à l'esglise ». Jacques fut l'un de ces enfants que l'Eglise, qui ne laisse pas la lumière sous le boisseau, allait chercher dans la misère et l'obscurité, pour les initier aux merveilles de la science, et les admettre ensuite au partage du pouvoir suprême qu'elle exerçait alors. Ainsi, en face des dignités héréditaires et des priviléges héraldiques de la naissance, se plaçaient, sous l'habit du pauvre prêtre, ou sous l'humble froc du moine, le privilége plébéien de la science, et la dignité toute personnelle du talent. Jacques fit ses premières études aux écoles gratuites de la Cathédrale de Troyes. Cette église, comme toutes celles de France, avait, près de l'Université de Paris, un collége où elle entretenait ceux des étudiants à qui leur indigence eut interdit les hautes études. Jacques y fut envoyé, et y devint successivement maître ès arts, docteur en Droit et docteur en Théologie. Orateur éloquent, savant laborieux, il fut encore artiste distingué, et l'un des plus brillants musiciens de son temps.

L'évêque de Laon, Anselme, né au village de Bercenay-le-Hayer près de Troyes, voulut s'attacher le fils de Pantaléon. Jacques, d'abord vicaire, ensuite curé, puis chanoine et archidiacre de Laon, fut appelé, après la mort d'Anselme, au poste éminent d'archidiacre de Liége. Le chapitre de cette église le députa en 1245, au concile que présidait à Lyon le pape Innocent IV ; ce pontife, qui, déjà connaissait le mérite du député de Liége, et appréciait sa haute capacité, lui fit accepter une prélature, et la dignité de vicaire apostolique près des cercles de Poméranie, de Livonie et de Prusse. Jacques présida en cette qualité le concile de Breslaw, où furent décrétés tous les subsides qu'il était chargé de solliciter pour la cour Pontificale. Ce succès lui valut, en 1252, l'évêché de Verdun avec la légation d'Allemagne. Il eut alors pour mission spéciale de faire prévaloir près de l'empire, l'anathème fulminé contre Frédéric II, anathème dont la politique romaine voulait que les effets, quant au temporel, s'étendissent à la postérité de l'Empereur. Conrad, son fils, avait été élu roi des Romains; Jacques Pantaléon arrivait pour l'exclure du trône impérial, et plus tard quand le fils du cordonnier de Troyes fut à son tour roi de Rome et du monde, on le vit interdire aux électeurs le choix de Conradin, petit-fils de l'excommunié Frédéric. Sa légation en Allemagne fut interrompue par son incarcération dans un château du pays de Trèves, où les partisans de la maison de Souabe le retinrent prisonnier jusqu'après la mort d'Innocent IV. En s'emparant de sa personne, on n'oublia pas de piller ses équipages, et de le dépouiller lui-même complètement; mais quelques années après, alors que leur prisonnier occupait la chaire de St. Pierre, les auteurs de l'attentat sollicitèrent l'absolution du pape, et offrirent de restituer le butin. L'absolution fut aussitôt donnée, et la restitution refusée, le St Père jugeant sans doute qu'Urbain IV n'avait pas à venger l'injure de Jacques Pantaléon.

De retour à Verdun, il en fut presqu'aussitôt rappelé par le successeur d'Innocent. Les affaires de la religion, en Orient, étaient alors dans un déplorable état. Le Patriarche latin de Jérusalem, avec une partie de son clergé, avait été jeté à la mer par les Sarrasins. Le poste dangereux, que cette barbare exécution laissait vacant, fut confié à Jacques. Il partit pour Jérusalem. Après deux ans de séjour en Palestine, comme il revenait solliciter des secours pour les églises de son patriarchat, il arriva à Viterbe, où les cardinaux réunis en conclave, travaillaient en vain depuis trois mois à donner un successeur à Alexandre IV. Tout à coup les voix se réunirent en faveur du Patriarche de Jérusalem, et Jacques Pantaléon prit, avec la thiare, le nom d'Urbain IV, peut-être parce que le jour où la mort d'Alexandre avait ouvert pour lui les portes du Vatican, était celui de la fête de St.-Urbain.

Cependant la maison de Souabe, maîtresse des royaumes de Naples et de Sicile, s'était vengée sur l'Italie de ses revers en Allemagne. A l'avènement d'Urbain, il ne restait à l'église, du riche patrimoine de St-Pierre, qu'Anagni, Viterbe et Pérouse ; encore ces villes s'étaient-elles, à l'exemple de Rome insurgée, constituées en républiques municipales, et la souveraineté du pape y était à peine reconnue. Dans cette situation presque désespérée, le génie d'Urbain, dédaigneux d'une paix que la moindre concession eût rendue facile, appliqua hardiment la conséquence du principe posé par Innocent IV. L'anathème qui avait brisé le sceptre des Césars aux mains de Frédéric, vint frapper sur le trône de Sicile Mainfroy, prince d'ailleurs odieux à la chrétienté, par son alliance intime avec les Sarrasins d'Afrique, par sa lâche usurpation des droits de Conradin, son neveu, et par les actes de violence et de tyrannie qui souillaient son gouvernement. Urbain proclama la déchéance de Mainfroy et de tous les siens, publia la croisade pour l'exécution de sa sentence, et offrit Naples et la Sicile au frère de Louis IX, Charles, comte d'Anjou et de Provence. La négociation fut épineuse et longue : Simon, natif de la Brie, qu'Urbain avait fait cardinal et légat, et qui régna à son tour sous le nom de Martin IV, la conduisait à Paris, tandis que, du fonds de sa retraite de Viterbe, et presque sous les yeux de Mainfroy, dont l'armée le serrait chaque jour de plus près, le pape la dirigeait par une correspondance, chef-d'œuvre de discussion et d'habileté diplomatique. Enfin les scrupules du saint roi furent levés, et l'offre du pontife acceptée. Un traité fut conclu qui restituait le Saint-Siège dans la souveraineté de son domaine temporel, rétablissait les peuples dans leurs anciennes franchises et libertés, et réservait à la chaire apostolique un droit de pleine suzeraineté sur les rois de Naples et de Sicile. Le concile de Paris de 1264, accorda sur les biens du clergé un subside pour l'exécution de ce traité. Ainsi le fils du cordonnier Pantaléon, Jacques de Court-Palais, comme l'appelaient les sots et les envieux de ce temps-là, fidèle à la patrie française, couronnait un prince français ; fidèle à la religion, confiait la Sicile, ce poste avancé de l'Europe chrétienne, à un vassal de l'Eglise ; fidèle enfin au principe démocratique, dont il était sorti, humiliait sous l'empreinte souveraine de l'anneau du pêcheur, le noble écu d'azur aux trois fleurs-de-lys d'or.

Les soins de cette importante négociation occupèrent tout le pontificat d'Urbain, mais ne l'absorbèrent pas. Avec non moins d'activité, avec une égale supériorité de caractère et de talent, il se porta médiateur dans les troubles civils qui désolaient l'Angleterre; il intervint comme juge dans la querelle d'Alphonse de Castille et de Richard de Cornouailles, tous deux prétendant à l'Empire ; il vit à ses pieds le vainqueur de Baudouin, Michel Paléologue, ivre encore du succès qui l'avait ramené dans la ville de Constantin, sollicitant l'appui de Rome et la cessation du schisme; enfin sa vigilance sauva la civilisation des désastres d'une nouvelle invasion de barbares, et les hordes de Genghizkhan furent pour jamais refoulées vers l'Asie.

Mais tandis que le christianisme échappait, dans le nord de l'Europe, aux incursions des Tartares, les fougueux disciples de Pierre de Vaud, s'obstinaient, dans le midi de la France, à menacer sa doctrine et sa hiérarchie. De vagues réminiscences de l'occupation sarrasine, quelques souvenirs tronqués du Koran, des prétentions héréditaires à la souffrance et à l'oppression, prestigieux mensonges d'une gloire éclipsée, firent des campagnes du Languedoc et du Dauphiné, l'opiniâtre foyer où, durant des siècles, fermentèrent, toujours près d'éclater en atroces fureurs, ces malaises inexpliqués, ces colères instinctives, ces haines traditionnelles de l'ordre établi, sans lesquels nul avenir ne se fût jamais ouvert à l'hérésie. Au XII° siècle, l'incendie fut rapide, immense, irrésistible ; le vieil esprit de Mahomet, évoqué soudain parmi ces populations ardentes, s'élança, comme en ses premiers jours, infatigable ravageur, répandant partout la dévastation et le meurtre. La violence appela la violence, et du fanatisme de destruction naquit le fanatisme de conservation. Dans ces luttes sanglantes, toute hérésie ancienne, secouant le poids de l'anathême, accourait en aide à l'hérésie nouvelle; dans cette rude mêlée de faits contradictoires et d'idées ennemies, tout dogme était mutilé, tout mystère défiguré, toute croyance ébranlée ; au plus fort du combat, l'évidence même devenait douteuse, la vérité semblait prête à s'éteindre.

Le dogme de la transubstantiation eucharistique fut surtout en butte aux attaques des novateurs, et la foi inquiète ne savait plus où se prendre, au milieu des obscurités d'une dialectique effervescente autant que subtile. Urbain IV, pour fixer sans retour toutes les incertitudes, résolut d'exposer aux yeux des peuples le mystère lui-même traduit en un fait sensible, et d'une imposante solennité. Il institua la Fête-Dieu. Le plus beau génie de ce siècle, Thomas d'Aquin en rédigea l'office, admirable poème, création sublime entre les plus sublimes créations de cette grande époque. La musique, majestueuse et simple comme les plus beaux rythmes de la mélopée antique, composition grave, chaleureuse, pénétrante, splendide comme les harmonies célestes, puissante comme le génie religieux, cette musique, écho lointain mais pur des concerts éternels, fut, sinon écrite, au moins inspirée par Urbain lui-même.

Ce précieux monument de l'art au moyen âge, n'est pas le seul dont l'histoire lui soit redevable; trop grand pour renier son humble origine, Jacques Pantaléon voulut, par un monument durable, honorer sa patrie, et consacrer le souvenir de sa reconnaissance pour l'église de Troyes, qu'il appelle dans ses lettres la nourrice de ses jeunes ans, et la source de sa grandeur. A peine élevé au souverain pontificat, il avait envoyé à Troyes quatre cents marcs d'argent distribués par égales portions, à la cathédrale sa bienfaitrice, à la collégiale de Saint-Etienne, à la paroisse Saint-Jacques, où reposaient les restes de son père, au monastère de Notre-Dame-des-Prés, où étaient les cendres de sa mère.

Bientôt après, il acheta de l'abbaye de Notre-Dame aux Nonnains, avec le terrain sur lequel s'élevait la chétive demeure où il était né, un espace suffisant pour une vaste construction; et l'élégante basilique de Saint-Urbain, l'un des chefs-d'œuvre de l'art français, remplaça l'ignoble boutique du cordonnier Pantaléon. Cette œuvre de prédilection touchait à sa fin, quand Urbain IV poursuivi par Mainfroy, et trahi par ceux de Viterbe, s'enfuit de cette ville pour chercher un refuge à Pérouse, où il arriva malade, et où il mourut après un séjour de vingt-quatre heures, le 2 octobre 1264. « Sa mort, dit Grosley, qui eût été plus douce dans un rang moins élevé, » fut honorée de l'apparition d'une comète, sur le cours de laquelle l'auteur » de sa vie, écrite en vers, a donné un détail très étendu et très astrono- » mique. »

Le cardinal Ancher, son neveu, qui fonda à Troyes l'église de St-Pantaléon, termina l'édifice de St-Urbain, et compléta la dotation du Chapitre qui y fut établi. La dédicace de cette église dut se faire d'abord par l'archevêque de Tyr, commis par Clément IV pour cette cérémonie. Mais l'abbesse et les religieuses de Notre-Dame aux Nonnains, irritées de ce qu'elles considéraient comme un attentat à leur juridiction, prirent bravement les armes, entrèrent en campagne avec quelques dévots affidés, se saisirent de la personne du prélat, brisèrent les portes de l'église, renversèrent l'autel, et se livrèrent à des excès inouïs. Déclarées sacrilèges et frappées d'excommunication, elles n'obtinrent l'absolution papale qu'après amples satisfactions et dédommagements.

« L'église de Saint-Urbain, dit Courtalon, demeura imparfaite par la » mort de son fondateur; néanmoins le vaisseau mérite l'attention des cu- » rieux. Il est élevé de cent pieds à onze pouces : la croisée qui est de

COLLÈGE DE St URBAIN A TROYES.

» même répond sur deux grandes rues, et est appuyée par dehors, de pi-
» liers et d'arcs-boutants délicatement travaillés. La voûte est remar-
» quable par son élévation et par la délicatesse de son œuvre. Le cava-
» lier Bernin qui la vit en 1665, en admira la beauté, et dit qu'il n'avait
» vu que la Sainte Chapelle de Paris qui en approchât. La flèche du clo-
» cher qui passait pour parfaite dans sa structure, et était remarquable par
» sa délicatesse. . . . ., avait de hauteur, à prendre depuis la ramée,
» quatre-vingt-sept pieds sans la croix, dont on admirait l'ouvrage et
» qui s'élevait de quinze pieds au-dessus. . . . . Le chœur est envi-
» ronné de vieilles tapisseries qui représentent la vie d'Urbain IV. On y
» voit son père qui travaille du métier de cordonnier et sa mère qui file
» sa quenouille. . . . . Cette église fut dédiée par Pierre d'Arcys, évêque
» de Troyes. »

Depuis longtemps Thibault III avait cessé de vivre.

H. Fleury.

(La suite à un prochain Numéro).

PALÉOGRAPHIE.

TESTAMENT DE SAINT REMY

AVEC DES COMMENTAIRES POUR EN FACILITER L'INTELLIGENCE.

(*Extrait des mnss. de* Lacourt, *t.* 2. *biblioth. de Reims*).

Suite.

XIII.

Vas argenteum triginta, et aliud decem et octo librarum, inter te, heres mea, et diæcesin tuam Ecclesiam Laudunensem, factis patenis atque calicibus ad ministerium sacrosanctum, pro ut volui, Deo annuente distribui.

J'ai partagé, ainsi que Dieu me l'avoit inspiré, un vase d'argent de trente livres, et un autre de dix-huit livres, entre vous, mon héritière, et l'église de Laon, que j'ai démembrée de votre diocèse : on en a fait des patènes et des calices pour servir à l'autel.

Commentaire.

Un ancien manuscrit porte : *vasa argentea triginta* au lieu de *vas argenteum*, etc. Saint Remy regarde toujours l'église de Laon, comme faisant partie du diocèse de Reims, quoiqu'elle fût érigée en évêché. Le comté de Laon était autrefois du diocèse de Reims, et l'Archevêque en avoit le gouvernement pendant la vacance.

XIV.

Louys que j'ai tenu dans les fonds de baptême me fit présent d'un vase d'or de dix livres, pour en faire ce que je jugerois à propos. Je vous ordonne, ô mon héritière, de l'employer en une tour et un calice, orné de bas-reliefs, sur lequel on gravera l'inscription que j'ai fait mettre à un calice d'argent de l'église de Laon. Si je vis encore quelque temps, j'exécuterai ces choses moi-même; et si la mort me prévient, je vous prie, ô Loup, évêque, fils de mon frère, par respect pour l'ordre épiscopal, d'accomplir en cela ma volonté.

Illud quoque vas aureum decem librarum, quod mihi sæpe nominatus dominus, illustrisque memoriæ Ludovicus rex, quem (ut prædixi) de sacro Baptismatis fonte suscepi, donare dignatus est, ut de eo facerem quod ipse voluissem, tibi hæredi meæ Ecclesiæ supra memoratæ jubeo turriculum et imaginatum calicem fabricari, et epigrammata, quæ Lauduni in argenteo ipse dictavi, in hoc quoque conscribi volo. Quod faciam per me, si habuero spatium vitæ; si autem clausero ultimum diem, tu fili fratris mei Lupe Episcope, species ante dictas, tui ordinis memor, efficias.

Commentaire.

On croit que ce vase d'or est celui que Clovis donna à saint Remy, à la place d'un autre que ses soldats prirent en une église du diocèse, lorsqu'étant encore payen, il passa près de Reims pour aller livrer bataille à Siagrius.

Turriculum. Les ciboires étoient faits anciennement en forme de tour : on y gardoit l'Eucharistie pour les malades. (*V. Du Cange*, dans la description de l'église de Sainte-Sophie).

Imaginatum calicem. On voit dans le traité de Tertullien *de Pudicitia*, que l'usage d'orner les calices de bas-reliefs est très ancien ; on y mettoit les images des saints, des apôtres, du bon pasteur, de Jésus-Christ et de la sainte Vierge. *Flod. de H*.*, p. 293.

Epigrammata. On gravoit des inscriptions sur les calices. Flodoard rapporte celle que saint Remy composa et fit mettre sur un de ces grands calices qui servoient à la communion sous les deux espèces. *Hauriat hinc populus vitam de sanguine puro,* etc. Il fut vendu depuis, lorsque les Normands ravagèrent la France, et le prix en fut employé à racheter les prisonniers qu'ils avoient faits. On voit dans les Pays-Bas, à l'abbaye de Saint-Josse, un calice qui a servi à cet usage avec ce vers écrit à l'entour,

Sumitur hic Christi sanguis, protectio mundi.

Le calice d'or dont on se sert à Notre-Dame, et qu'on appelle par tradition le calice de saint Remy, a cette inscription gravée sur le pied, *Quicumque hunc calicem invadiaverit, vel ab Ecclesiâ Remensi aliquo modo alienaverit, anathema fiat. Amen.* V. *Serrarius*, sur les lettres de saint Boniface, et *Onuphre* touchant les calices qui servoient à la communion du peuple.

XV.

Compresbyteris meis et diaconinibus qui sunt Remis, xxv. solidos æqualiter dividendos in commune dimitto. Vitis plantam super vineam meam ad suburbanum positam, simili modo communiter possidebunt cum Melanio vinitore, quem do in loco Ecclesiastici hominis Albovichi, ut Albovichus libertate plenissima perfruatur. Subdiaconibus solidos duodecim; Lectoribus, Ostiariis, et junioribus solidos octo jubeo dari.

Je laisse vingt-cinq sols à partager également et en commun, aux prêtres mes confrères, et aux diacres de Reims : ils jouiront aussi en commun d'une vigne nouvellement plantée, située au-dessus de celle que j'ai au faubourg. Melanius qui la cultive sera à eux, en échange d'Albovichus, serf ecclésiastique, que je mets en entière liberté. Je laisse de plus aux sous-diacres, douze sous; aux deux portiers, aux lecteurs et aux jeunes acolytes, huit sous.

Commentaire.

Le sol d'or valoit quarante deniers au temps de saint Remy, ainsi qu'Hincmar l'a observé : il étoit encore de cette valeur sous le règne de Charlemagne. V. les Capitulaires et le traité historique de M. Le Blanc, sur les monnoyes de nos rois. Il est vraisemblable que saint Remy entend parler du sol d'or.

On voit l'ancien état du clergé de Reims, dans la distribution des sommes que saint Remy lui laisse.

Junioribus. Ce sont les acolytes ou les thuriféraires : les chanoines mineurs font encore cette fonction aux fêtes solennelles. Dans l'obituaire, ils sont appelés *juniores* ou *pueri*.

XVI.

Pauperibus duodecim in matricula positis, ante fores Ecclesiæ expectantibus stipem, duo solidi unde se reficiant, inferentur, quibus Corcellum villam dudum deservire præ-

Aux douze pauvres de la matricule, qui attendent l'aumône devant la porte de l'église, on leur donnera deux sous pour leur réfection. Il y a déjà du temps que j'ai affecté le village de Courcelles à leur subsistance. Je laisse aussi un sou aux trois pauvres qui demeurent à l'endroit où les frères doivent chaque jour laver leurs pieds, ayant de plus désigné une métairie nommée *Balatoforum* ou *Xenodochium* pour ce legs.

cepi. Aliis pauperibus tribus, ubi fratres quotidie pedes lavare debent, quibus etiam Balatoforum, quod dicitur Xenodochium, ad hoc ministerium statui, solidus unus dabitur.

COMMENTAIRE.

Nous avons déjà parlé de la signification du mot latin *matricula*. Il se prend ici pour le registre des pauvres : il y en avoit douze inscrits dans la matricule de la cathédrale au temps de saint Remy. Ils attendoient l'aumône à l'entrée des églises. *V. Baronius, anno* 57, où il parle du boiteux guéri par saint Pierre. Ils étoient dans l'endroit qu'on appeloit parvis, du nom latin *paradisus*, parce que les portiques des églises étoient ornés de statues qui représentoient les saints.

La fin de cet article est obscure ou corrompue. Il est difficile de décider si ces trois pauvres demeuroient seulement à l'endroit où les prêtres et ceux qui composoient le clergé que saint Remy a appelé plus haut ses frères, lavoient leurs pieds, ou plutôt si ce n'étoit pas à ces pauvres que les prêtres lavoient les pieds chaque jour. Il reste quelques vestiges de cet office de piété dans ce qui se pratique encore dans l'église de Reims pendant le carême, où le chanoine semainier va à l'Hôtel-Dieu avec le diacre et le sous-diacre; on lave la main à douze pauvres et on leur donne un pain. Nous ne trouvons point que l'hôpital des passants ait été appelé *Balatoforum* ni *Balatophorum* : ce second sens me paroît plus supportable que le premier. *Ministerium* se rapporte assez au lavement des pieds, et cela se faisoit dans un endroit particulier de l'hôpital où on recevoit les passants et les étrangers.

XVII.

Je veux que l'on donne trois sous et quatre deniers aux quarante veuves qui attendent l'aumône sous le portique de l'église; on a fourni jusqu'ici à leur nourriture du revenu des dîmes de Chaumuzy, Taisy et La Neuville; j'y ajoute à perpétuité celles du village d'Huldricourt ou Hudrigiville.

Viduis quadraginta in porticu Ecclesiæ alimoniam præstolantibus, quibus de decimis villarum Calmisciaco, Tesciaco, Novavilla stipendia ministrabantur, super addo de villâ Huldriciacâ superius memorata, eis in perpetuum stipendia inferri, et tres solidos, et denarios quatuor dari jubeo.

Commentaire.

Ces quarante veuves sont celles dont il est fait mention au liv. 1 de Flodoard, chap. 24, que saint Remy établit à l'endroit qu'occupoient des femmes de débauche. C'est ainsi que l'empereur Théophile chassa de Constantinople des femmes de mauvaise vie, et fit de leur maison un hôpital qui fut changé depuis en un couvent de religieuses. *V. Du Cange, Const. chris.*, liv. 4, p. 164, n° 12°. On croit que ces femmes habitoient au même lieu où est à présent l'église de Saint-Pierre-le-Vieil; ce que saint Remy dit de cette église détruit entièrement cette conjecture.

XVIII.

Ecclesiæ S. Victoris ad portam Suessonicam solidos duos; Ecclesiæ S. Martini ad portam Collatitiam solidos duos; Ecclesiæ Sancti Hilarii ad portam Martis solidos duos; Ecclesiæ sanctorum Crispini et Crispiniani ad portam Trevericam, solidos duos; Ecclesiæ S. Petri infra urbem, quæ curtis Dominica dicitur, solidos duos; Ecclesiæ quam in honore omnium Martyrum supra Cryptam Remorum ædificavi, cùm per auxilium virtutis Dei, ab igne dæmonis penè jam totam urbem concrematam eripui, solidos duos; Ecclesiæ, quam pro eodem signo virtutis Dei, in honore Sancti Martini et omnium confessorum infra urbem ædificavi, solidos duos; Diaconiæ infra urbem, quæ dicitur ad Apostolos, solidos duos. Titulo S. Mauricii in via Cæsarea, solidos duos.

A l'église de Saint-Victor, près la porte de Soissons, deux sous; à l'église de Saint-Martin, près de la porte collatice, deux sous; à l'église de Saint-Hilaire, près de la porte de Mars, deux sous; à l'église des Saints Crépin et Crépinien, proche de la porte de Trèves, deux sous; à l'église de Saint-Pierre, dans la ville, deux sous; à l'église des Saints-Martyrs, que j'ai fait bâtir sur les cryptes de Reims, lorsque par le secours divin, je préservai la ville d'un entier embrasement causé par le malin esprit, deux sous; à l'église que j'ai aussi fait construire en l'honneur de saint Martin et de tous les saints confesseurs, en mémoire de ce signe de la puissance de Dieu, deux sous; à la diaconie qui est dans la ville, dédiée aux saints apôtres, deux sous; au titre de saint Maurice, sur le chemin des Cæsars, deux sous.

Commentaire.

On a élevé vis-à-vis la Porte-aux-Ferrons, dans la rue du Bourg-de-Vesle, une croix en mémoire de saint Victor, à l'endroit où étoit autrefois la chapelle dédiée à ce saint martyr.

L'église de Saint-Martin, près de la Porte-Bazée, ne subsiste plus.

L'église de Saint-Hilaire, hors de la ville, a été détruite pendant la guerre contre les Anglois ; on a entretenu le cimetière que l'on a ensuite abattu en 1654.

L'église de Saint-Crépin a été détruite. On croit qu'elle étoit bâtie à l'endroit où est aujourd'hui la croix devant la Porte de Cérès, hors de la ville. On fait une station aux processions des Rogations, et l'on chante encore une antienne en l'honneur de ce saint.

Ecclesiæ sancti Petri, infra urbem, etc. C'est Saint-Pierre-le-Vieil; elle est nommée *Curtis dominica* dans ce testament.

Ecclesiæ quam in honore, etc. La situation de cette église n'est plus connue : ceux qui croyent que c'est l'église de Saint-Etienne appuyent leur conjecture sur le nom de la rue voisine, qui est appelée la rue des Martyrs.

Ecclesiæ in honore Sti-Martini, etc. Cette seconde église, sous l'invocation de Saint-Martin, ne paroît plus : quelques-uns disent qu'il en paroît encore quelques vestiges dans l'église de Saint-Etienne, à l'aile droite; d'autres veulent que c'est la chapelle et l'espace occupé aujourd'hui par les religieuses de Saint-Antoine, où l'archevêque Guillaume de Champagne établit un hôpital.

Diaconiæ, etc. L'église de Saint-Symphorien d'aujourd'hui est la diaconie dont il est parlé en cet endroit : nos premiers évêques y tinrent leur siège; saint Nicaise transféra le clergé à Notre-Dame, à laquelle il avoit dédié une église dans l'ancienne forteresse de la ville : L'église des Saints-Apôtres fut destinée depuis à un autre usage, et l'on en fit une diaconie, c'est-à-dire le titre d'un diacre qui avoit soin de distribuer les aumônes. V. la lettre du pape Zacharie, et ce que dit Onuphre de ces diaconies, au livre des sept églises de Rome ; Zonaras et Balsamor sur les canons 6 et 8 du concile de Calcédoine. *Loca antiquitus vel recens fabricata diaconis in quibus permanebant tradita fuerunt, quæ postea ab eorum nomine diaconiæ vocata fuerunt: hæ sacræ ædes, sive ecclesiæ, in honorem sanctorum dicatæ, proximas domos habentes, quemadmodum aliæ urbis basilicæ et tituli, sint animarum curæ: diaconi autem pecunias egenis per suas regiones distribuebant.* Hæc Onuphrus loco citato.

Titulo Sti-Mauritii. Anciennement on appeloit titres, les églises, à cause du nom qu'elles tiroient du saint auquel elles étoient dédiées : le prêtre qui les desservoit retenoit ce nom, et il étoit désigné par son titre. Rome étoit ainsi partagée en divers titres ou églises particulières, dépendantes de l'église principale, d'où elles recevoient le pain bénit aux jours des fêtes. *V. Epist. Innocentii ad Decentium*, cap. 5°. Hincmar dans les règlements dressés pour les doyens de son diocèse, *Inquirendum cujus sancti honore pretitulatus sit presbyter*, et au chap. 12, *quot cerarios habet ipse titulus.* V. le chap. 17, *non omnibus sacris ædibus*, dit Onuphre, *sive ecclesiis animarum cura gerebatur; sed tantum in titulis quibus prœerant presbyteri;* on voit par là que l'église de Saint-Maurice est une paroisse très ancienne.

XIX.

Ecclesiæ Jovinianæ tituli beati Agricolæ, ubi ipse vir Christianissimus Jovinus, et Sanctus Martyr Nicasius, cum plurimis societatis suæ Christi Martyribus, requiescunt, ubi etiam quinque Confessores proximi antecessores domini Nicasii, cum sanctissima virgine et Martyre Eutropia, conditi sunt, solidos tres. Eidem quoque Ecclesiæ proprium quod fuerat Jovini in solo Suessonico, cum Ecclesia beati Michaëlis, rebus prioribus superaddidi.

A l'église du titre de Saint-Agricole, bâtie par Jovin, homme recommandable par sa grande piété, et dans laquelle il repose avec saint Nicaise et plusieurs compagnons de son martyre, et où sont aussi inhumés les cinq évêques qui ont immédiatement précédé saint Nicaise, avec sainte Eutrope, vierge et martyre, trois sous. J'ai encore laissé de plus à la même église, ce que Jovin possédoit d'héritage dans le pays de Soissons, avec l'église de Saint-Michel.

Commentaire.

Ecclesiæ Jovinianæ. On lit dans quelques manuscrits *Ecclesiæ Jovianæ*, v. Marlot. Cinq archevêques, prédécesseurs immédiats de saint Nicaise, y avoient choisi leur sépulture.

Eidem quoque ecclesiæ, etc. Flod. liv. 1, c. 14, parle de ces héritages que Jovin avoit laissés à l'église de Saint-Agricole.

XX.

Ecclesiæ Sanctorum Martyrum Timothei et Apollinaris, ubi etiam, Domino dante, si fratribus, ac filiis meis Episcopis Diœceseos nostræ visum fuerit, ossa mea ponere disposui, solidos quatuor.

Ecclesiæ S. Johannis, ubi virtus Christi, me orante, filiam Benedicti suscitavit, solidos duos.

A l'église des Saints Martyrs Timothée et Apollinaire, où s'il plait à Dieu et si mes frères et très chers fils, les évêques de mon diocèse le jugent à propos, j'ai dessein d'être enterré, quatre sous.

A l'église de Saint-Jean où, à ma prière, la puissance de Jésus-Christ a rendu la vie à la fille de Benoît, deux sous.

A l'église de Saint-Sixte, où ce saint repose avec trois de ses successeurs, trois sous. J'ai encore ajouté à ce legs le village de Pliny-sur-Marne, qui m'appartenoit en propre.

A l'église de Saint-Martin, bâtie sur le fonds de l'église de Reims, deux sous.

A l'église de Saint-Christophe, deux sous.

A l'église de Saint-Germain que j'ai fait construire dans le territoire de l'église de Reims, deux sous.

A l'église des Saints Martyrs Cosme et Damien, bâtie sur le même fonds, deux sous.

Ecclesiæ S. Sixti, ubi cum tribus successoribus suis requiescit, solidos tres, cui etiam de proprio meo Plebeias supra Matronam adjunxi.

Ecclesiæ S. Martini in eodem solo sanctæ Remensis Ecclesiæ positæ, solidos duos.

Ecclesiæ S. Christophori, solidos duos.

Ecclesiæ S. Germani, quam ipse in solo Remensi ædificavi, solidos duos.

Ecclesiæ SS. Martyrum Cosmæ et Damiani, in præfatæ matris solo positæ, solidos duos.

COMMENTAIRE.

Ecclesiæ SS. Timothei, etc. Saint Remy ne fut pas enterré dans cette église : il nomme les évêques de la province ses frères et ses fils, pour marquer que la plupart étoient ses disciples.

Plebeias : c'est Pliny-sur-Marne. *V.* le Martyrologe de Saint-Remy ; ce village appartient à cette abbaye.

L'église de Saint-Martin, bâtie sur le fond de la cathédrale, est aujourd'hui une paroisse hors de la cité.

L'église de Saint-Christophe est comprise dans l'étendue de celle de Saint-Remy.

L'église de Saint-Germain ne subsiste plus : on en voit quelques vestiges dans Saint-Remy, à la chapelle qui porte à présent le nom de saint Marcoul, si ce n'est celle que fit bâtir l'archevêque Romulfe.

L'église de Saint-Cosme étoit anciennement un prieuré : Les Pères Minimes l'occupent à présent.

XXI.

A la Matricule ou hôpital de la Sainte-Vierge, où douze pauvres attendent l'aumône, un sol. Je veux que cette Matricule soit continuée et entretenue au lieu où il plaira à mes frères et à mes fils de faire reposer mon corps : et afin qu'ils prient Dieu

Matriculæ S. Mariæ, quæ dicitur Xenodochion, ubi duodecim pauperes stipem expectant, solidus dabitur. Quam denique matriculam loco ubicumque fratribus meis et filiis ossa mea ponere placuerit, perseverare præcipio, et ut diu noctuque pro peccatis atque criminibus meis, Dominum deprecentur, de proprio hæreditatis meæ jure, rebus quas antecessores mei in eorum stipendiis Domino dederunt, superaddo etiam villam Scladronam, et villam S. Stephani, et quidquid in villa Herimundi mihi per successionem evenit. Quod verò pretio ibidem comparavi, Ecclesiæ Sancti Quintini Martyris jam diu delegavi.

Jour et nuit pour mes péchés, je leur laisse de mon bien, outre ce que mes prédécesseurs leur ont donné pour leur subsistance, les villages de Scladron et de Saint-Etienne, et ce qui m'est échu par succession à Hermonville. J'ai donné, il y a déjà du temps, à l'église de Saint-Quentin, ce que j'ai acquis dans ce dernier village.

COMMENTAIRE.

Matriculæ. Ici ce mot signifie un hôpital où l'on reçoit les pauvres par charité. Grégoire de Tours, liv. 2, *de gloria martyrum*, chap. 37 : *ad Basilicam sanctam properat, celebratisque vigiliis, mane pauperibus qui ad matriculam illam erant, cibum potumque protulit*. Hincmar dans les ordonnances pour les prêtres de son diocèse (en 879), défend de prendre aucune chose de ceux qu'on recevoit dans la matricule, c'est-à-dire que l'on inscrivoit au nombre de ceux qui partageoient les dixmes destinées pour la nourriture des pauvres : *interdixi enim vobis dei authoritate, ut nemo presbyter, pro loco matriculæ, quodcumque xenium vel servitium in messe accipiat*. Il signifie encore comme nous avons dit, le rôle où le catalogue où l'on enregistroit les clercs. *V. concil. Agath. c. 2. Si pœnituerint rescripti in matricula, gradum suum, dignitatemque recipiant* (anno 508), *concil. Aurelianense, 4, can. 13.*

Xenodochion. Nous en avons parlé plus haut. Il est fait mention de l'hôpital fondé par le roi Childebert, au cinquième concile d'Orléans, et des hôpitaux de l'ordre de Saint-Benoit au concile de Leptines, l'an 743.

Ecclesiæ sancti Quintini. C'est l'église de Saint-Quentin en Vermandois.

XXII.

De jam dicto Vacculiaco, Fruminium, Dagaleifum, Dagaredum, Ductionem, Baudowicum, Udulfum, Vinofeifam, liberos esse præcipio. Temnaredus qui de ingenua nascitur matre, statu libertatis utatur.

J'ordonne que Fruminius, Dagaleif, Dagared, Duction, Baudovic, Udulfe, Vinofeife, qui sont de condition serve et qui appartiennent au village de Vacculiac, soient mis en liberté. Temnarède né d'une mère libre, jouira aussi du même privilège.

XXIII.

Nifalsd et Nucie sa mère vous appartiendront, Loup, évêque, fils de mon frère, avec la vigne qu'Enée cultive. Mon intention est qu'il soit mis en liberté, et Monulfe son jeune fils. Mellofic qui a soin de mes porcs, Paschaside, sa femme, Vervinien et ses enfants resteront attachés à votre service : sera excepté Widragase que j'ai affranchi. Le serf que j'ai à Cerny vous appartiendra. La portion de terres que possédoit mon frère l'évêque Principe, sera à vous avec les bois, les prés et les pâturages qui en dépendent. Je vous laisse aussi Viterède, l'un de mes serfs qui me vient de Mellovicus, de même que Teneursol, Capalin, et sa femme, Théodorosène ; à l'égard de Théodonime, j'entends qu'elle sera mise en liberté. Vous retiendrez Edoneife et tous les enfants qui proviennent de son mariage avec un de vos serfs. La femme d'Arégilde et sa famille sera libre. Je vous laisse encore les prés que j'ai à Laon, contigus aux vôtres, avec les autres petits prés dont j'ai joui et qui sont situés au bas de la montagne. Lavergny où j'ai fait enterrer ma mère, sera à vous avec ses dépendances.

Tu verò, fili fratris mei Lupe Episcope, tuo dominio vindicabis Nifalstem, et matrem suam Nuciam. Vineam quoque quam Æneas vinitor colit. Æneam et Monulfum ejus filium juniorem jubeo libertate perfungi. Melloficum porcarium et Paschasidem conjugem suam, Vervinianum cum filiis suis, excepto Widragasio, cui tribui libertatem, tuo juri deputabis. Servum meum de Cesurnico tuum esse præcipio. Agrorum partem ad te, quam frater meus Principius Episcopus tenuit, cum silvis, pratis, pascuis, revocabis. Servum meum quem Mellowicus tenuit, Viteredum tibi derelinquo. Teneursolum, Capalinum, et uxorem suam Theodorosenam, tuo juri dominioque transcribo. Theodonima quoque ex mea præceptione sit libera. Edoneifam quæ homini tuo sociata fuit, et ejus cognationem retinebis. Uxorem Aregildi, et cognationem suam ingenuos esse jubeo. Partem meam de prato quod Lauduni juxta vos habeo, ad imitatem montium posito, et quæ Jovia sunt pratella quæ tenui, ad te revocabis. Labrinacum tibi, ubi ossa genitricis meæ posui, cum præfixis terminis deputavi.

Commentaire.

Saint Remy fait ici le dénombrement des serfs, ou qu'il affranchit, ou qui doivent demeurer à ses héritiers dans leur premier assujettissement. Il y avoit autrefois en France plusieurs personnes serves : on croit que l'origine de cette servitude vient des Gaulois, parmi lesquels la populace étoit comme esclave, et dans l'entière dépendance des prêtres et des nobles, ainsi que nous l'apprenons de Cæsar, liv. 2. Cet usage a été continué depuis l'établissement des François; les nobles et les ecclésiastiques ont eu jusqu'à l'an 1100, des serfs appelés gens de main-morte, des hommes et des femmes de corps, lesquels, selon certaines coutumes, ne pouvoient tester que jusqu'à la somme de cinq sols. On a plusieurs actes anciens où il est parlé de ces serfs; il en est fait mention au testament de l'abbé Leobodus, etc., le concile d'Agde en 506, canon 7, parle de la liberté qui étoit donnée aux serfs par les évêques. La charte du roi Lothaire, dans la chronique de l'abbaye de Bézé, confirme la donation du fondateur, *cum mancipiis, colonis et servientibus, cum servis et ancillis* (anno 658), v. la charte de Charles le Simple, pour le prieuré de Corbeny; la vie de saint Éloy, par saint Oüen, et Buzelin; Du Cange, glossaire latin; le glossaire de M. Laurière, et l'histoire de Paris du P. Du Bois, de l'oratoire. Louvet croit que la servitude a continué en France jusqu'à 1313, qu'elle fut abolie par Louis le Hutin, en considération d'une somme considérable qu'il leva sur le peuple, pour soutenir la guerre contre les Flamands, v. Lafond, vie de saint Quentin, p. 347.

Ad imitatem montium, et quæ Jovia sunt pratella. Ce passage est corrompu : quelques-uns portent au lieu de *Jovia, quæ ci obvia sunt pratella.* Ces prés pouvoient cependant tirer leur nom de Jupiter, comme certaines pièces de terre, situées dans un fonds près de Reims, portoient le nom de Minerve.

XXIV.

Tibi autem, nepos meus Agricola Presbyter, qui intra domesticos parietes meos exegisti pueritiam tuam, trado atque transcribo Merumuastem servum, et uxorem suam Meratenam, et eorum filium, nomine Marcovicum. Ejus fratrem Medovicum jubeo esse liberum. Amantium et uxorem suam tibimet derelinquo. Eorum filiam esse præcipio liberam Dasoundam. Alaricum servum tuæ deputo portioni, cujus uxorem quam redemi, et manumisi, commendo ingenuam defendendam. Bebrimodum et uxorem suam

Pour vous, Agricole, prêtre et mon neveu, que j'ai élevé dans ma maison pendant votre enfance, je vous donne et je vous assigne le serf Merumuaste, Meratène sa femme et Marcovic leur fils; Medovic son frère sera affranchi; Amantius et sa femme seront à votre disposition; je donne la liberté à Dasounde leur fille. Alaric né serf entrera dans votre partage; j'ai racheté et affranchi sa femme, à laquelle je recommande qu'on conserve la liberté que je lui ai donnée. Je vous laisse Bebrimode et Moric sa femme; que Monachare leur fils jouisse du bienfait de la liberté que je lui accorde. Mellaric et Placidie sa femme continueront de servir; que Médarid leur fils soit affranchi. Je vous donne la vigne que Mellaric cultivoit à Laon, avec Britobaude et Giberic mes serfs. Je vous laisse encore la vigne que Bebrimode travaille, mais à condition qu'on prendra du vin qui en proviendra pour présenter mon oblation au saint autel tous les jours de fêtes et de dimanches, et qu'aux festins de chaque année, on en distribuera aux prêtres et aux diacres de l'église de Reims.

Moriam tuo dominio vindicabis. Eorum filius Monacharius gratulabitur beneficio libertatis. Mellaricum et uxorem suam Placidiam ad tuum dominium revocabis; Medaridus eorum filius sit libertus. Vineam quam Mellaricus Lauduni fecit, tibi dono : Britobaudem servum meum, nec non etiam Gibericum. Vineam quam Bebrimodus facit, tibi eatenus derelinquo, ut diebus festis, et omnibus diebus Dominicis, sacris altaribus mea inde offeratur oblatio, atque annua convivia Remensibus Presbyteris et Diaconibus præbeantur.

COMMENTAIRE.

Cet Agricole, neveu de saint Remy, est l'un de ses héritiers avec Loup, évêque de Soissons, dont parle Flodoard, liv. 1, ch. 23.

Manumisi. Le premier concile d'Orange dressa un canon en faveur des serfs déclarés libres dans l'église ou par les testaments; *manumissos vel per testamentum ecclesiæ commendatos, si quis in servitutem vel obsequium, vel ad colonariam conditionem imprimere tentaverit, coerceatur, can.* 7, anno 441. V. le deuxième concile d'Arles, can. 33 et 34.

Ut.. inde offeratur oblatio mea. Nous avons expliqué ailleurs cette ancienne pratique, de même que la coutume des festins.

XXV.

Je laisse à mon neveu Prétextat, Modérat, Totticien, Marcovic et Innocent, serf qui m'a été donné par Profuture mon compatriote; quatre de mes grandes écuelles et un gobelet; le manteau que le tribun Friarède m'a donné, et une canne ornée d'argent dont la poignée est ciselée. A Parovius son jeune fils, un gobelet, trois cuillères, une chasuble dont j'ai renouvelé les franges. Je laisse aussi à Remiette trois cuil-

Delegoque nepoti meo Prætextato, Moderatum, Totticionem, Marcovicum, Innocentium, servum quem accepi à Profuturo originario meo, cochlearia quatuor de majoribus, acetabulum, lacernam quam mihi tribunus Friaredus dedit, et argenteam cabutam figuratam. Filiolo illius Parovio, acetabulum, et tria cochlearia, et casulam cujus fimbrias commutavi. Remigiæ cochlearia tria, quæ meo sunt nomine titulata, mantile ipsius quod habeo feriale, transcribo : hichinaculum quoque dono illi, de quo Gondebodo dixi.

lères marquées de mon nom, le manteau que j'ai coutume de porter, et un vase dont j'ai parlé à Gondebaud.

COMMENTAIRE.

Lacerna. Habit ou manteau propre en temps de pluie; les manuscrits expriment différemment ce mot: On lit dans quelques uns *Lucernam* et *Laternam*, d'autres que nous avons suivis portent *Lacernam*, le manuscrit de saint Nicaise *Lucernam.* V. *Ferrarius.*

Cabuta. Il faut lire *cambuta.* V. *Du Cange*, glossaire latin.

Hichinaculum. V. *Du Cange* : On ne voit pas quelle sorte de vase c'étoit.

XXVI.

Delegoque benedictæ filiæ meæ Hilariæ Diaconæ ancillam nomine Nocam, et vitium pedaturam, quæ suæ jungitur vineæ, quam Catusio facit, dono : et partem meam de Talpusciaco transcribo, pro obsequiis quæ mihi indesinenter impendit. Aëtio nepoti meo partem de Cesurnico, quæ mihi sorte divisionis obvenit, cum omni jure quod tenui atque possedi. Ambrosium quoque puerum ad jus illius, dominiumque transmitto.

Je laisse à ma chère fille Hilaire, diaconesse, la servante appelée Noca, et une pièce de vignes que Catusion cultive et qui est contigue à la sienne; je lui donne encore la part que j'ai à Talpussiac pour les bons services qu'elle me rend tous les jours. A mon neveu Ætius, ce que je possède à Cerny et qui m'est tombé en partage, avec les mêmes droits dont j'ai joui. Le jeune Ambroise lui appartiendra en propriété.

COMMENTAIRE.

Diaconissæ. Il est parlé des diaconesses dans le concile de Calcédoine, elles gardoient les portes par où les femmes entroient dans l'église. V. ce qu'en a écrit le cardinal Baronius : le premier concile d'Orange, en 441, canon 24, défend d'ordonner à l'avenir des diaconesses.

XXVII.

Vitalem colonum liberum esse jubeo, et familiam suam ad nepotem meum Agathimerum pertinere: cui vineam dono quam posui Vindonissæ, et meo labore constitui, sub ea conditione, ut à partibus suis, omnibus diebus festis ac Do-

Je veux que Vital, l'un de mes laboureurs soit libre, et que sa famille passe à mon neveu Agathimère auquel je donne une vigne que j'ai fait planter à Vandeuvre et que j'ai mise en bon état par mes soins, à la charge que chaque jour

de fête et de dimanche on présentera à l'autel une oblation en mémoire de moi, et que tous les ans on fasse un festin aux prêtres et aux diacres de l'église de Laon.	minicis pro commemoratione mea sacris altaribus offeratur oblatio : et Laudunensibus presbyteris atque Diaconibus annua convivia, concedente Domino, præbeantur.

COMMENTAIRE.

Vindonissa ou *vindenissa*, peut-être *vendresso*. Ce village ne peut être éloigné de Reims, puisqu'il fut donné à l'archevêque Artaud avec les abbayes de Saint-Basle et d'Avenay, après qu'il eût été chassé de son siège pendant quelque temps. *V. Flod., chronique, année* 991.

On peut observer dans cet article la coutume d'assigner la part aux ecclésiastiques dans les fondations. On trouve cet usage continué dans les chartes des archevêques et des abbés qui ont vécu depuis saint Remy.

(La suite au prochain Numéro.)

VARIÉTÉS.

LETTRES DU COUSIN.

Paris, 10 décembre 1837.

IIe.

Ma Chère Cousine,

Vous connaissez bien ce négociant, qui a amassé 50,000 livres de rentes à faire avec de petites idées et de petits couplets et une foule de petits collaborateurs, des myriades de petites comédies mignonnes pour de petites actrices minaudières? C'est M. Scribe. Sa muse, si tant est que M. Scribe ait une muse, est cette chétive créature, ce frêle composé d'ambre, de musc, de mouches, de pommade, qui, l'œil entre modeste et effronté, va tortillant des hanches le long des boulevards. Cette impudente petite fille vient dernièrement d'entrer à la comédie française, où elle s'est allée fourrer sans façon au milieu des grandes et sévères figures de Molière et de Corneille. On l'a sifflée, et c'est très bien! *Les Indépendants* sont bien la comédie la plus nulle, la plus dépourvue d'esprit que l'on ait jamais traînée sur les planches. L'idée pouvait fournir au plus un joli proverbe; d'un côté un homme riche qui vante sans cesse son indépendance et qui dépend de tout et de tous; de l'autre, un chef de bureau qui se lamente du matin au soir sur la pesanteur de sa chaîne, et qui, en réalité, est l'homme le plus libre de la terre. Vous voyez que c'est commun et rebattu pour le fonds; la forme est encore pire. Quand donc M. Scribe nous laissera-t-il en paix? Il nous fait regretter le temps où l'on dormait à l'Académie; à présent l'Académie elle-même est réveillée, funeste effet des révolutions!

M. Scribe a introduit dans les habitudes littéraires les habitudes mercantiles. C'est une autre obligation que nous lui avons, et grâce à laquelle la Comédie-Française est dans une ornière d'où elle aura bien de la peine à se tirer; elle ressemble assez à la vieille comtesse de Pimbesche:

> Monsieur tous mes procès allaient être finis,
> Il ne m'en restait plus que quatre ou cinq petits.

L'impéritie miraculeuse du directeur n'a pas peu contribué à amener ce beau résultat. M. Védel a fait des *marchés* avec tout le monde, s'engageant, *et par décìit*, à faire passer tout le monde le premier. Puis, quand il a voulu en venir à l'effet, le pauvre homme a découvert avec stupeur (aucuns disent avec stupidité) que cela ne se pouvait; de-là procès contre M. Victor Hugo, qui à lui seul avait *trois marchés*. Le tribunal condamne M. Védel à jouer *Hernani*, *Angélo* et *Marion Delorme*, et d'un! procès contre M. Alexandre Dumas pour *Caligula*; procès contre M. Adolphe Dumas pour *le Camp des Croisés*; *item*, contre M. Goubaux, pour *Madame de Lignerolles*; *item*, contre M. Dupaty, qui ressuscite inopinément, pour réclamer le tour d'une tragédie reçue sous le consulat, et qui doit depuis ce temps-là passer la première. Quel gâchis! quelle pitié! le ministère de l'Intérieur voyant que M. Védel s'entendait si mal à mener un théâtre, lui en a confié deux. Il a fallu pour cela violer les règlements, qui défendent très positivement de mettre deux directions dans la main d'un seul directeur, par la raison fort simple que c'est nuire tout à la fois à l'art et aux gens de lettres. Comment en effet une production repoussée rue de Richelieu, pourrait-elle se présenter à l'Odéon? N'importe, un génie comme M. Védel méritait bien qu'on dérogeât pour lui à l'usage et au bon sens; l'Odéon rouvre donc ses portes sous ces heureux auspices. On devait donner pour l'inauguration du nouveau directeur, la pièce nouvelle de M. Dumas (Adolphe); mais admirez l'étoile de M. Védel et les voies de la providence! M. Dumas (Adolphe) tombe malade, les répétitions sont enclouées, il faut cependant commencer, et Corneille et Molière, qui n'avaient point de *marché*, passent les premiers avec *Cinna* et *Tartufe*! et maintenant comprenez, fabricateurs de drames, que le talent et la conscience sont les premières conditions d'un succès durable; instruisez-vous, race de Scribe!

Du reste cette réouverture n'a rien eu de curieux que la salle fraîchement repeinte et remise à neuf. Mademoiselle Mars a passé la Seine pour aller jouer *Elmire*, et Ligier pour jouer *Cinna*. Voilà toute la nouveauté.

De l'Odéon à la Sorbonne il n'y a qu'un pas et l'on est conduit naturellement des comédiens qui jouent sur le premier théâtre, aux philosophes qui jouent sur le second. Les comédiens de l'Odéon jouent bien et sont assez mal payés; ceux de la Sorbonne jouent mal, mais aussi quels appointements! Il est vrai de dire que ces Messieurs ont été aussi habiles jadis, qu'aujourd'hui, ils sont maladroits. C'est donc leur talent d'autrefois qu'on récompense. Monsieur Jouffroy est un très grand philosophe, aussi désintéressé pour le moins que Sénèque et monsieur Cousin. M. de Salvandy dit un jour à M. Jouffroy : le cumul scandalise ; vous avez trois places dont vous touchez les revenus sans en remplir les fonctions ; (je ne parle pas d'une quatrième que vous gérez à peu près, parce qu'autrement elle cesserait de produire.) Votre philosophie ne pourrait-elle se contenter d'une seule sinécure ?—Non ! je les veux toutes trois, et c'est peu pour mon appétit, répliqua M. Jouffroy.—Hé bien, insista le ministre, prenez-en deux et finissons.—Non, non, les trois ! »—Le conseil royal tout entier, choqué de la hardiesse du ministre, et défendant ses priviléges, prit parti pour le philosophe. M. de Salvandy ne recula point ! alors M. Jouffroy écrivit : Je donne ma démission de la place de bibliothécaire de la Sorbonne, et je garde mes deux chaires de phisosophie, celle de la Sorbonne et celle du Collége de France. Les choses ainsi arrangées, M. Jouffroy se ravise. Il fait réflexion que la bibliothèque est d'un plus doux loisir ; qu'il y a quelque chose de ridicule dans cet accaparement de toutes les chaires de philosophie ; mais la bibliothèque rapporte deux mille francs de moins ! Ah ! ma cousine, la belle science que la philosophie ! elle fournit les moyens de tout concilier. M. Jouffroy abandonne bien à regret, mais enfin il abandonne la chaire du Collége de France, en place de laquelle il retient la bibliothèque, *et les appointements de cet emploi seront augmentés de deux mille francs !* Qu'en dites-vous ? vous reconnaissez là, j'espère, l'école de M. Cousin ! après cela, M. Jouffroy est un homme modeste et vertueux, cachant le bien qu'il fait, vivant à la mode pythagoricienne, de légumes et d'eau claire; exclusivement occupé à relire les belles déclamations dont il enrichissait *le globe* en 1825, et à distinguer surtout les notions du juste et de l'injuste.

Ce n'est pas tout encore ; aux fonctions de bibliothécaire, est attaché un vaste logement dans les bâtiments de la Sorbonne. C'est dans ce logement qu'un autre philosophe, M. Laromiguière a passé sa laborieuse vieillesse; ce logement suffisait avant lui à M. Nicole, recteur de l'Académie de Paris. Mais l'abbé Nicole et M. Laromiguière, chacun le sait, étaient deux Sardanapales. Le bon M. Jouffroy ne peut consentir à prendre leur logement :

il le refuse donc, et demande *dix-huit cents francs d'indemnité* pour louer une chaumière dans la vallée de Montmorency, dans l'Ile des Peupliers. Quand il y sera établi, la Chambre des Députés lui votera un petit supplément, dont il puisse acheter l'épinette de Jean-Jacques, pour y jouer à ses heures de récréation : *l'or est une chimère!* Que ne donnerait-on pas, ma cousine, pour entendre ce refrain chanté en duo par M. Cousin et M. Jouffroy......

L'Opéra vient de remettre *Robert le Diable*, mais Duprez n'a pas encore pris le rôle de Robert. Cet admirable artiste poursuit tranquillement le cours de ses succès, et ne s'inquiète pas des absurdes efforts de quelques journalistes intéressés à l'injurier et à nier son talent. Voici à ce sujet une petite anecdote bien authentique. Comme vous avez vu jusqu'où peut aller la cupidité effrontée de nos philosophes, il ne sera pas mal que vous voyiez celle de certains barbouilleurs de papier, qui se posent en oracles quotidiens de l'art et du goût. Il existe à Paris

........Un homme à lourde mine,
Qui, sur sa plume a fondé sa cuisine ;
Grand écumeur des bourbiers d'Hélicon.

Je ne vous le désignerai pas autrement, parce que vous avez quelquefois l'indiscrétion de montrer mes lettres, et que je crains la loi sur la diffamation. — Savez-vous, cousine, ce que c'est que cette loi ? c'est une prime accordée à toutes les turpitudes, un oreiller mollet sur lequel s'endort l'infamie. Car, supposez un gredin connu pour tel. Vous lui dites : Mon ami, vous êtes un gredin. Et il vous répond : c'est vrai, mais précisément parce que c'est vrai, vous me diffamez, et je veux *tant* de dommages et intérêts. Vous êtes condamnée à payer, et voilà la loi. C'est une œuvre des doctrinaires, qui se sont montrés égoïstes en cela comme en tout. Revenons.

Duprez débutait. On lui dit : ayez un tel. C'est un aboyeur incommode, ayez-le. Il y va. Je viens prendre, dit-il, un abonnement ; inscrivez-moi. —Volontiers. Le chanteur dépose sur la table un billet de 1,000 francs, selon d'autres, de 2,000 :— en voilà le prix. Le folliculaire, sans toucher au billet, et regardant fixément Duprez :—Monsieur, *vous pouvez faire mieux que cela.*—C'est vrai, dit froidement l'artiste, et il remit son argent dans sa poche. De retour au théâtre, il dit au directeur : si *un tel* met le pied dans les coulisses, j'en sors pour toujours. — Suffit ! *un tel* fut consigné à la porte ; l'exemple de Duprez trouva des imitateurs, et depuis ce jour, Duprez est grossièrement insulté chaque matin par la feuille en question. Il ne la lit point, le public pas davantage, et tout va bien.

Autre exemple. Fréron aimait beaucoup l'argent et ne s'en cachait point, mais il parlait toujours dans ses feuilles de probité, de sensibilité, de cœur, etc. Il parlait très souvent aussi de morale, de religion, et vivait au vu et au su de tout le monde d'une manière déréglée. Il avait surtout une maîtresse connue de tout Paris, et qui lui coûtait fort cher.

En ce temps-là, une dame de qualité avait vu sa fortune s'en aller à-vau-l'eau dans le Mississipi de la rue Quincampoix, par la folie d'un mari joueur et libertin. A la vérité, ce mari, après s'être ruiné mourut de désespoir, mais il aurait beaucoup plus obligé sa femme de mourir avant. Etant donc demeurée veuve avec un fils unique, elle n'épargna rien pour le faire instruire et le lancer dans je ne sais quelle carrière. Toujours est-il qu'entendant parler tous les jours des feuilles de l'*Année Littéraire*, et de leur influence sur l'opinion publique, la pauvre femme en vint à s'imaginer qu'un mot qui y serait glissé en faveur de son fils, ferait à ce jeune homme un bien prodigieux. On en parle à Fréron (1), qui consent, car il a des moments de bonhommie.

Voilà des gens bien satisfaits; mais il s'agissait de témoigner sa reconnaissance à l'écrivain. La dame n'y voulait point manquer, car la générosité de sa condition première n'avait pas quitté son cœur en même temps que la fortune avait quitté sa maison; elle s'informe de ce qu'elle pourrait offrir, on lui dit que Fréron recevait de l'argent très bien, et que rien ne lui conviendrait mieux que des espèce monnayées. Ainsi renseignée, la pauvre mère rassemble à grand'peine cinquante écus, et va frapper à la porte du cabinet de son bienfaiteur.

Fréron était occupé à feuilleter des paperasses sur son bureau; au fond de la pièce une femme, en costume du matin, se retournait sur un grand canapé. Après avoir attendu vainement qu'elle se retirât, la visiteuse prit le parti d'aborder la question. Elle commença par des remercîments, et parla ensuite en termes fort retenus mais suffisamment clairs, de l'état de sa fortune, qui ne lui permettait pas de se montrer reconnaissante comme elle l'aurait souhaité. Madame, interrompit Fréron, il ne faut point tant tourner : vous venez savoir ce que vous me devez? c'est 500 francs, Madame!— Monsieur, reprit la pauvre dame atterée, assurément je ne prétends pas dire que le service que vous nous avez rendu soit évalué trop haut, mais.........
—Fréron alors allongeant le bras vers le canapé : voyez *cette créature*, Madame! voyez, qu'elle est belle! et dites moi si je puis rien lui refuser!...... Hé bien, Madame, il faut que *cela* soit enveloppé de cachemire!

---

(1) Le *Fréron* et l'*Année Littéraire* dont parle le cousin Jean, appartiennent exclusivement au xixe siècle, et n'ont aucun rapport avec ceux que Voltaire honora de sa haine et de ses injures. Ceux-ci se distinguaient par le savoir, la conscience et la probité, rien de pareil chez leurs homonymes.   (*Note des éditeurs*).

il faut que *cela* soit couvert de diamants !......... c'est 500 francs que vous me devez, Madame ; 500 francs !......

La dame confuse et embarrassée (et vous jugez si elle en avait sujet!) s'excusa sur ce qu'elle avait pris sur elle trop peu d'argent, et demandait la permission de revenir : il me faudra, dit-elle, fouiller dans la bourse de mes amis pour faire la somme que vous exigez, Monsieur ; mais vous l'aurez. Elle tint parole, au bout de trois jours, elle envoya les 500 livres qui devaient lui coûter tant de jeûnes. La maîtresse de Fréron en eut une garniture, et Fréron écrivit ce soir-là même une tirade sur les mœurs et sur l'humanité, qui est une des pièces les plus éloquentes de son recueil, du moins au jugement de Bachaumont, à qui j'emprunte cette histoire (1).

Peu d'ouvrages nouveaux. On réimprime *l'Ane mort et la Femme guillotinée*. Ce petit roman a été le début de M. Jules Janin ; bien des gens, et je suis du nombre, estiment que malgré les tableaux horribles qu'il y a répandus, ce livre est encore celui qui fait le plus d'honneur à M. Janin. C'est celui où l'auteur a mis le plus de fraîcheur dans les idées, le plus de naturel dans le style, et surtout la sensibilité la plus vraie.

Je crains, en y réfléchissant, que vous n'entendiez pas une expression que j'ai employée plus haut : *le Mississipi de la rue Quincampoix*. C'était une compagnie dont Law était le directeur, et qui devait faire le commerce au Mississipi et au Sénégal. Chacun s'empressait de jeter ses fonds dans cette entreprise, et cela s'appelait *mettre dans le Mississipi*, comme le témoigne une pièce de vers facétieuse qui courut dans ce temps-là :

> Tes désirs sont comblés, ma femme :
> J'ai mis dans le Mississipi,
> Tu me disais toujours : mets-y, mets-y, mets-y, etc....

Nous n'avons plus ni Law, ni le Mississipi, mais le diable n'y perd rien, et ils sont bien remplacés par les sociétés en commandite et les entreprises par action. C'est grand dommage que, vous autres gens de province, vous n'ayiez pu voir et admirer *Robert-Macaire*. La pudeur des préfets a fini par interdire ce drame, qui renfermait, comme dit M. Guizot, *un haut enseignement*. Mais la famille Robert-Macaire ayant porté plainte à l'autorité de ce qu'on la diffamait et lui faisait tort dans son industrie, l'autorité équitable a supprimé la pièce. Figurez-vous, ma chère cousine, que nous avons ici un émule de Robert-Macaire (selon d'autres c'est Robert-Macaire lui-même), qui a porté l'industrie des entreprises par actions à un degré de perfectionnement inconcevable. Son chef-d'œuvre est d'en

(1) Elle manque dans quelques exemplaires.

avoir formé une avec primes, pour manger les asperges par le gros bout. Il a tout de suite réuni plusieurs millions, tant sa probité et ses prospectus inspiraient de confiance ! Il est prouvé qu'il perdait cinq francs sur chaque asperge qu'il lançait dans la circulation; hé bien ! malgré cela il s'enrichissait colossalement et à vue-d'œil ! Son secret était de se retirer sur la quantité. Les actionnaires s'étouffaient à sa porte, il lui pleuvait des abonnés pour manger les asperges par le gros bout. Lui, accueillait tout le monde, annonçant toujours en termes mielleux, que le lendemain on serait forcé de renvoyer les retardataires ; et l'on assure que rentré dans le secret de ses appartements, il grugeait en riant tous les petits bouts dédaignés par ses respectables dupes. La prospérité de l'entreprise alla croissant de la sorte pendant quelques mois. Mais enfin, cette manière d'avaler les asperges causa tant d'indigestions, que le gouvernement s'en émut, et qu'on vient de nommer une commission pour examiner le système de la famille Robert-Macaire. Il est fort à craindre qu'on n'oblige le monde à reprendre l'ancienne manière de manger les asperges : il y a des gens qui s'en inquiètent : ils ont tort : quand ce légume sera défendu, on trouvera toujours moyen de leur en servir quelque autre *à la sauce Robert*.

M. Emile-Girardin, fondateur du *Voleur* et du *Journal des Connaissances utiles*, vient de gagner le procès en diffamation, intenté par lui à MM. Lebreton et Dornès ; il a même obtenu des dommages et intérêts fort considérables.—Il y a quelques années, dans une affaire pareille, où il s'agissait d'outrages envers deux ministres du roi, le tribunal condamna les délinquants à 25 francs d'amende, ce qui mettait l'honneur de chaque ministre à 12 livres dix sous. M. Emile-Girardin a obtenu pour le sien *huit mille francs !* Il est vrai qu'il ne les tient pas encore ; MM. Dornès et Lebreton ayant interjeté appel.

J'ai assisté ce matin au service funèbre du général Damremont. Vous vous figurez facilement la longue chapelle des Invalides toute revêtue de deuil, les fenêtres soigneusement bouchées, et la clarté du jour remplacée par de grandes lampes et des milliers de cierges. Les tribunes étaient pleines, et l'on y étouffait malgré la gelée qu'il faisait en dehors ; mais ce monde était à peu près invisible, à cause des draperies noires qui fermaient aux trois quarts chaque travée. Le catafalque était vis-à-vis l'autel, sous le dôme. Nous avons eu la messe de M. Berlioz, dont il est question depuis si long temps, et qui, commandée par le gouvernement, puis écartée, puis remise en jeu, puis une seconde fois replongée dans le portefeuille du compositeur, vient enfin de se produire en public. L'attente était fort excitée : on a trouvé que l'ouvrage n'y répondait pas complètement. A la vérité, M. Berlioz n'avait à ses ordres que trois cents musiciens au lieu de mille qu'il avait demandés; en assurant que sa musique ne pouvait produire d'effet à moins. Mozart et Beethoven, qui n'avaient pas à leur disposition, le quart des ressources accordées à M. Berlioz, en ont tiré pourtant assez bon parti. M. Berlioz devrait se contenter de les égaler en attendant qu'il les dépasse. Il y a dans sa partition, une profonde science harmonique et une grande facilité à se servir de l'orchestre; mais une inégalité fâcheuse. Le musicien songe continuellement à l'auditoire et à faire preuve d'habileté, cela fait qu'il n'ose pas s'abandonner dix minutes de suite. Toute la musique de M. Berlioz a ce caractère contraint et recherché; elle abonde en effets plus ou moins heureux, souvent baroques, parfois admirables. Par exemple, les six trompettes qui sonnent dans le *tuba mirum*, sont une des choses les plus originales que je connaisse. Ne vous trompez pas à ma pensée : c'est une originalité sublime. Dans un autre endroit, l'orchestre meurt et ne laisse entendre pendant plusieurs mesures, que trois voix : celle du basson, qui dort sur sa pédale grave, et deux flûtes qui complètent l'accord parfait en donnant la tierce et la quinte sur-aiguës. Cela n'est que bizarre. Le compositeur emploie fréquemment le style fugué, qui est celui du genre; mais il a le secret de n'être ni trop ennuyeux, ni trop obscur. Du reste, point de chant, pas une cantilène. Il n'y a dans toute cette partition qu'un solo; c'est au *sanctus*, et c'est Duprez qui l'a chanté. Ce sont des notes juxta-posées; rien de plus.

J'entendais regretter à côté de moi qu'on n'eût pas choisi, au lieu de cette messe, le *requiem* de Mozart. Je ne suis pas de cet avis; non pas assurément que le *requiem* de Mozart, ne soit mille fois supérieur à celui de M. Berlioz; mais parce qu'il faut laisser paraître et s'essayer les artistes qui ont de l'avenir. Certes, M. Berlioz en a, et beaucoup, mais il faut qu'il renonce à se montrer dans chaque double-croche qu'il écrit, nouveau, énergique, passionné, inattendu, savant et bruyant. Aujourd'hui la science est vulgaire : l'accord favori de Gluck, si puissant à cette époque, la *septième diminuée* est devenue le pain quotidien des barbouilleurs de romances; il n'est pas un amateur un peu honnête, qui ne sache manipuler les septièmes, les neuvièmes et les suspensions une heure de suite au clavier, si on l'en prie. Mais créer une mélodie originale, c'est l'écueil où viennent échouer nos fiers contrapuntistes. Savez-vous ce qui a produit un effet général et bien senti, après tout le fracas harmonique de M. Berlioz?—Le *De profundis* en faux-bourdon.—Mais aussi quelles voix! Lablache, Levasseur, mademoiselle Falcon, madame Stolz, etc., etc. Tous ces suppôts du diable ont chanté comme des anges!

Parlons un peu de M. Auber. Voilà un homme d'esprit! il n'a garde, lui, de se poser devant le public en homme de génie, en hercule musical.

Au contraire, il s'humanise, il s'accommode tant qu'il peut à la faiblesse de son auditoire, il sacrifie à la déesse contredanse, quelquefois même un peu trop; mais à la faveur de cette concession, il obtient grâce pour les trésors véritables de son génie. Son nouvel opéra, le *Domino Noir*, vient de réussir comme autrefois réussit la *Dame Blanche*. Jamais l'imagination du compositeur n'a été plus féconde ni plus riante : cette partition est une mine d'or, un magasin de perles fines. Les journaux vous conteront assez le *libretto*, qui est aussi fort joli : M. Scribe a pris là sa revanche de ses tristes *Indépendants*. L'orchestre du *Domino Noir* est traité d'une façon nouvelle, ou plutôt renouvelée de notre ancienne école; mais ce qu'elle faisait forcément et par inexpérience, M. Auber l'a fait volontairement et par une inspiration de son bon goût. Il a ôté le bruit des accompagnements; il a ménagé les cuivres avec beaucoup d'économie, et laissé dominer la voix humaine, au-dessous de laquelle l'attention saisit sans fatigue les dessins d'une instrumentation élégante et coquette. C'est le procédé de Cimarosa; c'est celui auquel il faudra toujours revenir, dans l'*opéra buffa*; l'*opéra seria* demande un style plus vigoureux et plus nourri.—On ne se lasse point du *Matrimonio segretto*; c'est avec *Don Juan*, la pierre angulaire de la direction. Chaque hiver ramène ces deux chefs-d'œuvre; Cimarosa nous a déjà été rendu, nous attendons Mozart vers le mois de février. Il est impossible de vous donner une idée de Rubini dans l'air du second acte *pria che spunti*. Il n'y a pas de flûte qui puisse lutter avec lui, d'agilité, de pureté, de douceur dans les fioritures qu'il jette sur ce passage :

> Sposa cara, sta pur lieta,
> Che l'amor ci assistera.

Quand on a entendu cela et *il mio tesoro*, on sait ce que c'est que Rubini et que la perfection du chant; on ne regrette pas ces fabuleux chanteurs d'autrefois, les Pacchiarotti, Crivelli, Crescentini, parce qu'on sent d'instinct qu'on les possède tous dans le seul Rubini, et probablement quelque chose encore de plus.

Madame Persiani est une *Caroline* fort recommandable, et mademoiselle Assandri représente *Elisetta* d'une manière qui ôte beaucoup de mérite au sacrifice que lui fait au dénouement le comte Robinson de sa liberté. Tamburini porte dans ce dernier rôle trop d'élégance et de bonne grâce; il joue trop dans un salon. D'où il résulte que Lablache paraît trop chargé dans le personnage de *Géronimo* : je ferais le même reproche à madame Albertazzi. Il ne faut pas que *Fidalma* soit plus jeune ni plus jolie que ses nièces; Fidalma est une caricature, et madame Albertazzi en fait une jeune personne décente en bonnet noir. Ah! c'est la pauvre Malibran qu'il fallait voir dans ce rôle! elle ne l'a joué qu'une ou deux fois : c'était une fantaisie de son génie capricieux. Elle entra en scène à petits pas précipités, et vint se planter immobile sous le feu de la rampe, pour donner aux spectateurs le temps de la détailler. Quelle figure, bon Dieu! elle avait une grande robe à paniers, d'une étoffe à ramage; son visage était jaune, chargé de rides et de mouches; son bonnet fantastique, d'où s'échappait un chignon poudré, était surmonté d'un immense plumail rouge, et dans ses mains revêtues de mitaines noires, s'agitait un éventail vert d'un pied et demi de long, qu'elle déploya et fit jouer à l'antique, au grand redoublement de l'hilarité générale. Je sais des gens qui, vingt-quatre heures après, en avaient encore le point de côté. Pendant tout le rôle, elle soutint cette verve bouffonne. Et comme elle le chanta! jamais madame Pisaroni elle-même n'avait dit avec plus de véhémence, dans le célèbre trio des femmes *Vergogna, Vergogna!* (1) et dans le finale, comme elle tirait du fond de sa poitrine *uh! uh! che mancamento!* c'était là une actrice accomplie! C'était la création de Cimarosa, et chaque personnage étant au même niveau, le grotesque de l'ensemble était sauvé.—Mais madame Albertazzi! elle a l'air d'une madonne de Murillo!

A propos de cet opéra (*Matrimonio segretto*), *la Mode* n'a-t-elle pas découvert dans son avant-dernier numéro, qu'il était de Mozart!! elle fait de l'art pendant trois pages, fondée sur cette grossière bévue! C'est pitié de voir quelles gens se mêlent à Paris de parler, d'écrire et de juger! Si une pareille balourdise était échappée à un journal de département, à *la Chronique de Champagne*, par exemple, quel dédain, quel mépris l'eût accueillie! ici, personne ne l'a relevée: le Monsieur a remis ses gants blancs, et continue du haut du balcon des Bouffes à jeter ses oracles aux petites gens de Paris et de la province!

Je suis honteux pour moi et je frémis pour vous, quand je considère l'énormité du griffonnage qui s'accumule sous ma plume! Et pourtant je vous assure que je vous fais encore grâce de la moitié de ce que je voulais vous dire. Mais pour rien au monde je ne saurais m'empêcher de vous conter encore une histoire. J'ai pour cela trois raisons, comme M. Pincé: l'histoire se rapporte à un homme célèbre; elle est courte, je la crois bonne, et ce sera la dernière d'aujourd'hui. Au lieu de trois, j'en ai rencontré quatre; écoutez-donc.

M. de Châteaubriant veut que le public s'occupe de lui sans relâche: il craint toujours d'être oublié. En cela, il est injuste envers son beau génie et envers ses lecteurs: c'est une faiblesse, mais enfin vous savez jusqu'où cette faiblesse est poussée chez l'illustre écrivain, et que pour y sa-

(1) Madame Pisaroni n'a jamais joué *Fidalma;* mais elle chantait ce trio dans les concerts.

tisfaire, il n'est pas de petite rouerie innocente qu'il n'ait mise en usage. Il a publié dix fois sa dernière brochure, son dernier discours, son dernier article de journal, etc. C'est un tambour qui bat la retraite, et ne peut se résoudre à finir. Il était nécessaire de vous rappeler cela.

Or, une certaine dame voulant donner une soirée, fit savoir à ses invités qu'elle aurait madame Récamier et M. de Châteaubriant. La curiosité fit accourir tout le monde, et personne ne fut indisposé ce jour-là. On s'entretenait avec chaleur du plaisir qu'on se promettait d'avance à voir face à face un grand homme; on préparait des mots, des questions, des réponses, les messieurs se montaient au sublime, les dames s'apprêtaient à être aimables de toutes leurs forces, chacun était sûr de se faire remarquer. Cependant l'heure s'écoulait, et le couple attendu n'arrivait pas. On commençait à s'inquiéter; on tremblait d'en être pour ses frais, déjà quelques mots piquants circulaient sur la présomption de cette pauvre madame une telle, qui avait cru bonnement posséder dans son salon deux personnages si remarquables, lorsqu'on annonce madame Récamier. La maîtresse de la maison éclaircissant tout à coup par le plus aimable sourire sa physionomie contrariée, s'élance au-devant d'elle : quoi, seule ! ma chère amie ? et M. de Châteaubriant ? — Il est désolé ! il n'a pu venir. — Serait-il malade ? — Malade, non ! indisposé. — Et qu'a-t-il, s'écrièrent ensemble plusieurs voix, avec l'accent d'une vive sollicitude. — Mais........ il craint l'humidité, il prétend qu'il devient sourd. — Bon ! reprit la maîtresse du logis assez piquée, M. de Châteaubriant se croit sourd, parce qu'il n'entend plus parler de lui !

Je trouve que ce mot porte profondément l'empreinte de la griffe féminine. Qu'en pensez-vous ? Je vous quitte pour vous laisser y réfléchir. Adieu, chère cousine; je suis avec une amitié bien sincère,

Votre dévoué cousin,

JEAN.

MYSTÉRIEUSE HISTOIRE.

ÉPISODE DU TEMPS DES CROISADES.

I.

— Madame, il faut vous quitter, car le roi, notre sire, a mandé ses bons chevaliers pour la guerre d'outre-mer.... Et moi j'ai dit à mon écuyer : « Amenez mon beau cheval et me donnez ma longue épée. » Mon beau cheval est arrivé, couvert de son harnais de bataille. De cette allée de chênes où nous sommes, vous pouvez le voir, là-bas dans la plaine, avec sa crinière flottante ainsi qu'une chevelure de comète, et bondissant sur ses jarrets comme pour un tournois. Entendez-vous ses hennissements, et ne vous semble-t-il pas qu'il me crie : « En guerre, monseigneur! » Madame, il faut vous quitter. C'est grand'peine, voyez-vous. Pour la première fois, moi, jeune chevalier, j'ai maudit mes éperons; pour la première fois, j'ai appelé l'honneur *Tyran impitoyable.* Hier, en parcourant les bois qui environnent cette châtellenie, je me suis écrié : Heureux tes aigles, belle solitude! et le soir, madame, le soir, j'ai dit à mon confesseur : — Père, le salut vaut-il l'angoisse que j'endure de m'éloigner?.. A quoi, lui, homme austère, a répondu : O le lâche chrétien!

Et certes, il avait raison. Une seule pensée domine mon ame.... et ce n'est plus celle du Seigneur. Entre lui et vous, j'ai balancé comme une biche altérée entre deux fontaines.... Et vous l'avez emporté. Vos yeux m'ont ravi le souvenir de la terre; votre voix m'a troublé comme la musique des enchanteurs. Si bien que toujours il me vient en pensée que peut-être le paradis n'est pas plus beau que votre châtel, et que la plus gracieuse sainte, c'est vous sans doute.

Et cependant, madame, il faut vous quitter! Le roi Louis a revêtu son armure, et il m'a convié, moi, son féal, à aller planter sa bannière sur la rive sarrazine... Mieux vaudrait mourir ici assurément...

— Mieux vaut vivre et partir, chevalier.

— Oui; c'est la toute votre réponse, depuis quelques jours! de telle sorte que celui qui ne vous connaîtrait pas, croirait votre cœur desséché comme ces mauvais fruits dont parlent les saints évangiles. Etes-vous donc sans affection dans ce monde? qu'est-ce à dire? pourquoi cette prétendue indifférence, cette feinte dureté? Il faut donc fausser aussi votre regard... ce regard si doux, qu'il fait presque défaillir. Souvent j'ai pensé qu'à votre naissance deux ames s'emparèrent de votre beau corps, et que depuis elles l'habitent et le tourmentent de leurs feux contraires. Oh! s'il en est ainsi, plaise à Dieu, que la bonne ame, celle qui a pour moi quelque mansuétude, soit toujours victorieuse de l'autre.... Mais voilà que vous baissez vos longues paupières, voilà que votre bouche murmure des mots inconnus, et que votre main cueille par distraction les roses des églantiers qui bordent cette allée, au grand péril de vous blesser aux épines... ce dont vous garde votre bon ange! Autant vaudrait, il me semble, répondre à moi qui vais en pays si lointain, et ne sachant, en vérité, si j'emporte un regret de vous... Dévorante inquiétude! Ah! on ne meurt jamais quand on le voudrait.

—Mieux vaut vivre et partir, chevalier.

—Fort bien! je connais et retiendrai cette parole. Certes, vous avez pris soin de me l'apprendre! mais qui m'en expliquera le sens caché? Fallut-il aller consulter les enchanteurs du prophète, ces païens damnés, j'irai, madame, j'irai... En vous, tout est mystère, et l'on ne sait trop pourquoi on redoute de vous aimer. Il y a quelque chose en vous qui n'est pas donné au reste des femmes. Ceux qui vous connaissent peu disent de vous : « *Elle est dangereuse comme l'onde...* » et ils vous évitent. Mais moi, plus audacieux, j'ai osé m'approcher et j'ai adoré. Vous avez la science des savants évêques et le sourire des enfants. Vous parlez de l'autre vie comme si les esprits venaient la nuit en conférer avec vous à votre chevet, votre tristesse a quelque chose de sacré... Quand vous chantez, c'est toujours le psaume le plus miséricordieux de l'Ecriture; quand vous parlez, ce n'est presque jamais de la terre; et quand vous priez dans la chapelle, à voir les longs plis de votre robe sur l'escalier de l'autel, vos mains jointes, vos yeux humides et suppliants, votre tête inclinée, on vous prendrait pour le jeune Samuel devant le tabernacle, ou le disciple bien aimé au pied de la croix. Quant à votre charité, il n'est pas un laboureur de ce comté qui ne sache votre nom comme parole de bon secours. Donc, ô madame, j'ai bien raison de brûler de l'encens pour vous. Si c'est une idolâtrie, que Dieu m'éclaire, car je ne crois pas pécher en adorant cette image des saintes. Telle, pourtant, n'est pas la docte opinion de mon confesseur, lui qui ne peut expliquer le mystère qui vous environne... C'est pourquoi j'envie la mort quand il faut vous quitter.

—Mieux vaut vivre et partir, chevalier.

—Grâce pour cette parole. Elle n'est que trop dans ma mémoire, je vous jure. Mais, vous avez beau faire, je m'obstinerai malgré vous, dans l'habitude de vous aimer.... Oh! que cela ne vous effarouche point... Ne reculez pas ainsi, toute craintive, et, surtout, que votre visage ne se couvre pas de tristesse à ces aveux... C'est bien assez de votre calme et de votre majesté... Votre colère me tuerait. Adieu donc, car voici l'heure où le soleil va descendre derrière les montagnes.... Je vois d'ici des barques qui naviguent sur le fleuve du Rhône; elles portent des chevaliers croisés, et je vais demander passage à l'une d'elles. Adieu, vous que je laisse seule dans ce châtel isolé où vous n'avez d'autre seigneur et d'autre confident que votre Dieu et le mien. Adieu, vos sourires célestes, vos cheveux pareils à ceux de Michel archange, et cette taille si mince qu'on tremblerait pour elle si on n'en devinait la souplesse. Adieu, la fierté de votre front et la rêverie de vos yeux. Je ne vous demande ni bracelet, ni écharpe brodée par vos mains, ni rien de ce que donnent toutes les châtelaines de ce pays de France; vous m'avez dit souvent que ce sont coutumes vulgaires, et pauvres gages de pauvres amours; et souvent vous avez ajouté que ces mesquins témoignages sont indignes d'une affection telle que vous la comprenez (c'est-à-dire sainte et immense), et que, pour se souvenir de ceux qu'on a laissés sur la terre de la patrie, il n'est besoin d'aucun talisman. Telles étaient vos paroles, et je les ai gardées dans le tabernacle de mon cœur. Mais du moins, ô madame, qu'il me soit permis de demander à votre main de toucher cette épée, ma seule compagne désormais; bénissez-la pour qu'elle soit valeureuse autant que vous êtes belle et adorable. — Adieu, souveraine.

—Chevalier, adieu. »

II.

Ce fut alors qu'il prit le sentier qui conduisait vers la rive du fleuve. Il marchait à grands pas et il ne retourna pas la tête une seule fois. A mesure qu'il descendait de la colline, ses armes rendaient un bruit de fer et le panache noir de son casque flottait au gré du vent comme un dragon. Quand il arriva sur la grève, il vit venir à lui son écuyer menant en main *Alexander*, son beau cheval des batailles.

— Adonc, dit-il à l'écuyer, montez ce destrier et allez m'attendre avec lui à Arles-le-Blanc (1); moi, je remonte le rivage jusqu'à Roche-Maure où je m'embarquerai sur une *nef* de chevaliers croisés. »

(1) Joinville.

Et puis il passa la main dans la crinière d'Alexander qui hennissait de joie et tressaillait de tous ses membres nerveux.

— Va ! lui dit le maître, va, mon compagnon de guerre, tu es le prince des chevaux; va, nous sauterons ensemble sur la rive sarrazine, au bruit des clairons; et, de par Dieu ! nul ne frappera avant nous les turbans maudits. Va donc, et te réjouis dans ta gloire. »

Il s'éloigna et remonta la rive du fleuve. Le Rhône était large et écumeux. Parfois il élevait sa grande voix dans la nuit, comme un géant blessé qui se plaindrait, et, parfois aussi, ce hurlement se changeait en grave harmonie, telle que le chant des serpents dans les cathédrales. De tous les fleuves de France, le Rhône est le plus beau, à notre dire du moins et à celui du jeune chevalier qui remontait son rivage : si bien qu'il lui adressait ce discours :

— Je te salue, frère ! triste et orageux comme moi..... je te salue, mon frère ! Tous deux nous murmurons notre plainte dans le désert et sans nous l'être communiquée. Ainsi deux solitaires s'en vont marchant ensemble par la voie douloureuse, ne se parlant point entre eux, mais chantant le même cantique. Je te salue frère ! et quand je ne serai plus sur tes bords, si jamais la châtelaine de ces tours voisines descend près de ton onde, protège-là de toute embûche et de tout maléfice. Elle est la sainte de mon cœur. Je te bénis, frère. »

Le Rhône répondit sans doute, car, en ce moment, le bruit de ses eaux devint plus solennel.

Mais, sans doute aussi, depuis longtemps, le lecteur nous demande le nom de ce chevalier et celui de la dame de la châtellenie située au milieu des bois de la colline dont il a été parlé ; et nous répondrons au lecteur que nous allions lui faire les mêmes questions. Il faudra donc qu'il se contente, comme nous, d'appeler ce jeune homme le *Chevalier Noir* (car ses armes étaient toutes bronzées, sans ciselures ni armoiries) ; et quant à la châtelaine, nous la nommerons la *Dame des Bois* ; mais assurément c'était une créature de haute intelligence et d'angélique beauté ; une de ces femmes comme il n'en existait qu'une alors..... et, peut-être, comme il n'en est qu'une sur la terre aujourd'hui.

Il marcha longtemps, le chevalier, s'arrêtant à chaque croix et à chaque chapelle de notre sainte mère la Vierge Marie, pour dire ses oraisons. Ce fut vers les dix heures de la nuit qu'il arriva à la grève de Roche-Maure! Là, il s'assit sur un rocher qui s'avançait dans le fleuve et il attendit le passage de quelque barque des croisés. Il en vit une descendant le courant à moindre distance du rivage que les autres. Alors il se leva et se mit à crier :

— A moi, messeigneurs !

— Qui est celui-ci? se demandèrent entre eux les passagers de la *nef*. Qui est celui-ci, debout sur son rocher au milieu de l'eau et pareil à quelque esprit infernal ? — Voyez flotter son panache noir, disait l'un. Ne dirait-on pas un vautour ? — Par Saint-Denis, reprenait un autre, fut-il diable ou chrétien, il faut voir son visage. — Un troisième répliquait : Cette grande et noire apparition n'est autre que l'âme maudite du châtelain de la Roche-Gluy, dont notre bon roi Louis fit abattre les tours en ces parages, parce qu'il dévalisait les pèlerins et les marchands (1). Le païen est mort.... mais non son esprit vagabond....

— A moi donc, messires chevaliers! criait le fantôme.

— Paix! dit aux siens le commandant de la *nef*, et manœuvrez vers celui qui appelle. Par Notre-Dame-de-Paris, c'est peut-être un homme qui demande secours....

Or, celui qui avait parlé ainsi était le sire de Joinville, un des familiers du roi Louis, et qui s'en allait outre-mer. A peine eût-on amarré la barque au rocher, que le chevalier noir sauta tout armé au milieu des gens de l'équipage, de telle sorte qu'ils tressaillirent d'étonnement.

— Qu'est-ce donc! leur dit Joinville, un bruit d'armes vous fait peur? Il n'est pourtant de si belle musique au monde. Et s'adressant à l'inconnu : Bien sauté, messire! et soyez le bienvenu parmi nous. Voici que je vous présente mon cousin Gobert, comte d'Apremont, et son frère le comte de Salebruce; puis le sire de Vaucouleurs et le comte de Saint-Pol; pour moi, je suis le sénéchal de Champagne, Jean de Joinville, pour vous servir. Nous partons tous pour la croisade et nous nous rendons à la Roche-de-Marseille, où nous prendrons une autre *nef* pour naviguer en mer jusqu'à l'île de Chypre, qui est le rendez-vous de l'armée.»

Cela dit, il tendit la main nue au Chevalier Noir, sans lui demander son nom. Et celui-ci ne le lui dit pas, mais il le remercia et salua les croisés. Puis il alla s'asseoir à l'écart près de la pointe de la barque.

— Vive Dieu! reprit Gobert d'Apremont, en voilà un qui ne se compromet pas en paroles.

— Qui se cache, ment, dit Saint-Pol. Comme il s'obstine à couvrir son nez de sa visière!

— Si j'allais le prier de nous montrer sa face,... ajouta le jeune Vaucouleurs, enfant de dix-huit ans, échappé depuis quelques jours des bras de sa mère.

— Dieu vous en garde! lui répondit Joinville. Quand vous aurez la barbe moins blonde, messire, vous saurez qu'il est dans le monde un pé-

(1) Historique. Joinville.

lerin qui souvent nous visite et avec qui souvent nous causons à l'écart : il se nomme le Chagrin. Ce chevalier a sans doute beaucoup de choses à démêler avec lui.

— J'entends, dit l'enfant; mais tout pélerin infatigable qu'il est, le Chagrin, je le défie de m'atteindre.

— Patience!.... répondit une voix. C'était celle du chevalier assis à la proue.

Cependant le Rhône emportait la *nef*, comme l'aquilon un oiseau léger. Aux lueurs des étoiles, on voyait bien des arbres et bien des tourelles et bien des clochers remonter le fleuve sur les deux rives. Quand on arriva dans une vallée resserrée, il sembla que les eaux, contenues et profondes, bouillonnaient avec plus de violence. Cette harmonie sauvage répondait à la majesté austère du paysage. De grandes masses de rochers, groupés tout le long des bords, pendaient sur les eaux avec leur arbres échevelés; de toutes parts dominait une forêt de chênes; de temps en temps, la lune montrait son visage pâle à la cîme d'un pin; alors on eût dit un fantôme qui regardait passer les chevaliers. Comme ils faisaient ces remarques, l'un d'eux se prit à conter qu'il venait de voir, dans un des sentiers de ce bois, quelque chose de blanc, semblable à une forme humaine.

— Assurément, c'est un esprit ou une femme, ajouta-t-il; rien de plus léger ne peut glisser sur la terre.

— Léger! ce doit être une femme, reprit un autre. Du reste, voilà, au sommet de la colline, les tours d'une châtellenie.

— Le nom de ce châtel, demanda Vaucouleurs, nul ne le sait?...

— Nul ne répondit, car tous, dans la barque, étaient étrangers aux pays de Provence et de Languedoc. On interrogea le patron, il dit :

— C'est le *Châtel des bois*.

— Assurément, ce n'est pas là son vrai nom, reprirent plusieurs voix.

— C'est le seul que je connaisse, messeigneurs.

— Attendez, dit Gobert d'Apremont. On m'a parlé de cette châtellenie habitée par une femme, veuve, noble....., mais d'une existence mystérieuse.....

— Jeune? belle?.. demanda l'enfant de Vaucouleurs.

— Très belle!... messeigneurs, et très dangereuse! On la dit savante dans les sciences défendues... Du reste, respectant notre sainte mère l'Eglise, et grandement charitable. C'est l'abbé Adam de Saint-Urbain, en Champagne, qui m'a conté ces choses.

— Les sciences défendues!... et une jeune et belle femme! L'abbé radote.

— Paix, jeunesse! reprit Joinville.

C'était toujours l'enfant qui parlait ainsi et qu'on gourmandait.

— Vrai Dieu! s'écria tout à coup le jeune Vaucouleurs, la voilà qui passe derrière ces chênes; messeigneurs, il faut gouverner la *nef* de ce côté et voir de plus près l'apparition.

— Il n'en sera pas ainsi, jeune comte, dit le chevalier noir qui s'était levé et qui déjà saisissait le bras de l'enfant.

— Et pourquoi non, messire?

— Ah! pourquoi! voilà justement ce que je dis tous les jours au Seigneur : pourquoi, pourquoi?.....

On fit signe à Vaucouleurs de ne pas insister, et tous se rangèrent autour de Joinville pour dire la prière de la nuit, car c'était l'heure de cette oraison. Et pendant qu'on priait, quelques uns remarquèrent que le chevalier noir, à genoux aussi, seul à la proue de la barque, tendait ses mains jointes du côté de la forêt. Même ils ajoutèrent depuis que le fantôme blanc s'était approché du bord et y était demeuré longtemps immobile. Ce sont là des mystères impénétrables.

On arriva au soleil levant à Arles-le-Blanc. En cette ville, on trouva les chevaux partis de Lyon depuis huit jours et que les écuyers avaient enharnachés pour la campagne d'outre-mer. Le Chevalier Noir n'attendit pas longtemps *Alexander*, qui fit l'admiration de tous les seigneurs. Quelques heures de repos suffirent et on partit, à cheval, pour la Roche-de-Marseille. Là une *nef* plus grande, et construite pour tenir la mer, attendait le sire de Joinville et ses compagnons. On mit donc à la voile, avec la grâce de Dieu et sous l'invocation de la bienheureuse Marie. La *nef* fut emportée par un bon vent de terre, et c'est le chevalier noir qui nous contera la suite du voyage.

III.

Du pays d'Egypte, au camp de monseigneur le comte d'Anjou.—Ce 16 du mois d'Auguste de l'an de grâce 1248.

Madame, c'est mon écuyer qui vous remettra cette lettre. Il retourne en France après une cruelle maladie. J'en sais une plus à craindre que les pestes de ce pays.. c'est l'absence. Trois mois se sont donc écoulés depuis notre départ? Je vous mandai de Marseille, peu de jours avant notre embarquement, avec qui et comment j'avais voyagé jusqu'à la mer. J'ignore si mon messager remit ma lettre entre vos mains bien aimées; je prie Dieu qu'il protège et guide celle-ci. — Nous quittâmes la Roche-de-Marseille à cinq heures après vêpres. Le vent nous emporta à toutes voiles bien loin en mer et si vite qu'à peine eus-je le temps de saluer la terre où je vous laissais, ma souveraine. Quelques jours après, nous nous trouvâmes en vue des côtes de Barbarie. Et ici, écoutez le récit d'un miracle que nous vîmes tous de nos yeux. Le vent nous poussait sur les rivages des infidèles. Nous manœuvrions la *nef* du côté opposé, ayant en face de nous une haute montagne dont le sire de Joinville sait le nom. Les vents changèrent et nous crûmes passer outre et naviguer habilement en mer. La *nef* parut tourner; elle voguait comme un dauphin, et toute la nuit ce fut merveille de la sentir voyageant de la sorte. Mais (ô illusions des hommes)! au soleil levant, qui fut ébahi? ce fut nous de nous trouver encore en face et tout proche de la montagne maudite. Et pourtant la *nef* voguait toujours, et toujours elle était là, cette montagne. Or nous comprîmes qu'il y avait maléfices et enchantements. Le saint abbé de l'*Ordre Blanche* de Cîteaux qui nous accompagnait nous dit: « Messeigneurs, mes frères, mettons-nous en oraison, et, la croix en tête, faisons la procession autour des mâts (1). » Tel est le pouvoir de la prière, que la montagne, ou la *nef*, s'éloigna comme une flèche. La puissance de Dieu n'a d'autres bornes que l'infini, madame; ainsi vous l'avez dit souvent. — En l'île de Chypre, nous trouvâmes le bon roi Louis et la reine, madame Marguerite, et beaucoup de noblesse de France. Avec eux grande abondance de denrées et une multitude de nefs et de bateaux de guerre, le bon roi Louis reçut là un ambassadeur du prince des *Tartarins*, qui lui venait assurer l'amitié de son maître et son secours contre l'*Egyptien*. Puis il lui fit des présents, et entre autres une magnifique tente de pourpre rouge et enrichie de franges d'or. Le bon roi lui donna à son tour des beaux joyaux de France. Puis ce bon seigneur le roi fit embarquer l'armée pour l'Egypte; car il fallait vaincre le sultan de ce pays, si on voulait conquérir Jérusalem et garder en paix le Saint-Sépulcre. — Nous fîmes voile pour l'embouchure du Nil, ce fleuve des vieux Pharaons. O grande et belle fut la journée où nous amarâmes nos nefs au rivage infidèle! Dieu fit qu'à l'exemple du roi et de ses meilleurs chevaliers, je pus sauter des premiers sur le sable. Là Egyptiens, Turcs, Arabes, esclaves baharites, toute l'armée impie nous attendait. Qui dira les prouesses et coups de maître qui se firent alors? Le bon et savant sénéchal de Champagne écrira sans doute un jour l'histoire de ces faits d'armes. Et surtout le comte d'Anjou et messeigneurs d'Artois et de Poitiers, ses nobles frères, frappaient de leur épée; et surtout Guyon, comte de Flandre, et Joinville, et Adémar de Toulouse, et d'Apremont, et Saint-Pol, et tant d'autres...... Jusqu'à cet enfant de Vaucouleurs, blond comme une jeune fille, et dont le cœur est encore plus fort que le bras. Si j'ose me

---

(1) Historique, ceci arriva sur le navire que montait Joinville.

nommer, après tant d'autres, je dirai, madame, que toute cette journée, j'ébréchai ma lame sur les musulmans, invoquant votre nom et vous faisant honneur de mes plus beaux coups d'épée... ce dont je sais, pourtant, que vous ne tenez guère compte...... Hélas! hélas! car le sang, même le sang de l'infidèle, vous répugne, et vous en seriez avare, ô la plus miséricordieuse des femmes!

Mais Damiette fut prise. Nous y fîmes notre entrée le fer au poing et toutes les bannières déployées. Madame Marguerite occupa le palais des sultans. Toute mosquée devint église... Dieu fut loué magnifiquement. — Vous saurez, ensuite, que le sultan Nedjm-Eddin, qui régnait sur l'Egypte, vint à mourir à Babylone sur le Nil (1), et que la sultane Chegeret-Eddur prit le commandement des affaires en l'absence de Touran-Chah (fils du sultan et d'une première femme), lequel jeune prince était en ce moment à Damas. Vous saurez que cette sultane, d'une merveilleuse beauté et d'éminent courage, est l'idole des Infidèles. Ils reprirent la campagne et nous eûmes de rudes journées. Les maladies, les attaques de nuit, le feu grégeois firent de grands ravages au camp chrétien. Cependant nous marchâmes sur la Massoura, battant l'ennemi avec l'aide de Dieu. Même le vaillant et bon roi Louis entra dans la ville avec quelques chevaliers, et s'avança jusqu'aux portes du palais du sultan Touran-Chah, arrivé depuis peu de jours de Damas. Les esclaves baharites (formidable milice! se réunirent, et le roi de France céda au nombre, en faisant retraite comme un lion, se retournant souvent et frappant de l'épée les plus audacieux. Car il faut voir ce grand roi dans la mêlée, le casque en tête et le harnais sur le dos; il faut voir briller sa dague; vous la prendriez pour le glaive de saint Michel, archange.—Oui; mais, à peu de temps de là, les Baharites se révoltèrent contre les violences et les débauches de Touran-Chah, et ils le tuèrent comme il sautait d'une tour dans le fleuve Nil. Son corps resta trois jours aux vautours sur le rivage. Haute leçon donnée par Dieu aux princes impudiques et méchants.... s'il en était, toutefois, dans la chrétienté. Aujourd'hui, que Touran-Chah est mort, c'est la sultane qui gouverne: les peuples du Prophète l'ont saluée reine d'Egypte. J'ai dit que cette femme est d'une rare habileté et d'une beauté sans pareille... en ce pays, du moins, ô madame, madame!...—Demain, au lever du soleil, une grande bataille s'engagera. La journée sera chaude pour les Turcs, Dieu aidant. J'ai reçu le sacrement de pénitence. Tout bon chevalier se confesse ici avant le combat. Si je meurs, j'ai demandé qu'on m'enterre avec mon épée, celle que vous avez touchée et bénie. Amen.

Voilà pour l'Egypte, madame. Mais, la France!... Là vous vivez, là je

(1) Le Caire, ainsi nommé dans les chroniques.

serais resté jusqu'à mon dernier jour, sans les ordres du bon roi Louis et sans le vôtre... car toujours me reviennent en mémoire ces mots mystérieux : *Il vaut mieux vivre et partir, chevalier.* Loin de vous, qu'est-ce que la vie, pour me la vanter de la sorte ?.. et d'où vient que jamais vous ne voulez me laisser l'espoir de la passer tout entière près de vous ! Eh, quoi ! n'êtes-vous pas veuve et libre ? vous ou moi sommes-nous engagés par quelque vœu terrible ? Non, certes ; et pour ma part, ma seule chaîne, c'est vous qui la tenez. Serait-ce que vous me trouvez trop jeune étant de votre âge ?... Allez, allez, ma souveraine, n'ayez peur ; j'aurai plus longtemps à vous aimer. Quant à la noblesse de mon lignage, elle est vieille et blasonnée comme la vôtre..... Mais je suis fol de parler de la sorte de mon rang, oubliant ce que tant de fois vous m'avez dit : Il est écrit dans l'Evangile, « les plus humbles seront les plus élevés en gloire dans le royaume de mon père : » — O femme, que nulle intelligence ne comprendra, vous persévérez dans votre tristesse et vous vous complaisez dans la solitude, comme si une réprobation pesait sur vous... et pourtant vous êtes plus douce que les colombes de vos bois, et je vous sais animée de foi et de charité. — Heureux donc votre ange gardien, lui qui lit dans votre intelligence, cette flamme du troisième ciel, lui qui sait le *secret* ennui de votre cœur et qui peut vous dire le mot *secret*, le seul mot peut-être qui ait la vertu de vous consoler ; heureux cet ange ! tous ses frères de la terre le jalousent sans doute autant que ceux du ciel vous désirent.—Et moi, pauvre pécheur, je retournerai à vos pieds, si Dieu me garde pendant cette guerre. Là, perdu avec vous dans la solitude, j'aurai pitié des rois et des reines du monde, les défiant de me montrer, parmi leurs trésors, un joyau plus merveilleux que l'étoile de mon adoration.

Que Dieu vous garde, Madame.
Le Chevalier Noir.

Tout le monde, au camp, me nomme de la sorte. Il n'y a que le roi et monseigneur d'Anjou qui sachent mon véritable nom.

A cette lettre venue d'Egypte, celle-ci fut répondue.

France. De mon châtel des Bois.

Ma joie de votre lettre a été grande. Mon message vous arrivera par un pèlerin qui va à Damiette et à Jérusalem.—J'admire le bon roi Louis, et personne plus que moi n'est convaincu qu'il doit devenir un grand saint.

Toutefois, il me semble que, quelque glorieuse que soit la croisade, elle pourrait être plus utile à l'Eglise de Jésus-Christ si elle n'était faite avec l'épée. La parole est plus forte et plus efficace que le glaive. Saint Paul et saint Pierre chassèrent les dieux de Rome l'Evangile à la main.

A mes yeux, la reine Marguerite est heureuse de pouvoir suivre son époux...—La reine musulmane est assurément une ame héroïque, à qui il ne manque que la foi. Que m'importe sa beauté, et pourquoi en être tant émerveillé ?... Dans quelques années ses yeux seront éteints et son visage sera poussière...—Je prie Dieu pour qu'il vous garde de tout péril. Battez-vous vaillamment, mais faites plutôt des prisonniers que des blessés et des morts. Notre Seigneur Jésus expira sur le Golgotha pour l'Arabe comme pour vous. Pendant les trèves, pansez vos frères et les captifs qui souffrent. Priez souvent, à cheval comme sous la tente et dans l'église.— Pour moi, je vis dans ma solitude, ne pouvant faire, hélas! que peu de bien sur la terre, et attendant le jour de la délivrance qui est, pour nous tous, le jour de notre mort. Ce monde est la brume qu'il faut traverser avant d'arriver aux splendeurs célestes.

Adieu, ne m'aimez pas avec tant d'exaltation; je ne suis qu'une pauvre créature comme tant d'autres. Quant à vous, je vous ai voué une *affection de sœur* et qui ne s'éteindra ni dans le tombeau ni dans l'éternité.

A quoi bon signer ce message ? Ne le reconnaîtrez-vous pas ?...

IV.

Bien des mois s'écoulèrent; et, depuis, pas une lettre n'arriva d'Egypte à la Dame des Bois. Cependant on avait appris en France les désastres des croisés, la fatale journée de la Massoura et la captivité du bon roi Louis; on savait que sa meilleure noblesse avait péri.... on portait à plusieurs milliers le nombre des chevaliers morts sur le champ de bataille. Oh! combien, à ces nouvelles, de hautes et puissantes dames de France, versèrent secrètement des larmes! Combien de reliquaires, combien de châsses d'argent, combien de pélerinages furent voués à la sainte Vierge Marie et aux saints patrons des croisés! Tout le royaume était en prière... car la France très-chrétienne se souvenait alors de Dieu dans ses afflictions. On apprit l'arrivée de quelques seigneurs, venus de l'armée, et bientôt on sut qu'ils étaient députés pour amasser la rançon du bon roi captif. On vit alors bien des mères et des épouses sur les chemins et dans les hôtelleries de Provence, allant s'enquérir de leurs chevaliers croisés.

Un soir, il arriva, dans une bourgade près des bords de la Durance, une femme vêtue de la cape des pèlerines et portant le bourdon et le rosaire. Un homme, qui paraissait son varlet, la suivait. Elle avait quitté sa monture, disait-elle, à quelque distance de là, et demandait qu'on la logeât, pour la nuit, dans quelque hôtellerie. On lui en indiqua une., mais bon nombre de croisés s'y étaient logés aussi, et faisaient grand bruit de gobelets et de récits de guerre. La pélerine choisit de préférence cette maison, au grand ébahissement des commères assemblées pour la voir; et, quand elle fut entrée, elle alla s'asseoir au foyer de l'âtre. Là, silencieuse et presque inaperçue, elle écouta bien des histoires de la croisade que racontaient les convives, dans la salle voisine. La nuit était belle; c'était une de ces nuits de printemps, fraîches et parfumées, telles que Dieu les donne à la Provence, ce jardin de la France. La pélerine sortit de l'hôtellerie pour rêver sans doute au clair de lune, ou pour dire ses oraisons. Un des convives, celui qui avait conté les récits les plus merveilleux, avait quitté aussi la maison et s'était assis sur l'escalier extérieur de l'hôtellerie. Le lieu était écarté et solitaire. Cet homme fut grandement surpris, sans doute, de voir arriver à lui une sorte de fantôme vêtu d'une cape et qui lui toucha l'épaule avec la main.

— Qu'est-ce? dit-il en se signant, et que me voulez-vous?

— Un mot, frère, répliqua la pélerine. Vous avez assisté, à ce qu'il paraît, à toutes les batailles de la croisade et avez fait partie de toutes les expéditions?

— A peu près, répondit cet homme. J'étais un des varlets de monseigneur le comte d'Anjou, et je reviens en France à la suite de messeigneurs les députés pour la rançon du roi...

— Fort bien! dit la pélerine. Vous qui connaissiez toute la noblesse, au camp, auriez-vous pas entendu parler d'un mien parent appelé le Chevalier Noir?...

— Oui, de par Dieu! je l'ai vu, et souvent. Un vaillant homme de guerre, une belle lame, un fier et généreux seigneur.... mais hélas!...

— Eh bien! vous n'en avez pas de nouvelles à me donner? et sa voix tremblait, et son visage était plus pâle que celui de la lune.

— Hélas, madame, ce chevalier si valeureux... est aujourd'hui un bien pauvre chrétien!

— Vous m'avez fait peur.... reprit la femme, et cette parole lui échappa bien assurément.

— Comment! à votre place, j'aimerais mieux le savoir enterré dans le sable du Nil que faisant les choses qu'il fait.

— Et qu'est-ce donc?... parlez; je vous écoute, parlez.

— Or, vous saurez, madame, qu'à la journée de la Massoura, le bon roi Louis et monseigneur d'Anjou firent des prouesses...

— Ah ! reprit la pèlerine, je les tiens pour vaillants prud'hommes, autant et plus que tout homme de guerre.... Passons au Chevalier Noir.

— Ce seigneur chevalier fut un des premiers qui fondirent sur l'infanterie égyptienne. Avec lui se trouvaient messeigneurs Geoffroy de Sergines, de Montfort, quelques chevaliers du Temple, et ce bel enfant, ce jeune comte de Vaucouleurs dont la chevelure, madame, était blonde comme la vôtre...

Comme la pèlerine s'impatientait, le varlet abrégea le récit :

— Enfin, après tant et de si beaux faits d'armes, les chrétiens furent accablés par le nombre, et monseigneur votre Chevalier Noir tomba avec tant d'autres au milieu de la mêlée....

— Blessé ? s'écria la pèlerine.

— Peut-être, dit l'autre. Mais aujourd'hui il est bien guéri, assurément. On l'emmena avec ses compagnons à la ville de la Massoura, tous liés et garottés, que c'était pitié ! et surtout à plaindre était le bel enfant de Vaucouleurs, dont le visage inondé de sang...

— Sans doute... mais ensuite.

— Ensuite, madame, la sultane Chegeret-Eddur, reine d'une beauté miraculeuse, fit conduire ces nobles captifs dans une des cours de son palais et ordonna à l'émir Abou-Ali de leur faire trancher la tête, afin de les porter en triomphe devant le cheval de l'émir Fakredin-le-Victorieux, celui qui avait gagné la bataille.

Mais sur les remontrances d'un sage Egyptien, elle s'abstint de ce plaisir. Madame, le jeune comte de Vaucouleurs et le Chevalier Noir attirèrent ses yeux impies par leur grâce et leur bonne mine, et de captifs qu'ils étaient, elle les nomma officiers de son palais... Ceci vous surprend ; écoutez encore. Vaucouleurs se souvint qu'il était chrétien ; il refusa les présents et résista aux enchantements de la sultane qui le fit charger de chaînes. Et l'autre !... madame, il est aujourd'hui favori de cette reine païenne, et son amant, au dire de toute l'armée.

A ces mots, la pèlerine se prit à sourire... ce qui scandalisa sans doute beaucoup le croisé ; car il ne comprit pas de quelle nature était ce rire.

Quelques mois passèrent. Le bon roi Louis et sa cour revinrent d'outre-mer. Tous les jours, comtes et barons rentraient en France ; tous les jours c'étaient des fêtes et des *Te Deum* dans toutes les châtellenies, à cause du retour inespéré de leurs seigneurs. Hélas ! on savait le nom de tous ceux qui avaient péri et on priait pour eux dans tout le royaume. Mais il était un nom qu'on n'eût jamais osé prononcer dans les lieux saints, ni devant les dames, ni devant toute noblesse. C'était un nom de renégat... celui qui le portait était devenu, assurait-on, émir de la reine Chegeret-Eddur.

Or, vers les fêtes de Pâques, plus de huit mois après le retour du bon roi Louis, un jeune homme entrait au galop de son cheval dans la grande allée de chênes du château des Bois. Son palefroi ruisselait de sueur, et saignait aux flancs, tant le cavalier l'avait lancé avec vitesse. Il demanda en toute hâte la châtelaine de la seigneurie, et s'étonna grandement de voir la cour déserte et un seul varlet logé dans une des tours. Quelques grands lévriers étaient couchés parmi les hautes herbes au bord des fossés, toutes les ogives, tous les balcons étaient fermés. La solitude et le silence régnaient près du châtel ; on l'eût pris pour un cloître, à l'heure où les religieux sont au labour.

— Où donc est la dame ta suzeraine? dit le chevalier au varlet.

Celui-ci répondit : — Elle est avec Dieu, monseigneur.

— Morte! morte!...

— Hélas! elle le sera peut-être à l'heure des matines demain. Quel est votre nom, messire? car elle a ordonné d'introduire chez elle ceux qui viendraient de loin, portant quelques nouvelles.

— Annonce, Albert, comte de Vaucouleurs.

Bientôt revint le varlet, et il fit signe au jeune seigneur de le suivre. Ils passèrent dans une sombre galerie, ils traversèrent une salle d'armes, et quand ils furent arrivés à la porte d'une chapelle, bâtie dans une tour, le varlet dit à Vaucouleurs : — Seigneur, entrez dans cet oratoire ; vous passerez, de là, dans la chambre de ma suzeraine.

Une femme, à demi couchée près d'une grande fenêtre ouverte, attendait le jeune comte. Quand il entra, elle lui dit ces mots d'une voix faible mais assurée : — Vous pouvez me donner toutes les nouvelles que vous savez. J'écoute, messire de Vaucouleurs.

— Ce que je sais, madame, est facile à conter, mais n'est connu que de moi. Le Chevalier Noir, mon compagnon de captivité, a recouvré enfin sa liberté. Nous partîmes ensemble de la Massoura, voilà aujourd'hui un mois et trois semaines. Débarqués à Marseille, une fièvre violente a retenu en cette ville mon digne compagnon, et il m'envoie porter ici la nouvelle de son retour.

— Sire de Vaucouleurs, dit la châtelaine dont les joues pâles s'étaient colorées de carmin, posez la main sur l'Evangile qui est là ouvert devant vous, sur ce prie-dieu.

Voici ma main sur l'Evangile, madame.

— Avez-vous appris ce que tout le royaume raconte au sujet de votre compagnon de captivité?

— Assurément... Et, par mon salut et sur l'Evangile de notre Seigneur, je jure que tout le royaume en a menti. Des bruits infâmes....

— Oh ! c'est bien assez ! s'écria la Dame des Bois. Et que voulez-vous me dire de plus, sire de Vaucouleurs ?... C'est bien assez, vous dis-je, et bénie soit votre bouche, béni soit le son de votre voix, bénie soit votre ame dans l'éternité ! Venez, messire, venez et vous mettez à genoux aux pieds du lit d'une pauvre agonisante; venez que je pose ma main sur votre tête, ô chevalier ! et puis, allez en toute hâte, vers celui qui vous envoie et lui donnez ce que je vais vous remettre, scellé du sceau de mes armes. »

On donna un cheval de la châtellenie au sire de Vaucouleurs, un cheval vigoureux et léger qui depuis bien longtemps n'avait servi aux chasses de la Dame des Bois, et il partit aussitôt.

A quelques jours de là il revint, le comte de Vaucouleurs, et suivi cette fois de son compagnon. On baissa le pont-levis et ils entrèrent. Mais quand le varlet leur vint tenir l'étrier pour descendre de cheval, ils virent que cet homme pleurait. Comme ils le questionnaient, il leur répondit : Hélas ! Messeigneurs, Dieu n'a pas voulu qu'elle vous revît.... Hier soir, au coucher du soleil, elle se fit porter sur le balcon que vous voyez encore ouvert, et, tournant la tête du côté d'où vous deviez venir, elle recommanda son ame aux anges du ciel qui l'emportèrent avec les derniers rayons du jour.

Qu'importe le reste de cette histoire ?... La sainte dormait dans le cercueil devant l'autel de la chapelle. Quand les chevaliers entrèrent, l'un d'eux se plaça à genoux près du lit mortuaire et fit sa prière, la face contre terre. Puis il prit la main de la morte et la porta à ses lèvres en silence et avec un calme qui fit pâlir son compagnon. Il demanda à veiller toute la nuit le corps de la noble défunte, mais seul... On vit bien que rien ne le détournerait de ce dernier devoir.

Le lendemain, le sire de Vaucouleurs et l'abbé prieur de la châtellenie accompagnèrent deux cercueils au cimetière réservé pour la sépulture des seigneurs de ce lieu.

Le message qu'avait porté Vaucouleurs de la part de la Dame des Bois au Chevalier Noir, à Marseille, contenait ces mots : « Dieu soit loué dans toutes
» ses œuvres ! Je sais la vérité, je vous bénis. Le chagrin a dévoré mes plus
» belles années... Depuis le retour des croisés, il était devenu trop violent
» pour ne pas me tuer.... Fasse le ciel que je puisse vous revoir un mo-
» ment encore..... Revenez en toute hâte. Si je ne puis vous dire mon dernier
» adieu, apprenez ici le secret de ma tristesse mortelle. Vous m'avez crue
» libre..... Je vous aime et je suis mariée !.... Ne cherchez jamais à en sa-
» voir davantage. *Il valait donc mieux vivre et partir, chevalier.* »

Jules de Saint-Félix.

APHORISMES

ET PENSÉES DIVERSES.

50.

L'avarice ne va guère sans cupidité ; on peut néanmoins être cupide sans être avare : ne voit-on pas même tous les jours des gens qui ne sont cupides que pour faire face à leurs prodigalités ?

51.

L'esprit qui sert à briller dans le monde, n'est pas, à beaucoup près, celui qu'il faut pour éclairer le monde.

52.

Telle est notre indulgence, ou plutôt notre indifférence, en fait de mœurs, que pour improuver la conduite d'une femme, nous nous contentons de dire qu'elle est *inconséquente*.

53.

Ce qui semble un paradoxe, et ce qui pourtant est vrai, c'est que nous devons à nos douleurs nos plus grandes joies : est-il, en effet, de joie comparable à celle que nous cause la guérison inattendue d'une personne chérie ? et quel contentement n'éprouvons-nous pas, quand nous-mêmes, nous nous trouvons délivrés d'un mal violent, ou bien quand nous sommes sortis d'une longue et cruelle adversité, d'une horrible inquiétude, ou d'un danger imminent ?

54.

A quoi tient pourtant le sort de bien des gens ! souvent, fort souvent, à leur position géographique : le hasard vous fixe dans un lieu, plutôt que dans un autre, et décide ainsi de votre avenir, soit en bien soit en mal.

55.

Qui ne sait pas vaincre ses penchants, est également incapable de vaincre ses répugnances.

56.

Venez-vous à découvrir dans une personne dont les qualités apparentes vous séduisaient, un des vices qu'elle tenait caché, vous voilà désenchanté : c'est comme si, au milieu d'un récit qui vous intéresserait vivement, se trouvait tout à coup une grossière invraisemblance qui vous fit perdre toute illusion.

57.

Pourquoi tant d'hommes sont-ils comme des enfants gâtés qui, après avoir obtenu ce qu'ils demandaient, exigent toujours plus ? c'est que le jugement manque à beaucoup de grandes personnes, comme il manque aux enfants.

58.

Quoique les jeunes gens jouissent pleinement de la vie, ils en font mépris, comme de chose qui ne peut jamais leur manquer.

59.

Une noble assurance diffère de la hardiesse, autant que la hardiesse diffère de l'effronterie.

60.

L'entêtement vient toujours d'un excès d'amour propre et d'une grande faiblesse d'esprit : il y a des gens qui ne peuvent pas se résoudre, quoique convaincus, à vous donner jamais raison ; ils se croiraient deshonorés si les mots *j'ai tort* sortaient de leur bouche.

61.

On croit avoir tout dit, quand on prétend n'avoir agi que selon sa conscience; mais, la raison égarée par une passion quelconque, on prend souvent, sans qu'on s'en doute, le cri de cette passion pour celui de sa conscience.

62.

Il est à remarquer que les hommes les plus enthousiastes de la liberté, sont précisément ceux qui, parce qu'ils en exagèrent les effets, font tout ce qu'il faut pour en dégoûter.

63.

Il ne suffit pas, pour être honnête homme, de ne pas être un fripon.

64.

Le juge qui se flatte d'être intègre et incorruptible, par cela seul qu'il ne reçoit jamais de présent des plaideurs, pourrait bien ressembler à cette foule de gens qui font consister toute leur probité à ne jamais voler.

65.

Croyez que ceux qui ont continuellement le mot *peuple* dans la bouche, et qui se dévouent à la multitude, ont des raisons personnelles pour cela : ils peuvent aller de pair avec les courtisans; les uns flattent les peuples, comme les autres flattent les princes, pour jouir de leurs faveurs.

66.

Les femmes, et à plus forte raison les filles, qui se montrent trop hardies, perdent beaucoup de leurs avantages : des observateurs attentifs vont même jusqu'à croire qu'une grande hardiesse en elles, peut faire douter de leur vertu.

67.

N'avons-nous pas tous besoin des exemples du passé, et ne voyons-nous pas que c'est le passé qui nous sert de guide presque en toutes choses? ne méprisons donc pas les conseils de ceux qui ayant vécu plus longtemps que nous, connaissent le passé mieux que nous.

68.

Ne prenez jamais pour confidents de vos pensées des gens que vous saurez différer avec vous, de manière de voir sur trop de points : vous vous exposeriez à n'être pas compris, ou à des démentis sans fin.

69.

Comment ne pas croire qu'une secrète envie règne dans le cœur humain, quand on voit le monde, toujours si sévère pour les vivants, et si plein d'admiration pour les morts ?

70.

La mémoire n'a pas de meilleur stimulant que le zèle, et, dans beaucoup de cas, il n'y a point d'art mnémonique qui le vaille ; cela est si vrai, que, même au milieu de notre sommeil, et lorsque toutes nos facultés semblent inertes, le zèle agit d'une manière étonnante sur notre mémoire, au point de nous réveiller presqu'à heure fixe, si nous avons résolu la veille de nous lever plus matin que de coutume. Laissez donc là vos excuses banales, quand vous avez oublié de remplir un devoir, d'accomplir une promesse, ou de rendre un service ; convenez plutôt que le zèle vous manquait.

LETTRES BRETONNES.

CHARLES A PAUL.

Me voici à Douarnenez, chez ma bonne tante Ivonique, dont tu m'as si souvent entendu parler, et que je n'avais pas revue depuis vingt ans. La manière dont elle m'a reçu, sa joie, ses tendres caresses, me prouvent que je lui suis toujours cher. Amitié, vie de l'âme! bien suprême! Quelle voix serait plus puissante et plus douce, quelle voix calmerait plus vite ces peines secrètes qui se cachent au fond de nous, et n'en sortent qu'avec la vie!.... Pendant que je t'écris, elle est là, près de moi, à demi plongée dans son grand fauteuil à carreaux bleus. Ne la prendrait-on pas, à son souris mélancolique, au calme de son attitude, pour quelque sainte des anciens temps, rêvant aux plaisirs de l'autre monde? elle est dévote et beaucoup même; mais sa tolérance est si parfaite, et son esprit si éclairé, que ce qui n'est trop souvent qu'hypocrisie dans la plupart, devient chez elle une vertu de plus. Ah! tante Ivonique de Bretagne, mon cœur est à vous pour toujours, et c'est quelque chose enfin, car il fut toujours difficile et peu constant. Et ce vieux marin, M. de Kerseuil, son ami d'enfance et son commensal depuis dix ans, comme il est franc, comme il est expéditif en amitié, et jovial convive! Je ne sais où peut se prendre à son âge tant de chaleur et de gaîté : sa mémoire ne s'épuise pas plus que sa langue ne se fatigue; et depuis huit jours que je suis ici, il m'a conté plus d'anecdotes et d'aventures que je ne pourrais en lire en trois mois; sautant de l'Europe au Nouveau-Monde, et des guerres de Pologne aux intrigues de Paris et du conclave.

La chambre que j'habite est celle que j'occupais dans mon enfance, lorsque je venais, accompagné de ma mère, passer les vacances à Douarnenez. Ce sont encore les mêmes meubles, le même grand lit avec son ciel, où se voient mille oiseaux de camelot et de soie; et en face, une tapisserie qui représente, je crois, un enlèvement d'Hélène. Quand le soleil du matin, se glissant à travers la vigne qui couvrait à moitié la fenêtre, venait à éclairer tous ces personnages, il me semblait les voir s'agiter; je croyais voir bouillonner la mer, et entendre ces cornemuses dans lesquelles soufflaient des matelots parés de fleurs. Je ne puis dire combien ce souvenir m'a ému; avec quel plaisir, et je ne sais quelle tristesse mélancolique et douce, j'ai contemplé cette tapisserie merveilleuse. Comme le temps a fui déjà! trente siècles ont passé depuis que ces hommes étaient vivants, et vingt ans bientôt depuis que j'admirais leurs casques et leurs grands boucliers. Leurs visages sont toujours les mêmes, toujours immobiles, et ma mère qui était jeune et belle n'est plus.... et ma tante Ivonique s'avance à grands pas vers la tombe.... Paul, ainsi finiront nos derniers beaux jours! ah! que pas un seul du moins ne soit perdu pour l'amitié!

Partout ici je vais cherchant ma trace, pour ainsi dire, et trouvant à chaque pas un souvenir. Au bout du verger, à droite est un chemin pierreux qui conduit à un rocher d'où tombe à grand bruit un torrent. J'aimais à m'asseoir au ressaut de ce rocher, les pieds pendants sur l'abîme. La douce voix de ma mère venait chaque soir m'y appeler, et je l'entendais toujours malgré l'impétuosité de l'eau, et le choc perpétuel des cailloux qu'elle entraîne. Comment des circonstances si ordinaires ont-elles fait sur moi une impression ineffaçable? Pour me les rappeler lorsque je m'éveille, il suffit du bruit du torrent; je crois entendre s'y mêler le nom de Charles, prononcé d'une manière que personne n'imitera....

J'ai revu tous les environs de la ville, ses coteaux arides, ses rochers, ses bruyères; j'ai contemplé cette baie si vaste, si profonde, et la mer, dont on raconte tant de naufrages; j'ai visité l'île Tristan et sa tour enchantée; au Cap-à-la-Chèvre, un pâtre m'a montré du doigt quelques pierres à moitié rongées, derniers vestiges d'une immense cité qui florissait jadis, et que les légendaires et les bardes surnommaient *La superbe* (1). Chargé d'effacer nos traces à mesure que passent les générations, le temps est venu balayer les lieux où elles ne sont plus. Ni les palais de la tyrannie, ni les monuments de la liberté ne restent debout; les dieux eux-mêmes sont forcés de lui abandonner leurs temples, qu'il détruit lentement et comme pour faire durer plus longtemps son triomphe. Tout tombera devant lui, et le génie même qui grandit malgré les siècles, se débattra vainement au jour où tout doit s'éteindre.

Si quelque chose pouvait me faire oublier que je suis loin de toi, Paul, ce serait sans doute la mer et son sublime et triste aspect. Oh! qui ne l'a pas vue, ne peut imaginer ses merveilles: sa lame changeante, ses profonds

(1) Cette ville s'appelait *Is*.

abîmes, ses orages et son calme auguste, et son éternel murmure; puis l'homme se promenant en maître sur ses flots, vaincu aujourd'hui, vainqueur demain, mais sûr d'y régner toujours avec les armes que lui fournit la terre, le bois, le fer et le chanvre.

Chaque jour, le soleil à son lever, me trouve parcourant les grèves et les rochers de la côte : j'ai pénétré dans des grottes profondes, refuge ordinaire des contrebandiers : les unes ont une entrée spacieuse, et ressemblent à de vastes portiques, les autres, où l'on peut se glisser à peine, s'agrandissent à mesure qu'on avance; d'un côté se voit au loin l'azur des flots, de l'autre mille formes confuses qu'on aperçoit à peine, et si, par une fente étroite, le jour vient à tomber d'en haut, on se croirait, à cette étrange clarté, au bizarre jeu des ombres, dans quelque mystérieux et redoutable asile. La fraîcheur et le silence ajoutent encore à ses magiques effets. Aussi ne m'en puis-je arracher. J'y reste des heures entières; j'y reste bien souvent jusqu'à ce que la vague y arrive elle-même, et me vienne avertir en grondant que l'homme ne doit pas lui disputer son empire.

O Paul! C'est ici que la nature est grande; c'est ici que se respire je ne sais quel air de force et de liberté. L'Océan est plus fier encore qu'il n'est vaste. S'il porte l'homme, c'est comme les rebuts qu'il rejette en ses orages; et, depuis le premier qui l'osa franchir, nul n'a pu laisser sur lui d'impure trace. Il hait la terre qui fut toujours esclave : une fois il s'élança tout entier contre elle. Dieu le repoussa dans ses abîmes; mais il menace encore ses rivages et n'en approche qu'en mugissant. . . . .

CHARLES.

POÉSIE.

ÉTUDES

Par Théod. CARLIER (1).

Quand les anciens savants, après avoir embrassé, dans leur prodigieuse érudition, la connaissance de toutes les choses extérieures, arrivaient à l'étude de l'homme; surpris et émerveillés de l'horizon sans fin, de l'immense perspective dont elle leur ouvrait les profondeurs, ils saluaient, dans leur enthousiasme, cet être leur semblable, du nom de microcosme ou petit monde; ils voyaient en lui un abrégé de tout cet univers, un compendium de la création, une représentation exacte, sur un plan raccourci, de tous les corps célestes ou terrestres du grand monde, avec leurs propriétés, leurs mouvements, leurs harmonies réciproques.

Telle était l'idée pleine de grandeur et de majesté que nos pères s'étaient faite de l'homme. L'homme en effet, avec la dualité de ses natures, humaine et divine, périssable et immortelle, avec ses instincts, ses sentiments, ses réflexions, est le plus vaste sujet de méditations, le plus large problème qui puisse être soumis à l'homme. En vain, tous les siècles se sont mis à l'œuvre et se sont succédé à creuser cette mine plus inépuisable que celles du Potose; en vain, les explorations ont suivi les explorations, nul voyageur n'a fait le tour du continent humain; nulle sonde n'a trouvé le fond de ses vivants abîmes.

Et cependant les imaginations tournent, sans se lasser dans ce même cercle. Un seul des sentiments de l'homme, l'amour a suffi même à remplir de sa dramatique expression le théâtre de tous les peuples et la moitié de tous nos livres. Mais aussi, malgré son apparente vieillesse, l'humanité se

---

(1) Paris, chez *J. Le Doyen*, Palais-Royal; Reims, chez *Cordier*. 1 vol. in-8°.

renouvelle sans cesse, et subit, d'âge en âge, une transformation et comme une sorte de rajeunissement. Chaque siècle, à mesure qu'il naît, rejette et repousse du pied la dépouille usée du siècle qui meurt, s'élance, brillant de fraîcheur et appelle à lui ses philosophes, ses poètes, ses historiens, ses peintres. Eternellement reproduit, le sujet de l'Homme est donc éternellement nouveau.

Le livre de M. Carlier nous paraît conçu en dehors des idées ordinaires, son auteur a cherché évidemment à se faire une voie qui lui fut propre. Il y a dans cet ouvrage un système tout entier, un point de vue nouveau, une langue nouvelle. — Deux genres tellement distincts, qu'il nous faudra les considérer chacun de leur côté, se partageant d'une manière inégale ce volume : l'un que je nommerai Poésie de cœur, l'autre Poésie de raison.

La première forme, plus courte, sort moins cependant des habitudes communes. Il y a loin d'elle toutefois à cette poésie que notre époque désigne sous le nom d'*intime*. Notre époque, comme on sait, prétend avoir inventé la mélancolie que les anciens ne connaissaient pas, mais elle n'a fait naître qu'un genre faux et bâtard, versification pleureuse, sensiblerie bien portante qui n'en jette pas moins une éternelle complainte, égoïsme amoureux de son image, et qui mire perpétuellement sa tristesse à toutes les tristesses de la nature. — La sensibilité de M. Carlier nous a paru plus vraie. Il y a bien aussi ses moments de plénitude au cœur et d'effusion, soit que crédule aux idées surnaturelles, aux relations inexplicables des âmes dégagées de leurs corps, il nous raconte l'apparition, la visite d'adieu de cette jeune fille qui, triste et doux fantôme, précédant l'envoyé funèbre, se montre à son ami dans la nuit qui fut celle de sa mort, soit qu'il jette à pleines mains sur cette tombe virginale les plus gracieuses comparaisons, images imparfaites de ce qu'était la jeune fille pendant sa vie; soit encore qu'il reproche l'abandon de sa vieille et pauvre mère à cette Léna, qu'il nous fait pourtant si belle sous ses riches parures, qu'on lui pardonne presque d'avoir quitté sa chaumière, et les grossiers vêtements qui cachaient ses charmes méconnus, pour les châles élégants, pour les robes soyeuses qui trouvèrent son honneur sans défense. Suivez le poëte à Montmorency, à travers cette peinture de localités si riche, si vraie, l'un des beaux morceaux descriptifs de notre langue, suivez-le, lorsque revoyant après quinze ans d'absence son pays natal, il s'étonne de ce que les hommes changent si vite pendant que les choses changent si lentement.

> Rien n'a changé d'aspect. — C'est à peine si l'âtre
> Montre à l'œil attentif un reflet plus noirâtre;
> Si quinze étés, suivis d'autant de longs hivers
> Ont ridé vos pommiers encor de fruits couverts,

Et si, près du courant où le troupeau s'abreuve :
Le pont de bois réclame une poutre plus neuve.
. . . .
Oh ! des ans sur la pierre on voit peu le ravage !
On voit peu si la mer laisse plus de rivage.
Qu'il faut de jours passés sur ce qui ne sent pas
Pour que le temps y marque une empreinte de pas !
Que n'en est-il ainsi de nous !....

Partout c'est une expression douce et triste, mais partout aussi une poésie pure et chaste, telle qu'elle pouvait naître au sein du tranquille bonheur, et dans la paix de l'heureux ménage dont M. Carlier, dans la dédicace, nous révèle la sainteté.

Et pourtant cette poésie de cœur, ces pièces de sentiment qui, à elles seules, sont un bon livre, qui feraient la fortune d'un autre poète, n'occupent qu'une partie du volume. Là n'est point la pensée capitale de l'auteur. Beaucoup, nous le croyons, parmi les dames surtout, regretteront que le livre ne soit pas uniquement composé de cette manière, et que ces morceaux jetés et dispersés dans son étendue, n'apparaissent qu'au milieu d'un genre tout différent, effet que nous comparerions volontiers à celui que produisent ces fleurs que la nature entremêle aux épis d'un champ de blé. Ornements accessoires de ce riche tableau, le bluet azuré, le coquelicot à la robe de pourpre, l'ardent lichen appellent cependant plus de regards, attirent plus de mains pour les cueillir, que ne le fait elle-même la plante utile. Voici une pièce que je citerai, non par choix, mais parce que son peu d'étendue me permet de la donner tout entière et sans morcellement. C'est un sonnet, forme de poésie si fort en réputation chez nos pères, tombée depuis en désuétude, et que M. Carlier a ressuscitée plusieurs fois avec bonheur.

Prière.

Au nom de votre Christ qui leva triomphant
La pierre du sépulcre impuissant à l'enclore,
Vierge sainte qu'en vain l'homme jamais n'implore,
Vous qui sauvez des flots ceux dont l'esquif se fend ;

De votre amour sans borne, aimez mon jeune enfant !
Sa robe d'innocence est toute blanche encore ;
Il n'a rien dit, rien fait de ce que Dieu défend,
Pur et semblable au lys qu'un chaste éclat décore

Oh ! soyez sa patrone. A l'ombre de votre aile ,
Mettez, pour l'affermir, cette existence frêle ,
Et prodiguez la sève à ce tendre arbrisseau.

Vous savez, ayant bu dans cette coupe amère ,
Combien la mort d'un fils afflige un cœur de mère ,
Et de quel long espoir on emplit un berceau.

M. Ste-Beuve est celui des auteurs modernes dont le style a le plus de correspondance avec le style de M. Carlier, rapprochement naturel entre deux poètes qui ont été compagnons d'études, assis sur les mêmes bancs, imbus des mêmes leçons; mais la poésie du premier est loin de posséder cette richesse extrême de rimes qui nous a surpris à chaque page de M. Carlier, secret dont M. Victor Hugo avait eu seul jusqu'ici la possession incontestée. Peut-être cette simplicité de style si favorable aux développements scientifiques, a-t-elle cependant ses inconvénients, et les vers suivants, violant des frontières mal limitées, font-ils incursion dans le domaine de la prose:

> Ils espéraient polis, doux et spirituels
> Ses défauts actuels
> . . . .
> Elle les refusa , peut-être uniquement
> Parce que. . . .

mais nous serions plutôt tentés de reprocher quelquefois à M. Carlier, cette sève poétique qui produit un luxe de ramure, une exubérance de figures. Tout devenait or, sous les heureuses mains d'un roi de l'antiquité, tout devient image sous celles de M. Carlier ; mais ces légères taches que nous signalons avec sévérité, n'obscurcissent en rien son œuvre, et n'en diminuent point la haute portée.

J'arrive à la partie fondamentale de l'œuvre, à ces études psychologiques, à cette poésie de raison, novatrice dans son fonds, novatrice dans sa forme, terrain sur lequel s'engageront, sans nul doute, les luttes les plus animées.
—Quand Pope écrivit au siècle dernier son Essai sur l'Homme, ce poème si vanté , il s'en tint aux généralités de la philosophie de son temps, véritable déesse, qui, des hauteurs sublimes de ses magnifiques synthèses , ne s'occupait que de l'origine et de la fin, des devoirs et surtout des droits de l'homme. Aujourd'hui que cette science moins transcendante a pris un corps , subi comme une incarnation , elle dissèque les facultés humaines et les *microscopise*. Asseoir dans la chaire poétique ces vérités , ces aperçus qui n'ont appartenu jusqu'ici qu'à la chaire philosophique, se créer en

vers un idiôme aussi simple, aussi précis, un instrument aussi analytique que celui avec lequel les Jouffroy, les Dugald-Stewart façonnent en prose leurs puissantes paroles ; peindre la physionomie morale de notre siècle, telle a été, nous le croyons du moins, la pensée de M. Carlier.— Certes, peu d'édifices s'ouvrent par un portique plus majestueux, peu d'entrées en scène sont plus imposantes que ne l'est ce début du volume où l'humanité et la marche ascensionnelle qu'elle suit, malgré l'apparence de ses reculs momentanés, vers une indéfinie perfection, sont figurées par la plus solennelle comparaison.

Puis viennent des analyses particulières, la peinture de vertus et de vices, de sentiments bons ou mauvais. Ici l'auteur flétrit cette manie de célébrité, Erostratisme criminel, qui poursuit un nom même à travers les retentissements de la cour d'assises : là il peint quelques uns des travers de notre époque sous les titres de bizarrerie, de faiblesse, de présomption, et toutes aridités psychologiques surprises de se trouver rangées pour la première fois sous une bannière poétique, et de voir relever leurs formes sévères, leurs membres didactiques par les ornements que leur prête une gracieuse imagination.

Il y a plaisir à voir comment ces idées obéissantes se meuvent et viennent se construire dans ce langage, qui peut mêler les libres allures et les expressions de la prose à toutes les images, toutes les inspirations du vers. Je citerai pour exemple une partie de la pièce, qui a pour titre *Comparaison*.

> La lorgnette à la main quand la toile se lève,
> Assiégé d'un ennui qui vous poursuit sans trêve,
> Le spectacle donné vous intéressant peu,
> Vous est-il arrivé par mégarde ou par jeu,
> En appuyant votre œil au verre le plus large,
> D'examiner la scène étrécissant sa marge,
> Et de voir, étonné de ces réductions,
> Tout en petit, acteurs et décorations ?
> Pourtant ce sont toujours les mêmes voisinages,
> Les mêmes ornements, les mêmes personnages,
> Seulement amoindris dans leurs proportions :
> Ainsi l'enfant, c'est l'homme avec ses passions.
>
> Que faut-il à l'enfant pour aviver sa joie ?
> L'arc-en-ciel dont la moire en cercle se déploie :
> Des champs verts où courir, du soleil et des fleurs.
> Que faut-il à l'enfant pour l'inonder de pleurs ?
> Un brouillard qui sur l'air répand sa vapeur grise ;

Un bonbon qu'on refuse : un joujou qui se brise ;
Un oiseau pris aux lacs et s'échappant soudain.
Gardez-vous, gardez-vous d'accueillir d'un dédain
Sa crainte ou son espoir, sa fête ou ses alarmes
Et d'être indifférent pour son rire et ses larmes.
Qu'un père doucement ait le soin de tarir
La source de grands maux qu'un baiser doit guérir.
Et qu'il montre à ses fils dont il est idolâtre
Un front gai qui rendra leur gaité plus folâtre !
Car l'enfant comme l'homme est froissé d'un mépris,
Et veut qu'à ce qu'il sent on attache du prix.......

Nous voudrions pousser plus loin nos citations et montrer de quelle variété de style et de pensées l'auteur sait nuancer sa poésie; mais l'espace nous fait faute : il nous en reste tout juste assez pour recommander les *Études* de M. Carlier, comme le plus beau livre d'étrennes à offrir aux personnes qui, malgré le prosaïsme du siècle, conservent encore un culte à la belle et chaste poésie. .XX.

Vers trouvés dans les papiers de M. l'abbé B.

EPIGRAMME.

Pompeusement vous vantez vos écrits,
Vos sentiments, votre énorme faconde ;
Ou bien amis, étrangers, ennemis,
Vous diffamez, vous mordez tout le monde.
Si, qu'on vous tient pour un démon jaloux.
Pourtant seriez le meilleur des apôtres,
Si vous traitiez les autres comme vous,
Et vous ainsi que vous traitez les autres.

PETITE CHRONIQUE.

REVUE THÉATRALE.

Pièces et acteurs. — Mlle Dolorès Séral.— M. Camprubi et Mme Nevarez de Goni. Concert de M. Veni et de Mlle Royet.

Depuis le départ de Mad. Albert, M. Nestor s'est donné bien du mal pour retenir à lui la foule. Un grand nombre de pièces nouvelles ont été mises à l'étude et représentées : celles dont le souvenir nous reste sont : *Le Comte de Charolais.— La Fille d'un Militaire. — Huit ans de plus.— L'étudiant et la Grande Dame.—Au Clair de la lune.—La Belle Ecaillère.—Bruno le Fileur.—Portier, je veux de tes cheveux. — Le Château de ma Nièce.—Rita l'Espagnole.—Et la Vendéenne.*

Le Comte de Charolais est un très mauvais drame-vaudeville de MM. Desforges et Duport, dans lequel un prince du sang s'amuse à tirer des coups de fusil sur les pauvres gens de ses domaines. On sait qu'autrefois c'était-là un des passe-temps les plus habituels des grands seigneurs. M. Dulaure et ce bon M. Marat nous l'ont assez répété dans leurs livres. Aussi le parterre bénit-il sincèrement l'heureuse révolution qui, en venant fort à propos ouvrir les yeux à la nation, a prouvé aux princes du sang *que les citoyens français sont des oiseaux qu'on n'abat pas comme des grues (mot d'un habitué du parterre).*—Cette rapsodie nous a paru si inepte, qu'à peine avons-nous eu le temps de remarquer un rôle de maître couvreur que Nestor joue d'une manière fort comique.

La Fille d'un Militaire, de MM. Laurencin et Meyer, vaut mieux.—On y voit une jeune fille sage et bien élevée à qui les habitudes d'estaminet de son père, vieux militaire retraité, font manquer plusieurs bons mariages. Grandjean chargé du rôle du capitaine Duhamel est un assez bon type de l'officier à demi-solde, brigand de la Loire, maugréant l'odieuse restauration qui ne veut pas de ses services et le paye toutefois comme s'il lui était bon à quelque chose. Le capitaine Duhamel est en effet fort à plaindre: il n'a jamais le sou, malgré sa pension de retraite. Cette pièce ne manque ni d'esprit ni de vérité: madame Mitonneau y joue avec son naturel et son comique ordinaire un petit rôle de vieille gouvernante. Madame Lefebvre y est agréable et vraie, mais sa meilleure scène est, sans épigramme, celle où elle n'a rien à dire, où fille dévouée, après avoir laissé coucher son père qui vient de passer la soirée en orgies, elle allume silencieusement sa lampe et se met à son métier pour terminer une broderie dont le prix paiera les folles dissipations du capitaine. Le jeu de madame Lefebvre est d'un effet touchant.

Huit Ans de Plus, drame en trois actes de MM. Fournier et Arnoud, devait paraître sous le titre de comédie en deux actes, au théâtre Français: mademoiselle Mars avait promis d'y jouer le principal rôle; mais la grande actrice l'ayant définitivement trouvé au-dessous d'elle, la pièce a été repoussée, et les auteurs l'ont appropriée au genre du théâtre de la Gaîté où madame Meynier s'est chargée de la faire valoir.—C'est par elle aussi que nous l'avons vu jouée ici. La donnée de la pièce est assez neuve: Henriette qui longtemps a dédaigné l'amour, et repoussé le mariage, se prend d'une passion réelle pour un cousin, de huit ans plus jeune qu'elle, et l'épouse. Il naît de cette union désassortie de cruels chagrins qui conduisent la malheureuse Henriette au suicide.—La pièce est correctement écrite, suffisamment intéressante. Le rôle de vieille fille tracé d'une manière vigoureuse, est fort bien rendu par madame Meynier. Les auteurs ont introduit dans leur drame un jeune substitut du Procureur du Roi, qu'ils ont fait assez ridicule, tâche dans laquelle Derville chargé du rôle, les seconde merveilleusement. Je crois néanmoins que Derville à qui l'habit habillé va moins bien que tout autre, comprend mal son personnage. Il fait de M. Desrosiers un jeune homme timide, tremblant, plein de défiance de lui-même. Où diable Derville a-t-il vu des substituts de ce caractère?—Dans *l'Etudiant et la Grande Dame*, M. Ferdinand se trouve traversé dans ses amours avec mademoiselle Louise Dupré, par une belle dame inconnue qui l'a pris en affection, dont il reçoit les plus riches cadeaux et qui met à sa disposition ses laquais, son hôtel, sa voiture et sa bourse: ce qui n'empêche pas cette mystérieuse protectrice d'applaudir à la fin à l'inclination du jeune homme. M. l'étudiant est surpris de tant de bonté: on le serait à moins. Le mot de l'énigme, c'est que par suite d'une histoire assez saugrenue, que je ne vous dirai pas, la grande dame se trouve être la mère de M. Ferdinand.—Les choses s'arrangent donc comme d'ordinaire, par un mariage. et tout le monde est content.—Il n'y a que le public qui pourrait bien ne pas l'être autant de se voir imposé dans la plupart des pièces que donne M. Nestor cette frêle, froide, et pâle mademoiselle St-Charles. En vérité, malgré toute notre réserve, quand nous parlons des actrices, malgré notre inclination à dissimuler le mal pour ne dire que le bien, nous voici dans la nécessité d'apprendre à mademoiselle St Charles qu'elle n'a rien de ce qu'il faut pour réussir au théâtre : et que très bien elle ferait dans son intérêt, sans parler du nôtre, de chercher à se créer un autre genre d'existence. Quand on est jeune et, comme elle, remplie d'appas, on peut être autre chose qu'actrice. On dit mademoiselle St-Charles d'un charmant naturel, aimée, chérie de ses camarades : ceci fait honneur aux camarades et à mademoiselle St-Charles; mais en vérité dans l'actrice ce n'est ni le bon cœur ni la fille charitable que l'on applaudit. Nous avons assez bonne opinion de ces dames pour penser que la tâche deviendrait trop rude s'il fallait applaudir toutes celles que ces heureuses qualités distinguent. — A propos de *l'Etudiant et de la Grande Dame*, nous dirons aussi deux mots de madame Scriwaneck, qui y remplit le principal rôle. Madame Scriwaneck est une fort belle personne qui, selon nous, représenterait merveilleusement ou la princesse de Babylone, ou la dame des Sept-Châteaux. Elle a le port altier, la démarche imposante et fière : mais toutes ces grandes facultés sont à l'étroit sur notre petite scène. Madame Scriwaneck ne peut raccourcir son genre de talent aux petites proportions de notre théâtre; à la voir dans les petits rôles de nos petits vaudvilles, on la prendait pour une impératrice détrônée, pour une grande duchesse déchue. Nous signalerons seulement en elle un léger défaut de prononciation qu'elle partage avec quelques autres mortelles de lignée moins sublime.

Portier, je veux de tes Cheveux est une farce qui tourne à la sentimentalerie : on a le plaisir d'y voir, sous l'habit de gamin, mesdames Lefèvre, Martial, Augustine et Jeault, faire mille espiègleries à un pauvre diable de portier, à tête pelée, que Séguy représente d'une façon fort comique. Nous souhaiterions à madame Martial un pantalon moins large et qui ne dissimulât pas tant les formes gracieuses que nous aimons à lui supposer. Mademoiselle Augustine qui jusqu'à ce jour n'a fait que figurer, dit un bout de rôle dans cette pièce et chante un couplet sur le *petit chapeau du grand homme*, de façon à laisser croire qu'elle pourrait fort bien s'acquitter de rôles plus importants. Ne serait-il pas possible de lui prêter quelques-uns de ceux de mademoiselle St-Charles ? personne n'y perdrait.

Nous avons le bonheur de ne connaître ni *la Belle Ecaillère*, ni *le Clair de lune*, ce qui sans doute ne dispenserait pas d'autres que nous d'en dire du mal : cependant, pour aujourd'hui, et sans que cela tire à conséquence, nous n'en parlerons pas.—*Bruno le Fileur* ressemble à tout ce qu'on nous a donné depuis 1830 : c'est le triomphe de l'homme de la boutique sur l'homme du salon, des mains noires sur les mains blanches. Cette supériorité est aujourd'hui chose si reconnue, qu'elle en est devenue triviale.—Un riche manufacturier déshérite en mourant toute sa famille pour léguer sa fortune à son premier ouvrier. Celui-ci, vertueux jeune homme comme le sont tous les ouvriers fileurs, quoique nouvellement enrichi, épouse une pauvre jeune parente du défunt que des grâces, une éducation parfaite et des vertus sans nombre recommandent exclusivement aux yeux du fileur. Un cousin de la jeune femme se propose de former Bruno aux belles manières :

notre fileur s'aperçoit que tout en lui donnant, à lui Bruno, des leçons de bonne tenue, le cousin cousine un peu de trop près *son épouse*. Bruno s'indigne, se brouille avec le beau monde et surtout avec le cousin qu'il mène tambour battant : puis seul, avec sa moitié, toujours épouse tendre et fidèle, Bruno retourne à sa filature. Voilà tout. On sent la portée philosophique de cette pièce : elle tend à prouver que le fileur est né vertueux, et que *tout en filant bonnets et bas, devant l'ennemi il ne file pas*. Tout cela est, comme on pense bien, parfaitement accueilli à Reims, la ville métropolitaine du fileur.—Derville et Nestor sont très amusants, le premier dans le rôle de Bruno, le second dans celui de Couturier, ouvrier fileur.—Nestor comme acteur a toutes les sympathies du parterre : il lui suffit de se présenter pour exciter les rires de son public. C'est surtout dans des rôles comme celui de Couturier qu'il est populaire. Il y est en effet fort comique, quoique souvent il fasse rire par des lazzis que le bon goût réprouve. La physionomie de Nestor manque peut-être de finesse et de mobilité : son geste sent parfois la farce, mais tout cela n'empêche qu'il ne fasse rire et d'un rire franc. Nous regrettons cependant que de temps à autre, il ne nous rende pas les bonnes comédies de l'ancien répertoire : c'est là où Nestor excelle, où il est vraiment comédien. Allons, M. Nestor, l'habit de Scapin et de Sganarelle vous va si bien ! laissez reposer un peu MM. Desforges, Anicet Bourgeois, Bayard et Desnoyers, et souffrez chez vous ce bon M. Poquelin qui, quoique gothique et bonhomme, vous vaudrait des applaudissements et à nous quelque plaisir.

Rita ou l'Espagnole est un drame bien noir emprunté à la *Vigie de Koatven*, que tout le monde a lue, ce qui me dispensera d'une analyse. Malgré le jeu pathétique et touchant de madame Meynier que seconde bien Juclier, cette pièce n'est pas appelée à un grand succès : le dénouement en est manqué; du moins le semble-t-il à la foule, habituée qu'elle est depuis longtemps à des scènes finales agréablement tramées de coups de poignards, de suicides, d'empoisonnements et autres gentillesses du même genre. Ici les amants finissent par s'épouser. La belle chute ! Par ce dénouement à la Scribe, les auteurs nous ont gâté-là une superbe occasion de larmes et de sanglots !

Nous ne parlerons du *Château de ma Nièce*, où madame Ancelot a semé à profusion les saillies, les mots spirituels et tout cet élégant parlage dont Marivaux semblait avoir gardé le secret, que pour louer le jeu plein de grâce et de délicatesse de madame Meynier, et pour engager Juclier à s'animer davantage et à ne pas empreindre d'une couleur si monotone le rôle du marquis de Stainville, *l'homme le plus spirituel* de la cour de Louis XV. Molière a scellé tous ses marquis d'un cachet de légèreté, d'impertinence et de fatuité, que, depuis, les auteurs comiques ont fidèlement conservé aux leurs. Le marquis de madame Ancelot est de la même école. L'acteur qui joue Stainville, doit donc être léger, frivole, railleur et sceptique, et non pas compassé, rêveur et langoureux comme le montre Juclier.

Le joli roman de madame Cottin, *Elisabeth ou les Exilés*, a fourni l'idée de *la*

Vendéenne, ou un trait de la vie de Joséphine. — X......, Vendéen, chef de Chouans, a pris part aux complots tramés contre la vie du premier consul : il est condamné à mort par un conseil de guerre. Mais Joséphine est bonne et sensible : Marie, la fille du Vendéen le sait, elle la fléchira : par malheur l'épouse de Bonaparte est loin, et la route peu sûre. Toutefois Marie entreprend le voyage, seule, à pied; et malgré les difficultés de toute nature qui font obstacle à ses pas, elle arrive exténuée aux portes de la Malmaison, demeure habituelle de Joséphine. — Pour plus grande ressemblance avec le roman, Louise arrive un beau jour, le jour où Bonaparte est proclamé Empereur des Français. Joséphine ne résiste pas aux supplications si touchantes de la jeune fille, et la grâce du Vendéen est accordée. — C'est avec beaucoup de plaisir que nous avons vu dans cette pièce, combien madame Lefebvre est docile aux avis de la critique. Dans son dernier Numéro, notre Chronique lui reprochait légèrement de viser parfois à la sensiblerie. Maintenant madame Lefebvre ne se contente plus de pleurer et de porter la main sur son cœur, elle se jette à genoux. Dans *la Vendéenne*, on la voit à chaque scène aux pieds de quelqu'un. C'est d'un effet fort touchant, mais la position nous paraît gênante. Si madame Lefebvre persiste dans ce nouveau moyen d'attendrir les cœurs, nous l'engageons, dans l'intérêt de ses genoux auxquels nous avons mal pour elle, à emprunter à M. Nestor les genouillères dont il fait usage dans le *Comte de Charolais* : ces cuirs ne seront pas d'un effet fort gracieux aux genoux de madame Lefebvre, mais du moins ils lui permettront de rester plus long-temps dans cette posture, qu'elle paraît regarder comme infiniment dramatique.

Voilà toutes les pièces nouvelles que depuis six semaines M. Nestor a fait jouer a son théâtre : dans tout cela, il y a, comme on voit, à peine l'étoffe d'une bonne comédie. Notre époque est stérile en productions scèniques. Des pièces reprises ou qui se trouvaient depuis quelque temps au répertoire, nous citerons la plus remarquable, le drame si pathétique de MM. Bossange, monté précédemment pour les débuts de Mme Meynier. — M. Juclier a joué le rôle de Christian, dans *Clotilde*, avec une rare intelligence: il a mis dans son jeu, de l'âme et de la passion : c'est à coup sûr une de ses meilleures créations: le dernier acte a surtout été terrible de vérité. Quant à Mme Meynier, elle s'est montrée véritable actrice dans ce rôle si long, si fatiguant de Clotilde : mais la scène où elle a vraiment excellé, celle qui fait voir en elle la grande comédienne, c'est la belle scène du quatrième acte : elle a déployé dans son entrevue avec Christian une énergie, une puissance de moyens, dont nous l'avouons, nous ne la supposions pas capable. — Madame Martial, dans cette pièce, joue d'une manière satisfaisante le rôle sacrifié de Madame d'Armély. Cette dame qui ne manque ni de grâces ni de talent, a le malheur d'être chargée de rôles ingrats et partant difficiles. Ce sont des rôles de précieuses, de vieilles coquettes, de veuves envieuses et mécontentes, d'épouses accariâtres, exigeantes; en un mot, elle a de l'emploi que tenait madame Saint-Ange, tous les rôles malheureux, sans avoir aucun de ceux qui valurent à cette dernière l'estime publique.

Nous ne quitterons pas Clotilde sans faire une recommandation à Séguy. Nous lui savons gré de ses efforts à se rendre utile ; nous n'ignorons pas la fatigue à laquelle le condamne la rude tâche dont il est chargé : le public lui tient compte de ce qu'il est, de ce qu'il fait :—mais tout cela ne dispense pas Séguy de certaines obligations auxquelles nul artiste ne peut se soustraire, celle de se présenter en tenue convenable.--Dans Clotilde, Séguy fait le rôle d'avocat-général ou quelque chose d'approchant; il paraît en pantalon gris sans sous-pieds, en cravate sans col, avec un gilet de couleur et un habit à boutons jaunes. Ce n'est vraiment pas là, M. Séguy, la tenue d'un avocat-général.—Nous engageons cet artiste d'ailleurs estimable, à moins négliger sa mise : la bonne tenue chez un acteur est un premier moyen de succès, ou si l'on veut une marque de politesse donnée par l'acteur au public, qui est aussi sensible à cela qu'à toute autre chose. Car en résumé, il est bonhomme, le public.

Malgré tant d'efforts pour achalander le théâtre, la foule s'est obstinée à rester dehors. Il a fallu recourir aux danseurs espagnols qui quittaient Paris, après avoir porté leurs jambes et tout ce qu'elles savent faire, des sublimes parquets de l'Académie royale de musique, aux planches quelque peu sordides du théâtre de la Porte Saint-Antoine. Ces nomades industriels passaient à Reims : M. Nestor les a retenus, et bien il a fait, puisqu'ils ont produit.—C'était en effet pour les habitants de ce pays-ci quelque chose d'assez nouveau que des scènes chorégraphiques. On s'y est amusé deux jours : le troisième, il a fallu critiquer : le quatrième c'était assez, et dimanche 12, à la satisfaction générale on a procédé, en famille, c'est-à-dire fort paisiblement, à la définitive clôture des danses péninsulaires.

Mademoiselle Séral et M. Camprubi, que l'affiche annonçait fastueusement sous le nom de Dona Dolorès Seral et de Senor Camprubi, *premiers danseurs du théâtre royal de Madrid*, sont à notre jugement deux médiocres chorégraphes. Mademoiselle Dolorès est jolie : ses yeux andalous noirs et bien fendus, ont eu la plus grande part à ses succès. Sa danse peu savante, mais agréable plaît une fois, même dépourvue de tout l'indispensable cortège chorégraphique qui, nécessairement fait faute au théâtre-Nestor : mais qu'il y a loin de ces passes minaudières aux danses si gracieuses et sans afféterie, des sylphides de l'Opéra. Ce sont d'abord des poses prétentieuses, des balancements immodérés, puis des ronds-ronds continuels, des courbures de reins, des passes et contre-passes qui n'ont de remarquable que certains gestes fort équivoques, pour ne rien dire de plus ! — Pour quelques traits gracieux, il faut subir la niaiserie d'interminables ronds de jambes, de contorsions de hanches qui choquent et les yeux et le bon goût. Retirez aux danseurs espagnols les castagnettes et ce que leur costume a de brillant : à la Dona, l'emploi plus qu'immodéré de regards assassins, d'œillades meurtrières qui, en résumé, n'assassinent et ne meurtrissent personne ; au senor Camprubi une assez grande raideur de jarret, puis un sourire qui, pour être perpétuel n'en est pas moins stupide, et vous n'aurez plus que d'assez pauvres danseurs dont les gambades ne vous feront pas courir loin.--Il ne faut pourtant pas être injuste; plusieurs danses à caractère, exécutées par mademoiselle Dolorès et son cavalier, ont excité l'intérêt des amateurs et le rire général. Dans la *Jota aragonese* et la *Galegada*, danses comiques, l'une de la province d'Aragon, l'autre de la province de Galice, mademoiselle Dolorès a montré infiniment de grâce et de légèreté ; mais qui donc lui donnera le conseil de laisser à ses beaux yeux leur doux et naturel empire, de ne pas les rouler, les contourner dans leur orbite avec l'air prétentieux de porter le ravage et l'incendie dans toute la salle? S'adressant à tout le monde, ces œillades escarbouclées ne brûlent personne, et chacun a le droit de se demander, *œillade escarbouclée, que me veux-tu?* — On dit à cela : c'est le genre espagnol! A la bonne heure! Nous sommes en France plus jaloux que cela des doux regards de nos dames.—Au surplus ce qui n'est guère espagnol, je pense, c'est une guitare sans accompagnement de voix. Madame Nevarez de Goni que distinguent également de fort beaux yeux noirs, une tête aussi castillane que possible, et la maigreur la plus adorable qu'on puisse souhaiter, nous a régalés d'un nombre considérable de sonates et de thèmes variés, sur la guitare...Depuis le temps où j'ai terminé à *Fleuve du Tage* mes études sur la guitare, j'ai le malheur de professer une assez mince estime pour ce sentimental instrument : je le trouve ingrat, mesquin, borné, sot... mais sot par bémol et par bécare ; je trouve qu'il y a singulièrement abus à le gratter pendant des heures, quand surtout on ne l'accompagne pas de la voix : et qu'alors ce n'est guère la peine de se sentir du bon sang espagnol dans les veines, d'avoir des yeux noirs à damner des alcades, une tête parfaitement castillane, et de s'appeler Dona Nevarez de Goni !

Immédiatement après le départ des danseurs Espagnols, nous avons eu l'arrivée de M. Veni, professeur au Conservatoire, et premier hautbois de l'Académie royale de Musique. La réputation de l'artiste, et la certitude d'entendre une jeune cantatrice que l'on destine à l'Opéra, suffisaient bien pour amener à la loge maçonique l'élite de la société rémoise. La salle se trouva trop petite pour l'affluence des fidèles. C'est une soirée dont le souvenir restera : tout y fut goûté, jusqu'aux ouvertures et morceaux d'ensemble. Mais ce qui charma surtout, ce fut l'admirable talent de M. Veni, la voix touchante de mademoiselle Royet.

Mademoiselle Royet s'est fait d'abord entendre dans l'air un peu vieilli de Beniowski, de Boieldieu. A l'expression d'une physionomie charmante, et qui prévient à l'avance tous les yeux, mademoiselle Royet joint une voix d'une pureté ravissante : douée d'un soprano brillant, étendu, son timbre a cette vibration, qui fait le plus grand charme des voix de femme.—Un solo de violon de Robbereetz, exécuté par notre habile M. S., a mérité de vifs applaudissements. Puis, M. Veni nous a fait entendre dans le *Souvenir du Mont-d'Or*, de Brod, les sons d'un délicieux hautbois, et mademoiselle Royet, accompagnée par M. Hormille, a clos la première partie du concert par le *Chant du Cor*, jolie romance de M. Panseron.—Après l'ouverture si originale d'Actéon, mademoiselle Veni, jeune personne de quinze ans, qui tenait le piano, a fait preuve, dans un solo de Herz, d'un talent plein d'élégance et de netteté. Puis est venu le grand air de mademoiselle Royet, le *Grâce! Grâce!* de Robert le Diable, accompagné sur le cor anglais par M. Veni. C'est là, que s'est montrée belle la cantatrice. Rien de commun, rien d'usé ou de rebattu; pas de fioritures, de roulades ou d'ornements: un son pur, gracieux, sans la moindre appogiature sentimentale: une voix vibrante et passionnée, des éclats de voix ménagés avec le goût le plus parfait, un medium plein et soutenu ; une beauté parfaite de pose, de voix et d'expression. A ce cri suppliant et si dramatiquement répété de *Grâce! Grâce!* les applaudissements ont éclaté de toutes parts. Nous n'hésitons pas à le dire, mademoiselle Royet qui n'a que dix-huit ans, à qui l'étude va donner la fermeté, l'aplomb musical qui peuvent lui manquer aujourd'hui, sera remarquée même à l'Opéra, où brillent tant d'admirables talents. Mademoiselle Royet est douée d'une voix si pleine, si étendue dans le haut, que nous ne doutons pas qu'elle n'atteigne un jour la puissance de madame Dabadie, et ne parvienne à la remplacer heureusement, dans les morceaux d'ensemble où la partie supérieure se dessine toujours si difficilement sur la masse des chœurs et des instruments. Il ne faut à mademoiselle Royet, pour arriver là, que l'âge de vingt ans : ce qui lui en manque aujourd'hui est un joli défaut que nous ne nous sentons pas la force de lui reprocher.—Nous avons entendu quelques personnes préférer à mademoiselle Royet, madame Lahore. Il est permis sinon de comparer ces deux artistes, du moins de préférer l'une à l'autre; à cela nous n'avons rien à dire : c'est une affaire de sentiment : on peut demander lequel vaut mieux du noir ou du blanc, et choisir l'un ou l'autre sans être pour cela taxé de mauvais goût. Madame Lahore possède un contralto magnifique, mademoiselle Royet un admirable soprano : seulement nous qui plus que personne, avons loué le talent de madame Lahore, nous ferons remarquer que cette cantatrice, malgré l'admirable puissance de son contralto a dans la voix quelque chose de rigide, une inflexibilité quasi sauvage. Ses gestes sont raides et sa physionomie dénuée de toute agréable expression. Mademoiselle Royet, dont la vocalisation est parfaite, possède une voix pleine de passion, de verve et de suavité.— Nous ne terminerons pas ce que nous avons à dire de ce premier concert, sans parler du solo de trombonne-alto exécuté le plus heureusement du monde par M. Hormille, et le duo de Brod, pour hautbois et basson, dans lequel M. P........ amateur distingué de cette ville, a lutté sans trop de désavantage avec le hautbois si magique de M. Veni. Pourquoi faut-il que cette soirée qui avait si vivement impressionné les auditeurs, ait été suivie, trois jours après, d'une autre au théâtre de M. Nestor! Nous devons avouer que mademoiselle Royet a été inférieure à ce que nous l'avions vue à la loge maçonique : cette maudite salle-Nestor est disposée le plus *inharmoniquement* possible, et certainement contre toutes les lois de l'acoustique. Pendant la représentation de *la Vendéenne*, donnée avant le concert, mademoiselle Royet qui était dans une loge, s'était écriée en entendant chanter madame Lefebvre dont elle louait d'ailleurs la voix : *Mon Dieu, je suis perdue, je ne m'en tirerai jamais!* c'est avec ce fâcheux pressentiment, que s'est présentée l'artiste pour chanter son premier air : en effet le succès a failli. M. Veni a eu les honneurs de la soirée : son jeu si élégant, si facile, et dont l'effet se perdait moins dans les gouffres, a enlevé les suffrages : mademoiselle Royet a été plus heureuse dans le grand air de Robert, qu'elle a chanté de nouveau ; enfin la jolie romance de Panseron, *Nous danserons une autre fois*, accompagnée d'une façon si comique par le hautbois de M. Veni a réhabilité la jeune artiste, et les applaudissements ont dû quelque peu la consoler. — C'est qu'en vérité l'édifice où l'on fait de la musique, ainsi que l'a dit Berlioz, est lui-même un instrument qui est à la voix ce que les instruments à cordes sont à l'archet. Il produit comme ceux-ci des sons pleins, clairs, harmonieux, ou des sons maigres, sourds ou dissonants : ce n'est pas l'étroitesse ou la grandeur de l'édifice qui nuit ou sert à la voix, c'est sa disposition, son ordonnance suivant l'acoustique. Voyez les salles immenses des théâtres Italien, de l'Académie royale de musique, à Paris! la voix s'y conserve pleine, harmonieuse et pure. Mais dans une salle ouverte à tous les vents, dont les échos et la résonnance se perdent dans des salles attenantes, des couloirs sans fin, des frises illimitées et des abîmes que la moindre draperie ne ferme nulle part, il n'y a pas de vocalisation, si parfaite qu'elle puisse être, pour en triompher. Des couplets de vaudevilles y sont seuls supportables. Ajoutez que pour la disposition du nombreux orchestre, il avait fallu laisser libre toute la profondeur du théâtre. — On nous dit que M. Veni accompagné de mademoiselle Royet a promis de revenir à Reims au mois de février, et l'on nous fait espérer pour cette époque une salle musicalement disposée. Dieu le veuille! Nous sommes impatients d'y entendre mademoiselle Royet et son habile accompagnateur : et nous espérons qu'alors notre bon ami, M. L. de *l'Industriel*, à qui nous avons toujours supposé des oreilles, ne se bornera plus à louer les beaux yeux de mademoiselle Royet. L. P.

Dans la soirée du 19, Derville a reçu un témoignage éclatant de la faveur méritée dont il jouit près du public. La représentation à son bénéfice avait réuni, contre l'usage, une foule empressée de spectateurs bienveillants. — La recette a dépassé de beaucoup les espérances du bénéficiaire.

— La société d'agriculture, sciences et arts du département de la Marne, et la société des Antiquaires de Morinie, dans l'une de leurs dernières séances, se sont adjoint, comme membre correspondant, M. Ch. Béranger, rédacteur-gérant de *l'Industriel de la Champagne*.

— M. Didron, conservateur-adjoint de la bibliothèque de la Sorbonne, vient d'adresser à M. le Ministre de l'Instruction publique, un rapport extrêmement curieux sur les monuments religieux de l'arrondissement de Reims, qu'il avait été chargé d'étudier. Nous regrettons que cet important travail nous soit parvenu trop tard pour en donner connaissance à nos lecteurs : c'est un plaisir que nous nous réservons pour le prochain Numéro.

— Tombeau de Pharamond. — *La Boulonnaise*, journal de Boulogne-sur-Mer, a dernièrement annoncé que l'on venait de découvrir à *Prouilly-sur-Vesle*, le tombeau de Pharamond. « Le cadavre du roi Franc, dit *La Boulonnaise*, était entouré d'une trentaine de statues de marbre noir et blanc, de grandeur naturelle, qui faisaient sentinelle, l'arme au bras, et semblaient protéger les abords du monument. »

Les plaisants de Boulogne qui ont publié cette petite mystification, dont les grands journaux de Paris, badauds, niais et gobes-mouches qu'ils sont, n'ont pas manqué de répéter la nouvelle, ne se sont pas douté qu'ils abordaient un point historique fort important, et dont avant eux des antiquaires et des écrivains aussi graves qu'érudits, s'étaient sérieusement occupés. L'espace ne nous permet pas de publier dans le Numéro le fruit des recherches archéologiques qu'a faites sur cet intéressant sujet, notre collaborateur M. Michel Champenois (*de Rilly-la-Montagne*). Nous renvoyons donc au numéro de janvier, à donner sur le tombeau de Pharamond, des détails qui ne manqueront pas de piquer la curiosité des lecteurs.

— On demande quel est le premier livre imprimé à Sedan, à Bouillon, à Langres, à Troyes et à Chaumont ?

— Parmi les articles que publiera prochainement la *Chronique de Champagne*, les lecteurs verront sans doute avec plaisir : L'histoire des seigneurs et du château de Montmort ; — des seigneurs et du château de Grandpré ; — des comtes et du château de Rethel. — Un travail important sur les archives du département de la Haute-Marne ; — sur celles de Sedan, — de Troyes, — et du Paraclet. — Des études littéraires sur les anciens poètes et romanciers Champenois ; — des articles biographiques sur les grands artistes et les hommes politiques du pays. — L'histoire, en Champagne, des guerres de 1814 et 1815, — et pour la chronique contemporaine, plusieurs articles qui, bien que champenois, pourront troubler le sommeil de certaines grandes notabilités prétendues européennes.

— L'abondance des matières, nous oblige à renvoyer aux numéros prochains divers articles d'histoire, de critique et de variétés qui nous sont arrivés depuis quelque temps.

— *Bibliographie*. Les deux premiers volumes de l'*Histoire de France, sous Louis XIII*, par M. A. Bazin, ont paru chez Chamerot, quai des Augustins, 33, à Paris. Aussitôt la publication des deux derniers, la *Chronique* rendra compte de cet ouvrage, qui, à en juger par ce qui est maintenant connu, sera, littérairement et historiquement la publication la plus importante et la plus utile de l'année 1837.

Errata. Page 447, ligne 8. *Au lieu de* Louise, *lisez* : Marie.

FIN DU DEUXIÈME VOLUME.

TABLE DES MATIÈRES

DU 2ᵉ VOLUME.

JUILLET A DÉCEMBRE 1837.

Histoire.

La Peste à Reims en 1668. — Par M. DUBOURG-MALDAN. pag.	1
Des Historiens dits ou prétendus progressifs. — Par M. PAULIN PARIS, de l'Institut.	73
Monographie. *La Diablerie de Chaumont.* — Par M. EMILE JOLIBOIS. (1ᵉʳ article).	77
Economie Publique. *Fontaines.* — Par M. PONSINET, membre du conseil-général de la Marne.	80
Aperçu général de l'Histoire de Champagne : 3ᵐᵉ époque. *Les Comtes.* — Par M. H. FLEURY. (4ᵉ article.).	153
Histoire des Gaulois. *Les Carnutes clients des Rémois.* — Par M. J. F. OZERAY.	165
Monographie. *La Diablerie de Chaumont.* — Par M. EMILE JOLIBOIS. (2ᵉ art).	169
Atelier Monétaire, découvert à Damery en 1830. — Par M. HIVER, Procureur du Roi, à Orléans.	221
La Fête de l'Ane, célébrée dans la Cathédrale de Sens, le 1ᵉʳ *janvier de chaque année.* — Par M. JULES GARINET.	231
Jean-Baptiste de la Salle, ou Histoire de la fondation des Ecoles Chrétiennes. — Par M. DUBOURG-MALDAN. (1ᵉʳ article).	301
Histoire de Reims et de Bouillon. *Du Fief de Reims dans le duché de Bouillon.* — Par M. J. F. OZERAY.	319
Monographie. *La Diablerie de Chaumont.* — Par M. EMILE JOLIBOIS. (3ᵉ et dernier article).	324
Aperçu général de l'Histoire de Champagne. *Les Comtes.* — Par M. H. FLEURY. (5ᵉ article).	376

Paléographie.

Massacres à Reims, durant les journées de septembre 1792.	26
Roger II, XLIVᵉ Evêque de Châlons. Sa vie et sa mission en Russie (1048)	89
Instruments : *Lettres écrites après la bataille de Dreux et avant le traité de paix de l'Ile-aux-Bœufs.*	100

*Les trois Siéges de la ville et forteresse de La Mothe, és années
1634, 1643 et 1645.* — Par un Officier de la Garnison. (1ᵉʳ
Siége). 173

Les trois Siéges de la ville et forteresse de La Mothe. (2ᵉ et 3ᵉ
Siéges). 237

Testament de Saint - Remi, avec une traduction et des notes de Lacourt. (Extrait des manuscrits de la Bibliothèque de Reims.
1ʳᵉ partie). 331

Testament de Saint - Remi, avec une traduction et des notes de La
court. (2ᵉ partie). 390

Variétés.

Isabeau de Limeuil. 1564.—*Le château de Caubray.* — Par M.
Louis Paris. (1ᵉʳ article). 41
Aphorismes et pensées diverses. — Par M*** 50
Simple Episode. *Chapitre* XIII. *Le Condamné.* — Par M. M. L. 54
Le Vieux Reims. *Place du Marché.* — Par M. L. P. 60
Isabeau de Limeuil. (suite et fin). — Par M. Louis Paris. 111
Versailles. — Nouvelle. — Par Mᵐᵉ Jenny d'Avrigney. 128
Divagation par un soleil de Juin. — Par M. J. H. B. D. 135
La Sainte Chapelle. — Par Mᵐᵉ la Princesse de Craon. 191
Aphorismes et Pensées diverses. — Par M*** 196
Une demi-heure de conversation intime. — Par M. J. Salmon. 200
Correspondance littéraire. *Lettre concernant le manuscrit Slavon
sur lequel les rois de France prêtaient serment à leur sacre.* —
Par M. Serge Stroieff, correspondant du ministre de l'in-
struction publique, en Russie. 204
Critique litéraire. *Pierre de l'Estoile, sa vie et ses ouvrages.* —
Par M. Moreau. 246
Francesca. Nouvelle Italienne racontée par un Curé. — Par
M. Dubourg-Maldan. 263
Science héraldique. *Armes parlantes.* (Continuation et fin). —
Par M. Hédouin de Pons-Ludon. 280
Lettres du Cousin. (1ʳᵉ). — Par M. Jean. 345
Antoine. Mœurs contemporaines. XXVIIIᵉ lettre. — Par M*** 354
Bibliographie.*Histoire de France sous Louis* XIII.— Par M. A.
Bazin. 357
Correspondance litéraire. *Lettre à M. le Ministre de l'Instruction
publique.* — Par M. Louis Paris. 360
Lettres du Cousin. (2ᵉ). — Par M. Jean. 404
Mystérieuse Histoire. — Par M. Jules de Saint-Félix. 415

Lettre de Charles à Paul. — Par M***. 434
Critique littéraire. *Etudes par M. Théodore Carlier*. — Par
M. Dubourg-Mladan. 437

Poésie.

Regret. — Par M. Théodore Carlier. 64
Adroit refus. — Par M. Pétrus Borel. 65
L'Esclave grecque à un jeune enfant. Elégie. — Par M le Marquis
de C..... 136
Vers trouvés dans la succession d'un célibataire. *Je voudrais
être femme*. (Bade 1832). 207
Une Visite à la Trappe. — Par M. L. de J. 288
Euphémie ou la Convalescente. — Par M. F. Génin. 363
Quatrain mis dans un vase de marbre blanc, sur la cheminée
d'une jeune personne. 365
Epigramme trouvée dans les papiers de l'abbé B. 442

Petite Chronique.

Eglise Catholique-Evangélique-Française. — Inspecteurs. —
Sainte-Pélagie. — M. de la Mennais. — Archéologie. — Bibliographie. — Trésor trouvé à Reims. 68
Lettres champenoises. (4°). — Par M. Jean Sinice — Le Joyau
de Saint-Basle. — Installation de M. le Procureur du Roi.
— Archives civiles de la ville de Reims. — Comité de l'Histoire de France. — Antiquités. — Numismatique. — Manuscrit d'Hincmar à Epernay. — Petite correspondance. —
Bibliographie. 139
M. de Quélen et l'Industriel. — Mont-d'Arène. — Voiture cellulaire. — A un Anonyme. — Société d'Agriculture, Commerce, Sciences et Arts du département de la Marne. 210
Avis charitable. — Elections, Candidatures : Pairie. — Aqueduc Romain. — Exposition des Tapisseries de la Couronne.
— Nouvelles diverses, Anecdote médico-dramatique, Bibliographie, Théâtre. 291
Lettres champenoises (5°). — Par M. Michel Champenois, (de
Rilly-la-Montagne). — Bibliographie. — Bibliothèque de
M. Leber. — Les Lettres du Cousin. 366
Théâtre de Reims. — Les Danseurs Espagnols. — M. Véni et
Mlle. Royet. — Nouvelles diverses. — Bibliographie. 443
Table des matières du 2° Volume. 453

www.ingramcontent.com/pod-product-compliance
Lightning Source LLC
Chambersburg PA
CBHW051621230426
43669CB00013B/2141